빌게이츠 @ 생각의 속도

청림출판

Business @ the Speed of Thought

written by William H. Gates, Ⅲ

빌게이츠
@
생각의 속도

-디지털 신경망 비즈니스-

BUSINESS @ THE SPEED OF THOUGHT
USING A DIGITAL NERVOUS SYSTEM

빌 게이츠 지음 · 이규행 감역 · 안진환 역

청림출판

BUSINESS @ THE SPEED OF THOUGHT
USING A DIGITAL NERVOUS SYSTEM

빌 게이츠 @ 생각의 속도

지은이 / 빌 게이츠
감　역 / 이규행
옮긴이 / 안진환

1판　1쇄 발행 / 1999년　5월 10일
1판 78쇄 발행 / 2022년　8월 12일

펴낸이 / 고병욱
펴낸곳 / 청림출판
등　록 / 제 1 9 8 9-000 0 26호
주　소 / 0 6 0 4 8 서울특별시 강남구 도산대로 38길 11(논현동 63)
　　　　　10 8 8 1 경기도 파주시 회동길173(문발동 518-6) 청림아트스페이스
전　화 / (02)546-4341
팩　스 / (02)546-8053
www.chungrim.com
cr1@chungrim.com

기술 내용 문의 : (주)마이크로소프트/(02)531-4500
http://www.microsoft.com/dns

ISBN　89-352-0367-X　03320

이 책을 나의 아내 멜린다와
딸 제니퍼에게 바친다.

감역자의 말

    빌 게이츠는 유사(有史) 이래 세계 최고의 부호(富豪)라고 일컬어진다. 그것도 마이크로소프트사를 창업한 이래 짧은 기간 동안에 이룬 부의 축적이란 측면에서 경이롭게 받아들여지고 있다.

    그러나 나는 빌 게이츠를 단순한 기업가나 부자로만 보지 않는다. 그는 오늘날 일취월장(日就月將)하고 있는 정보화 시대를 이끌어가는 상징적인 주역이기 때문이다. 빌 게이츠는 아이디어만 풍부한 사람으로 규정되어서도 안 되리라고 믿는다. 그는 미래를 꿰뚫어 보는 혜안(慧眼)을 가진 사상가(思想家)인 동시에 행동가(行動家)이기 때문이다.

    빌 게이츠는 이번에 새로 쓴 저서 《빌게이츠@생각의 속도》를 통해 새로운 세기가 어떻게 전개될 것인지를 분명하게 가르쳐 주고 있다. 정보기술에 의해 세상이 완전히 바뀔 것이고, 그에 따라 기업경영이나 소비생활의 전반에 혁명적인 변화가 있을 것임을 실증적인 사례를 들어가며 설득력 있게 풀어내고 있다.

    빌 게이츠는 새로운 세계에서 일어나는 혁명적 변화를 '종교혁명'에 비유하기도 한다. 종교혁명이란 무엇인가. 그것은 한마디로 믿음의 혁명이요, 신앙이 바뀌는 것을 의미하는 것이다. 종교혁명은 또한 속도의 혁명으로 상징된다. 빌 게이츠가 책의 제목으로 '생각의 속도'를 채택한 것도 그런 혁명을 나타내기 위한 것이었다고 여겨진다.

'생각의 속도'는 물론 '정보의 속도'와 같은 맥락에 있다고 할 수 있다. 그러나 인간의 '생각의 속도'는 흔히 일컬어지는 '광속(光速)'보다 더욱 빠르다. 이것은 이 세상에서 가장 빠르다고 하는 빛의 속도를 능가하는 것이 바로 사람의 '생각'임을 말해주는 것이다. 기업경영에서 종래의 속도의 개념이 완전히 파괴되는 상황이야말로 혁명 그 자체라고 아니할 수 없을 터이다.

빌 게이츠는 기업체를 생명체 또는 인체(人體)의 신경계에 견주어 고찰하고 있다. 기업의 디지털 신경망이 어떻게 구축되어 활용되고 있느냐에 따라 기업의 우열이 결정된다고 보는 것이다. 이것은 새로운 21세기의 문명체계가 생명사상을 바탕에 깔고 있음을 말해주는 것이기도 하다. 우주의 체계와 생명의 체계, 나아가서 인간의 신체조직의 체계가 별개의 것이 아니고, 기업경영 또한 이러한 체계와 동떨어질 수 없다는 이야기이다.

빌 게이츠의 이 책은 종래의 어떤 책과도 차별화되는 독특한 구성요소를 지니고 있다. 우선 책 제목에 @가 들어 있어 이 책의 성격을 집약적으로 보여주고 있다는 점이 그렇다. 또 끝 부분에 덧붙여진 용어해설엔 컴퓨터 관련 전문용어 내지는 기술적 용어의 풀이뿐만 아니라 새로운 신조어(新造語)까지도 친절하게 설명되고 있다. 이 '용어해설'만 읽더라도 정보화 사회의 발전방향의 전모를 파악할 수 있지 않을까 싶다.

　뿐만 아니라 이 책은 각 장(章)마다 끝마무리로 '비즈니스 교훈'과 '디지털 신경망의 진단'을 간략하게 덧붙이고 있는 것이 특징이다. 시간이 바쁜 이들은 그 부분만 읽어도 빌 게이츠의 메시지가 무엇이고, 기업 혁명 또는 정보화 혁명의 수순밟기를 어떻게 해야 할런지의 갈피를 잡을 수 있으리라고 믿는다.

　빌 게이츠는 이 책을 통해서 마이크로소프트사를 비롯한 무수한 첨단기업과 대기업의 경험들을 생생하게 설명하며 분석적 결론을 내리고 있다. 마치 읽는 이가 그 기업의 현장에서 경험하고 있는 상황을 인식하게 해주는 듯한 그런 밀도를 지니고 있다. 그럼으로써 기업들이 매우 단순한 정보로부터 고도로 복잡한 정보에 이르기까지 모든 것을 디지털 신경망으로 처리할 때 일어나는 변화의 성격과 실상을 알 수 있게 해준다. 이것은 기업의 존재양식이 혁명적으로 변화할 수밖에 없는 시스템이 무엇인지를 새삼스럽게 깨우쳐준다.

　이 책은 매우 수준 높은 전문서적의 범주에 속한다. 하지만 난해한 컴퓨터 관련 전문지식을 누구나 쉽사리 이해할 수 있도록 썼다는 점에서, 가장 알기 쉽고 읽기 쉽게 쓰여진 일반서적이라고 평가해도 무방하지 않을까 싶다. 그런 뜻에서 이 책은 21세기의 길잡이가 될 수 있는 필독(必讀)서라고도 할 수 있다.

　빌 게이츠가 이 책에서 기업경영에 관심있는 이들에게 줄곧 제기하고 있는 메시지를 한마디로 요약한다면 다음과 같다.

"나에게는 단순하지만 강한 믿음이 있다. 정보를 어떻게 수집하고, 관리하며, 활용하는가에 따라 사업의 성패가 좌우되리라는 것이다."

　기업이 이길 수 있는 정보가 어떤 것인지를 구체적으로 제공해주고 있는 것이 바로 이 책이라고 단언할 수 있다.

　이 책은 우리나라를 비롯하여 미국, 일본 등 전세계 총 60개국에서 24개 언어로 동시 출판되었다. 그만큼 이 책은 빌 게이츠의 회심의 역작인 동시에 세계적인 관심을 끄는 출판물이라고 할 수 있다.

　이 책을 번역 출판함에 있어 무엇보다도 신경을 쓴 부분은 저자의 참뜻을 올곧게 독자에게 전달하는 일이었다. 이 책의 번역 출판에는 많은 이들의 헌신적인 노력이 있었다. 무엇보다도 지적되어야 할 일은 사명감을 갖고 높은 품질의 출판을 이루어낸 (주)청림출판의 고영수 사장과 안선희 팀장을 비롯한 편집진의 노고이다. 아울러 번역에 힘쓴 안진환 씨의 수고를 고맙게 여긴다.

　이 책이 21세기의 새로운 천년을 열어가는 이른바 정보화 전략의 교과서 내지는 지침서라는 확신과 함께 빌 게이츠에게 새삼 경의를 표하고 싶다.

이규행

차 례

I

정보의 흐름이 생명줄
(Information Flow Is Your Lifeblood)

II

상거래 : 인터넷이 모든 것을 바꾼다
(Commerce : The Internet Changes Everything)

III

전략적 사고 향상을 위한 정보관리
(Manage Knowledge to Improve Strategic Thought)

IV

사업운영에 통찰력을 불어넣자
(Bring Insight to Business Operation)

V

특수 '기업'이 주는 일반적인 교훈
(Special Enterprises Provide General Lessons)

VI

예기치 못했던 발전을 기대하며
(Expect the Unexpected)

서 문

    비즈니스는 다가올 10년 동안에 지난 50년보다 훨씬 더 큰 변화를 겪게 될 것이다.

    1997년 봄, 처음으로 열리는 'CEO(최고경영자)회담'에서 행할 연설을 준비하면서, 나는 디지털 시대가 앞으로 비즈니스를 어떻게 근본적으로 변화시킬 것인가에 대해 곰곰이 생각해 보게 되었다. 우선 나는 눈부신 기술적 진보 운운하는 연설을 뛰어넘어 비즈니스 경영자들이 늘 씨름하고 있는 문제들에 대해 직접 언급하고 싶었다. 어떻게 하면 오늘날의 기술을 이용해 보다 나은 경영을 실행할 수 있을까? 기술은 비즈니스를 어떻게 변형시킬 것인가? 어떤 식으로 기술을 이용해야 앞으로 5년 내지 10년 후에 승자가 될 수 있을까?

    1980년대가 질(質)의 시대요, 1990년대가 리엔지니어링(reengineering)의 시대였다면, 2000년대는 속도의 시대가 될 것이다. 비즈니스의 본질이 매우 빠른 속도로 바뀔 것이고, 비즈니스의 처리속도 또한 빨라질 것이기 때문이다. 아울러 정보의 접속으로 소비자의 생활양식과 비즈니스에 대한 그들의 기대치가 바뀔 것이고, 그에 따라 제품의 질적인 향상과 비즈니스 과정의 개선도 훨씬 더 빨라질 것이다. 비즈니스의 속도가 충분히 빨라지면 비즈니스의 본질 또한 변화하기 마련이다. 주(週) 단위가 아니라 시시각각으로 판매변화에 민감하게 반응해야만 하는 제조업체나 소매상은 이제 더 이상 생산하거나 판매만 하는 입장이 아니라 제품에 대한 서비스 제공자로 그 성격이 변하는 것이다.

이런 변화는 '디지털 정보의 흐름(Flow of Digital Information)'이라는 의외로 단순한 개념 때문에 발생하게 될 것이다. 지난 30년간 우리는 '정보 시대(Information Age)'를 살아왔지만, 비즈니스간의 정보 이동이 주로 서류를 통해 이뤄진 탓에 구매자가 판매자를 찾는 과정에는 변화가 없었다. 대부분의 기업들은 현재 디지털 도구(digital tool)를 이용해 생산시스템을 가동시키고, 거래처에 보낼 송장(送狀)을 발부하고, 세무신고를 위한 회계를 관리하는 등 그 기초적 운영을 제어하고 있지만, 이러한 이용은 대개 예전의 작업과정들을 자동화한 것에 불과하다.

현재, 새로운 프로세스에 디지털 기술(digital technology)을 이용해 회사의 기능을 급진적으로 향상시키고 직원들의 능력을 최대로 활용하는 한편, 부상하는 고속 비즈니스 세계에서 경쟁하는 데 필요한 대응속도를 갖춰나가고 있는 기업은 매우 드물다. 사실 대부분의 기업들은 이러한 변화를 이룰 수 있는 도구들이 주변에 널려 있다는 사실조차 인식하지 못하고 있다. 실로 비즈니스 문제들의 대부분이 정보와 관련된 문제들임에도 불구하고 거의 대부분의 기업들이 정보를 제대로 다루지 못하고 있는 현실인 것이다.

게다가 너무나 많은 경영진들이 아직도 시의적절(時宜適切)한 정보의 부재를 당연시하고 있다. 너무나도 오랫동안 정보를 제대로 다루지 못하며 지내오다 보니 자신들이 무엇을 놓치고 있는지조차 알지 못하는 것이다. 그날 CEO들에게 행할 연설에서 내가 목표로 삼았던 것 중의 하나가 바로 그들에게 이러한 현실에 대한 자각을 일깨우고, 그들의 기대치를 높여주는 것이었다. 나는 그들이 현재 행하고 있는 정보기술(Information Technology) 투자로부터 이익이 되는 정보는 거의 얻지 못하고 있음을 스스로 인식하고 경각심을 갖기를 바랐다. 그리하여 고객의 실제 상황에 대해 빠르고 실제적인 지식을 주는 정보의 흐름을 그들 스스로 요구하게 되길 바랐다.(정보기술: 컴퓨터 시스템과 통신을

이용하여 정보를 수집·저장·이용·송출하는 기술 - 譯註)

　심지어 정보기술에 상당한 금액을 투자한 기업들조차도 합당한 성과를 얻지 못하고 있는 게 현실이다. 재미있는 것은 이러한 문제가 투자 규모가 부족해서 야기되는 결과가 아니라는 점이다. 사실, 대부분의 기업들은 기본적인 정보기술 설비를 모두 구축해 놓고 있는 상태이다. 생산성 응용프로그램을 위한 PC, 통신을 위한 네트워크와 전자우편 (이하 e-mail), 기본 비즈니스 응용프로그램 등이 그것이다. 하지만 이들 기업들은 대개 정보기술 투자의 80%를 정보의 원활한 흐름을 돕는 기술에 투자해 놓고서도 한결같이 가능한 이익의 20%밖에 건지지 못하고 있다. 투자하는 것과 얻는 것 사이의 이러한 현격한 차이는 과연 어디에서 오는 것일까? 그것은. 실현 가능한 것이 무엇인지를 이해하지 못하고, 적절한 정보를 기업 내 모두에게 신속하게 전달하는 기술을 이용할 때의 잠재력을 알지 못하는 데서 생기는 것이다.

기술과 기대치 바꾸기
(Changing Technology and Expectation)

　오늘날 대부분의 기업들이 정보를 가지고 행하는 업무는 몇 년 전이었다면 훌륭하다는 평가를 받았을 만한 것들이다. 1980년대나 1990년대 초만 하더라도 풍부한 정보를 얻기 위해서는 엄두도 못 낼 만큼 많은 비용이 들었고, 설령 정보를 얻는다 하더라도 그것을 분석해서 유포하는 도구가 실용 단계에 있지를 않았다. 그러나 바야흐로 21세기를 맞이하는 우리는 이제 디지털 시대의 연결성과 도구를 이용해 새롭고 비상한 방식으로 정보를 얻고, 공유하며, 활용할 수 있는 방법을 갖게 되었다.

　이제 우리는 사상 처음으로 숫자·텍스트·음성·비디오 등 모든 종류의 정보들을 어떤 컴퓨터라도 저장하고, 처리하고, 전송할 수 있는 디지털 형식으로 전환할 수 있게 되었다. 또 사상 처음으로 표준 하드웨어에 표준 소프트웨어 플랫폼을 결합함으로써 기업의 규모에 관계없이 강력한 컴퓨팅 솔루션(computing solution)을 저렴하게 이용할 수 있게 되었다. 그리고 개인용 컴퓨터의 "개인용"이라는 말은 이제 지식 노동자(knowledge worker)들이 그러한 솔루션에서 제공되는 정보를 분석하고 이용할 수 있는 강력한 도구를 개별적으로 지니게 되었음을 의미한다. 마이크로프로세서 혁명은 개인용 컴퓨터의 성능을 기하급수적으로 증가시키고 있을 뿐만 아니라, 완전히 새로운 세대의 휴대용 디지털 기기(포켓용 컴퓨터, Auto PC, 스마트 카드, 기타 등등)의 출현까지 예고하고 있다. 그리고 이러한 기기들은 다시 디지털 정보의 이용을 전세계적으로 보편화시켜줄 것이 분명하다. 이러한 "보편화"의 열쇠는 세계적인 연결망을 구축하고 있는 인터넷 기술의 향상이다.

　디지털 시대에 있어서 "연결성"이라는 말은 단순히 둘 혹은 그 이상의 사람들을 서로 연결해주는 것 이상의 의미를 지닌다. 인터넷은 정보 공유와 협동 그리고 상거래를 위한 전인류의 새로운 공간이다. 또한 TV나 전화 같은 우리 생활에 밀접한 기술의 즉시성(卽時性)과 자연성(自然性), 즉 아무 때나 즉각적으로 이용할 수 있고 또 자연스럽게 이용할 수 있는 점을 취하고 거기에 서신 왕래 고유의 깊이와 넓이를 더한 새로운 매개체이다. 뿐만 아니라 인터넷은 정보를 찾아주고 공통의 관심사를 가진 사람들을 서로 연결해주는, 완전히 새로운 능력도 지니고 있다.

　이렇게 부상하고 있는 하드웨어와 소프트웨어, 통신표준(communications standards)은 비즈니스나 소비자의 행동양식을 탈바꿈시킬 것이다. 앞으로 10년 이내에 대부분의 사람들이 가정과 직장에서 PC를 일상적으로 사용하게 되고, e-mail에 익숙해지며, 인터넷에 수시로 접속하게 된다는 얘기다. 또한 사람들은 개인적인 정보나 업무 관련 정보를 담는 디지털 기기를 휴대하고 다니게 될 것이다. 반복되는 얘기지만, 새로 나오는 소비자용 기기들은 텍스트·숫자·음성·사진·비디오 등 거의 모든 종류의 정보를 디지털 방식으로 처리할 것이다. 나는 이러한 디지털 접속을 활용하는 기업의 직원들이나 소비자들의 영향력을 강조하기 위해 "웹 업무양식(Web Workstyle)"이라는 용어와 "웹 생활양식(Web Lifestyle)"이라는 용어를 사용한다. 오늘날에는 대개 책상 앞에 앉아 물리적 전선을 통해 인터넷에 접속하고 정보를 찾지만, 앞으로는 주로 휴대용 디지털 기기를 통해 다른 시스템이나 사람들과 상시적인 접촉을 유지하게 될 것이다. 그런가 하면 수도나 전기계량기, 경보장치, 자동차 등과 같은 일상적인 기계들도 컴퓨터로 연결되어, 그 사용량이나 작동상태 등을 보다 쉽게 파악할 수 있을 것이다. 디지털 정보에 대한 이러한 응용프로그램들 각각은 조만간 소비자들의 이용에 있어서 갑작스럽고도 방대한 변화가 발생하는 시점, 즉 그 정점에 다다를 것이고, 더불어 우리의 생활양식과 업무환경에도 급격한 변화를 불러올 것이다.

"웹 업무양식"은 이미 우리 마이크로소프트(Microsoft, 이하 MS) 와 몇몇 다른 회사들의 비즈니스 프로세스를 변화시키고 있다. 기존의 서류 중심의 프로세스를 공조기능을 가진 디지털 프로세스로 대체함으로써, 우리는 예산안 기획이나 여타 업무과정에서 시간을 몇 주씩이나 단축할 수 있게 되었다. 몇 가지 성과를 더 살펴보자. 현재 우리 회사 직원들은 디지털 도구를 이용해 마치 한 사람이 일하는 것처럼 신속하게, 그러면서도 팀 전체의 통찰력을 공유하며 그룹별로 함께 움직이고 있다. 고도로 동기부여된 팀들이 실로 모든 사람들의 생각을 모아 장점을 취하며 일을 진행시키고 있는 것이다. 또한 제품 판매와 협력사 활동에 대한 정보, 그리고 특히 고객에 대한 정보에 보다 신속히 접근함으로써 우리는 여러 가지 문제점들과 기회들에 보다 신속히 대응할 수 있게 되었다. 디지털 도구를 이용하고 있는 다른 선구적인 기업들도 현재 우리와 유사한 성과를 올리고 있음은 물론이다.

우리는 그 동안 우리의 조직체에 (디지털 기술을 토대로 한) 새로운 차원의 '전자지능'을 주입해왔다. 무슨 형이상학적인 것이나, 「스타 트렉(Star Trek: 미국의 공상과학 TV프로그램의 하나)」에 나오는 기묘한 사이보그 스토리에 대해 말하려는 게 아니다. 지금부터 나는 특히 새롭고 중요한 것에 대해서 말하려고 한다. 디지털 시대에 제대로 활약하기 위해 우리 회사는 그 동안 새로운 디지털 인프라스트럭처(infra-structure)를 구축해왔다. 그것은 흡사 인간의 신경계와 같은 것이다. 위험에 처하거나 뭔가 필요할 때, 그에 걸맞은 속도로 반응하도록 반사

신경을 자극해주는 생물학적 신경계 말이다. 생물학적 신경계는 우리
가 뭔가에 대해 숙고하거나 판단을 내려야할 때 필요한 정보를 제공해
줄 뿐만 아니라, 중요한 문제에 신경을 쓰고 있으면 중요하지 않은 정
보들은 차단해주기도 한다. 기업도 역시 이와 같은 종류의 신경계를 보
유할 필요가 있다. 그래야 원활하고 효율적으로 움직여 위기상황이나
기회에 재빨리 대응할 수 있고, 직원들에게 값진 정보를 빠르게 전달하
는 한편, 신속하게 결정을 내리면서 고객과 상호작용할 수 있는 것 아
니겠는가.

  내가 이러한 문제들에 대해 숙고하며 CEO회담에서 연설할 내용을
최종 손질하고 있을 때, 불현듯 새로운 개념 하나가 나의 뇌리를 스쳤
다. 바로 "디지털 신경망(digital nervous system)"이라는 개념이다.
디지털 신경망은 인간의 신경 체계를 기업에 적용한 디지털 신경 체계
로서, 적절하게 통합된 정보의 흐름을 꼭 필요로 하는 부서에 적시에
제공해준다. 디지털 신경망을 구성하고 있는 프로세스들은 기업이 자
신의 외부환경을 인식해 반응할 수 있도록 해주고, 경쟁사의 도전과 고
객의 요구를 감지할 수 있도록 해주며, 이러한 것들에 대해 시의적절하
게 대응할 수 있도록 해준다. 하드웨어와 소프트웨어의 결합을 필요로
한다는 점에서는 여타 네트워크와 마찬가지지만, 디지털 신경망은 단
순한 컴퓨터 네트워크와는 현격히 다르다. 우선 지식노동자들에게 안
겨주는 정보의 정확성과 신속성, 풍부함에 있어서 다르고, 결과적으로
정보를 통해 얻게 되는 "통찰력"과 "상호협력"에서도 큰 차이가 나기
때문이다.

  결국 나는 "디지털 신경망"을 그날 연설의 주제로 삼기로 결정했다.
나의 목적은 CEO들에게 정보의 흐름을 실행하는 기술의 잠재력을 일
깨우고, 그들이 사업을 보다 잘 운영하도록 도와주는 데 있었다. 다시
말해서, 그들이 효과적인 정보의 흐름을 실행시키기만 하면 개별적인
비즈니스 솔루션 또한 쉽게 얻을 수 있음을 인식시키려는 의도였다. 또
한 디지털 신경망은 기업 내 모든 부서와 직원들에게 이로운 것이기 때
문에, 나는 그들에게 기업 전체의 사고방식과 문화를 변화시키려면 그
들 CEO들이 직접 나서야 한다는 점을 강조하고 싶었다. 디지털 정보

의 흐름과 웹 업무양식에 기초한 행동양식을 전직원에게 재교육하는데 필요한 변화를 추진할 수 있는 사람은 CEO뿐이라는 뜻이다. 아울러 그러한 결정에 접근한다는 것은 그들 자신이 디지털 기술에 대한 이해의 폭을 불안하지 않을 정도로 충분히 넓혀야 함을 의미했다. 즉 디지털 기술이 비즈니스 프로세스를 근본적으로 변화시키는 방식에 대한 이해의 폭 말이다.

회담이 끝난 후 많은 CEO들이 내게 다가와 디지털 신경망에 대한 보다 자세한 정보를 요청했다. 일단 성과를 거둔 셈이었다. 그 이후로 나는 그날 내가 제시했던 개념에 살을 붙인 다음, 계속해서 여러 곳을 돌아다니며 그것을 주제로 강연을 했고, 그럴 때마다 다른 많은 CEO들과 경영 관리자들, 정보기술 전문가들이 보다 상세한 정보를 얻기 위해 내게 다가왔다. 또 매년 수천 명의 고객들이 우리 회사를 방문하여 MS 내부의 비즈니스 솔루션을 살펴보면서, 우리가 디지털 신경망을 구축한 이유와 방법을 알려고 하고 있고, 그들도 같은 시스템을 갖추려면 어떻게 해야 하는지 그 방법에 대해 알려주기를 원하고 있다. 이 책은 바로 그러한 요청에 대한 나의 응답인 셈이다.

나는 기업의 CEO와 여타 조직의 지도자, 그리고 지위 고하를 막론한 모든 직급의 관리자를 위해 이 책을 썼다. 이 책을 통해 나는 디지털 신경망이 어떻게 비즈니스의 3대 구성요소(고객/협력사 관계, 종업원, 프로세스)에 활력을 불어넣고, 나아가 어떤 식으로 비즈니스를 변형시키며, 또 어떻게 소비자들로부터 보다 민감한 반응을 이끌어 내는가를 설명하려 한다. 이 책은 위의 3대 구성요소들을 구현하는 세 가지 기능, 즉 상거래(commerce), 지식관리(knowledge management), 사업운영(business operation)을 중심으로 구성되었다. 제일 먼저 살펴볼 것은 상거래에 관련된 내용이다. 왜냐하면 웹 생활양식으로 인한 상거래 전반의 변화가 먼저 일어날 것이고, 거기에 보조를 맞추기 위해 기업들이 지식관리와 사업운영 방식을 재구성하게 될 것이기 때문이다. 책의 나머지 부분에서는 다른 조직체에 일반적인 교훈을 주는 몇몇 특수 '기업'의 사례와 정보 흐름의 중요성에 대해 다룰 것이다. 디지털 신경망의 목적이 직원들간의 원활한 업무협조를 통해 비즈니스 전략을 개발하고 실행하는 것이기 때문에, 빈틈없는 디지털 피드백 루프 (digital feedback loop)를 구축해야 회사가 신속하고도 지속적으로 변화에 적응할 수 있다는 사실도 거듭거듭 언급할 것이다.

이 책《빌게이츠 @ 생각의 속도》는 기술서가 아니라, 실제적인 비즈니스 문제들을 해결해주는 디지털 프로세스에 대한 사업적 타당성과 실무적 용도를 설명하는 책이다. 최근에 이 책의 원고를 읽어 보았던 어느 CEO는 이 책에 나오는 사례가 자신의 회사에서 디지털 신경망을 활용할 방법을 이해하는 데 하나의 템플릿(template, 型板) 역할을 해주었다고 말했다. 그는 친절하게도 이렇게 덧붙였다.

"당신에게 도움이 될까해서 나름대로 촌평을 몇 줄 적었고, 또 우리 회사에 가져가서 실행할 내용도 따로 베껴 놓았소."

나는 이 책을 읽는 다른 독자들도 위와 같은 식의 "방법론적" 가치를 발견하길 바란다. 보다 기술적인 문제에 관심이 있는 분들은 이 책을 위해 마련한 웹 사이트인 www.Speed-of-Thought.com에 들어와 보길 바란다. 여기에 접속하면 기존의 정보시스템의 성능을 평가하는 기법과 디지털 신경망을 구축하기 위한 구조적 접근 및 개발 방법, 몇몇 사례에 대한 배경 정보 등을 얻을 수 있을 것이다. 이 사이트는 또한 내가 중간중간에 언급하는 다른 사이트들과도 연결되어 있음을 참고하기 바란다.

다음은 디지털 정보의 흐름을 기업의 본질적 부분으로 만들기 위해 필요한 12가지 핵심 단계이다.

지식업무(knowledge work)를 위해 :

1. 조직 내의 의사소통은 모두 e-mail을 통해 이뤄지도록 하라. 사업환경 변화에 즉각적으로 대응할 수 있도록 하기 위해서이다.
2. 판매관련 자료는 온라인상에서 분석하라. 손쉽게 구매 유형을 파악하고, 이러한 결과를 공유하기 위해서이다. 고객의 전반적인 트렌드를 분석하고, 고객 각각의 기호와 취향에 맞춰 서비스를 개별

화하라.

3. 비즈니스 분석에 PC를 활용하고, 지식노동자들의 힘을 제품과 서비스, 수익성에 관련된 수준 높은 사고작업으로 이동시켜라(지식노동자에게 기존의 업무를 맡길 경우 생산성이 오히려 떨어질 수도 있다는 점을 유의하라).

4. 디지털 도구를 활용하여 부서를 초월한 가상(virtual) 팀을 만들어라. 그것은 세계 어디서나 실시간(real time)으로 정보를 공유하고, 서로의 아이디어를 교환할 수 있도록 해준다. 디지털 시스템을 이용해 전반적인 사업자료를 축적하고, 모든 직원들이 이를 활용할 수 있도록 하라.

5. 모든 서류작업을 디지털 프로세스로 전환하라. 이를 통해 업무 적체를 해소하고, 지식노동자들이 보다 중요한 과업을 수행할 수 있게 하라.

사업운영(business operation)을 위해 :

6. 디지털 도구를 활용하여, 단순·비효율 업무를 아예 없애버리거나 아니면 지식노동자들의 기술을 이용하는 고부가가치 작업으로 전환하라.

7. 디지털 피드백 루프를 구축해서 물리적인 프로세스의 효율을 높이고, 제품과 서비스의 질을 향상시켜라. 모든 직원들이 주요 일상 작업의 실행 과정을 쉽게 파악할 수 있어야 한다.

8. 디지털 시스템을 이용해서, 고객의 불만이 신속하게 제품이나 서비스를 개선할 수 있는 담당자에게 전달되게 하라.

9. 디지털 통신을 활용해 현재 행하고 있는 비즈니스의 성격과 영역을 다시 설정하라. 고객상황에 따라 (반응이 좋으면) 사업의 규모를 더욱 크고 실질적으로 만들고, (좋지 않다면) 작고 친밀하게 줄여라.(이는 기업 전체에 해당할 수도 있고, 어느 한 사업부문에 해당할 수도 있다.)

상거래(commerce)를 위해 :

10. 정보를 활용해 시간을 벌어라. 모든 공급업자나 협력사들과 디
    지털 거래를 이용해 거래과정상의 소요시간을 줄이고, 모든 비즈
    니스 프로세스를 적시(just-in-time) 출하 체제로 바꿔라.(주문
    량을 적시에 공급하는 것이야말로 디지털 시대의 기본적 비즈니스 요
    건이다.)
11. 전자상거래(E-commerce)를 통해, 제품판매 및 서비스 제공 등
    고객과의 거래로부터 중간상인을 제거하라. 만약 당신이 중간상
    인이라면, 디지털 도구를 활용하여 그러한 거래에 가격 이외의
    독특한 가치를 부가하라.(예컨대 온라인으로 상품정보를 알려주거
    나 공연정보를 알려주는 등 어떤 서비스라도 좋다.)
12. 디지털 도구를 활용하여 고객이 문제를 스스로 해결하도록 도와
    라. 고객과의 직접적인 접촉은 보다 가치 있고, 복잡한 요구에 대
    비해 유보해 두어라.

  이 책의 각 장(章)에서는 위에 열거한 요점들이 하나 혹은 그 이상으
로 다뤄질 것이다 ― 효과적인 정보의 흐름을 구축하면 이러한 것들 몇
가지가 한꺼번에 해결될 수 있기 때문이다. 사실 디지털 신경망의 핵심
요소는 지식관리, 사업운영, 상거래라는 각기 다른 시스템들을 서로 연
결해주는 것이다.
  특히 사업운영 분야에서는 MS에 초점을 맞춰 몇 가지 사례를 구성
했음을 미리 밝힌다. 여기에는 두 가지 이유가 있다. 첫째는 정보기술
의 제안자인 우리 MS는 비즈니스를 운영하는 데 있어서 기술을 어떻
게 활용하고 있는지를 고객들이 알고 싶어하기 때문이다. 혹시 말로만
떠들고 있는 건 아닌가? 둘째는 우리 회사의 일이므로 내가 얼마든지
깊이 있게 밝힐 수 있기 때문이다. 즉, 우리 회사가 실제로 겪는 운영
상의 문제점에 디지털 시스템을 응용하는 원리에 대해서 나는 많은 얘
기를 할 수 있다. 하지만 MS만의 얘기로 끝나는 것은 아니다. 나는 최
선의 모범을 발견하기 위해, 전 산업계에 걸쳐 수십 개가 넘는 선도적

인 기업들을 두루 찾아다녔다. 디지털 신경망이 광범위하게 응용될 수 있음을 보여주고 싶었기 때문이다. 그리고 현재 몇몇 분야에서는 디지털을 이용한 업무공조에 있어서 MS보다 앞서 나가고 있는 기업들도 있다는 사실을 발견했다. 큰 성과가 아닐 수 없다.

다시 한번 강조하지만, 다가올 10년 동안에 성공하게 될 기업은 전반적인 업무방식을 혁신하기 위해 디지털 도구를 활용하는 기업일 것이다. 이러한 기업들은 빠른 결정 아래 효율적으로 움직이며, 긍정적인 방식으로 고객들과 직접 접촉할 것이다. 나는 이 책을 읽는 모두가 긍정적인 변화의 가능성에 즐거운 흥분을 느끼며 다가오는 10년을 맞이하길 바란다.

디지털 테크놀러지를 채택하는 순간, 여러분은 낡은 비즈니스 방식을 산산이 부수는 충격적인 변화의 최첨단에 서게 될 것이다. 또한 디지털 신경망은 인간이 생각하는 속도와 같은 엄청나게 빠른 속도로 비즈니스를 행하게 해줄 것이다. 그것이 바로 21세기 성공의 문으로 들어서는 열쇠이자 새로운 세기를 준비하는 핵심인 것이다.

I

정보의 흐름이 생명줄
(Information Flow Is Your Lifeblood)

제 1 장

사실에 입각한 경영
(Manage with the Force of Facts)

사업적 판단을 내리기 전에 해야 할 가장 큰 일은, 지속적으로 변화하는 기술 및 시장 등과 관련된 사실과 상황을 찾고 파악하는 것이다. 현대의 기술적 변화는 매우 빨라서, 사실과 상황에 대한 탐색은 사업하는 사람들의 영원한 '숙제' 일 수밖에 없다.
— 알프레드 P. 슬로언 Jr.,
《GM과 함께 한 나날들(My Years with General Motors)》

나에게는 단순하지만 강한 믿음이 있다. 정보를 탁월하게 이용하는 것이 경쟁사로부터 자기 회사를 차별화하는 가장 의미 있는 방법인 동시에, 일반 대중과 자신의 거리를 벌리는 최선의 길이라는 믿음이다. 정보를 어떻게 수집하고, 관리하며, 이용하는가에 따라 성패가 결정된다는 의미이다. 현대는 무한 경쟁의 시대이다. 전보다 훨씬 많아진 기업들이, 전보다 확대된 글로벌 시장에서 치열한 경쟁을 벌이고 있다. 따라서 경쟁사나 시장에 대한 정보 또한 훨씬 많아졌음은 물론이다. 그렇다면 승자는? 세계적인 수준의 디지털 신경망을 구축하여 조직 내에 정보가 원활하게 흐르도록 함으로써 최대한의 지속적인 '학습' 을 해나가는 기업들만이 경쟁에서 살아남게 될 것이다.

여기에 이의를 제기하는 독자도 있을 것이다. '무슨 소리야? 성공과 실패는 효율적인 프로세스가 좌우하는 것이라고! 품질이 관건이야! 브

랜드 인지도를 높이고, 시장점유율을 확대해 나가는 것이지! 소비자에
게 한 발 더 접근해야 한다니까!' 물론이다. 성공에는 이 모든 것들이
필요하다. 하지만 이런 것들은 '기본'이다. 업무과정이 원활하지 못하
고, 품질 향상이나 브랜드 개발에 무관심하며, 고객 서비스가 부실한
회사는 아무도 도울 수 없다. 전략이 나쁘면 정보가 아무리 좋아도 실
패하기 마련이다. 또 서투른 실행은 좋은 전략을 방해하기 마련이다.
만약 이런 부실이 계속 누적된다면 어떤 기업이라도 곧 업계에서 설자
리를 잃게 될 것이다.

그러나 유능한 사원, 탁월한 제품과 소비자의 호의, 두둑한 은행잔
고 등등 다른 모든 여건을 갖추고 있다 하더라도, 프로세스를 능률화
하고, 품질을 높이며, 사업운영을 개선하려면 좋은 정보가 빠르게 흐
르도록 하는 것이 반드시 필요하다. 대부분의 기업들은 현재 유능한
사원들에게 일을 시키고 있으며, 고객들로부터 정당하게 평가되기를
원하고 있다. 또 대부분의 조직들은 내부 어딘가에 활용 가능한 좋은
정보들을 보유하고 있게 마련이다.

정보의 흐름은 기업의 생명줄이다. 그것은 직원들의 능력을 최대한
으로 활용하게 해주고, 고객들로부터 무엇이든지 배울 수 있게 해주기
때문이다. 우선 다음과 같은 질문에 답할 수 있는 정보를 가지고 있는
지 생각해보길 바란다.

- 고객은 제품에 대해 어떻게 생각하고 있는가? 그들이 바라는
  개선 사항은? 그들은 제품에 어떤 새로운 기능이 추가되기를
  원하는가?
- 유통업자나 판매상은 여러분과 함께 일하거나 제품을 판매하
  는 데 있어서 어떤 문제들에 봉착하는가?
- 경쟁사가 우위를 점하고 있는 부문은 무엇이며, 그 이유는?
- 변화하는 고객의 요구를 충족시키기 위해 새로운 성능을 개발
  해야 할 필요를 느끼는가?
- 요즈음 새로이 부상하고 있는 시장 가운데 놓치지 말아야 할
  시장은?

물론, 디지털 신경망이 이러한 질문에 대한 해답을 바로 알려주는 것은 아니다. 디지털 신경망은 산더미 같은 서류작업으로부터 풀려나 이러한 문제에 대해 생각할 시간을 벌어주고, 생각을 전개시키는 데 필요한 자료를 제공하며, 전반적인 추세를 파악할 수 있도록 정보를 제시하는 역할을 한다. 또한 디지털 신경망은 조직 하부에서 파악하고 있는 사실이나 아이디어를 표면으로 부상시키는 역할도 수행한다. 이러한 문제에 대한 정보들은 대개 하부 직원들이 가지고 있기 때문에 이는 시사하는 바가 크다. 경우에 따라서는 그들로부터 바로 해답을 얻을 수도 있다. 그리고 무엇보다도 중요한 것은 디지털 신경망 덕분에 이런 일련의 일들을 매우 "신속하게" 처리할 수 있다는 점이다.

해법 찾기
(Answering the Hard Questions)

만약에 미국의 철도회사들이 자신들의 사업영역이 강철선로업계가 아니라 운송업계라는 사실을 깨달았더라면, 현재 미국인들은 '유니온 퍼시픽 항공(Union Pacific Airlines)'을 이용해 하늘을 날게 되었으리라는 업계의 오래된 우스갯소리가 있다(유니온 퍼시픽이 아직도 철도회사라는 사실만 참고하면 쉽게 이해될 것이다 – 譯註). 사실 다른 많은 업체들은 그 동안 훨씬 근본적으로 업종을 전환하거나 사업영역을 확대해왔다. 일본에서 처음으로 전기밥솥을 개발했음에도 불구하고 실패했던 회사가 지금은 가정용 · 사무용 전자제품과 음반 · 영화산업 부문에서 세계적 선두주자인 소니(SONY) 주식회사가 되었다. 초창기에는 시류를 좇아 용접기나 볼링장용 센서, 체중감량기 등을 만들던 기업이 오늘날 오실로스코우프와 컴퓨터를 생산하는 휴렛팩커드(HP)로 성장했다. 이들 기업은 시장의 흐름을 잘 파악하고 거기에 편승해 경이로운 성공을 거둔 대표적 사례이다. 그러나 대부분의 기업들은 그러고 싶지만 그럴 능력이 없는 실정이다.

현재 종사하고 있는 업계를 자기가 직접 들여다 볼 때조차도 다음

성장기회가 어디에 있는지 파악하기 힘든 경우가 많다. 다들 알다시피, 맥도널드(McDonald's)는 치열하기로 소문난 패스트푸드 시장에서 품질과 시장점유율, 브랜드 인지도 면에서 독보적인 위치를 점유하고 있는 회사이다. 그런데 최근에 한 시장분석가는 맥도널드가 업종을 전환해야 한다는 제안서를 내놓아 관심을 끌었다. 그 분석가는 맥도널드가 때때로 마련하는 판촉용 장난감(주로 어린이 영화의 등장인물을 소재로 하는 장난감)을 거론하며, 낮은 마진의 햄버거에 장난감을 끼워주는 대신에 높은 마진의 장난감 시리즈 판매에 햄버거를 이용해야 한다고 말했던 것이다. 글쎄, 맥도널드가 과연 그런 식으로 업종을 전환하러 나설지는 의문이지만, 오늘날의 급변하는 비즈니스 세계에서는 이러한 발상 자체가 결코 터무니없는 것만은 아니라는 생각이다.

　이 이야기에서 중요한 점은, 어떤 기업도 시장에서의 현위치를 당연한 것으로 여기고 있어서는 안 된다는 것이다. 기업은 스스로를 끊임없이 재평가해야 한다. 그래야 과감한 업종전환으로 타개책을 마련할 수도 있고, 현재 가장 잘 아는 동시에 가장 잘하고 있는 기존의 업종을 고수해 나갈 수도 있는 것이다. 자사의 경쟁우위와 새로운 시장수요를 제대로 이해하려면 그만큼 관리자들의 정보능력이 중요하다는 얘기이기도 하다.

　이 책은 앞으로 기업이 어떠해야 하는지와 나아갈 바에 관해 난해한 문제를 제기하는 동시에, 해법을 찾기 위해 우리는 과연 어떤 식으로 정보기술을 이용해야 하는지를 보여줄 것이다. 정보기술은 비즈니스에 대한 통찰력을 얻을 수 있는 자료들을 접하게 해줄 뿐만 아니라, 그에 신속하게 대응하게 해줄 것이다. 또한 정보기술은 사업상의 문제들에 전에는 단순히 이용이 불가능해서 채택할 수 없었던 해결책들을 제시해줄 것이다. 이렇듯 정보기술과 비즈니스는 점점 더 뗄래야 뗄 수 없는 관계로 복잡하게 얽혀가고 있는 중이다. 따라서 다른 한 쪽에 대한 언급은 없이 어느 한 쪽 얘기만을 일방적으로 풀어나가는 것은 아무런 의미가 없다고 단언하는 바이다.

사실에 입각해 객관적으로 접근하기
(Taking an Objective, Facts-based Approach)

난해한 비즈니스 문제를 푸는 첫번째 단계는 사실에 입각해 객관적으로 접근하는 것이다. 말하긴 쉽지만 행하기는 어려운 이 원칙은 내가 가장 좋아하는 경영서인 알프레드 P. 슬로언 2세의《GM과 함께 한 나날들(My Years with General Motors)》[1]에 잘 예시되어 있다. 만약 여러분이 비즈니스 서적을 단 한 권만 읽기를 원한다면 나는 주저없이 이 책을 권하고 싶다(그렇다고 내 책을 내려놓지는 마시길…). 슬로언의 경력담을 통해 긍정적이고, 합리적이며, 정보에 입각한 지도력이 비범한 성공을 이끌어 내는 과정을 살펴보는 것은 참으로 신나는 일이 아닐 수 없다.

1923년에서 1956년에 이르는 슬로언의 재임기간 동안 GM은 미국 최초의 실질적인 복합사업체(complex business organization)가 되었다. 슬로언은 조직 내부인사들로부터 얻는 사실적 정보와 통찰력 없이는 완전한 전략을 개발하거나 적절한 모험을 감행하지 못한다는 점을 잘 알고 있었다. 그는 먼저 자신의 경영참모들이나 기술참모들과 세세한 부분까지 "함께" 일했고, 회사의 생산설비들을 직접, 그리고 정기적으로 돌아보면서 자동차사업에 대한 이해의 폭을 넓혀 나갔다. 그러나 경영자로서의 그의 역량이 가장 잘 드러나는 부분은, 미국 전역의 GM 판매상(dealer)들을 대상으로 업무 공조관계를 형성해 나간 방식이었다. 그는 판매상들로부터 지속적으로 정보를 수집하면서, 그들과 긴밀하고도 생산적인 관계를 맺어 나갔다.

슬로언은 사실적 정보를 찾기 위한 반복적인 출장을 통해 많은 것을 얻어냈다. 그는 열차 한 량을 빌려 개인 사무실로 꾸며놓고는 전국의 판매상들을 찾아다녔다. 하루에 5명에서 10명까지 만나는 일은 보통이었다. 그는 GM이 판매상에게 팔고 있는 제품뿐만 아니라, 판매상의 담당구역에서 주로 팔리는 제품까지 파악하려고 했다. 이러한 노력으

---

1. 슬로언의 책은 1941년에 처음 출간 되었다. 최근 판에는 피터 F. 드러커가 머리말을 썼다.
   (뉴욕: 바이킹 출판사, 1991년 발행)

로 그는 1920년대 말, 자동차업계의 판도 변화를 알아차리게 되었다. 그것은 중고차가 기본적인 대중교통 수단으로 자리잡고 있다는 사실이 었다. 타고 다니던 차를 대금의 일부로 받고 차액은 할부로 해주는 조건이면, 중산층 구매자도 고급 차종을 택하는 추세였다. 슬로언은 자동차사업이 이렇게 판매위주에서 교환위주로 바뀜에 따라, GM과 자동차 판매상들의 관계 역시 근본적으로 바뀌어야 한다는 것을 깨달았다. 제조사와 판매상이 이전보다 더 긴밀한 동반자 관계를 구축해야 했다. 슬로언은 먼저 GM 본사에서 판매상들이 경영진과 정기적인 모임을 갖는 '판매상 회의'를 만들고, 그들의 불만을 수렴하기 위한 '판매상 위원회'를 신설했다. 또한 그는 새로이 매장을 개설할 최적지를 선정하기 위해 시장조사를 실시했고, 더 나아가 매장을 개설할 자본금이 없는 사람들에게 "능력만 있으면 자금을 지원하는" 제도까지 수립했다.[2]

하지만 여전히 정확한 판매정보를 손에 넣기는 힘들었다. 판매량 산정방식이 앞뒤가 안 맞고 구식인데다가 불완전하기까지 했다. 슬로언은 이렇게 적고 있다.

"어떤 판매상의 이익이 감소하고 있으면, 그것이 신차에 문제가 있는 건지 아니면 중고차 문제인지, 혹은 서비스 문제나 부품 문제인지, 그도 아니면 우리가 모르는 다른 문제가 있어서 그런 것인지 도대체 알길이 없었다. 이런 것들에 대한 사실적 정보가 없이는 그 어떤 확실한 유통 정책도 실행하지 못할 것이 분명했다."

그는 이어서 "만약 각각의 판매상들이 그들의 비즈니스와 관련된 '정보'를 제대로 파악할 수 있고, 그 세부 내용들을 '지능적으로' 다룰 수만 있다면, 막대한 금액이라도 기꺼이 투자할 용의가 있고, 또 전적으로 그런 행위를 타당하다고 느낄 것이다"라고 썼다. 여러 가지 사실적 정보를 얻도록 판매상을 돕는 것이 "GM을 위한 최상의 투자"라고 생각했던 것이다.[3]

이러한 문제를 해결하기 위해 슬로언은 표준화된 회계시스템을 채

2. 슬로언의 책 288쪽
3. 슬로언의 책 286~287 쪽

택해 GM 전조직과 전국의 판매상 모두가 사용하게 했다. 여기에서 중요한 것은 "표준화"다. 지위 고하를 막론하고 모든 사원들과 전국의 모든 판매상들이 이제부터는 정확하게 같은 방식으로 '숫자'를 분류한다는 의미였다. 그리하여 1930년대 중반 무렵, GM 판매상들과 그들을 관리하는 각 지사, 그리고 본사 직원들은 모두 동일한 회계시스템을 이용해 상세한 재무분석을 할 수 있게 되었다. 예를 들어, 어떤 판매상이건 자신의 영업실적뿐만 아니라 그룹 전체의 평균실적까지 파악하고 비교할 수 있게 되었다.

정확한 정보를 제공하는 인프라스트럭처 하나가 그후 수십 년 동안 타의 추종을 불허하는, "대응력을 갖춘" 조직체를 만들어 낸 것이다. 내가 "기업의 신경망"이라 부르는 이러한 인프라스트럭처 덕분에 GM 은 슬로언의 재임기간 내내 자동차업계의 선두주자로 군림했다. 물론 아직 "디지털화"된 것은 아니었지만, 그 가치는 엄청난 것이었다. GM 은 특히 판매점의 재고상황을 어떤 자동차회사보다 잘 파악할 수 있었고, 그러한 정보를 토대로 투자함으로써 막대한 경쟁적 우위를 차지하게 되었다. 그리고 GM은 정보의 이러한 효용을 울타리 너머로까지 확대했다. 그러니까 GM은 '수작업' 정보시스템을 이용하여 세계 최초로 일종의 "익스트라넷(extranet)", 즉 회사와 부품업체, 판매상을 하나로 묶는 네트워크를 개발한 셈이다.

물론 그 시절에 회사 내 조직 전반에 지금처럼 많은 정보를 흐르게 할 수는 없었다. 아마 요즘처럼 정보를 흐르게 하려고 했더라면 어떤 조직체건 감당할 수 없을 정도의 전화 통화량으로 시달렸을 것이다. 너무나도 많은 사람들이 끊임없이 전화를 걸어대고, 서류를 들고 돌아다니면서 자료나 도표의 연관성을 규명하기 위해 눈에 불을 켜고 서류 기록을 들여다봤어야 했을 것이란 얘기다. 비용 또한 막대하게 들어갔을 것임은 물론이다. 하지만 오늘날 세계 굴지의 기업을 운영하려면 이와는 비교도 안 될 정도로 훨씬 더 많은 것을 추적해야 하고, 훨씬 더 빨리 움직여야만 한다. 슬로언의 경영원칙 중 하나였던 "사실에 입각한 경영"은 이제 정보기술을 필요로 한다. 기업이 할 수 있는 것과 그것을 행하는 경우의 타당성, 그리고 경쟁력 등에 있어서 극적인 변

시대를 막론하고 어려운 범세계적인 표준화
(Standardizing Worldwide Is Hard in Any Era)

일단 해외로 발을 내딛자마자 MS의 국제 비즈니스는 급속한 신장세를 띠었다. 우리는 세계 시장을 향한 신속한 진출에 주안점을 두었고, 세계 각국에 퍼져 있는 자회사들은 성공에 필요한 능력을 두루 갖추고 있었다. 특히 나라마다 개별적인 상황에 따라 자회사들에게 회사운영에 대한 자율권을 부여한 방침은 고객에게도 좋았고, 우리에게도 이익이 되었다. 해외사업 부문이 차지하는 수익 비중이 1986년의 41%에서 1989년에는 55%로 치솟았다.

한편 외국 자회사가 각각 독립성을 갖다보니 본사로 들어오는 재무보고 또한 제각기 다른 형식을 취했다. 나라마다 사업협정이 다르고, 세법(稅法)이 달랐던 것이다. 어떤 자회사는 MS의 아일랜드 공장에서 만들어진 제품을 자기 회사의 원가비용으로 산정했는가 하면, 또 어떤 자회사는 소비자가격의 일정 비율을 생산원가로 이용했다. 그들은 또한 실제 판매액과 이윤도 서로 다른 방법으로 계산했다. 어떤 자회사는 자국에서 컴퓨터를 생산해 판매하는 제조회사처럼 소비자에게 직접 제품을 판매하여 그에 대한 수수료를 받았고, 또 어떤 자회사는 모회사인 MS가 직접 제품을 판매하도록 돕고 (우리로부터) 원가 가산에 기초한 보상을 받았다. 하여튼 자회사마다 각기 다른 대여섯 개의 재무관리 유형 때문에 우리는 골머리를 앓았다.

당시 판매/지원 담당 부사장이었던 스티브 발머와 나는 그러한 수치들을 들여다 볼 때마다 실로 기민하게 머리를 회전시켜야 했다. 예를 들어, 우리가 어떤 한 자회사와 관련된 재무 대차대조표를 보고 있으면, 당시 재무담당 부장이었던 마이크 브라운이 "이건 유형 6에 속하는 자회사입니다. 요것과 조것에 원가 가산을 하는 유형이죠."하는 식으로 다른 다섯 유형과의 차이를 설명했고, 그러면 우리는 머리 속으로 그 자회사와 관련된 수치들을 가능한 한 빠르게 다시 계산하여 다른 수치들과 비교해봐야 했다.

결국, 마이크가 입버릇처럼 말한 대로 "현실적인 다른 대안이 없었"으므로, 그와 우리 회사의 회계감사인 존 앤더슨은 이미 여타 종류의 분석에 PC 스프레드시트가 사용되고 있다는 사실을 이용하기로 결정했다. 그리하여 두 사람은 (모회사와 자회사 사이의) 내부 거래에 따르는 이윤과 수수료를 고

려하지 않는 원가대비 손익계산법을 고안해냈다. 그리고 그 새로운 손익계
산법을 e-mail을 통해 두루 알리고는 (사소한 반대는 무마시키며) 모두의
즉각적인 수용을 얻어냈다. 그후로 우리가 자회사의 재무상황을 들여다 볼
때 진행중인 상황을 보다 손쉽게 파악할 수 있었고, 특히 주어진 자료를 다
른 각도에서도 검토해볼 수 있었다. 더욱이 이러한 모든 자료를 온라인으로
비교할 수 있는 데서 오는 이득은 엄청난 것이었다. 그 대표적 이득이 가상
환율을 자유자재로 입력 · 처리함으로써 환율 변동에 따른 결과와 환율 변동
이 없는 경우의 결과를 쉽게 예측할 수 있게 되었다는 점이다.

　　나중에, 판매업무와 관련된 모든 자료를 하나의 전사(全社) 시스템으로
중앙처리할 준비가 되었을 때, 우리는 이미 충분한 '예습'을 해둔 셈이었다.
판매시스템을 중앙집중화할 때 대부분의 기업들은 재무구조를 체계화하는
방법을 결정하느라 시간을 낭비하게 된다. 그러나 MS는 이미 그러한 문제
를 해결해 놓았기 때문에, 타기업에 비해 적은 비용으로 보다 신속하게 판
매자료에 대한 중앙처리시스템을 구축할 수 있었다.

화가 있었기 때문이다.

　　오늘날의 GM은 PC 기술과 인터넷 표준을 사용해 판매상이나 소비
자와 접촉한다. GM의 솔루션인 「GM Access」는 본사와 공장, 9,000
개의 자동차 판매상 사이의 대화형 통신을 위해 광역위성 인트라넷
(Wide-area Satellite Intranet)을 이용한다. 판매상들은 주문관리,
판매분석 및 예측을 포함하는 영업계획을 짜고 재무관리를 실행하는
데 온라인을 이용한다. 또 대화형 판매 장비를 갖추어 놓고, 제품의 특
징과 구체적 사항, 가격 및 기타 정보 등을 안내한다. 서비스 기술자들
은 전자서비스 매뉴얼과 기술 관련 회보, 온라인 부품계획 및 재고목
록 등을 통해 최신 부품이나 제품에 대한 정보에 수시로 접근한다. 판
매상과 GM 본사나 공장, 그리고 판매상 상호간의 연락은 e-mail로 이
루어진다. 또 판매상의 개별 솔루션이 GM의 공개 웹 사이트에 통합되
어 있어, 고객들이 (접속을 통해) 자동차에 관한 상세한 정보를 얻을 수
있다. GM은 현재 전자상거래 활성화에 보다 박차를 가하고 있다. 웹
기술이 고객의 자동차 구매방식을 근본적으로 변화시키는 기반을 제공

하고 있기 때문이다. 물론 다른 자동차회사들도 그 동안 그들의 정보
시스템을 꾸준히 향상시켜 왔다. 그 중에서도 특히 일본의 도요다
(Toyota)는 정보기술을 이용해 세계 수준의 제조업체로 성장한 기업
이다.

정보 시대의 차별화 전략
(Differentiating Your Company in the Information Age)

70년 전의 전통적 '굴뚝' 산업에서도 정보관리와 조직적 대응으로
그렇게 근본적인 차이를 이룰 수 있었다면, 기술력이 뒷받침되는 오늘
날에는 더 말할 필요가 없을 것이다. 오늘날 자동차 생산업체들은 대
부분 브랜드의 인지도 면에서나 품질에 대한 평판 면에서 전보다 우월
한 입장에 있다. 하지만 그들은 전세계적으로 전보다 훨씬 더 치열한
경쟁에 시달리고 있다. 현재의 자동차 생산업체들은 모두 똑같은 강철
을 재료로, 유사한 생산공정에, 동일한 작업도구를 사용해 제품을 생
산한다. 그리고 이런저런 운송에 들이는 비용도 비슷한 편이다. 따라
서 자동차 생산업체들이 스스로를 차별화하기 위해서는, 돋보이는 디
자인을 개발해야 하고, 고객이 참여하는 피드백을 효과적으로 이용해
제품과 서비스의 질을 개선해야 할 뿐만 아니라, 생산공정을 빠르게
향상시켜야 한다. 또한 기민하게 제품을 출시해야 하며, 유통 및 재고
관리에도 효율성을 높여야 한다. 풍부한 정보를 바탕으로 하는 이런
모든 프로세스에 이익을 주는 게 바로 디지털 프로세스이다.

디지털화 된 접근 방식은 은행이나 보험회사처럼 정보가 중추적 역
할을 하는 사업에서 특히 그 가치가 뚜렷하게 드러난다. 은행업계에서
는 고객에 대한 자료와 신용평가 자료가 사업의 핵심이다. 그리고 그
런 이유로 은행은 언제나 정보기술의 가장 큰 소비자였다. 그렇다면
이제 금융시장의 규제가 계속적으로 철폐되고 인터넷이 보편적으로 확
산되는 시대를 맞이하여 은행은 어떤 방식의 차별화 정책을 세워 경쟁
에 임해야 하는가? 이에 대한 답은 은행이 얼마나 지능적으로 신용분

석과 위기관리를 해내는가, 그리고 고객관계에 있어 얼마나 민감하고 신속하게 반응하는가의 문제로 귀착된다. 두뇌의 힘, 즉 지력(知力)이 특정 은행의 경쟁우위를 결정하는 요소가 된다는 뜻이다. 여기서 나는 단순히 은행 직원 개개인의 능력만을 의미하는 것이 아니라, 전직원의 최상의 생각을 활용하는 은행의 총체적인 역량에 대해 말하는 것이다.

　오늘날, 은행의 정보시스템은 막대한 양의 금융자료를 관리하는 것 이상의 일을 해야 한다. 은행의 사업전략을 짜는 사람들과 여신 담당자들에게는 고객에 관한 더 많은 정보를 제공해야 하고, 고객들에게는 스스로가 안전하게 정보에 접속해 온라인으로 청구서 요금을 납부할 수 있게 함으로써, 은행의 지식노동자들을 보다 고부가가치의 활동에 전념할 수 있게 해줘야 한다. 정보시스템은 이제 더 이상 백-엔드(back-end, 後置) 작업으로 수치정보를 처리하는 것에 대한 얘기가 아니다. 고객을 위해서 정보가 활용되도록 해주는 게 정보시스템이라는 뜻이다. 버지니아주 리치몬드에 있는 크레스타 은행은 은행업무와 근저당 설정, 각종 청구서 대금 납부서비스 등을 인터넷을 통해 제공할 뿐만 아니라, 슈퍼마켓이나 쇼핑센터 등지에도 직원을 파견해 계좌를 개설해주거나 대출을 권하고 있다. 이 모든 일들은 디지털 정보 흐름을 통해 고객을 백-엔드 시스템에 직접 연결해줌으로써 가능한 일들이다.

　나는 최근에 캐나다의 어느 은행에서 개최한 토론회에서 강연을 하다가 은행이 인터넷에 투자하는 방법에 대해 몇 가지 질문을 받은 적이 있다. 오늘날 은행들은 이미 정보를 저장하는 백-엔드 데이터베이스 시스템은 물론이고, 전화로 고객 서비스를 제공하는 직원이나 창구 직원과 지점들을 위한 응용프로그램도 보유하고 있다. 그런 은행들이 이제 인터넷을 통해 고객에게 자료를 제공하기 위해 새로운 시스템을 부가할 것을 검토하고 있는 것이다. 그들은 질문 끝에 이렇게 덧붙였다.

　"추가로 새로운 인터페이스(interface)를 사용하는 번거로움이나 비용 부담은 없었으면 좋겠습니다."

　그날 내가 그들에게 말해 준 해결책은 간단하다. 고객들이 인터넷을 통해 자료를 접할 수 있도록 규모가 큰 인터페이스를 구축한 뒤, 은행 내부적으로 자료를 검토하는 데에도 같은 인터페이스를 사용하면 된다. 고객에 대한 자료와 고객과 '대화한' 최근 자료를 은행 직원들이 볼 수 있도록 하기 위해 약간씩 추가는 해야겠지만, 인터페이스가 달라질 일은 없다. 그리고 그 새로운 시스템을 주류 플랫폼(mainstream platform)에서 실행하면 자료를 검색하는 여러 다른 방법들도 대체할 수 있다. 시간이 지남에 따라 사업적 타당성이 인정되면, 새로운 기술에 맞춰 백-엔드 데이터베이스를 업그레이드시키면 되는 것이다. 한편, 그러는 가운데 인터넷 인터페이스는 그들의 생활을 보다 단순화시켜줄 것이다. 번거로움과는 거리가 멀어진다는 얘기다. 새로운 인터페이스가 은행 내적으로나 외적으로 "가상 은행"의 기능을 충실히 수행해줄 것이기 때문이다.

정보의 업무활용
(Putting Information to Work)

2차 세계대전을 거치면서 최초의 다목적 컴퓨터인 에니악(ENIAC)이 도입된 이후, 컴퓨터가 인간보다 더 신속하고 정확하다는 사실이 여러 분야에서 빠르게 입증되었다. 대규모 단체의 고객기록 관리에서부터 반복적인 단계별 기계공정을 자동화하는 일에 이르기까지 컴퓨터는 놀라운 힘으로 인간의 노동을 대체해 나갔다. 그러나 컴퓨터가 수준 높은 기능을 행하고 있었던 것은 아니다. 인간을 돕기는 했지만 그 방식이 지능적이었다고 볼 수는 없다는 뜻이다. 물리학을 이해하고, 미사일 탄도나 포탄의 궤적을 파악하기 위한 기초적 계산을 개발하는 일에는 인간의 지능이 있어야만 한다. 다만 그 계산을 순식간에 해치우는 일에 "지능이 낮은" 하인인 컴퓨터가 필요한 것이다.

비즈니스는 또다른 종류의 업무를 필요로 한다. MIT 공대 컴퓨터공학과의 연구소 소장이자 《미래의 전망(What Will Be)》[4]의 저자인 마이클 데르토우조스(Dertouzos)가 말하는 "정보업무(Information Work)"가 바로 그것이다. 우리는 일반적으로 정보라고 하면 메모나 그럼, 재무보고서와 같은 정보를 떠올릴 정도로 정보를 정적인 것으로 간주한다. 그러나 데르토우조스는 정보가 "동적인" 또다른 형태를 지닌다고 설득력 있게 주장한다. 정적인 명사가 아니라 "동사"로서 말이다. 그는 정보업무를 인간의 두뇌나 컴퓨터 프로그램을 이용해 정보를 변형시키는 것이라고 정의한다. 건물을 설계하거나 계약을 체결하고, 세금신고서를 작성하는 등의 정보업무는 우리가 다루는 실제적 정보의 대부분과 선진 경제국에서 행해지는 작업의 대부분을 구성한다. "동사로서의 정보활동이 정보영역을 장악하고 있다."고 데르토우조스는 말한다.[5] 산업 국가에서 정보업무가 차지하는 비중이 GNP의 50~60%에 달한다는 게 그의 추정이다.

데르토우조스의 동적인 정보 개념에는 심오한 통찰이 담겨 있다. 단순히 수치를 처리하는 기능에서 비즈니스 문제의 모형을 구성하는 기능으로 그 영역을 넓히면서부터 컴퓨터는 정보업무에 참여하기 시작했다. 그와 함께 제조회사들조차도 제조작업 자체보다는 작업과 관련된 정보를 얻는 일에 점점 더 많은 노력을 기울이게 되었다. 상품 디자인과 개발에 대한 정보, 작업 일정에 대한 정보, 마케팅 및 판매·유통에 대한 정보, 송장(送狀)과 자금조달에 대한 정보, 판매자와의 공조활동에 대한 정보, 고객 서비스에 대한 정보……

내가 회사에서 개발팀과 제품설계서를 검토하거나 생산부서와 3개년 사업계획을 검토할 때, 혹은 영업팀과 매출실적을 살펴볼 때, 나와 우리 직원들은 종종 까다로운 토론 과정을 거친다. 우리는 제품의 기능을 취사 선택해 균형을 맞추는 문제와 시장출하 시기를 놓고 논쟁을 벌인다. 또 마케팅 소요경비와 수익을 대비해 보거나 시장조사와 그 실효성 등등을 따지며 토론을 벌인다. 인간의 사고력과 협동을 통해, 판매·고객·통계 자료 등의 정적인 정보를 변형시켜 제품이나 프로그램을 설계하는 작업에 응용하는 것이다. "정보업무는 사고작업이다." 이렇게 인간의 사고력과 협동이 컴퓨터 기술에 의해 의미 있게 보조될

---

4. 《미래의 전망》: 새로운 정보화 시대가 우리의 삶을 어떻게 변화시킬 것인가 (샌프란시스코: 하퍼콜린스 출판사, 1997년)
5. 데르토우조스의 책, 230~231 쪽

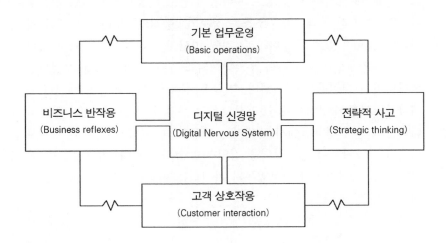

디지털 신경망은 기업의 사고와 행동에 관련된 모든 측면들을 서로 긴밀하게 연결하는 디지털 프로세스들로 구성된다. 이것은 지식노동자들이 재무와 생산, 고객으로부터의 피드백과 같은 기본 업무운영(Basic operations)에 '전자적으로(electronically)' 접근한 다음, 디지털 도구를 이용하여 변화에 적응하거나 대처하도록 되어 있다. 이렇게 정확한 정보를 즉각적으로 활용하게 되면 기업의 전략적 사고(Strategic thinking)는 달라진다. 즉, 이전의 분리되고 독자적이었던 행위에서 일상적인 비즈니스 활동들과 통합된 지속적인 프로세스로 변모하게 되는 것이다.

때, 디지털 신경망은 완성되는 것이다. 디지털 신경망은 지식노동자들이 보다 나은 결정을 내리기 위해 이용하는 '고급' 디지털 프로세스들로 구성된다. '고급' 디지털 프로세스란 사고하고, 행동하고, 반응하고, 개선하는 데 도움을 주는 디지털 프로세스들을 말한다. 데르토우조스는 "미래의 정보시장(Information Marketplace)은 인간과 기계 공정의 복잡하고도 긴밀한 결합과 대량의 주문형 소프트웨어를 필요로 하게 될 것이다."라고 말한 바 있다. 이는 가동중인 디지털 신경망에 대한 탁월한 묘사가 아닐 수 없다.[6)]

---

6. 데르토우조스의 책 231쪽

수치정보를 쉽게 접하기
(Getting the Numbers Easily)

정보업무를 수행하기 위해서는 기업의 모든 구성원들이 정보를 쉽게 접할 수 있어야 한다. 그러나 최근까지도 우리는 "숫자"와 관련된 각종 정보는 중역들만 접할 수 있다는 제한된 사고방식에 길들여져 있었다. 요즈음도 기밀유지 차원에서 여전히 정보를 폐쇄하고 싶어하는 경영진이 있을 수도 있겠지만, 사실 대부분의 경우 정보 접근이 제한되어 왔던 이유는 단지 정보라는 게 너무나도 얻기 힘든 대상이었기 때문이다. 정보를 여기저기로 전달하는 데에는 시간과 노력에다 돈까지 들었다. 사실 예전에는 누군가가 수치정보를 새로운 방식으로 보기를 원할 때마다 정해진 형식에 맞춰 새로운 서류를 작성해야 했고, 그럴 때마다 엄청난 잔무에 시달려야 했다. 그래서 우리의 사고방식은 심지어 지금까지도 잔무에 시달리던 옛 시절에서 헤어나질 못하고 있는 것이다. 컴퓨터가 있었다고는 하나 대형 고속 컴퓨터에서 자료를 뽑는 일은 비용이 많이 들었고, 게다가 자료들의 연관성을 찾는 일은 또 엄청나게 힘들어, 그러한 작업을 지시하려면 적어도 부사장쯤은 되어야 했다. 또한 그런 노력을 기울여 자료정리가 끝났다 하더라도 거기서 나온 정보는 때때로 일관성이 없거나 시의성이 없어, 부서별 담당 부사장들이 고위간부 회의를 한답시고 모여야 했다. 제각기 다른 자료를 들고서 말이다! 예를 들어 1980년대 말 존슨&존슨의 CEO였던 랄프 라슨(Ralph Larson)의 경우, 계열사 관련 자료를 접하는 유일한 길은 재무담당 부서에 특별보고서 작성을 지시하는 것뿐이었다. 이 책의 18장에서 보게 되겠지만 현재의 존슨&존슨에서 돌아가는 상황은 이와는 아주 다르다.

오늘날에는 컴퓨터 네트워크를 통해 누구든지 쉽고 저렴하게 정보를 검색하거나 제시할 수 있다. 게다가 아주 깊숙이 들어가 상세하게 자료를 검토할 수도 있고 축을 달리해 다른 각도로 자료를 들여다 볼 수도 있다. 또한 다른 사람들과 정보와 견해를 교환하는 것도 가능하다. 뿐만 아니라 다수의 사람들이나 팀의 아이디어와 작업을 통합해

경영자 정보시스템의 진화
(Executive Information Systems Evolve)

정보의 흐름을 (최소한 경영자들을 위해서라도) 개선하기 위한 노력의 일환으로 일찍이 생겨난 것이 경영자 정보시스템(이하 EIS)이다. 1980년대 말에 출현한 EIS는 경영자들이 특별 보고서를 받아보느라 몇 달을 기다릴 필요 없이 판매정보 및 기타 자료를 바로 접할 수 있게 해주었다. 그러나 EIS는 비록 적절한 시도이긴 했지만 그 이용이 경영진에게만 제한되었을 뿐만 아니라 회사의 다른 시스템에도 접속되지 않는다는 문제가 있었다. 이는 독점체계 내에서 또다른 독점을 지향했던 셈이다. 미국의 한 대규모 철강회사는 경영진들이 그 새로운 도구를 통해 자기만 파악한 정보를 바탕으로 부하직원들로서는 답변하기 어려운 질문만 더 많이 하게 된다는 사실을 깨달았다(답변에 필요한 정보가 없었던 부하직원들의 고충을 능히 짐작하고도 남을 만하다).

그후 EIS는 PC용 플랫폼과 신속한 응용프로그램 구축을 위한 도구 및 그래픽 사용자 인터페이스의 개량 등에 힘입어 '실적 평가시스템(performance measurement system)'이라고도 불리는 '기업 정보시스템(enterprise information system)'으로 진화하였다. 이 새로운 EIS 시스템은 조직 내의 보다 폭넓은 계층의 사람들에게 정보를 제공하려는 목적으로 만들어진 것이다.

표준 플랫폼과 응용프로그램을 사용하게 되자 EIS 시스템을 판매하는 공급자들의 역할도 달라졌다. 그들은 이제 단순히 응용프로그램을 구축해주는 데서 한 걸음 더 나아가 기업들이 그 응용프로그램으로 무엇을 해야 하는지를 이해하도록 돕는 쪽으로 옮겨간 것이다. 고객들은 대개 정보는 얻기 힘든 것이라는 고정관념에 얽매어 있어 대체 정보시스템으로부터 무엇을 기대해야 하는지도 모르는 채 시스템 공급자를 찾아오는 경우가 많다. 미시간주 앤아버에 있는 EIS 시스템 공급업계의 선두주자 컴쉐어(Comshare)사는 고객을 맞을 때 다음과 같은 기본적인 질문으로 시작한다. "시스템으로부터 원하는 게 무엇입니까?", "어떤 실적을 평가하고 싶으신 거죠?" 컴쉐어의 판매분석 응용프로그램은 기업이 원하는 종류의 자료, 이를테면 실적, 실적미달, 지역별 실적 등과 같은 자료에 대해 90개의 구체적인 질문을 갖춰 놓

고 있다.

　표준 데스크탑 응용프로그램이나 브라우저를 프론트-엔드(front-end, 전위)로 채택한 혼합 시스템을 제공하는 컴퉤어는 고객이 자신의 회사가 당면한 문제에 올바로 접근하고 분석하도록 지원하며, 필요한 경우에는 비즈니스 프로세스의 구조개선과 관련된 컨설팅도 제공한다. 컴퉤어는 이처럼 문제에 대한 분석과 필요한 구조개선 과정이 실행되고 난 후에야 비로소 기술을 제공한다.

가장 그럴듯한 결과를 만들어 낼 수도 있다. 그러니 이제 정보를 입수하고 전달하는 일은 "어렵고 비싸다"는 고정관념을 과감히 버려야 할 때이다. 이제는 기업의 모든 정보를, 예컨대 최근의 판매실적에서부터 인사관리 계획의 세부사항에 이르기까지, 그것을 사용할 수 있는 사람이라면 누구라도 단지 몇 차례의 '클릭'만으로 활용할 수 있도록 만드는 것이 기초 상식에 속하는 일이 되었다.

　나는 여기서, 회사의 중역들뿐만 아니라 중간관리자와 일선 직원들까지도 전반적인 업무자료를 볼 필요가 있음을 다시 강조한다. 최고경영자가 영업지역이나 생산라인, 고객담당 업무 등이 현재 어떻게 돌아가고 있는지를 이해하는 것은 중요하다(나 또한 CEO로서 이런 것들을 제대로 파악하고 있음에 자부심을 느낀다). 그러나 어느 회사든 회사의 손익분기점이 어디인지, 어떤 마케팅전략이 먹혀들고 있는지, 어떤 비용지출이 준비중인지 진정 알 필요가 있는 사람들은 중간관리자들이다. 그들은 상황에 맞춰 필요한 조치를 취할 필요가 있는 사람들이기 때문에 그들이야말로 활용 가능한 정확한 자료가 필요하다. 그들은 올바른 정보의 즉각적이고도 지속적인 흐름이 필요할 뿐만 아니라, 정보들을 충분히 볼 필요가 있다. 이러한 중간관리자들에게 위에서 내려오는 정보나 기다리도록 해서는 안 된다는 의미이다. 회사는 직원들이 재무와 관련된 자료에 접근하지 못하도록 막는 데 시간을 쓰기보다는, 오히려 그러한 정보를 분석하고 그것에 따라 움직이도록 가르치는 데 보다 많은 시간을 투자해야 한다.

물론, 어떤 회사나 정보 접속의 범위에 일정한 선을 그을 것이다. 대개의 경우 급여내역은 비밀로 하게 마련이다. 그렇지만 나는 전반적으로 정보 이용에 있어서 개방원칙의 타당성을 믿는 사람이다. 직원 모두를 어떤 제품에 깊이 관여하도록 허용하는 것, 즉 갓들어온 신참사원까지도 제품의 내력과 가격 결정, 나아가 세계 시장이나 고객 단위별로 제품의 성패과정을 알게 하는 것에는 엄청난 가치가 있기 때문이다. 부언컨대, 직원 모두에게 완벽한 상황을 알게 하고 그들을 신뢰하는 것의 가치는, 그에 따르는 위험을 충분히 상쇄하고도 남는다.

대부분의 기업에서, 중간관리자들은 매일매일 발생하는 문제들에 짓눌리면서도 정작 그것을 해결하는 데 필요한 정보는 갖고 있지 못한 경우가 많다. 그들은 다량의 문서—문자 그대로 종이 문서—를 책상 위에 쌓아 놓고서 그것들을 분석하거나 다른 보고서와의 연관성을 찾느라 씨름하고 있을지도 모른다. 따라서 효율적인 디지털 신경망을 나타내는 지표는 먼저 기업이 구체적이고 활용 가능한 정보의 흐름에 의해 권한이 부여되는 중간관리자들을 보유하고 있느냐이다. 그들은 판매실적, 지출내역, 판매상이나 대리점 원가, 주요 프로젝트의 진행상황 등을 온라인으로 파악하고, 동료들과 공조관계를 이루는 가운데 그것들을 분석할 수 있어야 한다. 그래야 시스템에서 통보해주는 특이사항을 파악할 수 있게 되는 것이다. 가령 지출계정에서 그들이 정한 기준에 위배되는 특이한 사항이 나타나면 시스템이 이를 알리고, 그들은 그에 대한 적절한 조치를 취하는 식이다. 이렇게 되면 중간 관리자들은 정상적인 지출활동까지 모니터할 필요가 없어진다. 이러한 기능은 이미 몇몇 기업에서 효율적으로 운용되고 있다. 그러나 여전히 중간관리자들이 정보를 효과적으로 접하고 일상적인 업무관리에서 벗어나도록 정보기술을 이용하는 기업이 거의 없다는 현실에 놀랄 따름이다.

그런가 하면 《포춘(Fortune)》지가 선정한 세계 500대 기업들에서조차도 종종 비뚤어진 경로로 중요한 정보가 흘러 다닌다는 사실에 경악하게 된다. 나의 경우에는 최신 정보에 대한 견해를 해당 관리자에게 e-mail로 보내고 연구하게 하는 것이 습관처럼 되어 있다. 맥도널드에서는 최근까지도, 판매자료가 그것이 필요한 사원에게 전달되기까지 몇 번이고 손으로 "수정"되어야만 했다. 그러나 지금은 PC와 웹 기술을 이용한 새로운 정보시스템을 갖추어 놓고 모든 맥도널드 영업점의 판매량을 실시간으로 계산하고 있다. 누군가 동네의 맥도널드에서 해피밀 2인분을 주문하는 순간 본사의 마케팅 담당자도 바로 그 사실을 파악할 수 있게 된다. 마케팅 담당자는 피상적이거나 일화(逸話)성에 불과한 자료가 아니라 확실하고 사실에 입각한 자료를 수집해 전반적인 경향을 추적할 수 있는 것이다.

인터넷에 대한 MS의 대응을 다루면서 밝히겠지만, 효율적인 디지털 신경망을 나타내는 또 하나의 지표는 일선 관리자와 지식노동자로부터 좋은 아이디어가 얼마나 많이 분출하느냐이다. 구체적인 자료를 분석할 수 있게 되면 사람들은 상황을 개선하기 위해 필요한 구체적 아이디어도 구상하게 마련이고, 또 그러면서 활력을 얻게 마련이다.

직원들은 자신이 하고 있는 일이 실효가 있음을 아는 것을 좋아하고, 또 그것의 실효성을 경영진에게 증명할 수 있기를 원한다. 또한 그들은 기술을 이용해, 시장상황에 대한 서로 다른 이론들을 평가하는 것에 흥미를 느낀다. 이런저런 가정들을 설정해 보는 것이 썩 재미있기 때문이다. 사람들은 실제로 이렇게 정보를 높이 평가하고, 정보는 동기부여라는 매우 의미 있는 역할을 수행하는 것이다.

효율적인 디지털 신경망을 나타내는 마지막 지표는, 직접 대면하는 회의가 얼마나 일치한 방향으로 나아가는지와 또 그로부터 구체적 행위가 나오느냐의 여부이다. 비행기 조종사들은 "훌륭한 착륙은 훌륭한 진입의 결과이다"라고 말한다. 마찬가지로 훌륭한 회의는 훌륭한 준비의 결과이다. 회의가 주로 정보를 전달하는 자리로 이용되어서는 안 되는 것이다. e-mail을 이용해 회의 참석자들이 사전에 자료를 분석하게 해주는 것이 보다 더 효율적이다. 그렇게 함으로써 회의장이 건전한 제안과 의미 있는 논쟁의 경연장이 되도록 만들어야 한다. 너무나 빈번한 비생산적인 회의와 너무나 많은 서류 더미로 고심하고 있는 기업은 결코 활력과 지력이 부족하기 때문에 그런 게 아니다. 이런 기업에서는 그들이 필요로 하는 자료가 내부 어딘가에 반드시 존재한다.

다만 그것에 쉽게 손을 대지 못하고 있을 뿐이다. 이런 경우에 필요한 것이 바로 디지털 도구이다. 디지털 도구를 이용하면 그들은 여러 출처로부터 즉각적으로 정보를 얻고, 그것을 다양한 각도로 분석할 수 있게 될 것이다.

GM의 알프레드 슬로언은 사실적 정보가 없이는 그 어떤 확실한 정책도 실행할 수 없다고 말했다. 나는 낙관론자여서 확실한 사실만 있다면 진정으로 확실한 정책을 실행할 수 있다고 믿는다. 슬로언은 수차례에 걸쳐 그렇게 했다. 오늘날 비즈니스가 변화하는 추세로 보건대, 우리는 슬로언보다 훨씬 더 많이 사실에 입각한 경영을 해야 할 것이다.

나는 이 책에서, 지식노동자들이 수동적인 자료를 능동적인 정보(데르토우조스가 말하는 "동적인 정보")로 전환하는 일을 가능하게 해주는 새로운 차원의 정보분석에 대해 언급하고자 한다. 디지털 신경망은 기업이 보다 심도 있고, 보다 효율적이며, 보다 창조적으로 정보작업을 수행할 수 있도록 해줄 것이다.

비즈니스 교훈

☐ 정보의 흐름은 디지털 시대 비즈니스의 으뜸가는 차별화 방책이다.

☐ 모든 비즈니스에 있어 대부분의 업무는 "정보업무"이다. ("정보업무"는 "문제 해결을 위해 자료에 응용된 인간의 사고"를 묘사하기 위해 마이클 데르토우조스가 만든 용어이다.)

☐ 중간관리자들도 경영진이 필요로 하는 만큼의 비즈니스 자료를 필요로 하는데, 실제로는 (충분한 자료를) 얻지 못하는 경우가 많다.

☐ 주로 현재 상황에 대한 최신 정보를 '전달'하는 데만 중점을 두는 비생산적인 회의들은 정보의 흐름이 빈약함을 드러내는 지표이다.

디지털 신경망의 진단

☐ '고객과 협력사는 귀사의 제품과 서비스에 대해 어떻게 생각하는가' 또는 '어느 시장에서 경쟁력을 잃어가고 있고, 그 이유는 무엇인가', '귀사의 실질적 경쟁우위는 무엇인가' 등과 같은 난해한 질문에 답변할 수 있게 해주는 정보의 흐름을 가지고 있는가?

☐ 귀사의 정보시스템은 뒷방에 처박혀 단순히 수치만 처리하는가, 아니면 고객의 문제를 직접적으로 해결하도록 돕는가?

제 2 장

디지털 신경망이 갖추어야 할 요소
(Can Your Digital Nervous System Do This?)

기업의 지능지수(IQ)는 정보기술(IT) 인프라스트럭처가 정보를 연결하
고, 공유하며, 체계화하는 정도에 의해 결정된다. 아무리 인상적인 것
이라 하더라도 고립된 응용프로그램이나 자료는 아둔한 하인들은 양산
할 수 있어도, 고도의 기능적인 집합적 행동을 창출할 수는 없다.
— 스티브 H.해켈&리차드 L.놀런,
《통신망을 활용한 경영 : 정보기술을 통한 기업의 혁신
(Managing by Wire : Using IT to Transform a Business)》

　사람과 마찬가지로 기업도 여러 업무의 실행을 조정하는 내부의 의
사전달 체계, 즉 '신경망'을 가져야 한다. 모든 기업에는 고객, 제품
및 서비스, 수익, 지출, 경쟁사, 납품, 인사관리 등 역량을 집중시켜야
할 주요 기본업무들이 있다. 따라서 기업은 각각의 업무영역에 대해서
는 물론이고, 특히 여러 업무영역을 넘나드는 활동에 대한 비즈니스
프로세스를 수행하고 조정해야 한다. 판매담당 부서는 대량 납품을 약
속하기 전에 제품재고가 충분한지, 혹은 날짜에 맞게 제품생산이 가능
한지를 신속하게 알아볼 필요가 있다. 또 제조담당 부서는 폭발적인
수요가 예상되는 제품이 어떤 것일지를 예측할 필요가 있다. 그래야
생산의 우선순위를 계획할 수 있기 때문이다. 물론 회사 전체를 관리
하는 이들은 앞의 두 부서에서 진행되는 상황뿐만이 아니라 더 많은 것
을 숙지할 필요가 있다.

　한 조직의 신경망이란 우리 인간의 신경계와 대등한 것이다. 업종에 관계없이 모든 비즈니스는 생존을 위해 계속 가동되어야만 하는 운영상의 프로세스, 즉 "자율신경" 체계를 지닌다. 또한 모든 비즈니스는 제품의 디자인과 생산이든, 아니면 서비스 지원이든간에 조직체 공동 목표의 중심부에 핵심 프로세스를 지닌다. 어떤 기업이든 수입과 지출을 관리해야 하고, 급여업무와 같은 다양한 행정 프로세스를 실행해야 한다. 제품을 출하하지 않거나 각종 청구서 대금과 임금을 지불하지 않고 오랜 기간 번영을 누릴 수 있는 기업은 없는 법이다.

　지난 수십 년간, 업무의 효율성과 신뢰성에 대한 필요가 커짐에 따라 기업들은 앞다투어 주요 업무의 자동화에 돌입했다. 관리자들은 자동화에 필요한 여러 솔루션을 무분별하게 도입했고, 그것은 시간이 지나면서 '호환성이 결여된 시스템들의 확산'이라는 결과로 이어졌다. 각각의 시스템이 독자적으로는 원활하게 작용하더라도 자료들이 서로 고립되어 다른 시스템의 자료와 통합되지 않는 상황이 벌어진 것이다. 인간의 두뇌에서 신경단위들을 연결해주는 것과 유사한 방식으로 정보와 정보를 연계해주는 연결고리가 누락되었기 때문이다. 결국 운영 프로세스들로부터 자료를 추출해 그것을 쓸모 있게 활용하는 것이 모든 비즈니스의 난제(難題) 중 하나가 되었다. 그러나 다행히도, 오늘날의 기술력을 이용하면 우리는 조직의 기본업무를 훨씬 더 광범위하고 전(全)조직적인 인텔리전스의 초석으로 만들 수 있다. 비록 자동화도 가치 있는 것이긴 했지만 이에 비하면 조족지혈(鳥足之血)인 셈이다.

　위기나 예기치 않은 돌발상황이 벌어질 때 조직의 역량을 최대로 결집시켜 대처할 수 있는 "비즈니스 반사신경(reflexes)"도 기업이 갖추어야 할 요소이다. 최고의 고객으로부터 경쟁사와 새로이 거래를 트게 되었다는 전화를 받을 수도 있고, 경쟁사가 인기 있는 신제품을 출시한다든지 자사 제품에 중대한 결함이 발생하거나 혹은 작업공정에 심각한 문제가 생길 수도 있다. 그런가 하면, 전술적인 대처를 요하는 돌발상황은 때로 긍정적일 수도 있다. 전략적 제휴나 기업 인수 같은 기대하지 않았던 기회를 포착할 수도 있기 때문이다.

　마지막으로, 기업은 자사의 '근육'을 필요에 따라 의식적으로 제어

할 수 있어야 한다. 신제품 개발을 위해 팀을 만들거나 새로운 영업소를 개설할 때, 혹은 새로운 고객을 확보하기 위해 현장에 인력을 재배치할 때, 필요한 만큼의 역량을 필요한 곳에 모을 수 있어야 하기 때문이다.

위에 열거한 바와 같은 계획된 업무들은 신중한 검토와 전략적 분석, 실행 및 평가가 제대로 행해져야 성과를 얻을 수 있는 일들이다. 따라서 여러분은 회사의 근본적인 문제점에 대해 숙고하고, 장기적인 비즈니스 전략을 세울 필요가 있다. 그래야 그러한 문제를 해결하는 동시에 자신의 분석을 통해 얻은 기회를 제대로 활용할 수 있기 때문이다. 그 다음에는 수립된 전략과 관련 계획들을 모든 직원과 협력사, 그리고 외부의 관계자들에게 알려야 한다.

그러나 무엇보다도 우선, 기업은 고객과 의견을 교환해야 하고 거기서 배운 바를 근거로 사업을 수행해나가야 한다. 이 과정에는 기업의 모든 업무능력-운영의 효율성과 자료수집, 반사적인 대응과 협동, 전략적 기획과 실행 등-이 관여된다. 고객과 효율적으로 의사소통을 해야 할 필요성은 이 책 곳곳에서 거듭 제기될 것이다. 또 나는 성공적인 기업들이 그들의 모든 프로세스를 조직의 일차적인 임무인 고객과의 효율적인 의사소통 달성에 초점을 맞추는 데 있어서 디지털 신경망이 어떻게 기여하는지를 밝힐 것이다.

디지털 신경망은 비즈니스에 대한 이해 증진에 있어서는 두 가지 목표를 이루도록 해준다. 첫째, 디지털 신경망은 기계의 물리적인 성능을 향상시키듯이 직원 개개인의 분석능력을 향상시킨다. 둘째, 개개인의 역량을 결집시켜 기업 차원의 지능을 창출하고, 통합된 행동을 유도한다. 이를 종합해서 결론을 내리면 이렇다. 디지털 신경망은 고객을 위하여 우선 직원 개개인의 능력을 향상시키고, 그들의 탁월함으로부터 기업의 우수성을 창출해냄을 추구한다.

자료를 일상적으로 활용하게 만들기
(Making Data Available Everyday)

디지털 신경망을 구체화시키는 한 가지 방법은, 특별한 프로젝트를 위해 전문 컨설턴트에게 제공하는 것과 같은 종류의 자료를 내부 직원들에게 제공해 일상적으로 활용하게 만드는 것이다. 오랜 경험과 전문적 분석기술을 갖춘 컨설턴트들은 종종 경영에 대한 신선한 아이디어와 문제를 들여다보는 새로운 방법들을 제시한다. 인구조사 유형의 통계자료나 판매자료를 토대로 그들이 만들어내는 수익성분석과 경쟁사와의 비교분석, 비즈니스 프로세스 개선에 대한 통찰력 등을 보고 나면 경영진들은 한결같이 놀라움을 금치 못한다.

그러나 또 다른 관점에서 보면, 회사와 이해관계가 거의 없는 외부인(전문 컨설턴트)에게 내부 직원이 활용할 수 있는 것보다 더 많은 정보를 제공하는 것은 한마디로 미친 짓이다. 더욱이 고객과 판매에 관한 중요한 정보가 단지 전문 컨설턴트와 상담할 때만 일회성으로 활용되는 경우가 허다하니 답답한 노릇이 아닐 수 없다. 그러한 중요 정보는 회사의 정규 직원 모두가 지속적으로 이용할 수 있도록 만들어줘야 한다.

만일 여러분의 시스템에 대한 전문 컨설턴트의 통찰력이 여러분보다 앞선다면, 그것은 직원이 이용할 수 없는 특별한 정보를 전문 컨설턴트에게 제공했기 때문이 아니라 그 컨설턴트가 특별한 능력을 지녔기 때문일 가능성이 높다. 만약 전문 컨설턴트가 자료를 통해 여러분이 발견할 수 없는 새로운 트렌드를 찾아낼 수 있다면, 그것은 여러분 회사의 정보 흐름에 문제가 있다는 의미이다. 물론 회사의 관리직 직원 모두가 전문 컨설턴트만큼의 폭넓은 지식과 숙달된 분석능력을 갖추고 있을 수는 없겠지만, 그럼에도 불구하고 그들 모두에게 전문 컨설턴트에게 제공되는 것과 동일한 수준의 자료를 접할 수 있게 해야 한다. 그들이 일상의 업무에서 최신 자료를 접하고 그것을 업무수행에 유익한 여러 방식으로 분석할 수 있게 해야 한다. 그들이 그런 일을 할 수 있을 때, 다음의 사례에서 보듯이 좋은 결과가 뒤따르기 때문이다.

전략적 계획 알리기
(Informing Strategic Planning)

우리 회사의 직판(direct sales) 인력은 주로 대기업이나 협력사만을 상대하기 때문에 우리의 판매/지원 담당 부사장인 제프 레이크스(Jeff Raikes)는 군소 고객에 대한 마케팅의 효율성을 향상시키는 문제를 놓고 매년 씨름해야 한다. 우리는 일반적으로 세미나나 협력사와의 공동 마케팅, 혹은 그와 유사한 광역 고객접촉 프로그램을 통해 군소 고객들과 접촉한다. 얘기는 제프가 군소 고객들과 접촉하는 다양한 방법을 검토하던 시점으로 거슬러 올라간다. 그는 다음과 같은 사항을 놓고 고심했다. 군소 고객이 집중되어 있는, 지구(district, 地區)별로 인구 규모가 상위 6위에 속하는 대도시들에 대한 마케팅 비중을 높여야 하는가(여기서 '지구'는 한 개의 주 또는 2~3개 주를 하나로 묶은 구역 단위를 말한다 - 譯註), 아니면 그 다음으로 인구가 많은 하위 6개 도시로 마케팅을 확장해야 하는가? 제한된 여건하에서 과연 최상의 방책은 무엇인가?

MS의 '숫자' 문화에서는, 새로운 사업계획에 대해 납득시키려면 충분한 근거가 있는 사실적인 자료를 제시할 수 있어야 한다. 하지만 당시 어느 누구도 위의 문제에 대해, 실행에 있어 납득할 만한 방안을 제시하지는 못하고 있었다. 그때 누군가가 MS의 중부 지역(지구보다 상위 단위 - 譯註) 운영관리자인 팻 헤이스(Fat Hayes)가 수행했던 분석을 기억해냈다. 팻은 시카고와 같이 고객들 대부분이 집중되어 있는 지구의 출장경비와 여러 주에 걸쳐 고객들이 흩어져 있는 지구의 출장경비를 합리적으로 조정한 바 있었다. 그리고 그때의 조사에서 높은 PC 보유율을 보이는 외곽 소도시들을 추려낸 적이 있었다. 과연 이 소도시들이 새로운 수입을 보장하는 최고의 미개발지가 될 수 있을까?

팻을 주축으로 한 일단의 소규모 팀에게 부여된 임무는 미국의 18개 주와 캐나다를 포함하는 지역을 대상으로 새로이 마케팅을 벌일 최상의 시장을 파악하라는 것이었다. 1996년 11월부터 1997년 1월까지 불과 두 달 사이에 발생했던 일련의 사건들은, 지식노동자들이면 이미 상당수가 보유하고 있는 전형적인 디지털 도구들이 어떤 식으로 백-엔드 재무시스템에 통합되어 판매 신장을 도울 수 있는지 여실히 보여준다.

　여러분이라면 각기 크기가 다른 수백 개의 도시 중에서 판매 잠재력이 높은 도시들을 어떤 방법으로 골라낼 것인가? 무엇이 올바른 기준인가? 수십 명의 직원을 새로 고용하지 않고 수천만 달러의 자금을 투여하지 않아도 되는 새로운 마케팅 프로그램을 어떻게 개발할 것인가? 해답은 '현재 보유하고 있는 정보를 활용하는 것에서부터 시작하면 된다'는 것이다.

　팻과 두 명의 동료들은 MS에 매우 중요한, 수익측정 및 의사결정 지원 시스템인 「MS Sales」에서 자료를 뽑아내는 것으로부터 시작했다. 이 PC기반 자료저장소는 세계 각처의 소매상이 보내오는, 우리 회사 모든 제품의 버전별 판매고에 대한 정보를 담고 있다. 적어도 4,000명 이상의 직원들이 의사결정이나 공급망 관리, 판매인력 보강, 일반 회계장부의 월말 결산, 회계예산 계획, 연구·개발(R&D) 계획, 시장점유율 분석 등을 위해 정기적으로 이 「MS Sales」를 사용한다.

　팻과 그의 팀은 인터넷을 통해 각 도시마다 기업별 평균 종업원 수를 나타내는 전미(全美) 인구조사 자료를 확보했다. 이들은 외부의 어느 컨설팅사로부터 도시별 PC 보유 대수에 대한 정보도 구했고, 각 지역의 현장 마케팅 담당자로부터는 각 도시에서 행해지는 세미나와 마케팅 활동에 관한 정보를 수작업으로 모았다. 마지막으로 이 팀은 각 도시별 MS의 협력사 수를 담은 목록을 첨가했다. 두 사람이 e-mail, 인트라넷(intranet) 우편, 전화 통화로 시작한 조사가 마침내 수십 명의 직원이 미국 전역에서 참여하는 공동작업이 되었다.(Intranet: 인터넷의 웹 기술을 이용하여 구축된, 회사 및 특정 단체의 내부 정보시스템 - 譯註)

　팻과 그의 팀은 모든 자료를 통합해서 불필요한 자료는 제거한 후 그것을 몇 가지 다른 방식으로 분석하기 시작했다. 때로는 독립적으로, 때로는 공조하에, 그리고 항상 우리의 전자도구들을 사용하여, 이들은 크기가 다른 여러 도시에 걸쳐 판매량과 마케팅 활동 사이의 상관관계를 발견하려고 애썼다. 이때 「MS Sales」가 후에 결정적인 것으로 입증되는 두 종류의 자료들을 제공해주었다. 하나는 성장률을 산정하는 데 도움이 된 전년도 판매자료였고, 다른 하나는 우편번호별 수익 자료였다. 각 지역의 우편번호별 수익정보를 보유함에 따라 도시 지역에 대한 상세한 분석이 가능하게 되었다. 결국 팻과 동료들은 인구조사 통계와 PC 자료를 이용하여 두 가지의 중요한 측정 기준을 만들어낼 수 있었다. PC 한 대당 수익과 회사원 일인당 수익이 바로 그것이다.

1997년 1월 초, 회사의 새로운 마케팅 전략을 위한 80개의 후보 도시를 선정했을 때, 팻과 팀원들은 제프 레이크스를 만났다. 그 자리에서 제프는 각각의 후보 도시별로 성취지수(performance index)와 활동지수(activity index)를 개발할 것을 제안했다. 수익과 PC 보급률, 마케팅 활동 사이의 상관관계를 이해하기 위한 공통의 척도가 필요했던 것이다. 그리하여 해당 지역의 수익률을 PC 보급률로 나누는 '성취지수'와, MS의 고객 이벤트에 참가한 지역 사람들의 출석률을 해당 지역의 PC 보급률로 나누는 '활동지수'가 나왔다. 이들 지수가 1보다 크게 나오면 해당 도시의 실적이나 성과가 다른 도시보다 뛰어나다는 것을 의미할 것이고, 1보다 작게 나오면 다른 도시에 비해 실적이나 성과가 저조하다는 것을 의미할 것이었다.

일관된 척도를 갖추고 나자, 팻의 팀은 어떤 도시가 선 벨트(Sun Belt: 미국 남부를 동서로 뻗어 있는 온난지대 - 譯註)에 있는지 또는 러스트 벨트(Rust Belt: 미국 중서부 지역과 북동 지역의 강철산업 중심지 - 譯註)에 있는지, 아니면 그 도시의 경기가 전반적으로 좋아서 판매가 신장될 것인지 그 반대인지 등과 같은 '철학적인' 논의를 가질 필요가 없었다. 대신에 그들은 그저 수치만을 논했다. 그들은 각 도시의 판매 실적을 다른 도시와 연관짓거나 혹은 마케팅 활동의 존재 여부와 관련시킬 수 있었다. 무엇보다도 가장 중요한 것은, 전혀 마케팅을 하지 않은 도시에 대해서도 예상 판매량을 추정하는 길이 열렸다는 점이다. 많은 소도시들의 전망이 아주 밝은 것으로 나타났다.

1997년 1월 말 중역회의에서 제프가 자료를 제시할 때에야 비로소 나는 이 프로젝트에 대해 알게 되었다. 우리 경영진은 모두 흥미를 보였고, 전망이 밝은 소도시들에 대해 팀의 연구 결과를 적용한 시험 투자 전략을 진행시켜보라고 지시했다. 막대한 돈을 투자하기 전에 먼저 작은 규모로 우리 계획의 성패 여부를 파악하고 싶었던 것이다. 제프는 팻에게 시험 프로그램을 위한 최종 후보들을 선정해 2주일 안에 자신과 함께 검토하자는 내용을 담은 e-mail을 보냈다.

그 회의가 있기 바로 전날, 팻과 그의 팀 동료들은 전체적인 최종 후보들을 선정하는 작업에 몰두해 있었다. 팻은 각 도시별 MS의 협력사 수 목록을 이용하여, 도시별로 공동 마케팅 활동을 수행할 수 있는 상대적 가능성을 나타내는 새로운 지수를 만들어 냈다. 어떤 결과가 나올지도 모르면서 그들은 그 새로운 지수를 이용하여 후보 도시들을 서로 다른 몇 개의 범주로 나누고, 범주별로 추천하기로 결정했다. 그들이 추천한 첫번째는 마케팅 활동이 활발하고, 판매실적이 뛰어난 범주에 속하는 도시이다. 이 도시의 경우 그들은 마케팅 활동을 줄이고 그 결과로 실적이 감소하는지 관찰해볼 것을 제언했다. 만약 실적이 그대로 유지된다면 회사는 보다 적은 지출로도 같은 결과를 얻을 수 있다는 결론이 나온다. 다음은 마케팅 활동이 활발한데도 판매실적이 저조한 범주에 속하는 도시이다. 이런 도시의 경우에는 협력사 지수를 조사해 보고, 그 도시에서 마케팅 활동을 증가시키는 것이 타당할 만큼 충분한 협력사를 확보하고 있는지 알아봐야 한다. 이런 식으로 짚어나가다가 마케팅 활동이 전혀 없다는 의미인 "활동지수 0"인 마지막 범주에 속하는 도시들을 살펴볼 때쯤에는 벌써 꽤 늦은 밤 시간이었다.

전체적으로 놓고 볼 때, MS의 군소 회사에 대한 지역별 평균 수익률은 종업원 일인당 2.9달러였다. 그러나 실제 소규모 회사의 종업원 대비 수익률은 천차만별로 달랐다. 지구 영업소가 있어서 마케팅 활동을 하는 달라스와 같은 대도시의 경우에는 종업원 1인당 평균 수익률이 8.43달러였고, 영업소 없이 마케팅 활동만 하는 샌 안토니오같은 소규모 도시에서는 평균 3.44달러였다. 그리고 영업소도 없고 마케팅 활동도 하지 않는 80개의 도시(활동지수가 0인 도시)의 경우는 0.89달러였다.

마침내 그들은 해답을 얻게 되었다. 이미 마케팅 활동을 하고 있던 지역에 새로운 마케팅 프로그램을 적용하면 어떤 종류의 결과가 나올지 모르지만, 만약 새로운 마케팅 프로그램을 "활동지수 0"인 80개의 도시들에 실행해, 그 중의 반 정도가 지역별 평균 수익률인 2.90달러에 이르기만 하더라도……? 이들 도시에서 얻는 수익은 매년 3천만 달러에서 6천만 달러로 2배가 되는 셈이었다!

그때까지 제프에게 그 어떤 것에 대해서건 프리젠테이션을 해본 적이 없었던 팻은, 제프가 자신의 마케팅 계획 전체를 체계적으로 훑어보지 않으리라는 것을 알 길이 없었다. 제프는 평소에 프리젠테이션 내용을 재빨리 대충 훑어보고, 곧바로 핵심이 되는 실행 항목을 보여주는 영상 슬라이드로 들어가는 습성이 있었다. 그는 대부분의 사람들이 말하는 속도보다 더 빨리 읽을 수 있었다. 그래서 그는 어떤 회의에서건 "상황" 보고서는 대강 넘어가고, 서둘러 문제의 핵심으로 파고들곤 했다. "아직 슬라이드 원(one)도 다 보지 않았는데요." 팻은 제대로 이의를 제기할 틈도 없이 곧바로 스프레드시트 부분으로 넘어가야 했고, 그리고 꼬박 두 시간 동안 제프의 질문에 답해야 했다. 마침내 "활동지수 0"인 도시들의 잠재력을 파악하게 되자 제프의 입에서는 이런 말이 나왔다. "가서 실행하게나."

그리고 제프는 마지막 제안을 했다. 8:1의 투자수익률(ROI : Return On Investment)을 기준으로 80개의 도시들을 다시 나눠보자는 것이었다. 말하자면 1을 투자해서 8 이상을 얻을 수 있는 도시라면 어떤 마케팅 활동이건 타당하다는 의미였다. 8:1이라는 선을 설정하면, 수익률은 높지만 금액으로 본 실제 수익은 낮은 도시들을 추려낼 수 있게 된다. 사실 8:1의 비율은 순수익률로서, 우리가 마케팅에 투자할 때 전형적인 기준으로 삼는 수치이다. "자, 우선 이것부터 해결하고 나서 필요한 게 있으면 말하게나."라고 제프가 말했다. 나중에 제프는 '필요한 인원이 몇 명이든, 마케팅 예산이 얼마가 들든 상관없이 일을 추진하라'는 내용의 e-mail을 띄웠다.

1주일 후에 팻은 e-mail을 통해 45개로 축소된 최종 후보 도시 목록(나중에 다시 38개로 좁혀졌다)을 제프에게 보내왔다. 궁극적으로 그 마케팅 실험은 간단했다. 전에 한번도 마케팅 활동을 펼친 적이 없는

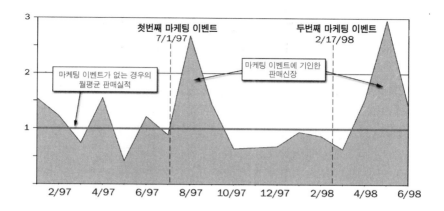

MS의 판매담당 관리자들은 디지털 신경망을 통해, 새로운 마케팅 프로그램 실행시 매출신장을 나타낼 가능성이 가장 높은 도시들을 정확하게 골라낸다. 그들은 디지털 도구를 이용한 분석으로 매출을 평균치보다 3.5배 이상인 57%나 증가시킨 프로그램을 개발한 바 있다. 위에 제시된 도표(텍사스시의 성과)에서 알 수 있듯이, 마케팅 담당자들은 마케팅 활동이 시작되고 며칠만 지나면 바로 개별 마케팅 활동의 효율을 평가해 볼 수 있으며, 매출이 감소되지 않으려면 얼마나 자주 이벤트 행사를 개최해야 하는지도 파악할 수 있다. 디지털 자료들은 또한 다음 번에는 어떤 제품을 주제로 이벤트를 기획해야 할 것인지도 제시한다.

도시를 대상으로 매년 2회에 걸쳐 "빅데이(Big Day)" 이벤트를 연다는 것이었다. 각각의 빅데이 이벤트는 MS의 사업계획과 제품을 개략적으로 소개하고, 협력사와 공동으로 할부나 할인판매 등 다양한 판매 방식을 제안하는 것으로 구성된다. 행사에 필요한 여타 물품은 외부로부터 협찬을 받고, 잡무 인력은 협력사들로부터 지원을 받으면 단지 두 명의 새로운 직원과 총 150만 달러의 비용만 필요할 것이라는 계산이 나왔다. 그리고 최대 투자수익률은 대략 20:1 정도를 선회할 것으로 보였다. 150만 달러 투자에 3천만 달러의 수익이라!

　빅데이 이벤트들이 수행되는 동안 우리는 「MS Sales」를 이용하여 38개 도시에서의 진전 사항을 다른 유사한 시장들의 실적과 지속적으로 비교해보았다. 물론 우리의 새로운 프로그램이 실효를 거두고 있는지 알아보기 위해서였다. 결과는 이렇다. 3/4분기가 지나자, 빅데이 이벤트를 실시한 38개 도시들의 수익은 57% 증가한 반면, 애초에 투자수익률의 하한선(ROI 8:1)은 넘어서 있어 빅데이 이벤트를 실시하

「MS Sales」가 알려주는 정보, 디스코에서 셔츠 색깔까지?
(From DISCO to Shirts Color, MS Sales informs)

우 리의 세계적인 판매정보 시스템인 「MS Sales」는 마케팅 성과를 개 선하는 데 도움이 되는 많은 양의 정보를 우리에게 제공해주었다.

「MS Sales」가 내놓은 가장 의미 있는 보고서 가운데 하나가 지구별 판매실적 비교자료(District Comparisons), 즉 디스코(DISCO)다. 미국 북동부 지구 관리자는 디스코를 이용하여, 1996 회계연도에 판매실적 상위 지구들이 중소기업들에게 「MS Office」 프로그램을 가장 많이 판매한 지구라는 사실을 발견해냈다. 그래서 그녀는 '중소기업' 시장의 소매상들을 대상으로 DM발송 홍보를 개시했고, 그 결과 지구의 판매실적이 급속히 증가하였다. 그녀는 계속해서 「MS Sales」에 나타나는 결과를 모니터함으로써, DM발송이 수익증가를 유발하기 위해서는 매 6주에서 8주간 지속되어야 한다는 것도 알게 되었다. 이 사실은 곧바로 영업에 적용되었고, 북동부 지구는 97 회계연도에서 최고의 성장률을 기록한 지구가 되었다. 그후 다른 지구들도 그녀의 프로그램을 모방하여 유사한 성과를 거두었음은 물론이다.

MS 인도 지사는 우리 제품의 플로피 디스크 버전보다 CD-ROM 버전의 판매를 더 촉진하기 위해 마련한 프로그램의 효율성을 알아보기 위해 「MS Sales」를 이용하였다. 플로피 디스크보다 용량이 큰 CD-ROM을 사용하게 되면, 고객의 입장에서는 컴퓨터에 제품(컴퓨터 프로그램)을 설치할 때 번거롭게 디스켓을 여러 번 갈아넣지 않아도 되고, 생산자의 입장에서는 생산단가가 줄어드는 이점이 있다. 또한 MS 인도 지사는 특정 상품의 판매량을 증가시키기 위해 중간상인을 대상으로 어떤 판촉활동을 펼칠 것인가를 결정할 때도 「MS Sales」를 활용하였다.

프랑스에서는 대형고객 담당팀이 「MS Sales」를 활용하여, 대량 구매시 대폭 할인혜택을 적용해줄 만큼 많은 소프트웨어를 보유하고 있는 고객들을 분석한 다음, 그들을 찾아가 거래를 제의했다. 그리고 고객 기업이 지역별로 분산구매를 원하는 경우에는 그 회사의 PC가 있는 장소를 모두 알려주며 구매를 원활하게 진행하도록 도울 수 있었다. 물론 「MS Sales」 덕분이다.

아르헨티나에서는 이런 일이 있었다. 판매실적을 다소 과장해서 뭔가 강한 인상을 남기려고 애쓰는 중간판매업자와 전화 통화를 하고 있던 우리의 판매사원 하나가 통화를 하는 동안 재빨리 「MS Sales」를 점검하고는 그녀 회사의 정확한 실제 판매량을 알아냈다. 그녀가 주장하는 것보다는 적었다. 그가 무심코 실제 판매량을 언급하자 그녀는 깜짝 놀라 어떻게 그렇게 빨리 정보를 얻었는지 되물었다.

그는 「MS Sales」에 대해 설명하고는 그것으로부터 얻을 수 있는 정보를 열거해 나가기 시작했다.

"그게 전부가 아녜요. 「MS Sales」는 지금 당신이 빨간 폴로 셔츠를 입었다는 것도 안다니까요."

갑자기 침묵이 흘렀다.

"아니, 어떻게 알았어요?" 마침내 그녀가 물었다.

그냥 찍어본 건데…….

지 않았던 19개의 소도시 그룹은 겨우 16%의 수익증가율을 보였다.

38개 소도시에 있는 협력사들―주로 제품에 서비스나 솔루션과 같은 부가가치를 더해서 파는 중간판매상(VAR)과 지역 소매업자들―도 우리의 빅데이 이벤트에 크게 만족해했다. 그들도 MS가 거둔 만큼의 판매성과를 이루었고, 결국 우리는 미래의 마케팅 협조체제를 위한 굳건한 발판을 다진 셈이었다.

우리는 이러한 초기의 노력을 토대로 계속해서 새로운 기회를 만날 시장을 찾아 나섰다. 우리는 그 마케팅 프로그램을 미국 내 다른 지역과 해외로 확대해 나갔다. 그러면서 우리는 처음에는 일회용으로 수집했던 갖가지 수치정보의 진가를 새삼 다시 깨달을 수 있었다. 그래서 그러한 정보들을 판매정보 시스템에 계속 저장시켰고, 또 지속적으로 갱신해왔다. 그 결과, 이제 우리 회사에서는 갖가지 종류의 판매분석을 할 때 누구든지 그 자료들을 검색하고 분기별로 비교할 수 있게 되었다.

또한 팻의 계획(빅데이 이벤트)이 진행중일 때 이와는 별도로 제프 팀의 또 다른 직원은, 각기 다른 제품에 대한 새로운 시장 잠재력을 알아볼 수 있는 "기회시장 지도(Opportunity Map)" 작업을 수행하고 있었다. 제프는 제품에 기초한 이 연구결과를 수익에 입각한 팻의 연구결과와 통합했다. 그리하여 이제 우리는 수익가능성뿐만이 아니라 제품까지 기준으로 삼아서 시장 기회를 분석할 수 있는 도구도 갖게 되었다. 요즈음 우리는, 전반적으로 수익이 저조한 8개 도시들에 대해 마이크로소프트 전략 일반을 소개하는 순회 홍보를 계획하는 대신, 어떤 도시는「Office」프로그램에 관한 세미나가 필요하고, 또 어느 도시는「Windows」프로그램에 관한 세미나가 필요하며, 또 다른 도시는「Exchange」프로그램에 대한 세미나가 필요하다는 식의 결정을 내린다.

요행에 의존하지 않고 투자하기
(Making an Investment, Not Relying on Luck)

우리 회사의 판매 데이터베이스인「MS Sales」는 중소 도시에 대한 마케팅 솔루션의 주요 부분을 차지하고 있다.「MS Sales」는 재무보고 시스템을 구축하기 위한 노력의 결과물이었다. 광범위한 판매정보를 수집해 직원들이 손쉽게 이용하도록 해주는 재무보고 시스템 말이다.「MS Sales」덕분에 우리는 지역별, 국가별, 고객 규모별, 제품별, 판매사원별, 심지어는 우편번호별에 이르기까지 상상할 수 있는 모든 유형별로 각종 자료를 능숙히 다룰 수 있게 되었다. 어떤 비즈니스를 막론하고 자료를 항목별로 낱낱이 그리고 신속하게 제공하는 정보시스템이 필요하다. 그리고 판매 관리자든 현장에 근무하는 사원이든 버튼만 한 번 누르면 이들 정보를 바로바로 이용할 수 있어야 한다.

우리가 우편번호에 따른 지역별 수익과 같은 중요한 수치정보를 손쉽게 다룰 수 있게 된 것은 결코 운이 좋아서가 아니었다. 판매자료를 전자적으로 우리의 시스템으로 입력하도록 협력사들을 독려하고, 자체적으로 필요한 정보를 수집하는 등 여러 해 동안 많은 투자를 한 결과였다. 다양한 경로의 판매자료를 디지털화 하여 본사의 재무보고에 통합하는 것은 우리에게 매우 중요한 문제였다. 우리의 판매 유형이 간접판매 방식이었기 때문이다. 우리는 제기될 문제에 관한 모든 걸 미리 알고 있지는 못했지만, 광범위한 영역에 걸친 여러 문제들을 해결하려면 어떤 종류의 자료가 필요한지에 대해서는 잘 파악하고 있었다.

종이 문서에 기반을 둔 시스템으로는 이러한 작업을 수행할 수 없었다. 마찬가지로, 다양한 이론들을 테스트할 수 있는 스프레드시트의 사용이 용이하지 않은 시스템도 소용이 없었을 것이다. 소비자에 대한 각종 여론조사 자료를 조합하고, 나라를 넘나드는 협조체제를 구축하기 위해서는 정보를 매우 탄력적으로 이용할 수 있어야 했다.

우리의 판매 관련 자료들은 이제 인터넷을 통해, 「MS Sales」상에서 바로 이용할 수 있는 포맷으로 우리에게 전달되고 있다. 그 처리비용이 저렴하기 때문에 우리의 협력사들은 모두 별 부담 없이 이러한 체계를 수용할 수 있다. 우리는 또한 디지털 도구를 이용한 분석 결과를 협력사들과 적절히 공유함으로써 그들과의 업무 토의를 보다 전략적인 수준으로 향상시켰다.

실로 난해한 사업상의 문제들은 언제나 고려해야 할 측면이 다양하게 마련이다. 그런데도 중요한 의사결정을 할 때 보면 한두 가지의 핵심적인 부수 정보를 즉석에서 검토한다거나, 몇 가지 예상되는 시나리오를 임기응변식으로 분석하는 것에 의존하는 경우가 비일비재하다. 여기에는 여러 출처로부터 얻은 자료를 손쉽게 통합하고 재결합하는 도구가 필요하다. 또 온갖 종류의 조사를 가능하게 해주는 인터넷 접속도 필요하다. 문제가 어려우면 어려울수록 여러 지역에 흩어져 있는 사람들이 자료를 다각적으로 살펴보고 서로 협력할 수 있어야 하는 것이다. 스티브 발머 사장이 팻 헤이스가 제안한 프로젝트에 대한 비판안을 유럽에서 e-mail로 보내왔던 것처럼 말이다. 백-엔드 데이터베이스도 우리의 문제 해결에 중요한 역할을 했지만, 보다 중요했던 것은 전반적인 정보 흐름을 원활하게 하기 위해 인프라스트럭처를 구축하기로 한 결정이었다. 사실 모든 중요한 결정은 예전 방식대로 얼굴을 마주하고 이루어졌지만, 디지털 신경망이 있었기에 가능했던 사전준비가 없었더라면 그 마케팅 전략 프로그램은 실현 불가능했을 것이다.

지구(地區) 관리자의 역할 변화
(Changing the Role of District Managers)

MS의 정보시스템은 지구 관리자의 역할도 변화시켰다. 「MS Sa-les」가 처음 온라인으로 제공되었을 때, 미네아폴리스의 총 관리자는 담당 지구에 대해 이전에는 전혀 알 수 없었던 세세한 정보까지 다루게 되었다. 그녀는 이내 자신의 담당 지구에서 대규모 고객사에 대한 판매실적이 저조함에도 불구하고, 그 사실이 다른 고객층에 대한 뛰어난 판매실적에 가려져서 잘 드러나지 않고 있었다는 것을 발견했다. 사실 그 지구는 대규모 고객사를 대상으로 한 판매 부문에서 미국 전역의 지구들 중 제일 밑바닥 수준이었다. 그 사실 자체는 충격적이었지만, 동시에 그 지구에서 대규모 고객사를 담당하는 팀에게는 커다란 자극제가 되었다. 그해 말 미네아폴리스는 대규모 고객을 대상으로 하는 판매 부문에서 가장 높은 성장률을 기록한 지구가 되었다.

예전의 지구 관리자들은 자신이 지휘하는 팀들이 거래 계약을 따내도록 도우면 제 역할을 다하는 것이었다. 하지만 지금의 MS 지구 관리자들은 그 이상을 해야 한다. 이제 그들은 사업전략가 역할까지 수행해야 한다는 의미이다. 자신이 맡은 지구에서 사업을 운영하는 데 필요한 유용한 정보를 얼마든지 충분히 접할 수 있기 때문이다. 예전에는 소매상을 상대로 한 수익에 관심이 가더라도 그 성과를 파악할 방도가 없었다. 그러나 이제는 판매실적들을 보며 어디서 영업이 강세를 띠고 어디서 약세를 띠는지, 어디에 성장 잠재력이 있는지 등등을 제품별로 그리고 다른 지구와 비교하며 평가할 수 있다. 뿐만 아니라 한 걸음 더 나아가 새로운 마케팅 프로그램을 시도해보고, 그 효과를 평가해 볼 수도 있다. 또 보다 좋은 성과를 얻는 방책에 대해 다른 관리자들과 서로 의견을 교환할 수도 있다. 결론적으로 말해서, 우리 조직의 지구 관리자가 된다는 것은 이제 5년 전보다 더 폭넓은 역할을 수행해야 한다는 것을 의미한다. 그 동안 우리가 개발한 디지털 도구들과 그 사용상의 편리함 덕분이다.

고객분석은 취약점을 밝혀준다
(Customer Analysis Identifies Weaknesses)

「MS Sales」는 또한 단체 고객은 물론이고 개인 고객의 구매 유형까지 평가하는 데 사용하는 중앙 고객 데이터베이스를 포함하고 있다. MS의 캘리포니아 북부 지구에서는 최근에 「MS Sales」를 이용하여, 「MS Exchange」, 「MS Office」, 「MS Windows」와 같은 제품들의 판매/설치 현황을 분석한 바 있다. 그리고 그 팀은 피벗 테이블(pivot table)이 있는 특별보고서(엑셀 파일의 형식)를 만들어냈다. 대형 고객들을 대상으로 획득하고 있었던 라이센스(제품사용자의 이용권)의 수와 시장 침투 상황 등을 이해하기 위해서였다.(피벗 테이블 기능: 'Excel'이라는 스프레드시트 소프트웨어에서 다차원의 여러 항목을 바로바로 표로써 비교해볼 수 있게 하는 기능 - 譯註)

캘리포니아 북부 지구는 국가별, 지역별, 지구별 자료를 보고 또 산업별, 특정 고객별 자료를 보기 위해 스프레드시트를 이리저리 조작하던 중 우리의 전자우편 메세징 소프트웨어인 「MS Exchange」가 특정한 고객들에게 특히 취약하다는 것을 발견했다. 그들은 또한 어떤 특정 고객들 사이에서는 IBM의 「Lotus Notes」가 우리 제품에 대한 주요 경쟁상품인데 반해, 다른 고객들 사이에서는 또 다른 제품들이 경쟁상품이라는 사실을 발견했다.

이러한 정확한 정보를 토대로 캘리포니아 북부 지구는 시스템 엔지니어들과 컨설턴트들을 적절한 고객들에게 투입함으로써 시장 도전에 대처하는 프로그램을 만들었다. 또한 그러한 정보 덕분에 우리 회사의 시스템 기술자와 컨설턴트들은 사전에 철저한 준비를 하고 고객 앞에 나설 수 있었고, 해당 고객에게 있어서 우리의 경쟁상대가 누구인지 미리 알고 있었기 때문에 우리 제품과 경쟁제품의 비교 우위를 묻는 어려운 질문에도 곧잘 대처할 수 있었다.

생각의 속도로 운영되는 비즈니스
(Doing Business at the Speed of Thought)

디지털 신경망은 사용자에게 예전에는 전혀 불가능했던 일들을 이해하고 해결할 수 있게 해준다. 앞서 예로 든 바와 같이, 신속하고 원활한 정보 흐름과 유용한 분석 도구 덕분에 우리는 대량의 모호한 자료로부터 잠재성을 발견하고, 새로운 이윤창출의 기회를 이끌어 낼 수 있었다. 또한 디지털 신경망은 인간의 사고능력을 극대화하는 동시에 노동력은 최소한도로 줄여준다. 중부 지역의 그 팀에는 단 두 명의 핵심 멤버만 있었을 뿐이다. 하지만 그 둘은 다른 많은 사람들의 관심과 협조를 끌어모으는 데 성공했고, 결국 그들 모두는 자신의 정규 업무에 더하여 요구되는 일들을 기꺼이 수행해냈다. 그리고 여기에 다시 디지털 신경망이 마케팅 전략 프로그램을 수행하고, 평가하고, 적절히 조율하는 유용한 도구를 제공해 주었다.

디지털 신경망을 구축함에 있어서 가장 먼저 해야 할 일은, 비즈니스를 실행하고 시장과 경쟁사를 이해하기 위해서 자신에게는 어떤 정보가 필요한지를 생각하고, 그에 대한 이상적인 밑그림을 그리는 것이다. 우선 여러분의 회사가 취할 수 있는 사실들에 대해 깊이 숙고하라. 그리고 여러분의 행위를 변화시킬 해답이 나오게 질문의 목록을 만들어 보라. 그리고 나서 여러분의 정보시스템이 그러한 질문에 대한 해답을 제공하도록 하라. 만약 현재의 정보시스템이 해답을 제공하지 못한다면 그렇게 할 수 있는 새로운 시스템을 구축해야 한다. 하나 혹은 그 이상의 경쟁사들이 벌써 그러한 정보시스템을 갖추기 위해 준비중인지도 모르는 일이다.

정보가 마치 인간의 사고활동처럼 조직 전체로 신속하고 자연스럽게 전달될 때, 그리고 여러 팀들을 결집시켜 마치 한 사람이 하듯이 문제 해결에 협력하게 만드는 기술을 이용할 수 있을 때, 그때 비로소 여러분은 훌륭한 디지털 신경망을 구축하게 된 것이다. 그것이 이름하여 "생각의 속도로 운영되는 비즈니스"이다.

비즈니스 교훈

□ 사업하는 이들은 정보를 획득하는 것이 어렵다는 관념을 버려야 한다.

□ 판매관리자로 하여금, 부하 직원을 도와 큰 거래를 매듭짓는 것으로부터 경영관리자의 역할까지 수행하도록 하려면 그들에게 보다 나은 정보를 제공하라.

□ 적절한 정보가 적절한 사람에게 결합되면, 전략적인 사업기회를 개발하고 그것을 토대로 실행하는, 회사의 능력을 극적으로 향상시킬 수 있다.

□ 협력사와 판매자료를 통합하는 것은 보고 체계의 효율을 높일 뿐만 아니라 사업과 관련된 논의를 보다 전략적인 수준으로 향상시킨다.

디지털 신경망의 진단

□ 중요한 정보가 특별한 용도를 위해 단 일회용으로 취합되는가, 아니면 모든 직원들이 일상적으로 그러한 정보를 접할 수 있는가?

□ 여러분의 비즈니스에 대해 가장 중요하고, 유용한 질문의 목록을 작성하라. 여러분의 정보시스템이 그러한 질문에 대답할 수 있는 자료를 제공하는가?

□ 현재의 디지털 시스템이 최대의 기회를 제공하는 판매지역과 가장 주의를 기울여야 할 판매지역을 정확하게 집어내는가?

제 3 장

종이 없는 사무실
(Create a Paperless Office)

서류철로 인해 비즈니스 프로세스가 그 동안 얼마나 구조적 한계에
부딪혀왔는지, 생각해보면 진지해지지 않을 수 없다.
— 마이클 해머 & 제임스 챔피,
《비즈니스 구조조정(Reengineering Your Business)》

　　디지털 기술은 여러분의 생산 프로세스와 비즈니스 프로세스를 변
형시킬 수 있다. 또한 디지털 기술은 더디고 경직된 서류 프로세스로
부터 근로자를 해방시킬 수 있다. 디지털 방식으로 서류작업을 대체함
으로써 지식노동자들을 보다 생산적인 작업에 전념케 할 수 있는 것이
다.

　　완전히 디지털화된 작업장은 "종이 없는 사무실(Paperless Office)"
이라 불린다. 적어도 1973년부터 쓰이기 시작한 이 구호는 그야말로
멋진 비전이 아닐 수 없다. 더 이상 산더미처럼 쌓인 서류더미에서 필
요한 내용을 찾아내느라 애먹을 필요가 없다. 더 이상 마케팅 정보나
판매번호를 찾기 위해 장부나 보고서를 뒤적일 필요도 없다. 뿐만 아
니라 잘못된 루트로 양식을 발송하는 일도, 송장을 분실하는 경우도,
같은 항목을 반복해서 기재하는 일도, 수표를 분실하는 일도, 혹은 서

류작업으로 인해 일이 지연되는 일도 없다.

하지만 "종이 없는 사무실"은 인공지능과 마찬가지로, 실제로는 결코 도래하지 않을 것 같아 보이는데도 흔히 통용되는 그런 표현 가운데 하나이다. "종이 없는 사무실"이라는 표현이 처음 등장한 것은 약 25년 전 전화회사들의 업계 소식지 표제에서였다. 그리고 (정확히 "종이 없는 사무실"이라고 표현하지는 않았지만) 그 개념을 널리 확산시키는 데 누구보다도 공헌한 회사는 제록스(Xerox)였다. 제록스는 1974년부터 1975년까지, 컴퓨터와 e-mail을 이용해 온라인으로 정보를 주고받는 "미래의 사무실"에 관해 홍보했다. 그리고 그 이후로 1987년까지 몇몇 업계 소식지들이 "종이 없는 사무실"의 도래가 멀지 않았고 그로 인해 업무환경이 급격히 변할 것이라고 거듭 장담했지만, 1988년에 나는 한 기자에게 이렇게 말했다.

"'종이 없는 사무실'에 대한 비전은 아직도 너무나 요원합니다……. 오늘날의 컴퓨터는 아직 이러한 비전을 충족시키지 못하고 있습니다."[1]

그러나 오늘날 우리는 그러한 비전을 현실화하는 데 필요한 요소를 모두 갖추고 있다. 그래픽 컴퓨팅과 개량된 분석도구들이 있어 다양한 형식의 데이터를 통합하기가 훨씬 수월해졌다. 네트워크로 연결된 고성능 PC들은 사무환경 도처에 널려 있으며, 더욱이 인터넷이 전세계 PC를 연결해주고 있다. 그러나 이런 여건을 갖추고 있음에도 불구하고 종이 소비량이 4년마다 두 배로 증가하고 있으며, 미국 내 모든 정보 중 단지 1%만이 디지털 방식으로 저장될 뿐, 95%는 여전히 종이 위에 기록되는 게 현실이다. 디지털 기술로는 없앨 수 없을 만큼 빠른 속도로 서류작업이 증가하고 있는 것이다!

1996년 나는, 종이문서를 전자문서로 대체하자고 주창해온 우리 MS는 정작 어떤 식으로 여전히 종이 서류를 사용하고 있는지 조사해 보기로 했다. 놀랍게도 MS는 그 해에 35만 매의 종이로 인쇄된 매출보고서를 찍어냈다. 나는 우리 회사에서 사용하는 모든 양식을 한 부씩 달라고 했다. 곧 수백 장의 서류양식을 담은 두터운 서류철이 내 책

1. 제임스 E. 라론드, "빌 게이츠 : 컴퓨터는 여전히 사용하기에 너무 어렵다", 《시애틀 타임즈》지, 1988년 6월 1일자.

상에 도착했다. 본사라서 그런지 우리는 물품조달에 관련된 것만도 114가지의 양식을 보유하고 있었다. 401(k)라고 불리는 퇴직계획에는 종업원의 입사와 퇴사 절차, 개인 명세 변경, 종업원 출자나 보험료 변경 등과 관련해 양식이 8가지나 있었다. 우리는 정부에서 규정을 바꿀 때마다 양식을 새로 인쇄해야 했고, 전에 사용하던 수천 장의 양식들을 재활용 쓰레기통에 던져버려야 했다. 그런데 종이 소비는 보다 심각한 문제의 한 증상에 지나지 않았다. 문제는 관리 절차가 너무 복잡하고 시간이 걸린다는 데 있었다.

나는 책상 위에 놓인 서류철을 보고 의아스러울 뿐이었다.

"도대체 이 많은 양식들이 다 무엇 때문에 필요한 건가? 우리 회사에서는 모두가 PC를 갖고 있고, 그 PC로 다 연결되어 있는데 왜 전자문서 양식과 e-mail을 사용하지 않는 걸까? 그렇게 하면 업무 절차를 보다 원활하게 처리할 수 있을 뿐만 아니라 이런 종이들도 필요하지 않을텐데……."

결국 나는 내 직권으로 불필요한 서류양식의 사용을 금지시켰다. 종이를 사용하지 않게 되자 우리의 시스템들은 훨씬 더 정확하고 일하기 쉽게 발전했고, 그러한 시스템들 덕분에 우리 회사 직원들은 서류작업보다 훨씬 흥미로운 일들에 시간을 쓸 수 있게 되었다.

클릭 한 번으로 시작되는 여행
(Starting a Journey with a Single Click)

이제 우리 MS에 들어오길 원하는 사람은 입사 전부터 전자 여행길에 오른다. MS에서는 일반우편, e-mail, 또는 MS 웹 사이트에 있는 「Resume Builder」를 통해 입사지원자들로부터 매일 600~900통의 이력서를 받는다.[2] 현재 우리에게 접수되는 이력서 중 70%는 e-mail이나 웹을 통해 전자적으로 들어오고 있고, 이 비율은 계속 높아지고

2. 입사지원서를 보내는 e-mail 주소는 resume@microsoft.com이다. 또 「Resume Builder」의 링크는 www.microsoft.com/jobs에 있다.

있다. 2년 전에는 그 비율이 6%였다는 것과 비교해 보면 상당한 발전
이 아닐 수 없다. 우리 회사에서 사용하는 소프트웨어는 전자문서가
제출될 때마다 보낸 사람에게 자동으로 접수 사실을 알려준다. 우리
회사의 사원선발 데이터베이스는 메사추세츠주 렉싱턴시의 레스트락
(Restrac: 인터넷 신입사원 선발 대행사 - 譯註)에 있다. 따라서「Resu-
me Builder」웹 사이트로 들어온 이력서들은 전부 직접 레스트락에
있는 우리의 데이터베이스로 전송된다. e-mail로 제출된 경우에는 우
리가 후보자들의 정보를 분석·정리한 다음에 레스트락으로 보내고,
또 서면으로 제출된 이력서들은 스캐닝을 해서 (저장이 가능하게) 텍스
트 파일로 전환한 다음에 그곳의 데이터베이스로 전송한다. 모든 이력
서는 접수 후 24시간에서 48시간 이내에 비어 있는 일자리와 전자적
으로 연결된다.

　이어서 인력개발 전문가들이 레스트락 데이터베이스를 검색하여 유
망한 후보를 찾아내고, 인사부장과 직접 혹은 e-mail로 상의한다. 그
런 다음 그들은 일정 작성 소프트웨어(scheduling software)를 이용
하여 면접 일정을 짜고, 면접관들 모두에게 이력서 사본과 기타 배경
정보를 e-mail로 보낸다. 유망한 후보와 면접을 마치면, 각 면접관들
은 인력개발부, 인사부장, 그리고 나머지 면접관들에게 후보자들에 대
한 평가를 e-mail로 보내며, 이때 다음 면접관들이 참고할 새로운 질
문을 제안하기도 한다. 이와 같이 면접 관련 정보를 실시간으로 공유
하면 면접관들의 의견이 중첩되지 않을 뿐만 아니라 상호 보완도 되기
때문에 더욱 효율적이다. 이를테면, 한 면접관이 다음 면접관에게 지
원자가 팀의 일원으로서 적합한지 여부를 좀더 자세히 알아보도록 제
안할 수도 있는 것이다. 확실한 고용을 위해, 우리는 언제나 이렇게 e-
mail '경계 태세'를 갖추고 활용한다. 그것이 우리로 하여금 지원자들
에게 'MS를 택한 것이 어째서 탁월한 선택인지'를 설명하는 데 시간
을 집중할 수 있도록 돕는 것이다.

　샤론 할로웨이(Sharon Holloway)라는 지원자가 우리 회사의 입사
제의를 받아들였다고 하자. 가상의 신입사원이긴 해도, 샤론은 매주
우리 회사에서 뽑는 85명의 신입사원이 일반적으로 겪는 것과 동일한

체험을 하게 된다. 우리 회사의 인트라넷은 전세계적으로 28,000명이 넘는 MS 직원들 모두가 사용하는 글로벌 솔루션이지만, 이 예에서는 샤론이 워싱턴주 레드먼드에 있는 본사에 배치되는 것으로 가정하겠다.

샤론이 MS에 도착하기 전, 샤론의 새 부서에 있는 관리 직원은 MS 인트라넷에 들어가 전자문서로 되어 있는 '신입사원 등록(New Hire Setup)' 양식을 작성한다. 샤론의 도착에 맞춰 음성사서함(voice-mail) 계정, e-mail 계정, 사무 가구, 그리고 소프트웨어가 설치된 컴퓨터가 미리 준비되도록 요청하기 위해서이다. 그러면 이 양식은 샤론을 사내 전화번호 목록에 추가하고, 사무실 명판을 보내주며, 회사 건물의 우편실에 사서함을 마련해주는 일까지 처리하는 데 이용된다. 이 단 한 개의 전자양식이 위와 같은 사항을 돌볼 책임이 있는 모든 부서로 직접 전송되는 것이다. 그리고 이 모든 처리과정에는 전자기록(log)이 따라다니며 일이 제대로 진행되는가를 확인한다.

인사부장으로부터 회사 업무와 인사 문제에 관한 전반적인 사항에 대해 신입사원 오리엔테이션을 받은 후, 샤론과 다른 신입사원들은 자신들의 업무에 필요한 여러 가지를 파악하기 위해 사내 웹 사이트에 들어간다. 샤론은 온라인으로 사원용 안내서(이것은 이제 책으로는 나오지 않는다)를 열람하고, 기본적으로 설치된 소프트웨어 이외에 필요한 소프트웨어를 다운로드 받고, 전자문서로 된 "W-4" 양식을 작성한다.

그리고 나서 샤론은 인트라넷상에서 「MS Market」이라는 이름의 물품조달 도구를 이용해 사무용품, 책, 화이트보드, 명함 등을 주문한다. 「MS Market」은 샤론의 이름, e-mail ID, 직속 상관, 그리고 주문에 필요한 기타 표준 정보 등을 자동으로 기입한다. 샤론은 그 구매에 따르는 자신만의 독특한 정보(수량이나 크기 등에 대한 정보)만을 지정된 부문에 입력하면 된다. 그러면 전자적으로 주문을 받은 공급자가 물품들을 챙겨 그녀의 사무실로 배달한다. 일정 한도액을 초과하는 주문이 있을 경우에는 추가로 일정 단계의 상관들의 승인이 떨어져야 주문이 처리된다. 물론 이때도 회사의 전자시스템이 주문 양식을 해당 상관에게 보내 전자적으로 결재하게 한다.

샤론이 MS에 대해 공부하려면 MS 문서보관 사이트와 도서관 사이트, 회사 뉴스레터 사이트 등을 방문하면 된다. 그리고 도서관 사이트에서 뉴스 서비스에 가입하면 그녀는 《월스트리트 저널》, 《뉴욕 타임즈》, 《씨넷(Cnet)》 등과 같은 신문이나 간행물에 실린, 회사와 업계의 최신 소식을 전자적으로 볼 수 있다. 이러한 서비스를 온라인으로 이용할 수 있게 되자, 《월스트리트 저널》 하나에만도 사내 구독자가 250명에서 8,000명으로 증가했다. 온라인 도서관에는 직원들이 온라인으로 대출하여 사무실로 배달시킬 수 있는 서적이나 소프트웨어, 비디오 등의 목록도 실려 있다. 전자도서관 사서들은 또한 각 마이크로소프트 제품 군(群)에 대한 소식과 연구가 실려 있는 웹 페이지를 관리하기도 한다.

신입사원들은 우리 회사의 인트라넷 사이트에서 어떤 정해진 경로를 따라다니지 않는다. 지적호기심이 많은 사람들을 뽑은 이상, 우리는 그들이 자유로운 탐색을 즐기도록 놔둔다. 기본적인 지식을 습득하고 나면, 사원들은 직무나 관심사와 관련된 비즈니스 영역과 기술적인 영역에 대해 파고들기 마련이다. 우리 회사의 신입사원들은 애초 의도됐던 대로의 방식, 즉 배우고 일을 처리한다는 방식에 따라 사이트를 이용한다.

샤론의 첫 급료(지불 수표)가 "도착"하면, 지불 급료 총액이 자동으로 샤론의 당좌예금 구좌에 입금되며, 샤론은 보안이 유지되는 인트라넷 페이지상에서 입금 확인서와 지불 명세서를 볼 수 있다. 은행을 변경할 필요가 있는 경우에는 온라인상으로 거래 은행을 변경하는 것도 가능하다.

출장을 떠날 경우, 샤론은 MS가 아메리칸 익스프레스와 공동으로 설계한 예약 도구 「AXI」를 이용해 비행기와 호텔 예약을 처리한다. 온라인으로 하루 24시간 연중무휴 이용할 수 있는 「AXI」는 샤론이 협정 항공요금 및 이용 가능한 항공편 정보, 최저 항공요금 탐색 도구, 항공기 좌석 배치도, 회사에서 자주 이용하는 호텔 등에 직접 액세스 할 수 있게 해주며, 좌석 등급을 확인하고 상향 조정도 할 수 있게 해준다. 「AXI」소프트웨어에는 출장에 관한 MS의 지침이 사업 규정으로서 들

어가 있다. 따라서 표준에서 벗어난 출장 관련 요구가 있을 때는
「AXI」가 관리자에게 e-mail을 보내 점검하게 한다. 그리고 출장경비
는 샤론의 담당 부장에게 디지털 상태로 제출되어 전자적으로 승인을
받는다. 승인이 떨어지면, 회사에서는 업무일로 따져서 사흘 이내에
샤론의 계좌에 경비를 전자적으로 입금한다.

생활방식이 바뀌면 지원도 달라진다
(Supporting Changing Lifestyles)

일반인들의 생각과는 달리, MS 직원들에게도 회사 밖의 삶이 있다.
샤론이 결혼하게 되면, 그녀는 신혼여행 후에 원하는 휴가 일정을 온
라인으로 입력한다. 샤론 부부가 새 집으로 이사하면, 샤론은 온라인
양식에 새 주소를 기입해서 제출한다. 그러면 그 양식에 기재된 정보
는 급료담당 부서, 복지담당 부서, 그리고 퇴직수당 및 종업원 스톡옵
션(주식매입 선택권) 프로그램을 관리하는 벤더(vendor) 등 샤론의 주
소를 필요로 하는 모든 기관에 자동으로 전달된다. 샤론은 회사의 인
트라넷을 방문해서 새로 이사한 동네의 버스 노선이나 승용차 합승에
관한 정보를 얻을 수 있다.

샤론 부부가 아기를 갖게 되면, 샤론은 육아 교실, 유급 출산휴가,
데이케어(daycare: 미취학 아동을 주간 동안 맡아주는 일) 등과 같은 복
지혜택을 온라인으로 알아볼 수 있다. 샤론은 출산에 관련된 의료비
청구서를 전자적으로 제출하고, 새로 태어나는 아기를 양육하기에 알
맞게 기존의 복지혜택을 온라인으로 변경한다. MS는 사원 개개인에게
일정 금액을 지급하고, 그 안에서 각자의 필요에 따라 쓰게 하는 "카페
테리아" 스타일의 복지 프로그램을 운용하고 있다. 따라서 MS 사원은
나름대로 가상의 시나리오를 짜서, 내과, 치과, 안과 등 의료혜택과 생
명보험이나 장애보험, 헬스클럽 회원권, 법률서비스 등과 같은 갖가지
선택권에 금액을 적절히 할당해보고, 한 항목에서 금액이 증가하거나
감소하면 전체 일괄 복지혜택에 어떤 영향이 미치는지 알아볼 수 있다.

전자양식의 도입을 부른 기부 캠페인
(Giving Campaign Led to First Electronic Form)

MS 에서 최초로 전자양식이 사용된 것은, 건강과 복지증진을 표방하는 비영리 단체인 UWA(United Way of America: 하나의 미국)를 후원하면서부터였다. 우리는 기부 명부에 서명하는 일을 보다 쉽게 만들어 사원들이 아무런 불편 없이 자선행사에 참여하게 되길 바랬다.

어떤 사용자들은 마우스 클릭 한 번만으로 "적절한 금액"을 기부할 수 있기를 원했다. 또 어떤 사람들은 기부금을 보낼 수 있는 적당한 비영리 기관의 목록을 찾아보고자 했다. 사원들 중에는 특정 단체나, 교육 또는 암 연구 같은 특정 분야를 지정해서 기부하기를 원하는 사람도 있었다. 또 한편으로는 지역사회를 위한 자원봉사에 관한 정보를 얻고자 하는 사람이나, UWA 또는 다른 단체를 통해 자선봉사를 할 기회가 있는지 알아보고 싶어하는 사람도 있었다.

그래서 우리는 단 몇 초 이내에 일을 끝내고 싶어하는 사람들이든, 시간을 들여 여러 자선 단체들을 충분히 훑어본 후에 결정하고 싶어하는 사람들이든 모두 쉽게 이용할 수 있는 기부 응용프로그램을 만들었다. 이 프로그램은 급여공제, 현금기부, 주식양도 등 기부하는 방법도 간단히 선택할 수 있게 해준다.

UWA를 후원하기 위해 노력하는 가운데, 우리는 네트워크를 통해 쉽게 전달할 수 있으면서도 사용하기 편한 양식을 설계하는 방법에 대해 많은 것을 배울 수 있었다. 또한 그렇게 습득된 지식은 지금까지 만들어진 다른 인트라넷 응용프로그램 모두에도 적용되었다. 또 한 가지, 이 기부 응용프로그램은 이전에 문서를 사용한 방식보다 20%나 더 많은 기부금을 거둬들였다.

그리고 이러한 혜택의 배합이 회사가 분담하는 금액을 초과할 경우에는 초과분을 급료에서 공제할 수 있다.

온라인 도구는 샤론이 401(k) 퇴직계획, 종업원 주식구매, 스톡옵션 양도 등을 관리하는 수단이 되기도 한다. 샤론은 퇴직금이나 주식구매를 위해 급료 중 몇 퍼센트를 원천징수할 것인지 결정할 수 있으며, 각각의 퇴직 투자 옵션에 할당할 퍼센트 비율도 변경할 수 있다.
또한 이런 계획을 위해 피델리티 인베스트먼트(Fidelity Investments)
사의 웹 사이트를 이용하면, 자신의 현재 주식 계정 정보와 주식시장
현황을 살펴볼 수 있으며, 대부금을 설계해보거나 그간의 거래기록 등
을 검토할 수 있다. 뿐만 아니라 주식구매 도구를 통해 자신이 구입한
주식의 수와 가격을 알아볼 수 있고, 재직기간중 원천징수되는 금액을
변경하거나 주식매입 자체를 취소할 수도 있다. 그리고 스톡옵션 도구
를 이용해서는 보안 전자서명으로 주식을 양도받거나 스톡옵션 일람
및 매각기록을 검토할 수도 있다. MS의 스톡옵션을 처리하는 중개회
사 살로몬 스미스 바니(Salomon Smith Barney)에서는 현재 여러 가
지 가상 시나리오를 운영하는 웹 사이트를 만들고 있는 중이다. 예컨
대, 샤론이 가족 증가에 따른 주택개조 등과 같은 일에 대비하기 위해
얼마만큼의 주식지분을 행사할 필요가 있는지 알고 싶으면, 이 웹 사
이트를 이용하면 된다. 서면양식을 요구하는 나라에 살고 있지 않은
이상 MS 직원 모두는 온라인으로 스톡옵션을 행사할 수 있다.

   샤론은 사원이자 주주로서 회사의 연말 결산보고서를 온라인으로
받는다.(이때 수입명세서는 7개국 통화로 약정에 따라 제시되며, 내가 주주
들에게 보내는 서한은 10개 국어로 되어 있다.) 그리고 샤론은 온라인으
로 대리인을 임명할 수 있다. MS는 종업원 주주들에게 종이 서류 없
이 온라인으로 대리인을 지정할 수 있게 해준 최초의 회사이며, 이로
인해 종업원의 주주총회 참가율이 15%에서 60% 이상으로 증가했다.

한 개의 도구로 여러 가지 계획을 세운다
(Using One Tool for Multiple Planning Needs)

   마케팅 담당자로서 샤론이 담당하고 있는 일 중 한 가지는 제품계획
이다. 샤론에게 필요한 경영 및 재정에 관한 정보 대부분은 경비, 고
객, 계약, 예산 등과 같은 여러 가지 데이터베이스에 대한 단일 인터페
이스(interface)인 「MS Report」를 통해 액세스할 수 있다. 「MS

Report」는 또한 우리 회사의 판매보고 시스템인 「MS Sales」와 인력관리 시스템인 「HeadTrax」, 그리고 총 계정원장, 고정 자산, 사업평가, 법규정보 및 경영보고서를 포함하는 재정관리 시스템에 액세스할 때도 사용된다. 「MS Report」는 또한 엑셀 피벗 테이블(Excel pivot table)을 이용해 여러 관점에서 데이터를 볼 수 있게 해 주므로, 샤론은 데이터 구조 대신에 데이터 분석에 초점을 맞출 수 있다. 또한 예상 수익이 갱신될 때마다 그녀가 기획한 제품이 전세계 각지에서 어느 정도의 수익을 거둘 수 있을지도 검토해볼 수 있다. 그리고 그녀는 이전 마케팅 활동에 소요된 직원과 자본지출, 마케팅 경비 등에 관한 정보도 볼 수 있다.

샤론은 「MS Report」에서 얻은 관련 데이터를 참조한 뒤 온라인 예산편성 응용프로그램을 이용하여, 새 제품에 투입될 예상인력과 경비를 입력한다. 그리고 나서 샤론은 전체 프로젝트에 소요되는 마케팅 예산을 추적한다. 이때 샤론은 "예산집행 비율은 얼마인가?", "어디에 돈을 쓰고 있는가?", "어떤 식으로 새 프로젝트에 자원을 재할당할 수 있는가?" 등의 질문에 대답하면 된다.

샤론은 여기에 추가로, 프로젝트의 회계계산 기능을 제공하는 「On Target」이라는 도구를 이용해 경비를 좀더 상세하게 추적할 수도 있다. 관리자들은 이 도구를 이용해 갖가지 코스트 센터(cost center)별로 또는 회계연도별로 총 프로젝트 경비를 완벽하게 구해볼 수 있다.

사원에 대한 평가와 보상
(Rewarding Staff While Following Policy)

샤론이 관리자로 승진하게 되면 한 가지 임무가 추가된다. 6개월마다 그녀의 부하직원에 대하여 인사고과를 실시하는 것이다. 각 사원이 자기평가서를 기록해 제출하면 샤론은 문서 원본에 나름대로의 성취도 평가를 추가 기입한다. 샤론의 사원평가는 동료들의 의견을 종합하게 되며, 이때 다른 부서, 심지어는 전세계에서 근무하는 사람들로부터 의견을 모으는 일에 e-mail이 매우 유용하게 이용된다. 소속 직원들에 대한 샤론의 평가가 끝나면 이어서 샤론의 상급자는 샤론과 함께, 해당 직원들이 한 일에 대해 그녀가 내린 평가와 고과점수를 검토한다. 그리고 나서 샤론은 직원들을 개별적으로 면담하며 그들이 이룬 성과와 새로운 목표에 대해 토의한다.

MS의 관리자들은 예전에는 인사고과 자체보다는 고과 결과를 작성하는 서류작업에 더 많은 시간을 할애하곤 했었다. 그러나 이제는 인사고과 프로그램 덕분에, 회사의 방침을 제대로 따르고 있는가 확인하면서 쉽게 일을 진행시킬 수 있다.

이 응용프로그램은 각 사원의 직급 및 현재 봉급과 샤론의 평가를 기초로 하여 상벌점수와 상여금의 기준값을 계산해준다. 관리자가 이 기준값을 지우고 새로운 값을 기재할 수도 있지만(이를테면 눈부신 성과를 이룬 사원에게 "푸짐한" 봉급과 상여금을 주고자 할 때), 이때에도 회사의 전반적인 지침은 고수해야 한다. 샤론이 각 사원에 대한 평가수치를 입력하면 이 도구는 자동으로 새로운 그룹의 평균을 계산하고, 만약 기준에서 너무 높거나 낮은 수치가 입력되면 되돌려 보내 다시 입력하게 한다. 끝으로 상급자가 전자적으로 그 숫자들을 검토하고 나면, 수당이나 상여금의 변화 내용이 사원 데이터 마스터파일 및 스톡옵션 시스템에 직접 자동으로 입력된다.

등급평가를 상여금으로 환산하고, 관리자가 실적이나 봉급순위와 같은 숫자를 눈으로 직접 확인할 수 있게 함으로써, 이 검토 프로그램은 관리자들이 성취도와 회사 지침을 모두 고려하면서 사원들을 일관되게 평가할 수 있도록 도와준다. 우리는 또한 이 프로그램의 도입으로 관리자의 인사고과 관련 업무시간이 적어도 50%는 줄어들었다고 추정한다.

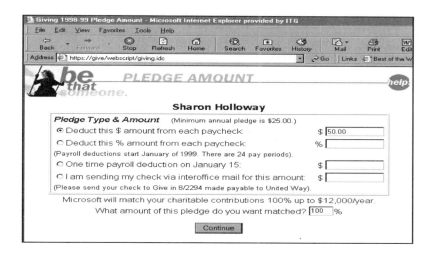

인트라넷 응용프로그램은 사원들이 각종 복지혜택, 투자계획, 또는 지역사회에 대한 기부금 등을 스스로 조절할 수 있게 해주는 동시에, 그들의 손에 직접 책임까지 안겨주고 행동할 동기를 갖게 한다. 각종 혜택을 셀프 서비스 방식으로 관리하게 해주는 이 도구는 사원들이 최종적인 결정을 내리기 전에 결과를 미리 살펴볼 수 있게도 해준다. MS 기부 응용프로그램(위의 그림)에 입력된 데이터와 의료혜택 양식은 MS의 급료지불 시스템으로 직접 전달된다. 이로써 인력개발 부서의 직원들은 신입사원 모집이나 교육과 같은 좀더 전략적인 문제에 전념할 수 있게 된다.

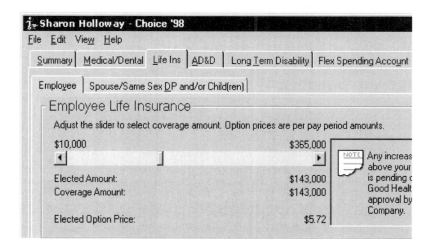

업무부담을 줄이고, 4천만 달러를 절약하다
(Saving Aggravation and $40 Million)

　서류양식을 인트라넷으로 대체한 결과는 놀라웠다. 이 책의 출간을 준비할 무렵, 우리는 회사 전체적으로 1,000가지가 넘던 서류양식을 60가지로 줄여 놓았다. 가장 많은 양식을 사용했던 자재조달 부서에서는 양식의 종류가 114가지에서 1가지로 줄었고, 전략기획 부서는 6가지로, 인력개발 부서는 39가지로 줄었다. 여전히 남아 있는 60가지의 서류양식 중에서 10가지는 법적으로 반드시 구비해야 하는 것들이고, 40가지는 여전히 업무진행에 서류를 이용하는 타회사들과 거래하는 데 필요한 것들이며, 나머지 10가지는 평소에 거의 사용되지 않아서 아직은 굳이 전자문서화할 필요가 없는 것들이다. 모든 사람들이 종이가 필요 없는 완전한 디지털 접근 방식을 이용할 수 있게 하려면, 기업체들이 열의를 갖고 나서서 협력업체나 정부가 전자적인 정보를 수용하도록 설득해야 한다.

　내가 여기 3장에서 설명한 전자양식을 사용함으로써 우리 회사가 1997년과 1998년 사이의 12개월 동안 절감한 비용은 최소한 4천만 달러에 달한다. 그 중 업무처리 비용의 절감을 통해 얻은 비용절감이 가장 컸다. 회계법인들은 종이로 된 주문서의 처리비용을 거래건수당 145달러 정도로 산정한다. 그리고 이 비용의 대부분은 서류를 취급하는 사람들이 소요하는 시간 때문에 발생하는 것으로 본다. 이에 비해 MS에서 전자적으로 한 건을 처리하는 데 소요되는 비용은 5달러 미만이다. 시행 첫 해에 「MS Market」 하나로 총 16억 달러에 달하는 25만 건의 거래가 처리되어 결국 우리 회사에서는 그 처리과정에서 적어도 3천 5백만 달러를 절감한 셈이다. 거래량도 눈에 띄게 증가하고 있다. 3천 5백만이라는 숫자 중 3백만은 세계적으로 자재조달을 담당했던 사원 22명을 다른 부서에 배치함으로써 얻은 이익이다. 「MS Market」은 또한 물품의 대량구입시 할인혜택을 받기로 협정한 공급업자들에게 사원들을 직접 연결시켜준다. 여기서도 많은 구입비용이 절감되는 것은 물론이다.

　401(k) 계획과 종업원 주식구매 계획, 스톡옵션 계획에 전자양식을 사용하는 것만으로도 우리는 인건비에서 연간 1백만 달러에 달하는 비용을 추가로 절감할 수 있었다. 인원의 감소가 이러한 절감에 어느 정도 기여한 바도 있지만, 대부분은 사원들이 관리와 관련해 기계적으로 반복되는 허드렛일을 하느라 할 수 없었던 보다 중요한 일을 수행하게 됨으로써 얻어진 이익이다. 한 예로, 매일 같은 질문에 대답하며 시간을 보내던 사원 하나는 이제 그런 대답을 대신 제공해주는 웹 페이지의 내용을 관리하고 있다. 1년 사이에 온라인 시스템을 이용해 회계 정보를 얻고 401(k) 계획에 관해 질문하는 사원들의 수가 24%에서 51%로 두 배 증가했다. 결과적으로 위의 서비스를 제공하는 담당 직원의 일은 같은 기간 동안에 35%에서 17%로 반감된 셈이다.

　현재 새로 개발중인 온라인 출장시스템은 출장관리 부서의 경비를 줄여주는 한편, 여행사직원 1인당 하루에 처리할 수 있는 스케줄 작성 작업(호텔숙박, 차량 대여, 항공료 등)을 평균 8건에서 25건으로 높임으로써, 작업효율을 세 배로 증가시켜 줄 것으로 기대된다. 또한 사원들이 선발된 업체들과 지속적으로 거래함으로써 연간 수백만 달러가 절감될 것이다. 한 사원이 국내 출장시 교통편이나 숙박시설을 예약하기 위해 보통 필요한 6번의 전화 통화나 e-mail을 보내는 데 걸렸던 17분의 시간도 약 5분으로 줄어들 것이다.

　이 장(章)에서 언급한 모든 관리 응용프로그램과 그 내용(content)은 총 12대의 듀얼 프로세서(dual-processor) 시스템 서버 또는 쿼드 프로세서(quad-processor) 시스템 서버에서 운영된다. 하드웨어에 필요한 비용은 약 30만 달러였고, 2년 동안 들어간 개발 비용은 약 8백만 달러였다. 유지비는 현재 매년 약 76만 5천 달러가 든다. 이것은 다른 시스템에 비해서는 훨씬 적은 비용이지만, 오늘날의 다른 회사들이 보기에는 꽤 높은 비용이 소요된 셈이다. 이는 우리가 많은 솔루션을 선구적으로 개발했고, 거기에 많은 비용이 들어갔기 때문이다. 예를 들면, 전에는 제 3의 시스템을 저렴한 비용으로 통합하는 표준이 없었다. 하지만 이제는 우리 회사의 상거래 서버와 같은 소프트웨어 제품들이 그러한 통합기능을 제공한다. 상업용 소프트웨어 패키지의 표준

이 마련되고 기능이 증가함에 따라, 기업들은 앞으로 더욱 적은 비용
이 드는 것을 확인할 수 있게 될 것이다.

　우리가 솔루션들을 선도적으로 개발해 나갈 때조차도, 그러한 솔루
션 및 기타 중요한 비즈니스 응용프로그램 개발을 포함하는 우리 회사
의 정보기술 총예산은 1996년에서 1999년 사이에 3% 감소했다. 이
는 대부분이 데이터를 표준화하고, 우리가 보유한 정보시스템의 수를
통합하면서 이루어진 결과이다.

책임은 수혜자에게
(Putting Responsibility into the Hands of Those Affected)

　전자도구는 우리에게 업무처리 비용을 절감하는 것 이상의 혜택을
안겨준다. 예를 들어, 「MS Market」은 하나의 요청이 접수되기 전에
재확인을 요구함으로써 종이서류를 기반으로 하는 시스템에서 종종 발
생하는 부적절한 구매를 미연에 막아준다. 선적(船積) 정보도 손으로
쓰는 대신 컴퓨터상으로 입력되므로, 화물이 엉뚱한 곳으로 발송되는
것과 같은 실수는 거의 일어나지 않는다. 또는 회사와 공급업체간의
통신도 모두 기록되기 때문에 그 비용을 사전에 알 수 있어 나중에 청
구서를 보고 놀랄 일도 없다. 공급업체들이 물품대금을 결재받는 시간
역시 앞당겨지므로, 그들에게는 더욱 신속하게 납품할 동기가 생긴다.
또한 잘못된 예산코드를 입력하면 시스템이 이를 받아들이지 않기 때
문에, 업무규정이 올바르게 지켜진다. 그리고 그 덕분에 재무관리 부
서에서 기록을 "고치느라" 낭비하는 시간까지 없어진다. 사원들의 구
매 유형이 추적·파악되어 공급업자들과 협상하는 데 이용될 수도 있
다. 이외에도 얻는 이익은 계속 이어진다. 요즘도 매일매일 새로운 이
익을 발견하느라 바쁘다.

　인력개발 부서와 자재조달 부서, 사원복지 부서의 디지털화, 그리고
그들이 MS 전반을 통해 처리하는 직무의 디지털화 덕분에 우리는 일
하는 방식을 변경하는 메커니즘을 알게 되었다. 주소를 변경하거나,

퇴직연금 비율을 정하고 변경하는 등의 절차를 사원들이 직접 처리하도록 함으로써, 우리는 그에 따르는 책임까지 사원들이 지도록 했다. 그리고 바로 그러한 책임의식이 스스로 알아서 하는 동기를 부여한다는 것을 알게 된 것이다. 이처럼 각종 복지혜택을 셀프 서비스 방식으로 관리하게 된 이후로 인력개발 부서의 직원들은 신입사원 모집이나 교육과 같은 전략적인 인사문제에 전보다 많은 에너지를 쏟아부을 수 있게 되었다.

　바로 이런 원론적인 절차 문제, 즉 절차상의 관료주의를 몰아내는 방법의 문제가 바로 우리 인력개발 부서에서 심혈을 기울여 연구하고 있는 대상이다. 그들은 그 동안 어떤 절차를 자동화할 수 있고, 어떤 절차에 전문적인 기술이 필요한지를 이해하기 위해, 리엔지니어링(reengineering)에 관한 많은 모범적인 연구를 수행해왔다. 그들은 "손이 아니라 머리로 하는 일"을 원하고 있는 것이다.

반대하는 것은 종이가 아니라 경직성이다
(Opposing Inflexibility, Not Paper)

　이렇게 종이서류를 제거하자고 고집하고 있으니 내가 "종이 반대주의자"로 보일 게 분명하다. 그러나 사실 종이로 된 양식에 반대하는 나조차도 여전히 긴 전자문서를 읽거나 주석을 달고 싶을 때는 종이로 출력해서 본다. 대부분의 사람들은 긴 문서를 작성할 때 문서를 낱낱이 책상 위에 펼쳐 놓고 전체를 한꺼번에 보고 싶어한다. 실로 PC로는 하기 어려운 일이다! 제록스, MIT 미디어 연구소, 켄트 스테이트(Kent State), MS 및 미국과 일본의 여타 학술연구소나 기업연구소에서 앞다투어 연구중인 평면 화면 기술이 비약적으로 발전하기 전까지는, 읽기 쉽고 휴대하기 편하다는 점에 있어서 PC는 책과 잡지를 당해낼 수 없다.

　정보가 넘치는 미래 사회에서 고화질 화면은 필수 불가결한 것이다. 1998년 후반, MS에서는 '클리어타입(Clear Type)'이라는 코드명을 가진 LCD 화면을 선보였다. 이 화면은 전에 비해 문자를 훨씬 더 선명하게 나타낸다. 이를 보다 향상된 하드웨어와 결합하게 되는 경우, 혁명적인 결과가 나올 수 있을 것이다. 미래의 스크린 장치 중에는 마치 신문처럼 말거나 접어서 가지고 다니는 것도 있을 것이다. 또 자체적으로 컴퓨터 회로가 내장되어 있어서 컴퓨터 한 대가 겨우 현재 랩톱 컴퓨터의 화면 두께 정도밖에 되지 않는 것도 나올 것이다. 또 한 가지 새로운 기술은 전원이 꺼진 후에도 화면에 상이 남아 있게 하는 것이다. 진짜 디지털 잉크가 있어서 화면에 그림을 그린 후 벽에다 걸어 놓는다고 상상해보라!

오늘날 짧은 문서를 작성하거나 공동으로 서류를 작성할 때, 또는 데이터를 찾고 그것을 새로운 양식으로 바꿔가며 볼 때는 PC가 종이 서류보다 훨씬 낫다. 책으로 제본된 백과사전을 밀어내고 전자백과사전이 인기를 얻게 된 주요 원인도 자료검색이 쉽고 하이퍼텍스트 링크가 가능하기 때문이다.

서류양식에 자료를 기입하고도 결국 컴퓨터에 같은 자료를 다시 입력해야 한다면 이제 서류업무를 폐지해야 할 시기가 무르익은 것이다. 그렇지 않으면 종이로 된 양식을 받아 그 정보를 컴퓨터 시스템에 입력하는 부서를 하나 새로 만들어야 할 것이다. 그리고 나서는 '데이터 입력 오류가 3%에서 2%로 내려가서 정말 잘됐다'고 말하는 식으로 생산성을 측정하는 사람을 또 고용해야 할 것이다. 아직도 선택이 망설여지는가? 전자양식은 업무부담을 줄여줄 뿐 아니라, 업무의 일관성을 확보해주고, 업무측정을 쉽게 하며, 업무위임이 적절하게 이루어지도록 보장해줄 것이다.

서류양식을 어떻게 기입하는지 잘 모를 때는 누군가에게 전화를 걸어 물어보거나 아니면 어딘가에 가서 줄을 서서 기다려야 한다. 그러나 우리 회사의 인트라넷 환경에는 페이지마다 요약 내용과 세부 계획, 탐색 가능 여부가 실려 있으며, 관련 페이지 및 FAQs(frequently asked questions)의 대답으로 연결되는 링크가 설치되어 있다. 이처럼 주도면밀하게 준비해서 새로운 인트라넷 응용프로그램상에 올려놓은 FAQ 기능 덕분에, 사원들이 기본적인 정보를 찾기 위해 보내는 e-mail

이 200통 이상 줄었다.

우리 회사 직원들은 만약 전자문서에 잘 모르는 사항이 있거나, 기입할 필드 중 자동으로 입력되어야 한다고 생각하는 것이 있으면, "e-mail to"를 클릭한 후, 예컨대 "이 부분은 좀더 개선할 필요가 있을 것 같네요."라는 식으로 자기의 의견을 몇 마디 입력할 수 있다. 이러한 피드백이 우리의 인트라넷 양식에 반영되어 수백 가지 크고 작은 사항들이 개선되는 것이다. 그리고 그런 식의 변경을 실행하는 데도 종이양식 시스템에서처럼 1년씩 걸리지도 않는다. 웹 환경의 양식을 변경하는 데는 대부분의 경우 며칠에서 길게는 몇 달 정도의 시간이 걸릴 뿐이다.

회사 외부에서 들어오는 서류에 대해서는 달리 권한을 행사할 방도가 없으므로, 이런 경우는 외부 문서를 회사 내의 전자문서 시스템에 통합시키는 방책을 동원해야 할 것이다. 이스트맨 소프트웨어(Eastman Software)나 플라티늄 소프트웨어(Platinum Software) 같은 회사에서는 이런 경우에, 모사(模寫) 소프트웨어(imaging software)를 이용해 문서를 스캐닝하고 그것을 디지털 흐름에 통합한다. 예를 들어서면 송장이 들어오면 그 송장의 이미지가 나올 때까지 원가일람에 있는 다양한 수준의 세부 항목들에 일일이 찾아 들어가서, 해당 서류문서를 색인을 통해 찾아내 e-mail을 근간으로 하는 작업흐름 시나리오에 포함시키는 식이다. 물론 이것이 디지털 방식으로 들어온 데이터를 보유하는 것만큼 좋지는 않겠지만, 그나마 스캐닝을 이용하면 나머지 세상 사람들이 따라오기를 기다리는 동안에라도 내부적으로는 모두 디지털 작업을 수행할 수 있는 것이다.

옛날 방식의 피드백도 때로는 긴요하다
(Getting Feedback the Old-fashioned Way)

우리의 인트라넷 프로그램에 대한 대부분의 의견은 전자적으로 접수되지만, 때로는 사용자와 직접 면담하여 피드백을 얻는 경우도 있다.

「MS Market」이 사용되기 시작하고 몇 달이 지나자 「MS Market」팀은 그 구매도구의 사용에 대해 사원들이 제기한 문제들 대부분을 해결했다. 하지만 여전히 그 도구의 사용을 거부하며 「MS Market」팀을 당황하게 만드는 중역이 있었으니, 바로 항상 활력이 넘치는 스티브 발머(Steve Ballmer) 사장이었다.

「MS Market」의 제품관리자인 린다 크리들(Linda Criddle)은 개인적으로 스티브 발머 사장을 만나, 어떻게 하면 그를 「MS Market」 사용자로 만들 수 있을지 알아보기로 결심했다. 그녀는 한 번도 만나본 적이 없는 스티브를 설득하여 면담 일정을 잡았다. 린다가 모퉁이를 돌아 스티브의 사무실 복도로 접어들자, 유리 액자에 담아 벽에 걸어 놓은 두 편의 기사가 눈에 들어왔다. 먼저 《업사이드(Upside)》지에 실린 기사는 기쁨에 넘치는 미소를 짓고 있는 스티브의 사진과 함께 그를 마이크로소프트의 사도(司徒)라고 칭하고 있었다. 다른 하나인 《포브스(Forbes)》지는 좀더 단호한 자세를 취한 스티브의 사진과 함께 그를 소프트웨어업계의 조지 S. 패튼(Geoges S. Patton, 2차대전시 유럽에서 많은 전공을 세웠던 미국의 장군 - 譯註)이라고 했다.

얇은 회의실 벽 너머로 스티브의 목소리가 들리자 린다는 곧 그가 「MS Office」팀과 회의를 하고 있다는 것을 알 수 있었다. 스티브는 고객들의 의견을 좀더 '경청하고', 고객들이 '정말로' 원하는 것이 무엇인지 알아낼 필요가 있으며, 고객들이 '매일' 어떤 식으로 우리 회사의 소프트웨어를 사용하는지 '정확하게' 알아야 한다고 강조하고 있었다. 그는 그렇게 단어를 강조할 때마다 손바닥으로 벽을 내리쳤다. 스티브가 회의를 주재할 때는 항상 그런 음향 효과가 따라다닌다.

린다는 타부서 근무시의 경험으로 회의실에 있는 대부분의 간부들을 알고 있었다. 회의가 끝나고 참석자들이 줄지어 나오자 린다가 이렇게 물었다.

"지금 사장님 녹초가 되었나요, 아니면 화가 났나요?"

누군가 "화난 것 같던데요."라고 답하자 모두들 웃음을 터뜨렸다.

린다는 스티브 사장을 따라 그의 사무실로 들어서서는 먼저 자기소개를 하려고 했다. 하지만 그는 퇴근하기 전에 처리할 일이 산더미 같아서인지 듣는 둥 마는 둥 하더니 이렇게 물었다.

"무슨 용건인가요?"

"사실, 저도 조금 전에 사장님이 「Office」팀에게 주었던 것과 같은 종류의 고민거리를 사장님께 안겨드리고 싶은데요."

이 말이 스티브의 관심을 끌었다.

"사장님이 「MS Market」을 사용하지 않고 계시다는 것은 알고 있습니다. 하지만 그것만으로는 제가 어떻게 해야 할지 모르겠습니다. 우리가 어떻게 해야 사장님도 「MS Market」을 사용하시게 될지 말씀해 주세요."

스티브는 그녀가 「MS Market」의 불완전함을 정당화하려고 온 것이 아니라 어떤 문제이건 고쳐보려는 의도를 가지고 있음을 알고, 잠시 하던 일을 멈춘 뒤, 그 응용프로그램 때문에 언짢았던 기억을 떠올려 보았다. 그가 말했다.

"예를 들어, 지금 내 앞에 천만 달러짜리 주문 요청이 와 있는데, 그 주문을 다른 관리자들이 나보다 먼저 검토했는지 아닌지도 모른다면 정말 곤란하지 않을까요?"

「MS Market」은 관리 체계를 통해 단계별로 주문 내용이 전달되게 하는 기능을 갖출 필요가 있었다.

"그리고 구매주문에 딸린 제반서류도 모두 볼 수 있었으면 좋겠군요. 또 (네트워크에 연결되지 않은) 오프라인 상태에서도 주문을 승인할 수 있어야 되겠지요."

린다는 채 10분이 안 되는 시간 안에 필요로 했던 정보를 다 얻을 수 있었다.

결재 경로를 거치는 전달 기능은 이미 개발중이었으므로, 스티브가 말한 첫번째 요건은 그로부터 2주 안에 충족되었다. 3개월 후엔 관련된 제반문서에 액세스하는 기능도 추가되었다. 마지막으로 말한 오프라인 지원기능은 곧 추가될 예정이다.

이 짧은 이야기는 MS가 디지털 정보에 접근하는 방식에 대해 몇 가지를 말해준다. 먼저 전자 응용프로그램은 우리 회사에서 일하는 사람들의 문제부터 해결할 수 있어야 하며, 그렇게 될 때까지 우리는 노력

판매분석에서 음식점 영수증까지
(From Sales Analysis to Restaurant Bills)

나는 판매와 관련된 숫자를 분석하는 일에 우리 회사의 인트라넷을 이용한다. 또 중요한 사업을 검토하기 전이나 자회사로 출장을 가기 전에도 인트라넷을 이용한다. 나는 사업상 1년에 3~4주 정도를 해외에서 보내는데, 출장가기 전에 관리자들과 처리해야 할 문제를 찾아내기 위해 숫자들을 낱낱이 살펴본다. 예산 및 지난해 실적과의 비교, 또 다른 나라와의 비교를 통해 한 나라의 자회사가 어떻게 돌아가고 있는가를 이해하는 데는 20분밖에 걸리지 않는다. 기대했던 것보다 현저하게 높거나 낮은 숫자를 발견하면, 그 부분을 특히 자세히 살펴본다. 그러면 그 나라에 가서 토의할 내용이 준비되는 셈이다.

중요한 사업상의 행사를 위해 연설을 준비할 때면, MS의 다른 임원이 제시한 프리젠테이션도 검토해본다. 또 중요한 회의에 참석하지 못하는 경우에는 우리 회사의 멀티미디어 스트리밍(multimedia streaming) 제품을 이용, 공동 네트워크(corporate network)를 통해 회의 내용을 들어본다. 가령 분기별 수익 발표회 같은 회의에 참석하지 않은 경우, 밤에 집에서 책을 읽으며 오디오를 켜 놓고 그 내용을 듣는 것이다. 내가 회사 돌아가는 상황을 직접 피부로 느낄 수 있는 것은 모두 이러한 도구들 덕분이다.

최고경영자로서 나는 수천만 달러에서 수억 달러가 왔다갔다 하는 결정을 내리는 사람이지만, 조직의 측면에서 보면 우리 회사 사장 스티브 발머의 식당 영수증을 승인할 수 있는 유일한 사람이기도 하다. 나는 모든 회사가 경비 승인에 이런 종류의 명백한 검토과정을 거친다고 생각하고 있었다. 하지만 인트라넷을 선보이는 한 CEO 모임에서 그런 내 생각이 틀렸다는 것을 알게 되었다. 알루미늄 제조업계의 세계적인 선두주자인 알코아(Alcoa)사의 폴 오닐(Paul O′Neill)은 내가 연설을 마치자 다가와서는 이렇게 물었다.

"모든 것이 디지털화되고, 보다 효율적으로 된다니 굉장하군요. 그런데 지출보고서는 왜 당신이 직접 검토해야 하지요? 그렇게 한가한 분이 아니신 것 같은데……."

폴은 이미 10년 전에 명백한 지출내역에 대해서는 승인과정 자체를 없애

버렸다. 알코아는 공인된 지출과 그렇지 않은 지출을 나누는 뚜렷한 규정을 갖추고 있었다. 그리고 이따금 표본을 추출하여 지출보고서를 감사한다고 했다. 폴은 이렇게 말했다.

"우리 회사는 사원들을 고용한 이상 그들을 신뢰해요. 만약 누군가 믿을 만하지 않다는 사실이 확인되면 그가 떠나는 거죠. 그렇게 해도 아무 문제없어요."

폴은 우리 MS도 같은 방안을 채택해서 일을 단순화하고, 또 그 정책을 실행하는 데 우리의 디지털 시스템을 이용하면 좋을 것이라고 충고했다.

폴이 옳았다. 우리는 지출과 관련해서 일일이 승인하던 과정에서 벗어나 매달 e-mail을 통해 지출결과를 요약해 보고하고, 비정상적인 지출은 e-mail 경보로 막는 방법을 도입중이다. e-mail을 통해 사후에 개별 지출보고서를 충분히 검토해 볼 수도 있고, 원한다면 전체 내역을 살펴볼 수도 있게 될 것이다.

폴의 충고 덕분에 나는 벌써 시간을 절약하고 있다.

을 멈추지 않을 것이라는 점이다. 또한 나부터 시작해서 모든 사람들이 우리 회사의 전자도구를 사용한다는 점이다. 스티브가 린다에게 정확한 피드백을 들려줄 수 있었던 것은 그가 그 도구를 사용하기 위해 정직한 노력을 했었기 때문이다.

우선순위를 바로 지키자
(Keeping Your Priorities Straight)

종이양식에서 전자문서 양식으로 전환하는 것은 현대적인 조직의 신경망이 진화하는 데 있어서 필수적인 단계이기는 하지만, 이 변화는 단지 이미 갖고 있는 것의 간소화보다는 사업의 중추가 되는 핵심적인 절차들을 개선하는 데 이용되어야 한다.

일단 자리가 잡히면, 디지털 신경망을 증설하는 것은 쉬운 일이다.

회사 내부의 종이양식을 제거하는 데 필요한 것은 단지 좋은 네트워크, 좋은 e-mail 시스템, 만들기 쉬운 웹 페이지뿐이다. 일단 이런 인프라 스트럭처만 제대로 갖춰 놓으면 인트라넷 응용프로그램은 얼마든지 쉽게 추가할 수 있는 것이다.

우리 회사에서 사용하는 내부 도구에는 두 가지 목적이 있다. 하나는 일상적인 업무를 소프트웨어로 처리하여 지식노동자들의 시간과 에너지를 벌어주는 것이고, 다른 하나는 사원들이 보다 어렵고 예외적인 일을 처리하도록 (잡일로부터) 해방시켜 주는 것이다. 우리 회사의 개발자들은 "계란 반숙의 원칙"을 따른다. 이 원칙은 사용자가 계란이 반숙되는 시간인 3분 이내에 대부분의 관리도구에 들어갔다 나올 수 있어야 한다는 것이다. 이런 원칙을 따라야 괜히 불편한 도구로 프로세스를 자동화하여 오히려 전체적으로 일만 많아지게 만드는 어리석음을 피할 수 있다.

행정업무와 내부 비즈니스 프로세스를 효율화하는 것이 사원들의 전체적인 업무능률을 개선시키는 중요한 방법이다. 지식노동자들에게 훌륭한 내부 도구를 제공하는 것은 그들에게 미묘하고도 중요한 메시지를 전달하는 것이기도 하다. 대개의 기업들은 성과급을 지급하는 것만이 업무 집중도를 높이는 방법인줄로 알고 있다. 그러나 회사가 앞장서서 시간만 잡아먹는 일상적인 잡일을 제거하고 업무적체를 해소하여 사원들의 애로를 덜어주면, 사원들은 회사가 자신들의 시간을 소중하게 여긴다는 것을 알게 된다. 그리고 사원들이 그 시간을 유익하게 사용하길 바란다는 것도 깨닫게 된다. 공장 노동자들을 보다 효율적으로 일하도록 만드는 경우가 어떤 경우인지를 파악하는 것은 쉬운 일이다. 그러나 지식노동자들을 더욱 효율적으로 일하도록 만드는 경우가 무엇인지를 파악하기란 힘든 일이다. 하지만 한 가지, 일상적인 잡일에 신경 쓰지 않고 부담을 느끼지 않는 지식노동자들이 일을 더 잘한다는 것은 상식이다. 더욱이 직원들이 서류를 넘기느라 시간을 보내는 대신 고객들의 요구에 좀더 시간을 할애하게 되면 고객들에게도 이익이 돌아가게 되는 것이다.

나는 한 가지는 확신할 수 있다. MS의 사원들을 예전에 일하던 방

식으로 돌아가게 만들 수는 없다는 것이다. 우리가 종이 없는 사무실
에서 일하게 될 것이라는 예언은 옳았다. 단지 예상보다 몇십 년 정도
늦어지고 있을 뿐이다.

비즈니스 교훈

□ 디지털 정보는 종이문서 시스템으로는 불가능한 프로세스 혁명을 가능
　하게 해준다.

□ 종이로 된 양식을 세어보라. 그리고 자재조달부나 인력개발부와 같이
　양식이 집중된 영역부터 시작하여 하나하나 디지털 양식으로 대체해 나
　가라.

□ 셀프 서비스 방식을 도입하면 사원들의 행정적인 요구사항 90%를 처리
　할 수 있다.

디지털 신경망 진단

□ 주요 내부 업무 응용프로그램을 위한 전자양식이 있는가?

□ 직원들이 정보를 가지고 여기저기 돌아다니도록 만드는가, 아니면 일상
　적인 프로세스의 흐름은 컴퓨터에게 처리하게 하고, 그들은 예외적인
　일이나 보다 가치 있는 문제를 다루도록 해주는가?

□ 응용프로그램을 추가할 때 상승작용이 생기는가, 아니면 복잡성만 가중
　되는가?

II

상거래 : 인터넷이 모든 것을 바꾼다
(Commerce : The Internet Changes Everything)

제 4 장

변곡점을 향해 돌진하라
(Ride the Inflection Rocket)

> 처음으로 돌이나 나뭇가지를 주워서 도구로 사용하는 순간, 인간은
> 자신과 환경 사이의 균형을 돌이킬 수 없이 바꾼 셈이 되었다.……
> 이러한 도구의 수가 적을 때에는 그 영향력이 퍼져서 변화를 일으키
> 는 데 오랜 세월이 걸렸지만, 사용하는 도구의 수가 늘어남에 따라
> 점차 상황이 달라졌다. 도구가 많아질수록 변화의 속도 또한 더 빨라
> 지게 된 것이다.
>
> — 제임스 버크, 《상호 연결성(Connections)》

얼마 전 나는 독일의 한 금융기관 중역들을 대상으로 강연회를 가졌
다. 그들은 경험이 풍부한 기업가들이었다. 가장 젊은 사람이 55세 가
량이었고, 상당수는 60대였다. 그들은 은행업계의 수많은 변화를 직접
목격해왔고, 메인프레임(대형 고속 컴퓨터)부터 시작해서 수많은 기술
적 변화들도 겪으며 살아 왔다. 하지만 그쪽 은행업계는 아직 인터넷
이라는 새로운 기술을 받아들이지 않고 있었다. 내가 강연하던 날, 독
일 중역들은 먼저 MS사 직원들로부터 MS의 전략에 관한 일련의 프리
젠테이션을 받았다. 내가 브리핑 센터로 들어갔을 때, 참석자들은 모
두 팔짱을 낀 채 불만스러운 표정으로 앉아 있었다. 내가 물었다.

"자, 문제가 뭡니까?"

그 중 한 사람이 대답했다.

"우리도 은행업이 근본적으로 변화하는 과정에 놓여 있다고는 생각

합니다. 그런데 여기서 MS 직원들에게 들은 프리젠테이션은 꽤나 기술적인 내용이군요. 우리들은 그런 기술적인 내용이 익숙치 않아서⋯⋯."

그는 안경을 벗고 눈을 비비더니 이렇게 말했다.

"뭐, 듣기에는 피곤해도 아마 좋은 내용이겠지요."

잠시 뜸을 들이던 그가 말을 이었다.

"당신 회사 제품들의 질을 향상시킬 계획이라니 잘된 일입니다만, 당신네가 의도하는 총체적인 계획이 무엇인지는 잘 모르겠군요. 우리가 당신을 장기적인 공급자로 생각하려면 당신이 갖고 있는 미래에 대한 비전을 좀더 알아야 될 것 같네요. 발전 계획에 있어 뭔가 원칙들이 있을 것 같은데 그 원칙들을 좀 말씀해주시겠어요?"

대개의 경우, MS의 경영진들은 고객에 대한 브리핑을 마무리할 때 사전에 준비된 프리젠테이션을 제시하지 않는다. 대신 질문에 대답하고, 논의에 오른 중요한 문제들을 처리하기 위해 우리가 해야 할 일을 요약해서 설명하는 정도다. 그러니 그 독일 은행가들 앞에 서 있을 때, 나는 이런 생각이 들지 않을 수 없었다. '맙소사! 이 은행 사람들 앞에서 8시간이나 떠들고도 정작 주요 관심사에 대해서는 답을 주지 못했다니⋯⋯. 이제 즉흥적으로 해나갈 수밖에⋯⋯.'

하지만 다행히도 나는 그때까지 디지털 신경망에 대해 스무 번도 넘게 강연을 해왔고, 또 1년이 넘도록 이 책을 쓰고 있던 상태였다. 나는 칠판으로 다가가 가까운 미래에 일어날 중요한 기술 변화들을 적어 내려가기 시작했다. 그리고 은행가들에게 이렇게 말했다.

"제가 지금 쓰고 있는 것은 모든 산업을 근본적으로 변화시키리라 생각되는 10개의 변곡점들입니다."

내 친구인 앤디 그로브(Andy Grove)는 각각 다른 시기에 다양한 산업을 변화시켜온 여러 가지 변곡점에 대해 글을 쓴 적이 있다. 하지만 그 자리에서 내가 썼던 "변곡점(inflection points)"이라는 말은 모두 디지털 기술과 관련해 현재 일어나고 있는 고객 행동양식의 중요한 변화 10가지를 뜻하려는 의도였다.

"여러분께 이 각각의 일들이 과연 정말로 일어날 것이라고 믿는지 묻겠습니다. 지금은 이런 일들이 얼마나 빨리 일어날 것인가에 대해서는 신경 쓰지 마시고, 이런 일들이 정말로 일어나리라고 믿는지 그 여부만 밝혀주십시오. 만약 이런 일들이 일어나지 않으리라고 믿으신다면, 기술과 관련된 현재 상황을 바꿀 필요가 없겠지요. 하지만 이런 일들이 일어날 것으로 믿는다면, 이제 그것은 시간 문제일 뿐입니다. 그렇다면 여러분은 오늘 당장 그에 대한 준비를 시작하셔야 합니다."

나는 또 이렇게 물었다.

"여러분은 사람들이 앞으로 매일 대부분의 업무에 컴퓨터를 사용하게 될 것이라고 확신합니까?"

현재 컴퓨터를 사용하는 사람들이 대단히 많기는 하지만, 대부분의 지식노동자들이 PC를 사용하는 횟수는 하루에 몇 번 정도에 불과하고, 때로는 하루 이틀씩 PC를 전혀 사용하지 않는 경우가 많다.

"여러분은 현재의 서류작업이 보다 효율적인 디지털 행정 프로세스로 대체될 것이라고 믿습니까?"

그들은 그렇다고 답했다. 그들의 유일한 걱정은 종이서류들을 디지털 환경으로 전환하는 방법뿐이었다.

"언젠가는 대부분의 가정에 컴퓨터가 있게 될 거라고 믿으시죠?"

오늘날 미국에서는 전체 가구 중 절반이 PC를 보유하고 있다. 일부 국가는 그 보급률이 좀더 높기도 하지만 대부분의 국가는 현저하게 낮은 수준이다. 나는 다시 질문했다.

"언젠가는 컴퓨터가 각 가정에서 전화나 TV처럼 흔한 물건이 될 것이라고 믿고 계십니까?"

그들은 그렇다고 대답했다.

"언젠가는 대부분의 기업과 가정에서 월드 와이드 웹(WWW)에 고속으로 접속하게 될 것으로 믿으십니까?"

그들은 고개를 끄덕이며 동의했다.

"여러분은 e-mail이 기업이나 가정에서 오늘날 전화나 우편처럼 사람들의 보편적인 통신수단이 되리라고 믿으십니까?"

현재는 컴퓨터를 갖고 있다고 해서 모두 e-mail을 사용하는 것은 아니다.

"그런 상황이 바뀌겠지요?"

그들은 그럴 것이라고 대답했다.

나는 계속 물었다.

"그렇다면, 만일 대부분의 사람들이 컴퓨터를 갖고 있는 상태에서 그것을 일상적으로 사용한다면, 정보 또한 대부분 디지털 형식으로 받기 시작하게 될 것이라고 믿습니까? 청구서를 e-mail로 받게 되리라고 생각하십니까? 여행할 때는 인터넷을 통해 예약하게 될까요?"

그들은 그런 변화가 일어나고 있다는 데 동의했다.

"디지털 기술을 이용한 기구가 상용화되리라고 보십니까? 디지털 사진, 디지털 비디오, 디지털 TV, 디지털 전화기가 보편화되리라고 생각하십니까? 또 다른 새로운 디지털 기기들이 가정에 널리 보급되어 웹에 접속되리라고 예상하십니까?"

그들은 단지 시간 문제일 뿐이라고 답했다.

"노트북 컴퓨터가 '컴퓨터 노트북'이 되는 시대를 예견하십니까?"

'컴퓨터 노트북'이라는 말은 틀린 말이 아니다. 내가 뜻한 것은 오늘날 메모장에 적듯이 필요한 내용을 시간과 장소에 구애받지 않고 편하게 기록할 수 있게 해주고, 모든 개인적, 직업적인 자료를 휴대할 수 있게 해주는 새로운 장치였다. 이것은 모든 정보를 디지털 형식으로 보유하는 것의 또 다른 측면이다. 아마도 이것이 앞으로 발생할 변곡점의 마지막이 될 것이다.

"컴퓨터 노트북의 위대한 점은 아무리 많은 정보를 '쑤셔 넣더라도' 결코 덩지가 '커진다거나' '무거워지는' 일이 없다는 데 있습니다."

사람들이 웃었다. 30초간 독일어로 대화가 오가더니 한 사람이 이렇게 말했다.

"우리는 당신이 우스갯소리를 하는 줄 알았어요. 웃고 나서야 그게 뭔가 심오한 얘기라는 것을 깨달은 거지요."

"제가 여러분의 시간을 뺏고 있는 것은 아니겠죠? 이 모든 변화들이 언젠가는 일어나리라고 믿으십니까?"

이제 우리는 서로 대화를 나누기 시작한 것이다. 은행가들은 잠시 자기들끼리 독일어로 말을 주고받았다. 앞서 내게 말을 건넸던 은행가가 말했다.

"우리 회사에서도 경영 컨설턴트를 고용해서 같은 대화를 한 적이 있습니다. 그래요, 우리는 그런 일이 일어날 것이라고 믿고 있어요. 그렇게 되면 은행업무의 성격이 본질적으로 바뀌게 되겠지요."

"그런 일이 언제쯤 일어나리라고 생각하십니까?" 내가 물었다.

좀더 길고 열띤 대화가 독일어로 오가더니 다시 조용해지고 누군가 이렇게 말했다.

"그런 결정을 이 자리에서 내리게 되리라고 예상했던 사람들이 없어서요. 하지만 어쨌든 결론을 지어봤습니다. 처음엔 20년이라고 대답하자는 사람들이 많았지만, 잠시 얘기들을 더 나눠보고 우리는 10년 이내에 그러한 변곡점이 이미 도래해 있거나 거의 임박해 있을 것이라고 결론을 내렸습니다. 은행업도 완전히 달라져 있겠지요."

나는 그들에게 그러한 변화에 대비하기 위해서는 디지털 정보의 흐름이 조직 전체에 골고루 퍼지게 할 필요가 있다고 말했다. 나는 현재의 지식노동자들이 이미 보유하고 있는 디지털 도구들을 이용해야 할 필요성에 대해 간단히 언급했다. 다시 말해 그들의 지식 체계를 비즈니스 운영시스템과 연결하고, 궁극적으로 PC와 인터넷 기술을 중심으로 한 새로운 인프라스트럭처를 구축해야 한다는 것이다. 그렇게 하는 것이 곧 모든 디지털 변곡점의 결과로서 일어나게 될 세 가지 근본적인 비즈니스 변화에 대비하게 되는 것이라고 말했다.

1. 기업과 소비자, 기업과 기업, 소비자와 정부간의 거래는 대부분 셀프 서비스 형태의 디지털 거래로 대체될 것이다. 그 사이에서 일하던 중개업자들은 부가가치를 창출하는 쪽으로 변화하거나 아니면 사라지게 될 것이다.

2. 어떤 비즈니스를 막론하고, 고객 서비스가 부가가치를 창출하는 주기능이 될 것이다. 틀에 박히고 가치가 낮은 일이었던 고객 관련 서비스가 가치가 높은 일, 다시 말해 고객의 중요한 현안—문제나 욕구—에 대해 개별적인 상담을 해주는 일로 바뀔 것이다.

3. 고객에 대해 개별적인 관심을 기울일 필요가 늘고 거래속도가
   빨라짐에 따라, 디지털 프로세스를 채택해 효율성을 높이는 일
   을 여전히 미루고 있던 기업들도 어쩔 수 없이 내부 디지털 프로
   세스의 채택을 서두르게 될 것이다. 또한 고객의 요구와 기업간
   의 경쟁으로 부단히 변화하는 환경에 적응하기 위해 기업들은
   디지털 신경망을 이용해 내부 비즈니스 프로세스를 정기적으로
   변형시켜 나가게 될 것이다.

   고객 서비스와 비즈니스에서 비롯되는 여러 가지 복잡한 문제들은
그 관계의 양쪽 모두 즉, 고객과 직원 모두에게 강력한 컴퓨터를 갖추
도록 요구할 것이다. 그리고 이 새로운 관계는 음성, 화상, 컴퓨터 화
면의 대화식 이용 등 다양한 전자 수단을 통해 더욱 확대될 것이다. 앞
으로 우리는 가정이나 사무실에서 지식업무를 지원하는 놀랄 만큼 강
력한 범용 PC와 함께 매우 간편한 휴대용 개인 기기들이 급격히 증가
하는 시대를 목격하게 될 것이다.

   이런 변화는 생활에 활력을 줄 것이고, 나는 그 대부분의 변화가 10
년 이내에 일어날 일이라고 결론을 내렸다. 이러한 세상은 지금 우리
가 살고 있는 세상과는 근본적으로 다른 세상이 될 것이다. 따라서 마
이크로소프트의 비전은 이러한 디지털 기기들을 모두 연결해주고 웹
생활양식에 기초한 디지털 솔루션을 창출할 수 있게 해주는 소프트웨
어를 제공하는 것이라고 말했다. 간단한 대답이었다.

   그 독일 은행 이사회는 마지막으로 모두들 마음 속에 품고 있던 이
질문을 던졌다. "그런 새로운 디지털 세계에 대비하기 위해 개인적으
로 해야 할 일은 무엇인가?"

   나는 그들에게 이런 생각을 전했다. 실제 연습해보라. 경영진들도
e-mail이나 그 밖의 여러 전자도구들을 직접 이용해야 한다. 그래야
비즈니스의 새로운 방식에 친숙해질 수 있는 것이다. 경쟁업체의 인터
넷 사이트가 어떻게 생겼는지 들어가서 봐야 한다. 인터넷의 사용자가
되고 소비자가 되어보아야 한다. 인터넷을 통해 책도 좀 사고, 여행 예
약도 해보라. 그리고 어떠한지 살펴보라.

1998년 후반부에 접어들며 세계의 CEO들은 이 새로운 매체를 탐험하기 시작했다. 잡지 《최고경영자(Chief Executive)》 독자 중 약 50%가 1주일에 한두 시간 인터넷을 이용하고 있고, 매일 이용하는 사람은 25%, 전혀 이용해본 적이 없는 사람은 11%라고 한다. 소비자들은 이미 이보다 훨씬 더 집중적으로 인터넷을 이용하고 있다. 여러분이 디지털 시대를 선도하려 한다면, 웹 생활양식이 자신이 관여하는 산업에 어떤 의미가 있는지 상상할 수 있어야 하며, 그러기 위해서는 인터넷과 충분히 친숙해져야 한다. 설령 그렇게 적응하는 데 몇 년이 걸린다해도 마찬가지이다. 여러분은 스스로, 그리고 다른 중역들과 함께 이러한 새로운 접근방식에 몰두할 방법을 찾아내야 하며, 어디 조용한 곳이라도 마련하여 그 새로운 접근방식을 사업에 적용할 올바른 전략을 모색해야 한다.

자아도취로부터 벗어나자
(Avoiding Complacency)

지난 몇 년 동안, 매니아들은 인터넷을 통한 변화가 "내일 당장" 일어나리라고 말해왔다. 앞으로도 계속 여러분은 다가올 12개월 이내 커다란 변화가 일어날 것이라는 예언을 여기저기서 읽게 될 것이다. 다들 실없는 소리들이다. 사회적 적응이라는 것은 그렇게 하루아침에 발생하는 게 아니다. 적어도 몇 년은 걸릴 것이며, 인프라스트럭처가 확충되는 시간도 필요하다. 하지만 사회적인 변화와 기술적인 변화가 임계량(臨界量)에 이르게 되면, 변화는 가속되어 걷잡을 수 없게 될 것이다. 그러면 웹 생활양식이 실제로 '이륙할' 지점이 다가올 것이며 확실한 비상은 그 다음 5년 이내에 실현될 것이다. 이전의 책 《미래로 가는 길(The Road Ahead)》에서 말했듯이, 우리는 언제나 다가오는 2년 안에 일어날 변화는 과대평가하고, 다가올 10년 이내에 일어날 변화는 과소평가한다. 게으름 속에 안주해서는 안 된다.

이런 시나리오를 가정해볼 수 있다. 인터넷 사이트를 서둘러 구축했

는데, 이를 당장 사용하는 고객이나 협력업체의 수가 얼마 되지 않는
것을 알게 된다. 상황이 이렇다보니 '오, 그래. 결국 인터넷을 이용해
도 우리 사업에는 별 변화가 없군. 이런 데 신경 쓰지 말자.' 라는 생각
을 하게 된다. 그리고 변화는 하룻밤 사이에 일어나는 것이 아니므로,
근본적으로는 아무 것도 바뀌지 않을 것이라고 생각한다. 그리고 나서
몇 년 후, 여러분은 갑작스런 변화에 놀라며 상황은 이미 따라잡기 어
려운 지경에 이르렀음을 깨닫는다.

　인터넷의 영향을 받지 않거나, 인터넷에서 아직 시작되지 않은 사업
영역을 생각해내기란 쉬운 일이 아니다. 수많은 회사들이 현재 자기
회사가 최초의 인터넷 서점이나 여행사, 증권사가 되지 못한 것을 안
타까워하고 있고, 초기 고객들과 입소문, 그리고 인지도를 얻지 못한
것에 아쉬움을 갖고 있다.

　초기에 인터넷에 진출한 기업들은 단지 '학습 곡선'에서 앞서 나가
고 있는 것에 불과한 게 아니다. 그들은 사업영역의 재편성에도 돌진
하고 있는 것이다. 이미 인터넷 서점으로 확고하게 자리를 잡은 아마존
(Amazon.com)에서는 이제 CD도 판매하기 시작했다. 아마존이 또 다
른 상품을 팔지 못할 이유가 없다. 여러분의 회사를 웹에 진출시키는
초기 자극제는 아마도 원가절감과 새로운 고객확보라는 기대감일 것이
다. 그러나 일단 웹 환경에서 상호대화하는 고객들을 확보하게만 되면,
기대 이상임을 알게 된다. 즉, 그 관계를 기반으로 보다 폭넓은 제품을
제공할 수 있는 믿지 못할 능력을 얻게되는 것이다. 야후!(Yahoo!) 같
은 포털 사이트(Portal Site)들은 자신들만의 여행 사이트를 만들어
놓았다. 인터넷 사업은 몇 개 되지도 않는 상품을 팔기 위해 종업원들
을 훈련시켜야 하는 은행 지점과는 차원이 다르다. '가상(virtual)' 공
간을 이용하는 인터넷의 본질 덕분에, 고객이 원하는 건 무엇이든 상
품으로 내놓을 수 있다는 얘기다. 아마존의 경우와 같이 한 가지 온라
인 분야에서 강세를 보이는 회사가 상품 제공의 영역을 확장하는 경우
는 얼마든지 더 찾아볼 수 있다. 아직까지 아무도 여러분이 종사하는
영역에 뛰어들지 않았다고 해도 절대로 안심해서는 안 된다. 모든 틈
새 시장을 공략하기 위해 애쓰는 거대 온라인 경쟁업체들이 언제 여러

분의 영역으로 파고들지 모르는 것이다.

오늘 당장 인터넷을 배우도록 하라. 이미 웹 생활양식을 받아들인 여러분의 고객들이 형성해 놓은 소우주를 발견하라. 그리고 그러한 고객들을 이용하여 사업 전반에 대한 모델을 개발하라. 10년 이내에 나머지 고객들도 이러한 변화에 동참하게 될테니, 그 전에 준비를 마쳐야 하는 것이다. 나는 이 책의 제 2부에서 인터넷이 모든 것을 바꾸는 세상에 대비해 현재 이러한 접근방식을 받아들이고 있는 회사들의 실례를 보여줄 것이다.

비즈니스 교훈

□ 대부분의 거래는 셀프 서비스 형태의 디지털 거래로 대체될 것이며, 중
  개업자들은 부가가치를 창출하는 쪽으로 변화하거나 아니면 사라지게
  될 것이다.

□ 어떤 비즈니스를 막론하고, 고객서비스가 부가가치를 창출하는 주기능
  이 될 것이다.

□ 고객에 대해 개별적인 관심을 기울일 필요가 늘고 거래속도가 빨라짐에
  따라, 기업들은 어쩔 수 없이 내부 디지털 프로세스의 채택을 서두르게
  될 것이다.

디지털 신경망 진단

□ 경영진들이 인터넷에 익숙한가? 또한 경영진들은 앞으로 10년 이내에
  인터넷이 사업을 어떻게 변화시킬 것인가에 대한 비전을 준비하는 데
  시간을 투자하고 있는가? 그러한 비전을 기술적으로 구현하기 위해 정
  보기술팀과 함께 일하고 있는가?

제 5 장

중개인은 부가가치를 창출하라
(The Middleman Must Add Value)

기술이 경제의 틀을 바꾸고 기업과 소비자의 양상을 변화시키고 있다. 기술에 의한 이러한 변화는 전자상거래나 e-mail, 전자무역, 전자문서 이상의 것을 의미한다. 바로 경제 기회에 있어서의 "전자 요소"를 의미하는 것이다.

— 윌리엄 델리, 미국 상무장관

21세기로 접어드는 이 시점에서, 비즈니스의 새로운 근본 원칙이 있다면, 그것은 인터넷이 모든 것을 바꾸고 있다는 것이다. 최소한 인터넷 기술은 소규모 사업체를 포함하는 모든 회사들이 직원, 협력업체, 그리고 공급업체를 대하는 방식을 변화시키고 있다. 물론 지금 당장 모든 기업이 고객과 대화하기 위해 인터넷을 사용해야 하는 것은 아니지만, 앞으로 곧 모든 기업은 반드시 웹 사이트를 갖춰야 할 것이다. 지금까지 전화나 우편주소가 그래왔던 것처럼 고객이 직접 회사와 거래할 수 있는 웹 사이트가 비즈니스의 필수 불가결한 요소가 될 것이기 때문이다. 이미 《포춘(Fortune)》지가 선정한 500대 기업의 대다수가 웹 사이트를 보유하고 있다.

인터넷은 거래비용과 유통비용을 낮추며 기업과 고객의 관계를 재구성한다. 또한 인터넷은 판매업체들간의 경쟁을 강화시키고, 잠재적인 고객들이 판매업체들에게 다가가는 길을 넓혀준다.

인터넷이 출현하기 이전에는, 소비자들이 상품을 구입하려면 대부분 대리점과 소매상들을 이용해야 했다. 즉, 거래에 중첩된 단계를 거쳐야 했다. 하지만 오늘날에는 앞다투어 인터넷 서비스를 제공하려는 생산자들과 직접 거래할 수 있다. 이제는 어떤 제조업체든 공장에 딸린 직매장처럼 인터넷을 제공할 수 있기 때문이다.

인터넷이 출현하기 전에는 금융상품이나 여행상품, 기타 소비자 제품에 관한 정보를 모두 수집하려면 많은 시간이 필요했다. 그래서 수많은 서비스 업체들이 고객들에게 그런 종류의 정보를 수집 · 정리해주며 돈을 벌었다. 하지만 오늘날에는, 아직 검색도구들이 완전한 것은 아니지만, 소비자들이 직접 인터넷에 들어가 필요한 정보를 찾아낼 수 있게 되었다. 그리고 어느 회사든 인터넷을 통해 대리점 없이도 유용한 정보를 저렴한 비용에 나눠줄 수 있게 되었다.

다음에 나오는 도표(107쪽)는 고객이 온라인을 통해 구매할 때 일반적으로 절감할 수 있는 거래 비용을 간단하게 예시한 것이다.

1995년,《미래로 가는 길》에서 나는 '마찰 없는 자본주의(friction-free capitalism)'라는 용어를 사용했다. 아담 스미스(Adam Smith)가 말한 '이상적인 시장(ideal market)'을 만들어내는 데 인터넷이 어떻게 기여하고 있는지 설명하기 위해서였다. 이상적인 시장에서는 판매자와 구매자가 많은 시간이나 돈을 들이지 않고도 서로 쉽게 만날 수 있다. 대부분의 시장에서 처음 마주치는 문제는 이해관계인을 찾는 일이다. 두번째 문제는 제공되는 상품이나 서비스의 성격과 품질을 이해하는 것이다. 인터넷은 구매자가 상품에 대한 배경 정보, 이를테면 소비자 단체나 기타 중립적인 평론지들의 상품평 등과 같은 정보를 얻기 쉽게 해주는 것은 물론 가격도 쉽게 비교해볼 수 있게 해준다. 또한 구매자는 판매자에게 자신의 요구를 좀더 많이 전달할 수 있으며, 판매자들은 가장 관심이 많은 사람들을 타깃으로 제품 홍보를 할 수 있을 뿐만 아니라 관련 상품을 끼워 팔 수도 있게 된다.

인터넷은 고객이 가능한 한 최적의 거래를 할 수 있도록 도와주는 매우 훌륭한 도구이다. 소비자가 원하는 상품에 대한 최상의 가격을

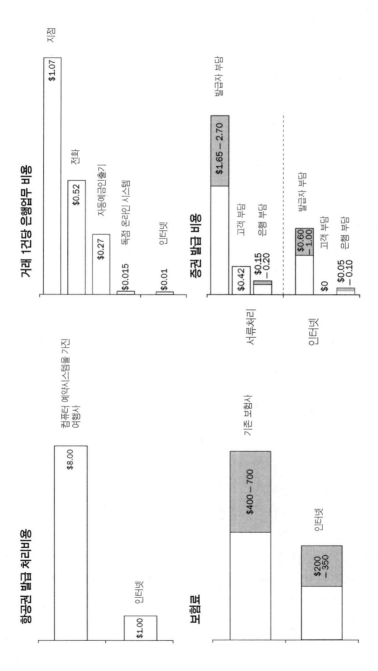

거래 1건당 은행업무 비용

지점 $1.07
전화 $0.52
자동예금인출기 $0.27
독점 온라인 시스템 $0.015
인터넷 $0.01

증권 발급 비용

발급자 부담 $1.65 ─ 2.70
고객 부담 $0.42
은행 부담 $0.15 ─ 0.20
서류처리

발급자 부담 $0.60 ─ 1.00
고객 부담 $0
은행 부담 $0.05 ─ 0.10
인터넷

항공권 발급 처리비용

컴퓨터 예약시스템을 가진 여행사 $8.00
인터넷 $1.00

보험료

기존 보험사 $400 ─ 700
인터넷 $200 ─ 350

출처 : 부상하는 디지털 경제, 미국 상무성, 1998

찾아내기 위해 한 소매점 웹 사이트에서 다른 소매점 사이트로 쉽게 옮겨다닐 수 있기 때문이다. 현재 최소한 둘 이상의 업체가 책이나 CD 같은 제품을 구입하려는 소비자에게 실시간에 가격 비교를 할 수 있는 서비스를 제공하고 있다. 또 어떤 여행 사이트에서는 저렴한 항공요금을 자동으로 추적해주는 자동탐색기를 갖추고 있다. 또한 프라이스라인(priceline.com)과 같은 업체는 판매자와 구매자의 관계를 뒤집어 놓고 있다. 즉, 구매자에게 원하는 자동차나 항공권에 대한 가격을 직접 매기게 한 다음에 그 가격을 판매자에게 돌려서 채택 여부를 확인하는 방법을 이용하고 있는 것이다. 아직은 이런 방식이 얼마나 널리 사용될 것인지 분명하게 알 수 없지만, 한 가지 분명한 것은 이런 방식이야말로 인터넷을 통해서만 가능하다는 것이다.

시간이 지나면 소프트웨어가 비교 구매의 자동화를 더욱 쉽게 해줄 것이다. 가격을 깎으려고 "옥신각신하는" 일도 전자적으로 손쉽게 처리될 것이다. 벌써 한 온라인 상가는 다른 주요 사이트에서 널리 판매되는 항목의 가격을 점검하여, 자동으로 자체 상가의 가격을 다른 곳보다 항상 약간 낮게 책정하고 있다. 물론 실제 건물이 필요한 것이 아니기 때문에 손해를 보지는 않겠지만, 어쨌든 이는 손님을 끌기 위해 밑지고 파는 "특매품"의 전자적 유형인 셈이다. 앞으로 소비자들은 전자적으로 서로 연합하여 대량구매 가격으로 제품을 구입할 수도 있게 된다. 이전에는 쉽지 않았던 일이다. 심지어 판매자를 대신하는 소프트웨어가 어느 한 소비자가 아닌 수백, 수천의 소비자를 대신하는 소프트웨어와 가격협상을 벌이는 경우도 생길 것이다.

석탄이나 철강과 같이 대규모로 교환이 가능한 상품을 보유하는 기존의 주요 시장들은 이미 중재가 잘 되고 있다. 따라서 이런 시장에서는 인터넷이 구매자를 판매자나 가격에 맞춰 연결시키는 일을 그렇게 많이 바꾸지는 못할지도 모른다. 결국 인터넷 웹이 좀더 그 가치를 발휘하는 곳은 규모가 작거나 시장이 분산되어서 판매자와 구매자를 연결시키기 어려운 영역이나 서비스 제공 분야가 될 것이다. 소비자가 특정 가격에, 특정 기능을 갖춘 차량이나 컴퓨터, 스테레오 등의 중고품을 쉽게 찾으려면 어떻게 해야 하겠는가? 말할 것도 없이 웹이 그 해

결책을 제시해줄 것이다. 골동품이나 오래된 장치의 부품 혹은 특수
품목 같이 구하기 어려운 제품을 사고팔려는 사람들은 웹에서 많은 득
을 보게 될 것이다. 예를 들어 의류업체인 갭(The Gap)은 자사의 온
라인 의류 상점을 가장 자주 이용하는 고객들을 분석한 결과, 그들이
실제 매장에는 일반적으로 잘 들여놓지 않는 치수의 옷을 찾는 사람들
이라는 것을 알게 되었다. 이제 갭은 소매 매장에 물건을 쌓아두는 데
드는 비용은 절감하면서 이런 고객들의 요구를 충족시킬 수 있게 되었
다. 가상 경매를 이용하면 어떤 물리적 장소를 이용해 경매하는 경우
보다 훨씬 더 다양한 품목의 상품을 제공할 수 있으며, 특정 지역의 사
람들뿐만 아니라 전세계 사람들을 경매에 참여하도록 유도할 수도 있
다. 웹은 사람들을 모은다는 그 고유한 기능을 통해, 이렇게 이전에는
존재하지 않았던 새로운 시장을 만들어낼 것이다.

　일부 웹 상인들은 탄력적인 가격책정 방식을 채택하게 될 것이다.
탄력적 가격책정 방식은 이미 일반 시장에서는 예전부터 정착되어온
방식이다. 이에 따른 몇 가지 양태를 살펴보자. 많은 전자상가와 가전
제품 상점이 고객들에게 가장 저렴한 가격을 약속한다고 광고한다. 이
런 전략에 따라 이들은 표시 가격이 높게 책정되어 있는 경우조차도 정
가판매를 고집한다. 반면에 할인판매를 너무 많이 하다보니 한 품목에
실제로 두 가지 가격—충동적인 구매자들을 위한 정가와 느긋한 소비
자들을 위한 할인가—이 있는 상점들도 많다. 그런가 하면 DM 발송
마케팅 회사들은 흔히 각기 다른 시장 단위를 목표로 카탈로그마다 서
로 다른 가격을 인쇄해 발송하기도 한다. 그래서 고객이 주문 전화를
하면, 판매원은 우선 그 고객에게 해당하는 청구가격을 알아보기 위해
고객번호나 카탈로그 번호부터 물어본다.

　이와 같은 탄력적인 가격책정이나 이와 유사한 가격정책의 목적은,
상대적으로 게으르거나 가격에 크게 신경 쓰지 않는 소비자들에게 좀
더 많은 마진을 거두는 동시에 가격에 민감한 고객들까지 확보하려는
데 있다. 사실상 판매상은 개개인이 얼마나 기꺼이 지불할 것인가를
고려하여 가격을 책정하고 있는 셈이다. 이런 아이디어가 급진적이라
는 느낌이 들 수도 있겠지만, 이는 누진과세만큼이나 오래된 방식이다.

대학 교육 역시 가족의 수입이나 자산에 따른 다양한 '학비 보조'를 통해 할인되고 있지 않은가.

현재 직접 판매자들이 사용하고 있는 이러한 기술은, 인터넷이 가능하게 만들어줄 방법과 비교하면 상당히 조잡한 편이다. 앞으로 판매업자들은 온라인 상점에 자주 방문하는 고객들을 식별하여 이들에게 개별적인 정보와 서비스를 제공해주게 된다. 만일 상점의 웹 사이트에서 한 고객이 과거에 어느 가격선까지 기꺼이 지불할 의사를 보였는지 파악하게 된다면, 해당 고객의 구매 의욕을 자극할 만큼 가격을 할인해서 개별적인 판매제의를 할 수도 있는 것이다.

많은 웹 사이트가 사용자에게 이름, 주소, 인구통계자료 및 신용정보를 포함하는 등록정보를 묻는다. 여기서 얻어진 자료를 바탕으로 사업체들은 더 나은 서비스를 제공하고, 고객 지원을 보다 넓힐 수 있으며, 좀더 분명한 목표를 갖는 마케팅을 전개할 수 있다. 하지만 이것은 어디까지나 기업의 입장이다. 고객의 입장에서는 본인의 사적인 정보가 이용되거나 유출될 때는 미리 알고 동의하거나 거부할 수 있어야 한다. 하지만 현재의 전자상거래는 판매자가 사용자들에게 정보를 사용해도 좋은가를 한 차례 묻고 거기에 동의하면, 이후로는 그 정보의 사용처를 판매자의 양식에 맡기는 '신용시스템(honor system)'을 기반으로 운용되고 있다. 이런 연유로 우리 회사에서는 현재, 소비자들이 PC를 통해 미리 네트워크상의 다른 시스템들이 이용할 수 있는 자료의 유형을 정할 수 있는 기술을 연구중이다. 이 소프트웨어는 사용자가 같은 데이터를 반복해서 입력하지 않아도 되게끔 해주는 동시에, 업체들의 개인정보 이용에 대해 사용자가 통제권을 행사하게 해줄 것이다.

웹을 통한 구매는 편지, 광고지, 영수증의 수는 줄이는 동시에 배달되는 소포의 양은 증가시킬 것이다. 저가품목인 경우에는, 웹에서 구매함으로써 얻게 된 비용절감 효과가 배달료로 인해 줄어들 수도 있다. 따라서 우체국이나 민간 배달업체들은 소포 배달에 대한 이러한 요구 변동을 충족시키는 쪽으로 서비스를 개선하면 나름대로 좋은 기회를 활용하는 셈이 될 것이다.

　여러 상점을 통해 구할 수 있는 대부분의 제품인 경우, 가장 큰 수혜
자는 소비자일 것이다. 반면에 독특한 제품이나 서비스인 경우, 판매
자는 좀더 많은 잠재적인 고객을 찾아나설 것이고, 더 비싼 값을 요구
할 수도 있을 것이다. 웹 생활양식을 받아들이는 소비자들이 많아질수
록, 경제는 모든 상거래 영역에서 더욱 더 아담 스미스의 '완전한 시
장'에 가까이 다가서게 될 것이다.

거래에 가치를 부가하자
(Adding Value to Transactions)

　이제는 고객들이 제조업체들이나 서비스 공급자들과 직접 거래할
수 있기 때문에, 단순히 상품이나 정보를 전달하는 것만으로는 거의
부가가치를 얻을 수 없다. 많은 시사평론가들이 "중개인의 몰락"을 예
고해왔다. 분명 지금도 중간에서 "전달하는" 중개인들의 가치는 빠른
속도로 하락하고 있다. 단순히 항공기 예약만 해주는 여행사는 사라지
게 될 것이다. 이런 식으로 규모는 크고 부가가치가 낮은 거래야말로
셀프 서비스 방식의 인터넷 여행예약 사이트에 완벽히 들어맞는 일이
다. 따라서 여행사들은 앞으로 단지 항공권을 끊어주는 것 이상의 일
을 해야 할 필요가 있다. 총체적인 체험여행 프로그램을 마련해야 할
필요가 있다는 뜻이다. 이를테면 이탈리아나 캘리포니아의 포도농장
체험과 같이, 고도로 차별화된 여행상품을 제공하는 여행사들만이 안
정된 성장의 길을 걸을 전망이다.
　만약 여러분이 중개인이라면, 저렴한 가격과 신속한 서비스를 약속
하는 인터넷으로 인해, 말 그대로 '중간'에 설 자리를 잃게 될 것이다.
생산자와 소비자 사이에서 거래를 지원해주는 역할이 필요 없어지기
때문이다. 이렇게 인터넷이 여러분을 위협하려 할 때 한 가지 방법이
있다면 그것은 인터넷을 이용해 반격을 가하는 것이다. 그것이 바로
주요 소프트웨어 소매 체인이었던 에그헤드(Egghead.com—구명(舊
名) Egghead)사가 수년간의 고투 끝에 취했던 행동이다. 에그헤드는

1998년 미국 전역에 걸친 연쇄점망을 폐쇄하고 오로지 인터넷에서만 영업하는 상점을 개설했다. 하지만 상점 폐쇄로 유지비를 없앤 것은 단지 전술일 뿐, 전략이 아니었다. 현재 에그헤드는 인터넷을 활용한 갖가지 새로운 온라인 프로그램을 제공하고 있다. 50여 종류에 달하는 하드웨어 및 소프트웨어의 경매, 컴퓨터 수리 등과 같은 프로그램들이 그것이다. 이 회사는 웹에서 이용할 수 있는 시스템에 특별히 청산(清算) 가격을 매겨서, 매주 e-mail 가입자들만 이용할 수 있는 "핫 리스트(hot list)"를 발표한다. 에그헤드가 앞으로 계속 번창하여 이 장에서 언급하는 척도에 부응할 것인지는 아직 알 수 없지만, 이 회사가 '중개인은 부가가치를 창출해야 한다'는 원칙을 제대로 이해하고 있는 것만은 분명하다.

모든 소매상들은 인터넷을 비즈니스의 새로운 영역으로 고려해볼 필요가 있다. 오직 인터넷에서만 존재하는 아마존(Amazon.com) 서점의 성공은, 반즈&노블(Barnes & Nobles)사로 하여금 성공적으로 운영되던 실제 매장들을 가상 공간에서도 확고히 존재하도록 통합하는 것은 물론, 굴지의 국제 미디어 회사인 버틀즈맨(Bertelsmann)과 온라인 벤처기업으로 합작하지 않을 수 없게끔 만들었다.

서비스업계는 인터넷 환경에서 박리다매를 하든지, 고감도의 고객 서비스를 제공하든지 둘 중 한 가지를 선택할 수밖에 없다. 박리다매를 하는 경우에는 인터넷 기술을 이용하여 셀프 서비스 방식을 만들어 내야 한다. 고객이 이용할 수 있는 정보를 많이 만들어내고, 최상의 가격을 제공하는 인터넷 사이트를 이용해 다량의 매매와 거래를 추진해야 한다. 어떤 시장에서든 대량 거래를 할 수 있는 기업은 소수에 지나지 않기 때문에, 대부분의 기업들은 단지 비용절감뿐만이 아니라 새로운 서비스를 제공하기 위해서 인터넷을 이용하는 방법을 찾아내야 할 것이다.

1992년, E * 트레이드 증권사(E * Trade Securities)는 인터넷 셀프 서비스 방식의 저렴한 금융서비스 분야를 개척했다. 포리스터 그룹(Forester Group)은 1997년 말 미국 내의 온라인 중개 고객이 3백만 명에 이른다고 추산하고, 5년 내에 그 수가 최고 1천 4백만에 달할 것이라고 발표했다. 1998년까지 최소한 70개 이상의 증권 중개회사가 셀프 서비스 방식의 온라인 주식거래 서비스를 제공해 왔으며, 그 숫자는 계속 증가하고 있었다. 당시 온라인 거래량은 총 소매거래 중 20% 이상을 차지하는 수치였다. 현재, 노련한 투자가들을 대상으로 삼고 있기 때문에 투자분석 서비스를 제공하지 않는 소수 온라인 중개사들은 건당 수수료를 거의 부과하지 않고 있다. 그러나 대부분은 어느 정도의 분석서비스와 거래서비스를 함께 제공하고 있으며, 그 두 가지를 서로 분리하려고 노력하는 가운데 거래 건당 좀더 많은 수수료를 부과하고 있다.

이같은 새로운 온라인 금융서비스는 직접 고객을 만나거나 전화상으로 서비스를 제공하는 데 익숙한 전통적인 증권거래 중개회사들에게는 흥미로운 도전이 될 것이다. 여태까지 중개회사들이 고객에게 제공하던 자료 대부분을 이제는 인터넷에서 무료로 받아볼 수 있기 때문이다. 따라서 이러한 회사들은 근본적으로 전략을 변경해야 할 상황에 직면한 셈이다. 만약 여러분이 이러한 회사의 경영진이라면 여러분은 어떻게 하겠는가? 전자거래를 하는 사람들과 똑같은 게임을 하기 위해 디지털 기술을 이용할 것인가? 그리고 그렇게 한다면, 그들과 여러분 자신을 어떻게 차별화할 것인가? 또 그게 아니라면, 여러분의 전통적인 강점-장기적인 고객 관계를 관리하는 데 익숙한 고도로 훈련된 직원들-을 살리기 위해서 기술을 사용할 것인가? 후자의 전략을 채용한다면, 효율을 높이기 위해서 어떻게 기술을 이용할 것이며, 어떤 식으로 인터넷의 인기를 이용할 것인가?

근본적인 결정부터 하라
(Making a Fundamental Decision)

전통적인 금융 서비스업계의 오랜 선두주자였던 메릴 린치(Merrill Lynch & Company)는 1997년에 바로 앞에서 제기했던 질문들을 제기하며 회사의 사업방식을 집중적으로 검토하기 시작했다. 메릴 린치는 이미 1세기 이전부터 방대한 양의 금융자료를 수집·분석하고, 장기적인 금융계획을 수립하는 방식으로 고객투자를 관리해왔다. 그 결과 1997년에 1조 달러 이상의 고객자산을 보유하고 있었다. 그러나 저렴한 수수료를 받는 중개회사들이 성장하고, 이후 1992년부터 1997년 사이 인터넷을 기반으로 한 거래가 증가함에 따라, 이 회사의 중역들은 더 이상 당시 사용하고 있던 방식을 그대로 유지할 수 없음을 깨달았다. 이에 대해 메릴 린치의 부사장이자 고객업무 담당 수석 기술이사인 하워드 소전(Howard Sorgen)은 이렇게 말한다.

"고객이 변하고 있었다. 사람들이 정보를 얻고 의사 결정을 하는 방식도 변하고 있었다. 우리가 변화할 필요가 없다고 생각했다면 정말 어리석은 일이었을 것이다."

메릴 린치의 최대 관심사는 이 회사의 가장 귀중한 자산, 즉 금융 컨설턴트들(financial consultants, 이하 FC)의 효율성을 개선시키는 것이었다. 이 회사의 FC들은 증권시세, 분석보고서, 고객 계좌내역, 자사 금융상품 정보, 금리 등과 같은 자료를 훑어보는 데 많은 시간을 보내면서, 정작 금융상담에는 그보다 적은 시간을 할애하고 있었다. 당시 이 회사에서 사용하던 메인프레임 기반 정보시스템은 고가인데다가 사용하기도 어려웠다. 고객 데이터베이스, 금융상품 정보, 가격결정 체계, 분석보고서 등 각기 다른 범주에 속하는 자료들이 서로 호환되지 않는 여러 개의 시스템에 분산되어 있었다. 따라서 FC들은 책상 위에 여러 대의 단말기를 두고 있어야 했다. 게다가 그 단말기 각각에는 열 개 이상의 응용프로그램들이 들어 있었고, 이를 사용하기 위해서는 난해하고, 제각기 다른 키보드 명령어들에 통달하고 있어야 했다.

결국, FC들이 정보에 쉽게 액세스하는 것이 '고객들이 부를 축적하도록 돕는다'는 메릴 린치의 사업목적을 달성하는 데 있어서 가장 결정적인 문제였다. 그때까지 메릴 린치의 경쟁력은 두 가지였다. 금융 시장과 관련해 축적한 지식과 금융 시장에서 고객을 위해 발휘하는 투자기술이 그것이다. 메릴 린치의 중역들은 자사의 미래 경쟁력은 위와 같은 투자 노하우를 기술력으로 늘려나가는 데서 비롯될 것이라고 결론지었다.

　　메릴 린치는 FC들에게 필요한 정보 흐름을 기본으로 회사의 정보시스템을 재편성하기로 결정했다. 새로운 시스템은 "FC 중심"이어야 했다. 다시 말해, 새로운 시스템은 데스크탑상에서 풍부한 내용(content)과 훌륭한 분석도구들을 제공해 FC들로 하여금 고객들을 위해 금융계획을 개발하고, 구현하고, 또 모니터할 수 있게 해주어야 했다. 또한 이 데스크탑 환경은 안정된 환경이어야 하며, FC들이 전세계에서 방금 전해온 뉴스와 비디오 교육자료를 볼 수 있고, 서로 공조할 수 있도록 시청각 기능도 갖추어야 했다. 하지만 메릴 린치는 모든 것을 다 새로이 구축하고픈 생각은 없었다. 그들은 시간과 비용을 줄이기 위해 기존 시스템에서 쓸만한 부분은 그대로 활용해 쓰길 원했다.

　　메릴 린치의 경영자들은 이사회에 출석해서, 금융 서비스업계에서 메릴 린치가 차지하고 있는 선도적인 위치를 지켜나가려면 대략 10억 달러 정도를 기술에 투자해야 한다고 제안했다. 단지 미래를 위해 10억 달러를 투자한다는 것은 대단히 위험한 모험이었다. 그러나 이사회 토의의 중심 내용은 비용이나 투자 수익에 관한 것이 아니었다. 문제는 미래의 생존과 번영이었다. 그것은 메릴 린치가 전통적으로 겨뤄왔던 경쟁사들로부터 계속해서 차별화될 수 있을 것인가, 그리고 새로운 경쟁자들의 도전에 맞설 수 있을 것인가에 대한 문제였다. 이사회에서는 그들과 경쟁하기 위한 최선의 방법이 회사의 지식노동자들에게 훌륭한 지식도구를 제공하는 것이라는 점에 동의했다.

　　경영진은 5년간 8억 2천 5백만 달러를 투자할 프로젝트의 시작을 알리는 동의를 받아냈다. 이사회에서 충고한 것은 단지 프로젝트가 길어져 8년 동안 20억 달러를 쓰는 식이 되어서는 안 된다는 것뿐이었다. 그런 일은 없었다. 1998년 10월, 약 8억 5천만 달러를 써서 완료한 「TGA(Trusted Global Advisor)」시스템이 발표되었다. 이 회사의 정보기술팀은 'FC 중심'이라는 요건을 염두에 두고 평가에만 1년을 투자해 전세계적으로 회사의 미래를 구축하는 데 토대가 될 PC 기반의 디지털 신경망을 설계해낸 것이다.

　　메릴 린치의 시스템은 새로운 통신 인프라스트럭처, 업그레이드 된 PC 하드웨어 및 소프트웨어로 구성되어 있으며, 시장에 관한 데이터를 전자적으로 제공하는 기능을 갖추고 있다. 메릴 린치는 소프트웨어 개발에만 총 2억 5천만 달러를 썼다. 사실 메릴 린치에서 어떤 소프트웨어를 사용했든, 어차피 나머지 경비 대부분은 주식시세와 주식뉴스 등을 위한 통신시스템과 전자 데이터 제공기능을 갖추는 데 들어갔을 것이다. 이 회사의 기존 인프라스트럭처와 프로그램을 그대로 유지하는 데 드는 비용과 비교해 보았을 때, 실제 차액은 4년 동안 약 2억 5천만 달러 정도로 추산된다. 연간 6천만 달러가 넘는 돈, 즉 컨설턴트 1인당 대략 3,500달러가 넘는 비용을 들여 메릴 린치는 미국 내 700여 개 사무실의 14,700여 명과 그 외 전세계적으로 2,000명에 이르는 FC들을 위한 정보시스템을 철저히 수리한 셈이다.

기술담당 이사인 하워드 소전이 직접 나에게 메릴 린치의 솔루션을 보여주었다. 그것은 사용자에게 신속하고 재치있게 정보를 전달해주는 고도의 정보기술 사용례라고 할 수 있었다.

예전에 구 시스템에서 사용하던 프로그램을 개량하고 회사의 핵심적인 비즈니스 시스템 모두를 통합하자면 몇 년 이상 걸릴 것을 깨달은 메릴 린치의 정보기술팀은 범용 PC "쉘(shell)"을 만들어냈다. 이것은 메릴 린치의 구 시스템, 신 시스템, 그리고 미래에 사용할 시스템을 모두 연결해주는 「TGA」 플랫폼에 대한 공통 사용자 인터페이스를 말한다. 이 "수퍼 브라우저(superbrowser)" 쉘 덕분에 메릴 린치의 사원들은 로컬 서버 및 클라이언트 서버, 기존의 프로그램 및 웹 브라우저 응용프로그램을 얼마든지 조화롭고 일목요연하게 사용할 수 있게 되었다. (Shell: 4DOS 또는 COMMAND.COM 등과 같이 일반적으로 운영체제에서 지원되는 명령어 처리기를 가리키는 용어 - 譯註)

관련 자료는 그 출처(出處)에 관계없이 정리되어 정보페이지로 들어간다. 그러면 이 정보페이지는 절과 장을 이루고 나아가 책으로 구성된다. '책'이란 은유표현이 무엇을 뜻하는지는 모두 알 수 있을 것이다. 그 '책'에 이르는 "루스-리프 바인더(loose-leaf binder: 낱장씩 분리가 가능한 바인더 - 譯註)" 접근 방식은 정보 정리에 융통성을 제공한다. 「TGA」 스크린 우측 상단 구석에는 사용자가 정의할 수 있는 정보센터(Information Center)가 있는데, 여기에는 컨설턴트들이 지속적으로 모니터해야 할 실시간 정보들이 들어 있다. FC들은 여기서 십여 가지 중요한 주식을 모니터해볼 수 있고, CNN 라이브(CNN Live)와 같은 방송 프로그램에서 주요 회사에 대한 뉴스가 있을 때나 중요한 e-mail이 접수되었을 때는 여기서 경보를 확인할 수 있다. TGA 안에 있는 폴더(folder) 역시 사용자가 기능을 선택할 수 있게 되어 있다. FC는 '증권 거래소' 폴더를 클릭하여 NASDAQ, 뉴욕, 도쿄 증시 등 여러 개의 증시를 살펴볼 수 있다. 이때 '증권 거래소' 폴더 안에 새로 선택한 증시를 붙여 넣으면, 해당 증시가 개장되자마자 그 현황을 실시간으로 받아볼 수도 있다.

「TGA」 플랫폼은 또한 고객이 설정한 투자 목표에 맞춰 포트폴리오가 성과를 이루고 있는지 여부도 신속하게 비교할 수 있게 해준다. 예전에는 한 포트폴리오 안의 투자 경과를 추적하려면 꽤 많은 시간을 할애해야 했다. 어떤 고객의 포트폴리오가 고객이 세운 목표에 미달하고 있음을 담당 FC가 알게 되더라도, 그 포트폴리오를 정상 궤도에 올려놓으려면 어떤 방법을 써야 하는지 알아내기 위해서는 수많은 "가상(what-if)" 시나리오를 일일이 수작업으로 실행해보아야 했던 것이다. 300명에 달하는 고객의 투자 경과를, 그것도 그 중 상당수가 여러 가지 계좌를 갖고 있는 상태에서 추산해본다는 것은 보통 일이 아니었다. 하지만 「TGA」는 자동으로 몇 가지 다른 관점에서 바라본 자료까지 제공해준다. FC는 그것을 한 번 훑어보기만 해도 해당 포트폴리오가 목표를 달성하고 있는지 알 수 있으며, 여러 가지 선택을 했을 때 그것이 고객의 재정계획에 미칠 영향까지 그래픽으로 살펴볼 수 있다. 이를테면 투자액을 증가시켜 보거나 포트폴리오 리스크를 증가시켜 보면서, 혹은 목표를 하향 조정해보면서 여러 가지 변수로 시뮬레이션을 해볼 수 있는 것이다. 궁극적으로는 고객 스스로가 자신들의 PC상에서 이러한 가상 시나리오를 운용해볼 날이 올 것이다.

FC들이 행정 업무―지출보고서 작성, 고객과의 전화 및 전자문서 발송 등―를 처리하고자 할 때는 논리적으로 이름이 붙은(logically named) 탭을 클릭하면, 워드프로세서나 스프레드시트, 컨택트 매니저 등의 해당 프로그램이 자동으로 불려온다. 컨설턴트들은 이런 프로그램의 실제 이름(physical name)이 무엇인지 알 필요도 없고, 그 프로그램들이 어디서 돌아가고 있는지, 어떻게 프로그램을 불러와야 하는지 신경 쓸 필요도 없다.

「TGA」는 또한 공통 시나리오에 맞게 조정된 사용자 인터페이스를 갖고 있다. '뉴스' 페이지를 올려놓고 있는 FC가 유선방송 서비스를 통해 실시간 뉴스를 보려면, 정보센터 안에 있는 주식현황 표시기에서 회사의 주식 심벌(예컨대 메릴 린치의 경우 MER)을 마우스로 끌어서

1주일에 10개의 사무실을 업그레이드하는 법
(How to Upgrade Ten Offices a Week)

약 1년이 넘게 걸렸던 시스템 설치 기간 동안, 메릴 린치는 매주 10개의 사무실을 업그레이드했다. 업그레이드하기 2주일 전, 새 시스템에 대해 필수적인 교육을 하기 위해 한 팀이 파견된다. 이 교육팀은 직원들에게 기본적인 기능과 확장 온라인 도움말 시스템의 사용법을 가르친다. 도움말 시스템에는 온라인 큐 카드(cue card)와 멀티미디어 데모(실연)가 들어 있다. 시스템이 가동되기 1주일 전 일요일, 교육팀은 3시간에 걸쳐 지금까지 교육한 내용에 대해 복습시키는 모임을 갖는다. 시스템이 가동되고 나면 교육 팀은 1주일을 더 사무실에 머물면서 직원들 모두가 새로운 시스템에 숙달될 수 있도록 돕는다.

새로운 시스템으로 전환되기 전 금요일, 시스템 설치팀이 사무실에 도착한다. 설치팀은 주말 동안 이전에 사용하던 기간시설—여러 대의 단말기, 구형 PC, 케이블, 심지어 부적절한 배전함 등—을 들어낸다. 그리고 고속 인터넷 링크와 1인당 1대의 펜티엄 프로 방식 워크스테이션, 2대의 멀티프로세서 PC 서버—하나는 증권시세와 기타 정보, 파일, 프린트 서비스 제공용이고, 다른 하나는 e-mail용이다—를 설치한다.

월요일 아침이면 사무실의 시스템이 가동된다. 새로운 시스템에 대한 적응속도는 메릴 린치가 예상했던 것보다 훨씬 빨랐다. 직원 중 상당수가 개별적으로 PC를 다루어본 적이 있으며, 누구나 시스템을 직관적으로 이해할 수 있는 데다가 일관된 교육이 이루어졌던 것이 성공의 주요 원인이었다.

'뉴스' 페이지 위에 놓으면 된다. 이렇게 하면 뉴스 페이지는 곧 화면에 그 회사와 관련된 뉴스를 보여준다. 만일 FC가 선택버튼을 켜면, 예컨대 아시아를 선택하면, 뉴스 페이지는 그 회사의 아시아 관련 기사만을 제공한다. 그리고 주식연혁(Stock History)을 클릭하면, 그 회사의 주식성과에 대한 연혁을 제공하는 마이크로소프트 인베스터(Microsoft Investor)에 연결된다. 아울러 주식시장 자료 공급업자로부터의 자료 제공이 중단되는 경우에는 「TGA」 시스템이 이를 알려주면서 마지막으로 알려진 숫자 다음에 있는 주식시세 필드 안에 물음표(?)를 표시해준다.

뿐만 아니라 이 시스템은 FC들의 업무를 뒤따르며 그들이 특별히 관심을 갖고 있는 분야를 스스로 파악하기도 한다. 마치 숙련된 조수처럼, 자주 반복되는 과정들은 질문 없이 알아서 수행하는 정도다. 예를 들면, FC가 시스템에게 특정 회사에 대한 관련 뉴스를 자동으로 올려놓도록 지시할 수 있고, 해당 주식의 지난 30일과 지난 5년간의 시세를 그래프로 그리라거나, 그 회사의 가장 큰 경쟁사 세 곳에 대해 유사한 그래프를 보여달라고 할 수 있으며, 그 회사에 대한 메릴 린치의 분석 결과를 제시하라는 등등의 지시를 내릴 수 있다. 그리고 FC가 그 특정 회사의 증권을 마우스로 클릭하면 이 모든 정보가 대략 2초 이내에 나타나는 것이다. 시스템에 대한 최상의 활용을 문서화시키고 모사하기 위한 노력의 일환으로, 메릴 린치는 최고로 숙련된 컨설턴트들이 이 시스템을 어떻게 이용하는가 신중하게 모니터하고 있다. 메릴 린치의 계획은 컨설턴트들의 작업습관을 전자 모델로 만들어보고, 나아가 「TGA」 시스템의 기능을 강화하여 모든 이들이 사용할 수 있게 하려는 것이다.

메릴 린치의 중역들은 FC들이 보는 것과 같은 정보를 보는 것 외에도, 회사 실적에 관한 숫자들과 기타 운용 자료를 볼 수 있게 해주는 또 다른 버전의 「TGA」를 사용한다. 또한 지점장들은 중개인들이나 재택 근무자, 보험 전문가, 업무지원팀 등과 마찬가지로 자신의 직무에 맞게 달리 구성된 "루스-리프 북(loos-leaf books)"을 갖고 있다. 예를 들어 보험 전문가들은 가입조건 대조표나 보험규약에 액세스하고, 업

무지원팀은 출장정보 및 예약 프로그램에 액세스하는 식이다. 모두가
이 시스템이 바로 자기 자신을 위해 만들어진 것처럼 느끼는 까닭이 여
기에 있다.

컨설턴트의 역할 변화
(Undergoing a Consultant Paradigm Shift)

　새로운 정보기술은 FC의 역할을 바꾸어 놓았다. 이제 천천히 정보
를 수집하거나, 어디서 비밀정보를 구할 수 있는지 아는 것만으로는
성공할 수 없게 되었다. 20년 경력의 한 베테랑 FC의 말에 의하면,
「TGA」 시스템은 투자분석에 소요되는 시간을 몇 시간에서 단 몇 분으
로 줄여줄 뿐만 아니라, 각종 분석 관련 척도(기업실적, 주가수익률 등)
에 대한 그래픽 기능을 통해 경험 있는 FC들이 가장 유망해 보이는 엔
트리(entry)에 집중하고, 새로이 부상하는 시장에서 유리한 위치를 점
할 수 있도록 해준다고 한다.
　「TGA」 시스템 덕분에 FC들은 고객과 강력한 유대관계를 맺는 데
더 많은 시간을 투자할 수 있게 되었다. 과거에 FC들은 기록이나 문서
에 의존해 자신이 담당하고 있는 300여 명의 고객들과 상담을 했기 때
문에, 고객이 갑자기 전화라도 하면 필요한 정보를 찾느라 허둥대기
일쑤였다. 대체 그 기록이 컨설턴트 자신에게 있는지, 아니면 상담 보
조요원에게 있는지조차도 헷갈릴 정도였다. 하지만 이제는 고객과의
접촉에 대한 모든 기록이 전자 고객상담 파일에 모아진다. 가령 A라는
고객에게는 대학에 다니는 자녀가 두 명 있다는 식의 개인적인 정보도
알 수 있어서, FC는 보다 친밀한 통화로 시작하여 고객에게 유용하고
적절한 정보를 제공할 기회를 얻을 수 있게 된다.
　메릴 린치는 최근에 「TGA」 시스템의 한 버전을 고객과 공용하는 것
에 대해 검토한 바 있다. 어떻게 하면 이 기술을 이용해 고객을 감동시
킬 수 있을 것인가에 대해 메릴 린치 내부에서 길고 냉철한 토론이 벌
어졌다. 그때 메릴 린치가 내린 결론은 이렇다. "고객에게 더 많은 정

보를 제공하면 할수록 FC와 고객과의 관계는 오히려 강화될 것이다."
메릴 린치는 고객들을 대상으로 광범위한 설문조사를 실시했고, 아울
러 회사 경쟁력의 전망도 조사했다. 고객들 또한 인터넷과 전자상거래
가 성장하고 있음을 깨닫고 있었다. 메릴 린치는 계획을 신속하게 실
행에 옮기기로 결정하였다.

메릴 린치는 「메릴 린치 온라인(Merrill Lynch OnLine)」이라고 불
리는 「TGA」 시스템의 고객용 버전을 만들어냈다. 고객들이 투자분석
자료, 계좌정보, 수수료 등 여러 가지 기본적인 정보에 액세스할 수 있
게 해주는 시스템이다. 메릴 린치는 첫해에 하루 약 550명 정도씩 가
입해 총 20만 명 정도가 온라인에 가입할 것으로 기대했다. 하지만 놀
랍게도 하루에 700~800명이 가입하더니, 7개월만에 목표치를 넘어
버렸다. 더욱 놀라운 사실은 가입자들의 구성 비율이었다. 젊은 인터
넷 세대 고객들부터 가입하리라는 당초 메릴 린치의 예상과 달리, 주로
나이가 많고 부유한 고객들이 앞장서 가입했던 것이다.

온라인 서비스 시험가동의 성공으로 고무된 메릴 린치는 고객들을
위해 더 많은 시장자료와 계좌정보, 그리고 수수료 옵션을 추가했다.
현재 메릴 린치의 고객들은 담당 FC에게 e-mail을 보낼 수 있고, 지연
된 주식시세나 일일 뮤추얼 펀드 가격을 받아볼 수 있으며, 투자분석
보고서를 열람하거나 수수료를 지급하고 자금 대체를 할 수 있다. 얼
마 전 메릴 린치는 거래 주문을 고객이 직접 입력할 수 있는 기능까지
추가했다.

돌아보건대, 메릴 린치는 인터넷이 생존에 대한 위협인 동시에 새로
운 기회가 된다는 것을 깨달은 회사였다. 인터넷은 고객들에게 더 많
은 정보를 제공할 수는 있지만, 그렇다고 해서 정보 자체를 투자의 지
혜로 볼 수는 없는 것이다. 금융 서비스업체들은 이제 고객들에게 정
보를 얻거나 통신을 할 때 인터넷을 이용하도록 설득함으로써, FC들
이 보다 많은 시간을 고객과 함께 대화하고 투자설계를 하는 데 할애할
수 있도록 해야 한다. 자, 이제 고객에게 전화를 건 FC는 이렇게 말하
게 된다.

"「메릴 린치 온라인」에서 제공된 투자분석 보고서를 보셨습니

까?…… 읽어 보셨지요?…… 좋습니다. 그럼 이제부터 그 문제가 손님의 포트폴리오에 어떤 영향을 미칠지 이야기를 나눠보도록 하죠."

미리 정보를 숙지한 고객은 보다 더 나은 질문을 하기 마련이다. 더욱 심도 있고, 핵심에 다가선 대화가 가능해진다. 보다 많은 정보를 갖고 보다 많이 이해하고 있는 고객은 자신이 내린 결정에 더욱 확신을 갖게 된다. 정보를 갖고 있는 고객일수록, 그 정보에 투자통찰력을 제공할 능력이 있는 FC의 조언에 따라 행동하게 마련이다. 고객과 FC 사이에 보다 많은 대화가 오가게 되면, 고객은 어떤 개선점 또는 어떤 서비스를 원하는지에 대해 좀더 나은 피드백을 제공하게 될 것이다. 이제 회사는 고객이 무엇을 필요로 하는지 어림짐작하지 않아도 된다. 메릴 린치는 궁극적으로 회사의 FC와 고객 사이에 완전한 공시성(共時性 : syndronicity)을 제공하게 되길 기대한다. FC와 고객이 같은 시간에, 같은 자료를 보고, 같은 화면을 보는 가운데 일이 진행되는 것이다. 그때가 되면 메릴 린치의 직원들은 이렇게 말할 것이다.

"진짜 마술이 시작되는군."

기업과 고객 사이의 역학 변화
(Changing the Company-Customer Dynamic)

정보기술에 대한 메릴 린치의 대규모 투자는, 이 회사가 지식노동자들을 어떻게 평가하고 있는지를 말해준다. 이 시스템이 가동될 무렵, 시장은 초강세를 겪은 후 아시아 금융위기로 인해 위축기를 맞고 있었다. 따라서 새 시스템이 재정에 미친 영향을 직접 측정하는 것은 어려운 일이다. 그러나 메릴 린치는「메릴 린치 온라인」을 이용하는 고객들이 자사에 맡긴 추가자산이 10억 달러 이상이라고 강조했다.「메릴 린치 온라인」이라는 새로운 가능성을 개발하지 않았다면, 이 대규모의 자산은 결코 메릴 린치에 들어오지 않았을 것이다.

지금도 금융업계에서는 온라인 중개인들과 풀 서비스(full-service)를 제공하는 중개인들 사이에서 뜨거운 논쟁이 벌어지고 있다. 그리고 이러한 논쟁은 앞으로 다른 산업계에서도 한동안 계속 되풀이될 것이다. 순수한 온라인 중개회사들은 낮은 거래비용이 업계의 대세(大勢)가 될 것이라고 믿고 있다. 풀 서비스를 제공하는 회사들은 아직도 고객들이 조언을 구하고자 할 때는 노련한 전문가와 함께 일할 필요를 느낀다고 믿고 있다. 그렇다면 고객에게 중요한 문제는 무엇인가? 지금 지급하는 것이 거래에 대한 수수료인지 아니면 상담에 대한 수수료인지를 제대로 알고, 지불한 만큼 얻을 것인가를 확신하는 것이다.

인터넷이 고객의 기대수준을 높이리라는 데는 의심의 여지가 없다. 70여 개 이상의 온라인 중개회사들은 현재, 저가의 셀프 서비스 방식 모델이 결국 치열한 경쟁을 유발하고는 임계량(critical mass)에 도달해 버리고 말, 몇 안 되는 모델 중 하나라는 사실을 깨닫고 있다. 심지어 저가의 온라인 시장에서 일하던 회사들마저 차별화된 가치를 제공할 필요성을 느끼면서, 고객이 기꺼이 지불할 '마법의 조합'을 찾으려 애쓰며 다양한 서비스와 가격을 조합하는 실험을 하고 있다. 모든 회사들이 이렇게 정보 시대의 혼잡한 시장에서 고객의 주의를 끌려면 그에 걸맞게 체질을 개선해야 할 필요가 있는 것이다.

비즈니스 교훈

☐ 인터넷은 구매자와 판매자를 직접 접촉하게 하고 쌍방에 대해 더욱 많은 정보를 제공함으로써 "마찰 없는 자본주의"를 달성하는 데 기여할 것이다.

☐ 인터넷이 거래경비를 낮춤에 따라 중개인은 사라지거나 아니면 새로운 부가가치를 창출하는 방향으로 대응하게 될 것이다.

☐ 최저가격 전략으로 성공하는 기업은 소수에 불과할 것이며, 따라서 대부분의 기업은 고객서비스를 포함하는 새로운 전략을 세워야 할 필요가 있다.

☐ 만약 고객서비스 중심의 전략을 세웠다면, 고객과 접촉하고 그 관계를 관리해 나가도록 디지털 정보 도구로 지식노동자들을 무장시켜야 한다.

디지털 신경망의 진단

☐ 귀사의 정보기술 시스템은 지식노동자들이 대부분의 시간을 정보수집이 아닌 정보분석에 투자할 수 있도록 도와주는가?

☐ 여러 시스템, 특히 과거에 사용되던 경직된 시스템들의 응용프로그램들을 통합하기 위해 PC 서버를 사용하고 있는가?

☐ 회사 내부 지식노동자들과 고객들이 사용하는 응용프로그램을 지원하기 위한 단일 인프라스트럭처를 구축하였는가?

제 6 장

고객에게 다가서라
(Touch Your Customers)

전자상거래에 투자해서 얻는 게 뭐냐고요? 지금 제정신으로 묻는 거
요? 이건 콜럼버스가 신대륙을 발견하는 거나 마찬가지란 말이오.
콜럼버스가 투자해서 얻은 게 뭔지 모르겠소?
— 앤드류 그로브, 인텔(Intel) 회장

전자상거래가 활기를 띠게 되면서, 단지 중개인들만이 고객과의 유
대를 강화하기 위해 창의적인 인터넷 사용방법을 찾는 것은 아니다.
전자상거래가 디지털화된 금전등록기 이상의 역할을 한다는 사실을 이
해하는 상인이야말로 창의적인 방법을 가장 잘 찾아낼 것이다. 물론
궁극적인 목표는 판매이다. 하지만 판매 그 자체는 온라인 고객경험의
일부에 지나지 않는다. 일부 기업들은 인터넷을 이용해, 이전에는 결
코 가능하지 않았던 방법으로 고객과 대화하게 될 것이고, 따라서 판
매는 인터넷의 고유한 힘이 발휘되는 일련의 고객서비스 가운데 한 부
분이 될 것이다.

중요한 점은 전자거래를 경험한 고객들이 자신의 경험을 기꺼이 친
구들에게 얘기할 만큼 충분한 만족을 얻도록 해줘야 한다는 것이다.
입으로 전해지는 소문은 제품이나 기업의 명성을 쌓는 데 있어 가장 강

력한 수단이며, 인터넷은 바로 이 입소문을 위해 만들어진 매개체이다. 만일 어떤 고객이 상품이 마음에 들지 않았다거나 혹은 어떤 판매자로부터 부당한 대우를 받았다고 생각한다면, 그는 알고 있는 친구들 모두에게 e-mail을 보내거나 사람들이 빈번히 이용하는 전자게시판에 글을 올릴 것이다. 오토웹(Autoweb.com)이라는 인터넷 자동차 사이트에서는, 고객들을 대상으로 판매상의 서비스에 대한 e-mail 설문조사를 실시하고, 고객들의 불만사항을 개선하지 않는 판매상이 생기면 해당 판매상을 사이트에 실린 목록에서 삭제해 버리기도 한다.

오늘날 온라인 상점의 주요 경쟁상대는 실제 상점들이다. 실제 상점들은 판매규모에 있어서 온라인 상점을 훨씬 능가한다. 1998년도 온라인상의 매출규모는 많아야 전세계 총 상거래 규모의 반올림 오차, 즉 세계 7대 경제기구 총 소매 매출액의 0.5%에 지나지 않았다. 그러나 향후 10년 동안 이 비율은 급속도로 증가할 것이다. 앞으로 전자상거래가 계속 기반을 잡아감에 따라, 인터넷 사이트상의 주요 경쟁은 더 이상 실제 상점 사이에서가 아니라 온라인 상점 사이에서 일어날 것이다.

온라인 상거래에서 급속히 성장하고 있는 분야는 증권과 보험, 여행, 온라인 경매, 그리고 컴퓨터 판매 등이다. 오늘날의 인터넷 고객들은 기술적인 측면에서 박식하다. 현재 시스코 시스템(Cisco System), 델 컴퓨터(Dell Computer), 그리고 마이크로소프트와 같은 기업들은 각각 연간 수십 억 달러에 달하는 거래를 인터넷을 통해 행하고 있다. 대세는 미래의 고객들이 결정할 것이다. 크라이슬러사는 현재 1.5%를 차지하고 있는 온라인 판매량이 4년 내에 25%로 급증할 것이라고 내다보고 있다. 아무리 보수적인 시각으로 추산해봐도 온라인 판매는 연간 45%씩 증가할 것으로 보인다. 가장 높은 예상치에 의하면, 온라인 사업규모가 2000년 무렵에는 1조 6천억 달러 규모를 상회할 것이라고 한다. 나는 이 예상치도 너무 낮게 잡은 것이라고 생각한다.

백화점의 결혼 등록 정보를 온라인으로 처리하고 있는 에디 바우어(Eddie Bauer)사는 고객들이 이름과 신체 치수, 그리고 받고 싶은 제품의 목록을 온라인 카탈로그에 직접 게시하도록 해준다. 고객들이 친지들로부터 원하는 선물을 받을 수 있도록 해주려는 의도이다. 이렇게 되면 이제 더 이상 잘못된 치수의 옷을 받거나 마음에 들지 않는 넥타이를 선물로 받는 일은 없게 된다. 게펜 레코드(Geffen Records)사는 자사의 웹 사이트상에서 자사의 음악가들과 제휴 회사의 음악가들을 광고하고 있지만, 한편으로는 다른 회사의 음반도 판매한다. 이 사이트에서는 음악팬들이 좋아할 만한 티셔츠나 기타 상품, 영화 등도 함께 홍보하며, 또한 음악공동체를 조성하기 위해 팬들의 토론 모임을 개최하고, e-mail로 들어오는 질문에 24시간 응답해주고 있다.

　델(Dell)과 매리엇 인터내셔널(Marriott International)사는 "구축하면 고객은 찾아올 것"이라는 확신이 있었기에 초창기부터 전자상거래에 뛰어들었다. 이들의 목적은 인터넷을 통한 정보의 흐름을 이용해 고객과 직접 접촉하고, 서비스를 창출하며, 나아가 자연스럽게 판매를 신장시키는 것이었다.

초기에 뛰어들자
(Jumping onto the Internet Early)

　델은 전자상거래에 뛰어든 최초의 대기업 중 하나였다. 연간 수익이 180억 달러를 넘는 세계적인 컴퓨터 공급업체인 델은 1996년 중반부터 온라인 방식으로 제품을 판매하기 시작했다. 델의 온라인 사업은 주당 1백만 달러에서 하루당 1백만 달러로 급속히 성장했다. 얼마 안 가서 하루 3백만 달러로 급등한 매출액은 다시 하루 5백만 달러로 뛰어올랐고, 그러한 매출액의 증가는 지금도 여전하다. 분명 컴퓨터 구입자들은 "마찰 없는 환경", 즉 중간 유통마진이 없는 웹 환경에서 구매하는 것을 좋아한다. 이 책이 인쇄될 때 쯤이면 매주 150만 명 이상이 델 웹 사이트에 접속할 것이며, 회사 전체 매출액 중 11%가 온라인으로 들어올 것이다. 델은 이 비율을 50% 이상으로 신장시키려 하고 있으며, 그 시기는 아마도 2000년 초가 될 것이다.

　웹 사이트에서 얻는 수익의 신장세가 델의 총수익 신장세에 비해 현

저하게 빠르므로, 어쩌면 델이 웹 사업에서 얻은 수요 중 상당 부분이
새로 창출된 수요인지도 모른다. 그러나 델에서는 이 사실에 별로 개
의치 않고 그저 "웹이 창출하는 수익"에 대해서만 신경 쓰는 동시에 웹
을 이용해 다른 판매 분야도 지원하는 방법을 모색하고 있다. 거래를
원활하게 처리하고 기술지원을 요청하는 전화 건수도 감소시킨 웹의
효용을 제대로 인식하고 있는 것이다.

델의 설립자인 마이클 델(Michael Dell)은 일찍부터 신념을 가지고
직접 판매와 컴퓨터 지원 상거래에 전념해온 인물이다. 그는 열두 살
때 통신판매로 우표를 팔아 2,000달러의 순익을 올린 전적이 있다. 고
등학교 시절에는 「애플 IIe」로 우편 수취자 명단을 분류하는 방법을 개
발해, 신혼부부나 그 지역에 새로 이사온 가정을 겨냥하여 신문 구독
신청을 받았다. 그는 이 일로 BMW 자동차를 굴릴 만큼 돈을 벌었다.
1983년 텍사스 주립대학교의 신입생이 된 마이클은 그 지역 컴퓨터
판매상으로부터 재고를 원가에 넘겨받아 기계를 업그레이드한 다음,
전화를 통해 이를 판매상보다 저렴한 가격에 팔았다. 1년도 되지 않아
그는 이같은 직접 판매를 원칙으로 운영하는 컴퓨터 회사를 세우기 위
해 학교를 떠났다.

인터넷이 역량을 발휘하기 시작하자 마이클은 즉각 흥미를 갖게 되
었다. 그는 인터넷을 이용해서 고객과 델사 간의 직접적인 관계를, 전
화를 바탕으로 하는 관계에서 데스크탑을 통한 관계로 확장할 수 있다
는 것을 알았다. 그리고 나아가서 회사의 성장을 가속화시키기 위해서
는 인터넷을 회사의 전반적인 비즈니스 전략 안에 통합시켜야 한다는
것을 깨달았다. 이윽고 델은 온라인 상거래 및 온라인 지원만 전담하
는 사업체를 설립했다.

델이 인터넷 사업을 개시한 것은, 인터넷이 학생들과 과학기술자들
만의 전유물이라는 위치를 막 벗어나 방대한 시장으로 퍼져나가기 시
작한 바로 그때였다. 델이 인터넷 상거래를 시작했을 무렵, 인터넷 사
업에 대한 전망을 놓고 탁상공론을 벌이는 기업은 많았으나 실제로 뛰
어드는 기업은 얼마 되지 않았다. 당시 델은 고객들이 어떤 식으로 인
터넷을 사용하고 싶어하는지 알지 못했다. 당시로서는 고객들 자신도

잘 알지 못하는 문제였다. 그래서 델은 일단 제품정보를 제공하고, 간단한 주문을 접수하며, 고객들의 피드백을 요청하는 초기 사이트를 개설했다. 그리고 이 사이트에 온라인으로 접수된 고객들의 제안을 통해 많은 것을 배워나갔다.

델은 그 후로 자사의 웹 사이트를 수백 차례 갱신했다. 대규모 갱신이 세 차례 있었고, 메뉴 옵션을 라디오 버튼 모양으로 만들어 옵션 선택을 쉽게 하는 등의 사소한 갱신이 거듭되었다. 아울러 델은 주문 사정을 파악하거나 서비스 및 지원을 요청하는 등의 고객을 위한 기능들을 착실하게 추가해 나갔다. 그리고 이렇게 나름의 특색을 갖춰나감에 따라 점차 델의 사업수행에도 중요한 변화가 일어났다.

영업팀의 역할을 바꾸어라
(Changing the Role of the Sales Team)

마이클 델은 오늘날 행해지고 있는 직접 거래의 특징을 다음과 같이 설명한다.

"직접 거래는 얼굴과 얼굴, 귀와 귀, 그리고 키보드와 키보드의 만남을 여러 가지로 조합한 것이다. 이 조합에는 각자 자기 자리가 있다. 인터넷이 사람을 대신할 수는 없다. 다만 좀더 효율적으로 일할 수 있게 해줄 뿐이다. 기계적으로 반복되는 일을 웹에 맡겨 일정 부분의 일은 고객들이 스스로 행하게 함으로써, 우리는 영업사원들이 고객들을 위해 좀더 의미 있는 일을 할 수 있게 만들었다."

이전의 고객들에게는 회사와 접촉하는 단순하고 편리한 방법이 있었다. 자신이 물건을 구입한 영업사원을 통하는 것이었다. 이 점은 델의 고객들에게도 마찬가지였다. 델의 영업사원들 역시 고객의 문제를 해결해주도록 교육받았다. 따라서 새로운 기술을 도입하는 시점에서 델은 두 가지 만큼은 확실하게 짚어둘 필요가 있었다. 첫째는 새로운 솔루션이 최소한 전화 통화만큼은 편리해야 한다는 것이었으며, 둘째는 그로 인해 영업사원들의 업무방식이 바뀌어야 한다는 것이었다.

마이클 델은 이렇게 말한다.

"우리는 고품질의 고객서비스를 기반으로 하는 하나의 문화를 정착시키는 데 13년이라는 시간이 걸렸다. 그리고 그러한 문화의 대부분은 우리 회사 영업사원들이 하루종일 전화에 매달렸던 덕분에 얻어진 것이었다. 이제 우리는 또다른 한 부분을 추가하려 했다. 가장 어려웠던 부분은 기술적인 문제가 아니라 행동양식의 변화였다. 이 점은 고객에게나 우리 영업사원에게나 마찬가지였다. 결국 단순함과 편리함이 지상 최고의 목표일 수밖에 없었다. 우리는 고객들이 동일한 양의 시간 동안 전화 통화한 것보다 더 많은 가치를 얻을 수 있게 해주는 편리한 인터넷 시스템을 구축해야 했다. 그것만이 직접 대면하거나 전화 통화를 통해 상담하는 데 익숙해진 고객들을 달랠 수 있는 유일한 방법이었다."

고객들에게 보다 많은 정보를 온라인으로 제공해본 결과, 영업팀의 가치가 떨어지는 일은 일어나지 않았다. 오히려 인터넷은 고객과 영업사원 모두에게 보다 많은 보고서와 견적 도구를 제공해주어, 횟수는 줄어들었지만 보다 충실한 상담이 이뤄질 수 있게 되었다. 메릴 린치처럼 델 역시 "미리 정보를 숙지한 고객이 보다 나은 고객"이라는 사실을 파악하는 순간이었다. 델의 영업사원들은 이제 컨설턴트의 역할을 수행하기 시작했다. 고객들이 기술이전 계획과 리스 및 교체 프로그램을 짤 수 있도록 도와주고, 고객의 사업에 대한 충분한 이해를 토대로 기술을 이용해 핵심 부분을 개선시킬 방법을 추천하는 역할 말이다. 디지털 웹을 통한 거래는 영업사원들(sales representatives)이 주문서를 처리하고, 주문현황을 점검하며, 고객서비스에 대한 질문에 답하는 시간도 단축시켜 주었다. 결과적으로 이제 영업사원들은 고객 상담과 고객과의 관계 강화, 그리고 판매에 좀더 많은 시간을 투자할 수 있게 되었다. 또한 고객의 요청이 있으면 영업사원들이 직접 고객을 도울 수도 있다. 예를 들면, 고객이 영업사원에게 일부분만 기재한 주문서를 보낸 후 영업사원의 도움을 받아 주문서를 완성할 수 있는 것이다.

델의 독특한 접근방식 중 하나는, 주요 고객들의 요구를 충족시키기

델은 어떻게 서비스/지원 부문의 경비를 줄였는가
(Dell Lowers Overhead for Service and Support)

인터넷은 영업비뿐 아니라 다른 여러 가지 비용도 절감시켜준다. 매주 약 5만 명의 고객들이 주문상황을 점검하기 위해 델의 웹 사이트를 이용한다. 만일 이 중 10%가 온라인 서비스를 이용하는 대신 전화를 한다면, 통화당 3~5달러를 부담해야 하는 델로서는 5천 통화를 받는 데 매주 1만 5천~2만 5천 달러를 지불하게 되는 셈이다.

델의 사이트에서는 매주 약 9만 개의 소프트웨어 파일이 다운로드되는데, 만약 전화로 소프트웨어 요청을 9만 번 받아서 각 고객에게 우편으로 발송한다면, 델은 매주 15만 달러를 써야 한다.

또 매주 20만 명 이상의 고객들이 델의 온라인 문제해결 정보란에 액세스한다. 그러므로 고객이 한 번 액세스할 때마다, 델에서는 기술지원 전화 통화에 소요될 잠재적인 비용 15달러를 절감하는 셈이 된다. 이것으로 한 해 절감되는 비용은 수백만 달러에 이른다.

이러한 셀프 서비스 옵션들은 델의 업무능률을 높여줄 뿐만 아니라 그 혜택이 고객들에게 돌아가게 해준다. 델의 온라인 시스템은 한 대기업의 안내 데스크 비용에서 연 2백만 달러를 절감해주었다.

위해 특별히 고안한 5,000개 이상의 프리미어(Premier) 페이지에서 찾아볼 수 있다. 온라인 거래 중 약 65%에 달하는 일반 소비자와 소규모 사업체 고객은 그대로 키워나가는 한편, 프리미어 페이지를 통해 법인 규모의 고객을 확보해 나가자는 전략인 셈이다.

대기업 혹은 정부나 고등 교육기관 같은 특정 시장의 고객들은 보안이 보장된 델 페이지에 로그온한다. 델 페이지는 이들 고객들만을 위해 특별히 디자인된 것으로, 해당 기관의 정책에 따라 거기에 알맞은 구매 옵션을 보여준다. 이 페이지는 또한 미리 협정된 표준 기계 구성과 가격을 화면에 나타내고, 주문 정보 및 주문 내역, 거래 접촉 정보 등도 보여준다. 이 페이지를 이용하는 기관들은 구매 한계를 사전에 승인해 놓을 수 있고, 따라서 대량 주문도 즉시 처리될 수 있다. 미국 정부기관 소속 고객들은 이 페이지에 들어와 미 조달본부 계약에 의해 승인된 시스템들의 가격을 살펴보고 원하는 물품을 고른다. 주문이 확정되어 물품이 발송되면, 고객은 자동으로 e-mail 통지 및 주문 물품의 항공화물 수령증을 받아볼 수 있다.

또 다른 보안 페이지에는 상급 구매 담당자나 해당 기관 정보기술팀의 상급자만이 볼 수 있는 기밀정보가 들어 있다. 이 페이지에서는 해당 고객이 월간보고서에서나 볼 수 있었던 (자사와 델 간의) 거래내역을 보여준다. 한 제조업체는 부서별로 현재까지 얼마나 구매하고 지출했는지 추적해보기 위해 자기 회사에 할당된 이 페이지를 이용하고 있으며, 또 어떤 정유회사는 본사와 각 지사에 광범위하게 분산되어 있는 컴퓨터 관련 자산을 추적하는 데 이 페이지를 이용하고 있다. 델은 이 두번째 페이지 덕분에 고객들에게 회계정보를 제공하는 데 드는 비용을 약 15% 줄일 수 있었다.

개발 우선순위를 바꾸어라
(Shifting Development Priorities)

인터넷을 이용하는 접근 방식은 델이 응용프로그램을 개발하는 방식까지 변화시켰다. 예전의 델은 전화를 지원하기 위해 사원들이 사용하는 도구를 구축하는 데 주력했었다. 하지만 오늘날에는 주요 도구를 개발할 때 그 도구가 직접적으로 인터넷상의 고객을 위해 구축되는 것인지 여부를 먼저 따져본다. 그래서 만일 그 도구가 고객을 위해 개발되는 것이라는 판단이 서면, 그것은 개발 최우선순위에 올려진다. 델이 내부적으로 지원도구를 갖추기 위해 마지막 대형 개발 프로젝트에 들어갔을 때는 인터넷이 임계량에 도달하고 있을 때였다. 델은 이 프로젝트를 통해 개발된 도구들을 몇 달 동안 내부에서만 사용하면서 몇 가지 사항을 개선한 후, "고객들에게 넘겨주었다."

인터넷은 델이 백-엔드 시스템을 이용하는 방식에도 영향을 미쳤다. 과거 이 회사의 메인프레임 시스템은 기존의 전화주문 시스템을 지원하는 용도였고, 따라서 판매주문을 입력하는 데는 한계가 있었다. 매주 수십만 건의 거래를 처리할 수 있는 이 메인프레임 시스템이, 온라인으로 주문하는 수천 명의 고객들은 제대로 다루질 못했다. 게다가 주말이면 보통 백업과 유지·보수를 위해 시스템을 다운시켜야만 했다. 인터넷 시스템은 1주일 내내, 하루 24시간 계속 사용할 수 있어야 했는데도 말이다.

델은 기존의 메인프레임 시스템에 듀얼 펜티엄 프로 프로세서를 장착한 델 자체의 파워에지(PowerEdge) 서버들을 연결함으로써 이 문제를 해결했다. 이 서버들은 PC 웹 사이트 관리 소프트웨어와 주문 추적 및 지원을 위한 데이터베이스를 실행시킨다. 이제 델은 웹을 통해 주문 요청들이 들어오면, 그것들을 부하조절(load-balancing) 기술을 이용하여 여러 대의 프론트 엔드 서버(front-end server) 중 하나를 거치게 한다. 그러면 그 내용(content)이 모든 서버에 미러링(mirror-ing, 복사)되어 거래부하가 분산되는 것이다.(mirroring: 다른 지역에 원본과 똑같은 데이터를 복사해놓고 사용자의 이용을 분산시키는 기술 – 譯註) 특히 소통량이 많을 경우, 델은 약 한 시간 안에 새로운 서버를 추가할 수도 있다. 이때 인터넷팀에서 할 일은 새로운 서버에 최신 정보의 사본을 만들어 주고, 그 서버를 네트워크에 추가시킨 다음, 부하조절 시스템에 새로운 서버가 추가되었음을 알리는 일뿐이다.

델은 데이터를 업로드하거나 다운로드하는 과정에서 몇 가지 문제점을 겪기도 했다. 하루는 메인프레임상의 소프트웨어가 변경되면서 웹 서버에 연결되는 가격 표시 링크에 문제가 생겼다. 그 결과 웹 사이트에 PC 모니터의 가격이 "0"달러로 표시되었다. 0이라는 가격이 화면에 나타난 때부터 문제를 해결하는 그 짧은 시간 동안 약 100여 건의 주문이 밀려들었다. 회사에서는 주문을 한 고객들에게 일일이 전화를 걸어 회사측의 실수에 대해 설명해야만 했다. 이 사건은 인터넷 상거래에 요구되는 신뢰성 보장 및 품질 보증에 대한 일종의 경종이었으며, 델에게는 다시는 같은 실수가 일어나지 않도록 소프트웨어 유지·보수 절차를 개선하는 계기가 되었다.

델이 인터넷 사업을 구축하기 위해 설립한 델 온라인(Dell Online)

의 이사 스코트 에커트(Scott Eckert)는 그 사건에 대해 이렇게 말한다.

"우린 그저 당황해서 어쩔 줄 몰랐다. 게임 초반이라 고객이 잘 이해해준 게 그나마 다행이었다. 하지만 그 일이 준 교훈은 분명했다. 그 일은 우리에게 회사의 거래량이 커질수록, 사소한 에러라도 엄청난 파장을 불러일으킬 수 있다는 점을 경고해준 셈이다. 만약 그런 일이 1년 후에 일어났더라면, 수많은 사람들이 들어와서 보고, 거래하는 웹 사이트에서 그런 종류의 실수가 일어났다는 사실 자체가 도저히 용납되지 않았을지도 모른다. 자사의 웹 사이트를 마케팅 카탈로그나 단순한 오락거리 정도로 생각하는 회사도 있지만, 우리는 다르다. 웹 사이트에서 비즈니스를 하기 때문이다. 여기에는 내부 회계시스템에 쏟아붓는 것보다 훨씬 더 세심한 주의가 필요하다. 무슨 실수라도 있는 날에는 전세계가 그 실수를 보게 될 것이기 때문이다."

웹 사이트와 주문 처리시스템을 통해 판매정보를 실시간으로 흐르게 하는 것은 델의 경쟁적인 상황에서 볼 때 매우 중요한 요소이다. 간접 판매를 하는 회사의 경우 대개 80일분의 재고량을 보유하는 데 비해(물론 이들도 재고보유량을 줄이려고 애쓰고 있다), 델은 단지 8일분의 재고만을 보유하며, 그 재고 중 상당 부분이 칩이나 하드 드라이브와 같은 부품들이다. 델이 컴퓨터 완성품을 만드는 데 걸리는 시간은 겨우 4시간이다. 그리고 보통 주문한 지 3~5일 이내에 고객에게 전달된다.

델의 사업 모델은 재고라는 폐해에 기초하고 있다. 재고를 줄이면 줄일수록, 수익을 발생시키는 활동에 더욱 많은 운전자금을 투입할 수 있다는 논리이다. 재고를 줄이려는 노력에 힘입어 델은 수억 달러의 자산을 예금으로 전환할 수 있었다. 동시에 더욱 훌륭한 고객서비스의 요건은 결코 재고가 바닥나는 일이 없어야 한다는 것을 뜻하기도 한다. 오직 정보기술만이 이런 요건의 균형을 맞추는 수단을 제공할 수 있다. 이와 관련하여 마이클 델은 다음과 같이 말한다.

"과거에는 물리적 자산이 기업의 확실한 강점이었다. 하지만 이제 물리적 자산은 부채에 지나지 않는다. 수요에 대한 정보에 완벽히 다가갈수록, 재고는 0에 가까워진다. 이것은 간단한 공식이다. 재고가 많다는 것은 정보가 없다는 뜻이며, 정보가 많다는 것은 재고가 적다는 뜻이다. 우리는 물리적인 자산을 정보로 대체하고 있다."

더 나아가서, 델은 웹 사이트 개발에 있어 다음 단계를 준비하고 있다. 프리미어 페이지상에서 좀더 많은 서비스를 주문형으로 전환하고, 주요 고객을 위한 전체 주문 절차를 완전히 "종이 없는" 방식으로 처리한다는 것이다. 고객이 온라인으로 주문하는 기능을 갖추고 있음에도 불구하고, 고객이 속한 조직 내에서는 대부분의 승인 절차가 아직도 종이서류를 바탕으로 이루어지고 있다. 델은 자사의 주문 데이터베이스를 고객의 구매시스템과 통합하는 주문 응용프로그램을 고객 기업들에 제공할 예정이다. 이 융통성 있는 보고용 도구를 이용해 고객들은 델의 정보시스템에 질문을 하고, 자사의 구매현황에 대한 보고서도 작성할 수 있게 될 것이다.

델은 이미 세계 36개국에 18개 국어로 이용 가능한 인터넷 거래 기능을 제공하고 있다. 이 회사는 국제적으로 인터넷 서비스를 계속 확장하여 고객들이 어디서나 일관적인 델 인터넷을 경험할 수 있게 하겠다는 야심찬 계획을 밝히고 있다.

새로운 서비스를 실험해보라
(Experimenting with a New Service Initiative)

세계에서 가장 큰 호텔업체인 매리엇 인터내셔널(Marriott International) 역시 인터넷으로 서적 판매 이상의 일을 할 수 있다는 것을 깨달았다. 전세계적으로 연간 100억 달러 이상의 수익을 올리고 있는 매리엇 인터내셔널은 열 가지 브랜드로 세계 전역에 걸쳐 1,500개의 호텔을 운영하고 있다. 이 회사가 처음으로 온라인 예약시스템을 도입한 것은 1996년이었다. 매리엇에서는 초보적이고 다분히 실험적인 시도였다고 말하지만, 그 시스템은 그 해 말까지 100만 달러의 매출을 올려주었다. 이러한 매출규모에 주목한 매리엇의 중역들은 델과 마찬가

지로, 인터넷 사업의 불분명하지만 무한한 잠재력을 깨닫고, 1997년
마이크 퓨사테리(Mike Pusateri)의 지휘 아래 "대화형 판매 및 마케
팅팀"이라는 특별 인터넷 전담팀을 발족시켰다.

　매리엇의 인터넷 사업은 처음부터 강력한 내부 지원과 비즈니스팀
과 기술팀 간의 밀접한 공조를 토대로 이루어졌다. 영업담당 수석부사
장인 리치 행크스(Rich Hanks)는 강력한 인터넷 옹호자였다. 행크스
가 바로 인터넷 전담팀을 창설하고, 퓨사테리를 고용해 적절한 인재들
을 이끌게 하는 동시에, 그의 업무 입지를 강화시켜준 인물이었다. 당
시 매리엇에 막 입사했던 수석 공보이사 칼 윌슨(Carl Wilson) 역시
퓨사테리를 도와 기술적인 문제를 풀어나갔을 뿐만 아니라, 그가 중역
들로부터 좀더 많은 후원을 받도록 도와주었다.

　매리엇의 마케팅 조사는 자사의 인터넷 사업이 큰 잠재력을 갖고 있
다는 결과를 일관되게 보여주었다. 1997년 FIND/SVP가 주관한 미
국 인터넷 사용자 설문조사에서는 월드 와이드 웹에 접속하는 이용자
들이 가장 널리 탐색하는 주제 중 하나가 '여행 사이트'라는 결과가 나
왔다. 포레스터 그룹에 의하면, 인터넷 사용자들이 두번째로 온라인
구매를 많이 하는 분야도 '여행'이었다. 또 양켈로비치(Yankelovich)
의 연구에 의하면, '여행서비스' 상품을 구매하는 사람들은 무엇보다도
먼저 행선지에 대한 정보를 찾아본다고 했다.

　매리엇이 바로 그 행선지 사업에 종사하는 업체였다.

　그렇다면 인터넷은 매리엇에게 과연 어떤 의미가 있는가? 마이크 퓨
사테리는, "인터넷은 좀더 수준 높은 서비스를 제공할 대화의 고리를
만들어주고, 나아가 새로운 고객을 끌어들여 줄 것"이라는 결론을 내
렸다. 그는 이렇게 말한다.

　"기술 관련 기업들은 이미 몇 년 전에 인터넷이라는 현상을 '받아들
였다.' 그러나 대부분의 다른 산업 분야에서는 이제 막 인터넷에 눈을
뜨고 있다. 인터넷은 서비스와 관련된 모든 것을 의미한다. 즉 좀더 빠
르고 친밀하게, 그리고 기업이나 고객이 이전에 경험했던 그 어떤 서
비스보다 개별적인 방법으로 고객들에게 서비스를 제공함을 의미한다.
서비스야말로 매리엇이 하고 있는 사업이 아닌가. 벽돌과 회반죽으로

지어진 건물 등의 부동산(不動産)은 우리가 갖고 있는 자산 중 극히 일부에 지나지 않는다."

무엇을 도와 드릴까요?
(How Can We Help You?)

매리엇은 처음으로 인터넷상에 대화형 홈페이지를 개설한 회사 가운데 하나이다. 고객들은 이 홈페이지에서 정교한 탐색도구를 이용해 원하는 지역, 현지 편의시설, 객실 내 쾌적함, 레크리에이션 제공 등을 마음대로 조합해보며, 조건에 맞는 매리엇 호텔을 찾아볼 수 있다. 만일 모뎀선이 설치된 객실에다, 비즈니스 센터를 갖추고, 근처에 골프장이 가까운 호텔을 피닉스시에서 원한다면, 고객은 즉각 그 조건을 만족시키는 호텔의 목록을 볼 수 있다. 혹은 텍사스주 달라스시의 지사(支社)에서 10마일 반경 안에 있는 매리엇 호텔을 모두 찾아볼 수도 있다. 또한 사용자는 제안 상자 아이콘을 클릭하여 각각의 매리엇 호텔 고객서비스 담당부서에 e-mail로 피드백을 보낼 수도 있다.

매리엇의 웹 페이지와 연결된 웹 페이지들에서는 호텔 주변의 상점, 식당, 그리고 기타 가볼 만한 명소 등을 소개한다. 또한 통합 지도 시스템(integrated mapping system)은 전세계 1천 6백만 개 이상의 사업체 및 관광명소에 액세스할 수 있게 해준다. 어떤 장소에서 매리엇 호텔로 가거나 매리엇 호텔에서 주변 어느 장소로 가려 할 때는 총천연색 도로지도와 함께 상세한 운전지침도 얻을 수 있다. 만약 중국 음식점이나 가까운 복사집에 가고자 한다면, 이 지도시스템은 20마일 반경 내에서 최고 6가지 선택안과 각각의 방향까지 제시해준다.

일단 원하는 조건에 맞는 호텔을 찾아내면, 투숙 가능 여부나 숙박비를 알아내고 예약하는 것은 쉬운 일이다. 물론, 「TravelWeb」이나 「Microsoft Expedia」와 같은 다른 온라인 배급서비스를 이용해서도 방을 예약할 수 있다. 매리엇의 사이트가 1,000개 이상의 다른 웹 페이지에 연결되어 있기 때문이다. 숙박 예약을 할 수 있는 웹이라면 그 어느 곳에서나 매리엇을 만날 수 있는 것이다.

모든 고객들에게 맞춘 웹 사이트
(Customizing the Web Site for Every Visitor)

매리엇의 웹 사이트는 모든 방문객 각각에게 개별적인 서비스를 제
공한다. 이 사이트에서는 고객이 고생스럽게 훑어보아야 하는 정적인
목록을 보여주거나 그런 목록에 연결시키는 일이 없다. 모든 정보가
데이터베이스 안에 저장되어 있으며, 정보는 방문객의 탐색 기준에 따
라 달리 나타난다. 세션(session)이 진행되는 동안 백-엔드 소프트웨
어가 방문객의 흥미에 맞춰 동적으로 사이트를 변경시키므로, 매리엇
사이트에서는 모든 고객들이 서로 다른 경험을 하게 된다.(session:
사용자가 단말기 앞에 앉아 로그인하여 사용을 시작한 다음 끝마칠 때까지
의 동안 – 譯註)

현재 하루 평균 방문객의 수가 1만 5천명에 달하는 매리엇의 웹 사
이트는 1997년 매달 2백만 달러의 수입을 발생시켰다. 전통적인 방법
을 고수했다면 이 수익 중에서 과연 몇 퍼센트를 거둘 수 있었을지 매
리엇측으로서는 알 수 없는 일이겠지만, 이제 그들이 분명히 알게 된
것은 인터넷이 고급 숙박업소에 묵고 싶어하는 부유층 고객들을 더욱
많이 유인할 것이라는 사실이다. 온라인 고객들의 평균 투숙비가 매리
엇 전체 고객들의 평균 투숙비보다 높게 나타났기 때문이다.

다른 기업들이 이제서야 막 대화형 웹 사이트를 개설하려고 할 때,
매리엇은 이미 멀티미디어와 같은 보다 정교한 기능을 추가하고 있다.
잠재적인 고객들이나 여행을 계획하고 있는 방문객들에게 매리엇 호텔
들에 대한 보다 시각적인 경험을 제공하기 위해서이다. 앞으로 고객들
은 정지된 평면도 대신 로비와 다른 편의시설들의 모습을 파노라마로
보게 될 것이다. 한 마디로 "보고 예약하라"는 것이다.

다른 기업들과 마찬가지로, 매리엇 역시 사이트에 대화형 기능이 많
아질수록 방문객들이 더욱 많은 거래를 하게 된다는 사실을 알았다.

동적인 웹 사이트일수록 더 많은 예약과 거래를 창출한다. 매리엇은 웹 사이트를 더욱 화려하게 만들고 "고객 프로필" 기능을 추가함으로써 훨씬 더 개별적인 서비스를 제공할 계획이다. 가령 내가 시애틀에서 차로 가기에 적당한 거리에 있는 휴양지에서 주말을 보내고 싶어한다고 해보자. 나는 전에 정말 마음에 들었던 매리엇 호텔 두세 곳을 입력할 수 있다. 그렇게 하면 매리엇 웹 사이트에서는 시애틀 근처에 있는 그와 유사한 호텔이나 휴양지를 추천해줄 것이다. 그리고 나서 이 웹 사이트는 그 중 한두 군데에 묵은 경험이 있는 다른 투숙객들의 평을 읽게 해줄 것이다.

마이크 퓨사테리는 이렇게 말한다.

"우리는 독백형 웹 사이트를 대화형 웹 사이트로 바꾸어 놓았다. 우리가 고객들에게 일방적으로 말하는 방식에서 고객과 우리가 서로 대화하는 방식으로 바꾼 것이다. 이제 우리는 대화형에서 공개토론형으로 가려고 한다. 고객들의 프로필을 작성함으로써, 우리는 고객들이 좋아하는 것이 무엇인지 알고 그런 것들에 대해 제안을 하면서 한층 나은 봉사를 할 수 있게 된 것뿐만이 아니라 매리엇의 고객들이 서로 접촉하는 장을 만들어줄 수 있게 되었다. 웹 사이트 안에 일종의 뉴스 그룹이 생기는 셈이다. 다른 점이 있다면, 소프트웨어가 우리 대신 모든 일을 해준다는 것이고,……."

매리엇은 자사의 부가가치 접근방식이 다른 호텔 체인과 자사를 구별지어줄 것으로 믿고 있다. 이 호텔은 가장 싼 값을 찾아 헤매는 "인터넷 벼룩시장" 같은 것에는 관심이 없다. 고객들은 단지 저렴하다는 이유로 매리엇을 선택하지는 않는다. 이 회사는 차라리 노드스트롬(Nordstrom)의 모델을 따라, 구매하러 온 고객들에게 여러 가지 무료 서비스를 제공하며 그러한 새로운 프로그램으로 고객들을 사로잡는다.

매리엇은 중개인들을 기피하지 않고 그들을 고객서비스 업무에 통합하고 있다. 이 회사는 여행사와 회의 대행사들을 위해 웹 사이트에 특별한 공간을 마련했다. 여행사와 회의 대행사들은 그곳에 접속함으로써 그들의 고객들에게 보다 나은 서비스를 제공할 수 있다. 자사 웹 사이트의 여행사 섹션에서 매리엇은 대행사들에게 주요 여행예약 네트워크로부터 매리엇을 선약하는 방법을 알려준다. 회의 대행사들은 매리엇의 웹 사이트에서 장소, 시설, 객실과 회의실의 수, 회의실의 규모와 수용 가능 인원 등이 들어맞는 호텔을 탐색할 수 있다. 또한 이 사이트에서는 갖가지 다양한 활동에 적합한 호텔을 제안하기도 한다. 오늘날 이 사이트는 회의실의 상세한 평면도도 제공하고 있다. 앞으로는 비디오 화면으로도 제공될 것이다.

　수천 명의 회의 대행업자들이 매리엇의 사이트를 방문하는 것은, 호텔을 답사할 필요가 없다는 단순한 이유 때문이다. 미리 봐두어야 할 것은 모두 웹에서 볼 수 있는 것이다. 여행사에 관해 다시 살펴보면, 매리엇은 여행업계가 호텔 체인에 중요하다는 메시지를 전달하는 데 성공했다. 이것이 웹 사이트를 통해 여실히 드러나고 곧 매리엇 사이트는 여행사에서 발간하는 출판물에서 좋은 평을 받았으며, 이후로 지금까지 매리엇 사이트에서 여행사들의 비즈니스가 계속 활기를 띠어왔다.

　매리엇은 그들을 위해 특별한 도구를 만드는 데 투자한 것이 가치있는 일이었음을 증명이라도 하듯, 그렇게 많은 수의 회의 대행사들과 여행사들이 자사 사이트를 방문하리라는 것을 어떻게 알았을까? 매리엇은 이를 알아내기 위해 디지털 기술을 이용했었다. 사이트가 처음 출범했을 때, 매리엇은 온라인 설문조사를 통해 한 달 동안 7,000통의 응답을 받았는데, 그 중 여행사들로부터 온 응답이 놀랄 만큼 많은 수를 차지했던 것이다. 매리엇은 또한 일반 응답자 중 출장여행객과 레저여행객이 각각 50%씩 차지한다는 것과, 그 두 부류의 관심이 서로 판이하게 다르다는 것을 알아냈다. 출장여행객들은 온라인으로 시간을 절약하고 싶어한 반면, 레저여행객들은 온라인으로 시간을 보내고 싶어했다. 매리엇은 그 두 부류에게 모두 도움이 되기 위해 사이트를 다시·꾸몄다. 우선 홈 페이지에 붉은색 '예약' 버튼을 만들어 출장여행객이나 급한 여행을 하는 사람들이 신속하게 방을 예약할 수 있도록 했다. 그리고 오랜 시간 다운로드 받는 일 없이 목적지의 내용을 보고 싶어하는 레저여행객들을 위해서는, 그림의 수를 줄이고 대신 지도와 여행지침을 추가했다.

　고객과 접촉하기 위해 매리엇에서는 지금도 매년 온라인 설문조사를 실시하고 있으며, 하루 1,000통에 달하는 고객의 e-mail을 분석하고 있다.

인터넷을 받아들이자
("Getting" the Internet)

　마이크 퓨사테리는 매리엇에 맞는 정보기술을 개발하기 위해 독특한 단계를 밟아 나갔다. 그는 20대의 웹 TV를 구입해서 이를 매리엇의 최고 중역들의 집에 배달했다. 퓨사테리는 그들이 앞으로 웹이 보편화되고, 사람들이 웹을 열광적으로 받아들이게 될 것이라는 점을 이해하기 바랬던 것이다. 퓨사테리는 이렇게 회고했다.
　"고객의 요구와 바램을 맞춰주는 기업으로서 우리는 고객들의 언어를 이해해야 할 필요가 있었다. 나는 중역들에게 얼마 있지 않아 고객들이 객실에 이런 기계를 갖다 놓으라고 요구하게 될 것이라고 말했다. 호텔 객실의 소파나 침대에 앉아서 서핑(surfing)을 하고 싶어할 것이라고 말이다. 중역들은 내 말에 귀를 기울였다."(surfing : 웹 사이트를 돌아다니는 행위를 파도타기에 비유해 이렇게 말한다 - 譯註)
　퓨사테리는 주요 중역들과 함께 앉아서 그들이 좋아할 만한 웹 사이트를 돌아다녔다. 6개월이 지나자 인터넷과 월드 와이드 웹이 그들에게 현실로 다가왔다.
　"경영자들이 마음에 드는 자동차 사이트에 들어가 봤다든지, 어떤 질병에 대해 무언가 배웠다는 말을 하려고 회사식당으로 나를 찾아오는 일이 일어나기 시작했다. 이제 인터넷은 더 이상 '어느 먼 나라'의 현상이 아니었다. 인터넷은 이제 그들과 개인적인 관련을 갖는 일이 되어버린 것이다."
　퓨사테리는 정보기술 부서와 영업부, 각 호텔 브랜드, 프랜차이즈, 법률담당 부서, 인사부, 통신담당 부서 등의 대표자들을 모아 임원급 정책결정 기관인 웹 정책 회의를 결성했다. 특히 중역들 중 필요한 모든 사람들을 모아서 회의를 조직하고 인터넷에 대해 전략적으로 생각하게 만든 것이야말로 이 회사가 취한 여러 가지 조치 중 가장 중요한 단계였다. 후에 매리엇은 25명 내지 30명에 이르는, 분야별 웹 내용 담당자들로 구성된 비공식 조직인 웹 협의회(Web Council)도 만들었다. 이 조직은 업무를 조정하거나 좋은 경험을 공유하기 위한 모임을 매월 한 차례씩 가졌다.

앞서도 밝힌 바와 같이 마이크 퓨사테리와 정보담당 이사인 칼 윌슨은 처음부터 공조관계를 이뤄왔으며, 각자 상대방의 입장에서 세상을 보려고 노력했다. '사업가' 였던 퓨사테리는 처음 일을 맡은 직후부터 매주 컨설턴트를 불러 기술적인 문제에 관해 배우기 시작했다. 한편 '기술자' 였던 윌슨은 첫 정책 이사회에서 웹을 선도하는 다른 회사들의 기술적인 인프라스트럭처는 물론이고, 그들의 사업활동도 조사해볼 것을 권고했다.

매리엇의 요청에 따라, 매리엇 웹 사이트 개발을 담당했던 파인(fine.com)은 미국 최대의 인트라넷을 보유한 기업인 보잉, 그리고 가장 활발한 웹 사이트 중 하나를 보유한 MS와의 회합을 주선해 주었다. 경영진과 기술담당 직원, 통신 담당자로 구성된 매리엇 팀은 그러한 회합을 통해 보잉사와 MS가 어떻게 인터넷을 사용하고 있는가에 대해 그야말로 "머리가 터질 정도로 많은" 정보를 얻었다. 이 과정에서 그들은 기술, 마이그레이션(migration, 이동) 전략, 내부 조정, 그리고 매리엇의 프랜차이즈 업체들과 같은 외부 그룹들과의 조정 등에 대해 열띤 토의를 가졌다. (migration: 통신망으로 연결된 컴퓨터 시스템의 프로그램이나 자료들을 통신망을 통해 다른 컴퓨터 시스템으로 이동하는 것 - 譯註) 이어서 파인 직원들은 매리엇의 각 사업체들이 인터넷상에서 어떤 종류의 일을 할 수 있는가에 대해 매리엇 측과 이틀 동안 정밀 토론을 거쳤다.

앞으로 호텔업계는 인터넷을 여행과 숙박에 대한 정보를 제공하는 것 이상의 과정으로 통합하게 될 것이다. 또한 객실 소개에만 그치지 않고 더 많은 정보에 액세스할 수 있게 해줄 것이다. 대부분의 주요 호텔들은 현재 객실에 손쉽게 모뎀을 연결하는 시설을 갖추고 있으며,

투숙객들이 컴퓨터 관련 시설들을 사용할 수 있게끔 비즈니스 센터를 운영하는 곳도 많다. 앞으로 출장여행객들이 투숙하는 호텔에서는 모든 객실에서 기본적으로 인터넷 고속 접속을 가능하게 해줄 것이며, 일류 호텔에서는 출장여행객들이 휴대용 기기를 이용해 사무실에서처럼 효율적으로 일할 수 있도록 도킹 스테이션(docking station)과 보기 편한 대형 모니터를 제공하게 될 것이다.

상황에 맞는 웹 서비스
(Putting Web Service in Context)

고객과 직접 접촉한다는 원칙 위에 기업을 세운 마이클 델은 그런 그의 철학이 자연스럽게 확장된 것이 바로 인터넷이라고 보았다. 매리엇 또한 인터넷이 고객과의 유대를 강화하는 데 매우 훌륭한 매개체라는 것을 알았다. 두 기업 모두 고유한 가치를 부가하기 위해 인터넷이 제공하는 새로운 기능을 사용한 것이다.

이들 두 기업은 인터넷 서비스를 성공적으로 전개하기 위해 서로 유사한 단계를 거쳤다. 무엇보다도 인터넷 개시에 따른 조직적 지원, 비즈니스 측면에서의 지도력, 기술팀과의 긴밀한 협조 등의 내부 조정이 최우선이었다. 컴퓨터 회사인 델로서는 사실 매리엇 만큼 고위 경영진들의 지도력을 결집해야 할 필요성이 크지는 않았다. 그러나 델은 매리엇과 같은 수준의 특별 인터넷 사업체를 발족시켰다. 매리엇은 상급 후원자들과 인터넷 사업을 알리려는 전도자, 그리고 최고경영자들을 교육하고 끌어들이기 위해 치밀하게 짜여진 작전행동에 힘입어 인터넷을 수용하게 되었다.

두 기업은 모두 상거래가 '인터넷을 통한 대화'와 '개별적 접촉'이 결합되어 이루어져야 한다는 것을 인식할 만큼 현명했다. 이것은 양자택일의 문제가 아니다. 그런데도 사람들은 이것을 차가운 모니터 대 따사로운 직접 대면의 대결구도로 생각하고는 결국 직접 대면하는 대화방식이 승리할 것이라고 추정한다. 이런 사람들은 인터넷이 마케팅-

여러분 회사의 웹 사이트를 점검해보자
(How Good Is Your Web Site?)

많은 기업들이 자사의 웹 사이트를 구축하기 위해 다른 회사를 고용하기 때문에, 많은 경영자들이 자신들은 자사의 사이트가 좋은지 판단할 수 있을 만큼 기술에 대해 잘 알지 못한다고 생각할지도 모른다. 그러나 자사 웹 사이트의 품질을 평가하는 것은 매우 쉬운 일이다. 직접 이용해보면 되는 것이다. 직접 경험해 본 결과, 사용하기 쉬운가? 정보가 잘 짜여져 있는가? 질문에 대한 답을 찾는 데 시간이 많이 걸리지는 않는가? 전자 쇼핑백에 제품을 담기가 쉽게 되어 있는가? 그렇지 않다면 품목을 찾기가 어렵고, 이리저리 돌아다녀야 하는가? 고객과 전자적으로 접촉하는 모든 회사들은 직관대로 작동하는 프로그램을 만들어야 한다. 그리고 여러분은 고객을 위해 웹에 올리는 것은 뭐든지 확실하게 테스트해 볼 필요가 있다. 고객에게 좋은 첫인상을 심어줄 수 있는 기회는 단 한 번뿐이다.

영업-서비스라는 연속선의 어느 곳에 놓여있는지도 알지 못하기 때문에 인터넷을 과소평가하고 있는 것이다. 현명한 기업이라면, 인터넷 서비스와 직접 접촉들을 통합해서 고객들에게 두 가지 종류의 대화의 혜택을 모두 제공할 수 있는 프로그램을 만들어낼 것이다.

기업들은 이제 단순한 거래는 인터넷 안으로 옮기고 정보 공유를 위해서뿐 아니라 일상적인 통신에 온라인 통신을 이용하고, 직접적인 접촉은 최고의 부가가치를 창출하는 활동에 투입하길 원할 것이다. 고객들은 인터넷이 단순히 예약이나 제품주문에만 사용하는 도구가 아니라 정보를 수집하고, 제품의 가치나 가격을 평가하며, 주문 사정을 점검하거나 단순한 문제를 분석하고 해결하는 등의 상대적으로 수월한 여러 업무에도 활용할 수 있는 최상의 매체라는 것을 알게 될 것이다. 이런 시나리오에서는 더욱 더 많은 영업사원들이 컨설턴트로 전환될 것이다.

인터넷 기술이 보다 원숙해지면, 어려운 문제에 직면해서 지원을 받고자 하는 고객들이 더 이상 웹을 통한 지원과 전화 통화를 이용한 지원을 구분할 필요가 없게 된다. 고객은 웹 페이지를 훑어보면서 단지 마우스를 클릭하는 것만으로 웹 방식이든 전화 방식이든 원하는 대로 선택할 수 있게 된다. 비교적 중요하지 않은 문제일 경우에는 e-mail 버튼을 클릭해서 기업에 e-mail을 보내면 된다. 즉각적인 대답을 요하는 질문일 경우에는 고객서비스 담당자와 얘기할 수 있는 버튼을 클릭하면 된다. 다른 한 편에 있는 담당자는 고객의 문제를 좀더 잘 이해하기 위해 고객이 보고 있는 것과 동일한 웹 페이지를 보고 있을 것이다. 그러면 그와 동시에 모든 고객정보가 담당자의 화면에 나타나게 된다.

음성전달에는 두 가지 방식이 있다. 첫번째 방법은 음성과 데이터 모두 같은 인터넷 IP(인터넷 프로토콜) 접속을 이용하는 것이다. 이러한 IP 접속을 이용하면 담당자는 고객이 보고 있는 것과 같은 웹 페이지를 볼 수 있으며, 바로 그 접속을 통해 고객과 음성도 교환할 수 있다. 이는 음성과 웹 통신을 동시에 이룰 수 있는 가장 간단한 방법이지만, 오늘날 대부분의 소비자들이 사용하는 대역폭이 제한되어 있기 때문에 음질이 떨어진다는 단점이 있다. 앞으로 대역폭 및 서비스 품질이 개선되면, 이 방식이 모든 웹 사이트에서 이용될 것으로 보인다.

두번째는 소프트웨어를 이용, 고객의 PC가 일반 전화 접속을 설정할 수 있는지 점검하는 방법이다. 고객이 담당자와 통화하기 위해 버튼을 클릭하면, PC는 전화번호를 눌러 일반 통화 회선을 통해 담당자와 연결해준다. 이 방법은 지금 당장도 우수한 음질로 통화할 수 있다는 장점이 있는 반면, 음성 접속과 웹 접속을 조정하는 일이 훨씬 복잡하다는 단점이 있다.

현재 몇몇 기업에서 위에서 언급한 두 가지 방식 중의 하나 혹은 양자를 결합하여 이를 근간으로 한 솔루션을 개발하고 있다. 그 가운데 하나인 이퓨전(eFusion)사에서는 기업들이 웹 사이트에 내놓을 수 있는 "푸쉬 투 토크(push-to-talk)" 버튼을 개발했다. 말 그대로 사용자가 버튼을 클릭하면, 고객은 회사의 전화센터로 직접 연결되는 방식이다. 그러면 음성 접속을 통해 담당자와 고객이 대화를 나누면서 같은 웹 내용을 동시에 볼 수 있는 것이다. 이 시스템은 대부분의 가정에 설치되어 있는 전화선 하나만으로도 작동될 수 있다. 사용자들에게는 단지「Microsoft NetMeeting」과 같이 인터넷을 사용할 수 있는 통화 소프트웨어가 설치된 표준 멀티미디어 PC만 있으면 된다. 델은 사원들이 기술지원을 받을 수 있도록 자사의 인트라넷에 푸쉬-투-토크 기능을 추가하고 있으며, 외부용 웹 사이트에도 이 기능을 추가할 계획이다. 앞으로 더욱 더 많은 사람들이 다음 장에서 설명할 "웹 생활양식"을 받아들임에 따라, 은행업무, 저당권 설정, 공익설비, 신용카드 업무 등과 관련된 여러 가지 일반적인 거래에서 음성 및 웹의 동시 통신이 일상적으로 이용될 것이다.

광대역(廣帶域) 접속이 일반화되면, 기업이나 고객 그 누구도 웹 지원을 다른 형식의 지원과 분리된 것으로 생각하지 않게 될 것이다. 따라서 기업들은 웹 사이트 디자인에 좀더 신경 쓸 필요가 있다. 고객들이 대부분의 웹 사이트에서 처음 하는 일이 통화하기 위해 연결 버튼부터 누르는 일이어서는 안 되는 것이다. 대부분의 기업들은 사용자들이 스스로 해답을 찾겠다는 의욕을 갖게끔 사이트를 디자인해야 한다. 그래야 정말로 필요할 때만 서비스 담당자를 찾는 통화 버튼을 누르지 않겠는가. 우선 고객들을 빈번하게 문의되는 질문들의 목록이나, 해답을 찾도록 도와주는 자동 도움말 '마법사'에게로 안내하는 방법을 쓸 수도 있을 것이다.

저속접속인 경우에는 고객서비스 담당자의 사진을 화면에 떠오르게 함으로써 대화를 좀더 친밀한 쪽으로 유도할 수도 있을 것이다. 고속 접속이라면 고객과 담당자를 비디오 연결 회선으로 직접 연결할 수도 있을 것이다. 이렇게 웹과 음성 기술을 통합하는 기술은 앞으로 커다란 변화를 겪을 것이다. 오늘날 기업들은 이미 내부적으로는 웹과 음성 기술을 통합할 수 있는 대역폭을 보유하고 있다. 따라서 소비자들 역시 이 기능을 갖게 되는 것은 시간 문제일 뿐이다.

점점 더 많은 기업들이 전자상거래에 뛰어들고 있는 가운데 어떻게 하면 선두 자리를 지킬 수 있을 것인가? 여기선 델과 매리엇의 경우처럼 앞서 나간 회사들이 유리할 수밖에 없다. 시작부터 우위를 차지하고서 어떤 것은 되고 어떤 것은 안 되는지 배웠으며, 튼튼한 인지도를 구축해 놓았기 때문이다. 또한 그런 기업들은 고객과의 유대를 강화하기 위해 마련한 프로그램에서도 이익을 얻고 있다. 델은 고객 각 층과의 접촉을 유지해나가는 전략의 일환으로 전자회보를 이용해 가입 고객들에게 계층별로 차별화된 소식을 제공하고 홍보한다. 매리엇은 '매리엇 시상'이라는 포인트 점수제를 운용, 언제든지 e-mail을 통해 상품으로 교환할 수 있게 해준다. 이 두 회사가 일찍부터 전자상거래에 뛰어들어서 얻은 가장 중요한 경쟁력은 아마도 회사 사이트와 프로그램을 통해 끊임없이 받아온 피드백일 것이다. 그러한 피드백을 통해 두 회사는 지속적으로 프로세스들을 개선해왔던 것이다. 현재 그들의 목표는 계속해서 경쟁사들보다 두세 버전 정도 앞서는 웹을 제공하는 것이다. 이제는 프로세스 혁신이 경쟁력의 근본적인 원천이라는 마이클 델의 말에서 이들의 목표가 여실히 드러난다.

델과 매리엇의 경우, 고도의 대화형 기능과 맞춤형 기능을 갖춘 웹 사이트를 구축한 것이 성공의 비결이었다. 그러한 웹 사이트를 통해 저렴한 비용으로 좀더 많은 고객들을 끌어들이고, 그들을 만족시킴으로써 고객을 계속 확보해나갈 수 있었던 것이다. 온라인 판매에서 이러한 대화형 맞춤 기능은 앞으로도 점점 더 큰 역할을 하게 될 것이다. 물리적인 실제 상점들이 점포의 "위치"나 "목"을 최우선시하며 벽돌과 회반죽에 상당한 금액을 투자하고, 평균적인 고객들을 대상으로 상품을 진열하려 애쓰는 동안, 온라인 상인들은 디지털 정보를 이용해서 고객들과 개별적으로 대화하며 고객들의 개별 취향에 따라 상품을 맞춰줄 것이다. 매리엇의 경우, 대화형 맞춤기능은 더욱 많은 사람들을 호텔로 끌어들인다. 델의 경우, 대화형 맞춤기능은 PC 판매에 도움이 된다. 두 경우 모두, 개별적인 서비스를 통해 고객들과 접촉할 수 있는 기능이 수익증대로 직결되고 있는 것이다.

비즈니스 교훈

▢ 성공적인 웹 사이트를 만들려면 인터넷 고유의 기능을 이용, 고객에게 새로운 경험을 줄 필요가 있다.

▢ 웹을 이용해 성공하기 위해서 기업은 인터넷의 가능성을 깊이 이해하고, 초기 테스트 및 투자 프로젝트를 집중적으로 지원해야 한다.

▢ 인터넷을 통한 고객과의 대화 대부분은 판매보다는 고객지원을 수반할 것이다. 인터넷은 입소문이 빠르기 때문에 만약 고객들이 귀사의 사이트에서 좋지 않은 경험을 하게 되면, 비싼 대가를 치러야 한다는 것을 명심하라.

▢ 좋은 웹 사이트는 판매담당자들을 컨설턴트로 바꿔준다.

디지털 신경망의 진단

▢ 귀사의 디지털 시스템은 웹 사이트를 방문하는 고객들에게 개별적이며 친밀한 경험을 제공해주는가?

▢ 귀사의 디지털 시스템은 물리적인 자산을 정보와 맞바꿀 수 있게 해주는가?

▢ 귀사의 웹 인프라스트럭처는 장차 화상 및 전화 지원을 쉽게 통합할 수 있는가?

제 7 장

웹 생활양식을 받아들여라
(Adopt the Web Lifestyle)

언어가 있고, 물건을 사고 파는 시장이 있는 모든 문명화된 나라들의
전 영역에 걸쳐, 생명의 고동과도 같은 네트워크로 전세계를 연결하
는 전선(電線)이 깔려 있다. 들리는가, 온갖 다양한 언어로 토해내고
있는 '전선'의 목소리가!
　　　　 — 1878년에 전신 전보의 영향을 묘사한 어느 작가의 글
　　　　《빅토리아 시대의 인터넷(The Victorian Internet)》중에서

　　만약 여러분이 주변 사람들에게 친구와 통화하기 위해서 전화를 이
용하거나 텔레비전의 오락프로그램 또는 막간뉴스를 시청하는 이유가
무엇이냐고 물어본다면, 그들은 아마 여러분을 이상한 눈초리로 쳐다
볼 것이다. 한술 더 떠서 그들에게 "전기 생활양식"을 받아들였는지 여
부를 물어 본다면, 아마 여러분이 진짜 괴짜가 아닌가 생각할지도 모
른다. 오늘날 선진국에 살고 있는 사람들은 가전제품들을 당연한 것으
로 생각한다. 그냥 쓰고 있는 것이다. 그러나 50대에 접어든 사람들이
라면, 극히 일부 가정에나 TV가 있었던 시절을 어렵지 않게 기억할 수
있을 것이다. 우리 조부모 세대들은 대부분의 시골 지역에 전기가 들
어오지 않던 시절도 기억하고 있다. 또 도시에 전기가 널리 보급되기
전에 태어난 사람들이 아직도 생존해 있다. 전신전보가 처음으로 도입
되어 지구의 끝과 끝을 연결해 빠른 속도로 통신할 수 있게 된 것이 1

세기 전의 일이다. "전기 생활양식"이 문명을 바꿔놓는 데 100년 이상
이 걸린 것이다.

처음 거리와 주택에 전선이 가설되었을 때, 전기의 용도는 그저 주
변을 밝히는 데 있었다. 그때까지는 모두의 생활양식을 바꾸어 놓을
전기의 잠재력을 예견하지 못했던 것이다. 전깃불은 천연가스나 등유,
양초를 이용하는 것보다 더 안전하고 깨끗하며, 더 밝고 다루기도 쉬
웠다. 일단 인프라스트럭처가 구축되자, 전기를 이용하는 혁신적인 신
제품들이 발명되기 시작했다. 냉장고, 전축, 에어컨 등등 새로운 기술
을 기존 요구에 적용한 제품들이 속속 등장했다. 그 중에서도 가장 혁
명적인 것은 전화와 라디오, 그리고 텔레비전이었다. 그리고 이 새로
운 고안품들 모두는 우리 경제와 생활양식을 획기적으로 탈바꿈시켰
다. 전기의 인프라스트럭처가 구축되기 전에는 상상할 수도 없었던 일
이다.

인터넷 또한 전기에 의존하는 범세계적인 통신 인프라스트럭처이다
보니 인터넷의 대중적 확산을 "전기 생활양식"의 연장으로 이해할 수
도 있다. 그러나 인터넷은 우리의 생활양식을 또 다른 차원으로 변화
시키고 있기 때문에 전기 생활양식과는 다르다. 나는 그것을 "웹 생활
양식"이라고 부른다. 전기 생활양식과 마찬가지로 웹 생활양식도 그
응용품들의 급속한 혁신이라는 특징을 갖게 될 것이다. 이제 고속접속
을 위한 인프라스트럭처가 임계량에 도달했으므로, 사람들의 생활을
바꾸어놓을 새로운 소프트웨어와 하드웨어가 본격적으로 등장하기 시
작할 것이다. PC와 같은 지능기기(intelligent devices)들이 성능은
점점 강력해지는 반면 가격은 더욱 저렴해질 것이다. 더욱이 이런 기
기들은 프로그램을 입력할 수 있기 때문에 여러 가지 다양한 용도로 응
용될 것이다. 앞으로 10년 이내에, 대부분의 미국인과 전세계의 많은
사람들이 웹 생활양식을 영위하게 될 것이다. 사람들이 뉴스를 보고,
지식을 얻고, 오락을 즐기고, 서로 소식을 전하기 위해 웹에 의존하는
것이 생활화되는 것이다. 웹 생활양식은 오늘날 누군가와 이야기를 하
기 위해 전화를 집어들거나 카탈로그에서 본 물건을 주문하는 것만큼
자연스러운 일이 될 것이다. 웹은 각종 청구서 요금 납부나 재산관리,

의사와의 건강상담, 사업과 관련된 업무수행 등의 다양한 용도에 활용
될 것이다. 또한 사람들은 어디서든지 수시로 인터넷에 접속하여 전자
비즈니스를 수행하기 위해서 아주 자연스럽게 무선접속을 이용하는 소
형 전자기기들을 한두 개씩 가지고 다닐 것이다.

   이미 많은 사람들이 웹 생활양식을 자연스럽게 받아들이고 있다.
1998년 현재, 6천만 이상의 미국인들이 정기적으로 웹을 이용하고 있
다. 1년 전에는 2천 2백만이었다는 것과 비교해 보면 상당한 증가가
아닐 수 없다. 1998년, 평균적인 사용자들은 한 달에 8일 내지 9일을
웹에 접속하고, 한달 평균 총 3.5시간 동안 온라인을 이용하는 것으로
나타났다.

   웹 생활양식으로 살아가는 사람들이 인터넷을 이용해 새로운 방식
으로 배우고 구매하는 모습을 보면 자못 흥분감이 돌기까지 한다.
1997년 여름 소저너 호가 화성에 착륙했을 때, 기존 뉴스매체에서 얻
을 수 없는 보다 상세한 화성탐사 내용을 알아보기 위해 NASA의 웹
사이트를 다녀간 사람들은 나흘 동안 무려 4천 7백만 명이나 되었다.
여러분이 클린턴 대통령에 대한 스타 특별검사의 보고서에 대해 어떻
게 생각하든, 인터넷은 445쪽에 달하는 그 보고서를 신속히 전파할 수
있는 유일한 매체였다. 발표된 후 첫째 주말에 그 보고서를 본 사람들
은 6백만에서 9백만에 이르렀다. 현재 인터넷 관련 사업체들은 실시간
주식시세나 스포츠 경기의 득점상황, 도시 안내 등등 분야를 넘나들며
다양한 정보와 서비스를 제공하고 있다. 인상파 화가들의 작품에서부
터 만화 주인공이 그려진 철제도시락에 이르기까지 웹에서는 거의 모
든 것을 살 수 있다.(이 철제도시락을 수집하는 사람도 있다.) 웹은 또 공
동체 결성을 위한 이상적인 수단이기도 하다. 미아를 찾아주거나 애완
동물 '입양'을 돕는 등 상상할 수 있는 모든 활동들이 웹 사이트에서
이루어지고 있다. 시민 생활과 관련된 웹 사이트들은 상당히 많은 사
람들이 찾는다. 한 웹 사이트에서는 미국에 있는 모든 공해 배출업소
들을 지도와 함께 보여주면서, 공해업체들을 회사명과 소재지별로 찾
아보는 기능도 제공하고 있다. 이 사이트를 처음 올렸을 때, 불과 다섯
시간 만에 30만 명의 사용자가 다녀갔다고 한다. 이들 대부분은 입소

문을 듣고 찾아온 것이다.

웹 생활양식으로 전환하면서 생기는 문화적인 변화는 세대에 따라 다소 차이가 있을 것이다. 우리에게 무한한 가능성을 보여줄 계층은 새로운 기술과 더불어 성장하며 그 기술을 자연스럽게 받아들이는 젊은이들이다. 이미 미국의 대부분의 대학 캠퍼스에는 웹을 당연하게 받아들이는 문화가 정착되어 있다. 개인용 컴퓨터와 고속 네트워크, 온라인 통신이 광범위하게 확산되어 있는 것이다. 대학들은 종이서류 양식을 없애고 있으며, 웹을 통해 수강신청을 받고 있다. 학생들은 학점을 확인하거나 심지어 과제물을 제출할 때도 웹을 이용할 수 있으며, 교수들은 온라인 토론 그룹을 운영하고 있다. 또한 학생들은 전화하는 것처럼 자연스럽게 친구나 가족들에게 e-mail을 띄운다. 학생들은 궁극적으로 지식노동자들이다. 학생들의 "직업"은 배우고, 탐구하고, 그리고 사물 사이의 예기치 못했던 관계를 찾아내는 일이다. 교과과정의 세부사항들은 생각하고 분석하는 법을 배우는 것만큼 중요하지가 않다. 학생들은 그들이 평생에 걸쳐 배우는 데 도움이 될 인터넷 기술을 연마하고 있는 것이다. 기업체들은 오늘날 학생들이 자신들의 삶을 준비하고 관리하기 위해 인터넷을 사용하는 방식으로부터 여러 가지 배울 점이 있다. 그들의 접근방식은 지금으로부터 10년 후에 일반 대중이 인터넷을 사용할 방식에 대한 지침이기 때문이다.

다음에 나오는 도표에서 알 수 있듯이, 웹 생활양식을 위한 기술은 전기, 자동차, TV, 그리고 라디오를 받아들인 것보다 훨씬 급속하게 받아들여지고 있다. 작업장에서 PC를 사용해야 하기 때문에, 또 친구나 친척들의 영향을 받아 확산되는 것이다. 사무실에서 PC를 사용하는 사람들의 대다수가 집에서도 일을 하기 위해 가정에도 PC를 설치한다. 그리고 나면 이들은 곧 훨씬 다양한 용도를 발견하게 된다. 자신들의 생활양식에 새로운 기술을 접목시키길 꺼려하는 55세 이상의 노년층조차도 이제는 친구나 가족들과 접촉하는 방편으로 인터넷을 사용하려 한다. 내 친구 중 한 사람은 최근 70이 넘은 먼 친척 아주머니 두 분으로부터 e-mail을 받았다. 그들은 가계(家系)를 조사하기 위해 "인터넷 안으로" 들어왔다고 한다. 21세기에 들어서면, 인터넷은 현재로서는 아무도 정확히 예측할 수 없는 혁신적인 방법으로 이용될 것이고, 그 결과 20세기에 전기가 세계를 바꾸어 놓았던 것처럼 세상의 모습을 근본적으로 바꾸어 놓을 것이다. 그것도 전기보다 훨씬 빠르게.

소비자들의 온라인 이용이 급증하면서 생기게 될 가장 근본적인 변화는 (은행거래, 저당, 공공요금 납부, 신용카드 등을 포함하여) 온라인으로 재산을 관리하는 비율이 증가하게 된다는 점이다. 1998년 미국에서는 150억에 달하는 각종 납부금 중 겨우 1백만 달러만이 전자적으로 지불되었다. 소비자들이 이용할 수 있는 온라인 고객서비스가 거의 없었기 때문이다. 사실, 온라인 납부가 가능한 경우조차도 여전히 종이로 된 청구서가 발부되고 있는 실정이다. 미국 상무성이 추산한 바에 의하면, 소비자들이 각종 청구서를 온라인으로 지불하게 되는 경우, 처리비용만 따져도 연간 2백억 달러가 감소할 것이라고 한다.

2~3년 안에 대부분의 회사들이 청구서에 대해 전자 납부를 할 수

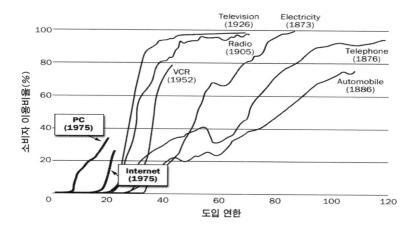

출처: W. 마이클 팍스, 《포브스(Forbes)》지

사람들은 PC와 인터넷을 받아들이는 데 있어 20세기의 모습을 바꾸어 놓은 그 어떤 기술보다도 빨리 받아들이고 있다. 오늘날 선진국에서 전기와 자동차가 만들어 놓은 생활양식을 당연한 것으로 받아들이는 것처럼, 사람들은 곧 새로운 생활양식, 다시 말해 디지털 기술로 가능해진 웹 생활양식을 당연한 것으로 받아들이게 될 것이다.

있도록 해줄 것이며, 금융기관들은 고객들이 각종 월부금을 일괄적으로 납부할 수 있는 단일 사이트를 운영하게 될 것이다. 고객들은 거래 은행의 웹 페이지에서 자신이 이용하는 신용카드 회사나 백화점, 또는 공공요금의 아이콘을 클릭하면, 직접 그 회사의 사이트로 들어가 자신의 거래정보를 보게 될 것이다. 이 경우 오늘날 종이에 인쇄된 청구서에서 보는 것보다 더 상세한 청구내역을 볼 수 있다. 또한 그간의 거래 내역과 지급내역까지도 상세히 찾아볼 수 있으며, 청구내역에 대해 의문이 생기는 경우에는 따로 편지를 쓸 필요 없이 e-mail 버튼을 누르기만 하면 될 것이다. 상인들은 추가적인 서비스나 상품의 판촉을 위해 고객들의 온라인 청구서 검토 페이지를 이용하게 될 것이다.

오늘날 사람들은 어떤 청구서를 지불하거나 또 각각 어느 정도씩 지불할 것인가 따위를 계산할 때 종이를 이용한다. 하지만 앞으로는 소프트웨어가 각종 청구서를 지불한 후 은행잔고는 얼마나 남는가 따위를 계산해줄 것이다. 납부 기일도 정확히 지켜질 것이다. 그리고 이러한 청구서지불 시스템은 재정관리 소프트웨어와 통합될 것이다.

웹 생활양식의 구현
(Bringing about the Web Lifestyle)

1998년 말 현재, 미국 전체 가정 중 절반이 PC를 보유하고 있으며, 그 PC 중 다시 절반이 웹에 연결되어 있다. 대부분의 다른 나라의 경우에는 그 비율이 훨씬 낮은 편이다. 웹 생활양식을 일상적으로 영위하게 하는 데는, 사람들이 항상 접속을 유지할 수 있도록 고속 통신의 비용을 낮추고, 좀더 사용하기 쉬운 소프트웨어를 만드는 것이 가장 결정적인 요건이다. 나는 2001년까지 미국 가정 중 60%가 PC를 보유하고, 그 중 85%가 인터넷에 접속하리라고 믿는다. 다른 나라들이 미국과 같은 이용 수준에 다다르려면 통신 인프라스트럭처에 대규모 투자를 해야 할 것이다.

사람들은 앞으로 하드웨어와 소프트웨어가 얼마만큼 향상될지 그 정도를 과소평가하고 있다. 스크린 기술이라는 한 가지 측면을 들여다 보자. 나는 20″ LCD(액정 화면) 모니터를 써서 e-mail을 작성한다. 아직은 20″ LCD 모니터가 누구나 사용하기에 적절한 가격은 아니지만, 2~3년 내에는 그렇게 될 것이다. 또 앞으로 5년 이내에는 고해상도의 40″ LCD 모니터도 사용할 수 있게 될 것이다. 이렇게 스크린의 품질이 향상됨에 따라 인쇄물 대신 모니터를 읽는 사람들의 수도 급격히 늘어날 것이다.

　개인용 컴퓨터의 가격도 내리고 있다. 컴퓨터의 역사를 돌이켜보면, 혁신의 초점은 늘 정해진 가격선에서 좀더 강력한 PC를 만들어 내는 데 맞춰져 있었다. 그러나 이제 혁신은 컴퓨터의 가격까지도 낮추는 것이다. 오늘날 쓸만한 PC의 가격은 1,000달러를 밑돌고 있으며, 이렇게 저렴해진 가격은 다시 컴퓨터 시장 확대에 일조하고 있다. 10년이라는 시간의 틀로 바라보면, 앞으로 여러분은 TV 한 대 값으로 PC를 구입하게 될 것이다. 사실 앞으로는 TV와 PC 사이의 구분 자체가 모호해질 것이다. TV를 케이블 시스템에 연결해주는 셋탑 박스(set-top box: 고속 가입자 신호 변환장치 - 譯註)에도 오늘날 최고가의 PC에 들어가는 것보다 막강한 프로세서가 장착될 것이기 때문이다.

　소형 휴대장비 역시 널리 보급될 것이다. 여기에는 현재 보급되고 있는 소형 휴대용 PC는 물론이고, 새로 개발될 메모판형 컴퓨터(computer tablet), 사용자 신원이 저장되어 있어 전자거래가 가능한 지갑 크기의 PC 등이 포함될 것이다. 전화와 라디오, TV도 디지털화 되어 감에 따라 새로운 기능들이 추가될 것이다. 개중에는 휴대용 기기도 있을 것이고, 집안 곳곳에 놓이는 것도 있을 것이며, 차량에 기본적으로 장착되는 것도 있을 것이다. 그리고 이런 기기 모두는 e-mail이나 음성우편, 주식현황 및 증권가 소식, 일기예보, 항공기 예약 현황 등과 같은 정보에 액세스할 수 있게 해줄 것이다. 이러한 접속에는 적외선이나 라디오 주파수 같은 무선 기술과 기존의 유선 기술이 함께 이용될 것이다. 이러한 기기들은 각각 독립적으로 작동되면서도, 입력되는 자료는 관련 기기들끼리 자동으로 동시에 처리하게 될 것이다.

가정과 TV가 겪는 변화
(Changing Home and TV Experience)

앞서 말한 도구들은 일상적 활동이라는 구조의 일정 부분을 차지하게 된다. 하루 일을 마치고 사무실을 나설 때, 여러분이 갖고 있는 휴대용 디지털 기기에 e-mail이 다운로드되고, 그 e-mail 중에는 여러분의 아내나 남편이 사다달라고 부탁하는 식료품 목록이 포함되어 있을지도 모른다. 상점에 들어가서는 새로운 요리법을 키오스크(kiosk, 원래는 신문, 잡지, 담배 등을 파는 가판이나 매점을 뜻하지만, 여기서는 공공 장소에 설치된 공중용 PC를 의미한다 - 譯註)로부터 다운로드 받을 수도 있다. 이때 다운로드 받은 요리법에 필요한 식료품들이 갖고 있던 식료품 목록에 추가된다. 디지털 휴대기기는 여러분의 가정과 직장 일정을 알 필요가 있는 모든 기기를 갱신할 수 있을 만큼 뛰어난 기능을 갖고 있지만, 이번에는 요리법이 들어 있는 주방기기만을 갱신한다.

집에 돌아와서는 부엌이나 서재에 있는 메모판형 컴퓨터로 집안 상태를 점검한다. 난방 기구의 필터를 바꿀 때가 되었다고 화로 아이콘이 깜박거릴 수도 있다. 현관용 비디오는 집이 비어 있는 동안에 누가 다녀갔는지를 보여준다. 네트워크에 연결되는 디지털 보안 카메라의 가격도 점차 저렴해져 도난 방지에 널리 이용될 것이다. 앞으로는 탁아소와 학교에서도 비밀번호로 액세스하는 카메라 기능을 제공하여, 집에 앉아서 자녀의 학교생활 모습을 지켜볼 수 있게 해줄 것이다.

저녁식사가 준비되는 동안, 가족 전용 개인 웹 사이트에 들어가 본다. 멀리 떨어져 사는 가족들이 대화방에 모여 다가오는 가족 모임 때 무엇을 할까 상의중이다. 그들은 이미 전자투표를 통해 대여섯 가지의 행사를 결정해 놓은 상태이다. 가족들이 여러분에게 골라 놓은 범위 내에서 가능한 한 여러 가지 일정을 잡아보라고 요청한다. 이미 모임 장소로 여행 예약을 해놓았다는 것을 알고 있는 여러분의 관리 소프트웨어가, 가족들이 뽑아 놓은 목록에도 들어 있는 래프팅(rafting, 뗏목타기)을 포함, 그 여행 장소에서 즐길 수 있는 놀이 몇 가지를 추천한다. 이 관리 소프트웨어는 목적지로 가는 더욱 저렴한 항공편이 새로 생겼음을 알려준다. 여러분은 디지털 방식으로 래프팅 예약을 끝낸 후 항공편 예약도 갱신한다.

TV를 볼 때는 먼저 화면에 뜨는 전자 TV 가이드나 별도의 프로그램 안내 소프트웨어를 이용하여 프로그램 목록을 스크롤한다.(scroll, 화면에 나타나는 정보의 위치를 상하좌우로 이동하는 방법. 윈도우의 오른편 가장자리나 아래쪽에 스크롤 박스가 있다 – 譯註) 이때 관리 소프트웨어가 디지털 TV를 통해 볼 수 있는 수백 가지 프로그램 중에서 몇 가지를 추천하기도 한다. 이것은 여러분이 이미 관리 소프트웨어에 좋아하는 프로그램들을 입력해 놓았고, 관리 소프트웨어가 그간 여러분의 시청 유형을 추적해 놓은 상태이기 때문에 가능한 일이다. 여러분이 로데오 경기를 보기로 결정했다고 하자. 로데오 경기를 시청하면서 여러분은 대화형 메뉴를 이용해 시청자 채점에도 참가하고, 우승자를 맞추는 퀴즈에도 응모한다. 시청자들이 매긴 점수가 최종 결과 점수 중 절반을 차지한다. 이어서 소형 트럭을 선전하는 광고가 나온다. 대부분의 시청자들이 픽업 트럭 광고를 보는 동안, 이전에 TV를 통해 자발적으로 참가했던 호구 조사 데이터가 여러분에게는 가족을 모두 태울 수 있는 차량이 더 어울린다는 점을 지적해준다.

대화형 TV 메뉴를 이용하다가 여러분은 또 가족들이 모이기로 한 고장에서 로데오 경기가 열린다는 것도 알게 된다. 가족들은 여행중에 최소한 한 차례 이상의 특별한 야외 행사를 갖고 싶어했다. 그래서 주저없이 그 로데오 경기도 예약한다. 그 행사는 자동으로 가족 모임 일정에 추가되고, 여러분은 나머지 가족들에게 e-mail로 이를 알린다.

텔레비전이 음성과 화상신호의 강약을 이용하는 아날로그 전송방식에서 그러한 신호가 디지털 비트로 전송되는 디지털 방식으로 발전함에 따라, 지능적인 대화형 TV의 시대가 도래할 것이다. 디지털 전송은 신호의 일그러짐(distortion)이 적고, 에러 수정이 용이하며, 고품질의 음성 및 화상을 제공한다. 보다 나은 음성과 화상을 제공하는 일은 고선명 텔레비전(HDTV, high-definition television) 형태로 디지털 TV를 이용하는 방송망들의 주요 관심사이다. 1998년 말 현재, 미국 내에서 HDTV를 위한 디지털 방송을 시작한 방송국은 41개에 이른다.

하지만 디지털 TV는 방송 품질을 높이는 것 이상의 일을 할 수 있다. 이미 위성 및 케이블 TV 회사들은 디지털 TV를 이용하여 보다 많은 채널을 제공하고 있다. 시간이 지남에 따라 디지털 TV는 다른 디지털 자료들을 통합하는 놀라운 능력도 선보일 것이다. 그렇게 되면 우리는 TV를 통해 대화 기능이나 지능형 관리 프로그램, 특정 시청자 계층을 대상으로 하는 광고 및 판매 제안, 웹 액세스 등의 서비스도 이용하게 될 것이다. 또한 방송사들은 방송 내용을 보충해주는 관련 웹 사이트나, 요금을 받고 사용자의 디지털 비디오 디스크(DVD)로 음악 또는 소프트웨어를 전송해주는 완전히 새로운 웹 사이트로 연결되는 링크들을 마련하는 등 보다 강화된 내용(content)을 제공할 것이다. 이러한 새로운 기능을 위해서는 양방향 회선이 필수적이지만, 이 또한 새로운 케이블 TV 시스템에서는 쉽게 처리할 수 있는 문제이다. 물론 구식 케이블 시스템은 새롭게 개량되어야 한다. 위성 및 공중파 TV는 그들의 방송과 동시에 작동하는 전화선이나 무선 통신을 이용해서 시청자들과 대화하는 기능을 갖게 될 것이다.

새로운 기술은 TV 인터페이스를 단순하게 만들어줄 것이다. 아날로그 방식에서는, 특정 시간대에 하나나 그 이상의 프로그램을 녹화하는 일이 아예 포기하고 싶을 정도로 복잡했다. 한 채널로 프로그램을 보면서 다른 채널에서 방송하는 프로그램을 녹화하려면 TV, 비디오, 셋탑 박스의 케이블을 이리저리 바꿔끼워야 했다. 하지만 앞으로는 프로그램을 녹화하는 일이 TV에게 프로그램 이름을 "말해주는" 것만큼이나 간단해질 것이다.

10년 이내에 TV나 PC, 또는 기타 개인 휴대기기와 음성으로 대화하는 일이 보편화될 것이다. 컴퓨터가 사용자의 의도를 이해하는 이 기술은, 음성인식 기능과 자연언어 지각기능을 결합해서 이루어질 것이다. 음성합성 기술이 눈부시게 발전해서, 더 이상 로봇이 말하는 것처럼 들리는 기계음을 듣지 않아도 될 것이다. TV와 PC에는 카메라가 내장되어 여러분의 몸짓과 표정까지 인식하게 될 것이다. 또는 TV와 PC는 사용자가 기계에게 말하는지 아니면 다른 사람(또는 다른 기계)에게 말하는지도 구분할 수 있게 될 것이며, 심지어 사용자의 정서적

반응도 감지할 수 있게 될 것이다. 사용자가 혼란스러워 보이면, 현재 나타난 주제나 문제에 대해 TV나 PC가 대화식 도움말을 제공할 것이다. 또한 이러한 기계들은 사용자가 좋아하는 TV 프로그램이나 PC로 작업할 때 나타나는 전형적인 행동 유형에 따라 사용자의 행태에 적응하게 될 것이다. 그야말로 "보고, 듣고, 배우는" 컴퓨터가 키보드나 마우스가 더 이상 필요하지 않은 수많은 새로운 영역으로 디지털 기술의 응용 범위를 확대하게 되는 것이다.

디지털 TV의 보급은 다음 세 단계에 걸쳐 일어날 것이다. 먼저 인프라스트럭처가 구축될 것이며, 여기에는 앞으로 2~3년 정도의 시간이 소요될 것이다. 다음은 새로운 기능을 방송, 위성, 케이블 시스템과 통합하는 단계가 될 것이다. 마지막 단계에서는 새로운 인프라스트럭처를 토대로 한 혁신이 전개될 것이다. 그리고 많은 연구와 수많은 고객 피드백에 힘입어 점차 이 새로운 인프라스트럭처에 대한 최상의 이용이 이루어질 것이다.

NBC, MSNBC, CNN, MTV와 같은 주요 방송망들과 일부 지역 방송사들은 정규 프로그램을 보완하기 위해 이미 대화형 프로그램을 시험중이다. 1998년 9월에 열린 에미상 시상식에서, 소비자들은 시상 부문과 후보에 대한 추가 정보를 얻거나 현장 생방송을 볼 수 있었으며, 무대 뒤에서 이루어지는 인터뷰를 포착하거나 시청자 퀴즈, 후보 인기투표, 대화방 등에도 참가할 수 있었다.

시청자들이 디지털 방식의 텔레비전을 쉽고도 완전하게 경험할 수 있도록 보장하려면, 우선 여러 가지 기술적인 문제들이 해결되어야 한다. 현재의 각기 다른 위상의 디지털 전송방식에서는 서로 호환되지 않는 암호화 표준이 너무 많다. 하나는 공중파용이며, 또 하나는 케이블 시스템용이고, 다른 하나는 셋탑 박스나 TV 자체의 연결용이라는 식이다. 또한 PC 판매업자들이 새로운 디지털 기기들을 연결하는 범용 직렬 버스(universal serial bus, USB)라는 새로운 표준과 그 표준을 통해 연결되는 기기들을 위한 데이터 포맷에 합의한 반면, 소비자 전자장치 생산업자들은 각기 다른 방식으로 접근하고 있는 게 문제이다.

대역폭, 다시 말해 디지털 통신 시스템의 정보 전달 용량 또한 모든 국가들이 웹 생활양식을 널리 채택하는 데 있어서 가장 큰 장애가 되고 있다. 대역폭은 가장 많은 비용을 요구하는 부분이기도 하다. 일반적으로 선진국에서는 이미 여러 통신회사가 사업 구역마다 광케이블을 배선해 놓았기 때문에 기업체들은 디지털로 작업하기 위해 필요한 만큼 대역폭을 쓸 수 있다. 그러나 디지털 통신망으로 완전히 연결된 사회를 구현하는 데 필수적인 장소들인 각 가정, 학교, 도서관 등에서 모두 이용할 수 있기에는 얼마간의 시간이 더 필요할 것이다. 광대역 시스템이 자리를 잡아야만 비로소 웹 생활양식의 혜택을 완전히 누릴 수 있음은 말할 필요도 없다. 싱가포르와 같은 일부 국가의 정부들은 광대역 시스템의 설치를 사회정책으로 규정하고 총력을 기울이고 있다. 미국이나 영국, 오스트레일리아와 같은 나라에서는 케이블 및 전화 회사들간의 경쟁을 부추기며 인프라스트럭처 구축에 힘쓰고 있다. 그외 다른 나라들은 이제 출발점에 서 있는 실정이다. 한 나라가 광대역 인프라스트럭처의 구축을 달성하는 데 있어 가장 중요한 조치는 통신회사들간의 경쟁을 조장하는 일임을 참고하기 바란다.

세계의 주요 지역들간에 케이블을 추가로 설치하는 것은 상대적으로 저렴하므로, 인터넷 기간망 내에서의 대역폭은 급속히 신장할 것이며, 제한 요소가 되지도 않을 것이다. 정작 어렵고도 비용이 드는 부분은 "마지막 구간(last mile)"의 문제이다. 이것은 주요 전송 서비스업체의 "빅 파이프(big pipe)" 말단에서 각 가정으로 보내는 대역폭을 증가시키는 문제를 말한다. 하지만 앞으로 10년간 이루어질 기술의 발전으로 이 부분도 좀더 저렴한 가격에 구현될 수 있을 것이다. 보통 전화 회선에서 과거에 이미 사용되던 아날로그 신호 대신 디지털 신호를 사용하는 DSL(digital subscriber line, 디지털 가입자 회선)이라는 기술이 구리 연선으로 된 전화선에서 좀더 넓은 대역폭을 이용할 수 있게 해주고 있다. 케이블 모뎀 역시 더욱 대중화되고 있다.

인구밀도가 높은 중심가에서 벗어난 외곽 지역에 새로운 광케이블을 가설하는 일은 아무래도 수지를 맞추기가 어렵다. 가설 비용 대부분이 인건비이기 때문에, 시간이 흐르고 기술이 발전한다 해도 실질적

인 비용 절감을 기대하기 어려운 것이다. 이런 이유 때문에 선진국이
나 개발도상국가 모두가 위성통신 시스템에 기대를 걸고 있는 것이다.

현재 음성 통신을 제공하기 위해서 이리듐(Iridium)과 같은 협대역
위성시스템 다섯 개가 구축되고 있는 중이다. 알카텔(Alcatel)에서 제
안한 또 다른 시스템은 지역적인 광대역(고속 데이터 전송) 커버리지
(coverage, 통신 가능 범위)를 제공하게 될 것이다. 또한 텔레데식
(Teledesic)에서 개발중인 제 3의 접근방식이 실현되는 경우에는 전세
계적인 광대역 통신, 다시 말해 "하늘의 인터넷"이 제공될 것이다.

겨우 500마일 상공에서 작동하는 이러한 저궤도(LEO) 위성시스템
은 회전지연 시간을 줄여줄 것이다. 인터넷상의 대화형 응용프로그램
을 이용하는 데 있어 회전지연 시간을 줄이는 일은 필수적이다. 2만 2
천 마일 떨어진 곳에 있는 정지 통신 위성을 이용하는 경우, 데이터가
오갈 때마다 0.5초의 지연이 일어난다. 이에 반해 저궤도 위성은 정지
위성이 아니므로 이런 현상을 없앨 수 있는 것이다. 다만, 지상 위의
수신자 구역 안에 항상 최소한 한 대의 위성이 들어가 있게 하려면 여
러 대의 위성을 배치해야 한다는 문제점이 따른다.

실험 단계의 구상에서 으레 그런 것처럼, 이러한 저궤도 위성시스템
을 구축하고, 발사하고, 운용하는 사람들은 해야 할 일이 많다. 좀더
많은 자본을 모아야 하고, 기술 검증을 마쳐야 하며, 올바른 배급시스
템을 수립해야 한다. 그러나 일단 제자리를 잡으면, 이러한 시스템들
이 사무실, 공장, 유전, 선박, 학교, 가정 등과 같은 장소에 서비스를
제공할 때는 그저 소형 안테나만 필요하게 될 것이다.

위성시스템이 선진국 지역 모두를 적절하게 커버하게 되면 덩달아
미개발 지역들 역시 그 범위 안에 들어오기 때문에, "여분의" 용량은
개발도상국가들에게 돌아가게 될 것이다. 정보 시대의 혜택은 이렇게
산업 국가의 교외나 작은 마을, 또는 농업 국가의 벽촌같이 자기들이
사용할 용량을 마련해두지 않은 지역까지 확대될 것이다. 또한 이러한
시스템은 비영리 형태를 띠고 저렴한 비용으로 이용될 것으로 보인다.

전세계 과학자들은 새로운 기술에 대한 연구에 박차를 가하고 있는
동시에 옛 기술에 대한 개량 연구에도 심혈을 기울이고 있다. 최근 한

영국의 기술자가 가정에 보급되는 전류로 고속 음성 및 데이터 신호를 보내는 방법을 개발해, 인터넷 서비스가 언젠가는 기존에 설치된 전선을 기간시설로 하여 각 가정과 사업체에 보급될 가능성을 높여주었다. DSL, 케이블 모뎀, 저궤도 위성, 그리고 전선 전송과 같은 기술이 널리 환영받는 것도 이러한 기술을 이용하면 이미 선진국에서 동선(銅線)으로 연결해 놓은 기존의 "마지막 구간"을 대체하기 위해 땅을 파헤칠 필요가 없기 때문이다. 전세계적으로 웹 인프라스트럭처를 구축하는 것은 실로 보통 힘든 일이 아니지만, 여러 첨단 분야에서 달성되고 있는 진척사항으로 미루어보건대, 다가오는 10년 동안 이루어질 개발의 속도는 모든 사람들을 놀라게 할 정도로 급속하리라 예상된다.

업무와 생활의 한계가 사라진다
(Removing Work and Life Limitations)

웹 생활양식과 웹 업무양식은 사회적으로 큰 의미를 지닌다. 많은 사람들이 컴퓨터와 인터넷이 개개인의 경험에서 개성을 박탈하며, 사고의 경계가 분명하고 냉담한 세상을 만들지는 않을까 걱정한다. 전화가 처음 나왔을 때도, 어떤 이들은 전화가 사람들끼리 직접 얼굴을 맞대고 접촉하는 기회를 앗아가지 않을까 우려했었다. 전화가 없었다면 당연히 얼굴을 맞대고 나눴을 이야기를 전화 통화로 해결하는 것과 마찬가지로, e-mail이 없었다면 얼굴을 맞대고 이야기를 나눴을 두 사람이 바로 곁에 앉아 e-mail을 이용하는 걸 목격할 수도 있다. 하지만 어떤 매체든 잘못 사용되는 경우는 있게 마련이다. 웹을 사용하는 사람들의 개인적인 예절이나 직업상의 예절은 점차 발전해 나갈 것이다. 또한 자신이 속해 있는 작은 세계에서 더 큰 세계로 나가게 해주는 웹 생활양식 때문에 기존의 사회가 뿔뿔이 흩어질 것이라고 생각하기도 쉽다. 하지만 나는 그 반대라고 믿고 있다. 전화와 e-mail이 서로 다른 지역에 사는 사람들이나 쉴새 없이 움직이는 사람들 사이의 접촉을 늘려준 것처럼, PC와 인터넷은 우리에게 또 다른 통신 방법을 제공하는 것일 뿐, 결코 뭔가를 앗아가는 매체가 아니라는 얘기다.

실제로 인터넷은 우리가 속한 지역사회의 경계를 변경하거나 재정의하는 기능으로 오히려 개인적인 접촉과 문화적인 접촉을 강화시켜주고 있다. 네덜란드의 암스테르담시에서는 도시계획, 치안, 마약 등과 관련된 현안을 처리하기 위해 시민들의 인터넷 토론을 장려하고 있다. 암스테르담 시민들은 e-mail을 통해 경찰에 직접 접속할 수 있다. 「리틀 호루스 웹(Little Horus Web)」(호루스는 이집트의 신 이름 – 譯註)이라는 이집트의 '어린이용' 사이트에서는 이집트 7,000년 문명에 대해 300페이지가 넘는 정보와 그림을 수록하고 있다. 이 사이트에서는 또한 경제, 문화, 사회 생활 등을 포함해 오늘날 이집트의 모습을 담은 사진도 제공한다. 여행 섹션에는 어린이에게 인기 있는 여행지에 대한 조언도 담겨져 있다. 웹 생활양식은 우리의 시야를 넓히고 있지, 좁히고 있는 게 아니다.

어린이들조차 모든 내용을 접할 수 있게 되자, 청소년들을 위한 보호장치, 즉 제공 내용에 대한 적격성 심사가 문제로 떠오르고 있다. 인터넷은 전세계 사용자들을 대상으로 하지만, 금지하는 내용에 대한 정의는 국가마다 다르다. 동시에 불법적인 내용을 게재한 사람을 추적하기 어려운 경우도 많다. 이런 환경에서는 검열이 쉽지 않다. 인터넷의 특성에 비추어보건대, 청소년 보호 취지에 접근하는 가장 효과적인 방법은 국가별로 다른 기준을 세워 산업별로 자체 규정을 제정하게 하고, 내용 선별 소프트웨어를 이용해 불법 사이트를 차단하는 것이 될 것이다. 인터넷 내용 선별 플랫폼(PICS, Platform for Internet Content Selection)과 같이 내용에 등급을 매기고 규제하는 기술을 이용하면, 사용자들은 본인과 가족이 액세스할 수 있는 내용을 조절할 수 있을 것이다.

공동체 구축은 앞으로 몇 년 동안 웹에서 가장 크게 성장할 분야이다. 웹은 여러분이 가입할 수 있는 공동체의 수를 크게 증가시키고 있다. 예전에는 지역사회의 일원이 되거나, 사회 단체 한두 군데에 가입하려면 적잖은 시간이 걸렸던 게 사실이다. 하지만 웹 생활양식을 받아들이는 순간, 여러분은 오직 여러분 자신의 흥미에 의해서만 제약받게 될 것이다. 웹의 사회적인 측면 중 하나가 바로 지역이나 시간에 관계없이 기호가 같은 사람들을 모아주는 기능이다. 만일 여러분이 브리지 게임을 좋아하는 사람들을 모으고 싶거나, 정치적인 견해가 같은 사람과 토론하고 싶거나, 전세계에 흩어져 있는 같은 민족의 사람들과 접촉하고 싶다면, 웹을 통해 쉽게 소망을 이룰 수 있을 것이다. 만일 여러분의 고향에서 무슨 일이 일어나고 있는지 알고 싶다면 웹이 이를 도와줄 것이다. 나는 미국 서해안으로 이주한 뉴욕 출신 주민들이 항상 고향 소식을 듣고 싶어하며, 그 중 많은 사람들이 웹을 통해 그런 소망을 충족시키고 있다는 것을 발견했다. 연장자들에게 전자공동체를 제공해주는 「제 3세대(Third Age)」같은 웹 사이트는 전자공동체의 힘을 단적으로 예시한다. 이 사이트는 가족, 건강, 기술에 대한 조언뿐만 아니라 노인층을 겨냥한 사기행각에 대한 주의 경계, 주요 이슈에 대한 그룹 토론 등도 제공한다.

웹은 여러분에게 전세계적인 공동체에도 가입할 수 있게 해주며, 바로 여러분의 집 마당에서 그 결속을 강화할 수 있는 기회를 제공해주기도 한다. 싱가포르는 높은 인구밀도와 인프라스트럭처에 대한 정부의 관심 덕분에 광섬유 케이블의 설치와 그를 기반으로 한 대화형 응용프로그램의 보급 면에서 세계를 선도하고 있다. 상수도나 도시가스, 전기 및 전화시설과 마찬가지로, 광대역 케이블 역시 필수적인 공공설비인 것이다. 싱가포르에는 실제 모든 공영주택에 케이블이 연결되어 있으며, 공식 추산에 의하면 전체 가구의 50% 이상이 PC를 보유하고 있다고 한다.

케이블이 반드시 도심 지역에만 편중돼 설치되는 것은 아니다. 1만 2천 명의 주민이 사는 프랑스의 소읍 파르니는, 유럽 연합과 각 도시 및 산업체가 공동으로 지원하는 유럽 이메진(IMAGINE) 프로젝트의 일환으로, 온라인으로 연결되는 3개국 4개 지역 중 하나로 선정되었다. 주민들은 식료품 주문과 같은 일상 활동에 웹을 이용한다. 대부분의 프랑스 사람들과 마찬가지로 이들도 매주 토요일이면 여전히 시장에 가지만, 이때도 작은 바구니 하나만 들고 가서 특별한 물품만 직접 구입하고, 남는 시간은 주로 사교 활동에 할애한다. 또한 주민들은 온라인 철학자 카페에 들어가 깊이 있는 토론을 벌이며, 매주 수요일이면 목축업자들이 공통의 관심사를 주제로 대화방에서 토론을 벌이기도 한다. 3개년 계획인 이메진 프로젝트의 목적은 시범운영중인 4개 지역의 성과를 토대로 통합된 솔루션을 유럽 내 또 다른 30개 지역으로 확대한다는 것이다.

미국의 여러 소읍들 역시 인프라스트럭처를 갖춰 나가고 있다. 미중서부 미시건주의 콜드워터의 경우, 4,000가구 모두에 케이블 TV, 인터넷, 전화 발신음 서비스를 제공하고 지역공동체 네트워크에 연결시켜주는 고속 케이블 시스템이 설치되어 있다. 당구에 흥미가 있는 어느 가정에서는 당구를 주제로 한 웹 사이트를 개설하고 처음 60일 동안에만 4만 5천 달러어치의 당구 큐를 팔았다고 한다. 젖소의 수가 사람 수보다 많은 인구 1,500명의 와이오밍주 러스크에는 광케이블이 설치되어 있어, 주민들은 가축관리와 초원의 초목환경에 대한 연구에서부터 벌꿀 밀랍을 이용한 핸드크림 사업운영에 이르기까지 모든 일에 PC 기술을 이용한다. 공인 PC 소프트웨어 기술사인 한 15세 소년이 이 마을의 기술고문을 맡고 있다. 러스크 주민들이 웹 생활양식을 포용하게 된 것은, 목축업이라는 생활방식을 고수하면서 자녀들을 외부 세계와 연결시킬 방법을 모색하면서부터였다. 이제 러스크의 젊은이들 사이에서는 외부 세계의 일원이 되기 위해 고향을 떠나는 일이 전처럼 빈번하지가 않다.

우리는 웹 생활양식을 영위하면서 어떻게 좀더 많은 공동체 활동에 참여할 시간을 찾을 수 있을까? 대답은 간단하다. 웹이 여러 가지 일을 전보다 훨씬 효율적으로 만들어 줄 것이다. 원한다면 언제든지 빠른 시간 안에 갖고 있는 중고차 시세가 얼마나 되는지 알 수 있고, 신속하게 여행계획을 짤 수 있으며, 중요한 물품을 구입할 때는 미리 알아야 할 내용을 쉽게 찾아볼 수 있게 된다. 사실 이러한 활동들은 지금 당장이라도 웹에 접속하면 쉽게 처리할 수 있는 일들이다. 앞으로 사람들은 오늘날 신문이나 TV를 보면서 보내는 시간 중 일정 부분을 웹에서 정보나 오락거리를 찾는 데 할애할 것이다. 1998년 영국에서 행해진 조사에 의하면 인터넷을 이용하는 영국 성인 중 25%가 전보다 텔레비전 시청 시간이 줄었다고 한다.

구시대의 제약으로부터 벗어나자
(Moving Past Old Limits)

이 책의 많은 부분은 손가락 끝으로 원하는 모든 정보를 얻는 것에 관한 이야기이다. 대부분의 사람들은 어떤 제품의 가장 좋은 가격이나, 자신이 속한 지역 또는 국가 사회에 영향을 미치는 중요한 문제에 대해 최신 정보를 알고 싶어한다. 우리는 단지 그러한 정보를 얻기가 너무 어렵다는 이유로 여태껏 정보 없이 그럭저럭 지내왔다. 아니, 정보를 얻지 못하고 있다는 사실을 깨닫지도 못한 채 지내왔다는 게 옳겠다. 웹 생활양식은 인간의 본성이나 사람들이 사는 기본 방식을 바꾸는 문제가 아니다. 웹 생활양식은 보다 많은 사람들에게 보다 나은 방법으로 자신의 관심사를 좇을 수 있는 기회를 제공해주는 것이다.

웹 생활양식은 소비자에게 긍정적인 영향을 미칠 것이다. 소비자들은 세계에서 가장 큰 쇼핑센터나 마찬가지인 웹에 들어가서, 전에는 못해봤던 선택을 할 수 있게 될 것이다. 그들은 원하는 종류의 상품을 모두 비교해보고 선택할 수 있으며, 많은 경우에 주문품을 맞출 수도 있으며, 바로 현관 문 앞까지 완제품을 배달시킬 수도 있다. 웹은 이렇게 진정한 소비자 중심의 세계를 구현할 것이다. 소비자들이 더욱 빠른 서비스와 기업과의 유대 강화, 그리고 개별적인 제품의 제공을 요구하게 됨에 따라, 기업들은 웹 생활양식에 따른 시장 변화에 보조를 맞추기 위해 디지털 신경망 구축에 박차를 가하게 될 것이다.

웹은 또 동료와 친구, 가족을 새로운 방식으로 연결시켜 준다. 관심사를 기반으로 한 공동체들이 전세계 각지의 회원들로 구성되고 있으며, 따라서 정부는 그 어느 때보다 더 구성원들을 결집시킬 잠재력을 갖는 셈이다. 사람들로 하여금 (이제 우리가 겨우 이해하기 시작한) 새로운 방법으로 물건을 사고, 소식을 듣고, 서로 만나고, 오락을 즐기고, 잡담할 수 있게 해줌으로써, 인터넷은 내일의 지구촌을 위한 마을 광장이 되어가고 있는 것이다.

웹 생활양식을 통해 사람들은 이제 그토록 오랜 시간 동안 거의 당연시해왔던 여러 가지 제약으로부터 벗어나게 될 것이다. 웹 생활양식은 안 그래도 바쁜 삶에 복잡함만 가중시키는 게 결코 아니다. 사람들이 일단 웹 생활양식을 받아들이고 나면, 결국 웹 생활양식을 당연한 것으로 여기게 될 것이다. 마치 오늘날 우리가 '전기'를 이용하는 생활을 당연시하고 있는 것처럼.

비즈니스 교훈

□ PC의 가격이 지속적으로 하락하고 더욱 많은 가정에서 통신망에 접속하게 됨에 따라, 웹 생활양식은 대부분의 소비자들을 온라인 상거래로 유도하게 될 것이다.

□ 웹 생활양식은 기업과 고객의 관계 및 정부와 시민의 관계를 변화시킬 것이다. 궁극적으로 웹 생활양식은 소비자인 시민이 그 관계를 주도하게끔 해줄 것이다.

□ PC와 TV의 결합은 사용자에게 새로운 경험을 가져다 줄 것이며, 새로운 TV 프로그램과 광고방송을 위한 매체를 탄생시킬 것이다.

디지털 신경망의 진단

□ 여러분은 인터넷을 통해 고객과의 대화를 시작했는가?

□ 대부분의 고객들이 전통적인 방식 대신에 웹을 통해 일하는 것을 선호하게 될 때 어떤 디지털 시스템과 디지털 도구가 필요할 것인지 고려해 보았는가?

제 8 장

비즈니스의 영역을 변화시켜라
(Change the Boundaries of Business)

> 인터넷 환경에서의 상호 연결성은 독립할 수 있는 보다 많은 기회를
> 제공하며, 독립성은 보다 많이 연결되고자 하는 동기를 갖게 한다.
> — 스턴 데이비스와 크리스토퍼 마이어,
> 《불투명한 전망: 연결되는 경제, 급속한 변화
> (BLUR: The Speed of Change in the Connected Economy)》

   디지털 정보의 흐름은 사람과 조직이 일하는 방식을 바꾸고, 조직의
경계를 넘어 상거래가 수행되는 방식도 바꾼다. 인터넷 기술 역시 크
고 작은 조직들의 경계를 바꾸어 놓을 것이다. 그리고 조직의 경계가
바뀌는 과정에서, 디지털 도구와 디지털 프로세스를 이용하는 "웹 업
무양식"은 조직과 개인 모두가 자신들의 역할을 새로 정의할 수 있게
해줄 것이다.
   기업은 피고용인으로 있지 않고, 기업의 담 "밖에서" 컨설턴트로 머
물러 있는 변호사나 회계사와 같은 전문가들과 인터넷을 이용해서 무
리 없이 일할 수 있다. 리엔지니어링을 하는 데 있어 중요한 원칙 중
하나가 바로 기업은 핵심 사업에 집중하고 나머지는 모두 외부에 맡겨
야 한다는 것이다. 인터넷은 어떤 일을 내부 사원들이 맡아야 하고, 어
떤 일에 외부의 보조, 상담, 협력 등이 필요한지를 결정해줌으로써, 회

사가 전보다 훨씬 더 핵심 사업에 집중할 수 있게 해준다. 우리 MS의 핵심 사업은 대량으로 판매될 소프트웨어 제품을 개발하고, 다른 소프트웨어 회사와 함께 일하며, 고객서비스와 고객지원을 제공하는 일이다. 우리는 사원들을 위한 업무기술 지원에서부터 자체 개발 소프트웨어 패키지의 실제 제작에 이르기까지, 위의 범주에 들지 않는 일들은 과감하게 외주에 맡긴다.

웹 업무양식은 예상하지 못했던 요구를 보다 잘 처리할 수 있게 해준다. 일시적으로 어떤 기능이 꼭 필요한 경우, 여러분은 일부 분야의 직원들을 경기의 기복에 맞춰 탄력적으로, 즉 필요할 때만 쓸 수 있길 원할 것이다. 이때 유용한 것이 바로 인터넷이다. 인터넷을 이용하면 보다 많은 기업들이 주요 사업 부분을 "스튜디오"식 접근법으로 운영할 수 있다. 할리우드의 대형 스튜디오들은 재정과 마케팅, 배급 또는 기타 진행중인 프로젝트 등을 처리하는 부분에는 전임 직원들을 두고 있지만, 창조적인 부분, 다시 말해 영화 제작을 담당하는 인원은 특별한 경우를 제외하고는 상근으로 두질 않는다. 일단 영화구상에 대해 합의가 이루어지면 감독이 영화제작에 필요한 다수의 사람들을 불러모으면 되는 것이다. 물론 소기의 목적이 달성되면 이 팀은 즉시 해체된다. 감독에서 배우, 촬영기사, 소품담당에 이르기까지 모든 사람들이 또 다른 프로젝트를 찾아 떠나는 것이다.

웹 기술을 이용하면 여러 가지 다양한 프로젝트들을 위와 같은 스튜디오식 작업으로 조직할 수 있다. 팀을 조직하려는 프로젝트 기획자는 온라인으로 들어가 프로젝트의 성격을 게재하고 쓸만한 사람을 구하면 된다. 적절한 기술을 가진 조직이나 개인이 관심을 보이면 프로젝트 기획자는 빠르게 팀을 구성할 수 있다. 일을 찾는 사람들 입장에서는 자신의 특정 관심분야나 요구사항에 부응하는 채용기회를 보다 많이 갖게 되는 것이기도 하다. 가령 고도의 전문기술을 활용하고 싶다거나 특정 시간에만 일하고자 하는 경우, 조건에 맞는 일을 구하기가 훨씬 수월해진 것이다. 이렇게 웹을 이용하면, "우리 직원이 당신네 직원에게 전화할 겁니다"라고 하는 방식보다 훨씬 더 효율적으로 프로젝트에 필요한 인적자원의 수급을 조절할 수 있다.

　새롭고 유동적인 영역 개념이 부상하고 있음에도 불구하고, 아직까지 대기업들은 자사를 프로젝트 단위의 제작사로 해체하려는 움직임을 보이지 않고 있다. 기업은 핵심 사업을 내부적으로 일관되게 수행함으로써 타사를 앞서야 한다. 하지만 대기업들은 지금까지 그래왔듯이 계속해서 핵심 사업에 지나치게 치중되지 않도록 균형을 유지하려 할 것이다. 그리고 당연히 그러한 균형잡기를 좀더 효율적으로 행하기 위해서만 기술을 사용하려 할 것이다. 대세가 전체 사업규모를 축소하는 방향으로 흘러가고 있음에도, 각 기업들은 자사의 최적의 규모와 조직적인 구조를 알아내기 위해 실험을 계속할 것으로 보인다.

　MS의 경우, 인력 팽창을 완화하고 관리부담을 줄이기 위한 방편으로 외부위탁(outsourcing)을 활용해 왔지만, 그렇다고 사원들의 규모가 늘지 않은 것은 아니다. 각 협력사나 회사가 자체적으로 최적의 조직을 구성하게 해주는 웹 업무양식 덕분에, 우리 회사는 전자 웹을 통해 협력사와의 연대를 강화하고 있으며,(내 희망사항인지는 모르지만) 타당성 없는 분야에서 규모가 늘거나 혹은 너무 많은 부담으로 인해 효율이 떨어지는 일이 없다.

　중소기업들은 사업영역의 경계를 바꿔주는 웹의 기능을 이용하여 직원이나 사무실을 늘리지 않고도 훨씬 더 많은 일을 할 수 있다. 전문기술만 갖추고 있으면 소규모 사업체라 하더라도 영화제작이나 건설 프로젝트, 광고제작 등의 입찰에 참여하고 그런 사업의 선두에 설 수도 있다. 웹을 이용해 다른 기업들이나 전문가들을 신속하게 불러모아 가상의 대기업이 되어 프로젝트를 진행시킴으로써 유익한 결과를 얻어낼 수 있는 것이다. 프로젝트가 끝나면 당연히 팀은 해체된다. 따라서 정규 사원들을 대규모로 고용하는 데서 오는 관리부담 없이 적절한 노동력을 활용하는 셈이다. 이보다 더 작은 회사들도 마찬가지로 웹을 이용하여 같은 효과를 노릴 수 있다.

종업원의 업무양식을 바꾸자
(Changing the Workstyle for Employees)

어떤 규모의 기업이든지 사원 중에는 웹 업무양식이 의미하는 바에 대해 과민반응을 보이는 사람이 있게 마련이다. 그들은 만일 회사에서 웹을 이용하여 구조조정을 하기로 결정하게 되면 자신들의 일자리가 없어질 것이라고 생각한다. 단순히 해고한다는 사실을 감추기 위해 "구조조정"이라는 용어를 사용하는 경우가 아닌 이상, 그런 생각은 옳지 않다. 기업이 회사규모를 축소할 때는 일자리가 줄어드는 것이지만, 기업이 외부위탁을 할 때는 일자리가 다른 곳으로 옮겨가는 것뿐이다. 외부위탁의 목적은 일자리를 없애는 데 있는 게 아니라, 일에 대한 책임을 외부 전문가에게 맡기는 데 있다. 예를 들어, MS와 동일한 업종에 종사하는 많은 회사들 입장에서는, 데스크탑을 설치하고 지원하는 일을 외주로 처리하는 게 훨씬 더 효율적인 방법일 수 있다. 왜냐하면 그런 일을 전문으로 하는 회사들은 세계 최고의 기술을 개발할 수도 있고, 의뢰하는 회사들로서는 경쟁 입찰로 일을 맡길 수 있기 때문이다.

외부위탁으로 넘어갈 가능성에 대해 두려운 반응을 보이는 사원들은 대개 일이 회사 "안"에 속하는 것이지 "밖"에 속하는 것이 아니라고 생각하는 사람들이다. 이런 사람들은 빨리 생각을 바꿔야 한다. 회사가 사업영역을 새로 정의함에 따라 일부 사원들의 직무도 바뀔 것이다. 걱정하는 것이 이해되지 않는 것은 아니지만, 걱정만 하고 있어서는 안 된다. 사원들은 사업영역의 변화를 기회로 보아야 한다. 자신이 원하는 직무가 무엇인지 명확히 하고, 마음에 맞는 규모와 분위기에서 일할 수 있는 기회 말이다. 또는 상전벽해(桑田碧海)가 일어나는 이 기회를 자신의 사업을 시작하는 계기로 삼을 수도 있다. 얼마 전 한 자유기고가는 MS에서 점점 더 많은 글을 외주로 맡기는 것을 보고 이를 하나의 기회로 포착한 적이 있었다. 현재 이 사람은 열 명이 조금 넘는 자유기고가들을 관리하는 작은 사업체를 갖고 있으며, MS 직원들은 작가 여러 명을 두고 진척사항을 관리하는 대신 마감시간만 명시해주면 일이 끝나므로 시간을 벌게 됐다. 전반적으로 보건대, 조직 구조상

웹 업무양식은 지리적인 제약을 완화시킨다
(The Web Workstyle Eases Geographic Constraints)

웹 이 출현하기 전에는 대부분의 근로자들이 지리적인 제약을 받았다. 만약 여러분이 아칸서스주 그린우드나, 사우스 캐롤라이나주 에켄에서 살고 싶다면, 상근직이건 시간제 업무건 여러분의 경력에 맞춰 최상의 직장을 구하기가 그리 쉽지 않을 것이다. 또 큰 회사에서 일하고 싶다면, 제물낚시에 최고인 고장에서 사는 것은 포기해야 한다.

웹 통신은 일터 근처에 살아야 한다는 요건을 바꾸어 놓고 있다. 수년 이내에 재택근무가 지금보다 더 보편적인 일이 되는 것은 물론이고, 재택근무의 본질 자체가 바뀔 것이다. 오늘날 대부분의 재택근무자들은 일의 성격상 사무실에 모습을 드러낼 필요가 없는 일을 하고 있다. 저술가나 분석가 등을 그 예로 들 수 있다. 이들은 e-mail이나 전화로 동료 또는 고객들과 어느 정도 업무상 교류를 갖기도 하지만, 사실 대부분의 경우 혼자 작업하는 경우가 많다. 하지만 미래에는 전화와 PC의 통합, 전자문서 공동작성, 화상회의 등의 도움으로, 오늘날의 재택근무자들에게는 불가능한 이른바 사무실로의 "원격 출근"이 가능해질 것이다.

이러한 기술들은 이미 일하는 데 있어서의 지리적인 장벽을 무너뜨리고 있다. 인도에 있는 몇몇 소프트웨어 회사들은 미국 회사들을 대신해 고객 지원을 맡고 있다. 이들은 시차(時差)를 이용해, 미국이 밤일 때 문제해결 작업을 한다. 미국에서 아침을 맞을 무렵이면 고객들에게 제공할 솔루션이 준비되는 것이다. 얼마 전, MS의 워싱턴 레드먼드 지사에서 일하던 두 명의 컴퓨터공학 전공의 덴마크 학생들은 학사과정을 마치기 위해 인터넷을 이용, 대서양을 가로질러 구두시험을 보고 합격한 역사상 최초의 인물들이 되었다. PC 덕분에 실제 덴마크에 가서 시험관 앞에 출석할 필요가 없어진 이 학생들은 미국에 더 머무르면서 좀더 많은 실무경험을 쌓을 수 있었다.

위의 두 학생들이 이용했던 PC통신 기술인 「NetMeeting」은 재택근무자들에게 보다 광범위한 용도로 이용되고 있다. 인디아나주에서 법률기관들을 위한 소프트웨어를 개발하고 있는 소규모 소프트웨어 회사 피티아(Pythia)는 자사의 소프트웨어 개발에 「NetMeeting」을 이용한다. 피티아의 고객들과 소프트웨어 기술지원을 하는 엔지니어들 대부분은 미국에 있지만, 개발

팀장들은 그리스에 살고 있다. 개발 팀장들과 미국인 사원들은 제품요건에 대한 토의를 할 때 인터넷 전화를 사용한다. 이들 각각은 순서도를 그리거나 심지어 코드를 쓸 때도 PC 모니터 화면을 화이트보드로 사용한다.

웹은 점차 전세계 기술자들에게 동등한 기회를 가져다줄 것이다. 오늘날 누군가의 수입이 얼마나 되는지 짐작해야 하는데 정중한 한 마디 질문밖에 할 수 없다면, "어느 나라에 사십니까?" 정도가 적절한 질문일 것이다. 나라마다 평균 임금에 큰 격차가 나기 때문이다. 앞으로 20년 후에는 누군가의 월급이 얼마인지 알고 싶을 때 가장 효과적인 질문은 바로 이것이 될 것이다.

"학교는 어디까지 마치셨는지요?"

의 이러한 변화들은 유능한 사원들에게 힘을 부여해줄 것이다.

웹 업무양식은 특히 변호사나 공인회계사, 엔지니어, 의사와 같이 대개 독립적으로 일하거나 소규모 팀을 이루어 일하는 사람들에게 매우 적절하다. 전문가들이 전통적으로 사무소를 조직해 일해온 이유 중 하나는 고객수요가 변동할 때 이에 대처하기 위해서였다. 하지만 이제 이들은 표준작업량을 분배받기 위해 뭉치는 대신에 다른 종류의 선택을 할 수 있게 되었다. 인터넷을 이용해 고객을 찾는 독자적인 전문가로 나서는 게 바로 새로 생긴 선택사항이다. 이때 법률이나 관습이 이러한 변화가 일어나는 속도를 늦출지도 모른다. 대부분의 국가에서는 의사나 변호사들이 손님을 끄는 방식에 갖가지 제한을 가하고 있기 때문에 하는 말이다. 하지만 그런 이유로 그들이 직접 환자나 고객들에게 다가가지 못한다고 하더라도, 자유계약직으로 일하면서 기존의 병원이나 법률사무소로부터 일을 의뢰받을 수 있는 방법은 얼마든지 있다.

웹과 함께라면, 자유계약직은 더 이상 운동선수나 예술가, 배우, 기타 거물 전문가들이나 창의적인 일을 하는 사람들에게만 국한되지 않는다. 거의 대부분의 지식노동자들이 자유계약직으로 일할 수 있다. 미국 내 자유업자와 자유계약자, 임시 고용인 등이 포함된 "자유계약

직" 인력은행의 인원이 벌써 2천 5백만 명에 이른다. 자유업자의 장점
은 일자리의 다각화에 있다. 고용주가 한 명일 때보다는 여러 명일 때
실직 위험이 더 적은 것이다.

물론 모든 사람들이 다 자유계약직 방식을 선택하지는 않을 것이다.
보다 큰 기업에서 일하고 싶어하는 사람들도 매우 많다. 그런 사람들
은 한 조직 내에서 소속감을 느끼고 싶어하며, 장기 프로젝트를 수행
하고, 특정한 한 작업장에서 지속적인 친목과 문화를 영위하고 싶어한
다. 그들은 자신들의 경력을 쌓는 일에 투자하며, 회사는 그들에게 투
자한다. 우리 회사의 소프트웨어 개발 부문과 같이, 기업에서 가장 흥
미로운 일의 대부분은 외주를 맡길 수 없는 핵심적인 영역을 차지하고
있는 경우가 많다. 또한 MS를 포함한 대부분의 기업들이 유능한 사원
들을 장기간 머물게 하려고 애쓰고 있다. 많은 유능한 개발자들과 연
구원들이 MS에서 일하는 것은, MS에서는 수백만 명이 사용할 소프트
웨어나 기술을 개발할 기회가 보이기 때문이다. 많은 예술가들이 그렇
듯이, 그들은 자신들이 한 일이 되도록 많은 사람들을 감동시킬 수 있
기를 바란다.

어쨌든, 대기업에서 일하고 싶어하는 사람들이든 그렇지 않은 사람
들이든 모두 나름대로 흥미로운 선택을 할 수 있게 될 것이다. 웹 업무
양식은 또한 전문기술을 가졌지만 상근직으로 일할 수 없거나, 그것을
원하지 않는 사람들이 더욱 쉽게 일할 수 있게 해줄 것이다. 인터넷을
통해 좀더 많은 일을 찾을 수 있고 좀더 먼 곳의 일도 할 수 있기 때문
에, 그들은 새로운 기회를 맞이하는 셈이며, 아울러 이런 거대한 인력
시장이 보다 잘 활용됨으로써 사회에도 혜택이 돌아갈 것이다. 많은
지식노동자들이 자기가 원하는 곳에서 살고, 원하는 대로 일을 구성하
면서, 자신들이 하는 일에 중요한 기여를 할 수 있게 될 것이다. 웹 업
무양식으로 일하면, 피고용인들은 웹이 제공하는 자유를 그 한계까지
추구할 수 있다. 업무양식에 관한 한, 그 선택권은 피고용인들의 손에
놓이게 되는 것이다.

기업의 경영자들은 자사의 핵심 사업을 면밀히 검토해볼 필요가 있
다. 그런 다음, 핵심 사업에 직접적으로 관련이 없는 분야를 다시 살펴

보고, 웹 기술을 써서 그 분야의 업무를 분리할 수 있는지 고려해봐야 한다. 만일 그렇게 할 수 있다면, 다른 회사로 그 일의 관리 책임을 넘기고, 그 일을 맡게 된 사람들—이제는 고용인이 아니라 파트너로 봐야 할 것이다—과 함께 현대 통신기술을 이용하여 긴밀하게 일하도록 하라. 또한 뛰어난 전문기술을 갖고 있으면서도 상근직을 맡고 싶어하지 않는 사람들을 고려해 보도록 하라. 통신도구의 발달 덕분에 여러분은 지속적으로 그들의 기술을 이용할 수 있게 될 것이다. 앞으로 수년 동안 최고의 인력을 고용하려는 경쟁이 가열될 것이며, 피고용인들에게 더 큰 융통성을 부여하는 회사야말로 이 중요한 분야에서 우위를 점하게 될 것이다.

비즈니스 교훈

□ 웹은 조직과 조직, 조직과 개인 간의 경계를 새롭게 정의한다. 그리고
그것을 통해 기업은 보다 효율적으로 구조를 개선할 수 있게 된다.

□ 웹 업무양식은 직원들이 재택근무를 할 수 있게 해주고, 서로 떨어져 있
는 직원들이나 동업자들 간에 공동으로 업무를 수행할 수 있게 해준다.

□ 웹을 통해 대기업은 소규모 기업처럼 융통성 있게 대응할 수 있게 되고,
소규모 기업은 대기업처럼 효율적으로 대응할 수 있게 된다.

디지털 신경망의 진단

□ 귀사의 디지털 신경망은 회사가 "외부에" 있는 변호사나 회계사 같은
전문가들과 무리 없이 함께 일할 수 있게 해주는가?

□ 귀사의 디지털 신경망은 기업으로 하여금 핵심 사업부문에 주력하고 나
머지는 외부에 위탁할 수 있도록 도움을 주는가?

□ 디지털 신경망이 좀더 효율적인 업무 분담에 도움이 되는가?

제 9 장

먼저 시장에 진입하라
(Get to Market First)

우리는 빠른 속도로 대처하지 않으면 몰락한다. "과속은 곧 죽음"이
란 말을 역(逆)으로 생각해야 한다.
— 리처드 맥긴, 루센트사 사장 겸 최고경영자

고객들은 고품질의 제품을 저렴한 가격에, 그것도 지금 당장 제공해
주길 원한다. 제품을 생산하고 서비스를 제공하는 생산업체든 아니면
그 생산업체에 납품하는 공급업체든, 모든 기업은 고품질 저가격을 유
지하는 동시에 점점 줄어들고 있는 시장 출하시간에 적응해야 한다.
높은 품질과 낮은 가격상승률, 그리고 소요시간 단축 등이 바로 지난
10년간의 비즈니스를 특징짓는 요소들이다. 그리고 여기에 중요한 공
헌을 해온 것이 정보기술이다.

시간단축과 품질개선이라는 이중의 압력을 설명하는 데 있어서 자
동차 산업만큼 적절한 예도 없을 것이다. 1980년대 일본의 자동차는
미국 자동차보다 디자인도 참신해 보였고 품질개선 또한 보다 빈번하
게 이뤄지는 것처럼 보였다. 미국의 자동차 생산업체들이 제품 구상에
서 대량 생산까지의 기간을 전형적으로 4년 내지 6년으로 잡은 반면,

일본 자동차 생산업체들은 그 기간을 3년으로 잡고 있었기 때문이다. 게다가 미국산 자동차들은 가격까지 더 비쌌다.

　미국 자동차 업체들은 디자인, 제조, 판매를 구분하는 조직적인 장벽을 허물고 외부 협력업체와의 연락 체계를 개선함으로써 이에 대응했다. 디자이너, 엔지니어, 지원담당, 그리고 생산 및 조립담당 직원들이 전자적으로 연락하는 치밀한 팀을 이뤄 일하기 시작하자, 제품이 디자인될 때부터 판매전시장에 나올 때까지 걸리는 시간이 반 이상 줄었다. 자동차 산업의 제반 공정들 역시 CAD(computer-aided design, 컴퓨터 원용 설계) 등의 기술에 힘입어 현저하게 개선되었다. CAD 프로그램의 3-D(3차원) 모형 설계 기능으로 인해 엔지니어들은 손으로 원형을 뜨지 않고도 차량 설계를 할 수 있게 되었다. 이를 이용하면 디자이너들은 따로 특별한 공구를 준비하지 않고도 부품들이 서로 잘 맞는지 볼 수 있으며, 필요에 따라 부품 디자인을 변경할 수도 있다. 공급 체계의 효율성을 개선하기 위해 디지털 정보 흐름을 이용한 내용에 대해서는 12장에서 다룰 것이고, 일단 여기서는 자동차 제조업체와 공급업체가 서로 디지털 정보 교환을 할 수 있게 연결되자 부품 공급과정에서 일어나는 착오 발생률이 72%나 줄었고, 자동차 한 대당 소요되는 노동력도 주당 8시간이나 절감되었다는 사실에 주목할 필요가 있다.

　자동차 생산속도가 더욱 빨라지고 성능이 우수해짐으로 인해, 혜택을 입게된 것은 소비자들이다. 생산공정 개선의 성과 면에서는 포드의 약진이 미국 전체 자동차 산업을 대표한다고 할 수 있다. 1990년에 이 회사는 자동차 구상에서 출시까지 5년 이상의 시간이 걸렸으며, 100대의 차마다 150건의 결함이 발생, 대당 1.5건의 결함률을 기록했다. 그러나 1998년에는 생산주기를 반 이상, 즉 24개월 이하로 줄였으며, 결함률도 100대당 81건으로 낮췄다. 또하나 주목할 만한 회사는 도요다이다. 정보시스템 이용에 있어서 선두주자였던 도요다 자동차는 같은 기간 동안 포드에 필적할 만큼 결함률을 낮췄고, 그 결과 전체 자동차 산업에서 결함률이 1%로 떨어진 현재에도 품질 면에 있어 자동차 업계를 이끄는 선두주자로 남게 되었다. [1)]

점점 증가하는 복잡성 따라잡기
(Keeping Pace in the Face of Rising Complexity)

업계에 따라서는 출하시간을 단축하는 것보다는 오히려, 날로 복잡해지는 상황에 직면하여 출하시간을 유지하는 문제가 관건인 경우도 많다. 예를 들어 인텔(Intel)은 대부분의 PC에 장착되는 칩(chip, 집적회로를 붙이는 반도체 조각)의 생산주기를 90일로 꾸준히 유지해왔다. 그리고 앞으로도 계속, 마이크로프로세서의 복잡성(complexity)이 증가하더라도 이 90일의 생산주기를 유지할 방침이다. 칩 안의 트랜지스터 개수는 1978년 8086프로세서의 2만 9천 개에서 1998년 펜티엄 프로세서의 750만 개로 크게 증가했으며, 같은 기간 마이크로프로세서의 "기능"은 1만 배로 늘어났다. 2011년이면 10억 개의 트랜지스터가 든 칩을 출시할 것으로 인텔은 기대하고 있다. 이 기하급수적인 발전 전망은, 마이크로칩의 용량이 매 18개월 내지 24개월마다 두 배가 될 것이라고 예측한 무어(Moore)의 법칙을 바탕으로 산출한 것이다. 무어의 법칙을 근거로 예상해볼 때, 만일 자동차나 시리얼과 같은 제품도 PC와 같은 동향을 따르게 된다면, 2011년에는 중형 자동차의 가격이 27달러, 시리얼 한 상자의 가격은 1센트가 된다는 얘기다.

인텔은 엄지손톱만한 크기의 칩에 더욱 더 많은 트랜지스터를 집적시키려 애쓰는 한편, 효율성을 유지하기 위해 여러 가지 다양한 경영·생산 기법 및 디지털 기술을 이용하고 있다. 1970년대 인텔 연구소의 연구원들은 방화복 같은 작업복을 입고 한 공정에서 다음 공정으로 실리콘 웨이퍼(wafer, 薄片)를 옮길 때마다 핀셋을 사용했다. 오늘날 인텔의 연구원들은 최첨단의 병원 수술실보다 100배 이상 깨끗한 환경에서 작업한다. 그리고 연구원들은 TV 광고에 나오는 것처럼 "토끼 옷"을 입는다. 인텔의 말에 따르면 실제 그 옷들은 흰색이지만, 광

---

1. 본 절의 내용 중 일부는 1998년 4월 미국 상무성이 발간한 《부상하는 디지털 경제(The Emerging Digital Economy)》에서 발췌한 것으로, www.ecommerce.gov/danc3.htm 에서도 열람할 수 있다. 또한 J.D. 파워 앤 어소시에이츠(J.D. Power and Associates)의 《초기 품질 연구(Initial Quality Studies 1987~1997)》에서도 참고했다.

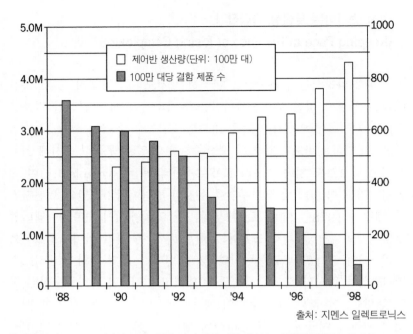

출처: 지멘스 일렉트로닉스

독일의 지멘스 AG는 디지털 설계도구와 예비 생산 시뮬레이션 도구를 활용하여, PLC(Progra-
mmable Logic Controller, 프로그래밍 가능 논리 제어반)의 시장 출하시간을 단축하고, 품질
을 향상시킨다. PLC는 여러 개의 공업용 기계들을 작동시키는 소형 장치이다. 이 회사는 생산
결과들을 설계도구에 지속적으로 피드백함으로써, 끊임없이 품질개선을 유도할 수 있었다.
1987~88년과 1997~98년 사이의 10년 동안, 지멘스는 제품 생산시간을 2.5배 이상 단축
했고, 불량률은 10배 이상 줄였다. 이렇게 디지털 도구를 활용해 출하시간을 단축하고 품질을
개선하는 방식은 앞으로 전 산업에 영향을 미칠 전망이다.

고 담당자들한테만 가면 밝은 금속성 색으로 바뀐다고 한다. 공정 단
계 사이에서 수많은 웨이퍼를 옮기는 일은 이제 로봇이 담당하고 있다.
  칩의 세대가 바뀔 때마다 10억 달러 이상의 건립비가 드는 대규모
공장이 새로 필요하다. 1998년, 인텔은 모든 공장에서 생산되는 제품
의 효율성과 품질을 일정한 수준으로 유지하기 위해 "정확히 복제한다
(copy exactly)"는 혁신적인 전략을 도입했다. 개발된 새로운 칩이 각
기 다른 공장으로 옮겨져 생산에 들어갈 때마다 수백 번의 다양한 시행
착오가 발생하는 것을 피하기 위해, 제품개발 초기단계부터 생산설비
관리자들을 참여시켜, 신뢰도와 대량생산에 초점을 맞춰 생산공정이

정밀하게 조정되도록 한다. 그리고 이렇게 완성된 공정은 말 그대로 정확히 복제되어 모든 공장으로 보내지고, 결국 인텔은 이미 정착된 최고의 대량생산 방식을 새로운 공장에 신속하게 온라인으로 도입할 수 있게 되는 것이다.

인텔 마이크로프로세서 제품 그룹의 수석 부사장인 알버트 유(Albert Yu)는 또한, 설계 단계에서 일어나는 시행착오 과정을 줄이기 위해 「D2000(Development 2000)」이라는 계획을 착수시켰다. 「D2000」은 모든 설계담당 엔지니어들이 회사 내 전 조직에서 겪은 최고의 경험과 기술을 공유하게 하는 데 그 목적을 두고 있다. 인텔은 펜티엄 및 펜티엄 프로 칩의 설계 공정을 연구한 결과, 설계담당 엔지니어들이 부딪히는 문제 중 60% 이상이 이미 다른 팀에서 해결했던 문제라는 사실을 발견했다. 아마 수작업으로 대규모 설계나 제조를 하는 다른 회사들도, 찾아보면 이 정도의 업무 중복이나 반복 작업은 발견하게 될 것이다.

설계 담당자들이 매번 처음부터 다시 시작하는 대신 이전 작업을 기반으로 작업을 전개하도록 하기 위해, 알버트 유가 이끄는 팀은 기술적인 문제를 해결하는 가장 잘 알려진 방법들을 데이터베이스로 구축하고, 대여섯 개의 설계 사이트에서 확실하게 액세스할 수 있는 브라우저 인터페이스를 채택했다. 또한 회로 설계가 정확한지 낱낱이 확인하는 것을 돕고, 제조공정상의 결함을 추적하며 문제를 식별해주는 소프트웨어 도구들도 개발했다. 동시에, 「D2000」 계획에 포함된 이 소프트웨어 도구들은 1994년 이래로 인텔이 새로운 제품 제작에 투자하는 시간을 반으로 줄이는 데 일조했다. 인텔은 현재, 완벽한 설계를 이룰 때까지 대여섯 차례 같은 과정을 반복하는 일 없이 첫번째 설계로부터 바로 대량생산을 이끌어낸다는 「D2000」 계획의 목적을 향해 순조롭게 나아가고 있다.

기술을 이용해 출하시간을 단축하는 경향은 제조업이나 첨단 기술 산업에만 국한되는 문제가 아니다. 한 예로, 정보도구를 이용하는 출판사들은 집필에서 출판에 이르는 시간을 기존의 18개월에서 9개월로 절반이나 단축시켰다.

"업계 최초"를 구호로
(Making "First" a Corporate Mantra)

은행업계는 언제나 정보기술의 가장 큰 이용자였음에도 불구하고, 새로운 프로그램이나 서비스로 신속하게 시장에 진출하거나 혁신을 꾀하는 일에는 그리 좋은 평판을 얻지 못해왔다. 이는 물론 규제산업이라는 자체의 특성에 기인하는 바가 크다. 하지만 2천만 명의 고객을 자랑하는 브라질 최대 은행, 방코 브라데스코(Banco Bradesco)는 주목할 만한 예외에 속한다. 이 은행은 거의 설립 초기단계에서부터 "업계 최초"를 실질적인 구호로 삼아왔다.

현재 하루 평균 300만 명의 고객이 이용하는 방코 브라데스코는 총자산규모 687억 달러에, 2,200개에 달하는 지점을 거느린 은행이다. 방코 브라데스코는 1962년에 브라질 민간기업 중 최초로 컴퓨터를 도입했으며, 1982년에는 역시 최초로 현금자동인출기(ATM)와 홈뱅킹 서비스를 도입했다. 브라질은 역사적으로 인플레이션이 만연했던 나라이다. 따라서 은행들은 고객들의 계좌정보를 늘 최신 정보로 갱신하지 않을 수 없었다. 오늘날에도 브라질 은행들만큼 계좌정보를 최신으로 유지하는 은행은 미국이나 다른 나라에서는 거의 찾아볼 수가 없다. 방코 브라데스코가 때로 브라질에서 "타도의 대상"으로 불리는 이유는 정보기술을 이용해 고객을 위한 혁신적인 솔루션을 경쟁업체보다 빨리 개발해내기 때문이다. 방코 브라데스코는 고객들에게 전통적인 은행업무만 제공하는 것이 아니라, 고객의 신의를 확보한다는 명분 아래 금융과 관련된 것이라면 그 어떤 서비스든 다 제공하고 있다.

경쟁에서 앞서 나가기 위해서는, 남보다 먼저 새로운 아이디어를 시장에 내놓아야 한다. 이런 경우에는 6개월조차도 너무 긴 시간이다. 그래서 방코 브라데스코에서는 현재 금융상품 개발주기를 몇 주 혹은 2~3개월로 단축하는 데 역점을 두고 있다. 이 은행은 또한 새로운 상품이나 서비스를 공개할 때는 병참부대가 쓰는 것과 같은 출시전략을 계획한다. 전체 고객들에게 동시에 선보임으로써 그 효과를 높이려는 의도이다.

방코 브라데스코가 지불만기 어음과 수취 어음을 지원하는 현금관리 소프트웨어 응용프로그램을 개발한 것은, 처음에는 소규모 사업체를 운영하는 단 한 명의 고객을 위해서였다. 그런데 지금은 약 4,100개의 사업체에서 이 응용프로그램을 이용하고 있다. 또 다른 고객 한 명을 위해, 방코 브라데스코는 거래계좌 없이도 브라데스코 현금자동인출기에서 직접 봉급을 수령할 수 있는 급료카드를 개발했다. 이 카드는 현재 약 1,300여 회사에서 사용되고 있으며, 곧 2,000여 회사의 1백만 종업원들에게 확대될 예정이다.

각각의 경우에서 방코 브라데스코는 위와 같은 서비스를 제공한 업계 최초의 은행이었다.

1996년, 방코 브라데스코는 브라질에서 최초로, 전세계에서는 다섯 번째로 인터넷을 이용해 은행 업무 서비스를 제공하기 시작했다. 그리고 1998년 여름에는 세계 최초로 시각장애인을 위한 온라인 은행 서비스를 개시했다. 음성 합성기가 사용자에게 웹 페이지의 내용을 읽어주는 서비스이다. 1998년 현재, 44만 명의 온라인 고객 중 35만 명이 이전의 온라인 서비스를 독점했던 전화 서비스 대신에 인터넷 온라인 서비스를 이용하고 있으며, 이러한 인터넷 고객의 수는 매달 12%씩 증가하고 있다. 방코 브라데스코 덕분에 브라질에서는 온라인 뱅킹이 다른 어떤 나라에서보다 더 빨리 자리잡고 있는 셈이다. 이 은행의 웹 사이트인 BradescoNet을 이용하면 거의 모든 분야의 금융 서비스에 액세스할 수 있다.

또한 방코 브라데스코는 뮤추얼 펀드를 포함한 열 가지 투자 상품을 인터넷을 통해 제공하고 있으며, 여러 협력업체들과 합작하여 BradescoNet이나 협력업체들의 사이트를 통해 액세스할 수 있는 웹 상점을 운영중이다. 1998년 말 현재 20개에서 꾸준히 그 수가 증가하고 있는 각 협력업체들은 판매하고자 하는 제품의 목록을 제공하고, 나머지 일은 모두 은행이 처리한다. 고객은 여느 온라인 상점에서와 마찬가지로 목록을 보고 구입하고 싶은 제품을 고르면 된다. 다른 온라인 상점과의 차이점은 물품 대금이 고객의 은행계좌에서 협력업체의 계좌로 즉시 송금된다는 것이다. 이렇게 계좌에서 계좌로 직접 연결되

기 때문에 구매자는 온라인으로 신용카드 번호를 제시할 필요가 없어
진다. BradescoNet을 이용하면 소비자들은 초콜릿에서부터 휴대 전
화에 이르기까지 거의 모든 물품을 구입할 수 있고, 전화요금이나 공
공요금은 물론이며 자동차세와 같이 정부에서 징수하는 세금까지도 납
부할 수 있다.

　업계 최초가 되고자 하는 방코 브라데스코의 열망을 여실히 드러내
주는 예는, 대부분의 사람들이 인터넷을 "놀이 동산" 정도로 여기던 시
절에 인터넷 뱅킹에 뛰어든 바로 그 부분이다. 다른 은행들이 혹시 인
터넷에 자리를 뺏기게 되지나 않을까 걱정이나 하고 있을 때, 브라데
스코는 기세 좋게 뛰어들어 앞서 나간 것이다. 브라데스코의 정보담당
이사인 알치노 로드리게스(Alcino Rodrigues de Assunçao)는 이렇
게 말한다.

　"우리는 종종 기업들, 특히 금융 서비스업에 종사하는 기업들로부터
정보기술이 비금융 분야의 기업들만 경쟁력을 갖도록 해주는 바람에
이들이 자기네를 제쳐 놓고 자기네 고객들에게 직접 서비스를 제공하
고 있다는 불평을 듣는다. 우리는 그런 주장에 찬성하지 않는다. 그래
서 우리 방코 브라데스코는 적극적인 입장을 취해왔다. 만일 우리가
뒤로 물러앉아 다른 기업들이 기술을 이용하는 것을 보고만 있으면 기
술은 분명 우리에게 위협적인 존재가 될 것이다. 하지만 은행이 고객
들에게 부가가치를 제공하는 중개인으로 변신하는 이때, 신속하게 움
직여서 새로운 서비스를 개발하는 쪽으로 기술을 이용한다면, 정보기
술은 우리에게 큰 도움을 줄 것이다."

　BradescoNet은 브라질 최초의 주요 상거래 사이트가 됨으로써, 포
털 사이트, 즉 브라질 소비자들이 인터넷에 액세스할 때 가장 먼저 거
치는 사이트가 될 기회까지 얻게 되었다. 고객들의 신의를 확보하는
데 있어서 이보다 더 좋은 방법이 있겠는가?

　그러나 이 은행은 미래에는 디지털 신경망을 더욱 더 잘 이용할 필
요가 있다는 것을 인식하고 있다. 오늘날 방코 브라데스코는 예금, 신
용카드, 대출, 보험 등과 같은 개별 서비스를 통해 고객들에 대한 정보
를 독자적으로 다량 수집하고 있다. 이 은행의 목적은 이러한 거래 유

형 전반에 걸친 정보를 수집하여 완벽한 고객 프로필을 만들어내는 데
있다. 통계자료를 근간으로 고객들을 분류함으로써 은행은 좀더 집중
적인 서비스를 제공할 수 있고, 아울러 기술을 통해 개발되는 새로운
서비스까지 끼워 팔 수 있는 것이다. 예컨대, 자동차 보험료 납부내역
을 확인함으로써, 자동차 구매 대금을 다른 곳에서 조달한 고객들에게
새로운 대부상품을 제안하는 식이다. 이 경우 일련의 거래에서 납부실
적이 좋게 나타나는 고객들을 대상으로는 저리 담보 대출과 같은 새로
운 상품이 있을 때마다 특별 판촉활동을 벌일 수도 있다.

　오랜 기간 기록된 이러한 고객자료는 방코 브라데스코에게 있어 가
장 큰 자산이다. 모든 금융 거래는 이미 저장되어 있고, 이제 이 자료
를 정보로서 최대한 활용하는 시스템을 고안하는 것은 은행의 몫이다.
애초 각 단계를 수직적으로 잇는 응용프로그램을 위한 인프라스트럭처
를 구축했던 이 은행은, 이제 자사의 고객들을 모든 은행거래의 총체
적인 사용자로 보면서 그들을 보다 잘 이해하기 위해 부서간 경계를 넘
나드는 수평적인 시각을 갖추려 계획하고 있다. 방코 브라데스코에서
이 모든 고객자료를 통합하는 데는 앞으로 몇 년이 더 걸리겠지만, 그
때가 되면 이 은행은 훨씬 더 개별화된 서비스를 신속하게 고안, 제공
할 수 있게 될 것이다.

생산주기를 정복하라
(Conquering Cycle Time)

　산업계 전반에 걸쳐 PC산업만큼 제품 생산주기가 빨리 단축된 경우
도 없을 것이다. PC업계가 제품 출하시간 단축으로 인해 겪은 변화를
살펴보면, 앞으로 다른 산업 또한 생산주기 단축으로 어떤 영향을 받
게 될 것인지 쉽게 알 수 있다. 제품의 생산주기가 급격히 줄어드는 이
러한 상황에서는, 보다 나은 디지털 정보의 흐름을 구축하는 것이 성
공으로 가기 위한 필수적인 요소가 될 것이다. 단순한 개선(改善)의 차
원이 아니라는 의미이다.

불과 몇 년 사이에 컴팩 컴퓨터(Compaq Computer)의 제품 생산
주기는 18개월에서 12개월로 줄어들었다. 그리고 1998년 말에 이르
러서는 다시 기업용 제품의 생산주기는 6~9개월로, 일반 소비자용 제
품의 경우는 4개월로 단축되었다. 그러나 기존의 정보 시스템으로는,
전세계적인 판매정보를 입수해 제작 계획을 완료하는 데 이용할 수 있
는 몇 개의 숫자로 일목요연하게 정리하기까지 45일이 걸렸다. 여기서
다시 제조과정에 필요한 물품을 계획해서 공급업체들에 주문할 때쯤이
면 이미 4개월의 제품 생산주기 중 절반이 지나가 버리는 것이다. 생산
주기가 최우선인 컴퓨터업계에 종사하는 기업으로서, 컴팩은 경쟁력을
유지하기 위해 자체적으로 역동적인 계획을 수립하지 않을 수 없었다.

컴팩은 SAP(ERP 시스템의 일종)소프트웨어를 기반으로, 기업 자원
계획 시스템(enterprise resource planning, 이하 ERP시스템)을 구
현했다. 효율적인 ERP시스템은 제품 생산과정에서 매일매일의 운영
상황을 추적하고, 제조시스템의 대응방식을 관리자들이 통제할 수 있
게 해준다. 컴팩의 ERP시스템은 제품 생산계획을 정확히 수립하고,
생산설비를 최대로 이용하며, 재고를 줄이고, 제품출하 일자를 맞추는
능력을 향상시켰다.

몇 년 전만 해도 컴팩은 전세계의 각 지역이나 공장마다 서로 다른
회계관리 시스템 및 제품기획 시스템을 갖고 있었다. 이제 컴팩은 탄
뎀(Tandem)사를 매입하면서 얻은 공장을 포함한 모든 공장과, 전세
계 46개 판매 자회사 중 39개 회사에서 SAP를 사용하도록 하고 있다.
이와 동시에 컴팩은 주로 SAP를 통해 제공되는 공급, 수요, 제조 관련
자료들을 하나의 데이터 웨어하우스로 통합하는 계획 시스템도 구현했
다.

이러한 자료통합을 통해 컴팩은 영업과 제조기획에 필요한 모든 자
료를 전세계적으로 일관되게 관리할 수 있게 되었다. 또한 시스템이
통합됨에 따라 45일이 소요되던 컴팩의 제품기획 주기도 1주일로 줄
어들게 되었다. 일반적으로 장기적인 판매계획을 수립하기 위해 단편
적으로나마 시장의 실제 상황을 파악하려 한다면 적어도 1주일 분의
판매정보가 필요하다. 그렇지만 컴팩은 계속해서 제조주기 단축에 박

차를 가하고 있다. 현재 공급업체로부터 들여올 부품들의 수급계획을 세우는 데는 거의 하루밖에 걸리지 않고 있으며, 머지않아 그 주기는 근무교대 주기와 동일한 8시간으로, 그리고 최종적으로는 4시간으로 단축될 것이다.

정규적인 기획주기를 단축하는 동시에, 컴팩은 또한 예기치 못한 수요 변화에 즉각적으로 대처할 수 있게 해주는 실시간 시스템을 구현하고 있다. 이 회사는 현재 동일한 자료 출처를 이용하여, 하루에 8시간 간격으로 세 차례, 즉 미국, 유럽, 아시아에서 각각 자정이 되었을 때를 기준으로, 자사의 공급능력 및 주문현황에 대한 정보를 개별적으로 파악하고자 한다. 1주일이나 하루가 지난 자료 대신에 실시간 자료를 이용함으로써, 가령 갑자기 데스크탑 7,000대를 요구하는 주문이 날아오더라도 이를 즉각적으로 파악하고 대응할 수 있기를 원하는 것이다. 실시간 자료가 있어야, 공급업체들과 협력하여 회사가 중요 부품을 모두 수급해 그 주문을 충족시킬 수 있는지 여부를, 그 자리에서 즉시 결정할 수 있는 것 아니겠는가.

이런 종류의 기업 "반사신경"을 키워나가기 위해, 컴팩은 기존의 EDI시스템(Electronic Data Interchange system, 전자자료 교환시스템)을 인터넷 프로토콜과 표준을 이용하는 인터넷 시스템으로 이전하고 있다. EDI시스템은 자체의 복잡성 때문에 1주일 간격으로 대응할 수밖에 없는 한계가 있지만, 인터넷을 기반으로 하는 전자상거래 솔루션은 개별 주문마다 협력업체와 함께 실시간으로 대응할 수 있는 기능을 제공해준다. 주문이 들어오는 즉시 컴팩의 기획자와 공급업체가 동시에 익스트라넷을 보고 그 새로운 수요를 파악할 수 있는 것이다.

1998년까지 4년 넘게 컴팩의 정보담당 이사로 재직했던 존 화이트(John White)는 컴팩이 ERP시스템을 도입한 것을 '비행중인 제트기의 날개와 엔진을 통째로 교체한 것'에 비유한다. 새로운 시스템을 설치하는 동안에도 기업은 계속 운영되어야 하는 것이다. 시스템 이전을 하는 동안, 컴팩은 매출이 70억 달러에서 350억 달러로 늘어났으며, 디지털 이큅먼트사(Digital Equipment Corporation)를 합병하는 성과도 거뒀다. 당시 디지털 이큅먼트는 컴팩과는 다소 다른 방식으로

막 SAP로의 전환을 개시했던 터였다.

존 화이트는 제조업체인 경우 한 영역에 ERP 패키지 전체를 한꺼번에 투입할 것을 권한다. 그 영역은 제품판매 구역일수도, 혹은 판매담당 자회사나 공장일 수도 있다. 구매, 회계관리, 제조 및 기획용 소프트웨어를 하나하나 설치하느라 조직 내에 혼란을 일으키는 대신 전체 포트폴리오를 한 번에 설치하라는 것이다.

기업이 ERP에 접근할 때는 두 가지 방법 중 하나를 선택할 수 있다. 그 하나는 모든 소프트웨어 모듈(module, 컴퓨터 프로그램에서 그 자체로 독립된 기능을 수행할 수 있는 부분 - 譯註)을 한 판매업체로부터 구입하는 방법이다. 이렇게 하는 경우 소프트웨어가 서로 통합되어 있는 데서 오는 혜택을 누릴 수 있다. 다른 방법은 각 소프트웨어 모듈을 각기 최고의 제품을 제공하는 회사들로부터 사들이는 방법, 즉 "최고품종 채택" 정책이다. 현재의 경향을 보면, ERP를 채택하는 많은 기업체들이 통합의 수월성을 이유로 첫번째 방식을 택하고 있다. 하지만 앞으로 사업정보를 한 가지 형식으로 나타내는 표준들이 발전해나감에 따라, 서로 다른 패키지들을 이용하는 방법이 보다 용이해질 것이다.

또 한 가지 고려할 점은, ERP시스템을 어느 정도까지 사용자의 요구에 맞춰 수정할 수 있는가에 대한 문제이다. 일부 패키지는 새로운 개정판(update)이 나와도 수정된 부분이 여전히 제기능을 발휘하도록 조정할 수 있다. 그렇지 않은 경우에는 새로운 버전이 나올 때마다 번번이 코드 수정작업을 계속해야 할 것이다. ERP시스템의 새로운 버전이 나올 때마다 많은 공을 들이지 않고도 이미 수정된 모듈을 따로 관리하며 유지하는 것이 더욱 용이해진 것은, 컴포넌트(Component, 素子) 소프트웨어 분야에 일어난 혁명의 일부라 하겠다. 이 부분에 관한 내용은 나중에 부록에서 따로 다룰 것이다.

패키지간 데이터 교환을 용이하게 하는 것과 버전이 바뀔 때 수정한 부분을 보존할 수 있게 하는 것, 이 두 가지 영역 모두는 현재 응용프로그램 판매업자와 MS간에 최첨단 기술을 이용해 추진되고 있는 대표적인 작업이다. 기업들이 자사의 대형 ERP는 물론이고 그와 관련된 투자 제품들을 최대한으로 이용할 수 있도록 보장하기 위해, 판매업자와 MS는 각 산업 분야에 표준을 정착시키기 위해 노력중이다.

역량은 키우고 시간은 줄인다
(Increasing Power and Decreasing Time)

실시간 대응이라는 컴팩의 목적을 이루기 위해서는 보다 강력한 처리(computing) 능력이 필수적으로 따라야 한다. 구식 미니컴퓨터 시스템에서 기획주기 프로그램을 수행하는 데는 8∼10시간이 걸렸다. 컴팩은 자체의 하이-엔드(high-end, 高級) PC 시스템을 이용해서 이 시간을 25분으로 단축시켰다. 그러나 예기치 못한 고객의 요구에 즉각 대응하기 위해서는, 또 메모리 상주 실시간 데이터베이스가 필요하다. 새로운 64비트 PC 서버 소프트웨어가 이러한 기능을 제공한다. 이 소프트웨어를 이용하면, 컴팩은 가장 가능성이 큰 비즈니스 문제를 메모리에 나타낼 수 있다. 그 소프트웨어가 8,000개의 부품번호와 46개 영업구역, 6개의 주요 생산공장, 12개 유통센터에 걸쳐서 발생될 수 있는 모든 문제거리를 조합해본 후 그 중에서 가장 유력한 문제를 산출해주는 것이다.

이러한 새로운 기능들은 기술과 비즈니스가 한데 얽히는 방식과 기술이 새로운 프로세스를 가능하게 하는 방식을 보여주는 훌륭한 예라 하겠다. 강력한 프로세서와 디지털 정보 흐름이 없다면 컴팩이 사업주기를 단축하는 것은 그저 불가능한 일일 수밖에 없었을 것이다. 숫자를 돌리는 데만 8∼10시간이 걸리고, 그 시간 동안 데이터베이스를 갱신하거나 액세스할 수 없다면, 그런 정보시스템을 가지고 어떻게 적시출하가 생명인 이 시대에 필요한 만큼 빠르게 대응할 수 있겠는가.

게재/구독 기술(publish-and-subscribe technology)은 컴팩의 미래를 결정짓는 또 하나의 중요한 요소이다. 이 기술은 ERP와 기획시스템 사이에서 다리 역할을 수행함으로써, 이 회사가 신뢰할 수 있는 데이터를 거의 실시간에 추출할 수 있게 해준다. 주문서나 재고목록에 변경 사항이 발생하는 즉시, 데이터 시스템은 네트워크 서버에 변경

사항을 '게재'하고, 네트워크 서버는 자동 통지를 받기로 '구독 예약'
한 관리자들의 PC로 그러한 정보를 보내주는 방식이다. 컴팩은 이 기
술을 이용함으로써 정보를 필요로 하는 사람들에게 그것을 복제해주는
동시에 중앙 데이터베이스에 큰 부하가 걸리는 일을 피할 수 있다.

더 나아가, 게재/구독 기술은 익스트라넷상의 공급업자를 포함, 한
사업 분야에 관련된 모든 사람들의 PC에 경과를 알려줄 수도 있다. 따
라서 컴팩의 구매자와 공급자는 변경사항을 파악하기 위해 항상 익스
트라넷을 모니터할 필요가 없게 된다. 만일 컴퓨터 7,000대 주문이 실
제로 발생하면, 구매자와 공급자 모두 자신의 PC상으로 실시간 경보
를 받게 되는 것이다.

시장 출하시간을 더욱 단축하라
(Shrinking Time to Market Even Further)

디지털 프로세스를 이용하면 모든 기업은 현재의 제품 출하시간을
극적으로 줄일 수 있다. 물론 물리적 상품을 출하하는 데는 앞으로도
항상 어느 정도의 시간과 에너지가 필수적으로 수반될 것이다. 그것을
최소화하는 게 중요하다는 얘기이다. MIT의 니콜라스 네그로퐁트
(Nicholas Negroponte)는 디지털 시대에 있어서 물리적인 상품과 정
보 상품간의 차이를 원자(atoms, 자동차나 컴퓨터와 같은 물리적 제품)
를 움직이는 것과 비트(bits, 재정분석이나 뉴스와 같은 전자상품)를 움
직이는 것 사이의 차이점과 같다고 설명한다. 비트 생산자들은 인터넷
을 이용하여 배달시간을 실질적으로 0까지 줄일 수 있다. 원자 생산자
들은 제품을 공간 이동시키는 기술을 갖고 있지는 못하지만, 비트의
속도(모든 종류의 디지털 조정)를 이용해서 대응 시간을 극적으로 단축
시킬 수 있다. 한 품목을 제작하는 데 소요되는 거의 모든 시간이 사실
상 실제 제작이 아닌 작업조정에 투여되고 있기 때문이다. 영국 정부
에서 행한 연구결과를 보면 쉽게 알 수 있다. 광산에서 알루미늄 광석
을 캐서 깡통으로 만들어 식품점 선반에 놓기까지 거의 1년이 걸리는

데, 그 중 거의 대부분이 서류를 기반으로 하는 프로세스 사이에서 대기하느라 걸린 시간이라고 한다.

좋은 정보시스템은 그러한 대기 시간의 대부분을 제거할 수 있다. 또한 물리적 제품의 생산자들은 온라인 서비스(원자 중심의 노력에 대치되는 또 하나의 비트 중심 서비스)가 고객에게 배달되는 실제 제품만큼이나 "제품"의 일부이자 고객 경험의 일부가 된다는 것을 알게 될 것이다. 인터넷을 이용해 배달 및 고객과의 대화를 신속하게 처리하면 할수록, 사실상 상품은 제품이 아닌 서비스로 바뀌게 된다. 오늘날의 제조업체들은 자사를 경쟁사들 중 최고의 회사와 비교할 것이 아니라 모든 서비스업체 중 최고의 회사와 비교해 보아야 한다. 제조업체들은 자신들의 기업 문화와 인프라스트럭처가 신속한 연구, 분석, 협조 및 수행을 지원하는가 확인해볼 필요가 있으며, 자사의 웹 사이트를 단지 보기 좋은 부속물 정도가 아닌, 제품개발과 개선에 통합되는 한 부분으로 다룰 필요가 있다.

궁극적으로 기업에 있어서 가장 중요한 "속도" 문제는 기업 문화에 관한 것이다. 그것은 기업 내부적으로 "신속성"에 대한 인식 자체를 바꾸어야 한다는 뜻이다. 어떤 기업이든지 만일 고객의 요구에 품질의 손상 없이 신속하게 대응하지 못한다면 경쟁업체에게 뒤질 수밖에 없다는 사실을 깨달아야 한다. 일단 사고방식이 행동할 필요가 있다는 것을 받아들이고 나면, 디지털 기술이 신속한 반사신경을 갖추도록 도와줄 것이다.

비즈니스 교훈

□ 물리적 제품을 팔든 정보상품을 팔든 전 산업 분야에서, 제품 출하시간
은 단축되고 있다. 디지털 정보의 활용은 시장에 먼저 진입해 경쟁우위
를 확보하는 데 결정적인 기여를 할 것이다.

□ 기업에 있어서 가장 중요한 "속도"의 문제는, 기술적인 문제라기 보다
는 기업문화 차원의 문제이다. 기업의 사활(死活)이 구성원 모두가 가
능한 한 신속하게 대응하는 데 달려있다는 것을 확신시켜야 한다.

□ ERP(기업 자원계획) 패키지를 채택하면, 재무자료에 필요한 엄밀함과
표준화를 사원들에게 가르치기가 쉬워질 것이다.

디지털 신경망의 진단

□ 생산공정 시간을 단축하고, 고품질 저가격의 제품생산을 위해 디지털
자료의 흐름을 활용하는가?

□ 제품 기획주기를 단축하기 위해 생산공장과 공급업체, 영업부서와 기타
필요한 조직들을 전자적으로 연결해 놓았는가?

□ 근무교대 시간인 8시간 이내에 제품생산 변경사항에 대응할 수 있는 디
지털 신경망을 구축해 놓았는가?

III

전략적 사고 향상을 위한 정보관리
(Manage Knowledge to Improve Strategic Thought)

제 10 장

나쁜 소식은 빨리 퍼져야 한다
(Bad News Must Travel Fast)

탁월한 성과를 보이는 기업은 역시 다르다. 그들은 실패 가능성에 대해서 많이 고민한다. 따라서 그들은 시장의 동향에 늘 세심한 주의를 기울인다.

— 맥킨지사(Mckinsey & Company)의 길러모 G. 마몰

나는 나쁜 소식을 애써 찾아내서 알고 싶어하는 본능이 있다. 어디선가 나쁜 소식이 떠돌아다니는 것 같으면 바로 알고 싶어한다. MS의 직원들은 이런 나의 습성을 잘 알고 있다. 그래서 때때로 나는 "나쁜 소식이 좋은 소식보다 빨리 퍼져야 한다는 격언에 따라, 중요한 정보를 알려드립니다"로 시작되는 e-mail을 받기도 한다.

어떤 기업에서건 일이 잘못 돌아가는 경우는 허다하다. 이는 순조롭게 뻗어나가는 기업에서도 마찬가지이다. 판매고가 뚝 떨어지는 경우가 있는가 하면, 주요 고객이 갑자기 거래선을 바꾸어 충격을 주는 경우도 있다. 또 때로는 광범위한 시장성을 지닌 신제품을 들고 경쟁사가 출현하기도 한다. 시장 점유율 하락은 어떤 기업에게나 닥칠 수 있는 나쁜 소식이다.

기업 내부적인 문제와 관련해 발생하는 또다른 종류의 나쁜 소식도

있다. 제품의 시장출하가 늦어지거나 품질이 당초의 기대에 미치지 못하는 경우, 또 사업계획을 수행하는 데 필요한 인력을 적절하게 확보하지 못하는 경우가 여기에 속한다.

유능한 관리자가 갖추어야 할 필수적 자질 가운데 하나는 어떤 종류의 나쁜 소식이든 피하지 않고 정면으로 대처하려는 결단력이다. 유능한 관리자는 제대로 진행되고 있는 부분에 대한 소식을 듣기에 앞서, 잘못 돌아가는 것들을 먼저 파악하려 해야 한다. 부정적인 소식들을 신속하게 접할 수 없다면 그에 대해 적절하게 대처하는 게 불가능한 건 당연하다.

신속하게 문제를 해결하려면 우선 나쁜 소식에 초점을 맞추어야 한다. 문제점을 파악하자마자 기업 내 모든 직원들을 즉각 각성시켜야 한다. 당면한 문제를 해결하기 위해 활용 가능한 지적역량을 결집하는 속도를 보고 우리는 그 기업을 평가할 수 있다. 기업의 디지털 신경망을 평가하는 중요한 척도 또한 직원들이 얼마나 신속하게 나쁜 소식을 찾아내고 그에 대처하느냐 하는 것이다. 여기에 필요한 것이 바로 디지털 기술이다. 디지털 기술은 어떤 긴급한 상황에서도 기업으로 하여금 신속하게 대응할 수 있도록 해준다.

과거에는 기업이 나쁜 소식에 대처하는 속도가 느릴 수밖에 없었다. 정보를 신속히 전할 수 있는 수단이라고는 전화뿐이었으므로, 경영자들은 종종 상황이 심각한 지경에 이르고 나서야 문제를 발견할 수 있었다. 또 문제 해결에 나선 직원들은 필요한 정보를 찾느라 산더미처럼 쌓인 서류뭉치와 씨름해야 했거나, 일이 진행되는 상황을 알고 있는 누군가를 찾아 사내를 뛰어다녀야만 했다. 그리고 일단 늦게나마 불완전한 정보라도 얻게 되면, 다시 전화로 서로 의논을 하거나 팩스로 정보를 교환하곤 했다. 이러한 과정 과정마다에 매우 많은 시간이 소모되었음은 물론이고, 결과적으로 곳곳에 흩어진 관련 정보들을 모아 전체적인 상황을 파악하기란 사실상 불가능했다.

아무리 전화와 팩스를 적절하게 잘 이용한다 하더라도, 판매실적에 부정적인 영향을 미치기 이전에 일련의 좋지 못한 전개사항을 파악하는 것은 매우 힘든 일이다. 메인프레임 컴퓨터가 고객자료를 중앙에서 저장하고 있다 하더라도, 시의적절(時宜適切)하게 정보를 추출하기가 매우 어려워서 위기상황에서는 크게 도움이 되지 못하는 경우가 빈번하다. 정보 시대가 개막되어 정보를 신속하게 주고받을 수 있게 되었건만, 대부분의 기업들은 고객과 관련된 핵심 정보를 한 곳에 모으지 못하고 있는 실정인 것이다. 이에 반해 적절히 구축된 디지털 신경망은 일종의 조기 경보 체제 역할을 해주기 때문에 어떠한 상황에도 신속하게 대처하게 해준다.

세계 정복이냐 도산이냐
(Conquering the World and Going out of Business)

인터넷이 MS의 사업전략에 있어서 언제나 최우선 순위를 차지했던 것은 아니었다. 오히려 인터넷의 등장으로 우리의 사업방향이 바뀌었다고 봐야 옳다. 인터넷의 등장은 지금까지 우리가 겪고 대응해야 했던 그 어떤 예기치 못한 사건보다도 더 심각한 문제였다. 실제로 1995년에 많은 전문가들이, MS가 인터넷으로 인해 업계에서 밀려나게 될 것이라고 예측하였다. MS에게 이것은 실로 어마어마하게 나쁜 소식이었다. 우리는 디지털 신경망을 이용해 위기에 대응하러 나섰다.

1995년 8월 24일, 일반 소비자들을 대상으로 한 MS의 가장 야심찬 소프트웨어 제품인 「Windows 95」가 컴퓨터업계 역사상 가장 큰 팡파르를 울리며 출시되었다. 「Windows 95」는 출시되기 수개월 전부터 수백 건의 기사로 취급되며 각종 인쇄 매체의 지면을 휩쓸었다. 우리 MS는 데스크탑에 관한 한 타의 추종을 불허하는 무적의 기업으로 묘사되었다. 《윈도우즈(Windows)》지에서는 "더 좋아지든 나빠지든 상관없이 올해 업계의 승자는 바로 MS이다"라고 평했고, 《타임(Time)》지 논설에서는 "MS는 컴퓨터라는 우주의 중력 중심지"[1]라고까지 했

---

1. 마이크 엘건, 「Window 95」가 출시된 날은 MS 승리의 날이다", 《윈도우(Windows)》지 61쪽 (1995년 1월호), 엘리자베스 볼크 롱, "독자들에게 고함" 《타임(Time)》지 44쪽 (1995년 6월 5일자)

불신은 잠시 미루되, 항상 그렇게 해서는 안 된다
(Suspend Disbelief, But Not Forever)

몇 해 전, 몇몇 기업들은 머지않아 시장이 형성되리라는 전망 속에 대화형 TV 개발에 막대한 투자를 했다. MS도 그 기업 중 하나였다. 우리와 함께 일했던 회사는 텔레커뮤니케이션(TCI)과 사우스웨스턴 벨이었고, 1995년 말에는 일본 전신전화 회사와 함께 동경에서 시험적인 프로젝트를 추진하였다.

사업을 진행하는 동안 우리는 대화형 TV가 개발비용은 엄청난 반면에 고객들에게 돌아갈 혜택은 당초 기대했던 것에 미치지 못한다는 사실을 서서히 깨닫기 시작했다. 대화형 TV 시장은 우리가 기대한 만큼 빨리, 또 우리가 생각한 방식으로 형성되고 있지는 않았다. 그러면 우리 모두는 진상을 파악하는 데 왜 그토록 오랜 시간이 걸렸을까?

이유는 의외로 단순하다. 인간적 본성으로 인해 나쁜 소식에 대한 평가를 유보한 데 있었다. 사실 세계가 아날로그 방식으로부터 디지털 방식의 TV로 옮겨가는 데 너무도 오랜 시일이 걸리고 있었고, 개발비용도 필요한 만큼 낮아지지 않고 있었을 뿐만 아니라, 디지털 TV의 네트워크 공급업체들이 인프라스트럭처 구축에 열을 낼 만큼 응용프로그램이 충분하지도 못했다. 이러한 상황임에도 불구하고 우리는 이러한 개발과정의 장애요소들을 알아차리지 못했거나 아니면 그런 게 있다는 것을 인정하고 싶지 않았던 것이다.

새로운 모험을 시작하려면 항상 어느 정도의 위험요소는 미리 가정하고 있어야만 한다. 그리고 어느 정도까지는 사업에 대한 불신을 뒤로 미루고 "자, 이제 새로운 사업을 시작하는 걸세. 다들 최선을 다하자고." 라고 말해야 한다. 그러나 새로운 제품이나 서비스를 판매할 시장이 제때 확보될 것인지, 때때로 주요 가정들을 다시 평가하고 판단해봐야 한다. 이것은 물론 달갑지 않은 일이다. 회의를 소집해놓고서는 '투자하기에는 모든 것이 시기상조' 라고 말하고 싶은 사람이 누가 있겠는가?

되돌아 보면 대화형 TV 개발팀 내부에서는 이미 사업의 성과와 방향에 관해 심각한 의문들이 제기됐었음을 깨닫게 된다. 몇 가지 징후 중에서도 특히, 개발팀에서 중간에 빠져나간 사람들의 숫자는 뭔가 암시하는 바가 있었다. 적어도 몇 사람은 사업이 정상적인 궤도에서 벗어나고 있음을 알아차렸던 것이다.

결국, 개발팀의 수석 부사장이었던 크레이그 먼디(Craig Mundie)가 "나쁜 소식"을 알리는 회의를 소집하였다. 거기에서 우리는 대화형 TV 개발 프로젝트와 관련된 암호 소프트웨어나 멀티미디어 소프트웨어 같은 몇몇 기술들을 기업용 제품으로 이전하여 시장에 내놓기로 결정했다. 그러면서도 우리는 크레이그에게 소형 정보기기(form factor)와 「Windows CE」제품에 대한 책임을 계속 맡겼고, 소규모의 핵심 그룹은 존속시킨 채 소비자용 TV에 대한 우리의 노력을 계속 펼쳐나가기로 결정했다. 다시 말하면 일단 물러앉아 디지털 TV가 소비자들에게 받아들여질 때를 기다리자는 얘기였다. 결국 그후 2년이 지나서야 그 시기를 맞게 되었다.

새로운 사업을 추진하자면 성공에 대한 확신을 가져야 한다. 적어도 처음 얼마 동안은 그래야 한다. 그러나 나쁜 소식에 대해서도 주의를 게을리해서는 안되며, 애초의 기회가 새로운 형태를 띠기 시작하면 기민하게 움직여 그에 적응해야 한다.

다. 그 뿐이랴. 텔레비전에서는 「Windows 95」의 도입 자체를 주요 뉴스로 다루었다.

그러나 단 두세 달도 지나지 않아 언론은 정반대의 보도기사를 내보내기 시작했다. 인터넷이 세간(世間)의 주목을 끌기 시작하자, "MS는 그 새로운 '파티'에 초대받지 못했다"라는 식으로 인식이 바뀐 것이다. 이제 언론은 MS가 "상황을 파악하지 못하고 있다"라는 기사를 내보내기 시작하였다. 인터넷이 MS의 종말을 고하고 있고, 소규모의 민첩한 경쟁사들이 MS를 밀어내리라는 것이었다. 골드먼 삭스(Goldman Sachs & Company)의 경제분석 전문가로서 오랫동안 MS 담당이었던 릭 셔룬드(Rick Sherlund)는 그해 11월 중순 "주목할 만한 인터넷 전략"이 없다는 이유로 MS 주식을 평가절하함으로써 신문 헤드라인을 장식케 했다. 캘리포니아주 멘로파크에 있는 두뇌 집단, 미래연구소(Institute for the Future)의 연구원인 폴 샤포(Paul Saffo)는 많은 평론가들의 견해를 종합하여 "업계의 동향이 MS가 그 동안 이룬

모든 것으로부터 등을 돌리고 있다."라고 말했다.[2] 그해 늦가을 '인터
넷 현상'은 「Windows 95」를 무색하게 만들며 '올해 업계의 최대 화
제'로 선정되었다.

 1995년 12월 7일, 우리는 처음으로 '인터넷 전략의 날' 행사를 개
최했다. 이날 우리는 처음으로 회사의 핵심 제품들에 인터넷 지원 기
능을 결합할 수 있는 일련의 기술들을 공개적으로 시연했다. 이런 공
개 행사를 가진 지 1년 이내에, 우리는 "인터넷이 가능한" 주요 제품을
개발할 수 있었고, "인터넷에 초점을 맞춘" 새로운 제품들을 발표하였
다. 이제 우리는 인터넷의 몇몇 주요 분야에서 선두를 차지하게 되었
고, 아울러 우리 회사의 브라우저를 사용하는 고객들을 점점 확보해
나가고 있는 추세이다. 한 기업이 인터넷의 모든 주도권을 잡을 수는
없는 법이다. 그러나 어쨌든 MS는 현재 당당하게 업계에 복귀해 중요
한 역할을 수행하고 있는 것이다.

 언론과 고객들은 종종 내게 어떻게 그렇게 신속하게 국면을 전환할
수 있었는지 묻곤 한다.

 이에 대한 답으로, 무엇보다도 우선 외부의 관측통들이 평했던 것처
럼 우리가 인터넷을 염두에 두고 있지 않았던 것은 아니라는 점을 밝히
고 싶다. MS가 소위 인터넷의 '인' 자(字)도 모르는 상황은 아니었다
는 얘기다. 당시 우리가 해야 할 일을 적은 목록에는 몇몇 인터넷 기술
도 포함되어 있었다. 1991년으로 거슬러 올라가 보면, 우리는 정보처
리 상호운영을 위한 적절한 기술을 개발하기 위해 J.알라드(J.
Allard)라는 인터넷 전문가를 고용했다. MS는 또한 몇몇 인터넷 관련
단체의 설립자이거나 초창기 멤버이기도 했다. 1993년 중반 무렵에는
서버와 데스크탑을 대상으로 「Windows NT」 제품에 기본적인 인터넷
네트워크 프로토콜을 지원하는 기능을 장착하기도 했다. 뿐만 아니라
그때까지 우리는 온라인 서비스의 개발을 비교적 순조롭게 진행하고
있었다. —나중에 「MSN(Microsoft Network)」으로 결실을 보게 된다.

 우리는 회사 건물 2동 복도에 인터넷 사이트를 개설해 놓고 우리가

---

2. 다우 존스 뉴스 서비스 리포트, 1995년 11월 16일. 여러 신문에서 다루어졌음.

개발한 기술의 인터넷 접속 성능을 시험하였다. 우리가 개발한 인터넷 기술과 회사 외부의 시스템들간의 상호 호환성을 시험하기 위해 우리는 인터넷 사이트에 있는 「MS-DOS」를 부분적으로 업그레이드시켰다. J.알라드는 신제품 관리자에서부터 플랫폼 담당 부사장인 폴 마리쯔(Paul Maritz)에 이르기까지, 모든 직원들을 회사 건물 2동으로 끌고 와서는, 인터넷의 기능을 과시해 보이며 그 잠재력에 관해 사람들의 흥미를 유발시키려 애썼다. 그후 10주 만에 일반 고객들이 컴퓨서브(CompuServe: 미국 최대의 온라인 서비스 회사 - 譯註)에서보다 두 배나 많은 수의 「MS-DOS」 업그레이드 소프트웨어를 우리의 인터넷 사이트를 통해 다운로드(download)해갔고, 이것은 우리에게 뭔가 대단한 상황이 일어나고 있음을 알려 주었다.

그러나 한 가지 분명히 해둘 것은 있다. 1993년 당시, 우리는 인터넷에 '초점을 맞추고' 있지는 않았다. 인터넷은 우리 사업에 있어서 대여섯번째의 순위에 올라 있는 정도였다. 그 당시 건물 2동 복도에 개설해 놓은 마이크로소프트 인터넷 사이트는 2.5미터 너비의 접는 탁자 위에 컴퓨터 세 대만을 갖추어 놓고, 그 옆에다 인터넷에 접속하는 방법을 담은 손으로 쓴 지침서를 붙여 놓은 게 고작이었다. 거기에다 J.알라드가 회사의 정보기술팀을 구슬러 얻어온 인터넷 연결용 노란색 네트워크 케이블이 그의 사무실 벽을 통해 복도에 있던 기계들에 연결되어 있었다. 또 테이블 위에 있는 기계들에 전원을 공급하기 위해, 다른 사무실의 콘센트에서 네 가닥의 전선이 연결되어 있었고, 이들 전선들을 고정시키기 위해 전선용 테이프가 감겨져 있었다.

설치한 지 얼마 지나지도 않아 회사의 소방 담당요원이 화재의 위험이 있다는 이유로 그 인터넷 사이트 시설을 철거하러 왔다. 그리하여 1주일의 철거 유예 기간 동안 J.알라드는 그 기계들을 정보기술팀이 관리하는 시설로 옮기게 되었고, 마침내 우리는 미숙한 인터넷 지원시설을 완전한 통합 프로그램으로 변형시키기 시작했다.

하지만 이때까지도 우리는 회사 차원의 전반적인 인터넷 전략을 세우지 못했다. 우리는 학자들이나 전문 기술자들의 네트워크인 인터넷이 오늘날처럼 범세계적인 상업용 네트워크로 성장하리라고는 생각지

도 못했던 것이다. 우리는 화상 회의나 주문형 비디오(VOD)와 같은
광대역 통신 응용프로그램에만 초점을 맞추고 있었다. 당시만 해도 인
터넷은 디지털 정보를 전달할 수 있는 용량이 제한되어 있었기 때문에
우리 회사는 그것을 여러 사업을 추진해가는 과정에서 잠시 짚고 넘어

인터넷 PC의 원형
(The Original Internet PC)

정보 접속용 도구에 대한 아이디어는 새로운 것이 아니다. 이 개념은
1945년에 반느바르 부시(Vannevar Bush) 박사가 묘사한 "미믹스
머신(memex machine)"으로까지 거슬러 올라간다. 2차 세계대전 동안 미
국 과학기술 연구/개발국 국장이었던 부시 박사는, 장차 모든 책과 기록을
저장하고, 통신이 가능하며, 스크린 상에 자료를 불러올 수 있는 장치(미믹
스 머신)가 개발될 것임을 예측했다. 미믹스 머신은 손으로 쓴 노트와 주석,
사진 등을 포함하여 수백 년 동안의 자료를 저장할 수 있는 용량을 갖는다.
또 "관련 색인(associative indexing)" 기능은 각 정보 항목들간에 연결고리
를 만들고 유지하며, 미로처럼 복잡하게 얽힌 각각의 자료들로부터 "일시적
으로 중요한" 정보들을 쉽게 찾아서 서로 연관시키는 것을 가능하게 한다.
　물리적인 레버에 의해 작동되며 커다란 책상과 마이크로 필름들의 저장
장치로 구성된 부시 박사의 미믹스는, 지금 보면 마치 커튼 뒤에서 어설픈
솜씨로 기계장치를 조작하는 오즈의 마법사를 떠올리게 한다. 그러나 당시
에 정보를 다루는 방식이 부적당하다는 문제 인식에서 출발한 그의 분석과,
모든 정보를 저장하고 유기적으로 조직하는 장치인 그의 솔루션은 근본적으
로 옳았다. 부시 박사는 말하자면 1945년 당시의 기계공학적 기술용어를 사
용해서, 웹에 연결된 멀티미디어 PC를 설명했던 것이다. 게다가 그는 "방대
한 양의 일반 자료 속에서 원하는 정보를 효과적으로 추적할 수 있도록 만
든" 인터넷 검색 엔진(Internet Search Engine)에 상응하는 기술이 출현하
리라는 것까지 예견하였다.
　다만, 기술적인 진보로 부시 박사의 비전은 사실상 변형되었고, 그래서
그 비전이 실현됐을 때는 이미 낡은 것으로 보일 수밖에 없었다.

반느바르 부시 박사의 미믹스는, 비록 1940년대의 마이크로필름 기술을 토대로 한 것이었지만, 방대한 자료를 모아서 링크 기능을 통해 관련된 정보를 주제별로 연결할 수 있는 인터넷과 거기에 연결된 PC를 예견한 것이나 다름없다.

가야 하는 부분 정도로만 여겼다. 그러나 놀랍게도 인터넷은 어느새 폭넓은 대중적 기반을 확보해 나가고 있었고, 모든 네트워크들이 인터넷 프로토콜을 중심으로 연결되고 있었다.

　인터넷의 갑작스런 성장은 모든 원칙들을 바꾸기에 이르렀고, 그 성장속도는 갈수록 가속화되었다. 막대한 양의 정보를 얻을 수 있고 통신을 용이하게 해준다는 이유로, 사람들은 인터넷의 결점들을 기꺼이 참으려 했다. 이러한 호기를 타고 내용(content) 제공업자들이 몰려들었고, 이는 다시 긍정적인 피드백 루프를 창출하여 기하급수적인 성장세를 유발했다. 1993년 한 해 동안에만 인터넷 사용자는 2천 5백만 명으로 그 수가 배나 늘어났다.

　인터넷에 대처한 MS의 역량은 결코 최고경영자인 나나 다른 고위간부로부터 나온 것이 아니다. 그것은 바로 당시 돌아가는 상황을 제대로 간파한 소수의 헌신적인 직원들로부터 나온 것이었다. 회사의 전자 통신망을 통해 이들은 자신들의 노력에 모든 직원들을 결집시킬 수 있었다. 그들이 보여준 활동은 지위고하를 막론하고 능력 있는 직원이 주도권을 쥘 권한이 있다는, MS가 창립이래 견지해온 정책을 여실히 증명하는 본보기였다. 이것은 모든 지식노동자들이 기업의 전략을 수립하는 데 참여해야 하는 정보 시대 기업문화에서는 상식과도 같은 정책이 아닐 수 없다. 당연히 우리가 사용하는 정보기술 없이는 이러한 정책을 수행할 수 없었다. 여러 면에서 정보기술이 MS의 정책 전반을 수립해온 셈이다. 여기서 한 가지 의문이 제기된다. 과연 우리 회사 직원들은 내부적으로 수평적인 조직구조를 확신하기 때문에 최고경영자인 나에게 부담 없이 e-mail을 보내는 것일까, 아니면 모든 직원이 어느 때건 직접 나에게 e-mail을 보낼 수 있기 때문에 우리 회사가 수평적인 조직구조를 가지는 것일까? 글쎄, 어느 쪽이라고 꼬집어 말할 수는 없겠지만, 중요한 것은 우리 회사 직원 모두가 아무 때나 부담 없이 내게 e-mail을 보낸다는 사실 아니겠는가. 벌써 오래 전부터 MS의 직원들은 누구나 PC를 보유하고 e-mail을 사용해왔다. 이는 널리 알려진 우리 MS 기업문화의 하나이며, 또 우리가 사고하고 행동하는 방식을 형성시켜온 요소이다.

직접적인 만남과 네트워크를 통한 만남
(Meeting Physically and Electronically)

J.알라드와 스티븐 시노프스키(Steven Sinofsky, 당시 나의 기술보좌역)를 포함하는 일단의 직원들은 MS만의 고유한 방식으로, 대중적인 인기를 모으고 있던 인터넷에 대한 회사 차원의 대응을 선도해 나갔다. 1994년 1월, J.알라드는 인터넷이 제기하는 사업기회와 위험요소를 적은 사내 회보를 작성해 돌렸다. 그리고 나서 채 1주일이 지나지 않아 우연찮게도 스티븐 시노프스키는 신입사원 모집차 코넬대학으로 출장을 떠났다. 눈보라로 인해 그곳에서 이틀 동안 머물게 된 스티브

는 코넬대학의 컴퓨터 활용상황을 점검해보았다. 1987년에 코넬대를 졸업했고, 재학시절에는 학내 정보기술팀에서 일했던 그는 1년 전에 자신이 방문했을 때에 비해 엄청나게 혁신된 모교의 상황을 보고서 깜짝 놀랐다.

스티브는 e-mail로 보내온 출장보고서에다 이 학교에 얼마나 "통신망이 잘 깔려있는지" 벌어진 입을 다물지 못했노라고 적고 있다. 3분의 1 가량의 학생들이 PC를 보유하고 있었고, 일부 학부는 PC를 구비하고 있었을 뿐만 아니라, 학내 공공장소에서는 학생들이 자유롭게 키오스크 PC(구내에 설치한 공용 PC)를 이용하고 있었다. 그렇게 학생들의 e-mail 이용률은 거의 100%에 가까웠다. 또한 많은 강사들이 학생들과 온라인 통신을 주고받고 있었으며, 학생들은 부모님께 자신만의 e-mail 계정을 갖게 해달라고 조르고 있었다.

방대한 양의 코넬대학 장서 목록을 포함하여 매우 다양한 정보들이 온라인으로 이용 가능한 상태였다. 학생들은 온라인을 통해 자신이 수강중인 과목들의 강의시간표나 지난 학기들의 성적을 확인할 수 있었고, 미지급금 내역이나 학비보조 관련 정보 혹은 학내시설 전화번호 등의 정보도 이용할 수 있었다. 교수진들은 온라인으로 학생들과 통신을 하는 한편, 공동연구를 위해 온라인 대화방 서비스도 이용하고 있었다. 한마디로 당시 코넬대학에서는 학생들이 웹을 통해 모든 종류의 정보를 이용할 수 있도록 하기 위한 "거대한 운동"이 벌어지고 있었다. 스티브는 심지어 인터넷을 통해 실시간으로 진행되는 비디오 화상 회의까지 직접 목격하고 돌아왔다.

이러한 기술들이 얼마나 철저하게 "즉각적으로" 대학생활에 결합되었는지, 그리고 학생들이 이들 기술들을 얼마나 자연스럽게 받아들였는지를 직접 목격한 스티브는 충격을 받았다. 그는 다음과 같이 말했다.

"학생들 사이에 온라인 서비스들이 마치 전화처럼 널리 이용되고 또 그만큼 당연하게 여겨지고 있다. 정보접속에 있어서 이러한 변화의 속도는 내 생애에 경험한 어떤 기술의 속도보다도 더 빠른 것이다. 개인용 컴퓨터조차도 이렇지는 않았다."

심지어 학생들은 온라인으로 수강신청을 할 수 없는 것에 대해 불평을 하기도 했다.

MS가 이러한 혁명에 동참하려면 무엇을 해야 하는지에 대해 J.알라드와 스티브는 많은 제안사항들을 내놓았다. 스티브는 사용자와 문화적 변화라는 관점에 초점을 맞추었고, J.알라드는 인터넷이 다양한 MS의 제품에 기술적으로 시사하는 바가 무엇인가를 파고들었다. J.알라드는 인터넷에 관한 한 우리가 많은 다른 경쟁사들에 비해 뒤쳐져 있다는 사실을 다시금 일깨워 주었다. 그러나 "조직 내부에서 그룹간에 효율적인 의사소통만 이루어지면 MS가 지닌 기민성과 창의력으로 신속히 경쟁사를 따라잡을 수 있을 것"이라고 그는 말했다. 이와 같이 알라드는 그룹간의 "잠재적인 시너지 효과(synergy, 상승 작용)"에 대해 잘 알고 있었지만, 동시에 인터넷에 대처하는 활동에 있어서 회사 차원의 조정에 실패할 경우에 닥칠 "잠재적인 재앙"에 대해서 강조하는 것도 잊지 않았다. 그는 인터넷 사업의 성공을 위해 협력해야 할 필요가 있는 사내의 모든 그룹들을 목록으로 작성했다.

스티브와 J.알라드의 사내 회보는 e-mail을 통해 회사 내 전직원들에게 널리 유포되어 전자매체를 통한 토론 선풍을 불러일으켰다. 고려해야 할 쟁점들이 이루 다 헤아릴 수가 없었을 정도였다. 어떻게 우리의 운영체계가 인터넷을 지원하도록 할 것인가? 「MS Word」나 「MS Excel」, 그리고 기타 MS 제품에 있어서 "인터넷 기능을 갖추었다" 혹은 "인터넷이 가능하다"라는 것이 무엇을 의미하는가? e-mail용 제품들에는 또 무엇을 의미하는가? 어떤 종류의 새로운 제품을 개발해야 하는가? 인터넷의 어떤 기술들을 새로운 제품에 결합할 것인가? 기존 제품들에는 또 어떤 기술들을 추가할 것인가? 어떤 기술들에 대해 라이센스(license)를 받아야 하는가? 먼저 기업체 내부적으로 인터넷 기술을 사용하게 하는 방식에 초점을 맞춰야 하는가, 아니면 일반 소비자들이 광범위하게 인터넷 기술을 사용하는 방식에 주안점을 둬야 하는가?

어떤 아이디어는 신속한 동의를 얻어냈다. 그러나 어떤 아이디어에 대해서는 '말도 안 된다'는 식의 신랄한 응답이 e-mail로 날아들었다.

또 다른 경우 나와 경영진들이 보다 신속한 결단을 내려야 한다며 자극하는 직원들도 있었다. 우리는 직원들이 직접 인터넷을 사용하고 배울 수 있도록 인터넷에 접속할 수 있는 시설을 늘렸다. 중간관리자들에게는 인터넷을 경험해보고 느낌을 정리하여, 웹상에서 장점을 지니는 것이 무엇이고, 또 무엇이 그렇지 않은지 각자 결론을 내려보라고 했다. 이러한 과정들을 거치는 동안 우리 모두에게는 다른 사람에게 추천하고 싶은, 자신이 가장 좋아하는 사이트가 생겼고, 경쟁사의 웹 사이트를 살펴보는 일이 매일 아침의 일과가 되었다. 나는 지금도 그렇게 하고 있다. 사무실에 설치된 PC를 통해 나는 매일 경쟁사를 포함하여 여러 웹 사이트를 살펴본다. 많은 기업들이 어떤 방식으로 제품의 판촉 활동을 하고 고객과 대화하는가를 알아보기 위해서다.

이렇게 일반 직원과 중간관리자, 그리고 중역들이 개별적으로 인터넷을 탐험한 결과, 수십 가지 아이디어들이 계속 생겨났다. 많은 사람들이 e-mail을 통해 신속하게 견해를 밝혔고 논점을 구체화시켰으며, 여러 가지 선택을 놓고 함께 숙고하게 되었다. 서로 주고받은 e-mail의 양은 상상할 수 없을 정도였다. e-mail을 통한 토론은 자연스럽게 해결책을 모색하기 위한 수많은 소규모의 그룹별 회의—종종 사무실 복도에서 비공식적으로 떠들썩하게 진행되는 회의—로 이어졌다. "건물 복도와 e-mail", 이것이 바로 토론이 진행되는 장소이자 방식이었다. 토론 주제가 확대되면서, 소규모 토론 그룹들은 각기 그룹별로 나뉘어 자신들만의 e-mail망을 통해 보다 세부적인 의견들을 나누었다. 얼마 지나지 않아 전체 조직 내 각기 다른 부서의 수많은 직원들이 토론에 참여하게 되었다. 나도 물론 온라인 서비스에 대한 사업전략에서부터 하이퍼링크에 대한 기술적인 접근방식에 이르기까지 인터넷에 관련된 많은 것들에 대해, 수십 명의 직원들과 긴 내용의 e-mail들을 주고받았다.

초점을 유지한 채, 행동은 신속하게
(Keeping Focused, Acting Fast)

우리는 관심 있는 직원들은 누구나 볼 수 있도록 인터넷 개발계획과 사업추진 항목을 사내 네트워크상에 공개하였다. 직위의 고하를 막론하고 모든 관리자들은 언제든지 인터넷 사업추진 항목을 체크하고, 사업의 진행경과를 지켜볼 수 있었다. 만일 어느 한 영역의 사업추진이 늦어지는 것 같으면, 다수의 직원들이 그 문제에 달려들어 역량을 집중시켰다.

큰 회사를 신속하게 움직이려면 수백 명의 직원이 참여하여 다양한 아이디어를 제안할 수 있도록 해야 한다. 특히 인터넷과 같이 엄청난 기회를 제공하는 사업에 대해서는 더욱 그러하다. 뿐만 아니라 이들 직원이 한 곳에 집중할 수 있는 여건을 만들어줘야 한다. 그렇지 않으면 어떠한 결정도 내릴 수 없고 어떠한 일도 달성할 수 없다. 우리 MS의 디지털 신경망은 적절한 정보를 제공해 의사결정 과정을 신속하게 만들어주었다. e-mail은 다양한 아이디어와 분석을 낳았고, 결과적으로 팀원들은 보다 빠르고 강력한 관점을 개발하고 서로 추천할 수 있었다. 일단 e-mail을 통한 논의가 충분히 진행되고 고려해야 할 다양한 논점과 수많은 제언들이 확보되면, 우리는 최종 결정을 위해 회사 내부적으로 '숙고 주간(Think Week)'을 갖곤 했다. 그런 후에 우리는 우선순위를 정하고 주요 부서들간의 역할을 조정하곤 했다. 1994년 한 해 동안, 수개월 간격으로 세 차례의 '숙고 주간'이 있었다. 첫번째 기간이 끝난 직후인 1994년 4월 6일, 나는 참모들에게 다음과 같은 내용의 e-mail을 보냈다. "자, 이제 우리 인터넷에 크게 한 번 베팅해 봅시다."

나는 1994년 4월에 있은 '숙고 주간' 동안 인터넷과 멀티미디어, 이 두 가지 주제에 전념했다. 1년에 두세 번 있는 이런 기간이면, 나는 다른 모든 문제들은 제쳐놓고 회사가 당면한 가장 어려운 기술상의 문제와 사업상의 문제에만 집중한다. 1994년 8월에 우리는 처음으로 인터넷 사업의 주요 성과를 점검하는 회의를 가졌다. 또다시 그 모임을 주도한 사람들은 신참들이었다. 당시 부하 직원도 없는, 프로그램 관리자였던 J.알라드가 스티븐 시노프스키를 포함하여 주요 분야의 전문가 몇 사람의 도움을 받아서 회의를 주관하였다. J.알라드의 표현처럼, 그날 프리젠테이션을 하는 사람들은 모두 "직함이 없는 평사원들"이었다. 회의가 시작되고 중역실에 들어설 때 이들 모두는 마치 "아이들"이 된 것처럼 느꼈다고 한다. 그 중 한 젊은 친구는 회의가 시작되기 전에 집에 가서 "보다 회의장에 어울리는" 복장으로 갈아입고 —정확히 말해서 다커스(Dockers)에 버튼다운(button-down) 셔츠를 입고— 회의장에 들어섰는데, 그런 그가 발견한 거라곤 자신의 동료들과 간부 중 일부가 티셔츠에 평상복 차림이라는 것뿐이었다.

당시 우리의 최대 관심사는 데이터베이스 형식으로 관리되던 우리의 제품과 판매에 대한 내부 정보를 인터넷 환경에서 판독이 가능한 HTML(HyperText Markup Language, 하이퍼텍스트 언어) 형식으로 전환하는 것이 가능한가하는 문제였다. 방대한 양의 제품정보 대부분은 고객들에게 매우 유용한 것들이었기 때문에, 인터넷 사업의 초기단계에 있던 우리로서는 그러한 정보를 회사의 웹 사이트에 추가하는 것이 여러모로 좋다고 판단했다. 회의에 참석한 누군가가 '정보를 전환하려는 시도는 기술적으로 너무 어려운 문제'라고 말했다. 그러나 다음에 입을 연 참석자— '멋진' 옷을 입고 참석한 바로 그 젊은 친구—가 이미 전환장치 개발을 완료한 상태임을 발표했다. 일단의 직원들이 비밀 프로젝트를 추진해왔던 것이다. 그 젊은 친구의 말을 빌리자면, 그의 관리자가 '인터넷이 그들 그룹의 담당업무로 맡겨질 일은 결코 없을 것'이라고 천명한 터라 어쩔 수 없이 몇 사람이 몰래 그 일을 추진했다는 것이었다. 회의가 열리던 그 무렵에 그들 팀은 제품정보를 포함하는 수천 개가 넘는 파일을 이미 HTML로 전환해 놓았으며, 그 중 많은 부분은 또 이미 온라인으로 제공되고 있었다. 그들의 주도적인 노력에 나는 기쁘지 않을 수 없었다.

1995년 초, 그러니까 「Windows 95」가 발표되기 몇 달 전에 MS의 각 팀은 인터넷 사업의 업무영역을 배정받고 개발에 착수했다. 그리고 얼마 후 우리는 인터넷 부가장치와 인터넷 통합, 그리고 여타 인터넷

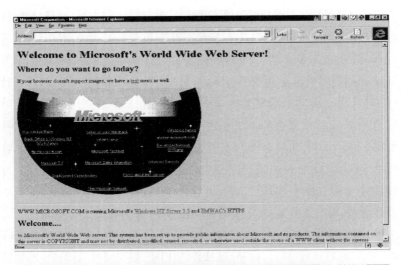

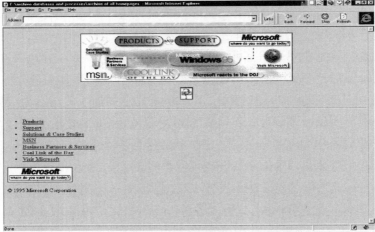

고객들로부터 받는 전자적인 피드백을 통해 MS는 회사의 웹 사이트인 www.microsoft.com
의 디자인과 구성, 내용을 꾸준히 업그레이드하면서 다듬어 나가고 있다. 이 사이트는 최소한
1년에 한 차례 이상 대규모로 개정되어 왔다. 여기에 실린 네 개의 그림은 그 과정을 잘 보여주
고 있는 것이다. 최초의 웹 사이트(위)는 "죽음의 별"과 너무 흡사하여 바로 교체되었다. 두번
째 사이트(아래)는 페이지의 산뜻함을 지나치게 추구한 나머지, 고객들이 원하는 정보를 얻기
위해 너무 많은 링크를 클릭해야만 했다. 보다 최근에 개정된 웹 사이트(211쪽 위 · 아래)는 중
요한 뉴스들을 오른쪽에 제시하고, 전체적인 개요를 왼편에 배열하여 일목요연하게 구성함으
로써, 사용자들이 자신이 원하는 정보를 쉽게 찾을 수 있게 했다.

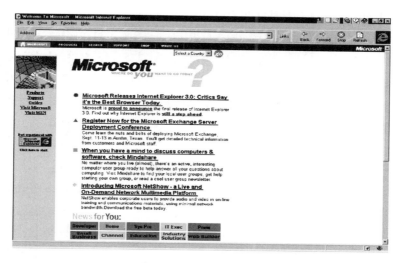

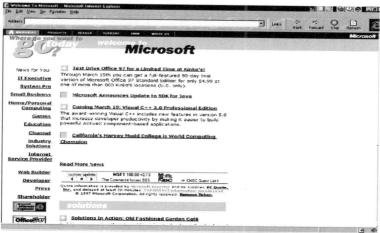

관련 신제품들을 출시하고 있었다.

　1995년 5월에 e-mail로 유포한 "인터넷 해일(海溢)"이라는 제목의 사내 회보에서 나는 우리의 전략적 방향과 결정들을 요약 설명하고, 인터넷 사업의 목표를 회사의 각 부문과 연계하여 상세하게 계획하기 위해 사내 개편을 단행한다고 발표했다. 나는 인터넷에 조직의 역량을 결집하는 것이 얼마나 중요한지, 전직원이 확실히 이해할 것을 강조했다.

　"앞으로 몇 년 동안 전개될 인터넷의 발달 사항이 향후 오랜 기간 동안 우리 컴퓨터업계가 나아갈 방향을 결정해줄 것입니다.…… 인터넷은 1981년의 IBM PC의 도입 이래 단일 단계로서는 가장 중요한 발전 상황입니다.…… 인터넷의 발전속도가 매우 빠르기 때문에 우리는 수시로 사업전략을 수정해야만 할 것이며, 그 어느 때보다 더욱 긴밀하게 부서간의 의사소통을 확보해야 할 것입니다. 제품에만 변화가 생기는 것이 아닙니다. 정보와 소프트웨어를 배포하는 방식은 물론, 고객과 의사소통하고 고객을 지원하는 방식까지도 변할 것입니다."[3]

　1995년 12월, 우리가 인터넷 전략을 공개적으로 발표했을 무렵, 우리의 인터넷 사업은 이미 최고 속도로 표적을 향해 날아가는 어뢰와도 같았다. 그 이후로 지금까지 여러 차례 밝혔듯이, 만약 우리가 업계에서 밀려난다면 그것은 인터넷에 역량을 모으지 않았기 때문이 아니라 너무 과도하게 역량을 집중했기 때문일 것이다.

e-mail을 통한 변화
(Making the Difference through E-mail)

　인터넷으로 인한 위기상황에 처한 동안에 우리의 중요한 결정은 대부분 머리를 맞대고 하는 토의를 통해 이뤄졌다. 그러나 의사결정에

---

　3. 빌 게이츠, 사내 회보, "인터넷 해일" 1995년 5월 26일. 이 회보는 모든 경영진에게 전자적으로 배포되었으며, 인터넷에 대한 각종 기사 및 연구조사, 20여개 이상의 유명 웹 사이트로 연결되는 하이퍼텍스트 링크를 포함하고 있다.

필요한 배경정보는 모두 e-mail로 교환하며 공유했다. 전자적인 협력은 직접 머리를 맞대고 하는 회의의 대체 수단이 아니다. 실제 회의를 보다 생산적으로 진행하기 위해 사전에 준비를 갖추는 데 이용하는 수단인 것이다. 회의 시간은 소중하다. 따라서 확고한 분석을 토대로 사실과 대처방안을 다루는 자리가 되어야지, 일화성 증거를 토대로 난상 토론이나 벌이는 자리가 되어서는 안 된다. 회의를 통해 구체적으로 실행 가능한 결정을 도출해야지, 원론적인 문제나 숙고하고 토론해서는 안 된다는 의미이다.

분명 우리의 경쟁사들도 전자도구를 사용한다. 첨단 기술업계에서는 e-mail을 진부한 것으로 간주하고, PC처럼 그저 당연한 것으로 받아들인다. e-mail을 너무나도 당연히 여기는 예를 하나 들어보자. 1996년 말에 발표한 신문칼럼에서 내가 1997년 말쯤이면 대부분의 기업들이 e-mail을 사용하게 될 것이라고 예견하자(물론 이후에 실제로 그렇게 되었다), 컴퓨터 칼럼니스트 두 명이 나를 놀려댔다. '빌 게이츠가 과거를 예측했다'는 것이 그들의 주장이었다. 컴퓨터업계에서는 e-mail을 15년 내지 20년 전부터 사용해왔으니 그런 반응이 나올 만도 했다. 그러나 그 칼럼니스트들은, 1996년에 이르러서조차도 전세계적으로 e-mail을 사용하는 기업들이 절반도 안 된다는 사실은 미처 모르고 있었다. 여하튼 오늘날에는, 기업 내 대다수의 직원들이 e-mail을 사용한다는 사실로도 충분치는 않다. 모든 지식노동자들이 하루에도 몇 번씩 e-mail을 사용하지 않는다면, 기업으로서는 시간과 노력을 들인 만큼의 충분한 가치를 끄집어내지 못할 것이다. 이에 비해 e-mail이 기업문화의 필수적인 요소로 자리잡은 회사에서는, 직원들이 평균 5~10개의 e-mail을 보내고 25~50개의 e-mail을 받을 것이다. 많이 사용하는 사람이라면 하루에 100개도 넘는 e-mail을 주고받을 것이다.

PC업계에 몸담고 있는 우리들은 때때로, 우리가 보유한 디지털 도구들의 사용이 바로 이 산업 전체가 급속히 발전하게 된 주된 이유 중의 하나라는 사실을 간과할 때가 있다. 우리 모두는 현재 고객 문제나 경쟁사의 활동을 신속하게 파악하고 대처할 수 있다. 어떤 대기업이

웹 페이지의 전체적인 모양은 나아졌으나……
(Our Corporate Presence on the Web Was Better, But...)

1990년대 중반에 MS는 인터넷 "관련" 제품만 개발하고 있었던 것은 아니었다. 다른 기업들과 마찬가지로 우리도 역시 제품과 서비스를 판촉하기 위해 인터넷 사용법을 익혀나가고 있었다. 1995년 11월 2일 저녁에 나는 몇 시간 동안 월드 와이드 웹에서 MS의 홈 페이지를 살펴보았다. 그리고 나서, 웹 페이지에 많은 양의 내용을 싣고 있는 13개 팀의 경영진 모두에게 e-mail을 보냈다. 주제는 "인터넷 환경에서의 MS 마케팅"에 관한 것이었다. 나의 주된 염려는 웹 페이지의 구성이 너무 복잡하고, 웹 페이지들끼리 서로 일관성이 없으며, 그래픽을 너무 화려하게 처리한 나머지 다운로드되는 속도가 느려서 실제로 필요한 정보에 접속하는 데 시간이 너무 오래 걸린다는 것이었다.

"물론 우리 회사 웹 페이지의 전체적인 모양새는 나아졌으나, 우리가 의도한 기준에는 미치지 못한다고 생각합니다. 인터넷에 대해 MS가 지대한 관심을 가지고 있다는 것을 사람들에게 보여주려고 했던 의도를 제대로 반영하지 못하고 있습니다…… 우리 회사의 전반적인 웹 사이트는 여전히 매우 취약합니다. 어지러운 색상의 그래픽이 쓸데없이 많이 들어가 있습니다. 마치 훌륭한 웹 페이지를 평가하는 척도가, 필요한 정보를 얻는 기능에 있는 게 아니라, 웹 페이지가 다운로드되면 멀찍이 떨어져서 감상하는 데 있다고 생각하고 만든 것 같아요. 회사로서는 한 페이지에 가능한 한 많은 정보를 담으려고 노력하는 1면 편집자와 같은 생각을 소유한 사람이 필요합니다. 한 페이지를 보면 또 다음 페이지로 넘어가야 되도록 만들어 사용자들을 웹 페이지들의 미로 속에서 헤매게 만들어서는 안 됩니다"

나는 중역들에게 보스턴 글로브(Boston Globe) 사이트를 일례로 지적하였다. "이 사람들은 웹 페이지상에서 빠른 속도로 움직일 수 있도록 가능한 한 작은 그림들을 사용했습니다. 이들은 사용자들이 다음 단계를 살펴보도록 만들기 위해, 단지 버튼의 이름이나 모양새에 신경쓰는 게 아니라 무언가 특별한 내용을 제공하려고 끊임없이 노력하고 있는 겁니다. 우리 웹 페이지와는 다르죠."

다음은 MS의 일부 웹 페이지를 보고 내가 가졌던 구체적인 느낌들을 적어 보낸 내용이다.

"어떤 사람이 판촉정보에 관심이 있거나 아니면 실질적으로 필요한 기능이 있어서 제품을 구입하려고 우리 회사「Office」제품에 대한 정보를 찾으려할 때, 얼마나 많은 클릭을 해야만 하는지 한 번 보세요.…… 또 실제로 가장 유용한 내용들이 어디에 가 있는지 보세요. 대부분 '뉴스' 나 '주요 화제' 라고 표현된 다소 혼동을 주는 곳에 있습니다. 내가 실제적인 정보를 처음 발견한 곳도 바로 그런 곳이었습니다.…… 매 페이지마다 내용을 대폭 보강하세요. 제품에 대한 실질적인 정보, 짜릿한 판촉정보를 말입니다……"

"소비자들을 위한 페이지에 강한 인상을 주는 내용이 전혀 없습니다. 아마 우리가 놀라운 제품들을 막 출시했다고 광고해도, 여기 들어온 소비자들은 그 사실을 발견하지 못하고 그냥 나갈 겁니다. 아마 우리가 개발한 제품들에 대해 좋은 평을 받았다는 사실조차도 모르고 나갈 겁니다. 우리 회사의 웹 페이지에 들어와서 나조차도 내가 원하는 심층적인 정보를 얻을 수 없었단 말입니다."

이 경우에는 회사와 관련된 나쁜 소식을 보스인 내가 퍼뜨린 셈이다. 나의 메시지는 받아들여졌다. 한 달 후인 인터넷 전략의 날, 여기 나온 문제점들 중 최악의 것들은 다 해결된 상태였다.

기동력 있게 움직이는 데 있어 소규모 경쟁사들과 대등하게 또는 더 낮게 움직일 수 있다면, 그것은 직원들의 역량이 뛰어나고 디지털 신경망이 제대로 활용되고 있다는 증거이다. 토론을 조장하는 환경에서는 직원 개개인의 창의력과 책임감이 향상되기 마련이다. 그리고 디지털 신경망의 핵심 요소인 e-mail이 바로 그 토론을 조장하는 역할을 수행하는 것이다.

e-mail은 정보를 다듬는 정도의 역할이나 맡고 있던 중간관리자들을 "실천가"로 변화시키는 데 일조한다. e-mail이 수직적인 회사의 조직구조를 수평적으로 만든다는 것은 의심할 여지가 없다. 직원들에게는 의견을 개진하게 하고, 관리자들에게는 귀기울이게 만들기 때문이다. 고객들이 나에게 묻기를, 자신의 기업이 보유한 정보시스템으로부터 보다 많은 가치를 이끌어내고 조직간에 유기적인 협력을 유도하기

위해서 맨 처음에 해야될 일이 무엇이냐고 할 때면, 항상 "e-mail이
죠."라고 대답하는 이유가 바로 여기에 있다.

나쁜 소식에 귀를 기울이자
(Paying Attention to Bad News)

나쁜 소식은 듣는 사람으로 하여금 희망을 잃게 만들 수도 있다. 기
업의 경영자가 제품이 시장에서 실패했다는 소식을 접하면 실제로 "맙
소사! 더 이상 그 얘기는 듣고 싶지 않아. 그냥 집에나 가야겠어. 다른
일이나 궁리해봐야지."라고 생각하려 든다. 또 고객을 잃게 되면, "그
런 오판(誤判)을 하다니 그 고객은 머리가 나쁜 게 틀림없어."라며 직
원들끼리 자위하고 싶은 유혹에 빠질지도 모른다. 게다가 제품 실패나
고객을 잃은 것에 대해 회의석상에서 동료들이 서로 펑계를 대고 발뺌
이나 하려 하면, 이건 그야말로 최악의 상황이다. 하지만 그나마라도
아무런 회의도 소집되지 않고, 부정적인 상황에 대해 말해주는 이가
아무도 없어 어떤 대응조차 할 수 없는 것보다는 나을지도 모른다. 그
러므로 만약 거래하던 고객을 잃거나 경쟁사가 보다 우수한 제품을 개
발했다는 소식을 듣게 되면, '생각에서 지워버리자'는 유혹을 과감히
떨쳐버려야 한다. 나쁜 소식을 무시하는 것은 쇠퇴의 지름길이기 때문
이다.

《편집광만이 살아남는다(Only the Paranoid Survive)》는 인텔 회
장인 앤드류 그로브(Andrew Grove)가 쓴 책으로, 이른바 시장의 "주
요 변곡점"에서 발생하는 변화에 대해 기업이 경계를 게을리하지 말아
야 할 필요성에 대해 언급하고 있다. 그의 말을 살펴보면, "과거에는
효과적이었던 기존의 방식이 더 이상은 효과가 없다는 것을 제일 먼저
발견하게 되는 사람은 대개 중간관리자들이다. 이들은 반드시 경영진
이 그 나쁜 소식을 접할 수 있게 해야 한다."면서, 이러한 과정이 이루
어지지 않을 때, "경영진은 때때로 세상이 변하고 있다는 것을 뒤늦게
알아차리게 된다―그리고 대부분 기업의 최고경영자는 가장 늦게 알게

된다."라고 말한다.

앤드류 그로브는 주요 변곡점에 대한 한 예로, 1994년 말 펜티엄 칩의 초기버전과 관련하여 인텔이 위기에 처했을 때 회사 차원의 대응이 늦었던 경험을 들고 있다. 당시 일부 칩들에 미미한 기술적인 결함이 있었다. 인텔이 보기에 그것은 비교적 사소한 버그(bug, 오류)였기 때문에 단지 극소수의 사용자만이 피해를 입을 것으로 판단하고, 그것을 바탕으로 사태에 대처했다(이는 칩 설계상의 사소한 오류로서, 90억 번만에 한 번씩 나눗셈에서 근사값 오류를 일으키는 것이었다. 당시 인텔은 그것을 일반적인 스프레드시트 사용자가 2만 7천년 만에 한 번씩 겪는 오류라고 생각하고, 그저 결점을 보완할 방법만 강구하면 되는 것으로 판단했다 – 譯註). 그러나 고객들은 전혀 다르게 받아들였다. 고도의 기술적인 작업을 수행하던 사용자들은 그 "사소한" 계산상의 에러(error)를 우려했다. 인텔의 일반 소비자들 또한 자신들의 PC 제품에 뭔가 "결함"이 있을지도 모른다는 암시에 크게 놀라운 반응을 보였다. 그 후로 인텔은 원하는 사람 모두에게 부품을 무료로 교체해주겠다는 방침을 발표하기 전까지, 앤드류의 말처럼 시장으로부터의 "맹렬한 폭격"—이 중 대부분은 소비자들이 인터넷을 통해 세력을 규합한 결과—을 견뎌내야만 했다. 결과적으로는 인텔의 부품교환 서비스에 응한 고객은 극소수에 불과했지만, 그와 함께 대중의 분노는 일제히 가라앉았다.

엔지니어 출신인 앤드류 그로브 회장은, 자신의 회사가 고객과 관련된 위기상황에 대처할 때 일반 소비재 제품을 생산하는 기업들처럼 한 달씩이나 걸려서는 안 된다는 것을, 즉 단 며칠 만에 처리해야 한다는 것을 뒤늦게서야 깨달았다고 고백하며, 다음과 같이 말을 이어 나갔다.

"사방으로부터 무자비한 비판을 받고 나서야 비로소 나는 뭔가 달라졌다는 것을 깨달았다. 변화된 새로운 환경에 적응해야만 한다는 것도 깨달았다…… 우리들 자신을 활짝 열고 변화의 물결을 맞이해야 한다는 교훈을 얻은 셈이다. 과거에 집착함으로써 잃어버리게 될지도 모르는 고객들이나, 변함없이 남아 있을 고객들 모두에게 항상 우리 자신을 열어 두고 있어야만 한다. 또한 사기를 북돋아주면 우리에게 필요한 많은 정보를 제공해 줄 하위직 직원들에게도 우리 자신을 열어 두고 있어야 한다."[4]

어떤 전문가들은 기업의 구조가 본래 변화를 받아들일 수 있게 되어 있지 않으므로 변화를 위해 끊임없이 분투하는 것이라고 말하기도 한다. 수직적인 계급구조가 걸림돌이 된다는 의미이다. 대개의 기업문화는 혁신을 위험하고 의심스러운 것으로 여긴다. "가치있는 실패"(실험적인 시도)는 처벌을 받게 된다. 당연히 나쁜 소식에 대해서도 이와 유사한 거부반응을 보인다. 하위직 직원들은 나쁜 소식을 전달하는 걸 망설이게 되며, 대부분의 관리자들도 듣기를 원하지 않는다. 의심할 여지없이, 기업의 조직구조와 기업문화가 혁신을 가로막는 실질적인 장애물이 될 수 있는 것이다.

나쁜 소식이 전달되도록 장려하고 또 귀담아 듣는 기업 태도의 변화는, 조직의 상층부에서 시작되어야 한다. 최고경영자를 포함하는 경영진은 나쁜 소식을 접하기 위해 지속적으로 노력하고, 조직 전반에 걸쳐 나쁜 소식을 찾으려는 분위기를 만들어야 한다. 그리고 나쁜 소식을 전하는 사람에게 처벌이 아닌 보상을 해주어야 한다. 경영주들은 판매원들과 제품 개발자들의 말을 포함한 고객들의 경고를 귀담아 들으려고 노력해야 한다. 기업이 경쟁에서 살아남기를 바란다면, 결코 "자명종을 끄고 다시 잠드는 것"과 같은 일이 발생해서는 안 된다.

1982년에 톰 피터스와 로버트 워터먼이 그들의 탁월한 저서《성공한 기업들에 대한 탐구》[5]에서 인용했던 대부분의 뛰어난 컴퓨터 회사들은, 그 책이 출판된 이후로 심각한 좌절을 겪었다. IBM의 메인프레임과 미니컴퓨터 사업은 1980년대와 1990년대에 PC업계에 의해 손실을 입어야만 했다. 소형 미니컴퓨터 제품으로 IBM의 메인프레임 아성을 무너뜨렸던 기업인 디지털 이큅먼트(DEC)는 자사가 (많은 다른 컴퓨터 회사들과 마찬가지로) 장난감으로 치부했던 소형 PC에 의해 밀려나야만 했다. 왕(Wang)사 역시 다가오는 PC 혁명을 예견하지 못하고, 하드웨어 시스템 전용이 아닌 PC용 소프트웨어를 제공하는 기

4. 앤드류 그로브,《편집광만이 살아남는다》(뉴욕: 더벌데이 델 출판사, 1996년 발행) : 21~23쪽.
5. (뉴욕: 워너 북스, 1982년 발행)

업들에게 자신의 워드프로세서 시장을 내주고 말았다.

그런데도 여전히 이들 기업들은 그들의 고객들을 탓했고, 유능하고 기민한 직원들이 있었음에도 그들의 말에 귀를 기울이지 않았다. IBM 은 1981년에 사내 '비밀' 팀이 개발한 PC제품을 발표하여 비즈니스 도구로서 PC의 표준을 확립한 회사였다. 그러나 그후 거의 20년 동안 계속해서 주력 사업인 메인프레임 사업의 관점에서 PC를 이해하려고 하였다. 이러한 왜곡된 시각으로 IBM은 근본적인 기술 변화에 대처하 는 데 늑장을 부렸다. 컴팩이 32비트 PC 제품을 맨 먼저 시장에 내놓 도록 허용하고 나서 2년도 채 안 되어 IBM은, 자사의 PC 시장 점유율 이 55%에서 15%로 계속 하락하는 것을 지켜보아야만 했다. 현재는 10%선을 밑돌고 있다. 디지털 이큅먼트는 고성능의 컴퓨터 제품과 수 준 높은 서비스로 명성이 높았음에도 불구하고, 1998년 PC 판매사인 컴팩에 인수될 때까지 PC 분야에서 악전고투해야만 했다. 왕사는 부 도를 겪고 나서 간신히 시스템 통합업체로 재기했다.

지금까지 살펴 본 PC업계의 예는, 나쁜 소식을 받아들이지 않으려 함으로써 불행을 겪은 가장 최근의 본보기일 뿐이다. 1920년 포드는 저가(低價) 자동차 시장의 90%를 점유하고 있었고, 당시 미국 전체 자동차 생산량의 54%를 차지하고 있었다. 업계에서 포드의 위치는 무 너지지 않는 아성(牙城)으로 보였다. 그러나 제너럴 모터스를 포함한 다른 자동차회사들의 기술적인 진보로 인해, 1927년 5월경에 포드는 주요 자동차 생산시설을 1년 동안이나 폐쇄하고 새로운 디자인을 위해 생산 설비를 재정비하는 과감한 결정을 내릴 수밖에 없었다. 오늘날 포드는 자동차 생산과 품질에 있어서 여전히 선두를 달리고 있지만, 1927년 이전까지 누렸던 압도적인 위치는 되찾지 못하고 있다. 1920 년대 당시 포드에는 다가올 변화를 알아차린 사람이 있었다. 그러나 새로운 자동차 디자인을 제안했던 그 엔지니어는 자신의 '만용' 의 대 가로 회사에서 해고당하고 말았다. 당시 포드의 경영자들은 새로운 제 안을 귀담아 들으려 하지 않았던 것이다.

2차 세계대전 직후 민간 항공기 산업 분야에서 더글라스 항공사는 DC 기종(機種)에 힘입어 보잉사를 크게 앞지르고 있었다. 당시 더글

라스는 프로펠러 엔진의 DC-7 기종 주문을 받는 데 기업의 모든 역량
을 집중하고 있었기 때문에, 제트엔진 기종으로 신속히 전환하는 데
실패하였다. 이에 반해 보잉은 단 1대의 주문도 받아 놓지 않은 상태에
서, 시장변화에 대한 예측을 토대로 제트엔진 방식의 707 기종을 개발
하였고, 이후 꾸준히 노력해 나갔다. 현재 더글라스는 보잉에 흡수되
었다.

　나쁜 소식을 귀담아 듣지 않고, 그에 적절한 대응을 하지 않으려는
태도는 비단 기업들만의 문제가 아니다. 역사를 돌이켜 보면 더욱 심
각한 예를 얼마든지 찾아볼 수 있다. 지금까지 많은 책들이 '왜 미국은
2차 세계대전에 휘말리는 계기가 된 진주만 공습을 미연에 방지하지
못했는가'에 대해 다루어 왔다. 역사가인 고든 프랜지(Gordon Prange)
는 미국 군대가 "정신적인 해이(解弛)"를 극복하지 못했기 때문이라고
말한다. 뿐만 아니라 전쟁 발발 가능성에 관한 "나쁜 소식"이 전달되는
과정에도 문제가 있었다. 태평양에 있는 해군 제독과 장군들에게는 급
박한 전쟁징후가 포착되었음을 경고하는 무전이 줄을 이었다. 그러나
각기 다른 암호 전문들은 하와이 주둔 병력들에게 혼란스러움만 안겨
주었다. 전쟁 발발 직전 마지막 24시간 동안, 일선 간부들은 임박한 공
습시간과 장소에 대한 막연한 정보를 담은 서류철을 들고 명령전달 체
계를 따라 허둥대며 보고하러 다녔다. 돌이킬 수 없는 상황이 발생할
때까지 모든 단편적인 정보를 모아 종합할 수 있는 사람은 아무도 없었
다.[6]

　나쁜 소식을 수집했다하더라도, 기업의 조직 전체에 효과적으로 전
달하고 거기에 신속하게 대응하지 못하면 아무런 소용이 없다. 오늘날
의 디지털 정보기술은 나쁜 소식을 모으고 전체 조직 차원에서 가능한
한 신속히 대응하는 것을 가능하게 해준다.

---

6. 고든 프랜지, 《모두가 잠든 새벽에》(뉴욕: 맥그로우 힐 출판사, 1981년 발행) 프랜지는
　 "정신적인 해이"에 대해 그의 책 641쪽에서 언급하였다. 1941년 12월 6~7일 양일간, 미
　 군측의 "전쟁발발 가능성에 대한 부인"과 긴 연락체계의 마비에 대해서는 이 책 54장
　 (章)~59장(439쪽에서 492쪽)에 나와 있다.

나쁜 소식에 따라 행동하라
(Acting on Bad News)

기업이 위기 상황에 대응하는 속도는 그 기업의 '반사신경'을 가늠하는 척도이다. 물론 직원들이 나쁜 소식으로 인해 기분이 나빠지거나 위협을 느끼게 되겠지만, 조직 전체적으로 그것을 느끼는 것이라면 문제될 것이 없다. 1994년과 1995년, 나는 리더십(leadership)을 발휘해 인터넷에 대한 위기감을 조장했다. 직원들에게 무력감이나 불안감을 주기 위해서가 아니라, 능동적으로 움직일 수 있도록 자극하기 위해서였다. 기업의 리더는 직원들이 당면한 상황을 분석하고 적절한 대책을 마련할 수 있는 환경을 조성할 필요가 있다.

나도 다른 사람들만큼이나 좋은 소식을 원한다. 그러나 좋은 소식은 한편으로는 내게 회의적인 생각이 들게 한다. 혹시 내가 듣지 못한 나쁜 소식은 없는지 의심하게 되는 것이다. 누군가 고객을 확보했다는 내용의 e-mail을 보내 올 때마다 나는 이렇게 생각하곤 한다. 'e-mail로 알리지 않은 수많은 고객들이 여전히 남아있지 않은가? e-mail로 알리지 않은 고객들은 다 잃었단 말인가?' 물론 이런 식의 반응은 말도 안 되는 것일 수도 있겠지만, 나는 사람들이 나쁜 소식이 무르익고 있을 때 좋은 소식을 보내려는 심리적인 충동을 느낀다는 사실을 알고 있다. 마치 나쁜 소식을 전하게 될 때의 충격을 완화시키려는 듯 말이다. 효율적인 e-mail 시스템은 분명 나쁜 소식을 신속히 전할 수 있게 하지만, 그 이전에 필요한 건 직원들이 기꺼이 그런 내용을 전달하려는 마음가짐이다. 기업의 경영자는 지속적으로 나쁜 소식을 받아들일 수 있어야 하고, 나아가서 적절한 대응을 할 수 있어야만 한다. 때때로 나는 최고경영자로서 가장 중요한 나의 역할은 나쁜 소식에 귀기울이는 것이라고 생각한다. 그러나 나쁜 소식을 접하고서도 그에 따라 행동하지 않는다면, 결국에 가서는 그 어떤 직원들도 나쁜 소식을 전하지 않게 될 것이다. 그것은 몰락의 시작을 의미한다.

3년 이내에 현재 MS에서 개발한 모든 제품들은 시대에 뒤떨어지게 될 것이다. 중요한 것은 우리 스스로 그렇게 되도록 만드느냐 아니면 경쟁사가 그렇게 만드느냐 하는 문제이다. 지금으로부터 10년 후에도 여전히 MS가 업계의 선두를 지키고 있다면, 그것은 우리가 적어도 세 번의 위기를 극복했음을 의미하는 것이 될 것이다. 우리가 최선을 다 하는 이유가 바로 이 때문이다. MS에서 근무한 적이 있는 어느 누구 에게라도 우리 MS의 가장 큰 문화적인 특성이 무어냐고 물으면, 그것 은 바로 우리 스스로를 항상 도전자의 입장으로 생각한다는 것이라고 말하리라. 우리는 지난 20년 동안 줄곧 우리 스스로를 도전자로 간주 해왔듯이, 현재도 우리 스스로를 도전자로 본다. 만약 우리가 이런 자 세를 지켜가지 못하면 다른 경쟁자가 우리 몫을 가로챌 것이다. 그래 서 나는 모든 직원에게 첨단 연구 분야에서는 장기적인 전망으로 기술 개발에 임해야 하며, 모든 소식에 지속적인 관심을 가져야 하고, 또 "나쁜 소식"을 잘 활용하여 혁신적인 새로운 특성을 제품에 반영해야 한다고 주장한다. 언젠가는 누군가가 우리의 허를 찌르게 될 것이다. 어느 날 투지에 불타는 누군가가 혜성처럼 나타나 MS를 업계에서 밀 어낼지도 모른다. 나는 다만 이런 일이 2년이나 5년 후가 아니라 50년 후에나 일어나기를 바랄 뿐이다.

비즈니스 교훈

- 좋은 소식이든 나쁜 소식이든, 예기치 못한 상황에 대처하는 능력이 기업의 경쟁력을 나타내는 주요 지표이다.

- 전략적인 관점에서 최고경영자의 주요 역할은 나쁜 소식을 파악하고 조직이 이에 적절히 대처할 수 있도록 독려하는 것이다. 직원들에게 좋은 소식뿐만이 아니라 나쁜 소식도 공유하도록 장려해야 한다.

- 기업의 조직 구조가 수평적일수록, 직원들이 나쁜 소식을 전하고 그것에 대처할 확률이 높아진다.

- 토론이 조장되는 환경에서는 직원 개개인의 창의력과 책임감도 향상된다.

- 가치 있는 실패, 즉 실험적인 시도에 대해 포상하고 장려하라.

디지털 신경망의 진단

- 디지털 신경망을 통해 회사 내의 어떤 나쁜 소식이든지 접할 수 있고, 신속하게 그 소식을 전달할 수 있는가?

- 디지털 신경망을 통해 필요한 자료를 모아서 팀들로 하여금 신속히 솔루션을 찾도록 시킬 수 있는가?

- 서로 다른 부서나 지역적으로 떨어진 조직들을 연계해 가상(virtual)팀들을 조직할 수 있는가?

제 11 장

실패를 성공으로
(Convert Bad News to Good)

뛰어난 서비스 회사들은 고객에게 만족할 만한 서비스 품질을 약속
하고 명시적으로든 암시적으로든 그 결과를 보증함으로써 경쟁우위
를 확보한다.
— 제임스 헤스킷, W. 얼 사서, 크리스토퍼 W. L. 하트,
《서비스 혁신(Service Breakthroughs)》

일단 좋지 못한 소식들을 새로운 변화가 필요하다는 관점에서 긍정
적으로 받아들이게 되면, 사업에서 좌절하게 되는 일이 없을 뿐만 아
니라 이를 통해 새로운 노하우까지 터득할 수 있게 된다. 모든 것은 실
패를 어떻게 받아들이느냐에 달려 있다. 실제로 MS도 많은 실패를 경
험하였다. 1980년대 당시, 우리 회사의 「Multiplan」 스프레드시트 제
품은 로터스의 「Lotus 1-2-3」 제품에 비해 뚜렷한 성과를 거두지 못
하고 있었다. 1980년대 후반기 동안 「Omega」라는 이름의 데이터베
이스를 개발하는 데 전력을 다했던 우리는 결국 1990년에 이 프로젝
트를 포기해야만 했다. 이후 우리는 IBM과 공동으로 운영체제
「OS/2」를 개발한다는 장기적인 전략을 수립하였으나, 수억 달러의 예
산과 엄청난 개발시간을 소모한 후 1992년에 와서 결국 프로젝트를
중단하고 말았다. 1990년대 초에 우리는 「Newton」(애플사에서 개발한

개인용 정보 단말기 - 譯註)과 같은 휴대용 단말기를 개발하려다가 기술
이 충분치 못해서 그만두었다. 1993년에는 복사기나 팩스와 같은 사
무기기 분야에 일대 혁명을 일으킬 생각으로「Microsoft at Work」프
로젝트를 추진하였으나 뜻대로 되지 않았다. 1990년대 중반,「MSN」
(Microsoft Network)을 통한 TV 스타일의 인터넷 쇼도 역시 실패로
끝나고 말았다.

  이 모든 실패들로 인한 중압감 때문에 나는 일에 손도 대지 못하고
의기소침해질 수도 있었다. 그러나 나는 오히려 새로운 도전에 흥분했
고, 어떤 식으로 오늘의 나쁜 소식을 활용해 내일의 문제를 해결할 수
있을까를 궁리하였다.

  앞서 말한「Multiplan」스프레드시트를 개발하는 과정에서 얻은 기
술은「Microsoft Excel」을 개발하는 성과로 이어졌다. 이 제품은
1985년에 시장에 나올 당시 그래픽용 스프레드시트로서는 탁월한 제
품으로 인기를 끌었고, 지금도 여전히 경쟁에서 선두를 유지하고 있다.
우리는 또한「Omega」데이터베이스 개발 프로젝트를 진행하는 과정
에서 터득한 노하우를 이용하여, 몇 년 후「Microsoft Access」라는 데
스크탑용 데이터베이스 개발에 성공할 수 있었고, 이 제품은 출시되자
마자 선풍적인 인기를 끌었다. 애초에「OS/2 버전 3.0」을 목표로 추
진된, 현대적이고 완전히 새로운 세계 일류의 운영체제를 만들기 위한
노력은, 대신에「Windows NT」로 결실을 보았다. 그리고 소형 정보기
기(small devices)와 업무용 소형 단말기(office form factors)를 개
발하면서 얻은 초기의 경험을 통해,「Windows CE」운영체제에 필요
한 기술들을 이해할 수 있었다. 현재「Windows CE」시장은 성장을
거듭하고 있다. 한편, 인터넷 미디어에 대한 투자를 통해서 우리는 고
객들이 우리 회사에 원하는 역할이 무엇인지를 배울 수 있었다. 고객
들은 우리가「Microsoft Expedia」(여행용),「Investor」(재무용),
「Sidewalk」(레저용) 등과 같은 실용적이고 소프트웨어 집약적인 제품
을 제공하는 역할을 해주길 원했다.

  실패를 통해 배우고, 그것을 토대로 지속적인 품질향상에 주력하는
것은 모든 기업들에게 있어 성공의 열쇠이다. 특히 고객의 소리에 귀

를 기울이는 것이 그러한 노력 중에서 가장 중요한 부분이다. 기업은 고객들이 쏟아 놓는 목소리에 지속적으로 귀를 기울여야 하고, 그들이 원하는 바를 항상 예의 주시해야 하며, 선도적인 구매자들에 대한 탐구를 통해 미래의 요구사항을 예측하는 데 노력을 아끼지 말아야 한다.

소프트웨어업계의 고객들은 항상 더 많은 것을 원한다. 소프트웨어의 신뢰성(reliability)을 향상시키면, 고객들은 '잘했다'고 칭찬하고는 곧 확장성(scalability)은 '어떻게 됐냐'고 묻는다. 그래서 확장성을 개선하면, 이번에는 통합성(integration) 향상을 요구한다. 우리의 고객들은 언제나 한 차원 향상된 성능을 원하고, 이는 물론 당연한 것이다.

고객의 소리에 귀를 기울인다는 것은 또 시판중인 제품의 결점에 대한 고객의 불만을 들어야 한다는 의미이기도 하다. 그러나 고객들로부터 접수된 나쁜 소식이 제품개발팀에게까지 전달되기란 엄청나게 어려운 일이다. 대부분의 기업에는, 불만을 가진 고객들과 이를 직접 개선할 수 있는 담당자들 사이를 가로막는 비효율적인 전달체계가 있다. 여러 단계의 사람을 거쳐야 하고, 또 여러 장의 서류들이 오가야 하는 전달체계 말이다. 설사 고객들의 불만 사항이 결국에는 제품개발 담당자들에게 전달된다 하더라도, 그 중요도를 이해하고 그에 따라 우선순위를 매겨 처리하는 일 역시 쉬운 일이 아니다. 이와 같은 처리과정상의 지연으로 인해, 제품의 품질개선이 필요한 만큼 빨리빨리 이루어지지 못하는 것이다.

여기서 나는 고객의 불만과 요구사항을 제품과 서비스 개발에 반영하는 데 유용한 접근법을 몇 가지 제시하고자 한다.

1. 가장 불만이 많은 고객들에게 초점을 맞추어라.
2. 정보기술을 이용해, 고객들이 겪은 불쾌한 경험들을 광범위하게 수집하고, 그들이 바라는 개선 사항을 파악하라.
3. 정보기술을 활용해, 수집된 불만 사항을 적절한 담당자에게 신속하게 전달하라.

어느 기업이든 이 세 가지 원칙을 철저히 따른다면, 사기를 떨어뜨리는 나쁜 소식을 오히려 제품과 서비스의 질을 향상시키는 활력소로 전환시킬 수 있게 된다. 기업의 입장에서 볼 때 불만에 가득 찬 고객은 항상 근심거리가 아닐 수 없다. 그러나 동시에 가장 큰 기회가 될 수도 있다. 그러므로 자기방어에만 급급한 부정적인 자세를 과감하게 벗어 던지고, 무엇이든 진지하게 배우려는 자세를 취해야 한다. 그래야 고객의 불만을 제품과 서비스의 질을 개선하는 가장 중요한 자원(資源)으로 활용할 수 있다. 더불어 적절한 정보기술을 채택해야 고객의 불만을 신속하게 파악할 수 있고, 또 그 불만을 제품과 서비스 개선이라는 차원으로 신속하게 전환시킬 수 있는 것이다.

고객만족을 보증하라
(Giving Customer Guarantees Some Teeth)

호텔과 항공사들은 대개 "고객만족 보증" 제도를 시행한다. 서비스에 불만이 있는 고객들에게 요금을 할인해 주거나, 다음 번에 더 나은 등급의 객실이나 항공편 이용을 보증하는 방식이다. 이러한 고객만족 보증은 사실, 고객이 다시 찾게 할 의도로 고안된 판매전략이다.

테네시주 멤피스에 본사를 둔 프라미스(Promus: "promise" 즉, "약속"과 발음이 같다) 호텔 체인은 아주 혁신적인 고객만족 보증 전략을 채택하고 있다. 1997년도 총매출이 50억 달러에 달했던 프라미스는 대규모 체인망을 보유하고 있다. 햄턴 인(Hampton Inns), 엠버시 스위트(Embassy Suites), 더블트리 인(Doubletree Inns) 등과 같은 유명 호텔들이 대표적인 체인들이다. 프라미스는 고객이 투숙하는 도중 조금이라도 불만이 있으면 숙박료를 "한 푼도" 받지 않는 최초의 호텔 체인이다. 프라미스 호텔에 근무하는 종업원들은 프런트 데스크 직원이든, 여급이든, 시설관리 기술자든 어느 누구나 "만족 보증" 방침에 따라 무료 서비스를 집행할 수 있다.

따라서 고객들은 프라미스 호텔을 좋아하지 않을 수 없다. 제과점

체인인 미세스 필즈(Mrs. Fields)의 사장 겸 최고경영자인 데비 필즈
(Debbie Fields)는 언젠가 햄턴 인 호텔에 숙박했던 적이 있었다. 체
크 아웃을 할 때 그녀는 자신이 호텔 방에 처음 들어갔을 때 비누와 수
건이 하나도 구비되어 있지 않았다고 프런트 데스크 직원에게 말했다.
그 말을 들은 직원은 그 자리에서 청구서를 찢어 버리면서 그녀에게 숙
박요금이 "무료"라고 말했다. 이에 깊은 감명을 받은 데비 필즈는 햄턴
인을 회사 지정 호텔로 정했으며, 결국 햄턴 프라미스 호텔 체인의 이
사 가운데 한 명이 되었다.

이런 서비스를 받고 기분이 좋지 않을 고객이 있을까. 하지만 이런
종류의 제도는 단지 고객의 기분만을 염두에 둔 것이 아니다. 근본적
으로 이러한 전략을 채택하는 사업적 이유는 고객의 불만이 서비스 개
선으로 유도되는 환경을 만들기 위해서이다. 《서비스 혁신: 게임 규칙
바꾸기(Service Breakthroughs: Changing the Rules of the Game)》
라는 책에 이러한 전략의 논리적인 근거가 잘 제시되어 있다.

"고객만족 보증 전략은 조직 전체가 경영자의 관점에서 좋은 서비스
가 아니라 '고객이 정의하는' 좋은 서비스를 제공하는 데 초점을 맞추
는 것이다. 여기서 서비스 전달체계에 대한 신뢰할 수 있는 자료가 나
와 기업의 취약점을 파악하는 데 도움을 준다. 뿐만 아니라 고객만족
보증 전략은 직원들에게, 서비스와 관련된 모든 행동 하나하나가 긴급
을 요한다는 생각을 지속적으로 갖게 해준다. 이것의 결과는 당연히
변함없는 고객의 성원으로 나타난다."[1]

프라미스 호텔처럼, 아무런 의문도 달지 않고 철저한 보증 서비스를
제공하는 서비스 회사들은 고객의 불만을 대단히 중요하게 받아들인
다. 고객들은 이러한 전략을 환영할 것이고—그러한 약속을 과연 얼마
나 충실하게 이행할 것인가 다소 의심할지라도—실제로 약속이 철저하
게 지켜지는 것을 확인하게 되면 고객들은 매우 만족하게 되는 것이다.

또 하나 중요한 것은, 이런 전략은 당면한 문제를 즉시 해결하게 만

1. 제임스 L. 허스킷, W. 얼 사서, 크리스토퍼 W.L. 하트, 《서비스 혁신: 게임 규칙 바꾸기
   (Service Breakthroughs: Changing the Rules of the Game)》 (뉴욕: 프리 프레스,
   1990년 발행) : 94~95쪽

드는 재정적 동기를 부여한다는 점이다. 문제가 발생하는 즉시 경제적인 손실을 입게 되므로, 문제를 간과하거나 문제 해결을 뒤로 미룬 채 파일에 철해 두는 일은 발생하지 않게 된다. 고객의 불만을 즉석에서 금전적으로 변상해 줌으로써, 서비스 질을 개선하는 데 있어 "수위를 낮추어 암초를 발견하게 된다"는 얘기다.

프라미스 호텔의 경우처럼 모든 종업원에게 보증 권한이 부여되면, 모두가 서비스 품질에 책임을 느끼지 않을 수 없게 된다. 아울러 종업원들 모두가 자신의 업무와 호텔에 대해 자부심을 느끼게 됨은 물론이다. 더욱이 동료간에 일종의 경쟁심리까지 발동해 각 팀의 구성원들이 자신들의 몫을 다하기 위해 더욱 노력하게 되는 것이다. 프라미스 호텔의 방식을 따르고 싶은가? 서비스를 담당하는 직원들에게 진정 그런 "엄청난" 권한을 부여하고 싶은가? 그렇다면 업무수행에 만전을 기하도록 미리 종업원들을 잘 훈련시키는 게 나을 것이다.

프라미스 호텔 본사에서 이러한 정책을 처음 제안했을 때, 몇몇 프랜차이즈 소유주들은 이렇게 말했다.

"완전히 미쳤군! 그런 걸 악용해서 공짜로 숙박하려는 사람들만 판을 칠 게 뻔하단 말이오. 차라리 그냥 문을 닫으라고 하시오."

그래서 프라미스 호텔 체인은 처음에는 자사 소유 호텔 일부와 프랜차이즈 호텔 일부에 대해서만 그 정책을 실시하기로 했다. 그 결과 숙박요금 환불 비율이 매출의 0.3% 수준으로 예상보다 훨씬 적게 나타났다. 또한 보증 서비스를 이용한 고객들의 경우 다른 고객에 비해 호텔을 "다시 이용할 의향"이 50%나 더 높은 것으로 나타났다. 이후 이 정책이 프랜차이즈 호텔 모두로 확대된 것은 물론이다.

정보기술로 지원하라
(Using Technology to Back up Guarantees)

어찌보면 밑 빠진 독에 물 붓기 같은 이런 방식을 쓰면서도 어떻게 도산을 면할 수 있을까? 그것은 바로 정보기술 덕분이다. 프라미스 호텔은 정보기술을 활용하여 고객들의 불만 사례를 추적하고, 그 결과를 지속적으로 서비스 개선에 활용하였다. 물론 보증 서비스가 너무 빈번하게 행사되는 것을 막기 위해서였다.

모든 고객 불만사항이 중앙 데이터베이스에서 일괄적으로 추적되므로, 프라미스 호텔의 경영진은 불만사항이 어느 호텔의 어떤 부분에서 발생한 것인지를 쉽게 파악할 수 있다. 호텔 체인 본부에서는 동일한 불만사례가 반복되는(가령 프런트 직원이 불친절하다거나 혹은 방이 불결하다는 등) 호텔을 신속히 파악하여, 해당 호텔 지배인과 함께 취약점을 개선할 수 있게 된다. 또한 이 중앙 데이터베이스는 호텔측의 고객만족 전략을 교묘하게 악용하는 고객들을 추적하는 방법도 마련해 준다. 즉 프라미스의 호텔 체인들을 돌아다니며 서비스 결함을 지적하고서 상습적으로 숙박료를 면제받는 사람을 호텔측에서 신속하게 파악할 수 있게 해준다. 이러한 경우가 확인되면, "우리 프라미스 호텔 체인에서는 유감스럽게도 귀하의 서비스 기준을 충족시켜 드리지 못하겠기에 다른 경쟁 호텔을 추천해 드립니다."라는 내용의 정중한 편지를 즉시 그 고객에게 보낸다.

뿐만 아니라 중앙 고객 데이터베이스는 체인망 전체의 단골고객들과 정규 이용자들의 동향도 파악하게 해준다. 정기적으로 네다섯 군데의 프라미스 호텔을 이용하던 기업가가 갑자기 이용을 멈추면, 호텔측에서는 그에게 특별 판촉상품을 제공하며 호텔 이용을 유도할 것이다.

3천만 명에 달하는 고객의 기록을 담은 데이터베이스는 매일 밤 새롭게 그 내용이 갱신되며, 이를 통해 호텔측은 고객 개인의 취향에 맞는 맞춤서비스도 제공할 수 있다. 맞춤서비스는 호텔 종업원과 여행 안내원, 예약담당 직원 등 관계자 모두가 데이터베이스를 볼 수 있기 때문에 가능하다. 예를 들어 예약 고객이 호텔 프런트에 도착하면 데스크 담당 직원은 이미 그 고객이 금연실을 원하고, 킹 사이즈 침대보다는 더블 침대를 선호하며, 알레르기 때문에 특별한 베개를 필요로 한다는 등의 기호와 취향을 파악해 놓은 상태이다.

프라미스 호텔 체인은 정보의 원활한 흐름을 위해 '끝과 끝을 잇는' 인프라스트럭처를 구축해 실행하고 있다. 이 인프라스트럭처 덕분에 호텔 체인은 정보를 활용하여 예약을 관리하고 보증 서비스를 지원할 수 있었고, 또 그것을 운영 및 수익 관리시스템으로도 활용하여 보다 나은 결정을 내리고 보다 효율적으로 호텔을 운영할 수 있게 됐다. 또한 이 관리시스템은 프랜차이즈 호텔들에게 매일매일의 사업 운영을 폭넓게 지원해주고 있기 때문에 프라미스 호텔은 이것을 "컴퓨터 속의 호텔 매니저(a hotel manager in a box)"로 부른다. 프런트 데스크 담당 직원—100% 매년 교체되는 자리—을 교육하는 데 소요되는 비용은 종업원 1인당 11,000달러에서 3,000달러로 줄어들었다. 새로운 프런트 데스크 직원은 멤피스 본사에 가서 2주간 정규 교육과정에 참가하는 대신, 각자가 근무하게 될 호텔에서 2~3시간의 교육을 받으면 된다. 이는 "근무 첫 날, 준비 완료(Day One Performance)"라는 프라미스의 목표에 한 발 더 다가선 셈이다.

프라미스 산하 어느 호텔에 근무하든, 종업원들은 회의실 사용 일정을 짜는 것에서부터 계산 및 체크인에 이르기까지 자신이 담당하는 모든 업무를 단일 방식으로 처리한다. 체크아웃 과정도 간단해져 기존에는 단말기 화면을 스무 번이나 바꿔야 했지만 지금은 세 번이면 된다. 과거 멤피스 본사의 경영진에게만 제공되었던 경영 및 수익 관리정보를 이제는 각 호텔의 지배인들도 상세히 파악할 수 있다. 예를 들어, 10개의 엠버시 스위트 호텔을 소유한 한 프랜차이즈 경영자는 매일 출근하자마자 자신의 PC를 켜서 자신이 소유한 호텔들의 전날 수익 실적을 확인하고, 어느 호텔이 당초 목표를 달성했고 어느 호텔이 그러하지 못했는가를 파악할 수 있다. 만약 최근 들어 10개의 호텔 중 어느 하나의 실적이 저조하면, 즉시 해당 호텔의 지배인에게 e-mail을 보내 모든 종업원들로 하여금 투숙률을 높이고 수익을 향상시키기 위한 대책을 강구하도록 지시할 수 있다. 뿐만 아니라 프라미스 호텔의 관리자들도 똑같은 정보를 참조하고 협력에 동참해 실적이 저조한 호텔을 지원할 수 있다.

사업에 요구되는 사항이 변하더라도, 프라미스 호텔 체인의 PC 아키텍처(architecture, 構造: 컴퓨터 시스템의 하드웨어 구조)는 적절한 추가비용만으로 새로운 응용프로그램의 개발을 가능하게 할 것이며,

매 거래마다 효율성이 높아지는 예약 관리
(Booking Gets Smarter with Every Transaction)

프 라미스의 프랜차이즈 호텔들은 현재 컴퓨터를 통해 체인망 전체의 매출자료에 접속함으로써 각 객실에 대한 숙박료 기준과 판매방식을 결정하는 데 큰 도움을 받고 있다. 「프라미스 시스템 21」이라는 이 호텔의 예약시스템은 체인망 전체의 예약자료와 "이용 가능한 객실당 수익률 (RevPAR: revenue per available room)" 지표를 사용하여 그날그날에 맞는 최적의 요금을 프랜차이즈 호텔들에게 제공한다.

「시스템 21」은 현재 이용 가능한 객실 수와 예약된 날까지 남은 일수를 조사하여 이러한 수치들을 과거의 이용 실적들과 비교한다. 그런 다음에 만일 예약률이 저조하면 보다 저렴한 가격으로 이용할 수 있는 객실 수를 늘리고, 예약률이 높은 경우에는 보다 많은 객실에 표준가격을 매기는 것이다. 또한 이 소프트웨어는, 오늘 이틀간의 예약과 내일 4일간의 예약 가능성 사이의 기회 비용도 비교할 수 있다. 이 시스템은 만일 오늘밤 예약률이 낮을 것 같으면 단골 고객들에게 높은 등급의 방을 특별 서비스로 제공하라고 담당 직원에게 제안하기도 한다. 사실 예약과 관련된 모든 종류의 결정에 있어서 예약담당 직원에게 조언을 해주는 시스템이라 말해도 무방하다.

종종 다른 곳에서 더 싼 가격에 방을 구할 수 있다고 주장하는 "알뜰 고객"들로 인해 데스크 담당 직원들이 난처한 입장에 빠지게 되는 경우도 있다. 이런 때에도 「시스템 21」은 직원들이 고객과 숙박료 문제로 실랑이 할 필요가 없게 해준다. 담당 직원은 「시스템 21」이 제공하는 정보를 바탕으로 호텔측의 수익을 희생하지 않는 범위 내에서 가장 값싼 가격을 고객에게 제시할 수 있고, 고객의 입장에서는 그 날과 그 상황에 맞는 최적의 가격으로 호텔을 이용하게 되었음을 확신하게 되는 것이다.

모든 예약정보와 숙박실적이 지속적으로 중앙 데이터베이스에 저장되므로, 프라미스와 그 프랜차이즈 호텔의 직원들은 호텔 운영에 관한 총체적인 지혜를 쌓아가게 되고, 결과적으로 보다 현명한 결정을 내릴 수 있게 된다. 이에 대해 프라미스 호텔 체인의 정보담당 이사인 팀 하베이(Tim Harvey)는 다음과 같이 말한다.

"예약시스템 덕분에 모든 직원들이 막연한 어림짐작으로 결정을 내리는

> 대신, 축적된 정보를 바탕으로 매순간 보다 적절한 예약 결정을 내릴 수 있게 되었다. 우리는 각각의 프랜차이즈 호텔들이 체인 전체적으로 확보되는 정보로부터 많은 혜택을 누리기를 원한다."

나아가 프라미스 본사와 프랜차이즈 호텔들의 정보나 사업활동을 통합할 수 있게 해줄 것이다.

나쁜 소식을 포착해서 좋은 소식으로 전환하라
(Capturing and Converting Bad News to Good)

　소비재를 생산하는 대부분의 기업들은, 호텔 방이나 좌석처럼 특정 날짜에 바로 "재고가 없어지는" 서비스업체들과는 다른 방식으로 고객만족 보증전략을 수행한다. MS는 제품에 불만이 있는 고객들에게 30일 이내에 한해서 대금을 환불해주는 통상적인 고객만족 보증 서비스를 제공한다. 그렇지만 프라미스 호텔과 마찬가지로 고객들의 피드백을 가능한 한 신속하게 파악하여 제품 개선에 반영하는 데 정보기술이 얼마나 중요한가는 절실하게 인식하고 있다.

　우리는 1985년부터 지원담당 엔지니어를 통해 고객이 당면한 문제들에 대한 자료를 수집하기 시작하였고, 1991년에는 회사와 고객들간의 일상적인 피드백 루프를 구축하는 단계에 들어갔다. 처음에는 전화를 이용하다가 나중에 e-mail이나 인터넷 뉴스그룹, 웹 같은 정보원으로부터 자료를 수집하기 위한 여러 가지 도구를 개발하였다. 그리고 모아진 자료들을 통합하기 시작해, 지금은 컴퓨터 방식의 고객 피드백 도구들을 사용하는 제 3세대에 들어와 있다. 우리 회사에서 고객 피드백 도구를 이용해 "나쁜 소식"을 "좋은 소식"으로 바꾸는 업무를 전담한 팀은 기술 서비스 부서 소속의 제품개선(PI : Product Improvement) 팀이다.

　제품개선팀은 고객의 '대변인'이다. 이 팀에 소속된 사원들은 하루

종일 수많은 나쁜 소식과 약간의 좋은 소식을 엄밀히 조사한다. 이들은 회사의 입장에서 달갑지는 않지만 반드시 들어야만 하는 고객들의 불만이나 요구사항에 초점을 맞춘다. 제품개선팀은 이렇게 고객의 피드백을 분석하고, 고객을 대신하여 불만사항 처리 및 요구사항 관철을 위한 로비를 벌인다. 물론 제품의 세부항목 변경 내지는 새로운 기능의 추가를 주내용으로 하는 이러한 활동은, 우리의 소프트웨어를 사용하는 고객들의 만족도를 높여주기 위한 것이다. 자리는 고객지원담당 부서에 있지만, 고객지원 업무가 아닌 제품개선 업무를 맡고 있는 셈이다.

제품개선팀은 고객으로부터 직접 접수되는, 연간 7~8백만 건에 달하는 '가공되지 않은' 자료들을 문제관리 및 분석 도구를 이용해 의미있는 자료로 전환한다. 접수되는 자료 중 6백만 건은 고객지원과 관련된 불만 사례로, 대부분 전화로 들어오고 일부는 웹을 통해서 들어온다. 1백만 건의 자료는 기업 고객들을 위한 보다 복잡한 지원 서비스인「Premier」로부터 들어온다. 그리고 나머지 자료는 기타 다양한 경로를 통해 접수된다. 전화를 통해 접수되는 문제점들은 고객지원 엔지니어들이 통화하면서 바로 데이터베이스에 입력한다. 온라인으로 접수되는 문제점들은 그대로 데이터베이스에 저장되며, e-mail로 접수되는 문제점들 역시 이미 전자적인 형식을 갖추었으므로 간단하게 양식만 변경해 데이터베이스에 집어넣는다.

이 데이터베이스로부터 각 제품과 관련된 자료들이 적절한 통계 기법을 통해 무작위로 추출되고, 이때 보다 정확성을 기하고 유형별로 분류하기 위해 불필요한 자료들은 제거된다. 각각의 문제점들은 문제 발생 빈도와 그 문제점을 해결하는 데 소요되는 노동력의 크기에 따라 가중치가 부여되므로, 가장 어려운 문제점들이 도표의 상단에 나타나게 된다. 이는「Windows」사용자들이 경험하는 네트워크상의 문제점들의 수와 같이 주제와 제품별로 나타낼 수도 있고,「MS Office」전반에 걸친 파일 관리의 문제성 여부와 같이 주제와 제품군별로 나타낼 수도 있다.

고객들로부터의 피드백이 모두 부정적인 것만은 아니다. 일종의 "희망사항"도 많이 접수된다. 이런 "희망사항" 중에는, 유명한 여배우 산드라 블록(Sandra Bullock)과의 데이트를 주선해 달라는 한 청년의 요구처럼, 우리가 아무 것도 해줄 수 없는 경우들이 있다. 어떤 것들은 내가 사는 집을 구경하고 싶다는 식의 것으로, 가능은 하지만 그렇게 하고 싶지는 않은 종류이다. 또 MS의 「Flight Simulator」 소프트웨어를 이용해 컴퓨터상에서 피지 섬에 갈 수 있도록 해달라는 한 고객의 요구처럼 우리를 어리둥절하게 만드는 것들도 있다. '자기가 직접 좌표만 입력하면 될 텐데 그걸 왜 우리에게 부탁하는 건가?' 알고 보니 그가 「Flight Simulator」 프로그램에 입력한 좌표는 그의 집 샤워 커튼에 그려진 지도에 써 있는 것으로 실제 좌표와는 아무런 관련이 없는 것이었다.

우리는 당연히 제품의 새로운 기능과 관련된 희망사항에 보다 주의를 기울인다. 이런 희망사항들은 웹, e-mail, 팩스, 우편 등의 경로를 통해 고객이나 영업사원, 기술상담 관리자들로부터 매달 1만 건 이상이 쏟아져 들어온다.

제품개선팀은 수집된 모든 자료들을 분석함으로써 문제점들의 우선순위 목록을 만들고 각 제품의 개발팀에 제품의 새로운 기능을 포함하는 다양한 솔루션들을 권고한다. 이런 체계적인 피드백이 개발주기 초기에 개발팀에 도달하게 되고, 결국 다음 번 발매되는 제품에 적절한 수정이나 추가가 이루어지는 것이다. 1997년 9월에 시장에 내놓은 「Internet Explorer 4.0」을 예로 들어 보겠다. 출시 2개월 후, 우리는 신체장애가 있는 사람들이 사용하기 편리하도록 기능을 부분적으로 업그레이드 한 제품을 다시 내놓았다. 그러나 이 제품에 업그레이드 된 기능은 그뿐만이 아니었다. 출시 후 2개월이라는 짧은 기간 동안에 고객들로부터 접수된 가장 큰 문제점 10가지 가운데 6가지가 개선된 것이었다.

우리가 이처럼 신속하게 대처할 수 있었던 것은, 매일 아침 제품개선팀이 고객들이 겪는 문제점들 중 가장 심각하고 시간이 걸리는 것들을 분석, 거기서 발견한 내용을 「Internet Explorer」팀에게 전달했고, 「Internet Explorer」팀은 다시 개발팀에게 문제를 해결하도록 지시했

기 때문이다. 이러한 노력의 결과로 업그레이드 된 제품이 발매된 후
에는 기술지원을 요청하는 고객들의 전화가 20%나 줄어들었다.

　이렇게 고객들의 불만사항을 모니터하고 대처해나가는 과정은 회사
의 모든 주요 제품들을 대상으로 대규모로, 그리고 장기간에 걸쳐 진
행된다. 물론 이 과정은 계속적으로 반복된다.

　우리는 또한 이러한 정보를 인트라넷을 이용하여 회사 내의 모든 관
련 부서 직원들에게 널리 퍼뜨리고, e-mail을 통해 웹 페이지들을 조
정한다. 모든 직원들은 웹 사이트를 통해 주요 제품에 대해서 고객의
불만과 요구사항에 대한 현재 상황을 파악할 수 있다. 제품이 발매되
면 제품개선팀은 고객들의 즉각적인 반응을 분석한 보고서를 회사 내
에 유포한다. 보다 상세한 보고서는 매달 주요 제품군별로 작성되어
배포된다. 이 상세한 보고서에는 문제점의 현황과 단기적인 대책 및
장기적인 해결책 제안, 해당 제품군에서 나온 갖가지 반응 등이 포함
된다. 그리고 이 월간 보고서들이 나오자마자 우리는 MS의 회원들에
게 보고서에 접속할 수 있는 링크들을 e-mail로 보내준다. 다른 직원
들도 인트라넷 사이트를 검색할 때 최근의 보고서들을 보게 마련이다.

　이 보고서를 보기 위해 인트라넷 사이트에 가장 많이 접속하는 사람
들은 프로그램 관리자와 제품개발 담당자, 그리고 다양한 제품을 테스
트하는 직원들이다. 온라인 내용을 구성하는 직원들은 고객들의 관점
에서 가장 중요한 문제에 초점을 맞추는 내용을 개발하기 위해 이 사이
트를 정기적으로 방문하고, 또 다른 팀의 경우에는 고객들에게 필요한
새로운 소프트웨어 도구가 무엇인지 파악하기 위해 자주 인트라넷 사
이트의 보고서를 검토한다. 고객의 불만과 요구사항에 대한 이러한 현
황은 고위 경영진에 올라가는 분기별 주요 제품 평가보고서에도 포함
된다.

사용자들의 문제를 '안전하게' 해결하라
(Helping Users Step Safely through Problems)

최근 몇 년 동안 MS를 포함하여 여러 소프트웨어 판매회사들이 사업의 중심을, 기술 수준이 높은 고객들로부터, 고도의 복잡한 기술보다는 기본적으로 사용상의 편리함을 원하는 고객들 쪽으로 옮기고 있다. 소프트웨어가 업무용으로 널리 보급됨에 따라 기술적인 문제에 대한 이해를 필요로 하지 않는 사원들의 컴퓨터 사용이 일반화되었기 때문이다. 뿐만 아니라 소프트웨어업계와는 전혀 인연이 없다고 스스로를 평가해 온 기업들조차 너도나도 웹 페이지를 개설하고, 고객들과 전자적으로 통신하고 있는 실정이다. 기술 수준이 그다지 높지 않은 고객들을 상대하는 경우, 단순히 문제점을 해결하는 도구를 제공하거나 시스템상의 버그를 없애주는 데 신속한 것만으로는 부족하다. 그들은 무엇보다도 먼저 소프트웨어 사용상의 간편함을 요구한다. 모든 산업 부문을 통틀어 많은 기업들의 당면 목표는, 고객 피드백 루프를 통해 보다 많은 고객의 의견을 모든 제품의 여러 측면에 반영하여, 아예 처음부터 제품으로 인한 "나쁜 소식"이 적게 생기도록 만드는 것이다.

전자상거래가 확산됨에 따라, 많은 사업체가 디지털 도구들을 이용해 현재 MS에서 행하는 것과 같은 종류의 고객지원을 제공해야 할 것이다. 적어도 가까운 미래의 고객들은 전자상품이나 서비스를 구매하려 할 때, 다음과 같이 망설일 것이라는 사실을 판매업자들은 하루 빨리 자각해야 한다. '설치하기가 어렵지는 않을까? 내가 기대한 대로 작동할까? 만약 사용중에 문제가 생기면 어떻게 도움을 받을 수 있지?' 또한 사용자들은 한 번의 경험을 다른 것과 연관시키는 경향이 있다. 기본적인 온라인 서비스를 받을 수 있는 환경을 설정하는 데 어려움을 겪었다면, 온라인 뱅킹 역시 마다할 것이다. 이들이 어떤 웹 사이트에서 전자상거래를 하는 데 불편함을 느꼈다면, 그 웹 사이트가 잘못 만들어졌다고 생각하는 대신 전반적인 전자상거래 기술 자체에 문제가 있다고 생각할 것이다.

에러 메시지 "도움말"
(Error Message "Help")

우리 MS는 에러 메시지와 같은 아주 단순한 기능들을 수정함으로써, 도움을 얻기 위해 전화하는 고객들과의 통화량을 현저하게 줄일 수 있었다. 사실 사용자들에게 도움을 주어야 할 에러 메시지들이 얼마나 모호하고 이해하기 어려운지 참으로 놀라울 따름이다. 여기 내가 곧잘 예로 드는 에러 메시지가 하나 있다. 이 메시지를 이해할 수 있는 사람은 아마도 1,000명의 사용자 중 한 사람밖에 없을 것이다.

"DHCP 클라이언트는 IP 어드레스(Internet Protocol Address)를 할당받을 수 없습니다. 만약 앞으로 DHCP 메시지를 보기를 원하시면 'yes'를 선택하시고, 아니면 'no'를 선택하시기 바랍니다."

"아니면 'no'를 선택하시기 바랍니다"라는 표현이 특히 재미있다. 이 에러 메시지는 대부분의 사용자들이 DHCP의 의미─네트워크상에서 컴퓨터들을 식별하기 위해 각 컴퓨터들의 주소(Address)를 할당하는 방법─를 이해한다는 것을 전제로 만들어진 것일 게다. 그러나 여기서 "yes"와 "no"의 차이는 도대체 무엇이란 말인가? 나도 처음 이 메시지를 보았을 때, 그것이 무엇을 의미하는지 도저히 알 수 없었고, 따라서 대부분의 다른 사용자들처럼 "no"를 선택하였다─사실 나는 이 메시지를 두 번 다시 보고 싶지 않았다. 나는 최근의 슬라이드 프리젠테이션에서 우리 회사의 소프트웨어 제품들이 더 단순해져야 한다는 점을 강조하면서 참석자들에게 이 에러 메시지를 예로 보여주었다. 일부 직원들은 연설 도중 내가 기술적인 문제를 거론하려는 것으로 생각하기도 했단다! 이후 우리는 윈도우 최신 버전에서 이 메시지를 수정하였다.

여러분은 시스템상에서 파일을 적절한 응용프로그램과 연결할 수 없다는 에러 메시지를 본 적이 있는가? 그런 경우를 당하면 정말 암담해진다. 시스템조차 어떤 파일이 어느 프로그램에 연결되어야 하는지 찾을 수 없다면, 도대체 그걸 어떤 사용자가 알 수 있단 말인가? 뿐만 아니라 웹 페이지에 접속하려고 무던히도 노력하였다가 실패한 경우 얼마나 많은 에러 메시지와 마주쳐야 했던가? 이들 에러 메시지를 근거로 접속이 실패한 진짜 이유를 알 수 있는 사용자가 또 얼마나 있겠는가?

문제는 에러 메시지가 혼동을 준다는 것만이 아니다. 더 큰 문제는 전반적인 시스템 자체가 사용자로 하여금 문제를 해결하도록 도와줄 수 있을 만큼 잘 만들어지지 못했다는 것이다. 적어도 소프트웨어라면 사용자에게 수수께끼 같은 에러 메시지를 보여주면서 경고만 할 게 아니라, 문제를 알아서 자동으로 해결해준다든지 혹은 사용자가 문제 해결에 필요한 단계를 거칠 수 있도록 도와주어야 하지 않겠는가. 여기서 우리가 개발한 「마법사(wizards)」 소프트웨어를 예로 들 수 있는데, 마법사는 가령 프린트를 하는 과정에서 문제가 생겼을 때 사용자가 적절한 조치를 취해서 문제를 해결할 수 있도록 도와주고, 혹은 특정 절차를 수행할 수 있는 간단한 지름길을 안내해 주기도 한다. 우리는 앞으로 「마법사(wizard)」와 같은 소프트웨어를 더 많이 개발할 계획이다.

고객 피드백 루프를 형성하라
(Creating a Customer Feedback Loop)

고객만족 보증제도를 통해 고객의 입장에 관심을 갖고, 디지털 정보도구를 사용하여 고객 문제에 신속하게 대처한 것은 프라미스 호텔에 있어 매우 유효한 전략이었다. 그렇다면 이 전략은 다른 서비스 기업들에 있어서도 효과를 발휘할 것이다. MS의 경우처럼 고객의 불만을 정보기술을 활용하여 신속하게 제품개발팀에 전달하는 방식 또한 모든 제조업체들이 받아들여 효과를 거둘 수 있는 전략이다. 보험회사든 부동산회사든 혹은 트럭 생산업체든 아침식사용 시리얼을 만드는 기업이든 그 업종에 관계없이, 미래의 성공을 위해서는 디지털 신경망을 이용해 고객과 핵심사업 부문을 연결해야 한다는 원칙이 무엇보다도 중요하다.

디지털 신경망이 없어도 고객들로부터 정보를 수집할 수는 있지만, 그것을 신속하게 분석하는 것은 불가능하다. 서비스나 제품을 개발하는 프로세스에 디지털화 되어 있지 않은 정보를 통합하는 것은 불가능하다. 디지털 신경망을 구축하지 않고서는 고객들로부터 수집한 정보

를 즉각적으로 제품개발 담당자들에게 전달하는 것도 불가능하다. 반
면 디지털 신경망은 이 모든 것들을 가능하게 해주며, 기업 전체를 상
황 변화에 잘 대처하고 학습하는 유기적인 조직체로 변화시킬 수도 있
다. 아울러 고객 서비스는 보조적인 사업 활동이 아니라 제품개발의
필수적인 부분으로 통합되는 것이다.

　이러한 프로세스는 고객을 모든 솔루션의 중심에 놓겠다는 기업 차
원의 결정에서부터 시작되어야 한다. 일단 그렇게 하고 나면, 디지털
정보는 고객의 필요와 기업의 대응 사이에 긴밀한 피드백 루프를 구축
할 수 있도록 해준다. 프라미스 호텔의 모든 직원들은 고객이 가장 신
경 쓰는 문제점에 그들의 초점을 맞출 수 있다. MS에서는, 소프트웨
어 엔지니어들이 기술적으로 가장 "흥미를 느끼는" 문제점보다는 고객
들을 가장 난처하게 만드는 문제점을 해결하는 데 그들의 역량을 결집
하고 있다.

항상 고객의 입장으로 돌아가라
(Always Going Back to the Customer)

　일단 전자적으로 피드백을 받아들이게 되면, 신속하게 고객들의 질
문에 답할 준비를 갖춰야 한다. 고객이 우편으로 기업에 질문을 한 경
우에는 최소한 1주일 동안은 응답을 기대하지 않을 것이다. 그러나
e-mail로 질문을 할 때는 다르다. 그것이 도달하는 데 몇 초 정도까지
는 아니더라도 몇 분밖에 걸리지 않는다는 사실을 누구나 다 알고 있
다. 제대로 된 기업체라면 e-mail을 받고 몇 시간 이내에 혹은 늦어도
다음날 아침까지는 답신을 보내야 한다. 2~3일은 너무 "느린" 것이
다. 만약 답신을 보내는 데 몇 주일씩 걸린다면 고객들은 가차없이 다
른 기업으로 발길을 돌릴 것이다. 또한 e-mail은 일반우편보다 보내기
가 쉬운 까닭에 고객들로부터 들어오는 의견의 양도 많아질 것이다.
그러므로 전자적인 피드백을 활용하려면, 반드시 그것을 신속하게 처
리할 수 있는 충분한 직원과 내부 시스템을 갖추어야 한다.

더 길어지는 전화 통화
(About Those Longer Phone Calls)

전 자적인 피드백 루프는 기존의 고객지원 양식을 근본적으로 변화시킬
   것이다. MS에서는 온라인 고객지원 시스템을 운영하면서 비교적 간
단한 고객들의 문제는 대부분 웹 사이트를 통해 처리된다는 사실을 발견하
였다. 따라서 현재 전화를 통한 기술지원은 보다 어려운 문제들을 다루는 데
집중되고 있다. 현재의 상황을 요약하면, 제품 단위당 기술지원을 요청하는
전화 통화 횟수는 갈수록 적어지고 있는 반면, 각 통화의 평균 소요시간은
점차 길어지고 있다.

이러한 추세에 당혹감을 느낄지도 모르겠다. 기술지원에 소요되는 통화
시간이 길어진다는 것은 문제가 더욱 심각해지고 있음을 의미할 수도 있기
때문이다. 그러나 이 상황에서는 길어지는 전화 통화가 좋은 징조이다. 초보
적이거나 평이한 문제들은 인터넷 사이트에서 대부분 처리되고, 어려운 문
제들은 숙련되고 경험이 풍부한 지원담당 직원들이 전화를 통해 직접 해결
해준다는 것을 의미하기 때문이다.

델 컴퓨터사에서도 온라인을 통해 더 많은 기술지원을 제공하면서 이와
똑같은 과정을 겪었다. 이러한 경향은 제품의 종류에 관계없이 온라인 기술
지원을 제공하는 모든 기업들에게 공통된 현상이 될 것이라고 나는 생각한
다. 이렇게 되면 기업은 전화를 통해 기술지원을 해주는 숙련된 직원이 과거
에 비해 더 많이 필요하게 될 것이다. 하지만 그와 동시에 고객을 훨씬 더
깊이 있게 도와주게 되는 셈이니 나쁠 것 없지 않은가.

고객의 소리에 귀를 기울이고, 그들의 불만을 실패를 만회할 절호의
기회로 받아들여 원하는 바를 구체적으로 개선하라. 초기에 디지털 신
경망 구축에 투자하여 고객들로부터 자료를 수집하고, 분석하며, 효과
적으로 이용하는 기업들은 확고한 경쟁우위를 확보하게 될 것이다. 기
업은 자사의 재정상태를 점검하는 것 이상으로 자주 고객의 불만사항
들을 면밀히 파악해야 한다. 여기서 디지털 신경망은 나쁜 소식을 오
히려 제품과 서비스 개선이라는 좋은 결과로 전환시켜줄 것이다.

비즈니스 교훈

- □ 가장 개선되어야 할 부분을 파악하려면 나쁜 소식을 받아들여라.

- □ 가장 불만이 많은 고객이 '학습'을 위한 가장 큰 자원이다.

- □ 고객의 불만을 즉각적인 솔루션으로 연계할 수 있도록 정책을 수립하고 기업의 구조를 개선하라.

디지털 신경망의 진단

- □ 고객이 제품과 서비스에 대해 원하는 개선점을 파악하기 위해 전자적인 고객 피드백 루프를 통해 자료를 수집하고 분석할 수 있는가?

- □ 디지털 신경망이 고객으로부터 접수된 불만을 즉각 담당자에게 신속하게 전달할 수 있도록 도와주는가?

- □ 전자적으로 전달된 고객의 피드백에 신속히 대처할 수 있는가?

- □ 간단하게 해결될 수 있는 고객들의 문제는 웹 사이트로 유도하고, 보다 어려운 문제들은 전화를 통해 지원하도록 처리할 수 있는가?

제 12 장

수치정보를 철저히 파악하라
(Know Your Numbers)

어려운 기업환경에서 번영을 이루기 위해서는 모든 고객들의 주문
내역(새로운 것이건 낡은 것이건)을 철저하게 파악하고, 동시에 기업 내
의 모든 자산(물리적인 고정 자산이건 가변적인 재고 목록이건)에 대한 완
벽한 정보를 확보해야 한다. 그리고 그 다음은? 이러한 정보를 지키
고, 유지하며, 그로부터 수확을 얻는 유일한 길은 정보기술을 적극적
으로 활용하는 데 있다.

— J.윌리엄 굴리, 《차별화(Above the Crowd)》

여러분이 자동차 엔진오일을 교환하기 위해 지피 루브(Jiffy Lube:
미국 최대 자동차용 윤활유 교환 전문회사 – 譯註)에 가서 여름용 엔진 오
일인 10W-40으로 교환해 달라고 주문했다고 가정해 보자. 그러면 서
비스담당 기술자는 엔진오일을 갈아넣기 전에 먼저 PC 터미널을 통해
서 고객의 자동차 제조업체가 10W-40오일을 추천하고 있는지, 그리
고 고객의 자동차 모델에 그 엔진오일이 적당한지 여부부터 확인할 것
이다.

사실상, 그 기술자는 고객의 자동차 모델을 생산한 제조사가 추천하
는 적정 서비스 빈도는 물론이고, 제조사가 추천하는 부품 중에서 지
피 루브가 제공할 수 있는 부품—오일, 필터, 헤드라이트, 와이퍼, 변
속기 오일, 그리스, 심지어 그리스용 기구 등등—에 대해서도 상세하
게 설명할 수 있다. 이 모든 정보들은 본사의 서비스담당 부서에서 운

영하는 PC기반 POS 시스템(point-of-sale: 중앙 컴퓨터에서 현장 단말
기를 통해 매장의 판매 활동을 실시간으로 처리 · 반영하는 시스템 - 譯註)
에서 제공된다.

자동차들은 정비소에 들어오기가 무섭게 빠져나간다. 전형적인 지
피 루브 대리점의 경우 하루 평균 45대의 자동차를 정비하는데, 새로
운 정보시스템의 도입으로 전보다 훨씬 더 신속하고 효율적으로 움직
인다. 기술자들은 이제 더 이상 인쇄물로 되어 있는 작업지침서를 들
추어 볼 필요가 없다. 새로운 정보시스템의 도움으로 대리점 관리자는
이제 하루 중 특정 시간대에, 혹은 한 주 중 특정 요일에 필요한 정비
기술자의 숫자도 미리 뽑아볼 수 있다. 이 덕분에 시간외 근무가 줄어
들었고, 무엇보다도 정비를 기다리느라 자동차들이 줄지어 늘어서는
일이 없게 되었다. 자동차 정비업계의 고객들은 정비소에 길게 늘어선
줄을 보는 즉시 딴 곳으로 가버리고 만다. 과거에 일일이 서류로 작업
을 진행할 때는 병목현상으로 인해 생산성이 떨어질 수밖에 없었다.

지피 루브 대리점을 다녀간 후 3개월이 지나면 고객은 다시 오일교
환 시기가 왔음을 알리는 통지서를 받아보게 된다. 지피 루브는 매주
30만 통에 달하는 통지서를 고객들에게 발송한다. 서비스를 제공한 모
든 내역을 데이터베이스로 관리하며 적시에 고객들에게 서비스 시기를
안내하는 것은, 오늘날 모든 서비스업계에서 필수적으로 갖추어야할
요소이다. 지피 루브의 정보시스템은 고객이 자동차 정비를 위해 방문
할 때마다 방문시기 사이의 주행거리를 모니터하며, 고객이 수차례에
걸쳐 방문하면 그 고객의 주행습관까지도 파악하게 된다. 각 고객의
정비시기와 주행습관을 미리 파악함으로써 여러 제품과 서비스를 끼워
팔 수 있는 기회도 갖게 되는 것이다.

1991년에 펜조일(Pennzoil)에 인수될 때까지만 해도 지피 루브는
적자에 허덕이고 있었다. 미국 전역에 즉석 오일교환 센터들을 둔 세
계 최대의 프랜차이즈 체인이었음에도 불구하고 말이다. 그러나 1997
년에 지피 루브는 총수입이 7억 6천 5백만 달러에 달했고, 전년과 비
교하여 14% 증가한 2천 5백만 달러의 수익(사상 최대 수익)을 올렸다.
또 1997년 한 해 동안 정비한 자동차 수는 2천 1백만 대로, 이는 전년

과 비교하여 120만 대나 증가한 것이었다.

이처럼 뛰어난 성과를 거둘 수 있었던 것은, 각 대리점과 본사간에 매일매일 정보의 흐름이 원활하게 이루어진 덕분이다. 고객서비스에 관련된 정보는 본사에서 직영하는 600개의 대리점과 프랜차이즈로 운영되는 1,000개의 대리점들로부터 휴스턴에 있는 본사로 매일 밤 전송된다. 퀘이커 스테이츠사의 큐 루브(Quaker State's Q Lube) 대리점들을 합병함에 따라, 전체 대리점 수는 2,100개 이상으로 늘어날 것이다. 대리점으로부터 온 자료들은, 최근에 메인프레임에서 PC 서버로 개량된 120기가(1기가=10억) 바이트 데이터베이스를 포함하는 다중 서버들에 저장된다. 그러면 본사는 즉시 몇 가지 사업 척도들—정비된 차량의 수, 비용, 매출액, 예상수익 대비 실제수익—과 판매경향을 분석한다. 이러한 분석을 거쳐 새벽 5시쯤이면 최신 실적자료가 준비되고, 이때부터 전국에 퍼져 있는 각 대리점의 관리자들은 본사의 데이터베이스에 접속하여 자료를 활용할 수 있게 된다. 대리점 관리자들이 일자별로 주로 이용하는 정보는 전날의 매출 현황과 평균 정찰가, 작업별 소요시간, 전체 작업처리량 등이다.

본사의 경영자들은 모든 대리점의 각종 실적 지표를 지난 실적과 비교하여 파악할 수 있다. 다수의 대리점들을 거느리고 있는 프랜차이즈 영업권자들은 대리점 전체의 사업운영을 통합 관리할 수 있다. 평균 10개의 대리점을 감독하는 본사의 지역담당 관리자들은 사업운영 자료를 이용해 대리점 관리자들의 사업운영을 돕고, 효율성과 수익률을 높일 수 있도록 지원한다. 이 회사의 시스템은 상당히 유연하다. 만일 지역담당 관리자가 특별한 보고를 밝혀내면 —가령 편법이나 비정상적인 내용을 감지해내면— 그것을 전자적으로 다른 대리점들에 보내 로컬(local, 局所) 분석을 하게끔 할 수도 있다. (local: 통신망으로 연결된 컴퓨터 시스템 또는 데이터베이스에서 다른 위치의 작업과 관계없이 독자적으로 행하는 작업 - 譯註)

일반적으로 지피 루브의 관리자들은 시장분석 전문가가 아니므로, 본사 직원들이 일괄적으로 마케팅을 담당하고 트렌드를 분석한다. 이들이 이용하는 정보에는 통계수치와 지도, 고객들의 프로필 등이 포함된다. 분석된 자료는 지역별 매출실적과, 예상보다 실적이 저조한 대리점이나 판촉활동을 펼칠 필요가 있다고 판단되는 지역 등을 보여준다.

지피 루브의 정보시스템은 이상 현상에 대한 원인규명의 기회도 제공한다. 예를 들어 고객들이 가까운 곳에 있는 대리점을 지나쳐 먼 곳에 있는 대리점에 가는 것으로 나타나면, 정보시스템을 통해 고객들의 그러한 경향이 교통 흐름에 의한 자연스러운 결과인지 아니면 가까운 대리점에 문제가 있는 것인지 그 이유를 밝힐 수 있는 것이다.

지피 루브는 이제, 판촉활동을 지원하는 데도 정보시스템을 활용하기 시작했다. 예를 들어 본사의 관리자가 어느 화요일 오후에 기상예보를 보고 특정 시장에서 와이퍼 판촉활동을 벌이기로 결정하면, 그 관리자는 즉시 정보시스템을 새로운 판촉 세부지침과 가격체계로 갱신하고, 그것을 해당 지역의 대리점에서 수요일 아침부터 활용하도록 하는 식이다. 나중에 그 관리자는 대리점들로부터 입수된 후속 정보를 가지고 다른 지역에도 똑같은 판촉활동을 벌일 만큼 수익성이 있었는지, 또는 변속장치 같은 다른 제품으로 특별 판촉활동을 벌이는 게 나을 뻔했는지 따위를 판단할 수 있게 된다.

또한 지피 루브는 방대한 양의 통계분석 자료와 지도 표시 소프트웨어를 이용해 사업성이 있는 예상 지역을 파악하거나 개발할 수도 있다. 이 소프트웨어는 현재 영업중인 지피 루브 대리점과 경쟁 대리점들을 좌표로 나타낸 후, 이미 사업타당성이 있는 것으로 드러난 지역의 통계자료를 토대로 새로운 유망지를 산출하여 좌표로 제시한다. 이때 지피 루브는 이러한 후보 지역의 위치와 시장분석 자료를 비교 검토하여, 잠재 고객이 가장 많은 지역을 선정할 수 있다. 이런 종류의 분석은 지피 루브와 프랜차이즈 영업권자의 유대를 강화시켜준다. 다른 대리점과의 근접성이나 토지비용은 물론이고 그들이 파악하기 힘든 다양한 사업변수들에 대해서도 상세한 자료를 제공해주기 때문이다.

현재, 지피 루브의 개별 고객들에 관한 정보는 해당 지역의 대리점에 있는 데이터베이스에 저장된다. 각 대리점들은 그 규모에 따라 8,000~50,000명의 고객에 대한 자료를 데이터베이스로 관리하고 있

다. 지피 루브는 자사가 보유한 1천 8백만 대의 자동차 기록과 8천 5
백만 건의 서비스 기록을 모든 대리점과 연결되는 전국적인 데이터베
이스에 통합할 계획을 세우고 있다. 머지않아 지피 루브의 고객들은
미국 내의 어느 대리점으로 차를 몰고 가더라도 이제까지 자신의 차가
받은 서비스 내역을 파악할 수 있게 될 것이다. 어떤 대리점에서 서비
스가 제공되건, 그 자료가 데이터베이스에 추가되어 전국의 모든 대리
점에서 이용할 수 있게 되는 것이다.

여러 가지 종류의 고객서비스가 가능해짐에 따라 지피 루브의 사업
방식도 달라졌다. 지피 루브는 이제 뒷짐이나 진 채 고객이 오기만을
기다리지 않는다. 이 회사는 고객과 시장에 관한 정보를 가능한 한 많
이 확보하여 그에 따라 융통성 있게 움직인다. 또한 고객들이 선호하
는 판촉활동의 종류를 파악하고, 그것을 고객들에 대한 통계 자료와
연계시킨다. 이것의 결과는 보다 집중된 판촉활동으로 나타난다. 예를
들면, 한 대리점에서 반경 2마일 이내에 거주하는 특정한 소득 수준의
고객들을 선별해 그들에게만 특별 판촉물을 보낼 수도 있는 것이다.

뿐만 아니라 지피 루브는 고객 개개인의 기호에 대한 자료도 수집하
여, 가령 인쇄물보다는 e-mail을 선호하는 고객이 있으면, 그에게는
항상 e-mail을 통해 서비스 시기를 알리거나 판촉 홍보물을 보낸다.
e-mail로 통지를 보내면 말 그대로 개별적인 판촉활동을 벌일 수 있
고, 또 비용이 절감된다는 장점도 따른다.

지피 루브는 또한 웹 사이트 개설을 고려중이다. 지피 루브 웹 사이
트가 개설되면, 일반 고객이든 기업의 차량담당 관리자든 지피 루브
고객이면 누구나 그간의 차량서비스 내역이나 자동차 제조사의 권고사
항 등에 대한 정보를 온라인으로 제공받을 수 있게 된다. 이 웹 사이트
는 시행중인 판촉행사에 대한 자세한 정보를 제공하고, 그것에 흥미를
느낀 고객들이 가까운 대리점을 찾도록 유도하는 역할도 수행할 것이
다. 지피 루브는 현재 이 모든 서비스를 제공할 수 있는 인프라스트럭
처를 이미 갖춘 상태라고 봐도 좋다. 왜냐하면 고객자료를 중심으로
회사 내 모든 정보의 흐름을 구축해 놓았기 때문이다.

업무와 관련된 각종 수치를 철저하게 파악하라
(Knowing Your Numbers for Shaping Your Business)

"업무 관련 수치를 철저하게 파악하는 것"은 사업의 기본적인 상식이다. 기업은 사업을 수행하는 모든 단계에서, 그리고 고객과 접촉하는 모든 단계에서 최대한의 자료를 수집해야 한다. 물론 협력사와 접촉하는 모든 단계에서도 마찬가지다. 그리고 나서 그 자료들이 무엇을 의미하는지 파악해야 한다. 이는 오로지 사업의 손익계산만을 염두에 두라는 말이 아니다. 사업수행 과정에서 발생하는 모든 상황을 객관적으로 이해해야 한다는 말이다. 예컨대 장기적인 이득을 위해 단기적인 이익을 포기하는 경우, 그러한 교환의 대가를 가능한 한 정확하게 알 필요가 있지 않은가. 기업이 핵심 사업부문의 효율을 높이고, 고객이나 협력사와의 유대를 강화하며, 새로운 방식으로 사업영역을 확대하는 동시에 더 나은 제품과 서비스를 개발하는 길은 스스로 수집한 자료를 활용하는 데 있다.

지피 루브의 예를 통해 우리는 두 가지 다른 차원으로 고객자료를 활용하는 방법을 알 수 있다. 첫번째는 자료를 수집하여 통계를 내서 고객들의 전반적인 유형과 트렌드를 파악한 후, 이를 근거로 분석하고 기획하여 의사결정을 내리는 것이다. 두번째는 고객 개개인에 대한 상세한 정보를 모아 개인의 기호와 취향에 맞게 개별적인 서비스를 제공하는 것이다. 이 장(章)에 나오는 나머지 예에서도 고객의 자료를 활용하는 이 두 가지 방식—종종 일련의 동일한 자료로부터 나오는 두 가지 방식—을 보게 될 것이다. 처음부터 끝까지 모든 단계에 디지털 정보의 흐름을 구축함으로써 기업은 지식관리와 상거래, 사업운영 사이에 완벽한 고리를 만들어 낼 수 있다.

앞서 말한 두 종류의 고객자료를 모두 효율적으로 활용하려면, 자료를 처음부터 디지털 형식으로 수집하고 사업수행 과정에서 중대한 시점마다 역시 디지털 방식으로 분석해야 할 필요가 있다. 여기서 "중대한 시점"이란 기업 내부적으로 직면하는 상황뿐만이 아니라 고객이나 협력사와의 관계에서 발생하는 상황까지 의미한다. 회사의 업무 관련 수치를 철저히 파악하는 것은 모든 사업관계를 변모시키는 데 도움을 주고, 아울러 경쟁우위를 확보하는 데 결정적으로 기여할 것이다.

자료 수집하기
(Collecting Your Data)

정확성을 기하기 위해 자료는 처음부터 디지털 형식으로 수집해야 한다. 그렇게 해야 자료를 다시 디지털로 전환할 때 소요되는 노동력과 그 과정에서 발생하는 에러를 줄일 수 있다. 다시 지피 루브를 예로 들어보자. 현재 지피 루브에서는 고객이 처음으로 대리점을 방문하면, 정비 기술자가 서류철에 고객의 정보를 받아 적은 후에 다시 컴퓨터에 입력한다. 그러나 지피 루브는 앞으로 휴대용 소형 PC를 사용하여 번거로운 재입력 과정을 생략할 계획이다. 서류에 받아 적은 고객자료를 다시 컴퓨터에 입력하는 과정은 단지 몇 분이 걸릴 뿐이지만, 입력과정에서 실수할 가능성이 높은 데다가 고객도 그 시간만큼 기다려야 하기 때문이다.

MS에서도 팩스 대신 디지털 형식으로 고객의 주문을 받기 시작하자마자 주문처리 과정이 엄청나게 개선되었다. 그리고 디지털 주문을 담당하는 우리의 MOET(Microsoft Order Entry Tool: 주문 접수용 도구) 응용프로그램은 빠르게 범세계적인 전자상거래용 웹 사이트로 발전했다. MOET는 우리의 제품 공급업자들이 디지털 방식으로 주문 내용을 아주 쉽게 입력하게 해준다. 그들이 주문을 온라인으로 접수시킬 수도 있고 배치 파일(batch file: 여러 과정을 한꺼번에 실행하기 위해 만든 자동 실행 파일 – 譯註)로도 전송할 수 있기 때문이다. 모든 부품의 번호를 내장하고 모든 주문을 개별적으로 확인하는 MOET 덕분에 우리는 주문접수 과정에서의 오류 발생률을 75%에서 0%로 줄일 수 있었다. 또한 MOET는 제품 공급업자의 주문을 받는 즉시 자동으로 가격을 매겨준다. 제품 공급업자들은 MOET 사이트를 통해 배달 일자를 확인할 수 있을 뿐만 아니라 다른 제품과 서비스에 대한 정보도 파악할 수 있다. 1998년 한 해 동안 34억 달러에 달하는 매출을 처리한 MOET 사이트는 현재 세계 최대의 매출처리 웹 사이트인 시스코 시스템(Cisco System: 네트워크 관련 제품 판매회사 - 譯註)의 주문 사이트와 어깨를 나란히 하고 있다.

일단 MOET가 주문을 접수하고 확인하고 나면, 그 내역은 지역별로 적절한 MS 제조시스템에 전자적으로 발송된다. 그러면 생산공장에서는 MOET 정보를 이용하여 자동으로 해당 제품의 생산일정을 계획한다. 제품 생산일정을 수작업으로 짜던 과거에 비해 시간이 크게 줄었음은 물론이다. 만약 자료를 디지털 형식으로 보유하지 않았다면 이러한 연관 효과를 달성하기는 힘들었을 것이다.

처음부터 디지털 형식으로 자료를 수집하면 그 긍정적인 파급효과가 전체 사업영역으로 확대된다. 코카콜라사-이 회사의 정보시스템은 14장(章)에서 보다 상세하게 다룬다-는 무선전화나 적외선 신호를 통해 인공지능 기능이 내장된 자판기로부터 직접 자료를 수집하고 있다. 일본과 호주지역에서 이미 사용중인 이 자판기들은 판매된 음료수 캔의 수와 거스름돈의 양, 누수 문제 등과 같은 정보를 관리시스템으로 전송한다. 해당 지역 코카콜라 대리점에 있는 PC 재고관리 프로그램은 그러한 자료를 통해 자판기의 상태를 파악하고, 운송담당자에게 다음날 보충해야 할 품목과 자판기의 위치를 알려주는 배달목록을 작성한다. 호주에서는 이러한 필요에 따른 적시 배달방식을 통해 음료수 판매가 중지된 자판기 비율을 하루 20%에서 단 1%로 줄일 수 있었고, 더불어 매출도 늘릴 수 있었다. 또한 그 덕분에 운송담당자들도 혜택을 받게 되었다. 운반 콜라 상자 수에 따라 급여를 받는 이들의 생산성이 50%나 증가했던 것이다. 이렇게 자판기 재고관리와 제품배달의 효율성을 증대함으로써 코카콜라는 새로 대리점을 늘리지 않고도 최근 3~5년 사이에 중동 지역과 극동 지역 사업부에서 매출 실적을 2배로 증가시킬 수 있었다.

디지털 형식으로 수집된 정보를 활용할 경우 청량음료 판매와 같은 기존 시장에서 새로운 사업영역을 개척할 수도 있다. 코카콜라의 새로운 자판기에 부착된 패널(panel)은 대화형 기술을 이용해 광고나 일기예보, 심지어 지하철 노선도까지 제공하고 있다. 텍사스에서는 고객들이 주유소에서 연료를 보충하는 동안에 신용카드나 직불카드로 자판기를 이용하도록 하는 프로그램을 시범운영중이다. 주유소를 이용하는 고객들 대부분은 건물 안으로 들어가지 않으므로, 주유기 옆에 디지털 판매 시스템을 설치할 경우 새로운 고객층을 확보하게 되는 셈이다.

판매 프로세스의 가속화와 확대
(Speeding and Expanding the Sales Process)

정보기술 분야의 세계적 대기업인 지멘스 AG 산하 지멘스 정보통신 네트워크(Siemens Information and Communicaion Networks)는 PBX(Private Branch Exchange: 구내 전화교환기)로 알려진, 기업 내에서 사용하는 원격 통신시스템업계의 선두주자이다. 사내 전화 시스템을 구축하기 위해 지멘스를 찾는 고객들은 PBX에 대한 여러 가지 옵션 중에서 필요에 맞는 것을 고른다. 그러면 지멘스가 구축해놓은 완벽한 디지털 판매 프로세스 시스템이 신속하게 견적을 제시하고, 들어오는 주문정보를 포착하여 조정하고, 부품의 호환성을 확인하고, 주문정보를 생산시스템으로 전달한다.

그러나 1990년대 초반만 하더라도 PBX 제품 구성의 복잡성 때문에, 지멘스의 판매담당자는 얽히고 설킨 세부항목들을 조합해보고 나서야 견적을 제시할 수 있었다. 또한 모든 견적에는 기술부서의 도움이 필요했다. 여러 가지 부품들간의 호환성을 확인해봐야 했기 때문이다. 주문을 다시 변경하는 과정도 복잡하기는 마찬가지여서, 판매시간을 낭비하거나 아니면 종종 처음부터 제품생산을 다시 하게 되어 고객에게 제품전달이 지연되기 일쑤였다.

이러한 문제점들을 개선하기 위해 지멘스는 판매, 시스템 공학, 고객지원, 생산, 자재, 재정, 정보기술 등 각 분야를 대표하는 직원 200여 명으로 구성된 팀을 조직해, 판매 프로세스를 신속하고 용이하게 해주는 새로운 도구를 개발할 것을 명했다. 그리하여 이 팀은 '고객 요구 충족 도구', 즉 「CRAFT(Customer Requirement and Fulfill-ment Tools)」라는 일련의 PC기반 응용프로그램들을 개발하였다.

「CRAFT」는 판매담당자로 하여금 사전에 복잡한 계산이나 기술적인 상세한 분석 없이, 다양한 종류의 견적을 바로 제시할 수 있게 해준다. 주문 구성에 참여하곤 했던 기술자들은 이제 새로운 제품 개발에 전념할 수 있다. 「CRAFT」 덕분에 지멘스의 판매담당자는 주문 내용을 예전에 여러 시간 걸리던 것과는 달리 한 시간 이내에 그것도 훨씬 정확하게 구성해볼 수 있다. 따라서 그만큼 판매담당자들은 고객들에게 더 많은 시간을 할애한다. 「CRAFT」는 판매담당자가 주문을 받는 동안, 어느 구성요소가 서로 어울리는지 도표로 나타내고 비호환성을 조정하는 일련의 선택 기준을 제시해준다. 그렇게 함으로써 최종적인 주문이 실시간으로 입력되고, 조정되고, 예약되는 것이다.

전국적으로 400~500명의 판매원들이 사용하는 「CRAFT」는, 접수되는 주문 내용을 바로 생산시스템에 전달한다. 주문 내용이 생산담당자에게 바로 전달됨으로써 주문과정에서의 착오가 줄어들게 되었고, 따라서 주문 내용이 변경되는 경우도 적어졌음은 물론 비용도 절감되었다. 예전에는 제품을 생산하는 도중에 주문 내용이 변경되었다는 연락을 받거나, 때로는 완성품이 생산되기 직전에 주문변경 통지를 받기도 했다. 예전에는 제품의 특정 옵션에 대해서만 할인을 해주었으나, 이제는 제품 전체에 대해 할인가격이 결정되고, 특정한 부품을 추가하거나 제외하는 데 따른 할인가격도 자동으로 조정된다. 생산담당자들은 일관성 있는 자료를 신속하게 전달받고 있으며, 따라서 오랜 기간 선도하는 품목들에 대해서 보다 계획성 있게 준비할 수 있다. 또한 신속한 자료 덕분에 예전에는 5~6일이 소요되던 소규모 시스템 개발에 지금은 3일도 채 걸리지 않는다. 갑작스런 주문변경 요청이 들어와도 24시간 안에 대처할 수 있다. 지멘스가 판매원을 증원하지 않고도 매출을 크게 신장시키고 있는 것은 전적으로 「CRAFT」 덕분이다.

사업을 이끌어 가는 고객
(Customers Driving Business)

디지털 자료는 또한 보다 높은 수준의 사업이익을 안겨준다. 디지털 정보를 실시간으로 포착해 분석하면 기업과 협력사, 고객간에 정보 사이클을 구축할 수 있고, 이는 전반적인 사업방식의 개선으로 이어진다.

막스&스펜서(Marks & Spencer)는 영국 내에 300개, 영국을 제외한 전세계에 걸쳐 400개의 상점을 거느린 영국의 소매점 체인망이다. 이 회사는 고객정보를 사내에 유통시켜 소비자의 기호 변화에 바로바로 대처하고, 전형적인 슈퍼마켓 체인망에서는 불가능한 다양한 고객별 서비스를 제공하고 있다. 고객의 구매유형을 면밀히 파악하고 분석해서 실시간으로 비즈니스 프로세스에 반영하고 있는 것이다.

막스&스펜서의 상품 구성은 다소 독특하다. 주로 영어권 지역을 대상으로 소매점을 개설하고 있는 이 회사는 직물, 의류, 가정용품, 미식가용 식품을 함께 판매한다. 또한 이 회사는 미국에서는 브룩스 브라더스(Brooks Brothers)라는 유명한 남녀 의류 전문업체를 운영하고 있다. 1998년도 총매출은 82억 파운드(약 131억 달러)에 달했다. 1998년 《포브스》지의 발표에 따르면, 미국 내 소매상들의 마진율 중간값이 3.2%인데 비해, 막스&스펜서는 그 다섯 배 정도인 15%를 기록하였다고 한다.(1999년 1/4분기에는 아시아 금융위기와 주요 사업확장 계획으로 막스&스펜서의 수익은 다소 줄었다) 막스&스펜서는 정보를 활용해 제품 공급체계를 고객의 필요에 실시간으로 대응시킨 것이 성공의 주원인이라고 지목한다.

몇 년 전만 하더라도 이 회사의 정보운용 능력은 평범한 수준이었다. 대부분의 소매상들과 마찬가지로 막스&스펜서의 구매담당 직원들도 고객들이 선호하는 품목들에 대해 나름대로 최선의 판단을 내려서 상품을 주문하고 상점에 할당하는 것이 관행이었다. 회사의 정보시스템은 과거 자료에 대한 기본적인 분석만을 제공하였고, 따라서 판매량을 정확히 예측하기란 실로 불가능했다. 영업시간중에 재고가 바닥나거나, 반대로 재고가 너무 많이 남아 할인판매를 하고, 심지어는 폐기

처분 해야 하는 상황을 피할 길이 없었던 것이다. 두 경우 모두 이윤을
내는 데는 심각한 걸림돌이다.

1980년대에 사용되던 POS시스템도 막스&스펜서의 일일 판매량을
집계하는 능력은 있었다. 예컨대 하루 동안 3,000벌의 진한 감색 양복
과 1만 개의 바게트 빵, 30만 개의 쇠고기 샌드위치가 팔렸다는 것 정
도는 알려주었다는 얘기다. 그러나 샌드위치나 옷을 구입한 고객이 누
구인지, 그 고객들이 다른 제품은 얼마나 더 구입하였는지, 대금은 어
떤 방식으로 지불했는지 등등은 전혀 알 길이 없었다. 뿐만 아니라 고
객이 원래 구입하려고 했던 제품이 없었을 때 대신 다른 유사 품목을
구입했는지 여부도 알 수 없었고, 단골 고객들의 구매가 그들의 전형
적인 구매행태와 일치했는지 여부도 파악할 수 없었다. 영업 시간중
판매가 이루어짐과 동시에 구매행태 변화를 감지할 수 없었음은 물론
이다.

막스&스펜서의 경쟁사들이 적극적인 가격정책을 전개하며 매장 영
업시간을 늘이기―심지어는 24시간 영업체제로―시작했을 때도, 막
스&스펜서의 낡은 일괄처리 정보시스템은 실시간으로 가격을 변화시
킨다거나 영업시간을 오후 9시 이후로 연장하는 것을 결코 허용치 않
았다. 1990년대에 들어서 체인망이 세계 각지로 퍼져나가고 결과적으
로 소매점들의 지역별 영업시간대가 달라지기 시작하자, 시스템은 모
든 소매점들의 판매자료를 집계하느라 부동시간(dead time)마저 다
써버리기 시작했다. 게다가 시스템 공급업자의 고객기반이 축소됨에
따라 막스&스펜서는 기존 시스템 유지 및 보강을 위해 점점 더 많은
개발비용까지 부담해야 했다. 마침내 충분한 장비확보를 위해 중고 설
비를 사들여야 했을 때, 막스&스펜서는 더 나은 방안을 모색하기에 이
르렀다.

다시는 시스템을 단일 공급업체에 의존하지 않기로 굳게 결심한 막
스&스펜서는 하드웨어 및 소프트웨어 솔루션을 필요에 따라 경쟁 입
찰로 구비할 수 있는 PC 기술을 영국 내 300개 소매점에 갖추기 시작
했다. 각 소매점들은 현재 중앙 쿼드프로세서 PC 서버와 POS 장비 역
할을 하는 40~50대의 최신 펜티엄 II PC들을 갖추고 있다. 금전등록

기 역할도 수행하는 각각의 PC들은 모든 제품의 가격이 내장된 데이터베이스를 갖추고 있어서, 고객들은 매장의 어느 곳에서든 원하는 품목을—예를 들어, 원한다면 식료품 코너에서 양말까지도—구입할 수 있다. 이러한 워크스테이션(workstation: 정보처리 시스템에 연결된 고성능 단말기 - 譯註)들이 기존의 장치에 비해 판매 처리속도가 빠르기 때문에, 막스&스펜서의 매장에 필요한 PC의 수는 오히려 줄어들었다. 이 PC들은 현재 막스&스펜서의 최대 규모의 소매점들에서 하루에 올리는 수백만 파운드의 수입—매장 전체에 걸쳐 1분에 15,000건의 거래가 처리된다—을 관리하는 데 아무런 문제가 없다. 설령 판매 시스템 중 그 어떤 부분이 고장나더라도, 금전등록기 기능만큼은 계속 가동된다.

막스&스펜서는 이 새로운 시스템을 1996년 크리스마스 대목에 시험 운영했으며, 1999년까지 세계적인 체인망 전체에 시스템 구축을 마칠 예정이다.

구매하는 샌드위치 하나로 고객을 파악하기
(Knowing Customers through the Sandwiches They Buy)

새로운 디지털 인프라스트럭처를 구축한 막스&스펜서는 고객의 구매유형에 관한 방대한 양의 자료를 계속 수집하고 있다. 개별 소매점으로부터 전송된 자료는 런던에 있는 중앙 자료센터에 디지털 형식으로 저장된다. 완벽하게 구축된 정보의 역동적인 흐름 덕택에 막스&스펜서의 모든 소매점들은 다음날을 기다릴 필요도 없이 구매 행위가 이루어지는 순간에 바로 그 유형을 분석할 수 있다. 따라서 전체 체인망을 통틀어 매일 어느 시간대이든 상관없이 재고량도 조절할 수 있다. 미식가용 샌드위치 제품을 예로 들어 살펴보자. 과거에는 본사에서 전날 판매량에 근거해서 다음날 소비량을 예측하고는 밤새도록 샌드위치를 만들어 각 소매점에 공급하곤 했다. 그러나 지금은 전세계에 퍼져 있는 400곳의 샌드위치 공급업체들이 최소 적정량의 제품만을 준비해 놓은 상태에서, 막스&스펜서가 보내오는 그날의 판매량 보고서를 토대로 주문 물량을 완성해 각 소매점에 납품한다. 따라서 소매점들은 물량이 부족하거나 재고가 쌓일 걱정을 할 필요가 없고, 소비자는 신선한 음식을 구입할 수 있다. 뿐만 아니라 새로운 시스템은 세계 각 지역의 일기예보를 자동으로 분석하여 매일 적절한 음식을 제안하기도 한다. 예를 들어 어느 지역의 일기예보가 폭풍우가 올 것으로 예상되면 해당 소매점에 수프를 준비하도록 제안하며, 다른 지역에서 맑은 날씨가 예상되면 바베큐용 고기를 준비하도록 추천한다.

막스&스펜서는 위와 유사한 정보기술 응용프로그램을 이용하여 체인망에 의류를 납품하는 300여 협력사와의 관계도 개선하고 있다. 예컨대 한 드레스를 빨간색과 파란색 두 색상으로 매장에 내보는 경우, 막스&스펜서는 어느 색상의 제품이 어느 시장에서 더 잘 팔리는지 신속하게 파악할 수 있다. 그러면 의류 납품업자도 실시간으로 이에 대응할 수 있게 된다. 일단 두 제품 모두 최소한의 양만 생산해 놓은 상태에서, 실시간으로 전해지는 판매실적을 토대로 필요한 생산량을 적절히 조절하여 바로 납품하면 되는 것이다.

제조 부품이나 기계 부품 등을 취급하는 다른 업계에서는 이미 적시조달방식을 이용해 왔지만, 상하기 쉬운 식품류와 고급 의류제품 분야에 이 기법을 도입한 회사는 막스&스펜서가 처음이다.

개별 고객들에 대한 방대한 양의 정보를 지속적으로 축적하고 있는 막스 & 스펜서의 데이터베이스는 특정 고객이 특정한 날에 구입한 품목들뿐만이 아니라, 그 고객이 다른 매장에서 구입한 물건이나 그 구매가 이루어진 시간대까지 저장한다. 이러한 정보를 총합해 회사에서는 특정한 고객층을 겨냥한 마케팅 활동을 계획할 수 있다. 예를 들어 영국인 고객들이 딸기와 거품크림 그리고 커피와 쿠키를 각각 한꺼번에 구입하는 경향이 있다는 것이 파악되면, 막스&스펜서는 영국 내 모든 소매점 매장에 관련 제품을 묶어서 진열해놓고 판촉활동을 벌이거나 끼워 팔 것이다. 또한 막스&스펜서는 고객의 개별적인 정보를 활용하여 보다 활발하게 쇼핑하도록 유도하는 적극적인 고객서비스를 펼칠 수 있다. 예를 들어 어느 고객이 고급 와인과 해산물을 좋아한다는 사

실이 파악되면, 해당 지역의 소매점은 그 고객에게 특별 와인 시음회
에 초대하는 내용의 엽서나 e-mail을 보내고, 해산물 요리법 책자도
답례로 우송해줄 것이다. 또 다른 고객이 특정 디자이너의 옷을 좋아
하면, 그 디자이너의 신상품이 도착하자마자 그 사실을 알려 줄 것이
다.

객관적인 출발점의 제공
(Providing an Objective Starting Point)

어느 기업이든 사업활동은 수치정보의 철저한 분석에서 시작하여
그것으로 끝난다. 어떤 사업을 하든간에, 실제로 사업이 어떻게 진행
되는지를 파악하지 못하고 단속적인 자료나 본능적인 직감에만 의존하
여 중요한 결정을 내린다면 결국에는 비싼 대가를 치르게 된다. MS는
제조회사이므로 나는 제품개발에 심혈을 기울인다. 그러나 제조회사라
고 해서 제품개발에만 온통 신경을 쓰다가는 낭패를 보게 된다. MS의
중역회의에 참석해서 예산안을 검토해 본 사람이면 누구든지 우리가
모든 분야에 걸쳐 정확한 수치정보를 수집하고, 그것을 통찰력 있게
분석하는 것을 얼마나 강조하는지 알게 된다. 정확한 수치정보는 제품
을 가지고 회사가 나아갈 방향의 실제적인 토대를 제시한다. 수치정보
야말로 고객이 선호하는 것과 그렇지 않은 것을 객관적으로 보여주는
자료이다. 수치정보를 이용해야 사업의 우선순위를 정하고, 나아가 전
략적으로든 전술적으로든 신속한 행위를 취할 수 있는 것이다.
실무적인 차원에서 수치정보를 철저하게 파악하는 것 이외에 다른
대안(代案)은 있을 수가 없다. MS의 사장이자 나의 오랜 친구인 스티
브 발머는 가격책정에 대한 계획과 각종 판매실적에 대해—심지어는
경쟁사들의 실적까지도—그에게 프리젠테이션을 하는 제품개발 담당
자들보다도 더 상세하게 파악하고 있어서 때때로 그들을 놀라게 한다.
또 때로는 성큼성큼 사무실로 들어서서 갑자기 제품개발팀을 꿀먹은
벙어리 마냥 만드는 질문을 던지고는 한다. 수치정보에 대해 나름대로

연구를 했고, 또 거기서 나오는 여러 문제에 대해 깊이 분석했기에 가능한 일들이다. 그는 사실에 입각한 결정을 최우선으로 삼는다.

일선 관리자들은 구체적인 수치에 근거하여 정보를 분석해야 한다. 직접 고객을 상대하거나 경쟁사와 우열을 다투는 문제를 다루는 직원들이 매일매일 가능한 모든 관점으로 자신의 업무를 바라볼 필요가 있다는 의미이다. 그리고 이러한 분석은 또 다른 분석이 아니라 실질적인 지원 행위로 이어져야 한다. 분석을 통해 한 단계 한 단계 의사결정에 다가가 필요한 행동을 취해야 한다는 뜻이다. 관리자들은 생각하고, 행동하고, 평가하고, 적응할 수 있어야 한다.

수치정보를 처음부터 디지털 형식으로 수집하는 현대적인 정보시스템은 단순히 업무의 중복이나 오류를 줄여주는 것만이 아니다. 디지털 형식으로 수집된 자료는 최상의 방식으로 처리될 수 있을 뿐만 아니라 제조, 출하, 대금 청구 등 모든 사업운영 과정의 효율까지 높여준다. 자료를 처음부터 디지털로 수집하는 것은 또한 경쟁사보다 한 발 앞서 고객의 필요에 대응할 수 있는 정보를 신속하게 모으는 유일한 방법이다.

이러한 유용하고 시의적절한 정보의 필요성, 바로 그것이 내가 종이서류 양식만큼이나 "종이서류에 적힌 수치"를 싫어하는 이유 중 하나이다. 판매실적이나 고객의 경향에 관한 인쇄물 수치정보는 정적(靜的)이다. 그 안으로 들어가 자세한 내용을 볼 수도 없을 뿐더러, 이들 수치정보와 그 의미에 관해 e-mail로 다른 사람과 의견을 교환할 수도 없다. 또한 통계적인 수치 이면에 깔려 있는 의미를 분석해 낼 수도 없다. 여러분이 뭔가 이상이 있는 수치가 적힌 서류를 들여다보게 되면 누군가를 붙잡고 "이 보고서 좀 보게나. 이 부분이 이상하지 않은가?"라고 말할 것이다. 대부분의 경우에 있어 이례적인 수치는 쉽게 설명된다. 어떤 고객이 대규모의 주문을 했다거나 혹은 주문을 취소했다는 식이다. 하지만 여전히 여러분은 이번 달의 결과가 왜곡된 것 같아 보이는 이유를 빨리 알고 싶어할 것이다. 사실 별달리 취할 수 있는 조치도 없지만……. 또 만일 여러분이 서류보고서에서 특정 트렌드를 파악해낸다 해도 그 보고서를 돌리기도 번거롭고, 직원들로 하여금 상세한 조사에 들어가도록 시키는 것도 어렵다. 결국 여러분은 시간이 지남에 따라 그런 것에 대한 조사는 너무 어려운 일이라고 여기게 되어 관심을 끊어버릴 것이다.

그러나 수치정보가 전자적인 형식으로 준비되면, 지식노동자들은 그것을 연구하고, 거기에 의견을 달고, 원하는 만큼 자세히 다각적으로 검토하며, 공동연구를 위해 돌려볼 수도 있다. 종이 위에 인쇄되어 있는 수치는 막다른 길이다. 반면 디지털 형식으로 존재하는 수치는 의미 있는 사고와 행동의 출발점이다.

사업 영역의 확대
(Extending Your Business)

디지털 방식은 사업을 변화시킨다. 현대적인 정보시스템이 없었다면, 엔진오일 교환 전문회사가 서비스 영역을 확대할 수도 없었을 뿐만 아니라, 특정 부류의 고객들을 겨냥하는 특별 판촉활동을 적절한 때에 시행하지도 못했을 것이다. 코카콜라가 인공지능을 내장한 자판기에 과감하게 투자한 것은 "디지털 방식을 채택"하고, 새로운 비즈니스 모델을 창출해 낸 좋은 예이다. 코카콜라 자판기는 이제 스스로 제품 광고를 하고, 판촉물을 제공하며, 공급 주문을 하는 일종의 자체 관리 대리점으로 발전하고 있다. 디지털 출발점이 없었다면 이 모든 것은 불가능했을 것이다. 원격으로 제어되는 인공지능 기계는 앞으로 더욱 더 일반화될 것이다.

협력사와 연결망 구축하기
(Spinning a Web of Partnerships)

디지털 정보기술은 협력사와 연결망을 구축할 수 있게 해주고, 그러한 연결망은 다시 고객서비스 개선으로 이어진다. 또한 디지털 기술을

통해 상거래와 지식관리, 운영체계가 회사, 협력사, 고객 모두를 통합
하는 가상(virtual) 기업을 만들 수도 있다. 협력사가 기업에 보다 긴
밀하게 통합되면, 협력사는 기업의 성공에 따라 이익을 얻게 되며, 기
업이 고객행태의 유형에 대해 연구 조사한 갖가지 자료를 당연히 기업
과 같은 방식으로 활용하게 될 것이다. 기업의 정보시스템이 고객과
기업 상호간에 원활한 정보의 흐름을 창출해주면, 전체 공급체계의 비
즈니스 프로세스도 자연히 효율적인 방향으로 운용될 것이다. 어느 업
계를 막론하고 적시조달 체계가 실현되는 것은 물론이다.

　　디지털 정보의 흐름은 기업이 경계가 없는 조직을 구축할 수 있게끔
해준다. 그러나 물론 공급업자를 "저들"이 아니라 "우리"로 변화시키
기 위해서는, 새로운 기업적 사고방식과 문화가 정착되어야 한다. 전
통적인 사업방식에서 볼 때, 공급업자들이란 그들이 공급하는 부분에
대해서만 인정되고 용인되는 상대방이었다. 고객에게 봉사하는 데 필
요한 전반적인 비즈니스 프로세스의 필수요소로 인정되지는 않았다는
의미이다. "공급망(supply chain)"이라고 하는 구식 표현은 제품생산
에서 운송, 유통 단계를 거쳐 소매상에 이르기까지를 직선적 관계로
연결하는 인상을 준다. 그러나 오늘날에는 디지털 정보의 흐름으로 가
능해진 협력망, 즉 "부가가치 네트워크"로 이해해야 한다. 제품의 생산
과 유통, 판매에 관여하는 누구든지 새로운 가치를 부가해야 하고 상
호간에 정보 전달이 자유로워야 한다.[1] "부가가치 네트워크"에 포함되
어 있는 기업은 자신이 담당하는 원래의 역할에 한정되지 않고, 다수
의 판매자들과 서로의 필요에 의해 긴밀하게 상호작용하며 사업을 수
행한다.

　　월마트(Wal-Mart)는 공급업체를 대하는 구매업체의 관점을 변화
시켰다. 월마트는 자사의 판매자료에 프락터&갬블(Proctor &
Gamble, 이하 P&G)사가 접속하는 것을 허용해, P&G가 잘하는 분야
인 재고관리와 유통관리를 맡게 하고, 자사는 자사대로 가장 잘할 수

---

1. "부가가치 네트워크"라는 용어는 여러 가지 의미로 사용되어 왔다. 협력사와의 컴퓨터 네
　트워크라는 특별한 의미는 돈 탭스코트의 저서인 《패러다임 쉬프트(Paradigm Shift): 정
　보화 기술의 새로운 미래》(뉴욕: 맥그로우 힐 출판사 발행, 1993년)에서 처음 사용되었다.

있는 분야인 제품 판매를 전담했다. 이 정도의 개방성이야말로 자유로
이 흐르는 수치정보로부터 최대의 이익을 끌어내는 유일한 방법이다.
《포브스(Forbes)》지에 따르면, 월마트는 효율적인 재고관리를 통해
1997년 한 해 동안에만 20억 달러에 달하는 경비를 절감하였다고 한
다. 이러한 절감 효과는 제품 공급사들과의 업무협조를 위해 정보를
활용하려는 끊임없는 노력의 결실이었다. 앞서 예를 든 막스&스펜서
도 협력사와 정보를 공유함으로써 경비를 절감하였을 뿐만 아니라, 세
계 어느 곳에서든지 단 몇 시간 안에 대처할 수 있게끔 되지 않았는가.

　　제너럴 일렉트릭(GE)의 최고경영자인 잭 웰치(Jack Welch)는 "조
직간 경계 허물기(boundarylessness)"를 가장 먼저 역설한 사람 중의
하나이다. 이 개념은 당면한 사업문제의 해결에 기업의 형식적인 경계
안팎을 막론하고, 관련된 모든 당사자가 포함되어야 한다는 의미이다.
여러 다양한 산업 부문에 걸쳐 수많은 제품을 생산하는 GE는 전체 12
개 사업 단위를 연결하는, 세계에서 가장 큰 규모가 될 익스트라넷을
구축하기 시작했다. 익스트라넷은 다수의 사업체가 보안이 유지되는
상태에서 정보를 공유하고, 사업을 수행하기 위해 구축하는 사설 인터
넷 사이트이다. 현재 익스트라넷을 통한 전자상거래 규모는 전체 매출
에서 1%를 차지하고 있지만, GE는 2001년의 예상 매출액인 350억
달러 중 14%에 해당하는 50억 달러를 익스트라넷을 통해서 벌어들일
것으로 예상하고 있다. 완벽하게 구축되면, 약 4만 개의 기업이 익스
트라넷을 통해 GE와 거래하게 된다. GE의 익스트라넷은 단순히 직거
래를 위한 시스템 차원을 넘어서, 협력사들과 실시간으로 업무 협조를
하기 위한 소프트웨어도 갖추게 될 것이다. 머지않아 GE의 직원들과
협력사들은 인터넷을 통해 동일한 전자문서를 보고 편집하며, 서로 토
론을 벌이게 될 것이다.

　　월마트의 예에서 보듯이 "부가가치 네트워크"를 구축한 기업은 예전
같으면 재고에 묶여 있을 자본을 풀 수 있고, 아울러 재고관리 비용도
크게 절감할 수 있다. 익스트라넷을 구축중인 GE는 업무 수행과정에
서의 착오를 줄이고, 계약 영향력을 높이는 것 외에도 여타 부수적인
효과를 얻어, 5억~7억 5천만 달러를 절약하게 될 것으로 예상하고 있

다. 제품의 품질개선은 두말할 나위도 없다. 포드가 생산하는 자동차의 가치 가운데 70%는 외부의 부품 생산업체가 공급하는 부품으로부터 나오는 것이다. 포드는 디지털 네트워크를 통해 공급업체와 신속하게 협력하며 부품의 품질문제를 시정하게 하고 있다. 이렇게 "부가가치 네트워크"를 구축한 기업들은 시장의 수요 변화에 신속하고 정확하게 대처할 수 있다.

보다 많은 업무를 디지털 정보 업무로 대체하라
(Doing More Digital Information Work)

수치정보를 철저히 파악하고 부가가치 네트워크를 창출하는 효과가 그토록 지대하다면, 왜 많은 기업들이 이를 받아들이지 않는가? 무엇 때문에 많은 기업들이 트렌드를 파악하기 위해 디지털 방식으로 수치정보를 개발하지 않는가? 왜 그들은 고객의 구매행태를 파악하지 않는가?

근본적인 이유는 디지털 입력방식으로 출발한 기업이 너무 적기 때문이다. 사업의 첫 단계부터 정보를 디지털 방식으로 처리하기 시작한 것은 식료품 판매상들이 처음이다. 식료품 매장에서 스캐너를 사용한 본래의 목적은 계산을 빨리 하기 위해서였다. 그러나 이후에 재고관리와 고객들의 소비경향을 분석하는 데 있어서 스캐너의 진가(眞價)가 유감없이 발휘되어 그 사업적인 가치를 인정받았다. 첫 단계부터 정보를 디지털로 수집하려면 주도면밀함이 요구된다. 예를 들어, 6개들이 음료수 한 팩이 매장에서 특별 할인가격으로 1.99달러로 판매되고 있다고 하자. 고객이 닥터페퍼와 펩시콜라를 각각 한 팩씩 구입한 경우, 계산하는 직원이 그저 팩 "두 개"를 판매했다고 입력할 수도 있다. 고객의 입장에서야 전체 음료수 구입가격이 정확하게 계산되기 때문에 아무 상관이 없지만, 닥터페퍼와 펩시의 재고숫자는 둘 다 틀리게 되는 것이다.

또 다른 이유는 메인프레임 컴퓨터와 사설 네트워크를 이용하여 디지털 데이터망을 구축하는 비용이 만만치 않다는 것이다. 디지털 정보를 효율적으로 교환함으로써 얻게 되는 이익이 막대함에도 불구하고, 미국의 기업체 중 EDI 표준 시스템(문서 전달 표준 시스템)을 채택하고 있는 기업은 5% 미만이다. 이 시스템에서는 때때로 디지털 정보의 교환이 한 방향으로만 이루어진다. 즉, 이쪽에서 EDI를 보내도 상대쪽에서는 팩스로 응답하는 식이다. 그나마 EDI 시스템을 구축한 5%의 기업들도 단순히 구매주문을 하거나 송장을 주고받는 용도로만 사용하고 있을 뿐, 아직 재고 및 수송관리를 최적화하기 위해 판매 및 물류 자료를 주고받는 데 이용하고 있지 못한 실정이다. 이렇게 비용과 기술상의 난해함으로 인해 효율적인 사용이 지체되었으나, 이제 PC와 인터넷의 등장으로 기업들은 모든 디지털 정보를 저렴하게 교환할 수 있는 인프라스트럭처를 구축할 수 있게 되었다. 여기에다 호환성을 가지는 소프트웨어 플랫폼들이 더 많이 개발되면 네트워크를 구축하는 기술적인 어려움도 적어지게 되고, 따라서 기업들이 보다 쉽게 "부가가치 네트워크"를 구축할 수 있게 될 것이다.

사무실에서는 여전히 디지털 정보가 충분히 사용되지 않고 있다. 서류방식에 익숙한 사무원들이 '정보란 얻고, 개별화하기가 어려운 것'이라는 사고에서 벗어나지 못하고 있기 때문이다. 그들이 보유하고 있는 정보도 디지털 형식이 아니기 때문에, 그저 서류철 더미를 헤맬 뿐 정보를 적절히 처리하거나 분석할 수 없다. 그들은 그들의 자료로부터 유형을 파악해낼 수 없다. 따라서 서류상의 정보를 이용해 적절한 대응을 할 수도 없다. 현재로서는 이렇게 기업 내부적으로나 혹은 협력사와의 업무수행을 위해 디지털 도구를 갖춘 기업이 극소수에 불과하기 때문에, 디지털 신경망을 구축하기 위해 신속하게 움직이는 기업들은 앞으로 확고한 경쟁우위를 확보할 수 있을 것이다.

역량이 한층 강화된 가상(virtual) 기업으로 탈바꿈하려면, 최고경영자가 가장 먼저 해야 할 일이 있다. 그것은 바로 지식노동자의 책상 위에 놓여 있는 서류를 지적하며 "어떻게 하면 디지털 신경망으로 산더미 같은 서류를 없앨 수 있을까?"하고 물어 보는 일이다. 이러한 고찰의 일환으로, 우선 최고경영자는 비즈니스 프로세스 자체를, 자사의

울타리 너머의 모든 협력사와 고객들이라는 전체적인 연결망으로 확대
되는 것으로 간주해야 한다. 그리고 나서 신속하고 신뢰할 수 있는 정
보의 흐름으로 지원되는 비즈니스 프로세스를 개발해야 한다. 고객이
여러분의 기업과 여러 협력업체들을 하나의 조직으로 보고 상대하도록
해주는, 그런 정보의 흐름을 말하는 것이다. 그리고 만일 협력사와 고
객을 연결하려는 자사의 노력이, 사업의 가치를 부가하는 솔루션의 개
발보다는 오히려 비용 측면이나 혹은 그저 현상유지에만 초점이 맞추
어져 있음을 발견하게 되면, 기술적인 하부구조(underpinnings)를 다
시 점검해봐야 한다. 한 발 뒤로 물러나 새로운 접근법을 제시할 필요
가 있다는 말이다.

비즈니스 교훈

□ 수치정보를 파악한다는 것은 단순히 매달 회계장부의 수지균형을 맞추는 것 이상을 의미한다. 다시 말해서 재정적 목적뿐만 아니라 마케팅과 판매활동을 위해서도 그러한 자료를 활용할 수 있어야 한다는 것이다.

□ 종이서류에 인쇄되어 있는 수치는 막다른 길이다. 디지털 형식으로 존재하는 수치야말로 의미 있는 사고와 행동의 출발점이다.

□ 신속하고 정확한 수치정보는 기업과 그 협력사로 하여금 고객의 행동에 신속하게 대처하게 한다.

디지털 신경망의 진단

□ 디지털 신경망이 사업수행의 첫 단계에서부터 자료를 수집하는가? 그리고 고객과 협력사와의 거래활동으로부터 나오는 모든 자료를 수집하고 있는가?

□ 협력사의 수치정보를 자사의 정보에 통합하고 있는가?

□ 고객에 대한 완벽한 데이터베이스를 구축하여 최대한으로 활용하는가?

제 13 장

지식노동자를 수준 높은 사고업무로 이동시켜라
(Shift People into Thinking Work)

우리는 축적된 자료를 배움의 자산으로 본다. 축적된 자료는 많으면 많을수록 좋다. 그것을 분석하고 종합하여 보다 더 창조적인 활동을 이끌어 낼 수 있는 디지털 도구만 보유하고 있다면 말이다.
— 브릿 메이요, 펜조일사 정보기술담당 이사

보다 효율적인 컴퓨터 시스템을 구축하면 필연적으로 직원들의 업무시간에 대한 생산적 활용이라는 결과가 뒤따른다. 지능적인 소프트웨어가 지속적으로 판매자료를 정밀하게 조사하고, 소비경향을 파악하고, 판매실적이 뛰어난 품목과 부진한 품목을 파악하는 역할을 맡고 있기에, 막스&스펜서는 500~600명에 달하는 구매담당자들을 보다 효율적으로 활용할 수 있는 것이다. 이들 구매담당자들은 현재 판매상황을 알아보려고 전날 들어온 두터운 보고서와 씨름하는 것 대신에, 소프트웨어가 보내오는 실시간 정보를 효율적으로 이용하는 데 보다 많은 시간을 할애하고 있다. 판매상황이 예상대로 순조롭게 진행되고 있다면, 직원들이 직접 개입할 필요도 없다. 모든 것을 소프트웨어가 알아서 처리하기 때문이다. 그러나 미리 정해놓은 범위를 넘어서거나 그에 못 미치는 품목이 파악되는 경우, 새로 구축된 정보시스템은 자동으로 예외를 알리는 특별보고서를 작성한다. 그리고 구매담당자들은 이런 예외적인 경우만을 처리하면 된다.

이와 관련하여 막스&스펜서의 정보기술 및 물류담당 이사인 케이스 보그(Keith Bogg)는 다음과 같이 말한다.

"이러한 스마트 시스템의 도입으로 우리는 직원들을 단순 반복적인 업무에서 탈피하여 보다 생산적인 활동에 전념하게 할 수 있었다. 그들은 단지 예외적인 상황에 대처하는 데만 머리를 쓰고, 나머지 모든 사소한 것들은 컴퓨터가 알아서 판단하고 처리하게 한다. 매일매일의 재고파악에 매달렸던 구매담당자들은 이제 새로운 상품의 선별이나 시장분석 등 새로운 부가가치를 창출해 낼 수 있는 업무를 수행하고 있다. 이렇게 예전에 비해 훨씬 효율적으로 시간을 활용하는 직원들 덕분에 생산성이 높아진 것은 물론이다."

데스크탑 도구들은 복잡한 분석을 손쉽게 행하는 능력이 있다. 그래서 투자 회사들은 리스크 관리나 포트폴리오 분석에 전자 스프레드시트를 이용한다. 기본가격의 변화에 대한 주어진 옵션의 실시간 노출을 관리하고, 여러 산업 부문에 걸친 포트폴리오의 전개를 분석하는 데 유용하기 때문이다.

모건 스탠리 딘 위터(Morgan Stanley Dean Witter & Co.)사의 보통주 담당 부서에서는 스프레드시트를 이용하여 복잡한 자료구조를 면밀히 조사하고, 판매와 거래담당 직원들뿐만 아니라 고객들에게도 다양한 관점을 제시한다. 예를 들어 도쿄의 일부 고객들은 특정일의 개인별 거래 및 실행실적을 보고 싶어하고, 또 다른 고객들은 여러 거래가 실행된 평균가격을 알고 싶어할 수도 있다. 모건 스탠리사는 종종 고객의 리스크와 실행에 대해 보다 심층적인 통찰을 부여하는 독점적 리스크 모형들을 제공함으로써 그러한 기능들을 보완하고 있다.

하나의 관점에서 다른 관점으로 빠르게 자료를 넘겨주는 피벗 테이블(pivot table) 기능 덕택에 모건 스탠리는 여러 유럽국가들이 단일 통화 체제, 즉 유로화 체제로 들어서는 환경에 보다 잘 적응할 수 있었다. 여러 통화에 걸쳐 투자를 분산하는 전형적인 국제적 포트폴리오는 더 이상 쓸모가 없었다. 이러한 변화의 시기에 모건 스탠리는 동일한 정보를 영역별로 보여주는 피벗 테이블을 이용해, 고객들이 자신의 필요에 맞는 적절한 자료에 접근할 수 있게 해주었던 것이다.

사소하고 일상적인 자료를 처리하는 데 소프트웨어를 이용하면, 사람의 직접적인 손길은 보다 중요한 문제에 집중시킬 수 있다. 고객의 입장에서는, 사람이 직접 정성을 들여 쓴 편지를 받는 것과 컴퓨터가 만들어낸 문서 편지를 받는 것에 엄청난 차이를 느낄 수밖에 없다. 이는 신제품이나 특별한 이벤트 내용을 전화로 고객에게 안내하는 데 있어서도 마찬가지이다. 사람이 건 전화를 받는 것과 컴퓨터가 보낸 전화를 받는 것은 다르다는 말이다. 특별한 요구사항이 있거나 뭔가 매우 중요한 문제에 불만이 있는 고객들을 직원들이 직접 상대하는 것은 매우 커다란 가치를 지니는 일이다. 호텔을 예로 들어보자. 인공지능을 갖춘 소프트웨어를 사용하는 호텔에서는 체크인과 체크아웃에 걸리는 시간을 극적으로 단축하고, 고객들의 일상적인 피드백도 대신 접수하게 함으로써 종업원들의 시간을 벌어줄 수 있다. 대신 보다 많은 종업원들이 죽 늘어서서 고객의 요구에 관심을 보이게 되면, 고객들은 얼마나 더 편하게 호텔 투숙을 즐기겠는가.

하지만 전자상거래의 도입에는 새로운 도전이 따른다. 가상 공간이 아닌 물리적인 점포에서라면 매장 직원들이 고객의 질문이나 옷차림, 몸짓 등의 정보를 종합하여 고객의 관심사를 파악할 수가 있다. 그러나 온라인 상점의 경우에는 아무도 직접 고객을 마주 대할 수 없기 때문에, 결국 고객 스스로 가능한 한 많은 물건을 사도록 만드는 데 주안점을 둘 수밖에 없다. 그래서 온라인 상점들은 흥미로운 탐지작업을 할 필요가 있다. 어떻게 해야 웹 사이트를 탐색하는 행태와 구매실적을 토대로 고객 유형을 파악할 수 있을까? 해답은 뛰어난 자료분석 능력을 갖추어야 한다는 것이다.

직원의 분석 범위 확대하기
(Extending the Reach of Human Analysis)

막스&스펜서의 예에서 보았듯이, 일상적인 업무보다 예외적인 상황을 집중적으로 다룰 수 있도록 해주는 디지털 분석 도구들은 업무의 성격까지 변화시킨다. 이러한 도구들의 업무수행 능력이 탁월한지라, 막스&스펜서의 직원들은 처음에는 컴퓨터 때문에 일자리를 빼앗기는 게 아닌가 우려하였다. 의사결정 기능을 포기하고 이를 기계에 내어주는 데 대한 거부감은 어찌 보면 당연하다. 그러나 자료가 많고 복잡해질수록 인간보다 컴퓨터가 훨씬 더 효율적으로 탐색하고 분류할 수 있다는 것을 부인할 수는 없다. 방대한 양의 자료를 추적하여 그 유형을 파악하는 것은 인간으로선 그저 불가능할 따름이다. 더욱이 데이터베이스 자료와 파일 자료, 메시지 자료, 웹 사이트 자료 등등 이용 가능한 자료들은 기하급수적으로 증가하고 있는 실정이다. 이 모든 자료들이 지닌 가치를 최대한으로 활용할 수 있는 유일한 길은 컴퓨터 도구를 이용해 자료에 접근하고 실행 가능한 정보로 걸러내는 것뿐이다.

소프트웨어 알고리즘(algorithm, 演算)을 이용하여 방대한 양의 정보를 분석하고 유형을 파악하는 것을 데이터마이닝(data mining)이라고 한다. 데이터마이닝의 첫번째 주요 단계는 온라인 정보분석 처리 기술인 OLAP(online analytical processing)이었다. 이는 여러 종류의 질의를 보다 효율적으로 처리하는 기술이다. 본래 회계와 장부관리를 목적으로 수집된 자료들이 점차 모형설계와 예측 그리고 의사결정 지원을 위한 정보의 잠재적 '광산'으로 인식되었다. 그러자 많은 기업들이 사업분석에 대한 이러한 새로운 요구를 충족시키기 위해 사내 자료저장소, 즉 데이터웨어하우스(data warehouses)를 구축하기 시작했다. 그리고 여기서 사업의 한 측면 혹은 한 부서에 관련된 자료만 모아놓는 하위 집합, 즉 데이터마트(data marts)도 생겨났다.

하퍼콜린스(HarperCollins) 출판사는 PC기반 OLAP 시스템을 이용해 도서 판매실적을 실시간으로 추적하며, 도소매 유통망의 수요량에 맞춰 책을 인쇄한다. 궁극적으로 출판사에 반품될 수밖에 없는 유

디지털 도구에 대한 이모저모
(Digital Tools Slice and Dice)

기 업의 구성원들은 담당하고 있는 업무의 성격이나 속해 있는 조직의
역할에 따라, 서로 다른 관점에서 정보를 파악하기를 원한다. 일반적
으로 경영진은 우선 전반적인 판매실적을 파악하고 난 후에 지역별 혹은 국
가별로 판매실적을 확인하려 한다. 판매담당 관리자는 팀이나 개인별 판매
실적과 고객별 거래실적을 파악하려 한다. 제품담당 관리자의 경우에는 판
매경로별 실적이나 혹은 유통센터별 판매실적을 파악하길 원한다. 또 다른
직원들은 연도별, 월별 판매실적을 파악하고 싶어할 수도 있고, 예상 목표량
과 실적간의 비교를 원하거나 혹은 연도별 매출실적의 변화추이를 알고자
할 수도 있다. 뿐만 아니라 미국 달러화로 지불되는 매출실적과 다른 통화로
지불되는 매출실적을 비교하려 할 수도 있다. 이와 같은 다양한 사업상의 요
구를 충족시키기 위해, 전통적으로 기업의 회계담당 부서에서는 서로 다른
관점으로 분석된 수많은 보고서들을 만들어 왔다.

스프레드시트 소프트웨어를 이용하면 이 모든 종류의 다양한 보고서들을
디지털 방식으로 산출할 수 있다. 직원들은 스프레드시트의 아웃라인 컨트
롤(outline control) 기능을 이용해, 요약보고서에서부터 시작하여 어느 항
목이든 클릭만 하면 이어지는 상세한 보고서로 들어갈 수 있다. 뿐만 아니라
피벗 테이블 기능을 사용하면, 동일한 자료를 다양한 관점으로 분석할 수도
있다. 예를 들어, 만약 직원별 판매실적을 보고 있다가 고객별 거래실적으로
이동하고 싶으면, '고객' 표시를 마우스로 끌어서 적절한 줄에 놓기만 하면
되는 것이다. 이러한 기능들이 기본 자료들을 표준 포맷으로 전환하는 템플
릿(template) 기능과 결합되면, 그 효력은 증대된다. 다시 말해 각각의 직
원들이 특정한 필요에 맞게 개별화할 수 있는, 강력하고 융통성 있는 디지털
보고서를 접할 수 있게 된다는 의미이다. 이러한 보고서는 또 더욱 상세한
분석과 토론을 펼치기 위해 e-mail을 통해 널리 유포할 수도 있다.

피벗 테이블은 기업의 데이터웨어하우스와 결합되면 특히 강력한 기능을
발휘하게 된다. 데이터웨어하우스를 구성하는 각각의 데이터베이스는 보고
능력에 한계가 있어, 보다 기술 수준이 높은 인력의 창의력을 제한한다. 사
실 대개의 경우 직원들은 언제 추가로 상세한 내용을 필요로 하게 될지 잘

모르는지라, 데이터베이스에서 20~30분이 소요되는 방대한 질의검색을 행하는 경우가 많다. 하지만 데이터베이스에 연결된 피벗 테이블은 업무용 사용자의 액세스 범위를 데이터웨어하우스 전체로 확대시켜주고, 동시에 스프레드시트 인터페이스(interface)가 사용자로 하여금 요약 수준의 질의검색에서부터 상세한 분석에 이르기까지 단계별로 질의검색을 할 수 있게 해준다. 따라서 질의검색 자료 각각에 적은 양의 자료가 관련되기 때문에 반응이 매우 빠르게 나타난다. 이러한 인터페이스는 실시간으로 진행되는 주식시황과 같은 역동적인 데이터 소스(data source)로 확장될 수도 있다.

사업가들은 디지털 도구를 이용하여 더욱 신속하고도 심도 있는 분석을 행할 수 있다. 공인 회계사들은 디지털 도구를 이용해서 보고서 작성시간을 줄이고, 의뢰인의 사업분석이나 예외적 상황을 돕는 데 더 많은 시간을 할애할 수 있다. 사업자료를 관리하는 담당자의 경우에는 디지털 도구를 사용하여 가치 있는 정보를 신속하게 확보하고 1주일 이상 걸리던 월말 결산을 2~3일에 끝낼 수 있다. 또한 인사부서나 회계담당 부서에서는 디지털 도구를 이용하여 인력을 보강하지 않고도 고정자산이나 인력 운용에 대한 장기적인 계획이나 분석과 같은 새로운 임무를 수행할 수도 있다.

서류 보고서로는 불가능하지만 디지털 도구로는 가능한 게 있다. 그것은 바로, 모든 사람들에게 그 다음 질문을 행할 능력을 부여한다는 점이다. 그러한 질문이 어떤 것이 될지 결코 알 수 없기 때문에, 스스로의 힘으로 해답을 구하는 데 도움을 주는 디지털 도구가 필요한 것이다.

통경로상의 대규모 재고를 줄이기 위해서이다. 새로 OLAP 시스템을 구축한 지 1년 만에 하퍼콜린스는 가장 인기 있는 책들에 대한 반품률을 30%에서 10%로 줄일 수 있었다. 반품률 1% 하락은 수백만 달러의 경비절감을 의미한다.

하퍼콜린스 출판사는 OLAP 시스템을 통해 '이 책은 이 도매점에서 이번 주에 얼마의 수익을 올렸는가'와 같은 질문을 제기하고 답을 구할 수 있다. 그러나 OLAP 시스템은 질문과정에서 방향을 잡아줄 전문가를 필요로 한다. 그리고 다소 구체적이지 못하지만 사업상으로는 중요한 다음과 같은 질문들에 대해서는, 전통적인 데이터베이스나

OLAP 시스템 모두 자료에서 답을 찾을 수가 없다. '어떤 고객층이 B 라는 책보다 A라는 책을 선호할 것 같은가?' '만족하는 고객과 그렇지 않은 고객을 나누는 기준은?' '데이터베이스에 저장된 고객들 중에서 서로 "유사한 성향"을 지닌 고객들은?' 이러한 불명확한 질문들의 결과는 OLAP 시스템 사용자를 궁지에 빠뜨릴 뿐 아무런 의미도 갖지 못할 것이다. 보다 정교한 방식의 데이터마이닝이 필요한 이유가 여기에 있다. 앞으로 나올 데이터마이닝은 소프트웨어를 이용해 정보가 풍부한 환경을 탐험할 수 있게 해줌으로써, 일반 사용자들이 사업상의 의문점들에 대한 답을 찾을 수 있도록 도울 것이다. 비록 통계학이나 자료 분석 혹은 데이터베이스 분야의 전문가가 아니라도 도움을 받을 수 있게 된다는 의미이다.

기업이 데이터마이닝의 도움을 받아 도전해볼 만한 일들은 다음과 같다. 연령, 성별, 기타 인구통계 자료나 유사성을 토대로 고객이 특정 품목을 구매할 가능성 예측하기. 웹 사이트를 탐색하는 유형에 따라 고객 파악하기. 향상된 개별 서비스를 제공하기 위해 고객의 구체적인 기호 파악하기. 빈번한 웹 사이트의 순서나 자주 일어나는 전화 접속 유형에 연관이 있는 날짜와 시간대 확인하기. 그리고 끝으로, 고객이 주로 함께 구입하는 제품군 파악하기 등이다. 특히 이 마지막 기법은 고객들의 구매 유형을 파악하고자 하는 상인들에게 유용하다. 그러나 이 과정에 따르는 이중 청구 정정 기능은 또 다른 유용성도 지닌다. 일례로, 의료보험 서비스를 제공하는 호주의 한 회사에서는 이 기법을 사용하여 고객들의 보험상품 구매 유형을 조사하던 중, 그때까지 총 1천만 달러에 달하는 보험금이 이중 청구되었다는 사실을 밝혀낸 적도 있다.

데이터마이닝은 또한 제품의 판매량을 예측하고, 그러한 분석결과를 협력사나 고객과 공유하는 데에도 매우 유용한 도구이다. 데이터마이닝은 현재 제조업과 은행업, 통신업, 지형·지질 원격 탐사, 대화형 웹 상점 등 다양한 분야에 이용되고 있다. 예를 들어 이러한 도구 가운데 하나인 「Microsoft Site Server Commerce 3.0」은 웹 사이트상에서의 소비자 행동을 파악하여, 방문객의 기호를 예측하고, 개별화된

온라인 쇼핑 경험을 제공할 수 있다(관련된 링크를 계속 띄워주는 방식이
다 - 譯註). 웹 상점들은 따라서 개별 고객에 맞춰 각기 다른 광고와 판
촉활동, 패키지 상품을 제공할 수 있다. 뿐만 아니라 데이터마이닝 기
법은 결국에는 고객들의 흥미를 유발하지도 못하고 비싼 대가만 치르
게 뻔한 내용의 e-mail을 대량으로 보내는 것을 미연에 방지해 준다.
기업들이 보통 간과하기 쉬운 이 비싼 대가는 전혀 무관한 내용의 정보
를 제공하여 고객들을 성가시게 만듦으로써 치르게 되는 대가를 말한
다.

데이터마이닝을 응용한 사례 중에는 일반적이지는 않지만 흥미로운
것들도 있다. 사회보장제도를 개선하기 위해 고아들의 자료를 분석한
다든지, NBA 농구 선수들을 스카우트하는 데 이용하는 경우가 그것
이다. 유타 재즈는 데이터마이닝 도구를 이용하여 시카고 불스의 마이
클 조던에 대한 완벽한 프로필을 만들었다. 여기에는 조던이 점프하기
위해서 멈추기 전에 두세 번 드리블을 하는 단독 플레이 습관을 비롯하
여 그에 대한 모든 것이 포함되었다. 그러나 분석이라고 하는 것은 이
를 뒷받침할 수 있는 실행 능력만큼만 유효할 뿐이다. 유타 재즈는 조
던을 철저하게 분석했음에도 불구하고, 1998년 NBA 챔피언 결정전
에서 마이클 조던이 예의 그 드리블을 이용하여 상대의 수비를 뚫고 결
승골을 넣는 것을 막지 못해 결국 2년 연속 시카고 불스의 제물이 되고
말았다.

데이터마이닝의 가장 일반적인 사업적 용도는 데이터베이스 마케팅
분야에 있다. 데이터베이스 마케팅이란 여러 가지 자료를 분석하여 고
객의 기호를 파악한 다음, 특정한 소비자층을 겨냥한 판촉활동을 전개
하는 것을 말한다. 예를 들어 아메리칸 에어라인(American Airlines)
은 자사가 보유한 2천 6백만 명의 단골고객에 관한 정보—그들이 이용
하는 렌터카 회사나 호텔, 레스토랑 등—를 파악하여 특정한 고객층을
겨냥하는 다양한 항공상품을 개발함으로써 1억 달러에 달하는 비용절
감 효과를 거두었다.

보다 정확한 소비자층을 선별하여 방대한 양의 우편비용을 줄이는
것, 그것이 바로 경비절감의 비결이다. 신용카드 회사를 예로 들어보

자. DM 발송으로 회원가입 판촉활동을 벌여 회원을 모집하는 경우,
일반적으로 가입 확보율은 2% 정도 수준이다. 1997년에 멜론 뱅크
USA(Mellon Bank USA)는 20만 명에 달하는 신규 고객을 확보한다
는 목표를 세웠다. 그렇다면 1천만 통에 달하는 판촉우편물을 보내야
한다는 계산이 나온다. 하지만 멜론 은행은 데이터마이닝 기법을 활용
하여 신규 확보 가망성이 가장 큰 고객들에 대한 3,000개의 모형을 개
발하였다. 그런 다음, 정련 작업을 통해 각 모형별 집단의 수를 줄였
고, 거기서 표본을 추출해 실험한 결과 응답률이 12% 정도임을 밝혀
냈다. 이 비율을 토대로 멜론 은행은 20만의 고객 확보를 위해 1천만
명의 소비자들에게 일일이 판촉물을 보내는 대신, 2백만 명만을 대상
으로 우편 판촉활동을 벌일 수 있었다. 그리고 경비절감에서 한 걸음
더 나아가 신규고객 일인당 수익률을 기존보다 3배나 높일 수 있었다.
이는 물론 데이터마이닝 기법을 통해, 멜론 은행의 서비스를 가장 필
요로 하는 특정 고객만을 대상으로 마케팅 활동을 펼친 데 따른 결과이
다.

이 예로부터 우리는 데이터마이닝의 두 가지 중요한 측면을 파악할
수 있다. 첫번째는 그 규모의 방대함이다. 관련 자료의 양과 고찰되는
모형의 수가 기존의 통계분석 규모를 훨씬 뛰어넘는다. 두번째는 고도
로 훈련된 전문가들까지도 데이터마이닝으로부터 이익을 얻을 수 있다
는 점이다. 멜론 은행의 예에서 보듯이, 사내의 통계분석 담당 부서가
사용하는 통상적인 통계기법과 비교해, 외부 전문가들이 불과 4분의 1
밖에 안 되는 짧은 시간 동안에 장장 6배의 성과를 거둔 것이다. 따라
서 데이터마이닝의 주요 목표는 이제 이들 도구를 전문가만이 아니라
사업 당사자인 일반 사용자들도 이용하기에 간편하도록 만드는 것이
다.

앞으로 데이터마이닝은 온라인 대화(interaction)에 필수 요소가 될
것이다. NCR(National Cash Register Company)의 사장 겸 최고경
영자인 라스 니버그(Lars Nyberg)는 자신이 거래하는 은행의 현금자
동입출금기(이하 ATM)가 보여주는 표준 메뉴에 대해서 나에게 이렇
게 설명한 적이 있다.

"'안내문을 영어로 원하십니까 아니면 스페인어로 원하십니까, 어떤 계좌에 접속하시렵니까, 어떤 종류의 거래를 원하십니까, 거래가 끝났습니다. 다른 종류의 거래를 원하십니까?' 이런 과정을 통해 ATM 이용을 끝내면, 마지막으로 화면에 광고가 나오면서 담보대출을 원하면 연락하라는 메시지와 함께 전화번호가 제시되죠. ATM을 이용하는 대부분의 사용자들이 이런 식의 메뉴를 보았을 겁니다."

그런데 라스는 ATM을 통해 예금을 인출할 때마다 거의 매번 동일한 계좌에서 똑같은 액수의 예금을 찾는다. 또 그는 이미 그가 거래하는 은행으로부터 담보대출을 받아, ATM을 통해 매달 일정한 금액을 갚아나가고 있다. 이런 상황임에도 불구하고 그가 은행카드를 ATM에 집어넣을 때면 항상 똑같은 말만 되풀이 된다. 이에 라스가 말하고자 하는 것은, 왜 그 기계는 그가 '평소에 사용하는 언어로' "라스씨, 당신의 주거래 계좌에서 평소에 인출하는 액수만큼의 예금을 찾으시겠습니까?"라고 묻지 않느냐는 것이다.

뿐만 아니라 왜 그 기계는 은행에서 분석한 그의 고객 프로필에 어울리면서도 그가 제공받지 않은 서비스상품에 대한 판촉을 하지 않는가? 그런 식으로 개별화된 특별 서비스는 그와 은행 모두에게 득이 되는데도 말이다. 이런 종류의 보다 적절한 질문을 제기하는 데 필요한 정보는 반드시 은행의 컴퓨터 어딘가에 저장되어있기 마련이다. NCR은 사실 최고경영자인 라스가 거래하는 은행의 ATM을 만들고 있는 회사로, 현재 데이터마이닝의 주요 실행 기능을 개발중이다. 라스는 자신의 고객들을 위해 위와 같은 종류의 문제를 해결하는 데 주력하고 있다.

데이터마이닝은 고객관계 관리, 즉 CRM(Customer Relationship Management)의 한 부분이다. 기업이 정보기술을 이용해 기존의 대량 마케팅 방식에서 탈피, 기업 대 개별 고객이라는 일대일 방식으로 고객과의 관계를 관리하는 것도 CRM에 속한다는 의미이다. 데이터마이닝은 ATM이든, 웹 사이트이든, 또는 e-mail을 통한 직접적인 마케팅 판촉활동이든 간에, 고객의 특별한 요구와 기호에 맞는 상품을 제공할 수 있는 경로만 있다면 바로 개별 고객에게 다가갈 수 있게 해준

다. 데이터마이닝을 통해 분석된 유형을 근거로, 기업은 상호간에 보
다 나은 가치를 실현하는 방식으로 고객에게 상품을 제공할 수 있는 것
이다.

고객에 대한 이러한 개별적 접근이 TV와 잡지를 포함한 모든 대중
매체에 실리는 상품광고에 미치는 영향은 실로 심오하다. 디지털 TV
가 일반화되고, 잡지와 신문을 읽는 것보다 전자책(electronic book)
을 더 선호하게 되면, 사실상 모든 광고는 대중을 대상으로 하던 것에
서 개별화된 광고로 대체될 것이다. 화면을 통해 제공되는 광고내용이
해당 시청자의 인구통계학적 프로필에 따라 달라질 것이라는 얘기이
다.

거듭 강조하지만, 앞으로는 자동차나 여타 제품의 광고가 대중매체
를 통해 전국 모든 가정들에 무작위적으로 접근하는 대신, 가장 효과
적인 잠재 고객층에 접근할 수 있게 될 것이다. 예를 들어 누군가가 특
정한 모델의 자동차를 보유하고 있다고 가정해보자. 그가 새로운 자동
차를 구입할 시기가 되면 자동차회사는 그 소비자만을 특별히 겨냥하
여 판촉활동을 벌일 수 있는 것이다. 대규모 자동차회사는 당연히 자
사 브랜드의 인지도를 높이기 위해 계속해서 여러 유형의 소비자 집단
을 공략하겠지만, 그래도 최적의 소비자 집단에 광고가 집중되는 현상
만큼은 어쩔 수 없을 것이다.

고객에 대한 개별적인 접근기법은 미미하나마 이미 웹상에서 어느
정도 사용되고 있다. 만약 사용자가 인터넷 검색엔진(search engine)
에 자신이 원하는 지역명—예를 들어 샌프란시스코—을 입력하거나 혹
은 여행이나 여타 주제에 관한 책을 구입하려는 의도를 나타내면, 샌
프란시스코나 혹은 원하는 주제에 대한 정보와 함께 관련 광고도 제시
된다. 고객의 기호나 그가 시도하려고 하는 활동을 염두에 두는 이런
식의 '정황감지(context-sensitive)' 광고는 불특정 다수를 겨냥한 대
중광고에 비해 훨씬 더 극적인 광고 효과를 지닌다.

개별화된 광고를 제공할 수 있다는 것은 각 지역마다, 혹은 심지어
같은 지역 내 각 가정마다 서로 다른 광고를 시청하게 된다는 것을 의
미한다. 대기업은 더욱 효율적으로 제품을 광고할 수 있게 되고, 지금

까지 대중매체를 광고수단으로 이용할 여력이 없었던 중소기업도 TV 나 잡지광고를 고려해볼 수 있게 될 것이다. 현재에는 진정한 대중시장용 상품을 광고하는 경우를 제외하고는 광고 매체를 이용하는 비용이 너무 비싸다. 그러나 앞으로는 구멍가게조차 이웃에 살고 있는 사람들을 대상으로 TV광고를 할 수 있게 될 것이다.

개별화된 광고는 소비자의 입장에서도 환영할 만한 일이다. 그만큼 본인과 관련성이 많은 광고를 제공받을 수 있기 때문이다. 어떤 이들은 광고주가 개인정보를 너무 많이 알게 될까봐 염려할지도 모르겠지만, 내가 5장(章)에서 언급했듯이, 소비자들이 허용하는 정보만 외부에 노출될 수 있도록 해주는 소프트웨어가 개발될 것이다. 광고주들이 소비자들의 시청습관을 파악하는 것까지 비합리적이라고 할 수는 없다. 한 가지 예를 들어보자. 전문 분야의 정기간행물—스포츠, 과학, 원예, 가사관리, 자동차 등 분야에 관계없이—을 구독하는 사람들은 누구나 기사 내용만큼이나 광고에 비상한 관심을 가진다. 이와 마찬가지로 소비자들이 한두 주제에 집중적인 관심을 가지고 TV를 시청한다면, 그들이 관심을 가지는 분야에 초점을 맞춘 광고를 반대할 이유도 없는 것이다.

미국에서는 낮 시간대에 주로 방영되는 연속극을 두고 '소프 오페라(Soap operas)'라고 부른다. 주로 여성들이 즐겨보는 이런 프로그램들의 광고주들이 초창기에는 예외 없이 비누(soap) 회사였기 때문에 생겨난 표현이다. 이 예에서도 알 수 있듯이, 특정 소비자층을 겨냥한 TV 마케팅은 새로운 개념이 아니다. 다만 그 차원이 다를 뿐이다. 정보를 수집·분석하는 수단인 데이터마이닝, 그리고 보다 소규모의 소비자 집단을 겨냥하는 수단인 디지털 TV와 전자책으로 무장한 개별 마케팅은 그 위력 면에서 근본적으로 차원이 다르다. 데이터마이닝과 디지털 TV, 전자책의 결합은 광고와 마케팅에 대한 기업의 관점을 근본적으로 변화시킬 것이다. 기업이 상품과 서비스를 가지고 누구를 겨냥할 것인가를 파악하는 것의 진정한 가치는 고객에 대한 개별적인 접근을 통해 더욱 증진될 것이다.

정보 자산을 최상으로 활용하라
(Getting the Most out of Data Mines for Everyone)

현재 데이터마이닝 시스템을 구축하는 데에는 막대한 비용이 든다. 중소기업의 경우, 2만 5천 달러에서 15만 달러 정도가 들고, 월마트와 같이 높은 수준의 분석을 요하는 고객들의 경우에는 수백만 달러의 경비를 들여야 한다. 5년 전 한 보험회사는 데이터마이닝 기법을 활용하는 비즈니스 솔루션에 1천만 달러를 투자하였다. 그 보험회사의 최고경영자는 "몇 년을 더 기다렸다가 오늘날의 기술력을 이용했다면 훨씬 적은 비용으로 동일한 비즈니스 솔루션을 마련할 수 있었을 것이다. 하지만 결과를 놓고 말하자면 천만 달러를 투자할 만한 가치가 충분했다"라고 말한다. 여기서도 우리는 데이터마이닝의 가치를 다시 한번 확인할 수가 있다. 그러나 이처럼 막대한 비용이 든다는 것은 소프트웨어가 무척 복잡했던 구질서를 반영하고 있다고 봐야 한다. 즉, 소프트웨어가 상당히 복잡해 이를 갖추는 데는 비용이 많이 들었기 때문에, 대규모의 직원을 투여할 수 있거나 고도로 전문화된 판매자들을 고용할 수 있는 대기업들만 효율적으로 자료를 이용할 수 있었던 것이다.

정보를 기반으로 한 경제체계에서 경쟁이 치열해짐에 따라, 고객에 관한 자료는 점점 더 중요한 기업 자산이 되었다. 모든 기업과 기업의 지식노동자들은 자신들이 보유하고 있는 고객정보 자산을 반드시 최상으로 활용해야 한다. 물론 이들 모두가 방대한 데이터베이스를 유지하거나 데이터베이스 분석 전문가를 고용할 만한 경제적인 여력을 갖추었다고 말할 수는 없다. 그러나 다행스럽게도, 대용량의 PC 플랫폼에서 데이터마이닝 기법을 충분히 활용할 수 있게 됨에 따라 그 비용도 급속도로 낮아지고 있어, 규모를 막론하고 모든 기업과 부서들이 폭발적으로 데이터마이닝 기법을 사용하게 될 날이 멀지 않았다. 따라서 지금까지는 막대한 규모의 예산을 투자할 여력이 있는 대기업들만 가능했던 수준 높은 분석을, 앞으로는 모든 업체들이 할 수 있게 될 것이다. 나아가 데이터마이닝은 더욱 더 일반화되어, 모든 상용 정보시스템의 인프라스트럭처가 갖추어야 할 표준 기능으로 자리잡을 것이다.

　데이터마이닝의 가장 큰 가치는, 앞으로 기업이 수익성 높은 제품을 개발하고 또 적절한 가격체계를 정할 수 있도록 지원하는 데 있을 것이다. 기업은 데이터마이닝을 통해, 다양한 패키지 옵션들과 최적의 가격대를 평가해 볼 수 있는데, 이는 어느 것이 고객의 가장 큰 호응을 불러일으키고, 또 최대의 이익을 안겨줄 수 있는지 알아볼 수 있다는 뜻이다. 특히 정보상품을 판매하는 기업들은 데이터마이닝의 이러한 능력에 지대한 관심을 쏟아야 한다. 자동차나 의자와 같은 제품과는 달리, 보험이나 금융서비스, 서적 같은 경우에는 상품의 생산보다 개발과정에 훨씬 큰 비용이 소요되고, 상품의 가치도 그 상품의 물리적인 비용보다는 고객들에 의해 결정되는 경향이 크다. 그러므로 정보상품이 성공할 수 있는 비결은 고객이 될 잠재성이 가장 큰 소비자들의 신상과 구매습관을 파악하는 것이다.

　예를 들어 보험회사들은 어떤 고객들에 대해서는 수익성이 높지만, 다른 고객들에 대해서는 수익이 적거나 심지어는 수익이 발생하지 않는 상품들을 판매한다. 이런 차이가 나는 이유는 보험 계약자에게 보험금을 지불하게 됨으로써 발생하는 손실과 관계가 있다. 데이터마이닝 기법을 활용하면, 보험회사는 손실이 매우 적거나 또는 매우 많을 것으로 예상되는 대상을 지역별, 고객별로 분석할 수 있다. 그리하여 손실이 적게 발생한 연령층 혹은 지역의 고객들에게는 대대적인 마케팅을 실시하거나 고객의 관심을 끌 만한 가격을 제시하고, 손실이 많은 고객층의 경우에는 가격을 올리거나 마케팅 활동을 줄이는 등의 결정을 내릴 수 있게 된다. 어느 기업이든지 이와 같이 기대 수익의 편차가 클 경우, 제품개발 및 판매전략을 세우는 데 있어서 데이터마이닝이 갖는 가치는 더 커진다. 은행들도 이와 유사하게 데이터마이닝을 활용하여 새로운 고객을 확보하는 유사한 기회를 잡을 수 있다. 오늘날의 고객들은 더 나은 서비스를 제공받을 수 있으면 주저없이 거래은행을 바꾼다. 또한 새로운 금융서비스 기관들이 우후죽순처럼 생겨나고 있는 상황이기도 하다. 은행들은 고객확보를 위해 전보다 더 적극적인 마케팅 활동을 전개해야 하며, 이러한 마케팅은 어떤 고객들이 투자할 만한 가치가 있는지를 사전에 파악할 경우에만 효과를 발휘할 것이다.

그러나 항상 실행 가능성을 염두에 두어야만 한다. 만약 고객들의 프로필이 대부분 서로 비슷하다거나, 조사 대상이 되는 고객 기반이 적은 경우에는 데이터마이닝의 실행 가능성 또한 그만큼 적어진다. 조그만 동네에서 이웃에 있는 단골들을 대상으로 특별한 품목만을 취급하는 가게는 데이터마이닝을 할 필요가 없을 것이다. 그러나 전국적인 식료품 체인망은 분명 그럴 필요가 있는 것이다.

데이터마이닝의 강력한 기능은, 새로운 고객의 확보방법과 소비자층에 따른 공략방법, 제품을 맞추고 가격을 결정하는 방법, 고객 개개인의 관심을 끄는 방법 등에 대한 기업의 제반 결정을 도와줄 것이다. 물론 이러한 정보를 이용하는 데에는 인간이 지닌 창의력과 기술이 절대적으로 필요하다. 새로운 패키지 상품과 가격체계를 고안하고, 컴퓨터가 제공하는 분석 결과를 토대로 새로운 상품을 개발하거나, 고객들에게 새롭고 흥미로운 제안을 하는 것은 우리 인간이 할 몫이다. 가지고 있는 도구가 강력하면 강력할수록 인간은 더욱 더 창조력을 발휘하게 된다는 것은 주지의 사실이다. 그러므로 기업은 직원들의 업무능력을 향상시킬 수 있는 첨단 디지털 도구에 대한 투자를 게을리하지 말아야 한다. 전체 지식노동자들에게 지급되는 보수의 3~4%에 해당되는 예산을 고성능 도구를 확보하는 데 투자하여, 직원들이 일상의 업무에서 탈피해 컴퓨터에 의해 분석된 자료의 유형과 트렌드에 창조적으로 반응하는 데 역량을 집중할 수 있도록 도와주어야 한다. 정보를 활용하여 혁신적인 새로운 제품과 서비스를 개발하고, 협력사와 고객과의 유대를 강화해 나가는 과정은 앞으로도 인간만이 유일하게 수행할 수 있는 영역으로 남을 것이다. 소프트웨어는 정보의 광산에서 점점 더 많은 광석을 캐내게 되고, 그 광석을 금으로 바꾸는 일은 계속 사람들이 맡게 될 것이다.

비즈니스 교훈

☐ 분석용 소프트웨어는 인적 자원을 기계적인 자료수집 분야로부터 부가 가치를 창출하는 고객서비스와 인간의 능력이 요구되는 분야로 이동시 켜준다.

☐ 수행성과를 극대화할 수 있는 사업부문에 우선적으로 소프트웨어 분석 기법을 적용하라.

☐ 불특정 다수에 대한 대중 광고로부터 특정한 소비자층을 겨냥하는 광고 로의 전환이 기업의 마케팅 전략 전반을 어떻게 변화시킬지에 대해 생 각해보라.

디지털 신경망의 진단

☐ 고객들의 구매유형에 대한 정교한 분석이 가능한가? 이러한 분석결과 를 고객의 트렌드를 분석하거나 개별 서비스를 개발하는 데 활용하고 있는가?

☐ 소득, 연령, 지역 및 기타 인구통계학적인 자료를 토대로 어떠한 부류의 고객들이 투자가치가 있고, 어떤 부류가 그렇지 않은가를 파악할 수 있 는가?

☐ 디지털 신경망이 직원들로 하여금 일상 업무를 처리하는 일에서 탈피하 여 예외적인 상황을 처리할 수 있게 하는가?

☐ 직원들이 수치정보에 디지털 방식으로 쉽게 접근할 수 있는가? 그들은 요약보고서에서 세부 자료로 들어갈 수 있는가? 그들이 여러 가지 다른 차원으로 수치정보를 보고, 그러한 차원을 선회(pivot across)하여 넘나 들 수 있는가?

제 14 장

기업 IQ를 높여라
(Raise Your Corporate IQ)

> 조직의 학습능력, 그리고 그것을 신속하게 행동으로 옮기는 능력이
> 궁극적으로 기업의 경쟁우위를 결정해준다.
> — 잭 웰치, 제너럴 일렉트릭 회장

몇 년 전에 우리는 MS 레드먼드(Redmend) 캠퍼스에 있는 건물들의 청사진 일부를 분실한 적이 있다. 그 청사진들은 다음 단계의 건물 공사를 위한 참고자료로 반드시 필요한 것이었다. 오랜 기간 회사의 부동산과 시설을 관리하던 담당 직원이 막 은퇴한 상황이었기에, 우리는 그의 집으로 찾아가 그 설계도면을 구할 방법이 있는지 알아봐야 했다. 다행히 그는 건물공사에 참여했던 한 전기기사가 여전히 우리 회사의 하청업체와 함께 일하고 있다는 사실을 알려주었다. 그 전기기사는 정말로 청사진을 갖고 있었다. 사실 그 전기기사는 이 세상에서 우리 회사 건물 전체의 설계도면 전부를 갖고 있는 유일한 사람이었다.

전통적인 사회에서는 조직의 역사와 전통에 대한 지식을 전하는 것을 한두 사람에게 의존하는 경우가 종종 있어 왔지만, 현대적인 조직에서는 그러한 내용을 기록하고 전하는 보다 더 좋은 방법이 필요하다.

그러나 우리 MS는 여전히 역사와 전통을 구전(口傳)하는 방식에 꽤나
의존하고 있었다. 이곳 시애틀 지역에서 가장 큰 사무공간 개발자로서
매년 50만~100만 평에 이르는 새로운 사무공간을 짓는 건축공사에
착수하면서, 우리 MS는 중요한 정보의 전체 "지식 기반"을 단지 몇 사
람의 머리와 몇 뭉치의 청사진에 담아둔 채, 파일로조차 보관하고 있
지 않았던 것이다.

 이 사건으로 놀란 MS의 부동산 및 시설담당 부서에서는 지난 20여
년 간 건물 및 부지공사를 하면서 축적해 온 모든 지식을 보관하고 저
장하기 위한 디지털 보관소가 필요하다는 결정에 이르렀다. 우리는 갖
고 있는 청사진과 각종 도면 그리고 기타 건축정보를 컴퓨터 방식의 설
계 파일 즉, CAD(computer-aided design) 파일에 입력하고, 거래하
는 공급업체들이 일을 진행할 때 도움이 되도록 CAD 표준안을 마련했
다. 그리고 거래업체들의 시스템에 있던 기존의 전자문서들을 회사 내
부의 시스템으로 옮겼다. 그런 다음 우리는 거래업체들이 건설 프로젝
트에 참여하는 동안 액세스할 수 있는 익스트라넷 사이트를 하나 만들
었다. 관계자 모두가 건축 초기단계부터 문제점이나 솔루션에 대한 기
록에 액세스할 수 있게 하기 위해서였다. 이렇게 건설 정보를 통제할
수 있게 되자, 우리는 건축 프로젝트를 더욱 광범위하게 외부 입찰에
붙여 보다 나은 가격조건으로, 보다 유연하게 일을 수행할 수 있게 되
었다.

 MS의 사업기획 및 재무기획 담당자들은 사무실을 확장하거나 새로
운 지사를 개설할 때 예의 그 익스트라넷 사이트를 이용한다. 그 사이
트가 있기에 MS 사원들은 중요 부동산 프로젝트에 관련된 문제 및 관
련 비용에 대해 알 수 있으며, 해외 사업 담당자들은 사업확장을 계획
할 때 본사가 보유한 부동산 관련 전문지식을 활용할 수 있는 것이다.
또한 우리의 인트라넷에는 건물 각 층의 평면도가 게시되어 있다. 따
라서 대규모의 사무실 이전이 있을 때면, 본사 각 건물의 사무공간 계
획 담당자들이 옮겨갈 층의 평면도를 보면서 공간 배치 계획을 짤 수
있다. 이때 일반 직원들 역시 제각기 평면도 페이지를 보고 사무실이
이전된 후 어디서 일하게 될지 알 수 있다. 구내식당 운영자를 바꾸는

동안 메뉴 페이지에 잠시 방문객들이 한꺼번에 몰렸던 경우를 제외하
면, 평면도 페이지는 사실상 우리 회사 인트라넷에서 일반적으로 가장
많은 직원들이 방문하는 곳이다.

지식관리란 무엇인가
(Defining Knowledge Management)

MS의 부동산 자료를 모아 놓은 전자도서관과 상표 및 특허법에 대
한 자료가 있는 전자도서관은 기업의 '지식관리(knowledge manage-
ment)'에 대한 좋은 예이다. 정보를 수집하고 정리하며, 필요한 사람
에게 나눠주고, 분석과 공동연구를 통해 끊임없이 개량한다는 일반적
인 개념으로 볼 때, 지식관리는 참으로 유용하다. 그러나 이전의 리엔
지니어링 개념에서와 마찬가지로, 지식관리라는 개념에도 사람들이 그
때그때 연관시키고 싶어하는 의미 대부분이 주입되어 왔다. 지식관리
에 대한 신문기사, 분석, 심지어 "범주"에 대한 논평 등이 정기적으로
눈에 띈다. 지식관리에 대한 컨설팅이 행해지거나 웹 사이트가 생겨나
는가 하면, 1998년 중반에는 "지식관리"를 다루는 잡지도 창간되었다.
만약 기자들이 데이터베이스 회사에 취재를 가면, 기자들은 지식관리
가 데이터베이스 분야의 최신 개념인 줄 알게 될 것이다. 또 만일 기자
들이 그룹웨어(groupware)를 제작하는 회사를 취재하러 가게 되면,
지식관리는 차세대 그룹웨어를 의미하는 것으로 알게 될 것이
다.(groupware: 여러 사람이 컴퓨터를 통하여 서로 협력하면서 하나의 작
업을 수행할 수 있도록 도와주는 프로그램 - 譯註)
따라서 먼저 몇 가지를 분명히 해두고 넘어갈 필요가 있다. 내가 이
책에서 말하는 지식관리는 소프트웨어 제품이나 소프트웨어의 한 범주
를 가리키는 게 아니다. 또한 여기서 말하는 지식관리는 정보기술로
시작되는 것도 아니다. 그저 '사업목표 및 그 과정을 위해, 정보를 공
유할 필요성을 인식하면서 시작되는 지식관리'를 말하는 것이다.
지식관리는 정보를 필요로 하는 사람들에게 올바른 정보를 제공해

서, 신속하게 대처할 수 있도록 도와주는 '정보 흐름의 관리' 이상도
이하도 아니다. 정보란 정적인 '명사'가 아니라 움직이는 '동사'라고
말한 마이클 데르토우조스(Michael Dertouzos)의 견해를 되돌아볼
필요가 있다. 지식관리는 수단일 뿐, 목적이 아니다.

　지식관리의 목적은 조직의 지능, 다시 말해서 기업 IQ(Corporate
IQ)를 증대시키는 데 있다. 오늘날의 역동적인 시장 환경에서 성공하
려면, 어떤 기업이든 높은 기업 IQ가 필요하다. 기업 IQ가 높다는 것
은 단지 회사 안에 똑똑한 사람들이 많다는 것을 의미하는 게 아니다.
물론 똑똑한 사람들과 함께 시작하는 것이 도움은 될 것이다. 기업 IQ
는 회사 내에서 얼마나 쉽게 폭넓은 정보공유가 이뤄지는지, 또 직원
들이 서로의 아이디어를 얼마나 잘 활용하는지를 나타내는 척도이다.
물론 이러한 공유에는 과거의 지식과 현재의 지식 두 가지 모두가 다
포함된다. 직원 개개인이 각자 배우고, 다른 사람들의 아이디어를 서
로 활용하는 가운데 기업 IQ는 올라가는 것이다.

　기업 IQ가 높은 회사의 직원들은 업무 수행과정에서 서로 긴밀하게
협조한다. 따라서 프로젝트에 참여하는 핵심 직원 모두는 정보를 제대
로 인지한 상태에서 정력적으로 움직인다. 궁극적인 목표는 팀으로 하
여금 조직 전체로부터 최고의 아이디어를 이끌어내게 만드는 것이다.
그리하여 동기가 충만한 한 사람이 상황에 대처하는 것처럼, 목표의식
과 집중력을 갖고 움직이게 만드는 것이다. 디지털 정보의 흐름은 이
러한 응집력을 높여줄 수 있다.

　먼저 기업의 경영진들이 지식공유의 가치를 믿어야 할 필요가 있다.
그렇지 않으면 지식공유를 위한 노력은 실패하고 만다. 나아가 지도자
들은 자신들이 현실과 동떨어진 '상아탑'에 격리된 채 다른 사람들로
부터 고립되어 있지 않다는 것을 보여주어야 할 뿐만 아니라, 기꺼이
고용인들과 함께 일해야 한다. 포드 자동차의 사장인 자크 나세르(Jac-
ques Nasser)는 매주 금요일 오후에 전세계 포드사 직원 8만 9천 명
에게 e-mail을 보내, 회사의 한 주간 소식─좋은 소식이든 나쁜 소식
이든─을 함께 나눈다. 중간에서 e-mail을 거르거나 막지 못하게 하
고, 그가 직접 직원들과 대화를 나누는 것이다. 그는 매달 수백 통씩

들어오는 답장을 일일이 다 읽어보고, 후속 조치가 필요한 경우에는 담당 직원을 시켜 답장을 보내게 한다.

매주 보고서를 보내는 것은 아니지만, 나 역시 중요한 문제가 있을 때 전세계의 직원들에게 e-mail을 보낸다. 자크 나세르처럼 나도 직원들이 보내는 e-mail을 모두 읽고, 조치가 필요한 항목이 있으면 담당자에게 넘겨준다. 나는 이렇게 '청하지도 않은' e-mail을 보내는 것이, MS의 여러 사람들 사이에서 영향을 미치고 있는 의견과 논점을 알고 지내는 데 매우 유용한 방법이라는 것을 알게 되었다. 우리는 또한 언론계나 업계의 동향을 직원들에게 알리기 위해「Windows Media Player」를 사용한다. 이것은 사내 네트워크나 인터넷을 통해 영상과 음성을 지속적인 스트리밍(streaming) 방식으로 내보내는 프로그램이다. 스트리밍 매체는 사용자의 PC에서 요구되는 대기 시간과 저장 용량을 줄여 준다. 클라이언트(client) 컴퓨터가, 재생할 영상이나 음성을 모두 다운로드 받을 필요 없이, 내용을 재생할 수 있게 해주기 때문이다.

공동연구와 지식공유를 장려하는 분위기를 조성하고 나면, 경영자들은 지식공유를 위한 구체적인 프로젝트를 조직 전체에 걸쳐 시작하게 해야 한다. 또한 지식공유를 무시해도 좋은 한낱 장식품 취급을 받지 않도록, 일 자체의 절대적인 구성 요소로 만들어야 한다. 그리고 나서 경영자들은 지식을 공유하는 사람들에게 보상이 주어진다는 점을 확실히 해둘 필요가 있다. "아는 것이 힘이다"라는 옛 말은 때로 사람들로 하여금 자신이 갖고 있는 지식을 감추게 만들기도 한다. 그런 사람들은 지식을 감추어야 자신이 조직의 필수적인 존재가 될 수 있다고 믿는 것이다. 그러나 여기서 말하는 "힘"은 지식을 보유하는 데서 오는 것이 아니라 지식을 공유하는 데서 오는 것이다. 회사의 가치 체계와 보상 체계에 바로 이런 생각이 반영되어야 한다.

지식관리가 사업에 도움이 되는 부분은 크게 사업기획과 고객서비스, 사원교육, 프로젝트 협력의 네 가지 영역으로 나뉜다. 아직까지 지식관리에 대한 구체적 작업에 돌입하지 않은 기업이라면, 이 중에서 우선 한두 가지 영역만을 골라 지식관리 프로젝트를 출범시켜 보길 바란다. 거기에서 성공하면 그만큼 자신감을 갖고 다른 사업영역으로 프로젝트를 마저 확대할 수 있게 될 것이다. 앞으로 몇 년 내에 모든 선도적인 기업들이 디지털 방식으로 무장한 채, 상당한 수준의 지식공유에 이를 것이다. 이 장(章)에서는 그런 수준에 도달한 기업들에 대해 이야기하고자 한다.

영역을 초월하는 브랜드 기획을 지원하라
(Supporting Cross-Border Brand Planning)

코카콜라보다 브랜드 인지도가 높은 기업은 없을 것이다. 코카콜라는 전세계적으로 가장 많이 팔리는 다섯 가지 청량음료 중 네 가지 제품을 생산하고 있다. 코카콜라의 매출액 가운데 약 3분의 2와 순익의 80%는 해외 시장에서 얻는 것이다. 이 회사는 정보기술을 이용해, 전세계적인 브랜드 관리와 가장 중요한 기능인 사업기획 기능을 지원하는 정보의 흐름을 창출한다. 이는 탄산음료 사업만을 위한 것이 아니다. 코카콜라는 현재 전세계 거의 모든 나라에 걸쳐, 주스, 차, 커피, 스포츠 음료, 유가공 음료를 포함하는 160개 브랜드를 보유하고 있다.

코카콜라는 1980년대에 독자적인 e-mail 시스템을 갖추고 전세계적인 통신망을 구축한 최초의 기업 가운데 하나이다. 1997년 정보담당 이사인 빌 헤럴드(Bill Herald)는 자사의 정보기술이 회사의 사업전략을 따라가고 있는지 확인하기 위해, 회사 최초로 정보기술 전략 검토회의를 주관했다. 검토 회의가 진행되는 동안에 그가 깨달은 것은, 코카콜라는 남들보다 앞서서 투자를 했음에도 불구하고 그때까지 종종 정보기술을 사업 개선을 위한 수단으로 여기기보다는 가급적 통제해야 할 비용으로 다루어왔다는 사실이다. 이러한 자각을 통해 코카콜라는 생각을 바꾸게 되었다. 즉 "얼마나 투자비용을 절감할 수 있는가" 하는 측면에서 "전세계적으로 투자를 얼마나 늘려야 또다시 개혁을 단행할 필요가 없게 될 것인가" 하는 측면으로 바꾼 것이다. 결과적으로 이 검토 회의는 세계 전역의 데스크탑 환경과 응용프로그램, 네트워크 운영

체계, 데이터베이스 시스템 등 코카콜라 시스템의 전체 기술구조를 표준화하는 원동력이 되었다.

전세계적인 정보 흐름을 위한 코카콜라의 새로운 시스템은 연구, 브랜드 기획, 글로벌 마케팅 등에 관련된 제반 사업절차를 통합했다. 더불어 코카콜라에서 정보기술을 가장 많이 이용하던 곳은 회계 부문이었는데, 이제는 마케팅 부문에 그 자리를 빼앗겼다. 한때는 정보를 수집하는 가장 큰 동기가 비용 분석에 있었지만, 이제는 소비자와 시장을 분석하기 위해 정보를 수집하는 것이다.

만약 코카콜라가 브롱크스에 사는 사람들이 코카콜라를 스테이튼 아일랜드에 사는 사람들의 반밖에 마시지 않는 이유를 알고 싶다든지, 혹은 프랑스의 코카콜라 소비량과 벨기에의 코카콜라 소비량을 비교하고 싶다면, 마케팅 담당자는 마케팅 정보분석 도구인 「Inform(Information for Marketing)」을 이용하여 자료를 검토해 볼 수 있다. 인종구성 비율, 가당음료와 탄산음료의 시장침투율, 브랜드 의존도, 기타 인구통계 자료 등을 분석해 보는 것이다. 「Inform」은 닐슨 시청률(Nielsen: 미국의 시장조사 회사 닐슨이 발표하는 TV 시청률 - 譯註)이나 포커스 그룹(테스트할 상품에 대해서 토의하는 소비자 모임 - 譯註), UN의 1인당 국민소득 등과 같은 출처에서 나오는 자료와 회사 자체의 영업 및 마케팅 출처에서 나오는 자료를 통합한다. 「Inform」은 또한 국가별이나 권역별, 그리고 브랜드 정보별로 마케팅의 동향을 보여주는데, 여기에는 시장 점유율이나 선호도 양상, 소비자들이 특정 브랜드를 소비하고 구매하는 이유 등이 포함된다.

시장별, 유통경로별, 분기별, 지역별 영업자료도 「Inform」을 이용해서 볼 수 있다. 이 「Inform」은 특정 국가에서 기업이나 브랜드 선호도를 결정하는 방법에 관한, 1,000건 이상의 연구결과를 종합한다. 「Inform」을 이용하면, 가령 남아프리카 공화국의 특정 지역에서는 어떤 유형의 사람들이 매일 스프라이트(Sprite, 코카콜라의 청량음료)를 마시는지, 또는 그 지역에서 지난 3월 한 달간 1일 평균 소비량은 얼마였는지 등에 대해서도 알 수 있다.

이 모든 정보는 코라콜라가 전세계에 걸쳐 더욱 나은 마케팅을 기획하는 동시에, 특정 계층을 겨냥하는 새로운 상품을 개발할 수 있게 해준다. 예를 들어 일본 코카콜라는 한 해 25종이 넘는 새로운 청량음료나 차, 커피 제품을 시장에 내놓고 있다. 이러한 제품들을 기획하고 성공 여부를 추측하려면 훌륭한 정보도구가 필요하지 않겠는가.

　코카콜라의 브랜드 기획 역사는 수십 년에 달하지만, 모든 코카콜라 자회사들이 단일 방식으로 연구자료를 수집하기 시작한 역사는 비교적 짧은 편이다. 따라서 과거에는 양적인 면에 치중한 자료가 있었는가 하면, 질적인 면에 치중한 것이 있었고, 그 두 가지를 절충한 것도 있었다. 이렇게 각기 다른 종류의 자료들로 인해, 코카콜라가 판매되는 200여 개 국가에서 서로 판이한 방식의 브랜드 기획이 이루어졌다. 하지만 이제 코카콜라의 브랜드 기획은 세계 어디에서건 「Inform」 자료를 토대로 이루어진다. 이 회사의 새로운 기획시스템은 모든 브랜드 기획안에 150개의 질문을 던지고, 반복적인 절차에 따라 정보를 조합해준다. 1인당 국민소득은 얼마인가? 소득 중에서 음료수 구입비가 차지하는 비율은? 탄산음료의 시장침투율은? 「Inform」은 기획 입안자에게 이러한 사항들에 대한 관련 자료를 제시하면서 반드시 짚고 넘어가게 만든다. 이렇게 즉석에서 자료에 액세스함으로써, 사용자는 브랜드 기획을 좀더 신속하게 진행시킬 수 있는 것이다. 기획 입안자는 종이서류로 정리된 연구자료를 요구할 일이 거의 없다. 그저 이전의 연구자료와 축적된 기업의 지혜를 통해 배워나가면 되는 것이다.

　만약 짐바브웨의 기획 입안자가 그 나라에 스프라이트를 출시할 최선의 방법을 모색중이라면, 「Inform」은 그에게 태국의 마케팅 담당자가 6개월 전에 같은 제품을 태국에 출시한 적이 있다는 사실을 알려준다. 이때 짐바브웨의 담당자는 태국의 출시 경과를 검토해보고, 세부사항을 더 알고 싶으면 태국의 기획 입안자에게 e-mail을 보내면 된다. 기획이 완료되면, 사업계획과 지원 자료가 한 자리에 함께 저장된다. 「Inform」은 모든 기획 입안자들이 서로 동일한 포괄적 단계를 거쳐서 브랜드 기획을 실행하도록 보장하지만, 궁극적인 목표는 예전의 경험에다가 각 기획 입안자들의 '고유한 아이디어'를 첨가하는 데 있음을 잊지 말아야 한다. 코카콜라는 자사의 시스템을 통해서 사고작업의 질을 지속적으로 개선하게 되길 희망한다.

정보공유는 또한 코카콜라의 전세계적인 광고활동도 지원해준다. 코카콜라의 글로벌 광고는 1년에 약 250건에 달하며, 코카콜라 브랜드 하나에만도 50건이나 된다. 이 회사의 글로벌 브랜드 프로세스는 표준 분류법을 이용해 시장별로 광고를 테스트하는 방식이다. 따라서 마케팅 브랜드 관리자는 「Inform」를 이용해 세계적으로 두루 테스트를 거친 광고 자료를 탐색하여 목표로 삼은 특정 인구 그룹이나 특정 국가의 속성에 맞는 광고를 찾아낼 수 있다. 또한 마케팅 담당자는 일반적으로 지역적인 특성에 맞게 광고의 마무리 부분을 수정할 수 있는 권한도 갖는다.

코카콜라의 신입사원이나 전임자들은, 「Inform」과 같은 정보도구가 조직 내의 학습을 이끌어주기 때문에 매우 신속하게 업무에 적응할 수 있다. 사원들은 특정 연구 부서나 특정 도시에 속해 있는 정보 보유자에게 의존할 필요가 없다. 직원 모두가 전세계적으로 동일한 정보와 동일한 사업계획 형식을 이용할 수 있기 때문이다. 이 회사는 프랑스에서 근무하던 브랜드 관리자를 아르헨티나로 보내면서, 그가 도착 직후부터 전보다 훨씬 더 효율적으로 업무에 임할 것을 기대할 수도 있다.

코카콜라의 부사장이자 마케팅 전략담당 이사인 톰 롱(Tom Long)은 이렇게 말한다.

"우리는 소비자 정보시스템을 이용해서 사업 기강을 세우고, 영역을 초월하는 일상적 업무를 관리한다. 우리는 또한 정보를 이용해서 반복 수행되는 업무, 다시 말해 브랜드 기획, 사업기획, 광고 테스트, 소비자 이미지 분석 등과 같은 업무로부터 최선의 결과를 얻어낸다. 정보 기술 덕분에 우리는 새로운 사람들을 받아들이고, 그들에게 정보가 어디 있는지 알려줄 수 있으며, 또 그들이 확고한 사업계획을 수립하도록 시킬 수 있는 것이다."

「Inform」이 처음 개발된 것은 1995년과 1996년 사이였고, 코카콜라 사원들이 이를 광범위하게 사용하기 시작한 것은 1997년이었다. 처음에 「Inform」사용자는 본사의 마케팅 담당자 400명에 불과했지만,

1998년 중반에 이르러서는 총지배인, 연구원, 브랜드 관리자, 중간 마
케팅 담당자 등을 포함해 약 2,500여 명으로 늘어났다.

　정보시스템의 도입은 사원들을 약하게 만들지 않는다. 오히려 사원
들을 더욱 똑똑하게 만들어, 시장변화에 대해 '대응하는 수준'을 넘어
서 적극적으로 시장변화를 '예견'할 수 있게 해준다. 사실, 코카콜라는
「Inform」덕분에 인간의 사고능력을 더욱 높이 평가하게 되었다. 정보
는 유능한 사원들이 빛을 발할 수 있게 해준다. 정보는 책임감을 창출
하며, 변명이나 핑계를 없애준다. 톰 롱은 이렇게 말한다.

　"브랜드 기획 도구에는 지능이 없다. 훌륭한 정보에 가치를 부여하
는 것은 바로 직원들이다. 이로 인해 지식의 활용성에 대한 우리의 기
대치도 높아졌다. 이제 우리는 정보를 단순히 기술(記述)하는 데서 벗
어나 정보를 설명하는 수준에 이르렀다. 이제 마케팅 담당자들이 거듭
되는 성과를 얻기 위해 밝혀내야 하는 것은 소비자 행동양식의 원인에
대한 설명이다. 「Inform」은 우리에게 초점이 무엇인지 알려준다. 우리
는 정보를 통해 새로운 수준의 통찰력을 얻게 된 것이다."

고객에 대한 대응속도를 높여라
(Speeding Customer Response)

　고객이 제품과 관련된 중요한 의문을 제기하면, 기업은 그제서야 답
을 찾느라 막후에서 급히 서두르는 경우가 많다. 일본에서 세번째로
큰 제약회사이자 매출 규모가 39억 달러에 이르는 야마누치 제약과
MS는 둘 다, 고객이 기술적으로 어려운 질문을 했을 때 이에 수준 높
은 대답을 신속하게 하기 위해, 웹을 기반으로 한 정보시스템을 구축
해 놓은 대표적인 기업이다.

　야마누치의 제품 지원 담당자들은 의사나 약사들이 제기하는 질문
가운데 절반 가량에 대해서는 언제든지 즉각적으로 대답할 수 있다.
이보다 더 어려운 질문에 대한 답을 찾아내야 할 때는 웹을 기반으로
한 자사의 제품 정보지원 시스템 즉, 「PRINCESS」(PRoduct INfor-

mation CEnter Supporting System)를 이용한다. 일부 문서를 광디스크에 저장하며 실시간 검색엔진을 구비한「PRINCESS」는, 지원담당자들로 하여금 제품명 및 키워드만으로 복잡한 전자검색을 할 수 있게 해준다. 지원담당자들은 또한 즉각 대답할 수 없는 긴급한 질문은 제품 전문가들에게 전송하고, 이보다 덜 급한 문제는 전문가들에게 e-mail로 전달한다. 전문가들은 하루 내지 1주일 내에 응답하는 것을 목표로 해답을 찾아낸다. 그리고 이에 대한 결과는 고객에게 전달되는 동시에, 이후의 같은 질문에 대한 답변용으로「PRINCESS」에 저장된다. 또한 후속 조치가 확실히 진행되도록 하기 위해 모든 질문은 전자적으로 추적된다.

야마누치는 1998년에 모든 판매담당자들이 내부 웹 사이트를 통해 이러한 제품 정보시스템을 이용할 수 있게 했다. 이후 판매담당자들의 정보 액세스 상태와 고객 지원 기능이 개선되고 전화 센터의 부하가 줄어든 것은 물론이다. 다음 단계는 분명, 의사 및 약사들이 이러한 지식 기반을 직접 이용할 수 있게 해주는 일일 것이다. 하지만 현재 일본에서는 그런 식으로 정보를 공표하는 일이 불법적인 약품 "광고"로 간주되고 있다—일본 정부는 현재 이런 지식 기반에 대한 웹 사이트 게시를 가능하게 해줄 지침을 마련중이다.

전화 센터에서 수집된 정보 덕분에 야마누치는 의사 및 약사들에게 일부 의약품의 투여 방법에 대해 좀더 많은 정보를 미리 제공할 수 있게 되었으며, 또한 약품마다 한 차례씩 더 추가적인 시험을 실시하는 계기도 갖게 되었다. 장기적인 관점에서, 야마누치는 일본, 유럽, 미국에 있는 자사의 모든 사무실에서 전반적인 업무협력이 이뤄질 것으로 크게 기대하고 있다. 앞으로 언젠가는 상황에 따라 해당 직원들에게 자동으로 업무를 통지하고, 보고 받은 정보에 따라 작업 및 기한을 자동으로 설정하는 시스템을 갖추는 것도 가능해질 것으로 믿고 있다.

앞서 밝혔듯이, 야마누치와 마찬가지로 MS도 역시 전세계의 판매담당자, 지원담당 엔지니어, 기술거래 관리자들로부터 본사의 제품팀으로 들어오는 복잡한 질문에 대해 시의적절하게 응답하기 위해 웹 기반 도구를 이용한다. 이런 질문들은 대개 고객의 구매결정을 유보시키거나 업무 진행을 중단시키게 마련이다. 때문에 응용프로그램 제품 관리담당 부사장인 리치 통(Rich Tong)은 지난 몇 년 동안 자신의 팀이 확실한 목표, 즉 현장에서 접수된 질문 중 90%에 대해서는 48시간 안에 응답해야 한다는 목표를 이루기 위해 매진하도록 촉구해왔다. MS의 제품 관리자들은 고객에게 프리젠테이션을 제시하고, 연구하고, 영업 실적을 추적·지원하며, 언론과 대화하고, 마케팅 자료를 만들어내고, 프로그램 관리자와 함께 신제품 출시 계획을 수립하는 등 그야말로 정신없이 일하고 있다. 여기에 경영진의 압력에다 질문들을 팀원들에게 분배하는 일까지 보태면, 제품관리자들로 하여금 48시간 내에 질문에 응답하도록 만든다는 것은 말 그대로 "도전"이 아닐 수 없었다.

그러나 이제 현장의 판매담당자들은 「InfoDesk」웹 사이트에 직접 들어와, 목록에서 제품이나 주제를 선택하고, 질문을 제출하면 된다. 제출한 질문은 판매담당자의 연락정보와 함께 데이터베이스에 등록된다. 판매담당자는 거래처에 가 있을 때나 여행중에도 질문을 제출할 수 있다. 판매담당자는 질문 제출 즉시 로그 번호 및 그 문제를 처리할 팀 이름이 들어 있는 e-mail 답장을 받는다.

질문이 접수되면, 데이터베이스는 메시지 전달시스템을 가동하여 해당 제품 관리자에게 e-mail을 보낸다. 만일 그 제품관리자가 48시간 이내에 질문에 대한 답변을 하지 못하면, 그 제품관리자와 그의 상사는 질문에 대한 답을 할 때까지, 메시지 전달시스템으로부터 규칙적으로 답변을 재촉하는 내용의 e-mail을 받게 된다. 관리자는 누구나 「InfoDesk」를 조회하여 질문들을 제한 없이 살펴볼 수 있고, 질문들을 추적해 같은 질문이 전에도 제기된 적이 있는지 여부를 파악할 수도 있다. 만약 또 다른 팀원에게 답변하는 데 도움을 달라고 요청하게 되면, 그에게는 그런 사실을 알리는 e-mail과 함께 추가 정보를 파악하는 데 필요한 웹 사이트 링크가 날아간다. 「InfoDesk」는 또한 질문에 대한 통계자료도 제공한다. 가령 질문의 양이 너무 많아 업무가 과중하다고 불평하는 팀이 있으면, 리치 통이나 다른 적절한 관리자가 정말로 그 팀의 1인당 질문 처리량이 과중한지 신속하게 살펴볼 수 있다.

답변 내용 외에도 각 판매 담당자는 '제시간에 답변이 이루어졌는

가, 답변 내용이 만족할 만한가, 답변이 영업에 어떤 효과를 미쳤는가
등등에 대한 온라인 설문조사를 받게 된다. 답변은 당연히 판매 역량
을 강화시켜야 한다. 신속하긴 하지만 형편없는 답변은 아무짝에도 쓸
모가 없다. 우리 회사에서 실시하는 이러한 설문조사의 결과는 대부분
긍정적으로 나타난다. 조사결과가 긍정적이지 못할 때는 제품관리자들
이 다음 번에라도 잘할 수 있도록 대책을 마련해야 한다.

「InfoDesk」는 단지 판매담당자들이 질문을 제출하기만 하는 장소가
아니다. 「InfoDesk」는 FAQs(자주 물어보는 질문들)를 모아 놓은 페이
지를 갖추고 있어 같은 질문이 반복되는 일을 줄여주며, 또 다른 내부
자원과 정보에 연결되는 링크를 갖추고 있어 판매팀에게 풍부한 지식
의 보고가 되어 준다. 현재 「InfoDesk」는 지난 3년간 축적해 온 질문
2만 개와 그에 대한 해답을 수록하고 있다. 이 귀중한 수집물은 특정
질문에 답하는 것을 도와줄 뿐만 아니라 트렌드를 추적할 수 있게 해주
기도 한다. 이러한 질문들에 대한 분석을 통해 우리는 웹 사이트를 개
선하거나 새로운 범주를 개발하기도 하고, 또 Y2K(밀레니엄 버그) 문
제와 같은 특정 문제들을 다루는 새로운 페이지를 개설하기도 하는 것
이다. 이는 특히 제품에 대한 베타 테스트(beta test: 개발중인 소프트
웨어에 대해 몇몇 고객을 상대로 시행하는 공식적인 시험검사 방법의 하나 -
譯註)를 진행하는 동안에 현장 활동을 추적하는 데 있어 매우 귀중한
자료가 된다. 현장에서 접수된 질문들은 이렇게 제품을 개정하거나 문
서화 작업을 개선하는 데 도움이 되었으며, 제품이 시장에 유포되기
전에 인가 및 가격책정 문제를 해결하는 데도 도움이 되었다.

사원교육 체계의 변화
(Taking the Pain out of Training)

사원교육은 기업 내에서 진행되어야 하는 지식공유 활동 중 가장 기
본적이면서도, 가장 소홀히 하기 쉬운 부분이다. 때로는 그렇지 않아
도 바쁜 사원들이 교육에 참가할 시간을 내는 것 자체가 불가능해 보이

기도 한다. 어떤 교육과정에 참가할 수 있는지 알아내는 것조차도 어렵게 느껴질 수 있다. 또 때로는 교육과정에 등록하느라 시간을 낭비하기도 한다. 교육을 받느라 오랜 시간 사무실을 비우는 것도 곤란할 뿐더러, 예기치 못한 사업상의 문제가 일어날 수도 있다는 것을 고려해 교육 시간표를 짤 수는 없는 일이다.

잘 설계된 온라인 교육관리 도구는 사원교육을 가로막는 이런 장애들을 제거해줄 수 있다. 온라인 수강편람과 온라인 등록시스템은 수강등록의 어려움을 없애줄 수 있다. 사원들은 강좌 안내와 날짜 및 시간 등을 온라인으로 볼 수 있다. 또한 수강인원이 찼는지, 대기 명단에 대기자가 얼마나 되는지 알 수 있으며, 관심 있는 강좌가 개설될 때 e-mail로 통보해 달라고 요청할 수도 있다. 사람들이 온라인으로 등록할 때는, 버튼을 클릭하여 자신의 전자 일정에 강좌를 추가하기만 하면 된다. 강좌가 끝나면 각 수강생들에게 그 강좌가 얼마나 효율적이었는지를 묻는 전자 설문조사를 행할 수도 있다. 그리고 이런저런 준비물을 따로 구비하지 않아도 되는 교육 담당자들과 관리자들은 강의 내용에만 더욱 더 집중할 수 있다. MS에서는 이런 교육시스템을 활용하고 있으며, 각 대학들도 유사한 시스템을 채택하여 기본적인 수강신청을 처리하고 있다.

이보다 더 중요한 것은, 온라인시스템을 이용하면 사원들이 자기 책상 앞에 앉아 나름대로의 속도에 맞춰 일정이 허용하는 대로 교육과정을 이수할 수 있다는 점이다. 멀티미디어 스트리밍 기술은 자율적인 수강에 매우 유용한 도구이다. 스트리밍 기술을 이용하면 사내 네트워크나 인터넷을 통해 음성이나 영상정보를 제공받을 수 있기 때문이다. 음성이나 영상으로 부족한 부분은 「PowerPoint」슬라이드를 이용해서 보충할 수도 있다. 스트리밍 매체는 강의 기간이 길며, 사내 수강인원이 많은 강좌에 가장 적합한 형식이다. 또 한 가지 훌륭한 교육기술로는 온라인 대화(online chat)가 있다. 온라인 대화를 이용하면 강좌를 '생생한' 대화식으로 진행할 수 있으며, 다음에 수업을 듣는 사람들이 이용할 수 있도록 온라인 대화를 기록해 놓을 수도 있다. 또한 다음 번 수강자가 전자적으로 멀티미디어 프리젠테이션에 주석을 넣는 기능도 있어 수업 내용을 보다 생생하게 꾸밀 수 있다.

현재, 대부분의 사원교육 전문회사들도 스트리밍 매체를 이용해 인
터넷을 통해 강의를 진행하고 있다. 사원들에게 사업에 기술을 이용하
는 법을 전문으로 가르치는 회사인 유에스웹(USWeb)은 「SiteCast」
를 개발하여, 그것을 통해 대화식 세미나를 방송한다. 참가자들은 채
팅기술(chat technology)을 이용해 세션(session)들을 검토하고 참가
할 수 있으며, 또한 원할 때는 세션을 재생해서 볼 수도 있다.(session:
대화식 컴퓨터 시스템에서 단말기에 앉아 어떤 내용에 연결된 순간부터 끝
날 때까지를 의미하는 논리적인 단위 - 譯註)

MS에서 온라인 사원교육의 인기는 대단하다. 1998년 한 해 동안,
온라인 교육에 참가한 사원들의 증가율은 실제 수업에 참가한 인원의
증가율보다 5배나 높았으며, 총 온라인 교육 참가자들의 수는 실제 강
의에 참가한 사람들의 2배를 넘었다. 이러한 증가율을 통해 우리는 직
원들이 자신의 지식과 직업적인 기술을 향상시키고 싶어했지만, 그 동
안 시간을 효율적으로 이용할 방법이 없어서 미뤄왔다는 것을 알 수 있
었다. 스트리밍 매체 덕분에 우리의 제품 전문가들과 중역들은 전세계
어느 곳에 있는 사원에게라도 정보를 제공하고 교육을 시킬 수 있는 것
이다.

제품개발 관리
(Managing Product Development)

디지털 정보 흐름은 제품개발에 필수적인 공조 체제에 실제적인 도
움을 줄 수 있다. 수년간에 걸친 대내외적인 벤치마킹(benchmarking)
끝에 나비스코(Nabisco)사는 첨단 개발공정을 구축하여 세계에서 가
장 인기가 높은 스낵 제품들을 생산하는 동시에 거의 모든 업종에서
1,2위를 다투는 위치에 이를 수 있게 되었다. 1997년 이 회사의 총 매
출액은 87억 달러였다. (benchmarking: 여러 가지 성능을 비교·평가
하기 위해 쓰이는 문제를 벤치마크라고 하고, 그것으로 테스트하는 행위를

벤치마킹이라 한다 - 譯註)

　지금까지 나온 나비스코의 신제품 중 약 1/3은 대단한 성공을 거두었으며, 1/3은 적당한 성과를 거두었고, 1/3은 기대치를 밑돌았다. 이는 업계 평균에 비하면 꽤 괜찮은 결과이다. 보통은 매년 식료품 상점 선반에 진열되는 신제품 중 20%만이 성공을 거둘 뿐이다. 그러나 업계의 경쟁이 가열되고, 한 번에 40~60여 개에 이르는 신제품 프로젝트가 진행되어감에 따라 각 팀에는 핵심 인원 8명이 참가하며, 또 다른 30명은 지원을 담당한다. 나비스코는 제품개발 공정에서 경쟁적인 우위를 계속 점하려면 정보기술을 이용할 필요가 있다는 것을 깨달았다.

　시장조사 결과와 경쟁사의 진척 사항에 대한 정보, 그리고 식품공학의 발전정보 등은 신제품에 대한 수많은 아이디어에 박차를 가하는 요소들이다. 어려운 부분은 바로 아이디어가 나온 후 그 아이디어로 무엇을 어떻게 할지를 결정하는 부분이다. 나비스코가 개선하고자 했던 부분이 바로 그런 아이디어를 분석 · 검토하고 개량하는 과정이었다.

　나비스코는 새로운 개발공정이 필요하지 않았다. 나비스코에 필요한 것은 언제 어떻게 개발을 진행하는가, 그리고 어떻게 하면 비약적으로 성공률을 높이는가 등에 관한 기존의 법칙들을 따를 수 있게 해줄 '정보기술'이었다. 분명하게 규정된 체크포인트(checkpoint)를 제시해주고, 팀원간의 의사소통을 개선시켜주며, 이용할 수 있는 모든 사실을 토대로 의사결정을 내릴 수 있게 해주는 기술이 필요했던 것이다. 이러한 요건을 만족시키기 위해, 나비스코는 전자적 제품개발 시스템인「Journey」를 개발했다.「Journey」는 데스크탑상에서는 e-mail을, 서버상에서는 e-mail과 데이터베이스를 이용하여, 이전까지 파일 캐비넷에 들어있거나 팀원들의 하드디스크, 또는 사람들 머리 속에 흩어져 있던 프로젝트 정보를 체계화하는 도구이다.「Journey」의 엄격한 보안 기능들은 프로젝트 내용에 대한 조회를 통제하고, 그에 대한 권한을 부여하거나 거부하기도 한다.

　가령 나비스코가 새로 생강 · 레몬 맛 쿠키를 출시하는 사업의 타당성을 검토하고 있다고 해보자. 생강 · 레몬 쿠키팀의 핵심 팀원들은 각각 제품개발, 제조, 마케팅, 판매, 회계 분야를 대표한다. 그리고 이들

외에 20명의 직원—관리자, 현장 근로자, 회계담당 직원, 관련 아이디어를 토대로 움직이는 팀 등—이 프로젝트를 지원한다. 프로젝트 팀원이 다른 핵심 팀원이나 지원 그룹과 의사소통을 하고 싶으면 어느 때라도「Journey」를 통해 그렇게 할 수 있다.

　생강 · 레몬 프로젝트를 클릭하고 나면, 제품관리자는 해당 전자 탭(tab)을 눌러서 프로젝트 관련 정보를 모두 볼 수 있다. 예산분석이나 시장조사 결과에 대해서 볼 수 있고, 새로 갱신된 상황과 과거, 현재, 미래의 중요한 일정들을 일자별로 볼 수도 있다. 또한 오늘로써 레몬 · 생강 쿠키가 첫 포커스 그룹 테스트에 들어간다든지, 이번 주 금요일에 최종 예산안이 완료된다든지, 연구개발팀에서 레몬향 첨가비율을 높이고 있다든지 등과 같은 현재 진행되고 있는 활동들도 볼 수 있다. 전자 토의 포럼에서는 "광고 전략", "레몬은 얼마나 첨가해야 하는가?" 또는 "지방 함량" 등 현재의 '핫 이슈'에 대한 열띤 논쟁이 벌어지고 있을지도 모른다.「Journey」에는 프로젝트에 대한 다른 지원 문서들도 모두 저장되어 있다. 또한 모든 기능을 갖춘 프로젝트 협업 소프트웨어를 불러서 간트 도표(Gantt chart)나 작업들간의 의존 관계를 보여준다든가, 프로젝트 진행 기간과 자원 할당에 대한 세밀한 분석에 액세스하기 위해 탭을 추가하는 일도 용이하다.(Gantt chart: 프로젝트 계획 및 성과를 목적 및 시간이라는 두 개의 요소로 결합해 나타내는 그래프. 해당 항목이 진행되는 기간만큼 막대 표시로 나타내는 방식 - 譯註)

　최근 어떤 제품을 개발하는 과정에서 제조팀이 문제점을 보고한 일이 있다. 제품을 구워내는 과정에서 바람직하지 않은 "결"이 생긴다는 것이었다. 이런 경우 예전 방식대로 "오븐 온도를 조절해보는 것이 어떨까"라는 등 팀원들간에 제한된 대화로 해결하는 대신, 제조팀은 그 문제를「Journey」에 올려 토의를 이끌어내기로 했다.「Journey」는 즉시 전 프로젝트 팀에게 "긴급"이라고 표시된 e-mail을 보내 사실을 통지했다. 그러자 연구개발팀이 나서서 해결책을 제시했다. 새로운 성분을 첨가해 결을 조절하는 방법이었다. 또 다른 팀원은 모든 사람들에게 새로운 성분을 추가하게 되면 포장도 바꿔야 한다는 사실을 일깨워 주었다. 그에 따라 포장팀이 참여하여 내용을 바꾸었다. 결국 이 문제는 며칠 안에 해결되었다. 기존의 순차적인 절차를 따랐더라면 몇 주, 심지어 몇 달이 걸렸을 일이었다.

확고한 세부지침의 수립
(Establishing Firm Go/No-Go Guidelines)

프로젝트 관련 문서와 프로젝트 활동정보를 저장하는 기능에서 더 나아가, 「Journey」는 나비스코의 신제품 개발 노력을 인도하는 사업 지침까지 구체화시켜준다. 제품의 성공을 재정적인 면으로는 어떻게 규정할 것인가, 직영 제과점에서는 어떤 종류의 일과 어느 정도의 매출을 처리하게 해야 하는가, 제품에 대한 소비자 테스트에서는 최소한 몇 점을 받아야 하는가, 생산 원가는 얼마가 되어야 하는가 하는 등에 대한 지침을 마련해 준다는 얘기이다. 「Journey」는 또한 새로운 장비를 구입할 것인가, 그리고 그 장비를 다른 제품생산에 사용할 수 있을 것인가에 대해 평가하기도 한다. 이 응용프로그램은 프로젝트가 회사 지침에 따라 운용되고 있는지 감시하며, 프로젝트를 단계별로 이끌어주고, 모든 사람들에게 다음 단계를 통보해주는 한편, 중요 시점에서 제품이 일정 정도의 평점에 이르지 못하면 관계자가 즉각 제품을 재조사하도록 만든다. 가령 생강·레몬 쿠키가 최저 소비자 테스트 점수를 얻지 못한 경우, 「Journey」는 주요 프로젝트 팀원들과 지원 인력들에게 e-mail로 그 사실을 통보해서 즉각 검토할 수 있게 해준다. 그리고 시스템에 새로운 검토 사안이 게시되면, 「Journey」는 그것을 열람해야 할 사람들에게 통지해서 프로젝트의 다음 단계로 넘어갈지의 여부를 결정할 수 있게 해준다.

「Journey」가 개발되기 전에는, 프로젝트 완성에 집착한 나머지 소비자 테스트 점수가 낮은 것을 무시하거나, 제품 제조과정이 너무 복잡하다는 제과점의 경고를 애써 외면하는 경우도 있었다. 그러나 오늘날에는 「Journey」가 있기 때문에 그런 일은 절대로 발생하지 않는다. 모든 제품개발팀들은 프로젝트의 다음 단계로 넘어가기 전에 반드시

「Journey」가 수치로 제공하는 확고한 세부지침들을 짚어보고 나서 진행 여부를 결정해야 한다. 물론 예외도 있을 수 있다. 가령 총 판매량은 적겠지만 일부 지역에서 강세를 보일 제품이라는 판단이 서는 경우, 나비스코는 해당 프로젝트가 계속되도록 '청신호'를 보낼 수도 있다.

일단 프로젝트를 완료하면, 「Journey」는 중앙 문서보관서 역할을 수행하며 모든 프로젝트 문서를 회사 메모리에 저장한다. 만일 나중에 누군가가 또 다른 레몬 쿠키에 대한 아이디어를 생각해내고 과거의 관련 기록들을 보고 싶어하는 경우, 그는 「Journey」에 들어가 주제별로 정리된 모든 문서를 찾아볼 수 있는 것이다.

시스템이 가동된 지 1년 반 만에 나비스코의 제품 타당성을 시험하는 예산은 3분의 1로 줄었다. 나비스코는 전망이 밝은 소수 제품들에 대한 시험에 몰두하기에 앞서 가망성이 별로 없는 제품들을 제외시킬 수 있었다. 나비스코의 신제품 개발담당 수석 이사인 에일린 머피 (Eileen Murphy)는 이렇게 말한다.

"아무리 좋은 신제품 프로그램일지라도, 제한된 사내 자원을 얻어내려는 적자생존의 경쟁을 거쳐야만 한다. 어떤 프로젝트는 살아남아 진화하며, 또 어떤 프로젝트는 보다 더 강한 프로젝트에 밀려 사멸되는 것이다. 「Journey」는 이 경쟁의 원칙을 바꿔놓았다. 일부는 사실에 근거하지만 일부는 팀장의 설득력에 의존하던 예전의 방식에서 이제는 주로 사실에 근거하는, 다시 말해 모든 프로젝트에 같은 기준으로 적용되는 사실에만 근거하는 방향으로 바꾸어놓은 것이다."

예상치 못한 뜻밖의 수확
(Gazing into an Unexpected Crystal Ball)

나비스코는 「Journey」의 도입으로 뜻밖의 이익까지 얻게 되었다. 새로운 개발 프로젝트에 대한 "전면적인 포트폴리오 관점"을 창출하는 데 필요한 정보를 갖게 된 것이다. 이제 나비스코의 상급관리자들은 대기중인 사안들이 무엇인지 신속하고 쉽게 알 수 있으며, 단기 및 장기간에 걸친 제품생산 비율이 적절한지 여부를 결정할 수 있게 되었다. 과거에는 진행중인 18개월 짜리 종합 계획을 전체적으로 판단하거나 갱신하려면, 누군가 한 사람이 전적으로 매달려 모든 프로젝트 팀을 점검하고, 숫자들을 추적하며, 직접 정보를 손으로 취합해야 했다. 그러나 지금은 「Journey」가 웹을 기반으로 한 보고서를 작성해 줌으로써 그런 일을 자동으로 처리해 준다—이 보고서에는 프로젝트의 중요 일정이 일자별로 나온다. 관리자들은 이러한 고도의 관점을 얻을 수 있을 뿐만 아니라 한 가지 프로젝트에 집중해 보다 구체적인 정보도 얻을 수 있다.

「Journey」를 이용하면서, 나비스코는 전체 생산라인에서 2,3년에 해당하는 공백기간이 발생한다는 것을 찾아낼 수 있었다. 프로젝트를 가속화하거나, 새로운 아이디어를 내서 공백을 메우고, 제품 포트폴리오의 균형을 맞추는 데 활용할 수 있는 새로운 시간을 발견한 셈이다. 이렇게 나비스코의 제품계획을 더 넓은 시각에서 바라볼 수 있게 해주는 「Journey」의 기능은 예상치 못했던 대단한 발견이었다. 엘린 머피는 이렇게 설명했다.

"제조 공백은 우리 회사의 수익에 직접적으로 영향을 미친다. 우리는 「Journey」를 이용해서 초기에 조치를 취하여 소비자 기호의 잠재적인 변화에 제대로 대처할 수 있게 되었다."

이제 나비스코가 신제품 아이디어에 대해 '소비자가 원하는가? 그 제품을 제조할 수 있는가? 수익을 남길 수 있는가?' 라는 세 가지 주요 질문을 던지면, 「Journey」는 나비스코가 그 세 가지 질문에 대한 답이 모두 '예스' 인지를 확인하고 나서, 일을 추진할 수 있도록 도와준다."

최대 자산에 투자하라
(Investing in Your Greatest Asset)

「Journey」를 통해 경영과 재정상의 혜택을 얻은 나비스코는 그로 인해 직원들의 사기 또한 진작되었음을 알 수 있었다. 어느 기업을 막

론하고 직원들은 돌아가는 상황을 파악하고, 동료들에게 그것을 알리
는 데에 많은 시간을 소모한다. 조직을 공전(空轉)시키는 것만큼 인력
을 낭비하는 일도 드물다. 「Journey」와 같은 응용프로그램을 이용하
면, 팀원들은 키보드 몇 번 두드리는 것만으로 일의 돌아가는 상황을
파악할 수 있다. 그들은 문제가 무엇인지 알 수 있고, 그에 대한 해결
책을 제시할 수도 있으며, 또한 그렇게 제시한 해결책이 중간 단계에
서 없어지는 일도 없을 것이다. 그들은 프로젝트의 각 요소들이 서로
잘 들어맞는지 알 수 있으며, 프로젝트의 전체 윤곽도 파악할 수 있다.
단지 팀장만이 전체 윤곽을 그리는 체계와는 다른 것이다. 이로 인해
얻는 이익을 일일이 측정하기는 어렵겠지만, 이런 혜택이 오래도록 사
원들을 고무시키는 것만큼은 분명하다 하겠다.

유능한 사원들을 뽑아서 데리고 있으려면, 그들이 다른 유능한 사원
들과 쉽게 협조할 수 있게 해주어야 한다. 그래야 사무실이나 현장의
분위기를 고무하고, 활력이 넘치게 만들 수 있다. 정보의 흐름으로 강
화된 공조 분위기는 또한 유능한 사람들이 회사 전체를 통해 서로 교류
할 수 있게 해준다. 그리고 능력 있는 사람들이 서로 조화롭게 일하는
분위기가 절정에 이르면, 그 에너지는 한껏 솟구치게 마련이다. 서로
자극하는 가운데 새로운 아이디어가 떠오르고, 경험이 부족한 사원들
도 함께 높은 수준에 도달하게 된다. 회사 전체가 전보다 더욱 기민하
게 움직이게 되는 것이다.

그러나 모든 팀의 사업계획 및 과정을 알게 해 주는 것을 목적으로
하지 않는다거나, 직원들이 정보공유에 대한 보상을 받지 못한다면,
지식관리는 제기능을 발휘할 수 없다. 우리 MS에서는 각각의 컨설팅
계약이 끝날 때마다 컨설턴트에게 「InSite」라는 중앙 웹 사이트에 기
술 솔루션들을 게시해달라고 요구한다. 다른 기술 직원들이 이용할 수
있게끔 하기 위해서이다. 그리고 컨설팅의 준비시간을 단축시키고, 위
험부담을 줄이기 위해 「InSite」의 이용법을 컨설턴트들에게 가르치기
도 한다. 성과검토시, 제품관리자들은 담당한 팀이 현장으로부터 들어
온 질문에 대해 답변한 속도와 질에 따라 등급이 매겨지며, 판매담당
자들은 고객관리 시스템을 얼마나 최신 정보로 갱신하고, 잘 유지했는

가에 따라 등급이 매겨진다. 코카콜라에서는 지식관리가 성과평가의 한 가지 고려사항이 되며, 마케팅 기획을 평가하는 상급 관리자들은 「Inform」과 같은 공조 자원이 프로젝트에 얼마나 이용되었는지도 검사한다. 나비스코는 사원들을 평가할 때 주변 동료들 모두가 참가해 서로 평가하는 "360도" 성과검토를 실시한다. 만일 누군가 정보를 공유하지 않았거나 다른 사람들의 정보를 토대로 일하지 않았다면, 성과검토중에 그 사실이 드러나게 마련이다.

　회사에 정보 투자를 한 직원들은 반드시 포상 체계를 통해 그 공로를 인정받게 만들어야 한다. 텍사스 인스트루먼트(Texas Instruments)사는 "직접 고안하지는 않았어도 어쨌든 내가 했소(Not Invented Here But I Did It Anyway)" 상(賞)을 마련해 정보공유를 북돋운다. 어떤 회사에서는 영업사원들이 고객관리 시스템에 좋은 자료를 입력하도록 고무하기 위해, 디너 파티 초대권이나 백화점 상품권, 휴대용 컴퓨터와 같은 상품을 내걸기도 한다. 우리 회사에서는 기술적으로 우수한 내용을 입력하여 사이트를 개선하는 데 공을 세운 사람들을 선착순으로 수백 명 뽑아 「InSite」 폴로 셔츠를 나눠주며, 정보를 열람한 사원들이 그 정보의 유용성에 대해 웹 사이트의 전자투표 버튼을 눌러서 평가한 결과에 따라, 상위 10명에게는 포상금을 지급한다. 나비스코에서는 '성공 공유(Success Sharing)'라는 프로그램을 통해 매달 정보공유에 대한 포상을 하고, 팀이 이룬 업적에 대해서는 연말에 회장이 직접 포상한다. 수상자들은 인정을 받고 상금까지 받는다. 회사 전체적으로 널리 인정해주고, 금전적으로 적절하게 포상하는 것은 어떤 회사에서든지 지식을 공유하는 문화를 조성하는 데 크게 이바지할 것이다.

　우리 회사의 판매담당 직원들이 회사의 고객 데이터베이스를 최신 정보로 갱신하는 가장 큰 동기는 아마도 나를 포함한 상급 관리자들이 정기적으로 판매팀에서 제공하는 고객정보를 검토하고, 그 정보를 기초로 예산을 검토한다는 사실을 알고 있기 때문이 아닌가 싶다. 판매담당 직원들은 자신들이 입력한 정보가 실제로 "사용된다는" 것을 알고 있다. 그들은 데이터베이스를 최신 정보로 갱신하는 일이 아무 성과 없이 단지 시간만 낭비하는 일이 아니라, 우리 회사의 사업을 진척

시키고 판매실적을 올리는 데 도움이 되는 길이라는 것을 알고 있다.

　지식관리는 궁극적으로 기업 IQ를 높여주는, 지적 자본에 대한 투자라고 생각해야 한다. 기업 IQ가 높아지면, 집약적인 사고와 행동을 취하는 기능이 향상된다. 지적 자본이라는 아이디어는 관리개념 이상의 의미를 지닌다. 지적 자본은 여러분 회사와 여러분 회사의 직원들이 갖고 있는 지식들이 이루는 지적 자산의 본질적인 가치이다. 이런 자본을 올바로 관리하면 여러분 회사의 기업 IQ가 향상될 뿐만 아니라, 여러분 회사의 가치에도 중요한 영향을 미칠 수 있다. 금융 분석 전문가들은 점차 회사의 물리적 자산과, 그 회사가 현재 시장에서 차지하고 있는 위치를 넘어서 회사가 자사의 지적 자산 및 지적 자원을 어떻게 관리하고 있는가에 초점을 맞춰나가고 있다. 그들은 앞으로 몇 년 안에, 현재 처한 위치에 상관없이 지적 자본을 훌륭하게 관리하는 회사들이 시장을 주도하게 될 것이라고 확신하고 있으며, 그에 따라 회사들을 평가하고 있는 것이다.

지식 수요에 맞춰 기술을 활용하라
(Applying Technology to Knowledge Needs)

　어떠한 정교한 지식관리 응용프로그램이든지 다수의 기본 원칙들을 포함하고 있다. 이 장(章)에서 든 예에 나오는 지식관리 시스템은 수치 분석 기술(데이터베이스), 제품 및 마케팅 정보 문서(파일), 정식 전달 및 작업 대조 소프트웨어(e-mail 및 작업 흐름 응용프로그램) 등의 갖가지 조합을 이용하며, 대부분 임의 탐색 기능(웹 기술)이 포함되어 있다. 여기서 인용된 프로젝트들이 출발하던 시점으로 되돌아가 보면, 데이터베이스 세계는 e-mail 세계와 분리되어 있었으며, e-mail 세계 역시 웹 세계와 분리되어 있었다. 이러한 프로젝트들은 각각 가장 핵심적으로 필요한 기술을 토대로 구축되었으며, 그후 다른 기술을 통합하는 과업을 훌륭히 수행해냈다.

　앞으로 여러분은 어떤 기본 원칙부터 시작해야 할지 생각할 필요가 없게 된다. 소프트웨어 기술이 데이터베이스와 파일, 작업 흐름 응용 프로그램을 통합하여 이전보다 훨씬 더 구축하기 쉬운 솔루션을 만들어줄 것이다. 현재로서는 구축하거나 구입하려는 솔루션이 PC나 인터넷 표준을 지원하는지 확인해봐야 한다. 그래야 더 많은 필요가 생겼을 때 솔루션이 다른 기술과 결합해 쉽게 '플러그 앤 플레이(plug and play, 즉시 시작)' 되도록 할 수 있는 것이다. 예를 들어, 수치자료와 비수치 자료에 함께 액세스할 수 있길 원한다고 치자. 그러나 현재의 솔루션 가운데는, 월별 판매실적과 같은 객관적 수치자료가 고정된 포맷에 들어 있어서, 포커스 그룹의 사본이나 프로젝트 사후 검토 등과 같은 주관적 자료와 수치자료를 동시에 접할 수 없는 것들이 많다. 정보를 모두 통합하지 못하면, 개별적인 통신 채널이 발달하게 되고 결과적으로 여분의 에너지가 서로 다른 종류의 자료를 추적하는 데 소모된다는 점을 명심해야 한다.

디지털 정보의 흐름이 없었다면 코카콜라가 전세계적으로 정보를 공유하고, 나비스코가 제품개발 작업의 통합적인 흐름을 이루는 일은 결코 일어나지 않았을 것이다. 코카콜라는 기업문화와 사업을 근본적으로 변화시키고자 했다. 즉 세계적인 비전을 갖긴 했지만 지엽적인 운영을 하던 기업에서, 세계적인 비전에 세계적인 운영을 하는 기업으로 탈바꿈하길 원한 것이다. e-mail과 기타 업무협조 도구를 도입하자 직원들은 더욱 신속하게 조직 내부로 통합되었으며, 회사의 모든 지식노동자들은 자신들의 말이 전세계 사원들에게 전달된다는 것을 알게 되었다. "글로벌 경영"은 애틀랜타주에 있는 관리자가 케냐의 나이로비에 있는 관리자들 대신 모든 결정을 내린다는 것을 의미하는 게 아니다. "글로벌 경영"은 나이로비에 있는 관리자도 본사에 있는 관리자와 똑같이 정보에 액세스할 수 있으며, 같은 분석도구와 같은 통신도구를 써서 범세계적으로 통합된 조직의 일원이 된다는 것을 의미한다. 이러한 "글로벌" 환경에 대한 인식이 점차 넓혀짐에 따라, 중세 스타일의 고정된 사고방식은 설자리를 잃어가고 있다. 디지털 도구가 중역실에서 나와서 세계 전역의 마케팅팀으로 넘어간 순간부터 브랜드 관리과정은 실로 '비상(飛上)' 하기 시작했다. 정보기술이 코카콜라의 지역

나는 컴퓨터 칩 얘기를 하고, 컴퓨터는 감자 칩 얘기를 한다
(I Say Computer, Computer Says Potato)

어떤 지식관리 솔루션이든 사용자가 쉽게 정보를 탐색할 수 있는 기능을 제공해야 하다. 그것이 특정 수치자료이든, 특정 프로젝트나 주제에 관련된 모든 문서 및 파일이든, 또는 월드 와이드 웹에서 추려낸 광범위한 정보이든 그 종류에 상관없이 말이다.

인터넷에서 알려주는 탐색결과는 보통 너무 많거나 너무 적은 경우가 빈번하다. 보통 검색의 첫 단계에서는 수천 개의 응답을 받게 되는 반면, 좀더 구체적인 검색 단어를 입력하면 거의 아무 결과도 얻지 못하는 경우가 빈번하게 생긴다는 얘기이다. 예를 들어 여러분은 현재 이용할 수 있는 컴퓨터 칩 중에서 가장 빠른 것이 무엇인지 알고 싶은데, 검색결과는 빠른 트럭으로 배달되는 감자 칩에 관한 정보뿐일 수도 있다는 것이다.

MS와 그밖의 시스템 공급업체들은 다양한 저장 메커니즘—웹, 파일, 데이터베이스, e-mail 등—을 통틀어 자료에 대한 목록을 만들어주는 기술에 대해 연구하고 있다. 이 기술이 완성되면 단 한 번의 검색으로도 원하는 정보를 신속하게 찾을 가능성이 훨씬 높아진다. MS는 또한 인터넷 표준인 HTML(HyperText Markup Language)의 개정판인 XML(eXtended Markup Language, 확장 지정 언어)이라는 산업 표준을 지원하고 있다.

HTML은 PC에게 웹 페이지상에 내용을 올리거나 프린트하는 법만을 일러주지만, XML은 그러한 기능과 함께 표시할 내용의 성격까지 기술해준다. 또한 XML은 검색이나 기타 다른 조작을 할 데이터에 색인을 붙이는 방법도 제공해준다. 예를 들어 XML은 고객 이름으로 "Bill Gates"라는 태그(tag, 꼬리표)를 붙이고, 사업자 주소로 "One Microsoft Way"라고 태그를 달 수 있다. 그러면 다른 응용프로그램들이 그 메타데이터나 메타태그(다른 데이터를 기술하는 데이터)를 토대로 움직일 수 있다. 예를 들면 다른 응용프로그램에서 갱신해야 하는 레코드의 적절한 필드(field: 레코드를 구성하는 각각의 데이터 항목 - 譯註) 내로 그 고객정보를 복사하는 식이다.

XML은 서로 다른 저장 메커니즘간의 정보를 검색하는 문제와 분산된 시스템상의 응용프로그램을 통합하는 문제, 그 두 가지를 다 해결해준다. 이런 XML의 융통성은 사람들이 서로 데이터를 달리 기술함으로써 데이터가 서로 호환되지 않을 수 있다는 위험부담을 안고 있다. "Bill Gates"는 형식적으로 "이름" 필드인가, 아니면 "고객" 필드인가? 우리 MS가 전 산업에 통용될 태그 정의에 대한 합의를 이끌어내기 위하여, 소매 및 금융, 의료서비스 분야에서 솔루션을 제공하는 선도적인 기업들과 함께 일하고 있는 이유가 바로 여기에 있다.

컴퓨터 소프트웨어가 자연 언어를 좀더 잘 이해할 수 있게 되면, 검색 방법을 개선할 또 다른 방법이 생길 것이다. 이미 일반적인 문장을 의미 있는 유형으로 분석하여 자연 언어 질의를 이해할 수 있는 실험적인 소프트웨어가 등장했고, 그것은 오늘날 사용되고 있는 검색엔진에서 제시하는 응답 수의 2/3 정도로, 질의 내용에 어울릴 확률이 비교적 높은 응답만을 제시하고 있다.

기술적인 진보가 계속됨에 따라 미래에는 컴퓨터에 대고 직접 말을 하거나, 일반적인 질문을 입력할 수 있게 될 것이다. 또한 문맥을 이해하는 컴퓨터는 다른 저장 메커니즘 전체에 걸쳐서 가장 어울리는 답을 찾아줄 것이다. 이때가 되면 웹에서 칩의 속도에 대해 검색할 때 나타나는 결과는 컴퓨터 칩에 관한 것일 뿐 더 이상 감자 칩에 관한 결과는 나타나지 않을 것이다.

사업팀들에게 힘을 안겨주긴 했지만, 그렇다고 사내에 부조화와 모순이 생긴 것은 아니었다. 디지털 정보는 분기별 기획과 보고 체계에서 벗어나 지속적인 기획활동을 펼칠 수 있도록 해주었다.

지식관리는 단순한 아이디어에 갖다 붙인 멋진 용어에 지나지 않는다. 여러분은 실제로 자료와 문서, 그리고 사람들의 노력을 관리하는 것이다. 여러분의 목적은 사람들이 함께 일하며 아이디어를 공유하고, 때로는 논쟁을 하거나 서로의 아이디어에 의지하면서 결국 공동의 목표를 위해 조화롭게 행동하는 방법을 향상시키는 데 있어야 한다. 기업 IQ를 높이기 위해 최고경영자가 할 일은 지식공유와 협업을 장려하는 일, 지식공유가 시급한 분야의 우선순위를 매기는 일, 지식공유를 가능하게 해주는 디지털 도구를 제공하는 일, 그리고 완전한 정보 흐름을 이루는 데 기여한 사람들을 포상하는 일이다.

비즈니스 교훈

☐ 정책적으로, 또 포상을 통해, 그리고 지식공유 문화를 수립할 특정 프로
젝트를 통해 지식공유를 장려하라.

☐ 팀들은 마치 동기가 충만한 한 사람이 상황에 대처하는 것처럼 목표의
식과 집중력을 갖고 움직일 수 있어야 한다.

☐ 모든 새 프로젝트를 구축할 때, 그것은 전세계 어느 곳에선가 추진했던
유사한 프로젝트에서 얻은 지식을 기반으로 바로 구축될 수 있어야 한
다.

☐ 사원교육은 강의실뿐만 아니라 사원들의 책상에서도 이루어질 수 있어
야 한다. 교육 내용에 대한 피드백을 제공하는 시스템을 포함해서, 모든
교육 자원은 온라인으로 액세스할 수 있어야 한다.

디지털 신경망의 진단

☐ 기업의 축적된 지식을 보존하고 축적할 수 있는 디지털 정보 보관소가
있는가?

☐ 귀사의 디지털 시스템은 수치자료와 비수치 자료에 동시에 액세스할 수
있게 해주는가?

☐ 직원과 협력업체, 유통업체는 몇 가지 간단한 명령어로 적절한 회사의
지식에 액세스할 수 있는가?

☐ 귀사의 정보시스템은 제품이 개발되는 매 단계마다 적절하게 검토가 이
루어지는지 확인해 주는가?

제 15 장

크게 성공하려면 크게 모험하라
(Big Wins Require Big Risks)

직원 여러분들은 회사가 사활을 건 모험을 감행하길 원합니까? 그렇
다면 나 또한 우리 회사가 계속 그런 모험을 감행하길 희망합니다.
그리고 내가 확신컨대 아마 우리 회사는 틀림없이 계속해서 그런 모
험을 감행하게 될 것입니다.

— T. 윌슨, 1972~88 보잉사 최고경영자

시장을 선도하려면, 기업분석가이자 컨설턴트인 짐 콜린스(Jim
Collins)가 말한 대로 "뻔뻔하리만큼 대담한 목표"를 가져야만 한다.
과거나 혹은 현재의 시장환경만을 바라보아서는 안 된다. 시장환경이
어느 방향으로 나아갈 것 같은지, 그리고 환경이 바뀌면 또 어디로 향
할 것 같은지 여러 가지를 가늠해보아야 하며, 그리고 나서 최선의 전
망을 토대로 기업을 이끌어야 한다. 크게 성공하려면 때로 큰 모험을
무릅쓸 필요가 있는 법이다.

크게 걸면 크게 성공하는 만큼 크게 실패할 수도 있다. 앞서 11장
(章)에서 나는 MS의 실패 경험과 함께, 그것을 통해 얻은 교훈으로 우
리 회사의 제품과 사업전략을 어떻게 바꾸었는지 언급한 바 있다. 오
늘날, 결과만 놓고 본다면, MS가 현재 거두고 있는 성공은 이미 예정
되어 있었던 것이라고 믿기 쉽다. 그러나 성공에 대한 아무런 보장도

없는 상태에서 엄청난 모험—최초의 마이크로컴퓨터 소프트웨어 회사
를 창업한 것을 비롯하여—을 감행했던 시절, 대부분의 사람들은 우리
를 비웃었다. 업계의 선두주자들 대부분은 기존의 기술로 얻은 성공의
기반이 흔들릴까봐 새로운 기술로 이전하는 것을 주저했다. 그리고 그
들은 뼈저린 교훈을 얻었다. 그것은 '초기에 모험을 거부하면, 나중에
시장에서 도태된다. 그러나 크게 걸면, 그 모험 중 일부만 성공하더라
도 미래가 보장된다' 는 것이었다.

　MS가 현재 진행하고 있는 "대담한" 목표 중에는 현존하는 모든 시
스템의 성능을 능가하는, 다시 말해서 "보고, 듣고, 배울 수 있는" 수
준의 PC를 만드는 것과 새로운 휴대용 기기를 강화시키는 소프트웨어
를 개발하는 일이 포함되어 있다. 이러한 과감한 시도들은, 모든 기기
들이 디지털 기술을 이용하며 서로 연결되어 작동하게 될 "디지털 수
렴(digital convergence)" 시대에 대비한 우리 MS의 대응전략이다.
이런 시도들이 성공하든 그렇지 않든 간에 한 가지 사실은 분명하다.
장기적인 미래를 도모하려면 반드시 이런 모험을 감수해야만 한다는
것이다.

　신흥 산업에서 모험을 감행하는 것은 당연한 일이다. 컴퓨터 산업은
현재 1910년대의 자동차 산업이나 1930년대 항공기 산업이 처했던
것과 비슷한 상황에 놓여 있다. 자동차 산업과 항공기 산업이 급속하
고도 혼란스러운 기술 및 사업적 변혁을 겪은 후에야 성숙했음은 주지
의 사실이다. 그와 같은 현상이 지금 컴퓨터 산업에도 일어나고 있는
것이다. '성숙한 산업' 이라는 말은 그만큼 모험을 감행할 기회가 적어
졌다는 것을 의미한다. 그러나 선진 산업계에서도 공급업자들이 대부
분의 측면에서 서로 동등한 위치로 다가가는 사업 분야라면, 정보기술
로 사업 규칙을 바꿔 놓는 모험을 감행해야 한다. 그것이야말로 제품
의 발전과 시장에서의 약진을 이룩할 최선의 방법이기 때문이다. 경쟁
력 있는 차별화 정책을 택하는 데 있어 가장 좋은 방책은 웹 업무양식
을 채택하는 것이다.

20년마다 사활을 건 모험을 시도하다
(Betting the Company Every Twenty Years)

세계 최대의 생산시설을 자랑하는 기업에 속하는 보잉(Boeing)은, 매 20년마다 새로운 항공기 제작기술에 기업의 사활을 거는 전통이 있다. 1930년대 보잉은 신형 폭격기 개발에 과감하게 투자했고, 그 결과 2차 세계대전에서 명성을 날린 B-17기종을 개발할 수 있었다. 1950년대에는 미국 항공업계 최초로 제트분사 방식의 민간 여객기 개발에 뛰어들어 707 항공기를 개발했으며, 1968년에는 투자액을 보상받을 수 있을 만큼 주문이 들어오리라는 보장도 없이 최초의 747 점보 제트기를 만들어냈다. 만일 이 프로젝트 중 하나만이라도 실패했더라면, 보잉은 업계의 뒤안길로 사라져 버리고 말았을 것이다.

보잉이 1990년대에 기업의 사활을 건 모험은 차세대 여객기 777기종이었다. 보잉 최초로 완전 디지털 방식으로 설계된 777기종은, 컴퓨터가 제어 계통을 작동함으로써 기계 장치에 필요한 무거운 케이블을 없애는 플라이-바이-와이어(fly-by-wire) 기술을 이용한 최초의 항공기였다. 그리고 777은 보잉 최초로 주요 공급업체들과 디지털 업무협력을 통해 만들어낸 항공기이기도 했다. 777 제작에 디지털 업무협력이 얼마나 절실했는지는, 보잉이 디지털 소통을 원활하게 처리하기 위해 태평양을 가로질러 일본을 연결하는 새로운 광케이블을 깔았다는 사실에서 잘 알 수 있다. 이러한 대규모 지식 관련 문제에는 과감한 모험을 감행하기에 충분한 개척정신이 필요했다. 물론 그만큼 큰 보상의 잠재성 역시 필요로 했다.

이 프로젝트의 가장 중요한 목적은 불량률과 재작업 및 변경작업을 기존의 50% 수준으로 낮추는 것이었다. 777팀은 이것을 해냈다. 디지털 모형은 부품이 서로 잘 들어맞지 않는 장애요소를 1만 군데 이상 찾아내어, 제작에 들어가기 전에 설계자들이 문제를 해결할 수 있게 해주었다. 만약 디지털 설계방식이 없었다면, 이러한 장애요소들은 비행기의 실제 제작에 들어가서야 발견됐을 것이다. 과거 747기종의 경우에는 프로젝트를 마칠 때까지 기술 분야에만 하루에 5백만 달러씩을 쏟아 부었는데, 그 대부분이 설계 변경에 들어간 돈이었다. 그러나 777프로젝트에는 그런 비용이 들어가질 않았다. 777이 완성되었을 때 레이저 정렬 도구를 써서 측정해본 결과, 한 쪽 날개는 한 치의 어긋남도 없이 완벽하게 완성되었고, 다른 날개는 1,000분의 2인치만큼 기준선에서 어긋났으며, 전체 길이가 209피트에 달하는 비행기에서 동체가 어긋난 것은 겨우 1,000분의 3내지 8인치뿐이라는 것이 밝혀졌다. 이렇게 실질적으로 완벽에 가까운 정렬에 이르면 공기역학적 성능이 향상되고, 연료 효율이 높아지며, 조립과정에서 재작업을 하는 일이 줄어든다.

디지털 정보 흐름은 보잉이 동체 및 기타 부품을 제작하는 일본 납품업체들과 협조하는 방식도 바꾸어 놓았다. 디지털 도구가 없었다면 보잉은 시애틀에서 모든 도면을 설계한 후 일본으로 하드 카피를 보냈어야 했을 것이다. 그렇게 되었다면 보잉은 부품이 제작되어 납품될 때까지 문제가 무엇인지 전혀 알 수 없었을 것이다. 보잉은 개념적인 설계만 한 후 그 도면들을 전자적으로 일본으로 보낸 다음, 그곳에서 일본인 엔지니어들이 세부 설계를 하도록 했다. 일본 설계사들은 제조를 담당한 사람들과 함께 부품 조립에 어떤 어려움이 있는지 신속하게 파악하고, 문제가 있을 경우 이를 조기에 보잉에 알릴 수 있었다. 전자적인 업무협력은 이렇게 협력업체들의 역할을 재정의하고, 모든 사람들이 관여하는 업무절차를 능률적으로 만들어준다.

777 설계과정에서 디지털 공정의 이용이 성공적이긴 했지만, 오늘날의 복잡한 항공기 제작과정에서 설계 단계가 차지하는 비중은 실제 작업의 20%에 지나지 않는다. 보잉의 디지털 정보 이용은 이제 시작일 뿐이었다. 보잉이 직면한 다음 단계는 나머지 80%의 공정에 달려드는 것이었다. 그때까지 보잉의 제작공정은 B-17 시대를 답습하고 있었다. 이 생산시스템은 최소한 1,000 개의 주문 제작된 컴퓨터 시스템—그 중에는 1959년에 만들어진 것도 있었다—이 복잡하게 얽혀 이루어진 것으로, 개별 컴퓨터 시스템에는 이 회사 임원의 말마따나 "세상에 알려진 모든 컴퓨터 언어가" 들어 있었다. 이렇게 시스템이 비효율적으로 구성되어 있었기 때문에 보잉에서는 잘못된 부품을 제조하거

자동 쓰레기 제조기 대신 자동 설계를
(Automated Design Instead of Automated Waste)

보잉이 디지털 방식을 채택해야 할 필요를 느끼게 된 계기는 두 번 있었다. 두 사건 모두 현재 보잉의 최고경영자인 필 컨디트(Phil Condit)가 1980년대 중반 이 회사의 757 프로젝트를 관리하고 있을 때 일어났다. 첫번째 계기는 수백만 달러짜리 기계인 자동 심(shim) 제조기를 구입하기 위한 자금을 요청받았을 때였다. 심은 부품들 사이에 쐐기처럼 박아 넣어서 틈새를 꽉 메우는 데 사용하는 금속 박편이다. 수백만 달러짜리 심 제조기는 많은 양의 심을 빠른 속도로 만들어낼 수 있었다. 그런데 컨디트는 그 기계를 "자동 쓰레기 제조기"라고 부르며, 구입자금 요청을 거부했다. 심이 필요 없게끔 설계를 하는 것이 더 합리적이라고 생각한 것이다.

두번째 사건 역시 거의 같은 시기에 일어났다. 보잉은 이미 소규모 프로젝트에 디지털 설계 방식을 이용하고 있었다. 그 중 한 프로젝트에서는 수치제어기가 디지털 방식 설계에 따라 티타늄 유압 튜브를 특정한 모양으로 구부리고 있었다. 하지만 그렇게 작업한 튜브들은 기존의 모형과 다른 모양으로 나왔고, 할 수 없이 재작업을 해야 했다. 그리고 며칠 후, 누군가 컨디트에게 모형을 수정해서 가져왔다. 모형을 다시 만들자, 컴퓨터가 설계한 튜브는 완벽하게 들어맞았다. 튜브는 사실 처음부터 맞게 만들어졌던 것이다. 틀린 것은 모형이었다. 디지털 방식으로 설계한 부품이 거꾸로 실제 모형의 정확도를 검사하기 위해 사용되자, 보잉은 새로운 접근 방식이 필요하다는 것을 깨닫게 되었다.

나, 제대로 된 부품이 제조되지 않는 경우가 비일비재했었다.

보잉 최고의 인기 기종 737의 수요가 급증했던 1997년에서 1998년 사이에는, 이 생산시스템에 병목현상까지 일어났다. 엎친 데 덮친 격으로 보잉은 민간항공기 분야에서 에어버스(Airbus)사와 치열한 가격경쟁을 벌이고 있었고, 제작원가를 낮추려고 노력하는 한편, 주요 생산공정에 대한 구조개선까지 단행하고 있었다. 그들의 고객인 항공사들은 순전히 경제적인 관점으로 구매를 결정한다. 항공사들은 기존 항공기의 유지·보수 비용과 연료비용이 얼마나 되는지 잘 알고 있으며, 따라서 항공기 제작사들은 그 비용을 낮춰줄 수 있는 항공기를 개발해야 한다. 그렇게 하면 항공기 제작사는 기존 항공기들을 대체하게 되는 것이고, 그렇게 하지 못하면 아무도 항공기를 구입하지 않게 되는 것이다. 자, 보잉은 과연 이 난관을 어떻게 극복해낼 것인가. 물론 1999년 현재도 보잉사의 그러한 노력은 여전히 진행중인 상태라는 사실을 감안하기 바란다.

보잉이 직면한 문제, 즉 제작원가를 낮추는 동시에 더욱 더 성능이 우수한 항공기를 개발하는 문제는 전적으로 정보기술을 이용한 새로운 공정과 새로운 방법으로만 해결할 수 있는 것이다. 다시 말해서 처음부터 끝까지 웹 업무양식을 채택해야 해결할 수 있다는 얘기이다.

신형 항공기나 우주선을 설계하는 일은 대규모의 집약적인 작업이다. 우선 차체 자체가 구조적으로 복잡하다. 그리고 추진장치, 냉각장치, 전기설비, 유압시스템, 항공전자공학, 기타 시스템 등등 추가되는 것 하나하나 역시 마찬가지로 복잡하다. 가장 큰 문제는 공간 활용 문제, 즉 그 많은 시스템을 몇 개의 제한된 공간에 어떻게 집어넣느냐 하는 문제이다. 하지만 디지털 도구를 이용하면, 보잉의 엔지니어들은 말 그대로 필요한 모든 것을 다 볼 수 있다. 전기 설계 담당자와 유압 설계 담당자가 전기선과 유압 조절선을 한 홈에 함께 배선했는가 하는 단순한 문제에서부터, 우주 공간에서 조립될 때까지 물리적으로 구성이 불가능한 새 국제 우주정거장의 설계 전반과 같은 복잡한 문제에 이르기까지 모든 것을 살펴볼 수 있다. 디지털 도구는 또한 자신의 전문 분야는 알고 있지만 다른 분야는 잘 알지 못하는 다양한 분야의 전문가들을 하나로 모아줌으로써, 극한 온도가 구조에 미치는 영향을 결정하는 등의 다차원, 다변수적인 문제들도 해결할 수 있게 해준다. 그러나 버튼 하나를 눌러서 멋진 비행기 설계 도면이 나온다는 얘기는 아니다. 수행해야 할 작업은 여전히 복잡하다. 디지털 도구는 그 복잡한 과정 속에서 엔지니어들이 상충하는 문제가 무엇인지 파악하고, 올바른 질문을 제기함으로써 토의를 시작할 수 있게 해주는 것이다.

새로운 디지털 프로세스는 또한 원자재 입수, 부품 설계, 항공기 개

넘 설정, 그리고 부품 제작에서부터 구성 및 조립에 이르는 보잉의 전체 생산망을 조종해줄 것이다. 현재 이미 2만 5천 명의 종업원들이 사용하고 있는 보잉의 새로운 시스템은 이전에 사용하던 13개의 독립적인 시스템 대신에 제작에 필요한 자료를 일괄적으로 제공하고 있다. 보잉은 종업원 10만 명 모두가 이 시스템을 사용하는 것을 목표로 하고 있다.

보잉의 노력이 남달라 보이는 것은, 협력업체와의 업무 통합을 포함하여 처음부터 끝까지 디지털 자료를 통합하려는 계획을 세우고 있다는 점과, 설계공정과 제작공정을 매우 큰 규모로 디지털화하고 있다는 점 때문이다. 이 회사는 이미 세계에서 가장 큰 웹 기반 부품 주문시스템을 운용하고 있으며, 록히드 마틴(Lockheed Martin)사와 함께 신형 F-22 전투기 합작에 참여할 가상(virtual) 팀을 구성하는 데에도 디지털 도구를 사용하고 있다. 보잉은 이 모든 노력을 통해 제작비용을 30~40% 정도 낮출 수 있을 것으로 기대하고 있다.

회사 전체에 정보가 흐르게 한다는 보잉의 계획에서 중추적인 역할을 하는 것은 바로 네트워크로 연결된 PC들이다. 「CATIA」라고 알려진 컴퓨터 원용 설계 응용프로그램을 이용해 777기를 설계하고 있을 때, 퓨젯 사운드(Puget Sound: 워싱턴주 북서부의 태평양 연안만 - 譯註) 지역의 메인프레임 8대와 일본, 캐나다, 미국 기타 지역의 메인프레임 여러 대가, 설계와 제작을 담당한 엔지니어들이 항공기를 설계하고 제작하기 위해 사용하는 1만 대의 특수 워크스테이션을 지원해주었다. 가까운 미래에 새로 구현될 기술은 어느 곳에서든지 PC를 통해 자료에 액세스할 수 있게 해줄 것이다. 구매자들조차도 일부 자료에 접근해서, 구입한 항공기의 모든 부품과 시스템에 대한 자료를 주문 CD에 담아갈 수 있게 될 것이다.

보잉의 최고경영자인 필 컨디트(Phil Condit)는 언제, 어떻게 디지털 방식을 도입할 것인가 하는 문제에 직면한 제조업체들에게 다소 모질어 보이는 조언을 한다.

"디지털로 가려면, 처음부터 끝까지 그렇게 가야 한다. 구식 종이서류 시스템과 새로운 디지털 시스템을 병행하려 한다면, 많은 노력과

사진 : 노먼 마스코프(Norman Mauskoff)

보잉의 디지털 정보 이용은 설계와 제작 분야뿐 아니라 항공기 시스템의 설치에도 확장되었다. 보잉의 한 공장에서는, 종업원들이 가상현실 고글(goggle)을 쓰고 항공기 동체 안에 유압 케이블 및 전기 케이블이 어떻게 배선되는지 볼 수 있다. 보잉은 처음부터 끝까지 디지털 방식을 이용할 경우, 항공기 제작에 드는 비용이 30~40%까지 절감될 것이라고 확신하고 있다. 앞으로 민간항공기 분야의 치열한 경쟁에서 성공하기 위해서는 비용절감이 반드시 필요한 것이다.

돈만 낭비하게 될 뿐이다. 사람들이 디지털 시스템을 사용하려는 노력을 하기보다는 모두들 그저 옛날부터 사용하던 시스템을 고수하려 들 것이기 때문이다. 디지털 시대를 향한 '전진' 신호는 부분적으로는 신넘에서 나오는 것이고, 일부분은 새로운 시스템을 설계한 사람들에 대한 신뢰에서 나오는 것이다. 어쨌든 어려운 결정을 내려야 하며, 일단 결정이 내려지고 나면 모든 사람들이 짚고 있는 '목발'을 빼앗아 버려야 한다."

암치료 연구의 가속화
(Accelerating the Search for Cancer Cures)

디지털 정보는 기존의 산업에 새로운 활로를 열어줄 뿐 아니라, 새로운 산업을 창출하는 데 도움이 되기도 한다. 그 좋은 예가 유전자 연구 분야이다. 기업들이 성공의 보장도 없이 몇 년 동안이나 방대한 자원을 투자해야 하고, 그래서 리스크가 매우 높은 분야이다. 유전자 연구와 같은 순수 지식 분야에서 디지털 정보의 흐름은 연구의 속도를 배가하고, 성공의 잠재력을 향상시킨다. 유전자 연구는 흔히 생명을 이루는 기초 단위라고 불리는 복잡 분자인 DNA에 집중된다. DNA의 유전자들은 영양소의 동화작용과 세포호흡, 세포의 물리적 구조 형성과 같은 세포 안의 모든 생명작용을 제어한다. 또한 '암호화(encoding)'라는 과정을 통해, 유전자는 생성되는 단백질의 종류와 양을 관리한다—단백질은 실제로 세포 안에서 화학작용을 수행한다. 만일 DNA가 손상되거나 돌연변이를 일으키면 잘못된 지시를 내리게 되므로, 생성되는 단백질의 양이 달라지거나 다양한 변종 단백질이 생성되기도 하고, 결국 세포 내부에서 일어나는 화학반응의 평형이 깨지고 만다. 이렇게 되면 세포는 손상을 입고, 그 유기체는 전체적으로 병들거나 죽게 된다.

유전자 연구도 일반 과학과 마찬가지로 일련의 예기치 못한 관계를 겪으며 발전한다. 과학자들이 다른 과학자들의 연구에 대해 더 많은 정보를 접하면 접할수록, 지식의 공백을 메우거나 아무 관계가 없어 보이는 자료들을 서로 통합할 가능성이 높아진다는 의미이다. 과학자들은 이미 20년도 더 지난 때부터 인터넷을 적극적으로 이용하여 정보를 공유해 온 최초의 부류에 속한다. 그리고 특히 오늘날의 유전학자들은 인터넷의 고유한 장점, 즉 공동연구에 용이하다는 장점을 십분 활용하고 있다.

이렇게 디지털 방식으로 공동연구가 집약되면 놀라운 결과가 나온다. 과학자들은 끊임없이 서로 아이디어를 교환하고, e-mail로 서로의 생각을 비평한다. 인터넷은 과학자들이 관련 논문을 찾을 수 있게 해줄 뿐만 아니라, 논문들이 더욱 빨리 발표될 수 있게도 해준다. 과학자들은 경쟁자들의 진척 상황이나 최근의 연구성과에 대해 항상 최신의 정보를 접할 수 있다. 내가 이사로 있는 생명공학 기업인 ICOS가 인터넷에 새로운 유전자 연구결과를 발표하자, 이 연구는 즉시 골다공증에 대한 연구를 하던 한 연구원과 여성의 임신 기간 유지 능력을 연구하던 다른 한 연구원의 관심을 끌었다. 내가 ICOS에 갈 때마다 ICOS의 과학자들은 각각 뉴욕, 세인트루이스, 영국에 있는 과학자들과 공동연구를 행하는 중이라는 이야기를 일상적으로 나누고 있었다.

생명공학을 다루는 한 기업 내에서 공동연구 도구는 DNA 연구원과 DNA합성 연구원, 그리고 화학자 간에 서로 정보를 교류하는 데 매우 큰 도움이 된다. 이들은 새로운 유전자를 찾아내고, 유전자 생성물과 반응하여 유용한 약물을 만들어 내는 화합물을 찾아내기 위해서 함께 일해야 하기 때문이다. 새로운 유전자를 분리하거나 돌연변이 유전자를 식별하는 데 전문가인 유전학자들이 유전자의 기능을 알아내는 일에도 전문가인 경우는 드물다. 실용적인 약물을 개발하는 데는 그 두가지 기술이 모두 필요한데도 말이다. 이때 디지털 도구는 둘 다에 도움을 준다. 디지털 도구는 또한 연구 단계에 있는 과학자를 보조해주고, 분석 단계에 있는 화학자를 도와준다. 화학자들은 디지털 도구를 이용해, 약물로 사용될 가능성이 있는 화학물질과 구조가 알려져 있는 화학물질을 그래픽으로 대조해보며, 새로 발견한 물질의 화학작용을 추측할 수 있다. 예를 들어 만약 이 과정에서 독성이 있다고 알려져 있는 것과 구조가 비슷한 화학물질이 발견되면, 즉시 이를 연구대상에서 제외시킬 수 있는 것이다.

디지털 도구를 통한 연구원들간의 연결 가운데 가장 흥미로웠던 경우는, ICOS에서 Atr이라는 이름이 붙은 유전자의 중복발현이 여러 가지 암세포에서 중요한 역할을 수행한다는 사실을 발견했을 때이다. ICOS는 X선이 암 치료에 좀더 뛰어난 효과를 발휘하게 하기 위해서, 종양 세포가 X선에 민감하게 작용하도록 만드는 방법을 연구하고 있었다. X선은 DNA를 분리해서 (종양)세포를 손상시키는 것이다. 그런데 Atr에 의해 암호화된 단백질들이 오히려 그 과정에서, DNA가 손상되면 이를 감지하고 자체복구를 시작하는 세포의 기계작용의 한 부분을 맡고 있는 것이 아닌가. 따라서 만일 종양 속에 있는 Atr이 작용하지 못하도록 할 수만 있다면 종양 세포의 복구작용이 늦춰질 것이고, 그러면 종양 세포가 X선의 파괴작용을 더욱 쉽게 받아들이도록 만들 수 있다는 결론이 나왔다.

ICOS가 이 프로젝트를 시작했을 때, 인간 세포에서 일어나는 DNA 복구작용에 대해서는 상대적으로 거의 알려진 바가 없었다. 그러나 방사선으로 인해 손상된 DNA 사슬을 복구하기 어렵게 만드는 효모균 유전자에 대한 연구는 이미 알려져 있었다. ICOS와 영국에 있는 한 공동연구 단체는 함께 인터넷에 있는 DNA 데이터베이스에 접속해 정교한 유형 탐색을 시행하고 그 중 하나를 분석한 결과, 23개 인간 염색체 중 3번 염색체에서 동가(同價)의 인간 유전자인 Atr을 찾아냈다.

한편, 포틀랜드에 있는 오레건주 보건 연구센터의 볼룸 연구소(Vollum Institute)는 여러 개의 유전자가 들어 있는 인간 염색체 조각을 발견했다. 이 염색체 조각이 인체의 미분화된 원형세포, 즉 간세포(stem cell, 幹細胞)가 근육세포로 발육하지 못하도록 막아주는 것 같았다. 그곳의 과학자들은 원인이 되는 유전자의 위치를 좁혀 나가다가 그것이 3번 염색체 안에 있다는 사실을 확인했고, 인터넷으로 들어가 관계 자료를 찾아보던 중 ICOS의 연구 결과를 발견했다. 이후 그 두 연구소는 공동연구를 개시했고, Atr이 실제로 세포가 근육세포나 신경세포와 같은 특정 인체 세포로 발육하는 대신 미분화된 세포로 계속 증식하게 만드는 유전자라는 사실을 발견해냈다. 그리고 그 두 팀은 종양에 관한 데이터베이스가 있는 인터넷 사이트에 들어가 유방암과 전립선암, 폐 암종(癌腫) 세포 등에서 Atr 유전자가 대량으로 자기

복제를 한다는 사실도 알아냈다. 결론적으로, Atr 유전자의 과도한 증식은 암을 유발하거나 암의 진행을 촉진한다는 사실이 밝혀진 것이다.

인터넷은 이렇게 과학연구의 상호작용을 다른 어떤 매체도 해낼 수 없는 방법으로 연결해 주었다. 웹이 없었더라면 이 DNA를 연구하는 과학자들은 수년 동안, 아니 어쩌면 영영 서로 연결되지 못했을지도 모른다. 과거에는 과학자들끼리 서로 연결되려면 운이 좋아야 했다. 그런데 이제 인터넷이 전세계적인 "칠판"을 마련해서 과학자들이 함께 연구할 수 있게 해주고 있는 것이다. ICOS는 이어서 DNA가 끊어진 세포가 자기복제를 하기 전에 자가치유를 하게 해주는 "문지기" 유전자를 찾으려 애썼다. 그리고 볼룸 연구소와의 공동연구를 통해 또 예상치 못했던 사실을 알아냈다. Atr 유전자를 억제하면 단지 종양 세포가 약해지기만 하는 것이 아니라, 종양 세포가 정상적인 세포로 되돌아갈 수도 있다는 사실을 발견한 것이다.

Atr에 대한 연구가 중요한 항암 약품의 발명으로 이어질 것인지 여부는 아직 미지수이다. ICOS는 Atr 유전자를 합성하고 정제하는 데에는 성공했지만, 아직까지 Atr을 효과적으로 억제할 수 있는 물질을 찾아내지는 못하고 있다. Atr을 억제하는 물질이야말로 실질적인 항암 약품이 될 수도 있는 것이다. 이것은 마치 신데렐라의 발은 찾았지만, 이제 수십만 짝의 구두 중에서 그 발에 맞을 신발을 찾아내야 하는 상황과도 같다.

생명공학 회사의 성패
(Making or Breaking the Biotech Firm)

추진하지 말아야 할 프로젝트가 무엇인가를 파악하는 것은 생명공학 회사 하나를 만들 수도, 없앨 수도 있는 일이다. 디지털 정보는 불필요한 연구에 막대한 비용이 들어가는 일을 막고, 초기단계에서 의사결정을 개선하는 데 도움을 준다. 연구개발 및 제조상의 연속적인 매 단계는 항상 전단계보다 비용이 더 많이 들어가기 때문에 디지털 정보의 이러한 효과는 매우 중요하다. 디지털 시스템은 생명공학 회사로 하여금 주사위를 좀더 자주 굴릴 수 있게 해준다. 이는 의학 발전을 이룰 가능성을 더욱 높여준다는 말과 일맥상통한다. 화학물질의 고유한 독성과 같은 문제에 대해 과학자들이 더 많은 정보를 나눌수록, 주사위를 굴려서 들어맞는 빈도수도 증가한다. 생명공학 회사들은 현재 개발중인 약품 후보들의 품질을 개선할 필요가 있다. 후보 약물이 신통치 않다면, 새로운 후보 약물에 대한 연구를 개시하기 위해서라도 되도록 빨리 기존에 하던 연구를 접어야 한다. 정보도구를 이용하면 잘못된 시작을 크게 줄일 수 있으며, 효율적인 선별작업으로 가능성 있는 약물 후보들의 수를 늘릴 수도 있다.

더욱 더 많은 과학자들이 e-mail과 인터넷을 사용함에 따라, 연구개발과 상업적인 적용 사이의 경계도 허물어지고 있다. 전자도구는 임상 실험을 지원하고, 특허 내용을 신속하게 조사할 수 있게 해주며, FDA(미 식품의약품국) 심사에 필요한 서류 절차의 상당 부분을 자동으로 처리해준다. 이제 기업들은 FDA에 디지털 응용프로그램을 보내기 시작하고 있다. FDA 심사관이 자료를 살펴보고 보고서를 검토할 수 있도록, 기업에서 실제 워크스테이션을 보낸 일도 두 번 있었다. 이는 다소 극단적인 경우일 수도 있겠지만, 그래도 서류 뭉치를 보내는 것보다는 나은 방법이었다는 생각이 든다. 아직은 플로피 디스켓, CD 또는 디지털 자기테이프에 자료와 보고서를 수록해서 제출하는 디지털 제출 방식이 의무사항은 아니지만, 2003년까지는 디지털 제출 방식이 문서제출 방식을 대체할 것으로 보인다. 연구원과 FDA 심사관들이 제약회사가 구축해 놓은 익스트라넷을 통해 e-mail, 화상 회의, 온라인 토론 등을 이용하게 되면 원활한 상호교류가 이루어짐은 물론이고, 심사가 진행되는 속도 또한 크게 빨라질 것이다.

인터넷 정보와 저렴한 정보도구 덕분에 이제는 소규모 생명공학 기업도 얼마든지 창업이 가능하고, 또 그보다 훨씬 큰 기업들과 보다 대등한 위치에서 경쟁할 수도 있다. 저렴한 컴퓨터 기술이 없으면 소규모 생명공학 회사의 창업은 불가능할지도 모른다. 동시에, 디지털 정보의 흐름은 보다 큰 기업들이 전세계에 퍼져 있는 자사의 지적 자원을

원활하게 관리하게 해준다. 이는 소규모 기업 입장에서 보면 큰 기업
과 겨룰 수 있게 되었다는 말이고, 대규모 기업 입장에서는 소규모 기
업만큼 민첩하게 대응할 수 있게 되었다는 얘기다.

  과학 분야에서의 정보기술은 재능 있는 과학자들의 두뇌를 최대로
활용할 수 있게 해준다는 의미를 지닌다. 과거에는 과학자들이—다른
지식노동자만큼이나—자료를 수집하는 데 대부분의 시간을 보내기 때
문에 정작, 그 자료를 분석하는 데 할애할 수 있는 시간은 극히 일부에
지나지 않았다. 그러나 이제 디지털 도구의 개선으로 연구원들이 자료
수집이나 자료 검증 대신 보다 어려운 문제에 대부분의 능력을 투입할
수 있게 되었으니, 앞으로 얼마나 더 많은 진전이 있을지 생각만 해도
흥분되는 일이다. Atr 유전자를 추적하는 경우에서 보았듯이, 웹 업무
양식은 과학 연구에 새로운 지평을 열어주고 있다. 종이 위에서 DNA
배열을 비교하는 것은 불가능한 일이다. 하지만 컴퓨터로 그러한 데이
터 분석을 하는 것은 식은 죽 먹기다.

  구성원들의 성향과 일 자체의 성격 때문에, 생명공학 기업들은 웹
업무양식 응용의 좋은 본보기라 하겠다. 더욱이 생명공학 기업들 중
다수는 신생기업이기 때문에, 출발점부터 디지털 도구를 이용한 기업
들도 많은 편이다. 만일 여러분이 그 사원들에게 그들 업무양식의 독
특한 점이 무엇인지 묻는다면, 그들은 어깨를 으쓱해 보이며 그저 PC
와 LAN, 그리고 인터넷을 사용할 뿐 별로 특별한 것도 없다고 말할
것이다. 그들은 디지털 도구를 당연한 것으로 여기고 있는 것이다.

  디지털 도구와 인터넷을 통해 협력하며 서로가 서로를 발판으로 삼
아 오를 수 있는 과학자들의 능력은, 전세계적으로 여전히 인간을 괴
롭히고 있는 최악의 질병을 억제하거나 치료하는 데 있어 매우 중요한
요소가 될 것이다.

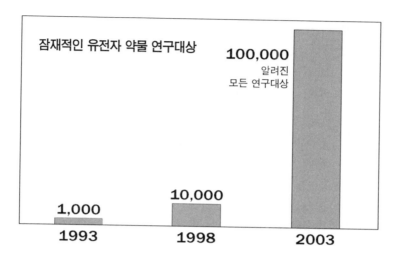

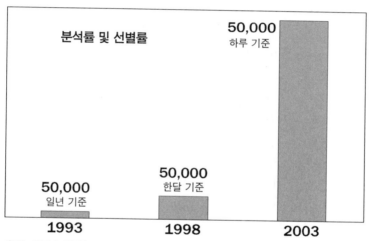

출처: 글락소 웰컴(Glaxo Wellcome)사

대부분의 암을 유발하는 기능이상(malfunctioning) 유전자들을 식별하고 이를 연구대상으로 삼는 암 치료 연구 분야에서 디지털 도구가 기여하는 바는 실로 놀라운 수준이다. 1993년에서 2003년 사이 불과 10년 남짓한 기간 동안, 과학자들은 디지털 도구를 써서 10만 개에서 15만 개에 이르는 인간 유전자를 전부는 아니라 하더라도 대부분 식별해낼 수 있을 것이다. 또한 디지털 도구들은 과학자들이 특정 유전자와 반응하는 화학물질을 발견하고, 그런 화학물질들의 유해 여부를 밝혀내기 위한 선별 작업을 하는 데 도움을 주며 효과적인 항암 물질들의 범위를 급속히 좁혀나갈 수 있게 해준다. 한 대규모 제약회사에서는 1993년에는 1년에 5만 건, 1998년 현재 한 달에 5만 건을 선별하는 데서 발전하여, 2003년이 되면 하루 5만 가지의 화학물질들을 선별할 수 있을 것으로 기대하고 있다.

지적 업무의 공통 기반을 찾아라
(Finding Common Ground in Intellectual Work)

얼핏 보면 항공기 제조업체와 생명공학 기업 사이에는 아무런 공통점도 없는 것처럼 보인다. 그렇지만 기본적으로 두 업종 모두 사업운용을 효율적으로 관리하기 위해서는 반드시 디지털 정보를 이용해야 하는 복잡한 물리적 공정을 지닌다는 점에서는 공통적이다. 항공기 제작과정이 그렇고, 화학물질을 물리적으로 선별하고 제조하는 과정이 그렇다는 말이다. 또한 두 업종 모두 관리 기관들로부터 단기 및 장기적인 안전에 초점을 둔 엄격한 심사를 받아야 한다. 그리고 항공기 제조업체들과 대형 제약회사들은 전자상거래를 통해 지리적으로 멀리 떨어져 있는 공급업체 및 협력업체들과 밀접한 관계를 유지한다는 공통점도 지닌다.

대부분의 사업에서 정보업무가 핵심적인 위치에 놓여 있는 이 디지털 시대에는, 깊이 들어가 볼수록 이 두 분야간에 더욱 많은 공통점을 찾아볼 수 있다. 두 분야 모두 핵심은 지적인 작업이다. 보잉의 경우 지적인 난관은 최대의 부양력과 최소의 저항력을 지니면서도 저렴한 가격에 제작할 수 있는 날개를 설계하는 일이다. 이 회사는 거대하고 섬세하며, 서로 잘 들어맞고 아무런 결함 없이 작동하는 부품 수십만 개가 들어 있는 기계를 만들어 내고 있다. 생명공학 기업이 당면하는 지적 난관은 부차적인 손해 없이 특정 질병, 그 중에서도 주로 유전병을 치료하는 화학물질을 설계하는 것이다. 이 회사는 인체의 생물학적 조직을 구성하는 수십만 개의 각기 다른 활성 화학성분 중에서, 정밀하게 걸러내야 하는 극도로 미세한 화학물질 성분을 만들어낸다. 지적인 작업에는 회사와 협력업체, 그리고 조직 외의 사람들과 함께 하는 공동연구가 필수적이다. 지식관리가 무엇보다도 중요한 문제가 되는 것이다.

이러한 산업적 성격 때문에, 해당 기업들은 커다란 모험을 감행해야 한다. 항공기 한 기종이 성공하기만 하면 그 항공기 제조업체의 앞날은 오랜 기간 보장된다. 747기만 해도 1998년에 탄생 30주기를 맞았다. 약물 하나만 성공해도 제약회사는 거대한 이윤을 얻을 수 있으며, 다른 연구 기금을 충당할 수 있게 된다. 두 가지 경우 모두 똑같이 위험한 모험이다. 보잉은 수익성이 보장되지 않은 상태에서 747기 개발에 10억 달러를 썼다. 생명공학 회사는 시장성 있는 제품을 얻기도 전에 2억 5천만 달러에서 3억 5천만 달러에 이르는 돈을 쉽게 써버린다.

많은 산업 분야에서, 디지털 정보를 적절히 사용하는 것은 기업이 다른 기업과의 경쟁에서 스스로를 차별화할 수 있는 유일한 방법이다. 첨단 산업에서는 디지털 정보가 새로운 타개책을 마련하는 유일한 방법이기도 하다. 아직까지 부딪히지 못한 지식문제가 무엇인지 알아내고 이를 해결하기 위해서는, '크게 성공하려면 크게 모험해야 한다' 는 것과 성공할 확률을 극대화하려면 디지털 신경망이 필요하다는 것을 잊지 말아야 한다. 좀더 넓게 말해서 앞서 예로 든 기업들이 디지털 도구를 통합하는 방식은, 크고 작은 모든 기업들이 앞으로 웹 업무양식을 채택하면서 활용할 수 있는 훌륭한 본보기이다. 이러한 기업들은 시간 그리고 모험을 정보와 맞바꾸고 있는 것이다.

비즈니스 교훈

□ 크게 성공하려면 때로 큰 모험을 감행해야 한다.

□ 디지털 정보 흐름의 지원을 받아 모험을 감행하는 것이 제품의 발전과 시장에서의 약진을 이룩할 최선의 방법이다.

□ 여러분이 제조업에 종사하고 있다면, 재고를 정보와 맞바꾸어라. 지적 자산과 관련된 산업에 종사한다면, 모험을 정보와 맞바꾸어라.

디지털 신경망의 진단

□ 모든 업무방식을 디지털화하고 있는가, 아니면 일부분만 디지털화하고 있는가? 지식관리, 사업운영, 그리고 상거래 시스템을 디지털 방식으로 연결해서 효율적인 디지털 환경을 구현할 수 있는가?

□ 여러분 기업의 디지털 시스템은 검토와 조절을 올바로 수행하면서도 전세계 어느 곳이든지 가장 적절한 장소에서 제품 테스트를 할 수 있게 해주는가?

IV

사업운영에 통찰력을 불어넣자
(Bring Insight to Business Operation)

제 16 장

사원들에게 권한을 부여하는
프로세스를 개발하라
(Develop Processes That Empower People)

인간은 기본적으로 어떤 기계장치와도 잘 맞지 않게 되어 있다.
— 토마스 피터스, 로버터 워터먼 2세 공저(共著),
《탁월성을 찾아서(In Search of Excellence)》

비즈니스는 생명을 유지시켜 주는 호흡 작용과 같은 인체의 기본 기능과 유사한 자율 작용 기능을 지닌다. 비즈니스의 "자율" 작용 가운데 대표적인 것은, 기업의 존재 이유를 정의하는 기능으로, 이를테면 제조공정이 여기에 속한다. 이 기능은 심장 박동처럼 효율적이고 확실해야 한다. 두번째 자율 작용은 관리업무, 예를 들어 지급금 수취, 청구서 대금 납부 및 수표 지급 등의 업무이다. 관리 작용은 사업에서 인간의 호흡만큼이나 필수적인 부분이다. 만일 회사에서 이러한 기본적인 운용 작용이 제대로 이루어지지 않는다면, 그 회사는 문을 닫아야 할 것이다.

기본적인 운용 작용이 그토록 중요하기 때문에—또 그토록 많은 비용이 들기 때문에—대부분의 대기업에서는 이미 몇 년 전부터 효율성을 높이기 위해 제반 과정의 자동화에 막대한 비용을 투자하기 시작했다. 그러나 그러한 과정이 고립된 채 자동화되어, 기업 내부의 다른 작용들과 어울리지 못하고 독립적으로 움직이는 경우가 너무 많다. 국부적인 최적화를 이루어 놓고 전체적 효율을 기대하고 있는 것이다. 예를 들어, 최근까지 일부 항공기 부품제조 분야에서는 원료금속 중 항공기 부품으로 최종 완성되는 분량이 단지 10%에 불과한 경우가 많았다. 제조공정이 전체적인 최적화보다는 여러 개별 단계의 최적화에 치우친 결과였다. 애초부터 대규모 낭비를 피할 수 없게 되어 있었던 것이다.

재무관리나 여타 관리 체계와 같은 비즈니스 운용 방안에 대해서는 다른 장에서 다루고 있으므로, 여기 16장에서는 제조공정에 초점을 맞추려 한다. 제조공정의 자동화는 오늘날의 기업이 경쟁력을 갖추는 데 있어서 필요조건이 될 뿐, 충분조건은 아니다. 따라서 효과적인 디지털 신경망을 갖추어야 비로소, 생산라인의 종업원을 지식노동자로 발전시키고, 아울러 핵심 제조공정에 경쟁력을 부여할 수 있게 되는 것이다.

변화하는 환경에 보다 효율적이고 훌륭하게 대응하려면, 우선 여러분은 정보기술을 이용해 공정 자체의 내부 작업을 보다 잘 이해할 필요가 있다. 예를 들면, 뉴올리언스주의 엔터지사(Entergy Corporation)는 그래픽 기능을 갖춘 공정제어 시스템을 도입, 발전설비 관리자들로 하여금 발전 효율을 좀더 세심하게 조정하고 실시간으로 가동 상황을 분석할 수 있게 함으로써, 화력발전소와 핵발전소의 가동시간과 수익성을 증가시켰다. 이 회사의 설비관리자들은 실제로 발전 시스템의 내부를 들여다보고 기계의 작동방식을 정확하게 이해할 수 있을 뿐만 아니라, 그 자리에서 즉시 사소한 수리나 조정 여부까지 결정할 수 있다. 따라서 나중에 비용이 많이 드는 수리를 하거나 장시간 가동을 중지하는 일이 미연에 방지됨은 물론이다. 그들은 또한 PC를 기반으로 한 일정관리 시스템을 통해 수리나 조정의 우선순위를 정한다. 이 회사의 공정제어 시스템은 설비관리자들에게 효율 감소에 따르는 손실비용을 실제로 보여준다. 예컨대 보일러 온도가 최적 온도보다 10도 낮은 경우에는 효율이 어느 정도 떨어지고, 그에 따른 손실은 얼마에 이르는

지 따위를 구체적인 금액으로 나타내는 것이다. 설비를 효율적으로 가동하는 데 필요한 정보를 제공하고 의사결정의 책임까지 지우는 한편, 설비운영의 매개 변수를 달러 액수로 환산하여 보여줌으로써, 엔터지는 설비관리자들을 경영자로 변화시키고 있는 셈이다. 또한 이 회사에서는 간부들이 디지털 도구를 통해 분 단위로 개별 발전설비들의 전력생산단가를 확인할 수 있기 때문에, 전력 생산을 가장 비용효율이 높은 설비로 지속적으로 이동시킴으로써 수익증대를 꾀할 수 있다.

그 다음으로, 여러분은 제조공정에서 자료를 추출해서 그것을 다른 업무 체계에 정보를 줄 수 있어야 한다. 대부분의 세제에 사용되는 활성 작용제인 계면활성제를 생산하는 스테판사(Stepan Company)는 최첨단 기술의 공정제어 시스템을 개발하여 생산량을 세 배로 늘리고, 수백만 달러의 비용을 절감했다. 새로운 제어시스템을 통해 설비를 보다 효율적으로 이용할 수 있었기 때문이다. 그리고 스테판은 이러한 획기적인 생산성 향상보다 더 가치 있는 이익들도 얻었다. 공정제어 시스템의 유연성 덕분에 고객의 주문량 변화에 효과적으로 대응할 수 있게 되었을 뿐만 아니라, 다른 업무 체계를 통합할 수 있는 토대까지 마련하게 된 것이다. 스테판은 자사의 PC 인프라스트럭처를 이용해 제조관련 자료를 원료계획 및 재고관리 등 다른 공정에 통합하는 데 필요한 모든 "고리"를 구축했다.

앞으로 스테판의 모든 설비들은 주문 입력과 재고, 일정 등을 통합적으로 관리하는 소프트웨어를 갖추게 된다. 그리고 일리노이주의 노스필드 본사에 있는 관리자들은 자사의 11개 공장의 생산능력을 총괄적으로 검토할 수 있게 된다. 고객이 주문 사항을 변경하는 경우, 스테판은 그러한 변경 사항을 모든 공장에 단 한 번에 반영할 수 있게 되고, 전세계 고객들에게 동시에 제품을 출하할 수 있게 된다. 또한 종이클립에서부터 유황에 이르기까지 모든 자재를 자동으로 주문하게 된다. 유황과 기타 중요한 계면활성제 원료 등의 주문서가 저장 탱크의 수위에 따라 자동으로 발급되는 것이다. 공급업체들은 스테판의 구매 데이터베이스에 액세스해서, 보다 효율적으로 납품 계획을 세울 수 있게 된다. 고객들은 웹에 액세스해서 제품의 이용 범위를 열람하고 주문하게 될 것이다. 그러면 접수된 주문정보는 스테판의 재고관리 시스템에 실시간으로 연결되고, 재고관리 시스템은 해당 공장으로 하여금 주문을 소화하기에 충분한 원료를 갖추게 할 것이다.

마지막으로 가장 중요한 것은, 제조공정에서 나온 자료를 생산라인의 근로자들에게 제공해서 근로자들이 제품 자체의 품질을 높일 수 있게 해야 한다는 점이다. 적절한 정보기술을 제공해 생산 근로자들이 시의적절한 분석을 하도록 도우면, 근로자들은 그 자료를 관리자들이 설계를 개선하고 결함을 줄이는 데 도움이 될 유용한 정보로 바꾸어줄 것이다. 디지털 신경망을 개발하면 여러분은 가능한 한 많은 근로자들에게 권한을 부여할 수 있게 된다. 정보의 흐름이 열쇠인 것이다.

현장에서 독립사업체처럼 운영되는 수백 개의 팀
(Creating Hundreds of Small Business on the Floor)

제너럴 모터스는 1985년에 새턴사(Saturn Corporation)를 설립했다. 그때까지와는 완전히 다른 '새로운 자동차' 뿐만이 아니라 자동차를 만들어내는 '새로운 방식', 또 근로자들에게 권한을 부여하는 '새로운 방식'을 찾아내기 위해서였다. 목적은 경영진과 근로자들이 함께 모여 공동의 목표를 달성하고, 모든 사람들이 품질관리에 힘써서 별도의 품질관리 부서가 필요 없는 회사를 만드는 것이었다. 그 꿈은 결실을 낳았다. 새턴은 8년 동안 연속적으로 품질과 고객만족 부문에서 J.D. 파워(J.D. Power)상을 수상했으며, 자동차 소유자들로부터 숭배와도 같은 지지를 받고 있다.

새턴에서는 고용인들을 팀원이라고 부른다. 8,500명 전 사원들이 각각 어느 한 팀에 속해 있으며, 팀 이름이 적힌 이름표를 달고 있다. 사람들 사이에는 "이곳에서 나는 큰 조직의 일부이다. '우리'가 '나'보다 더 중요하다"라는 인식이 퍼져 있다. 이들의 팀은 잘 짜여진 자율적인 조직이다. 팀원 네 명으로 이루어져 있을 만큼 작은 팀도 있고, 60명으로 이루어진 대형 팀도 있지만, 대부분의 팀은 12~15명으로 구성되어 있다. 각 팀에는 엔진담당이나 자동차 문짝 담당과 같이 고유한 기능이 있고, 반복되는 작업에 질리지 않기 위해 각 팀원은 관련 분야에서 약 30가지의 다른 일도 할 수 있도록 훈련을 받는다. 각 팀은 자율적으로 팀원을 고용하며, 지각을 계속하거나 일을 잘하지 못하는 팀원을 해고할 권한도 갖는다. 각 팀의 보수 중 20%가 품질, 고객만족, 영업에 연계되므로, 각 팀은 마치 작은 독립사업체처럼 운영되는 셈이다.

지금까지 내가 새턴에 대해 말한 것 중 기술과 관련된 내용은 하나도 없었음에 주목하기 바란다. 모든 근로자들은 회사가 성공하는 데 기여할 잠재력을 갖고 있다는 것을 믿어주지 않는다면, 세상의 어떤 기술도 근로자들에게 힘을 줄 수 없다. 일단 모든 고용인을 지식노동자로 생각하고 나면, 비로소 기술은 모든 고용인들이 회사를 위해 자신의 역량을 최대로 발휘할 수 있게끔 해주는 것이다.

"옛날 것"은 버린다
(Not Using "This Old Stuff")

다른 많은 제조업체와 마찬가지로, 새턴도 '관리 제어 및 자료수집 시스템(이하 「SCADA」 시스템)'을 구축하고 그것을 통해 시가 19억 달러 상당의 제조 및 조립 공장단지(대지 2,400 에이커에 건평 4백만 평방미터)를 운영한다. GE 파눅(GE Fanuc)사의 공장 감시·제어 응용프로그램인 「CIMplicity」를 기초로 한 「SCADA」 시스템은, 죽 늘어선 감지기들과 전동기, 변환기, 전기 스위치로부터 들어오는 12만 개 이상의 데이터 포인트(data point, 자료점)를 모니터한다. 각 기기는 1초에 한 번 이상 점검된다.(data point: 그래픽 좌표에서 하나의 점을 표시하는 정보 - 譯註)

새턴 공장이 문을 연 초기에, 「CIMplicity」는 PLC(Programmable Logic Controllers)로부터 받는 데이터로 100여 대의 VAX/VMS 미니컴퓨터상에서 실행되었다. 근로자들은 이 시스템의 난해한 코드들과 문자를 기반으로 한 단말기를 좋아하지 않았다. 예를 들어 문짝 손상 제어판에 기록하고자 하면, "EPSV 1006"과 같은 문자를 입력하고, 그 특정 품질 문제에 해당하는 특수한 코드도 입력해야 했다. 물론 근로자들은 문제를 해결하긴 했지만 해결한 내용을 기록하지 않으려 했고, 따라서 새턴은 품질관리에 관한 중요한 자료를 잃고 있었다.

1990년대 초, 새턴은 제조 및 조립 공장에서 사용하는 시스템을 당시로는 새로운 방식인「Windows NT」운영 체계와 PC 방식으로 전환하기로 결정했다. 이것은「CIMplicity」를「Windows NT」로 옮기기 위해 GE 파눅(GE Fanuc)사와 함께 일해야 한다는 것은 물론이고, 복잡한 제조관리 환경에서 운영 체계가 무슨 일을 해야 하는지를 MS에 가르쳐주어야 한다는 것을 의미했다. 그러한 초창기 시절, MS의 개발담당 엔지니어들은 새턴의 엔지니어들과 수많은 밤을 전화 통화로 지새야 했다.

오늘날 새턴의 제조시스템에는 생산 부문에 19대, 시험대에 세 대의 PC 서버가 있으며, 그리고 구식 VAX 미니컴퓨터 70대도 포함된다. 새턴의 제조관리 소프트웨어는「CIMplicity」와 다양한 PC 서버 응용 프로그램, 개발 도구, 약 3,500대의 데스크탑 시스템과 500대의 랩톱 컴퓨터에서 실행되는 표준 PC 운영 체계로 이루어져 있다. 그리고 PLC 센서조차도 PC로 대체되고 있다.

또한 이 시스템의 운영관리자는 한 화면을 통해 공장 내에서 실제 작동되고 있는 모든 상황을 보거나, 어느 한 감지기만 선택해서 특정 부분에 초점을 맞추고 자세히 볼 수도 있다. 가령 중간층의 제 C열, 제 500번 컨베이어에 있는 스위치가 고장나면, 운영관리자는 고장 위치를 즉시 확인하고 전기기사를 보내 수리시킬 수 있다. 12만 개의 데이터 포인트가 모두 6초마다 분석되어 운영관리자들에게 그래픽 형식으로 전달된다.

현장 근로자들의 역량 강화
(Enabling People to Make a Difference)

새턴은 사용하기 간편한 그래픽 사용자 인터페이스를 생산 근로자들에게 제공하는 정도의 간단한 변화를 통해서도 획기적인 효과를 거두었다. 현장에 근무하는 사람은 누구든지 새턴 인트라넷의 제조 부문에 접속해서, 예컨대 지난 2시간 동안 최종 생산라인의 차량 검사에서 발생한 10대 품질 문제 등과 같은 세부 목록들을 살펴볼 수 있다. 웹 인터페이스를 통해 근로자들은 데이터베이스를 검색하고, 데이터를 자동으로 스프레드시트에 로드하며, 피벗 기능을 이용해 차량 부분별(외장, 문짝, 동력 전달부 등) 혹은 문제 유형별(접합, 도장, 용접, 조립, 설치 등)로 데이터를 살펴보며 분석할 수 있다.

실제로 동력전달팀의 근로자 한 사람이 엔진에서 용접이 잘못되는 부분을 알아냈던 일은 참으로 많은 것을 시사한다. 그는 주문제작하지도 않은 일반 디지털 도구를 사용하여 데이터 기록들을 분석하다가 그와 같은 중대한 결함을 발견해냈다. 새턴은 프로그래머로 하여금 특별 보고서를 작성하게 하느라 시간과 비용을 들일 필요도 없이, 잠재적으로 들어갈 수리비를 1개월당 150만 달러씩 절감한 셈이었다.

새턴에서는 3~6대의 내부 컴퓨터 모듈들이 브레이크에서 에어백 설치에 이르는 모든 과정을 제어한다. 엔지니어들은 새턴 인트라넷을 통해 이런 모듈들의 진단 테스트 결과를 검토한다. 최근에 새턴은 동력전달부 제어 모듈에 특정한 오류가 발생한 지 2시간 이내에 그것을 찾아낼 수 있었다. 회사는 곧바로 공급업자를 수배해서 모듈 프로그램을 다시 짜도록 만들었고, 덕분에 생산라인을 정지시키는 일 없이 문제를 해결할 수 있었다.

또한 새턴은 매일 생산라인에서 약 10여 대의 차량을 무작위로 추출하여 단일 품질 감사를 실시한다. 이때 시스템은 검사관이 소지하는 「Windows CE」 방식의 휴대용 소형 PC에 자동차의 구조와 모델을 나타내는 3차원 개략도를 전송한다. 검사관은 이 개략도를 지침으로 삼아 자동차를 철저히 검사하고, 결함이나 흠집을 파악한다. 예를 들어,

만일 전면 왼쪽 완충판에 문제가 있으면 검사관은 PC 화면상에서 특정 부분을 클릭하여 완충판의 분해조립도를 펼친 다음, 화면의 메뉴를 이용해 문제점을 기입한다.

각각의 품질 감사가 끝나면, 검사관은 PC 안의 파일과 원래 데이터 베이스를 자동으로 일치시키기 위해 자신의 휴대용 소형 PC를 네트워크에 연결한다. 그런 후, 검사관들과 다른 근로자들은 그 날의 데이터를 분석하고 이를 1일 또는 주간 결과와 비교한다. 조립과정에서 계속 긁힘 자국이 나오는 것으로 기록되는 부분이 있다면, 팀의 작업에 문제가 있다거나 아니면 부품 자체가 원래부터 설치하기 어렵기 때문이라는 식의 결론이 나올 수도 있다. 이러한 단일 품질 감사를 통해 검사관들은 제조팀과 함께 협력하여 어떤 모델의 연료주입구 마개를 고치고, 또 다른 모델의 실내등을 개선할 수 있었다.

최종 생산라인 검사에서 나온 것이든 단일 품질 감사에서 나온 것이든, 모든 품질 검사 자료는 PC를 기반으로 한 정보시스템을 통해 제작 엔지니어링팀으로 피드백 된다. 공장장 및 생산라인 근로자부터 설계 엔지니어에 이르는 모든 사람들이 자료에 액세스할 수 있기 때문에, 결과적으로 모든 팀들이 협력하여 "구축성(buildability, 構築性)"을 개선할 수 있게 되는 것이다ー"구축성"이란 부품들이 얼마나 잘 맞고, 얼마나 쉽게 조립될 수 있는가를 나타내는 말이다. 이렇게 현장의 전문지식이 엔지니어들의 전문지식과 결합되면, 자연히 더 나은 설계가 나오게 된다. 새턴의 근로자들이 자신의 견해를 밝힐 자격이 있는 이유는, 그들에게는 정보가 있기 때문이다.

생산라인 근로자들의 역할 변화
(Redefining the Role of Line Workers)

이 장(章)에서 언급한 3개 기업의 예에서도 보았듯이, 자동화 설비를 갖춘 공장이라 할지라도 정보의 흐름을 개선하는 일은 상당히 중요한 일이다. 현장에서 정보 흐름을 중심으로 제조시스템을 구축하는 사람들의 손에 고품질의 진단 도구를 쥐어주는 것은 꼭 필요한 일이다. 이상적으로 말하자면, 그러한 디지털 도구들이 바로 각 작업 단계를 일련의 개별적인 작업으로 다루는 수준을 넘어서 고객에게 가치를 전달하는 모든 과정을 통합시켜 주는 것이다. 마이클 해머(Michael Hammer)는 "'단일 과업 근로자(task worker)'는 지나간 산업시대의 마지막 유산이다"라는 말을 즐겨 쓴다. 현대의 기업에서는 모든 근로자들이 전체 공정, 즉 작업 단계 모두에 참여해야 한다는 뜻이리라. 내가 아는 어떤 사람의 숙부는 미시건 주 플린트에 있는 한 자동차 공장에서 크롬 조각을 붙이거나 마무리 작업을 하면서 25년간을 일했다. 2차 대전 직후 몇 년 동안은 꽤 괜찮은 직업에 종사한다고 생각했는데, 자신이 맡은 작업이 곧 전형적인 산업시대 방식으로 대체되고 말았다고 한다. 각 공정이 보다 작고 세부적인 작업으로 분리되어 근로자들에게 할당되었고, 근로자들은 "유일한 최상의 방법"으로 같은 작업을 반복해서 해야만 했던 것이다. 오늘날 새턴의 근로자들이 작업하는 방식과 비교해보라.

하지만 이제 새로운 조직체의 근로자들은 더 이상 기계의 톱니바퀴 같은 존재가 아니다. 그들은 전체 공정의 일부를 맡아 머리를 써서 일하는 존재인 것이다. 강철을 다루는 용접공들은 이제 기하학과 대수학을 알아야 컴퓨터가 그려 놓은 설계도를 보고 용접 각도를 구할 수 있다. 생수 회사에서는 생산라인의 근로자들에게 컴퓨터 생산측정 방식과 수학을 가르쳐야 한다. 신형 디지털 사진 복사기를 생산하는 기업에게 필요한 것은, 드라이버를 능숙하게 다루는 서비스 기사라기보다는 컴퓨터와 인터넷을 잘 아는 서비스 직원이다.

변화하는 환경에 지속적으로 적응해야 하고 끊임없이 개선되어야 하는 여러 운용 공정들에 있어서, 인간은 계속 필수적인 존재로 남게 될 것이다. 융통성 있는 생산라인은 사람을 필요로 한다. 충분한 정보를 가지고 있고, 권한을 쥐고 있는 사람들 말이다. 단일 과업들이 공정으로 통합되어감에 따라, 근로자들은 보다 많은 책임을 지게 된다. 컴퓨터는 사람의 일을 일부 빼앗긴 하겠지만, 전반적으로 사람이 하기에 힘든 일들을 가져가게 될 것이다.

　근로자들에게 전체 공정들을 개괄적으로 볼 수 있게 해주면, 그들은
좀더 흥미롭고 도전적인 작업과 씨름하게 될 것이다. 1차원적인 작업,
즉 단순 과업은 사라지거나, 자동화되든가, 보다 큰 공정 안으로 편입
될 것이다. 단순 반복작업이야말로 바로 컴퓨터나 로봇, 그리고 기타
다른 기계들이 전문적으로 해야 하는 일이다. 인간들은 그런 일에 적
합하지도 않으며, 그런 일을 거의 한결같이 멸시한다. 작업을 직접 수
행하는 대신 공정을 관리하면, 근로자들은 지식노동자가 되는 것이다.
그리고 그러한 지식노동자들로 하여금 각자 고유한 역할을 수행하게
만들어주는 것이 바로 디지털 정보의 흐름이다.

　기업의 입장에서는 훌륭한 정보시스템을 이용함으로써 근로자들과
관련된 또 다른 이익을 얻을 수 있다. 최신의 정확한 정보만이 성과와
품질, 그리고 고객만족을 직접적인 보상으로 연결시킬 수 있기 때문이
다. 성과평가를 할 때, 각자 어떻게 일했는지 파악하고 그에 따른 정산
을 해주기 위해 한 달이나 기다릴 수는 없는 일이다. 그렇다고 여러분
은 각 팀의 성과를 판단하는 "성과금 평가" 부서를 따로 두기를 원하지
는 않을 것이다. 그렇다면 여러분은 매일매일 각 팀의 성과에 관한 정
보를 직접 얻어야 하는데, 만약 전자 피드백 루프가 없다면, 성과에 보
상을 연결시키는 일─점차 많은 회사들이 이를 관례로 제정하기를 원
하고 있다─은 그리 쉽지 않을 것이다.

　새턴은 또한 원활한 정보 흐름을 구축함으로써 "대량 주문생산(mass
customization)" 체제에 대비하고 있다. "대량 주문생산"이란 대량
생산의 효율성에다가 고객이 원하는 모델을 정확하게 만들어낼 수 있
는 능력을 결합하는 것을 말한다. 대부분의 다른 자동차 제조업체와
마찬가지로 새턴 역시 이미 여러 가지 주문형 자동차를 갖추고 있다.
고객이 자동차 판매대리점이나 가정에서 PC를 이용해 인터넷상에서
바로 자신이 원하는 자동차와 옵션을 주문한 뒤, 며칠 이내에 자동차
를 납품 받는 모습을 상상해보라. 충분히 가능한 일이다. PC 산업에서
점차 인기를 얻고 있는 "주문 생산" 방식은 자동차나 의류 및 가구에
이르는 다른 산업에서도 중요한 자리를 차지하게 될 것이다.

　그러나 갖가지 개별 주문사항을 처리하려면 제조라인이 고도의 지

능을 갖추고 있어야 한다. 조립라인에서는 뒤로 되돌리는 법이 없으므로, 자동차의 특별 주문 차대(샤시)와 차체를 적절한 엔진 및 동력 전달 장치에 일치시켜 주어야 한다. 만일 문제가 발생하면, 예를 들어 패널 중 하나에서 특별 주문한 자주색이 완벽하게 나오지 않는 경우가 생기면, 새턴이 일을 계속 진행시키기 위해 이용하고 있는 것과 같은 역동적 일정시스템이 필요하다. 새턴의 시스템은 생산라인상의 모든 부분들을 검색하고, 그 주문을 소화할 가장 먼저 나오는 패널 세트를 찾아서, 그 패널들로 하여금 자주색 차를 맡게 한다. 이때 그 새로운 패널들을 이용하려 했던 차량은 조립 일정이 재조정되어, 해당 차량에 필요한 도장색(가령 흰색)이 구비되어 있는 패널들 쪽으로 밀려난다. 주문작업에 문제가 생기는 경우, 새턴의 조립라인이 지체되는 시간은 15분 내지 20분에 지나지 않는다. 역동적 일정 소프트웨어가 없었다면 적어도 몇 시간씩 지체되었을 일이다.

역동적 일정 응용프로그램이 "경제적 효과가 큰" 품목인 까닭은, 주요한 문제를 해결하기 때문만이 아니라 변속기 추적 장치와 같은 다른 공정을 위한 유사한 응용프로그램들의 기초까지 되어주기 때문이다. 단일 인프라스트럭처와 표준 소프트웨어 및 도구를 쓰면, 새턴의 정보기술팀은 근로자들에게 자료를 나눠주기 위해, 보고서 작성 시스템을 애초에 개발할 필요가 없다. 대신에 정보기술팀은 표준 요소를 서로 연결시켜 근로자들이 스스로 필요한 정보를 뽑아 쓰게 하면 된다. 모든 새로운 응용프로그램들을 짧은 시간에 적은 비용을 들여 구축할 수 있다는 뜻이다. 이것이 지난 5년간 새턴의 정보기술 프로젝트가 4배로 늘어난 반면에 예산은 2배밖에 증가하지 않은 이유이다.

미래에는 새턴이 이룩한 일이 상식적인 일로 받아들여지겠지만, 대부분의 산업 분야는 아직 그런 방식으로 일하고 있지 않다. 최근까지는 제조 분야에 그런 능력을 갖추기 위해 구비해야 하는 하드웨어와 시스템의 비용이 엄청나게 비쌌다. 사용하기 난해한 인터페이스 역시 문제였다. 한 마디로 결함에 대한 자료를 쉽게 수집할 수도 없었고, 신속하게 분석하기도 힘들었다. 작고 휴대하기 간편한 기기를 이용하게 되면 데이터 수집이 더욱 용이해질 것이다. 보잉 역시 새턴처럼 문제보

고서를 종이 위에 작성하는 방식에서 휴대용 소형 PC를 이용한 디지
털 형식으로 전환함으로써, 항공기 제작중 일어나는 품질 문제를 처리
하는 데 걸리는 시간을 단축했다. 현재 몇몇 다른 기업들도 서류로 작
성하던 재고량보고서에 휴대용 기기를 이용, 자료수집에 걸리는 시간
을 절반으로 단축하는 동시에 정확도를 높이는 한편, 몇 시간 안에 재
고량보고서를 인트라넷에 올리고 있다. 이전에는 서류로 된 보고서를
취합하는 데 보통 1주일씩 걸렸던 것과 비교해 보라. 무선 네트워크를
이용하면 이런 기기들을 실질적으로 어느 곳에서나 사용할 수 있게 되
며, 취합된 정보를 훨씬 빨리 보고할 수 있게 될 것이다.

　1990년대 초, 새턴의 임원들은 대기업으로서는 처음으로 우리 MS
를 찾아와 말하기를 공장의 제작 현장부터 시작해서 모든 비즈니스 프
로세스(business process)를 PC 도구를 이용해 설계하기를 원한다고
했다. 우리의 반응은 "와, 굉장한데!"였다. 그들이 우리를 찾아온 것은
당시 우리가 갖고 있던 제품 카탈로그 때문이 아니라, 우리가 나아가
고 있는 방향의 비전 때문이었다. PC 하드웨어의 성능은 향상되고 있
었고, 우리 회사의 첨단시스템이나 휴대용 기기 소프트웨어 역시 마찬
가지였다. 새턴은 산업용 소프트웨어 시스템을 개발하는 데 필요한 막
대한 양의 정보를 우리 회사에 제공했다. 두 회사 사이의, 그리고 현대
기술과 제조공정 사이의 강한 유대관계의 결과로 산업용 시스템들이
탄생했던 것이다.

　대부분의 기업들은 정보업무에 종사하며 많은 봉급을 받는 화이트
컬러 직원에게 정보도구를 아낌없이 제공해왔다. 엔터지, 스테판, 그
리고 새턴은 정보 흐름을 토대로 한 시스템을 구축하는 일과 생산라인
근로자들에게 정보도구를 제공하는 것 역시 막대한 가치가 있음을 증
명하고 있다. 엔터지는 주요한 비즈니스 프로세스들을 방법적으로 철
저히 조사하고 있을 뿐만 아니라, 정보를 취급하고 의사결정을 하는
단계를 생산 현장으로 낮추고 있다. 스테판은 정보를 이용해 변화하는
고객요구에 적응하기 위해 공장들을 총괄적으로 관리하고 있다. 또한
새턴은 기술을 이용해 생산라인 근로자들의 전문지식을 설계 엔지니어
의 전문지식과 결합하고, 기존의 조립라인에서 대량 주문생산을 위한

단계를 수립하고 있다. 이들 기업 모두 생산량과 품질, 결함발생률을 분석하기 위해 지식관리를 사업운용에 적용하고 있다. 디지털 도구가 그들의 사업운용에 보다 많은 '지능'을 부여하고 있는 셈이다.

　근로자들에게 더 나은 도구를 쥐어주고 더 복잡한 일을 맡기면, 근로자들이 더욱 책임감을 갖고 머리를 써서 일하는 모습을 볼 수 있을 것이다. 디지털 시대에는 가능한 한 모든 종업원들을 지식노동자로 만들어야 하는 것이다.

비즈니스 교훈

□ 생산라인의 근로자들이 공정의 내부 작용에 대해 보다 잘 이해하면 할수록, 그들은 그러한 시스템을 더욱 지능적으로 운영할 수 있게 된다.

□ 제작시스템에서 나오는 실시간 자료는 문제가 더 커지기 전에 유지·보수를 할 수 있게 해준다.

□ 품질 향상에 보상을 연계시키는 일은 품질 문제에 대한 실시간 피드백 없이는 불가능한 일이다.

□ 이제 단일 과업만을 수행하는 근로자는 사라지게 된다. 그들의 일은 자동화되거나, 지식업무를 요하는 대규모의 작업으로 통합될 것이다.

□ 휴대용 기기와 무선 네트워크를 써서 기업의 정보시스템을 공장 및 물류창고, 여타 영역으로 확대할 방안을 연구하라.

디지털 신경망 진단

□ 생산라인 근로자들이 제품의 품질을 향상시키기 위해 실시간으로 데이터에 접속할 수 있는가?

□ 제조시스템을 사내 다른 시스템들과 통합할 수 있는가? 예컨대 제작공정에서 추출한 자료를 토대로, 판매량에 따라 생산량을 조정하거나 재고를 관리하는 식으로 말이다.

제 17 장

정보기술을 통한 리엔지니어링
(Information Technology Enables Reengineering)

나는 정보기술을 독립형 시스템으로 보지 않는다. 기업의 총체적인
역량을 강화하는 촉진제로 보는 것이다. 어쩌면 무엇보다도 중요한
것은, 정보기술이 기업의 모든 구성원으로 하여금 끊임없이 문제를
탐구하게 만드는 동기가 되어준다는 점일 것이다.
— 폴 오닐, 알코아(Alcoa)사 사장 겸 최고경영자

1994년에 마이클 해머(Michael Hammer)와 제임스 챔피(James
Champy)가 처음으로 '리엔지니어링'이라는 개념을 도입한 이후, 전
세계 기업들은 자신들의 비즈니스 프로세스를 재검토하게 되었다. 그
리고 그들은 지금, 고객에게 가치를 전달하는 과정에서 조직상의 복잡
성과 내부적인 비효율성을 제거하기 위해 노력하고 있다. 해머와 챔피
의 저서 《기업의 리엔지니어링(Reengineering the Corporation)》을
읽고 나자, 비즈니스 프로세스의 리엔지니어링에 관한 세 가지 아이디
어가 유난히 내 기억에 남았다. 첫번째는 정기적으로 프로세스들을 되
돌아보며 그것들을 냉철하게 살펴보아야 한다는 것이다. 그것들은 풀
어야 할 문제들을 해결해주고 있는가? 그것들이 단순해질 수 있는가?
두번째는 작업들을 지나치게 여러 단위로 나누고, 너무 많은 사람들이
작업에 관여하게 될 경우, 아무도 전체 프로세스를 볼 수 없으며 일이

진행될 수도 없다는 것이다. 세번째는 두번째와 밀접한 관계가 있는데, 거치는 단계가 너무 많으면 그만큼 잘못될 가능성도 커진다는 점이다.[1]

새로운 개념이 자리잡을 때는 흔히 그렇듯이, 프로세스 리엔지니어링에 대한 하퍼와 챔피의 단순하지만 심오한 아이디어 역시 무수한 비즈니스 세미나와 교육과정, 대학 강좌, 잡지 기사들을 낳았고, 여러 분야의 전문가들이 "나도 한번"하는 식으로 쓴 책들이 홍수를 이루었다.[2] 그리고 그 '프로세스' 속에서 많은 경영자들이 온갖 종류의 구조조정을 정당화하기 위해 "리엔지니어링"이라는 용어를 이용했다. 2년전, 한 컴퓨터 관련 대기업이 인사부서에서 대부분의 인원을 감축하며 "리엔지니어링"을 위한 노력을 개시한 적이 있다. 실제적인 다운사이징을 합리적으로 이끌 사람들이 바로 인사담당 직원들인데 그들을 다 내쫓은 것이다. 결국 이 회사는 조직 변경을 인도할 인사전문가가 없다보니, 여러 단계에 걸쳐 실수를 저지르지 않을 수 없었다. 프리랜서들과의 계약을 발표하고는 그들이 본격적으로 일을 시작하기도 전에 내보냈다. 보수는 미리 지급해 놓고도 말이다. 그런가 하면 높은 평가를 받고 새로 승진한 사람들을 새로운 직급에서 가장 서열이 낮다는 이유만으로 해고하기도 했다. 이런 행태를 합리적인 다운사이징의 일종이라고 보기는 어려우며, 분명 리엔지니어링이라고 볼 수도 없다. 마이클 해머는 언젠가 사석에서, "때때로 리엔지니어링은 리엔지니어링을 제외한 모든 것을 의미하는 말로 쓰인다"라고 말한 바 있다. 이렇게 리엔지니어링의 아이디어를 잘못 해석하거나 혹은 해고를 위장하기 위해 사용하는 사람들이 있는 게 현실이다. 하지만, 비즈니스 프로세스들을 보다 효율적으로 만들고 비효율적인 요소를 제거하기 위해 수시

---

1. 마이클 해머 & 제임스 챔피, 《기업의 리엔지니어링 : 비즈니스 혁명의 선언(Reengineering the Corporation: A Manifesto for Business Revolution)》, 개정판 (뉴욕: 하퍼 비즈니스 출판사, 1997)
2. 1998년 10월, 인터넷에 들어가 "리엔지니어링"을 검색어로 해서 관련 자료를 찾아보자, Y2K(밀레니엄 버그) 문제에 대한 기사부터 "장난의 심각한 일면"이라고 묘사된 세미나에 대한 기사에 이르기까지 무려 18만 9천 9백 40건의 결과가 나왔다. 이 검색 결과는 다른 중요한 비즈니스 문제에 대한 검색 결과보다 훨씬 많은 것으로, 예컨대 지식관리에 대한 검색 결과의 7배나 되었다.

로 그 프로세스들을 재검토하는 것이라는 의미의 리엔지니어링은 지금
이 그 어느 때보다도 중요한 시점이라 하겠다.

리엔지니어링의 주요 과제는 새로운 프로세스의 창조이다. 이러한
과제, 즉 프로젝트에는 성공에 대한 특정한 정의(가령 어디까지를 성공
으로 볼 것인가?), 시간과 업무 관점에서 본 특정한 시작과 끝, 중간 이
정표, 그리고 예산이 필요하다. 최상의 것은 사람들로 하여금 고객 시
나리오를 뚜렷하게 염두에 두게 만드는 프로젝트이다. 이것은 프로세
스 프로젝트에 있어서도 역시 마찬가지이다. 고객은 회사 내부에 있을
수도, 회사 외부에 있을 수도 있지만, 아이디어는 똑같다. 여러분이 개
발하고 있는 제품이나 프로세스를 사람들이 어떻게 사용할 것인가? 이
전 것보다 어떤 점이 더 나을 것인가?

또한 모든 단계에는 일종의 '거래(trade-offs)'가 따른다는 것을 이
해할 필요가 있다. 모든 프로젝트에는 흥정을 통해 해결해야 할 사항,
즉 '협정 내용'이 있기 마련이다. 소프트웨어 프로젝트의 경우, 경영진
은 대개 제품이 풍부한 기능을 갖추고 있으면서도 크기는 작고, 거기
다가 거의 돈이 들지 않으면서 하룻밤 사이에 완성되기를 바란다. 관
리자들 역시 이 모든 것을 원하므로, '협정 내용'이 서로 명백하게 이
해되어야 한다. 만약 여러분이 풍부한 기능을 갖춘 소프트웨어를 만들
만큼 실력이 있는 사람으로서 제품을 보다 크게 만들어야 한다고 했다
면, 나중에 경영진으로부터 '기능은 몇 개 빼더라도 크기를 줄이는 게
나을 뻔했다'는 얘기는 듣고 싶지 않을 것이다. 또 비용을 줄이느라 애
쓰고 나서는, 경영진으로부터 '필요한 만큼 비용을 더 써서 기능을 더
추가하지 그랬느냐'는 얘기를 듣고 싶지도 않을 것이다. 이것은 디지
털 프로세스를 만들어내는 프로젝트에서도 마찬가지이다.

따라서 여러분은 지속적으로 변화하는 요건에 융통성을 가지고 맞
설 필요가 있다. 그래야 은밀히 다가오는 변화 때문에 원래의 설계 목
표를 백지화하는 일이 없게 될 것이다. 또한 원래의 프로젝트 목적을
재평가할 준비를 갖춰야 함은 물론이고, 변화를 평가하는 명확한 의사
결정 프로세스도 갖추고 있어야 한다.

납품 프로세스를 혁신하라
(Renovating the Process for Product Delivery)

몇 년 전, 「Windows NT」의 출시가 제품을 선적하기로 한 바로 그날 거의 중단될 뻔한 일이 있었다. 제품에 치명적인 버그가 있거나 다른 문제가 있어서가 아니라, 포장 박스가 빠졌기 때문이었다. 제품 박스의 도판이 공교롭게도 담당자가 휴가에 들어간 첫 날에 그의 책상으로 날아갔던 것이다. 그 도판은 거기서 그렇게 몇 날 며칠을 묵었고, 날짜가 됐는데도 완성된 박스가 도착하지 않는 것을 이상하게 여긴 제조 담당자들에 의해 사태의 전모가 밝혀졌다. 이때가 선적 최종기한을 이틀 남겨둔 시점이었다. 박스를 만드는 데는 통상 10일 정도 걸리는데 말이다. 결국 우리의 제조설비 운영자들이 하루 밤낮을 쉬지 않고 매달린 끝에 가까스로 일정에 맞춰 간신히 잉크만 마른 박스를 충분히 마련할 수 있었다.

이 사건 이후, 마케팅 자재를 담당한 팀의 관리자는 무엇이 어떻게 잘못되었는지 분석하기 위해 회의를 소집했다. 그 팀은 내부 부서 두 곳과 외부 공급업체 두 곳에서 온 10여명의 인원들로 구성되어 있었다. 회의실에 들어 선 그 관리자는 대뜸 이런 질문을 던졌다. "이 방에 왜 이렇게 사람이 많죠?" 이는 내가 회사에서 곧잘 하는 질문이다. 어떤 회의에서든 나는 의사결정을 내리는 데 꼭 필요한 사람들만을 원한다. 나머지 사람들은 그 시간에 다른 곳에서 다른 문제를 해결해야 하는 것이다. 만일 회의실에 의사결정권을 가진 서너 명 외에 다른 사람들이 더 있다면, 순전히 관련된 사람의 숫자가 문제의 주요 부분임을 확신해도 좋다.

그 관리자는 팀원들에게 프로세스들을 단순화하는 한편, 10여 가지 다른 제품에 대해서도 유사한 문제점이 있는지 확인해 볼 것을 촉구했다. "하나의 패턴을 찾아내서 그걸로 모든 것을 해결하세요."

"지시 확인(affirmative acknowledgement)", 이것이 그 팀이 단기적으로 마련한 원칙이었다. 이것은 전달 체계 속에 있는 다음 사람이 "내용을 전달받았다"고 말할 때까지 업무 전달이 완료되지 않은 것으로 본다는 걸 뜻했다. 이제 맹목적으로 아무 데나 일을 던져버리는 상황은 벌어지지 않게 된 것이다.

이 팀은 또한 업무가 전달되는 과정을 5단계에서 3단계로 줄였다. 업무 전달 단계의 단축은 그다지 중요한 일처럼 보이지 않을 수도 있지만, 거치는 손을 줄이면 줄일수록 그만큼 오류의 가능성이 줄어들고, 품질 보장에도 도움이 된다는 것을 알아야 한다. 델 컴퓨터(Dell Computer)는 1997년 신축한 공장에서 생산라인을 재배치하여 하드디스크 처리 단계를 절반으로 줄였다. 그 결과 하드드라이브 제조 과정에서의 폐기율이 전보다 40% 감소했고, 전반적인 PC 불량률도 20%나 감소했다.

MS에서는, 제조공정을 위한 부품 확보에 책임이 있는 모든 부서의 직원들이 최선의 업무수행을 위한 실무 회의를 갖기 시작했다. MS의 유럽 제조공장이 있는 아일랜드에서 상급 운영자가 비행기를 타고 날아와 미국식 실무가 자신의 조직에 일으킨 문제점에 대해서 말했다. 이런 식의 토의를 거쳐 우리는 제조 자재를 준비하는 프로세스에 많은 문제점이 있음을 알게 되었다. 예를 들면 이런 식이다. 한 번은 제품 포장 박스에 특별한 글자를 사용했다. 그리고 뒤늦게 그 글자가 전세계적으로 통용되는 게 아니라는 사실을 알았다. 이로 인해 호주에서는 몇몇 제품을 소비자 행사기간에 맞춰 출시하지 못했다. 뼈아픈 실수였다.

모든 부서의 프로세스 담당자들이 범세계적인 제작 프로세스를 정의하기 위해 한 자리에 모였다. 디지털 도구를 이용해서 공조 기능을 개선하려는 의도였다. 이 모임을 통해 우리는 포장 박스부터 박스의 꼬리표, 도판, 소프트웨어 코드에 이르기까지, 제품의 모든 구성요소 하나하나를 추적할 수 있는 응용프로그램을 만들어냈다. 이후, 구성요소에 대한 정보를 네트워크상으로 파악함으로써 제품 관리자 및 여타 직원들은 담당 프로세스의 상황을 쉽게 추적할 수 있게 되었다. 우리는 단 하나의 잘 짜여진 전자적 제작 프로세스를 갖게 된 것이다. 이 프로세스는 여러 장점 중에서도 특히, 어떤 한 단계를 개선하면 그것이 조직 전체에 확실하게 반영된다는 장점이 돋보였다.

그리고 같은 시기에 우리는 제품 제조를 외부 업체에 위탁하기 시작했다. 이러한 변화는 "턴키(turnkey) 방식", 즉 완성인도 방식에 따라 필요한 모든 자재를 우리가 제공해야 한다는 것을 의미했다. 이는 사람이 아닌 프로세스에 더욱 더 의존하는 것이므로 자재조달 프로세스가 더욱 더 명확해야 했다. 한 가지 목표는 "운영 파트가 항상 영웅이 되어서는 안 된다"는 것이었다. 내부적인 조정 작업을 개선했던 디지털 도구들은 이제 프로세스의 마지막 단계, 즉 외부 제조업체와 실제 제품을 만드는 단계를 조정할 수 있게 해주었다. 제품 구성요소를 내부적으로 추적하는 응용프로그램 이외에도, 우리는 또 다른 도구를 개발해 공급업체들이 제품 구성요소의 납품 상황을 결정하는 데 이용하게 해주었다. 그 외부 제조업체와 공급업체들은 또한 이 도구를 이용해서 디지털 자재를 주고받았으며, 디지털 형식이 아닌 자재의 주문도 역시 이 도구를 이용해서 처리했다. 이런 식으로 우리 회사의 디지털 도구들은 내부적으로 프로세스 문제를 해결해주었을 뿐만 아니라, 제조를 전문으로 하는 회사가 우리 대신에 위탁 작업을 맡을 수 있게도 해주었다. 우리 두 회사간의 업무영역을 변경시켜준 것이다.

그럼 왜 처음부터 외부위탁을 맡기지 않았느냐고 묻는 사람이 있을지도 모르겠다. 디지털 프로세스가 갖추어지기 전에는 우리가 직접 제조하는 것 말고는 다른 대안이 없었다. 지금은 우리 회사의 정보도구들 덕분에 제품 제조를 외부에 맡겨도 우리의 설계 명세서대로 만들어지고 있는지 수시로 확인할 수 있고, 그렇기 때문에 안심하고 맡길 수 있는 것이다. 우리는 현재 사내에는 핵심적인 전문인력만을 두고서 주로 웹을 이용해 외부 업체들과 조화롭게 움직이고 있다.

5,6개월이 지나자 이 팀들은 문제를 일으키던 프로세스들을 바로잡았을 뿐만 아니라, 언제 터질지 모를 시한폭탄을 안고 있었던 다른 프로세스들의 문제점도 두세 군데 발견해내어 해결했다. 새로운 도구들은 프로세스 내의 잠재적인 문제들을 밝혀내고, 모든 사람들이 함께 협력해서 문제나 누락이 발생하기 전에 그것들을 처리할 수 있게 해주었다. 어떤 사업체에 문제가 전혀 발생하지 않는다면……? 그 가치를 굳이 말로 설명할 필요가 있을까?

솔루션 개발의 토대가 될 프로세스를 구현하라
(Creating A Process That Stages Your Solution)

여기서는 우리 회사에서 내부적으로 사용하는「HeadTrax」응용프로그램의 개발과정을 살펴보기로 하겠다.「HeadTrax」의 개발 과정은 업무상의 필요와 정보기술 사이의 공생이 디지털 시대 이전에는 불가능했던 새로운 프로세스들을 어떻게 가능하게 해주는지를 보여주는 좋은 예이다.「HeadTrax」는 고용, 승진, 전임 또는 부서 이동 등과 같은 인사상의 변경내용을 처리해주는 작업 흐름(work-flow) 응용프로그램이다.

「HeadTrax」를 개발하는 과정에서 우리가 기울였던 노력이 말해주는 것은, 해결하고자 하는 문제를 이해하고 프로세스와 기술을 바로잡기 위해서는 때로 일련의 반복적인 단계를 거쳐야 한다는 사실이다. 목표를 충분히 이해하지 못하는 것은 어떤 기술 프로젝트에서건 중요한 문제가 된다. 사람들이, 먼저 작은 프로세스들을 처리하고, 그것을 바탕으로 새로운 프로세스를 구축하는 일을 더 잘하는 이유가 바로 여기에 있다. 아무리 계획을 잘 짰다고 하더라도, 일을 진행시켜 나가는 가운데 사용자들의 요구를 충분히 이해하지 못했음을 발견하게 되는 경우가 종종 있을 것이다. 만일 여러분이 18개월이나 걸려 솔루션을 완성했는데, 결과가 신통치 않다거나 그 동안 업무상의 필요가 변경되어 버렸다면 정말 비참한 기분이 들 것이다. 따라서 보다 나은 방법은, 6개월 이내에 일을 마칠 수 있게 해주고, 그후 사용자의 피드백을 접수해서 솔루션을 개선해 나갈 수 있게 해주는 소프트웨어 도구를 이용하는 것이다.

우리 회사의 인사관리용 응용프로그램의 첫번째 버전은, 부사장의 e-mail 우편함에 전자승인 양식이 도착할 때까지만 해도 썩 훌륭해 보였다. 일부 중역들은 대부분의 인사변경 사항을 온라인으로 처리할 수 있게 된 것을 마음에 들어 했지만, 또 다른 중역들은 모든 인사변경 사항을 일일이 검토하기보다는 간부급의 인사변경 내용만을 보고 싶어했다. 큰 부서의 중역들은 업무량 자체를 감당할 수 없었던 것이다. 다른 사람들에게 권한을 위임하는 데는 오히려 구식 종이서류 방식이 더 나았다. 따라서 우리는 디지털 시스템에 권한 위임기능을 추가할 필요가 있었다. 두번째 버전은 완전한 기능을 갖추고 있었지만, 프로세스 흐름에는 여전히 개선의 여지가 남아 있었다. 때로 중요한 승인을 요하는 사안이 하급 단계에서 지체되거나, 반대로 극히 사소한 변경사항이 부사장의 전자 랩톱에 뜨는 일이 발생했다. 우리는 앤더슨 컨설팅(Anderson Consulting)사와의 공동작업을 통해 사내 15개 주요 팀에 12가지의 각기 다른 승인 프로세스가 있다는 것을 알아냈다. 우리는 프로세스에 초점을 두고 이 12개의 프로세스들을 3개로 줄였으며, 그것이 바로 「HeadTrax 3.0」버전의 핵심이다.

　오늘날 우리 회사의 관리자들은 모든 인사사항을 온라인으로 처리한다. 결재자는 누구든지 접수된 요청 사항을 담당자에게 "클릭으로 돌려보내" 변경하게 할 수 있으며, 변경된 내용을 다시 디지털 방식으로 돌려받을 수 있다. 물론 결재자가 처리내용을 승인하면, 그것은 다시 계속해서 필요한 경로를 돌아다닌다. 그 요청과 관련된 모든 사람들은 모든 내용이 처리된 후에 접속 링크를 e-mail로 받아서 변경내용을 검토할 수 있다. 과거에는 사소한 의문점이나 코드의 오기입 등과 같은 대수롭지 않은 이유 때문에 인력개발 담당 부서에서 인사변경 요청을 부결하는 경우가 많았다. 「HeadTrax」는 실질적으로 이런 종류의 문제를 모두 제거해주는 것이다.

　"업무 대행(work on behalf)" 기능은, 관리자로 하여금 어떤 등급의 인사요청이건 그에 대한 승인 책임을 다른 사람에게 위임할 수 있게 해주는 것으로서, 「HeadTrax」에서 가장 중요한 기능인 것으로 밝혀졌다. 부사장은 행정담당 참모에게 일상적인 직위나 인사변경에 대한 승인 권한을 위임하거나, 간부급 관리자에게 그가 맡은 팀의 보상이나 승진 문제를 승인하도록 맡길 수 있다. "업무 대행" 기능은 중역들에게, 승인 프로세스를 계속 진행시키는 동시에 예외적인 상황만을 처리하며 시간을 절약할 방법을 제공해주는 것이다. 만일 1,000명의 직원으로 이루어진 부서가 코스트 센터(cost center)를 변경하거나 혹은 조직 변경으로 전체 팀들이 뒤섞이게 되면, 행정담당 참모는 조직편성

표상에서 버튼 하나를 클릭하여 팀들을 한 묶음으로 띄우고는 모든 변경사항을 실행할 수 있다.

"경로 변경" 기능은 「HeadTrax」를 더욱 융통성 있는 프로그램으로 만들어준다. 이는 변경요청을 하는 관리자가 그 요청이 인력개발 담당 부서에 넘어가기 전에 이를 검토할 사람을 추가할 수 있는 기능이다. 예를 들면, 간부급 관리자가 승진과 같은 특정 유형의 인사처리를 원할 때 이용할 수 있는 기능이다.

「HeadTrax」는 기타 관리 외적인 업무에도 유용하다. 「HeadTrax」에서 특정 직원의 이름을 입력하면, 해당 직원의 상하 모든 직원들의 이름과 함께 전체 직급표가 화면에 나타난다. 「HeadTrax」는 또한 임시 조직편성표를 짤 수 있게 해주며, 성명, 전화 번호, 사무실 번호, 부서 번호 등과 같은 다양한 기준으로 조직편성표를 볼 수 있게도 해준다.

완성해 놓고 보니까 「HeadTrax」는 중간 규모의 기업이나 대기업이 이용하기에 편리한 응용프로그램이자 확실한 솔루션인 것 같다. 이 응용프로그램은 중역들의 책상 위에서 인사 관련 서류들을 치워주는 것 이상의 일을 한다. 예를 들어, 조직변경이 있으면 언제나 그 변경 내용을 회계 및 예산 시스템에 즉각적으로 반영시킨다. 한 마디로, 모든 비즈니스 시스템이 서로 동조(同調)하도록 돕는 것이다.

「HeadTrax」는 생긴 지 얼마 안 된 시스템이기 때문에, 그것이 서류분실이나 불완전한 서류작업 또는 불필요한 입력시간 따위를 없애줌으로써 우리에게 어느 정도의 시간과 노력을 절감시켜주었는지, 정확한 숫자로 나타내기는 어렵다. 그러나 1998년 말 현재, 「HeadTrax」가 매달 처리하는 업무 건수는 약 8,000건이다. 이제 인력개발 담당 부서의 검토를 필요로 하지 않는 승인절차가 모든 인사요청의 90%를 차지하며, 승인이 이루어지면 24시간 내에 조직 체계에 반영된다. 물론 인력개발 담당 부서에서 승인하는 절차는 이보다 더 오래 걸린다. 여기에는 정보기술을 적용하지 않기 때문이다. 예컨대 퇴사하는 직원과의 면담 같은 것을 기계로만 처리할 수는 없는 것이다.

「HeadTrax」는 인력개발 관리자나 기타 관리자들이 언제든지 모든

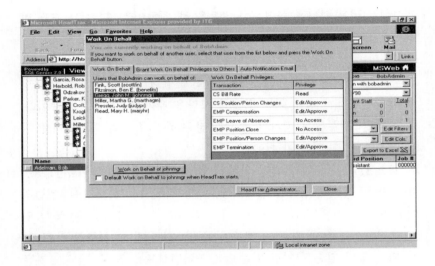

「HeadTrax」는 관리자들이 모든 직원들의 인사관리를 전자적으로 처리할 수 있게 해준다. "업무 대행" 기능은 관리자들이 승인 권한을 다른 사람들에게 위임할 수 있게 해주는 등 프로세스를 복잡하게 하는 일 없이 융통성을 부여한다. 한 가지 디지털 프로세스를 구현함으로써 자동화해야 할 다른 프로세스들이 드러나기도 한다. 우리 회사에서는 일단 「HeadTrax」가 정규 사원들에 대한 인사변경을 성공적으로 처리하게 되자, 응용프로그램의 용도를 임시직 근로자들을 관리하는 데까지 확장할 수 있다는 것을 깨달았다.

중요한 인사변경 상황을 검토할 수 있게 해주기 때문에 책임소재를 명확히 하는 데도 도움이 된다. 인력현황을 검토함으로써 관리자는 사람들이 어떤 식으로 업무 공백을 메우고 있는지 추적할 수 있다. 만일 그 관리자가 하위 부서 가운데 상대적으로 인력이 모자라는 부서를 발견하게 되면, 고용 담당자가 직원 모집에 좀더 시간을 써야 할 필요가 있는 것인지, 아니면 신입사원 채용팀으로부터 좀더 지원을 받을 필요가 있는 것인지 등등을 조사해볼 수도 있다.

인력개발 관리자들은 모든 일상적인 인사변경 상황에 일일이 결재를 하는 것이 시간 활용의 최선책이 아님을 깨달았다. 그래서 그들은 일상적인 조치를 처리하는 동시에 인사 관련 문제의 경향을 분석하기 위한 자료까지 수집하는 전자도구를 개발했다. 또한 인력개발 부서의 수석 관리자는 「HeadTrax」의 감사(監査) 기능을 이용, 부결된 내용들을 검토하여 관리자들에게 인사 문제에 대한 추가 교육이 필요한지, 아니면 「HeadTrax」 응용프로그램에 추가 기능이 필요한지 등을 밝혀 주는 어떤 패턴을 찾아낼 수도 있다. 그리고 인력개발 부서에서는 다른 팀보다 이직률이 높은 팀이 있는지, 사람들이 조직을 떠나는 이유에 특정한 유형이 있는지 등을 분석할 수도 있다. 「HeadTrax」는 이렇게 경영자들을 위한 프로세스를 효율적으로 처리해줄 뿐만 아니라, 인사관리 담당자들이 자신들의 역할을 재정의할 수 있게 해준다. 전근율이나 이직률과 같은 통계자료를 즉각 볼 수 있게 해주는 기능이야말로 비용을 절감해주거나 시간을 절약시켜주는 것보다 훨씬 더 가치 있는 기능인 것이다.

어떤 프로세스이든 가장 기본적이고도 핵심적인 목표를 파악하는 것이 프로세스의 문제 해결을 시작하는 방법이다. 제조 프로세스이든 사내 업무 프로세스이든, 그 목적은 언제나 기본적인 종류의 단순화에 맞춰져야 한다. 즉, 최소한의 인원이 최소한의 업무 전달 체계에서 일하게 만들어야 한다는 의미이다. 서류 프로세스를 최적화하기란 참으로 어려운 문제이다. 서류 프로세스를 개선해서는 점진적인 효과를 얻을 수 있을 뿐이다. 반면, 디지털 기술은 이전의 서류 프로세스를 여러 가지로 변형하느라 애쓸 필요 없이, 보다 나은 비즈니스 프로세스를 개발할 수 있게 해준다. 비즈니스 프로세스의 실제적 개선책은 신중하게 생각해 낸 솔루션을 디지털 정보의 흐름과 결합시킬 때 비로소 얻을 수 있는 것이다.

디지털 프로세스를 이용해서 난제를 해결하라
(Using Digital Processes to Solve Tough Problems)

MS에서 가장 다루기 힘든 비즈니스 프로세스 중 하나는 임시직 근로자를 고용하고, 관리하며, 임금을 지급하는 문제이다.

제품 출시나 발매를 전후해서 일손이 가장 많이 달리는 프로젝트를 많이 취급하는 기업의 경우, 임시직 근로자를 적절히 관리하는 일은 상당히 중요하다. 우리 회사에서는 임시직 근로자들이 개발과 테스트에서부터 마케팅 및 행정 지원에 이르기까지 전 영역에 걸쳐 극에 달한 작업량을 덜게끔 해준다. 우리 회사에서 임시직 근로자를 쓸 때는 다음과 같은 다섯 개의 집단이 서로 조화롭게 움직일 필요가 있다. 1) 임시직 근로자들 자신, 2) 임시직 근로자들이 일하는 110개의 알선업체, 3) 임시직 근로자를 쓰는 여러 부서의 관리자들, 4) 임시직 알선업체와 우리 회사의 관계를 조율하고 임시직 근로자들의 시간제 임금을 산정하는 사내 임시직 근로자 담당 부서, 5) 임시직 근로자들에게 임금을 지불하는 사내 조달담당 부서.

　임시직 고용과 관련된 우리 회사의 업무 문제는 그야말로 다각적인 양태를 띠고 있었다. 문제는 단지 여러 알선업체 및 임시직 근로자들과의 용역 계약과 관련해서 방대한 서류작업이 필요했다는 것뿐만이 아니었다. 일관된 계약 프로세스를 유지하고, 적절한 시간제 임금에 합당한 사람을 구하고, 같은 사람들을 연속된 프로젝트에 너무 많이 쓰거나 한 프로젝트에 너무 많이 쓰지 않도록 하며, 필요한 사람들을 전임 직원으로 전환할 시기를 결정해야 하는 등 어려움이 한두 가지가 아니었다.

　우리 회사에서 몇 년 전에 마련한 고용방침에는 임시직 근로자의 고용에 대한 엄격한 지침이 마련되어 있었다. 그 방침에 따르면, 모든 임시직 근로자들은 알선업체를 통해 고용해야 하며, 어떤 임시직 근로자도 프로젝트를 모두 합해 최소한 31일 간의 비고용 기간을 거치지 않고서는 340일 이상 연속적으로 일할 수 없었다. 그러나 서류 프로세스를 가지고서는 관리자들이 그 지침에 따라 임시직 근로자들(대부분 우리 회사에서 처음 일하거나 새로운 역할을 맡는 사람들)과 계약을 하는지 확인하기가 어려웠다. 꼭 필요한 일을 처리해야 하는 경우, 우리 회사의 고용 담당자들의 일처리 성향에 비추어봤을 때, 각 부서의 요구를 만족시키면서도 실수를 방지하는 유일한 방법은 이 문제에 수많은 직원들을 투입하는 것뿐이었다. 이렇게 인력을 집중투하해야 하는 프로세스는 우리들 중 어느 누구에게도 만족을 주지 못했다.

　더욱이 서류를 이용한 프로세스는 수석 관리자들이 맡고 있는 예산

편성 문제도 해결해주지 못했다. 많은 관리자들이 임시직 근로자들을 고용했고, 또 임시직 근로자들은 종종 여러 프로젝트에서 일했기 때문에, 각 부서의 수석 관리자들은 일하고 있는 임시직 근로자들의 수는 물론이고 총 근무시간조차도 파악할 수 없었다. 따라서 임시직 근로자들에게 들어가는 비용을 일관성 있게 예측하기란 거의 불가능한 일이었다. 회계담당 부서에서 나오는 임시직 근로자들의 수, 근무시간, 그리고 비용에 대한 회계자료는 '일관되게' 늦거나, 그도 아니면 실제 근무시간이나 비용이 아닌 추정시간이나 추정비용에 대한 것들뿐이었다. 지급 액수 또한 달에 따라 급격히 증가하거나 급격히 떨어진 모습을 보였다.

처음에 우리는 회계담당 부서에 문제가 있다고 생각했지만, 자료를 분석해나감에 따라 회계담당 부서 역시 열악한 정보를 얻고 있다는 사실을 깨달았다. 우리 회사의 임금 지급 프로세스는 거의 제어가 되지 않고 있었던 것이다. 실제 관리자는 임시직 근로자들의 작업시간 기록표에 서명을 하고, 임시직 근로자들은 그것을 알선업체에 제출하며, 알선업체는 회사에 송장을 발송하고, 그 송장을 토대로 조달 부서에서 임금을 지급하는 방식으로, 여러 단계에서 서명을 함에도 불구하고 실질적으로 회계부서에서 관리할 부분이 없었다. 관리자는 송장에 나타난 시간당 임금이나 근무시간을 달리 확인할 방법이 없었다. 우리 회사 직원이 서명해 준 작업시간 기록표 없이도 알선업체에서 송장을 보낼 수 있었기 때문이다. 설령 관리자가 임시직 근로자들의 임금 인상에 동의한다 해도, 그 정보가 임시직 근로자들에게까지 반드시 전달되리라는 보장도 없었다. 또한 어느 한 프로젝트에서만 임시직 근로자에게 특별히 인상된 임금을 지급하기로 했는데, 다른 프로젝트에서까지도 그 인상된 임금이 그대로 적용되는 경우도 있었다. 한마디로 회사 입장에서는 임금이 이중 청구되어도 속수무책인 상황이었다.

사업팀에서는 한 발짝 뒤로 물러서서 처음부터 끝까지 전체 프로세스를 한눈에 바라보며, 디지털 정보를 이용해 이 복잡한 문제를 해결할 방도를 모색했다.

우선 관리자에게 임시직 근로자들을 고용할 권한을 부여하느냐 여

부가 문제로 떠올랐다. 서류처리 방식에서는 더 많은 인력이 필요하다
는 초기 결정을 반드시 경영진의 검토를 거치게 할 방법이 없었다. 일
단 임시직 근로자를 고용한다는 결정이 내려지면, 관리자들은 자기들
이 관련 사업지침을 따르고 있는지 여부도 제대로 알 수 없었다. 모르
는 것은 그것뿐만이 아니었다. 작업에 대한 예산은 마련되어 있는 것
인지, 시간외 근무를 시켜도 되는지도 알 수 없었고, 또한 고용 담당자
들조차 특정한 일의 적절한 시간당 임금이 얼마나 되는지, 어떤 자격
을 가진 사람들을 써야 하는지 알 방법이 없었다. 고용 담당자들이 이
미 특정한 사람을 염두에 두고 있지 않은 이상, 회사든, 알선업체의 임
시직 근로자이든, 또는 독립적인 도급업자이든 그들의 잠재적인 활용
가치를 알아내는 일은 쉽지 않았다. 우리에게는 적절한 예산에 맞춰서
채용에 드는 비용을 "숨김없이" 자동으로 계산할 방법이 필요했다.

　　우리는 새롭고 융통성 있는 소프트웨어 솔루션이 필요하다는 결론
을 내렸다. 새로운 소프트웨어가 해결해줘야 할 사항은 다음과 같았다.
먼저 임시직 근로자 각각에 대해, 계약서를 작성하고 서명했는지 확인
할 수 있어야 한다. 일단 계약서가 승인되면, 48시간 안에 그 사람의
카드 키, 전화, 그리고 네트워크 접속 아이디가 준비되어야 한다. 사용
자들은 대형 프로젝트를 준비할 때 흔히 일어나는 상황에 맞춰 동일한
요구사항을 유사한 경우들에 복합적으로 제시할 수 있어야 한다. 또
관리자들은 도급업자가 일하는 동안 시간당 임금, 근무시간, 구매 주
문서에 남아 있는 금액 등을 쉽게 확인할 수 있는 방법이 필요하다. 계
약만료 기한이 다가오면, 고용 담당자는 이를 자동으로 알 수 있어야
한다. 또한 관리자들에게는, 아직 예산이 남아 있고 임시 고용인이 연
속 340일을 초과해 근무하지 않았다는 전제하에서, 자동으로 근무기
한을 연장해주는 기능도 필요하다. 만료기한이 되면, 해당 임시직 근
로자에게 부여되었던 여러 가지 권한, 즉 네트워크, e-mail, 전화, 건
물 등에 대한 이용권이 회수되어야 한다.

　　또한 우리 회사의 새로운 프로세스는 업무를 지연시키지 않고도 변
경 사항을 지원할 수 있어야 했다. 만일 계약서가 준비되었을 때 승인
권을 가진 관리자가 자리에 없으면, 고용 담당자는 결재권을 가진 다

른 사람에게 그 승인을 요청할 수 있어야 했다. 일을 진행하는 동안 관리자가 바뀌거나 코스트 센터가 바뀌는 경우에는, 비용을 쉽게 재할당(割當)할 수 있어야 했다. 알선업체는 재량껏 소액의 임금 인상을 할 수는 있지만, 액수가 커질 경우에는 고용 담당자의 승인을 받아야 했다.

개별 시스템들을 통합할 것인가
(Deciding Whether to Centralize)

한 가지 방법은 이런 모든 요건을 처리할 거대하고 획일적인 응용프로그램, 즉 "하나의 거대한 응용프로그램"을 만드는 것이다. 우리 회사에서는 한때 이 방식에 따라 10여 개 이상의 사내 후생복지 조직들─도서관, 보안체계, 위락 시설, 구내 매점, 출장, 사내 신용카드 전담 부서 등─을 총괄하는 응용프로그램을 만들어 본 적이 있다. 이들 조직들이 일관되게 직원들의 요구를 따르고 대응할 수 있게 해주려는 의도였다. 그러나 결국 이 프로젝트는 우리 회사에서 파기한 몇 안 되는 프로젝트 중 하나가 되고 말았다. 다양한 팀들의 요구사항들이 그 수만큼이나 서로 달랐고, 각각의 업무 규정들이 하나의 응용프로그램으로는 처리할 수 없을 만큼 복잡했던 것이다.

우리는 그 시스템을 처음 의도한 대로 구축하기 위해 매우 많은 시간을 투자했다. 하지만 시스템이 완성될 무렵, 팀들의 요구사항은 또 달라져 있었다. 여기서 우리는 한 가지 중요한 교훈을 얻었다. 하나의 "중앙집중적인" 관점을 필요로 하는 기업 소프트웨어는 거의 없다는 것이었다. 이런 결론을 토대로, 우리는 각 팀으로 하여금 각자 자신들의 요구사항을 반영하는 시스템을 구축하게 했다. 솔루션의 규모를 '다운사이징' 함으로써, 복잡함을 거둬내고 개발시간을 단축한 셈이다. 오늘날 사내 후생복지팀들은 자신들만의 "요구"에 따른 응용프로그램을 구비하고, 그것을 서너 달에 한 번씩 개선해 나가고 있다. 이러한 응용프로그램 모두는 시간을 절약해주면서 훌륭한 서비스를 쉽게 제공할 수 있게 해주는, 종이 없는 프로세스의 좋은 예이다.

사내 응용프로그램인 경우에 우리는 되도록 개발주기를 짧게 잡고 있다. 시간을 너무 들이면 그 사이에 업무상의 필요가 바뀌어 그 동안의 노력을 헛되게 만드는 경우가 종종 있다. 보다 작고, 분산적인 프로세스들이 최상인 경우가 많다. 우리 회사의 회계보고 시스템과 같은 일부 응용프로그램들만이 중앙집중적인 방식을 필요로 한다. 우리는 내부적으로 계속 다른 비즈니스 솔루션 개발을 수행하면서, 제품개발팀의 구호, 즉 "출하 날짜를 맞추는 것도 기능이다"를 명심하며 각 팀과 프로젝트의 규모를 작게 유지해 왔다.

임시직 관리 문제를 보는 동안, 우리는 획일적인 접근방식을 피하려 했지만, 그렇다고 하나의 총체적인 비즈니스 솔루션을 생성하지 못한 채 따로 기능하는 대여섯 개의 분리된 응용프로그램들을 만드는 것으로 일을 끝내고 싶지도 않았다. 따라서 우리는 일련의 모듈 응용프로그램을 만드는 것으로 전략을 세웠다. 그리고 처음부터 디지털 데이터들을 상호 연결해준다는 아이디어로부터 출발해 설계에 들어갔다.

그렇게 탄생한 주요 도구들이 바로, MS 인트라넷상에서 운용되는 기업용 조달 프로그램인 「MS Market」, 인터넷 또는 "익스트라넷"상의 개인 웹 사이트로서 계약 알선업체 및 기타 다른 사람들이 전자적으로 송장을 제출할 수 있게 해주는 「MS Invoice」, 모든 백-엔드 재정 거래를 처리해주는 「SAP」 시스템 등이다. 우리는 이미 개발해 이용중이던 인사관리용 프로그램 「HeadTrax」를 이러한 디지털 도구들에 접속하는 사용자 인터페이스로 사용했다. 사용자는 그저 「HeadTrax」의 특정 부분을 클릭함으로써, 원하는 응용프로그램을 작동시킬 수 있는 것이다.

계약 프로세스는 「MS Market」의 디지털 조달 기능과 함께 시작된다. 「MS Market」에 대해서는 3장에서 자세히 설명한 바 있다. 임시직 근로자의 데이터를 생성하고, 그들을 고용 및 관리하는 단계는 「HeadTrax」가 이미 정규 직원 관리를 위해 제공하는 전자 제어단계와 매우 유사하다. 「MS Invoice」는 전자송장 제출기능을 제공하는 동시에 고용 담당자와 공급업체 모두 예산 범위 내에서 결정을 내리도록 돕는다. 각각의 송장을 보며 고용 담당자는 구매 주문서상의 잔여 금액에도 링크할 수 있다. 공급업체는 청구서 중 어느 것이 어떤 송장과 대응하는지 볼 수 있다. 공급업체가 구매 주문서의 잔여 금액보다 더 많은 액수를 요구하는 송장을 제출하려 하면, 그 송장 제출은 거부된다. 또 만일 공급업체가 임시직 근로자의 임금을 인상하려 하면, MS의 관리자가 버튼을 눌러 이를 승인하거나 거부할 수 있다.

빈틈없는 독자들은 어쩌면, 우리가 전자형식이든 아니든 왜 여전히 송장을 사용하는 것인지 의아하게 생각할지도 모르겠다. 제조산업의 선도적인 기업들이 송장을 완전히 없애버리는 추세이므로 그렇게 생각하는 것도 당연하다. 그 모범적인 예가 바로 포드가 부품 주문과정에서 송장을 없애버린 일이다. 수납계에 부품이 인도되면 담당자는 곧바로 자재 접수내역을 전자적으로 입력하고, 그러면 자동으로 공급업자에게 대금이 지급되는 식이다. 제조업체는 부품을 받고 공급업체는 대금을 받았으니, 도대체 디지털 방식이든 아니든 송장이 필요할 일이 없는 것이다.

우리 회사도 사실 비슷한 접근방식을 실험해보았다. 하지만 실제 상품이 아닌 서비스일 경우에는 여러 가지 차이점이 있다는 것을 발견했다. 제조업의 경우에는 각 품목에 부품번호가 따라다닌다. 따라서 품목에 따른 일대일 대응을 만들기가 쉽다. 그러나 "접수하는" 것이 물품이 아니라 어떤 프로젝트에 투입된 시간일 경우에는, 임시직 근로자 각각으로부터 나오는 시간을 가지고 일대일 관계를 만들기란 여간 어려운 일이 아니다. 설령 어찌어찌해서 전자적으로 결재를 해준다고 해도 이번에는 공급업체가 그 결재 내용을 특정 근로자와 특정 시간에 맞춰 역으로 추정하는 데 어려움이 따른다. 개별적인 관련 자료, 즉 송장 번호 없이는 말이다. 물론 우리는 송장 없이 임시직 근로자들에게 보수를 지급하는 방법을 계속 찾아봐야 한다. 우리에게 시급한 현안은 모든 정보를 쉽게 이용할 수 있도록 전면 디지털 방식으로 처리되는 임시직 근로자 프로세스를 만드는 일이다.

중요한 법칙 하나는 '잘못된 프로세스는 일 자체에 필요한 것보다 10배가 넘는 시간을 낭비하게 만든다'는 사실이다. 여러 저서들이 제시하고 있는 예들을 봐도, 리엔지니어링을 통해 어떻게 30일 걸리던 프로세스를 3일로 줄였는지, 어떻게 10일 걸리던 프로세스를 하루 만에 처리했는지 등 대부분 시간단축의 중요성을 역설하고 있는 것들이다. 좋은 프로세스는 시간 낭비를 없애주며, 정보기술은 남은 실제 작업이 처리되는 속도를 높여준다. 우리 회사의 새로운 임시직 근로자 관리 응용프로그램 역시 프로세스의 속도를 높여줄 것이다. 하지만 속도개선이 우리가 얻게 되는 가장 중요한 혜택은 아닐 것이다. 계약 절차를 간과하는 일을 개선하고, 모든 사람들이 고용지침 및 예산에 따라 행동하는지 확인하게 된 것이야말로 사업상의 큰 이득이 아닐 수 없다. 그리고 이보다 더욱 중요한 것은, 작업별로 성과를 평가할 수 있게 됨에 따라 이러한 임시직 근로자들과 보다 나은 관계를 유지할 수 있게 되었다는 점이다.

단계적 개선
(Improving Step by Step)

새로운 프로세스나 기술 솔루션이 구축되면, 여러분은 그것을 실험할 준비가 되어 있어야 한다. 새로운 프로세스나 응용프로그램에 대해 가능한 모든 새로운 생각이나 문제점을 예측할 수 있는 사람은 아무도 없다. 사람들은 개발자와 함께 정확히 어떤 점이 바르게 작용하고 어떤 부분이 그렇지 않은지 결정할 수 있게 될 때까지, 새로운 프로세스나 응용프로그램을 직접 사용해봐야 한다. 사용자들은 일단 응용프로그램에 숙달하고 나면 항상 그 응용프로그램의 기능을 확대할 새로운 방법을 떠올리게 마련이다. 「HeadTrax」가 정규 직원 관리에 어떤 기능을 하는지 파악하자마자, 우리는 그것이 임시직 근로자들을 관리할 수 있다는 것도 깨닫게 되었다. 「HeadTrax」가 인사처리를 얼마나 잘 해내는지 알게 되자마자, 연도별 인원변경을 비교하여 예산편성에 활용하기 위해 기록정보를 추적하는 기능을 추가할 수 있다는 것도 알게 되었다. 이 기능은 「HeadTrax」의 다음 버전에 포함될 것이다.

모든 리엔지니어링 프로젝트에서, 특히 기술과 관련된 프로젝트에서 "복잡성(complexity)"은 치명적 오류에 속한다. 《월스트리트 저널》의 한 기사에 따르면, 1996년 스탠디쉬 그룹 인터내셔널(Standish Group International)에서 360개 기업을 대상으로 조사한 결과, 기업 정보기술 프로젝트 중 42%가 중도에 포기되었다고 한다. 그 기사에 따르면, 그 원인은 대부분 프로젝트의 '복잡성' 때문이었고, 그로 인한 낭비는 "기절할 만한 액수"이며, "프로젝트가 커질수록 실패할 가능성과 손실비용 역시 커진다"고 덧붙였다.[3]

소요기간이 3~4개월밖에 되지 않는 프로젝트는 그만큼 실패할 가능성도 적어진다. 단기 프로젝트를 진행할 때는 중요 협정사항을 확정하지 않을 수 없게 되고, 그 협정사항은 여러분을 단순한 핵심 사안으로 이끌어준다. 결국 여러분은 실행 가능한 목표를 세우게 된다는 의미이다. 만일 그 단기 프로젝트들이 실패한다고 해도-실제 여러 가지 이유로 실패하는 경우도 있다-시간과 비용의 손실이 상대적으로 적음은 물론이다. 이는 심리적으로도 마찬가지이다. 이제 물거품이 된 프로젝트지만, 그 프로젝트에 1년 가까운 시간을 소모한 것도 아니므로, 개발팀을 철수시켜 새로운 일에 투입하는 데 심리적인 부담을 덜 느낄 것이라는 얘기이다.

총 소요기간이 몇 년 정도씩이나 되는 대규모 프로젝트도 체크포인트(checkpoint)를 명확하게 정함으로써 일련의 소규모 프로젝트들로 분리해 몇 단계로 나눌 수 있다. 이런 접근방식을 취하면 그 소규모 프로젝트들을 동시에 진행할 수 있을 뿐만 아니라, 한두 프로젝트가 지체되더라도 완성된 영역에서 먼저 디지털 프로세스를 이용함으로써 신속한 이익을 취할 수도 있다. 미국에서 다섯번째로 큰 소매점 체인인 데이턴 허드슨(Dayton Hudson)사는 보유하고 있는 1,100여 매장의 구매주기-품목을 주문하고 그 품목을 상점 진열대에 올릴 때까지 걸리는 시간-를 단축하고자 했다. 이 회사는 각 비즈니스 프로세스를

---

3. 버나드 위소키(Bernard Wysocki Jr.), "플러그를 뽑아라: 일부 기업, 비싼 컴퓨터로 실패, '디-엔지니어링'이라도 하는 듯(Pulling the Plug: Some Firms, Let Down by Costly Computers, Opt to 'De-Engineer')", 《월 스트리트 저널》 1998년 4월 30일.

개별적인 단계, 즉 디자인, 색상 및 원단 선별, 공급업체 선별 등으로 나누고, 각 단계를 신속하게 독립적으로 구현해냈다. 구현된 각 단계 의 디지털 프로세스들은 서로 연결되어, 국내 제품인 경우 각 매장— 데이턴(Dayton's), 허드슨(Hudson's), 타깃(Target), 머빈(Mervyn's), 그리고 마샬 필드(Marshal Field)—에서 25일씩 걸리던 구매주기를 10 일 이하로 줄여주었다.

일단 디지털 환경이 구축된 후 프로젝트를 착수하면 성공할 가능성 이 보다 커진다. 만일 여러분의 사업환경이 주로 종이서류에 의존하고 있다면, 새로운 디지털 응용프로그램이 있다 하더라도 일상적인 사업 활동에서 제외될 것이며, 그 응용프로그램의 학습곡선 또한 프로그램 자체에 문제가 많은 것처럼 보이게 될 것이다. 그렇지만 디지털 환경 에서는 모든 게 정반대이다. 새로운 응용프로그램은 신속하게 전파되 고, 다른 많은 응용프로그램에도 학습 효과를 미치게 된다. 정보기술 사용에 숙달된 근로자들은 새로운 응용프로그램의 효용성 문제에 관한 한 더 많은 요구를 하게 될 것이다. 일단 몇 가지 성공적인 응용프로그 램을 운용하게 되면 사람들은 이렇게 말할 것이다. "왜 인원관리 시스 템은 영업시스템 같지 않죠?", "왜 요약 데이터에서 상세 내역으로 넘 어가지 않는 건가요?", "저쪽 사람들에게 전자 경보를 보내는 편이 더 쉽단 생각이 들지 않나요?" 그들은 다른 응용프로그램이나 쉽게 접속 할 수 있는 웹 페이지를 지적해줄 것이며, 결국 여러분은 보다 완전한 솔루션을 얻게 될 것이다.

이미 보유하고 있는 정보기술을 잘 활용하면, 최저 비용으로 새로운 디지털 응용프로그램을 개발해 막대한 효과를 거둘 수 있다. e-mail은 이미 여러분의 필수적 통신수단이 되었다. 여러분은 이제 전세계의 정 보를 얻기 위해 월드 와이드 웹에 액세스해야 한다. 고객이나 협력업 체들에게 광고하기 위해서는 외부 웹 사이트가 필요하며, 기업정보를 공유하기 위해서는 내부 웹 사이트가 필요하다. 이제 모든 비즈니스 프로세스에 이런 기술들을 활용하기만 하면 된다. 이러한 정보기술과 이미 보유하고 있는 직원들의 노하우를 최대한으로 활용하길 바란다.

프로세스는 누가 주도하는가?
(Owning Process Change)

1998년에 열렸던 제 2회 최고경영자 회담에서, 우리는 최고경영자 (CEO)와 정보담당 수석이사(CIO)로 패널을 구성하여 사업적 필요와 정보기술의 '교차점'을 주제로 토론을 벌였다. 그날 패널리스트들에게 제기된 질문 가운데 하나는 이것이었다. 정보기술이 크게 실패하는 이유에는 어떤 것이 있습니까? 이에 대해 존슨&존슨의 최고경영자인 랄프 라슨(Ralph Larsen)은 "굉장한" 실패를 하는 가장 주된 이유가 경영자들이 대형 프로젝트를 정보기술팀이나 외부 컨설턴트에게 맡기고는 "너무 어렵다는 이유로 도망가버리기 때문"이라고 말했다. 랄스 라슨은 이렇게 말을 이었다.

"절대 그래서는 안 됩니다. 여러분이 보아온 모든 성공은 경영 일선에서 강력한 주체성을 갖고 있었기 때문에 이루어진 것이지, 정보기술팀의 주체성 덕분이 아닙니다. 경영 일선의 주체성이 정보기술팀의 강력한 지원과 결합해야 합니다. 프로젝트는 컨설턴트나 정보기술팀의 것은 아닙니다. 프로젝트는 다른 누구의 것도 아닌 경영자의 것입니다."

비즈니스팀과 정보기술팀 사이를 연결할 수 있는 사람이 감독하지 않는다면, 기술을 이용해서 비즈니스 프로세스를 리엔지니어링하는 것은 불가능한 일이다. 이 비즈니스 프로세스의 소유자가 반드시 최고경영자이거나 아니면 조직의 비즈니스 측면에서 가장 기술이 뛰어난 사람일 필요는 없다. 다만 사업적 필요가 무엇인지 이해하고, 실제 업무에서 기술이 어떻게 사용되는지 아는 사람이어야 한다. 그 사람은 또한 결정을 고수할 수 있을 만큼 조직에서 존경받는 인물이어야 한다. 아울러 그는 통찰력을 가지고 보다 새롭고 단순한 프로세스를 개발하는 동시에, 사업적 요건과 기술적 요건 사이의 '협정'을 조율할 수 있는 사람이어야 한다.

랄프 라슨의 대답은 패널에 참여한 정보담당 수석이사들로부터 강한 지지를 받았다. 알코아(Alcoa)의 정보담당 수석이사인 패트리셔 히

긴스(Patricia Higgins)는, 리엔지니어링 프로젝트 수행과정에서 예산이 당초 계획을 훨씬 초과한 경우는 경영진들이 그 프로젝트에 전혀 관여하지 않았을 때뿐이었다고 말했다.

"새로운 정보기술을 단순히 이전의 비즈니스 프로세스나 구식 정보기술 시스템을 대체한다는 관점에서 이용해서는 절대로 안 됩니다. 항상 사업의 우선순위가 무엇인지 자문하면서 프로세스를 검토하고, 보다 효율적으로 만들 기회를 포착해야 합니다."

여러 기업들에서 발견되듯이, 새로운 솔루션들의 부분으로서 프로세스들을 개선하지 않을 때 추가비용이 들어간다. 반드시 나중에 누군가를 데려와서 그 솔루션들을 리엔지니어링해야 되기 때문이다.

리엔지니어링 프로세스는 누가 주도해야 하는가? 오늘 가장 큰 어려움에 처해 있거나 내일의 이익에 가장 완벽하게 대비하려는 관리자라면 누구나, 프로세스를 지원하는 기술을 소유하고 새로운 프로세스 개발을 주도해야 한다.

비즈니스 교훈

□ 다양한 관점에서 비즈니스 프로세스 문제를 공략하고, 정보기술을 이용하여 이전에는 절대 불가능했던 효율적인 프로세스를 구축하라. 모든 프로세스를 정기적으로 재평가하라.

□ 최적의 정보 흐름을 전달해주는 프로세스를 재구성하면, 중요한 사업 문제를 해결할 수 있다.

□ 프로세스 문제는 "단순화"라는 문제로 요약된다. 최소한의 인원이 최소한의 업무 전달 체계에서 일하게 만들어야 한다.

□ 정보기술팀뿐만 아니라 경영자들도 정보기술 적용 프로세스에 대한 결정권을 가져야 한다.

□ 비효율적인 프로세스는 실제 작업에 소요되는 시간의 10배를 소모한다. 효과적인 프로세스는 시간 낭비를 없애며, 정보기술은 실질적인 작업에 소요되는 시간을 단축시킨다.

□ 리엔지니어링 프로젝트, 그 중에서도 특히 정보기술과 관련된 프로젝트에 있어서 "복잡성"은 치명적 요소에 속한다.

디지털 신경망의 진단

□ 귀사의 디지털 시스템은 최초의 솔루션을 신속하게 배치하고, 시간이 지남에 따라 다른 개발 사항들을 단계별로 추가하는 것을 가능하게 하는가? 모든 고용인들이 상황을 추적하기 쉽게 만드는가? 사업상의 대책을 취할 수 있도록 트렌드를 손쉽게 파악하게 하는가?

□ 몇 개의 독립적인 소규모 프로세스들로 하나의 대형 프로세스를 구축하고, 그것들을 연결해 효율적인 시스템을 창출할 수 있는가?

□ 처음부터 끝까지 프로세스 전반을 단순화하기 위해 디지털 정보의 흐름을 이용하고 있는가?

□ 처음부터 디지털 데이터를 교환할 수 있도록 설계된 소규모의 모듈 솔루션들을 만들어 개발주기가 장기화되는 것을 피할 수 있는가?

제 18 장

정보기술을 전략적 자원으로 다루어라
(Treat IT as a Strategic Resource)

> 지금까지 정보기술은 단순히 자료를 수집하는 수단으로 취급되었을
> 뿐, 정보 제공원으로 여겨지지는 못했다. 따라서 사업과 관련된 다양
> 한 의문과 전략을 제공하는 것으로 여겨질 수 없었음은 물론이다. 경
> 영진들은 자신의 고유업무와 관련된 정보를 제공하지 않는다는 이유
> 만으로 새로운 정보기술을 멀리해 왔다.
>
> — 피터 드러커

정보의 취급이 사업의 핵심적인 요소이므로, 최고경영자들은 다른 중요한 사업 기능에 관여하는 것과 마찬가지로 정보기술에도 관여해야 한다. 그러나 많은 최고경영자들이 정보기술에 거리를 두고 있다. 사람들은 종종 정보시스템을 너무 복잡하고 다루기 어려운 것이라고 여긴다. 정보기술을 사업 전략과 연관짓는 것을 불가능한 문제처럼 보기도 한다. 또 그에 대한 토의는 언제나 수많은 약어(略語) 속에서 헤어나지 못한다. 그러나 정보담당 이사들이 어떤 식으로 말하든 그들이 진정으로 전달하려는 내용은 모두 일치한다. 그건 옛날 시스템이 너무 복잡하고, 너무 고가이며, 새로운 요구나 변화하는 요구에 대응하기에 충분한 융통성을 갖추지 못했다는 것이다.

지난 2,3년간의 기술 변화로, 이제 최고경영자들은 기업의 기술에 대해 방향전환을 시도할 기회를 맞이했다. 그러나 이 방향전환은 최고

경영자에게 다음의 세 가지 사항을 요구한다. 우선 최고경영자가 정보기술을 직원들의 역량을 최대한 활용하게 해주는 전략적 자원으로 간주해야 한다. 정보기술을 단지 코스트 센터로 인식해서는 안 되는 것이다. 두번째로 최고경영자는 기술에 대해 충분히 배워야 한다. 정보담당 이사들에게 좀더 좋은 질문, 대답하기 어려운 질문을 할 수 있고, 대답을 들었을 때 그것이 좋은 대답인지 구분할 수 있을 정도로 충분히 말이다. 이 관점에서 정보기술은 영업이나 회계, 제조와 다를 바가 없다. 세번째로, 최고경영자는 정보담당 이사를 경영 회의 및 전략 회의에 참여시켜야 한다. 정보담당 이사가 사업영역에서 제외된다면, 정보기술 전략을 사업전략과 병행하는 것은 불가능하다.

최고경영자들의 정보기술에 대한 지식은 그야말로 천차만별이다. 재향군인 관리국에 소프트웨어를 작성해주는 일로 경력을 쌓기 시작한 알코아(Alcoa)의 최고경영자인 폴 오닐(Paul O'Neil)에서부터, 대부분의 CEO와 마찬가지로 기술에 대한 배경 지식이 전무(全無)한 존슨&존슨의 랄프 라슨에 이르기까지 그 수준이 각양각색인 것이다. 기술적 경력이 탄탄한 폴 오닐은 정보기술을 두려워해야 할 필요가 없었다. 그는 처음부터 한 기업의 정보시스템은 전체적으로 다루어져야 한다는 것을 알고 있었다. 한편 정보기술에 대해 문외한이었던 랄프는 정보기술에 대해 배우기로 결심했다. 그는 2년 동안 주말마다 혼자서 여러 가지 소프트웨어 사용법을 익혔다. 그는 자신이 정보기술을 좀더 잘 이해하지 못하면, 존슨&존슨이 운영하는 55개국 180여 자회사들에 정보시스템을 표준화해야 한다고 납득시키는 데 필요한 신뢰를 얻을 수 없다는 것을 잘 알고 있었다. 1980년대 후반만 해도, 랄프 라슨과 존슨&존슨의 다른 중역들은 서류더미 속에 파묻혀 있었다. 정보가 아니라 그야말로 종이더미였다. 랄프 라슨은 '정보'가 필요한 경우에는 회계부서에 특별보고서를 작성하라고 지시해야 했다. 이후 랄프 라슨과 존슨&존슨은, 회사가 경쟁에서 살아남으려면 일단(一團)의 공동 시스템이 절대적으로 필요하다는 점을 모든 사람들에게 납득시키기 위해 힘든 과정을 겪어야 했다.

마침내 새로운 시스템이 가동되었을 때, 랄프 라슨은 한 중역에게 달려가 이렇게 물었다.

"내가 보낸 메모를 받았소?"

중역이 받지 못했다고 말하자 랄프 라센이 이렇게 말했다.

"내가 e-mail을 보냈는데……."

"저, 전 컴퓨터를 안 씁니다만."

그러자 랄프 라센이 말했다.

"그렇다면 다시는 내 말을 듣지 못하게 될거요. 이제부터 나는 e-mail을 써서 중역들과 서면으로만 연락을 취하기로 했으니까."

바로 다음 날 그 중역은 책상 위에 컴퓨터를 들여놓았다.

보잉의 수석 행정사무관인 존 워너(John Warner) 역시 상부에서 정보화를 선도하는 전략을 썼다. 보잉에서 새로운 e-mail 시스템을 처음 사용하기 시작한 네 사람은 차례로 최고경영자, 두 사람의 사장, 그리고 존 워너였다. 존 워너는 중역들이 e-mail 시스템을 이용하면 사내 다른 모든 사람들도 앞다투어 그 시스템을 이용할 것이라는 사실을 알고 있었다. 처음에 보잉은 e-mail이 전략적으로 중요한 역할을 하는 데는 몇 년 정도 걸릴 것이라고 생각했다. 하지만 e-mail 시스템이 설치되고 불과 두세 달 후, 이 회사는 그 생각이 틀렸다는 것을 알았다. 1996년, 시애틀에 있는 중역 한 명이 큰 계약을 마무리짓기 위해 유럽의 영업팀과 조정을 하느라 애쓰고 있는 동안에, 시설 유지·보수를 담당한 근로자들이 실수로 e-mail 서버에 연결되는 전원선을 끊은 적이 있었다. 하필 그런 일이 있고 바로 미국의 추수감사절 휴가가 시작되는 바람에, 원인을 밝히고 다시 선을 연결하는 데 며칠이 걸렸다. 어쨌든 보잉은 뒤늦게나마 계약을 체결하긴 했지만, 그 일로 보잉은 다른 주요 비즈니스 시스템과 마찬가지로 e-mail 시스템에도 백업 및 지원시스템을 설치하게 되었다.

지금까지 살펴본 실례들의 핵심은, 최고경영자들이 다른 중요한 사업에 있어 주도권을 쥐고 이끌어 나가듯이, 기술의 전략적인 중요성 역시 자각해야 한다는 것이다. 그들이 정보기술의 전문가가 될 필요는 없다. 사실, 정보와 관련해 너무 많은 '약어'들을 알게 되면 기술의 어느 한 측면에 잘못 치중하게 되는 수도 있다. 기술이 어떻게 여러분의

사업을 도와줄 수 있는지 알기 위해서는, 컴퓨터에 대한 기본적인 지
식만 가지고 시작하면 된다. 그런 지식을 어떻게 얻는가 하는 문제도
그리 중요하지 않다. 내가 아는 어떤 중역은 매주 컨설턴트를 불러서
기술에 대해 자신이 알 필요가 있는 것들을 하나하나 배워나간다. 또
다른 방법은 여러분의 정보담당 이사와 좋은 관계를 유지하는 것이다.

정보담당 이사들이 사업을 생각하게 하라
(Getting CIOs to Think of Business)

　　패트리샤 히긴스(Patricia Higgins)가 알코아의 정보담당 이사직을
제의받았을 때, 그리고 조안 하이젠(JoAnn Heisen)이 존슨&존슨으
로부터 마찬가지 제의를 받았을 때, 두 여성 모두 처음 보인 반응은
'거절'이었다. 그들은 모두 정보기술이 그저 "뒷방"에 앉아서 다른 이
들을 지원만 하는, 사업으로는 통합되지 않는 부문이라고 생각하고 있
었다. 패트리셔 히긴스는 통신 회사들을 거치며 사업상의 역할을 다양
하게 맡은 바 있었다. 마지막으로 맡았던 일은 유니시스(Unisys)의 통
신부문 담당 사장이었다. 조안 하이젠은 수년간 존슨&존슨의 재무관
리와 기획조정을 맡아온 상태였다. 그녀가 정보기술 부서와 유일하게
교류했던 것은 정보기술 부서의 지출요청을 받고, 그 사업적 타당성에
이의를 제기했던 것뿐이었다. 조안은 랄프에게 이렇게 물었다. "절 어
떻게 하시려는 건가요? 'CIO'가 설마 '경력은 끝났다(Career Is Over)'
의 약자는 아니겠죠?"

　　그러나 이 두 여성은, 자신의 최고경영자들이 정보담당 이사의 역할
에 사업적인 안목을 불어넣기 원하고, 또한 그 역할을 재정의하고 싶
어한다는 것을 확신하게 되었다. 정보담당 이사의 역할을 경영인에게
맡긴다는 이런 접근방식은 점차 확산되고 있는 추세이다. 패트리셔 히
긴스는 사업팀들의 "고문이자 코치"가 되었다. 즉 회사의 매출과 수익
을 지속적으로 증대하기 위해서는 정보를 전략적 자원으로서 어떻게
이용해야 하는지를 그들에게 알려주는 역할을 맡은 것이다. 조안 하

이젠은 랄프 라슨이 생각하기에, 존슨&존슨의 "철저히 분리되어 있는" 사업 분야와 정보기술 분야를 이어주는 가교 역할을 할 수 있는 적임자였다. 랄프는 그 역할에 대해 이렇게 말한다.

"사업 부문의 관리자들은 정보기술이 제공하는 서비스의 수준에 실망을 느끼고 있었으며, 기술을 담당한 사람들은 자신들이 제대로 대우받지 못하며 무시당하고 있다고 느꼈습니다. 나에게는 그 두 부류 모두와 말이 통할 사람이 필요했지요."

처음에 조안은 기술에 대해 배우는 것이 자신이 해야 할 바라고 생각했다. 그러나 그녀는 곧 정보기술팀 사람들이 사업에 대해 이해할 필요가 있다는 것을 깨달았다. 그것을 깨달은 조안은 설명회를 열기 시작해 회사가 안고 있는 사업 문제에 대해 설명했고, 그 문제들을 해결하는 데 기술이 어떻게 도움이 될 것인가에 대해 기술팀은 전문 용어를 사용하지 말고 단순하게 설명해야 한다고 주장했다. 존슨&존슨에서 "걸어다니는 보고서"라고 불리기도 하는 조안은 정보기술 담당자들에게 사업적인 문제와 사업목표, 의료업계의 변화, 그리고 존슨&존슨의 유통 경로를 따라 움직이는 제품들에 관한 내용을 명확하게 이해시켰다. 그리고 그녀는 정보기술팀에 다음과 같이 요구했다. 정보기술팀은 현재 기업이 기울이고 있는 노력을 어떻게 지원할 수 있으며, 미래의 매출 신장에 어떻게 기여할 수 있는가? 이런 대화는 존슨&존슨에서 정보기술팀이 맡은 역할을 다시 정의하는 첫번째 중요한 단계였다.

정보담당 이사가 항상 최고경영자를 가까이 접할 수 있는 것은 아니었기 때문에, 오늘날 일부 정보담당 이사들은 자신들이 최고경영자들에게 직접 보고를 해야 한다고 주장한다. 반드시 그렇게 할 필요는 없지만, 중요한 것은 경영진이 어떻게 구성되어 있든간에 기술팀의 수석 관리자와 사업팀의 수석 관리자간의 업무 관계는 긴밀히 유지되어야 하고, 동시에 최고경영자가 그들의 토의에 관여해야 한다는 것이다.

알코아와 존슨&존슨에서, 정보담당 이사는 최고경영위원회에 참석하며, 자회사의 정보담당 이사들은 소속 회사의 경영위원회에 참석한다. 숙박업, 여행업, 그리고 서비스 마케팅업의 세계적인 선도업체인 칼슨(Carlson Company)은 정보담당 이사를 전략기획위원회, 중역

회의, 그리고 자본집행회의에 참석시킨다. 칼슨은 정기적으로, 사업기획팀 수석과 여러 부서의 수석 기술 담당자들이 회담하는 정보기술 자문회의를 소집한다. 이 회사는 또한 1년에 두 번씩 본사에서 정규 회의를 개최하며, 그 자리에서 최고경영자와 다른 중역들이 750명에 달하는 정보기술팀 전원에게 사업전략에 대해 알리고, 그 사업전략이 정보기술에 시사하는 바를 설명한다. 그리고 기술팀의 간부들은 1년에 두 번씩 따로 모여서 사업 목표를 지원해주는 최고의 실무 방식을 서로 교환한다.

그러나 만일 여러분 회사가 정보기술 이사가 회계담당 이사에게 보고하는 체계라면, 나는 여러분에게 조직을 다시 한 번 살펴보라고 권하고 싶다. 정보기술팀이 회계팀에게 보고하게 되면, 정보기술이 일반 경비 항목에 들어가는 것처럼 보이게 되기 쉽고, 그런 경우 경비절감에 초점이 맞춰질 수 있기 때문이다. 정보기술은 사업의 새로운 가능성을 창출한다는 관점으로 이해될 필요가 있으며, 따라서 정보기술에 관한 보고 또한 사업적인 측면에서 이루어져야 한다. 물론 사업을 이해하는 회계담당 이사라면, 정보담당 이사가 회계담당 이사에게 보고하는 방식이 해가 되지 않을 수도 있다. 하지만 그렇지 않다면, 조직을 달리 조정하는 것이 좋을 것이다. 참고로, MS에서는 정보담당 이사와 회계담당 이사 모두 사업운영 담당 이사인 밥 허볼드(Bob Herbold)에게 보고를 한다. 밥 허볼드는 사업 및 정보 두 가지 분야에서 다년간 쌓은 경험으로 회사에 기여하고 있는 인물이다.

MS 창립 이래로, 나는 사업적인 문제를 해결하려 할 때 항상 인력을 투입하기 전에 기술을 먼저 적용해왔다. 정보기술과 사업목표의 통합은 중역들—스티브 발머, 밥 허볼드, 제프 레이크 등—이 사업 및 마케팅, 영업을 기획하면서 시작된다. 계획안이 검토되면, MS의 정보담당 이사인 존 코너스(John Connors)가 초기 정보기술 계획을 작성한다. 존은 밥 허볼드, 경영일선의 부사장들, 그리고 존 자신이 데리고 있는 정보기술 수석들과 일련의 회의를 거치면서 계획안을 다듬는다. 이런 과정을 통해 모든 기술적인 세부계획과 재정적인 비용이 감안되면, 그 계획안은 다시 스티브 발머에게 올려져 검토되고, 그후 최종 합의된 계획안이 내게 오는 것이다.

　우리 회사의 모든 사업 단위는 물론이고, 정보기술팀에 대한 연례 계획안이 매년 중반기에 위와 같은 절차를 거쳐 개정된다. 또한 존 코너스는 1년에 네 차례 중역위원회와 만나 중요 문제를 의논한다. '98 회계연도의 주요 주제는 다음과 같았다. 1) 회사의 인터넷 자산을 이루는 모든 기술적인 시스템들의 전략적 합병, 2) 회사의 물리적인 네트워크 인프라스트럭처에 대한 장기 전략 수립, 3) 주요 제품들의 가용성과 신뢰도 개선, 4) 대규모 기업 환경에서 회사의 핵심적인 시스템 제품들이 갖는 강점과 약점.

　우리의 기업용 제품에 대해 존이 제안하는 개선 방안은, 그가 맡은 업무의 또 다른 고충으로부터 나온다. 그는 우리가 개발한 소프트웨어 제품들이 출시되기 전에 반드시 먼저 사용해봐야 하는 것이다. 존은 우리 회사의 거대한 정보기술 환경을 실질적인 실험실로 사용하는 일을 책임지고 있는 셈이다. 우리는 이런 방식을 "개밥 먹어보기(eating your own dogfood)"라고 부른다. 고상한 표현은 아니지만, 심각한 일치고는 다정다감한 이름이다. 이런 식의 실험을 거치는 이유는 간단하다. 만약 우리가 우리 기술을 써서 우리 사업을 운용할 수 없다면, 고객들에게 그걸 권할 수 없는 것은 당연한 일 아니겠는가. 예를 들어, 「MS Exchange」를 출시하기 전, 이 제품에 대해 우리가 설정한 요건은 1만 4천여 명의 직원들이 사용하는 우리 회사 내부의 e-mail 시스템에서 먼저 그 편리성이 입증되어야 한다는 것이었다.

　시험 버전을 먼저 이용해 보라는 이 요구 사항은－경영진 대부분이 존보다 기술에 대해 더 많이 안다는 사실과 더불어－우리 회사 정보담당 이사에게는 독특한 '도전'이 아닐 수 없다. 존은 아마도 다른 회사의 정보담당 이사들보다 더 많은 정보자원을 확보하고 있겠지만, 그가 하는 일을 어깨 너머로 들여다보는 사람 또한 남들보다 많이 두고 있는 게 사실이다. 그의 업무에 대해 사람들이 갖고 있는 기대치가 그만큼 높은 것이다.

　물론 정보담당 이사란 일은 쉬운 것이 아니다. 정보담당 이사직은 못하면 가차없이 "F"를 받고, 잘해봐야 "C"를 받는 일이다. 겨우 "어차피 되게 되어 있는 일 아냐? 안 그래?"하는 말이나 듣게 된다는 얘기이다. 한번은, 특히 어려웠던 정보기술 검토회의가 끝난 후, 존은 집에 돌아가 아내에게 힘든 마음을 토로한 적이 있다고 한다.

"아내는 내 일이 마치 헨리 포드 밑에서 자동차 부품 설계를 돕는 것과 같다고 말하더군요. 내가 제품 만드는 사람들에게 들려주는 피드백이 전세계 고객들에게 더 나은 생활을 할 수 있도록 해준다나요. 아내는 내가 정말 재미있는 일을 하고 있다는 것, 그리고 내가 스스로 그 일을 택했다는 것을 일깨워주었습니다."

우리 회사가 지난 몇 년간 인터넷을 포함하는 방향으로 사업전략을 전환함에 따라, 존은 회사의 정보기술 자원을 새로운 사업전략에 맞게 재배치하였다. 그가 최고 우선순위를 둔 작업은, 협력업체와 고객을 위한 통신 수단으로 인터넷을 활용하는 데 필요한 응용프로그램을 개발하고, 고객과 협력업체들, 그리고 전세계 직원들로부터 들어오는 네트워크 소통량을 처리할 대역폭을 확장하는 것이었다.

수년 동안 우리 회사에서는 실제로, 사업 부문과 정보기술 부문 사이의 업무가 단절된 적이 거의 없었다. 그런 일이 일어난 경우는 대개, 한 부서 사람들이 프로그램에 대한 정보기술상의 요건을 이해하지 못한 상태에서 앞질러 나간 결과였다. 예를 들면, 정보기술팀에 확인도 하지 않고 제품출시 날짜를 발표했던 경우이다. 두 부서간에 손발이 맞지 않은 결과로, 우리는 하는 수 없이 구성요소를 조화롭게 갖추지 못한(컴퓨터에서는 이런 것을 "클루지(kludgy)"하다고 한다) 기술적 솔루션을 이용해서 온라인 인가 프로그램의 출시일을 맞추는 수밖에 없었다. 그 동안 정보기술팀은 다음 출시를 위해 시스템을 제대로 설계하는 한편, 그 솔루션을 조합해야 했음은 물론이다. 때로는 고객들과 시장으로부터의 압력 때문에 이와 동일한 딜레마에 빠지는 경우도 있다. 사용자들이 웹을 통해 손쉽게 개정판 및 소프트웨어 수정판(패치)을 구할 수 있게 해주는「Windows Update」라는 서비스를 준비할 때의 일이다.「Windows Update」는 "7×24 가용성", 다시 말해 하루 24시간 1주일 내내 제공될 수 있어야 했는데, 고객들의 성화가 빗발치는 바람에 그 서비스를 준비할 기간이 상대적으로 매우 짧았던 것이다.

다행히 1998년까지 존의 팀이 우리의 다른 인터넷 사이트를 위해 "7 ×24" 프로젝트를 충분히 실행에 옮겨봤던 터라,「Windows Update」 서비스를 시작할 무렵 이미 존의 팀은 마무리 작업을 제시간에 해낼 만한 전문적인 기술을 갖추고 있었다.

훌륭한 정보기술팀이라면 당연히 때때로 발생하는 예기치 못한 프로젝트도 처리할 수 있어야 하겠지만, 그래도 최고경영자는 지도력을 발휘해서 정보기술팀이 그러한 프로젝트를 맞았을 때 당황하지 않도록 해주어야 한다. 최고경영자는 매년 모든 중역들이 정보기술팀이 수행할 5~8개 정도의 우선 사안에 합의하게 하고, 그러한 사안들을 수행하기 위해 다른 프로젝트들에 취하는 균형을 이해하게 만들어야 한다. 최고경영자는 정보기술이 갖는 기능에 대해 가급적 많이 알아야, 긴급한 프로젝트가 갑자기 튀어나왔을 때 그 프로젝트와 다른 프로젝트들 사이에 올바른 균형을 잡아줄 수 있다. 최고경영자가 우선순위를 정해주지 않으면, 정보담당 이사와 정보기술팀은 너무 많은 일을 하려고 애쓰게 될 것이다. 결국 그들은 뭐 하나 제대로 마무리하지 못한 채 끝나게 될테고.

책임은 책임자에게
(Placing the Responsibility Where It Belongs)

어떤 컴퓨터 인프라스트럭처이든지 초기 비용은 높게 마련이다. 정보기술은 기업의 비용 구성에서 큰 부분을 차지하고 있으며, 앞으로도 그럴 것이다. 정보기술이 전체 설비투자 지출비용에서 차지하는 비중은 약 30년 전의 5%에서 출발하여 계속 증가해 왔으며, 2000년에는 50%선을 넘을 것이다. 보험이나 증권 중개와 같은 일부 산업에서는, 사용중인 모든 설비들의 비용 중 80% 이상을 정보기술이 차지한다. 기업이 성공하려면 이런 투자를 최대한으로 이용해야 한다. 흔히 컴퓨터 인프라스트럭처 투자비용을 확보하는 일은 정보담당 이사의 책임이라고 생각하지만, 그런 책임은 잘못 지워진 것이다. 컴퓨터 인프라스

트럭처는 회사의 모든 사업 기능에 혜택을 주는 시설이므로, 정보기술
투자비용에 대한 책임은 궁극적으로 최고경영자에게 있는 것이다. 정
보담당 이사는 최고경영자에게 조언을 할 책임이 있고, 일단 결정이
내려지면 그 인프라스트럭처를 구현하며, 그 위에 비즈니스 응용프로
그램을 구축할 책임이 있는 것이다. 또한 정보담당 이사는 실무 기술
진까지 내려가서 그들이 사업을 이해하고, 배우고, 생각하도록 촉구하
며, 그들이 사업 요건을 지원할 수 있도록 조절해야 할 책임이 있다.
그러나 정보담당 이사가 사업에 관한 지식에 깊숙이 관여하고 있어야
만 비로소 그 지식들이 정보기술 실무진에게 전달될 수 있는 것이다.

　정보기술 담당자들이 사업적인 현안을 "접하지" 못한다거나, 최고경
영자가 중요한 의사결정 과정에 정보담당 이사를 참여시키지 않는다
면, 그것은 전적으로 최고경영자의 잘못이다. 반면에 최고경영자가 정
보담당 이사를 사업전략 수립에 참가시켰음에도 불구하고 정보기술 실
무진이 사업적인 현안을 "접하지" 못한다면, 그것은 정보담당 이사의
잘못이다. 아마 이런 상황 때문에 정보담당 이사직을 두고 때로는 경
력의 끝이라고 부르고, 때로는 최고경영자로 오르는 디딤돌이라고 부
르는 모양이다. 사업적 요구에 맞게 기술을 적용할 수 있는 사람은 회
사에 더할 나위 없이 귀중한 존재이지만, 그렇지 못한 사람은 그다지
도움이 안 되는 것이다.

　필요한 것은 현대적인 디지털 인프라스트럭처를 구축하는 것이다.
최고경영자는 때때로, 한결같이 기술에 관한 의사결정을 별개의 것으
로 생각하는 데 익숙해져 있고, 늘 자신들의 필요사항은 "다르다"고 말
하는 부서장이나 자회사 사장들에 맞서야 한다. 이 분야에 대해서는
대형 컨설팅 회사들의 조언을 받을 수도 있다. 또 우리 회사가 「IT Ad-
visor」라는 응용프로그램으로 구현한 방법론을 이용할 수도 있다. 이
응용프로그램은 경영진이 자사의 정보기술 상황을 제대로 평가해 "정
보기술의 심연"을 피해가거나 빠져나가도록 돕는다. "정보기술의 심
연"에 빠진 기업은 정보기술 비용이 급격히 증가하고, 유지관리 비용
이 비정상적으로 많이 들며, 시스템의 복잡성이 치솟고, 새로운 개발
을 해도 거의 소득이 없는 현상을 겪게 된다.

　맥킨지(McKinsey & Company)사의 연구를 토대로 한 「IT Advisor」
는 69가지 평가 기준을 기초로 기업들이 현재 정보기술 자산과 정보기
술 관리 프로세스, 그리고 정보기술 사업성과를 평가하도록 도와준다.
「IT Advisor」를 사용함으로써 기업들은 정보기술의 효율성이라는 관
점에서 볼 때, 기업이 현재 어떤 상황에 놓여있는지 알 수 있으며, 정
보기술의 심연에서 벗어나기 위해, 필요하다면 어디에 힘을 집중해야
하는지도 알 수 있다. 그 목표는 정보기술의 정상에 오르는 데 있다.
다시 말해서 굳건하고도 융통성 있는 인프라스트럭처를 구축하고, 정
보기술 비용과 정보기술 조직을 비즈니스 솔루션을 얻는 데 투입하며,
우수한 업무용 응용프로그램을 획득하는 데 있는 것이다. 만일 오늘날
여러분의 기업이 어떤 위치에 놓여 있는지 신속하게 알고 싶다면, 이
책의 웹 사이트, www.Speed-of-Thought.com에서 대화식 「IT Advisor」
를 한번 찾아보기 바란다.

　기업의 인프라스트럭처를 평가하는 또 다른 방법은, 컴퓨터 구입 ·
관리 및 지원담당 부서 운영, 그리고 연구소의 정보기술 응용프로그램
을 운영에 소모하는 정보기술 자원의 비율을 살펴보는 것이다. 만일
정보기술 자원 중 1/3 이상이 이러한 일상적인 작업에 투입된다면, 기
업의 정보기술이 비효율적으로 운용되고 있는 것이며, 아마도 그 대부
분의 이유는 여러분의 인프라스트럭처가 지나치게 복잡하기 때문일 것
이다. 호주의 사우스오스트레일리아주에서는 대민 봉사를 어떻게 개선
할 것인가를 연구하던 중, 정보기술 자원의 55%를 행정관리에 사용하
고 있다는 사실을 밝혀냈다. 이에 비해 효율적인 정보기술 조직을 갖
춘 기업들의 경우에는 일상적인 일에 사용하는 정보기술 자원 비율이
30%에 지나지 않는다. 사우스오스트레일리아주에서는 좀더 효율적으
로 인프라스트럭처를 구축할 경우 정보기술 자원의 25% 이상을 절감
할 수 있다는 것을 알았다. 그렇게 절감된 자원은 보다 나은 대민 봉사
를 위한 솔루션을 개발하는 데 사용할 수 있었다. 사우스오스트레일리
아주에서는 PC 인프라스트럭처로 이전했고, 메시지 플랫폼을 표준화
했으며, 비용을 적절히 유지하기 위해 이에 대한 유지 · 보수를 고정
입찰 방식으로 외부에 위탁했다.

　칼슨(Carlson)사 역시 기존의 응용프로그램들의 유지·보수를 외부
에 위탁하는 데 있어 위와 유사한 경로를 밟았다. 사우스오스트레일리
아주와 마찬가지로 칼슨도 내부 직원들을 일상 업무로부터 자유롭게
하여, 새로운 비즈니스 솔루션을 개발하는 쪽에 전념할 수 있도록 만
들고자 했다. 물론 기업들마다 처한 상황이 조금씩 다르기는 하다. 존
슨&존슨은 자체 연구조사에 의해, 자사가 외부 업체에 비해 보다 효율
적으로 메인프레임을 유지·보수하고 있음을 밝혀냈다. 존슨&존슨은
시스템 유지·보수를 외부에 위탁할 필요가 없었다.
　이러한 예로 알 수 있듯이, 외부 위탁은 기업의 전문기술이나 핵심
개발 사안이 아닌 분야에서 외부 기업이 탁월한 기술을 제공할 수 있을
때 유효하다. 그렇지만 나는 전략적 응용프로그램의 개발을 외부에 위
탁하는 것은 권하지 않는다. 일전에 나는 정보기술에 관련된 모든 개
발 프로젝트를 외부에 위탁하려는 어느 기업의 담당자들과 얘기를 나
눈 적이 있었다. 나는 그들에게 모든 것을 외부에 위탁하고 나면 도대
체 그들의 사업영역에서 무엇이 남느냐고 물었다. 위탁을 받은 회사의
작업 결과가 형편없다거나, 혹은 프로젝트를 수행하는 도중에 그만둬
버린다면 어떻게 한단 말인가?
　물론 정보기술에 드는 비용은 면밀히 검토되어야 한다. 그러나 기업
의 인프라스트럭처는 궁극적으로 그것이 안겨주는 사업적인 가치의 관
점에서 평가되어야 한다. 어차피 쓸 돈이라면, 단순히 시스템을 유지
하는 데보다는 새로운 솔루션을 개발하는 쪽에 투자하는 것이 낫지 않
겠는가? 효율적인 인프라스트럭처는 고정비를 줄여주겠지만, 최고경
영자의 입장에서는 인프라스트럭처가 절감해주는 비용보다는 인프라
스트럭처가 해줄 수 있는 일이 무엇인가에 관해 끊임없이 의문을 제기
해야 한다. 이것은 무엇을 강조하느냐에 관한 문제이다. 기업은 매년
일상적인 기능을 수행하는 데 지출되는 정보기술 자원의 비중을 줄여
나가는 동시에, 새로운 비즈니스 솔루션을 개발하는 데에 보다 많은
정보기술 자원을 투입하기 위해 애써야 한다.
　프로젝트 비용을 검토할 때는, 인프라스트럭처 개발에 들 비용을,
그 위에서 운용될 최초의 응용프로그램 개발에 할당하는 일이 없도록

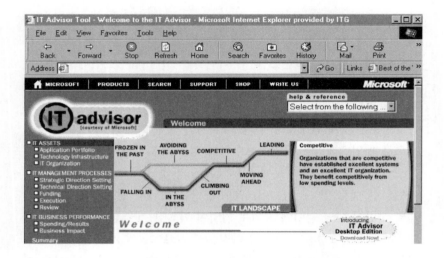

「IT Advisor」는 기업의 정보기술 능력을 평가하는 데 사용되는 온라인 디지털 도구이다. 회사의 응용프로그램 일람, 정보기술에 사용되는 인프라스트럭처, 그리고 정보기술 조직 및 기능에 대한 일련의 질문들에 대답함으로써, 기업은 과거의 업무방식에 집착하고 있는지, 과도한 투자에 비해 성과는 낮은 정보기술의 "심연"에 빠져 있지는 않은지, 아니면 정보기술을 적절하게 활용하며 경쟁우위를 확보해 나가고 있는지 등을 스스로 알아볼 수 있다.
www.Speed-of-thought.com 웹 사이트에 있는 「IT Advisor」는, 기업들이 사업적인 요구에 디지털 솔루션을 적용하며 선도적인 위치에 오르려면 어떻게 자사의 정보기술 부서를 활용해야 하는지를 안내해준다.

각별히 주의해야 한다. 그런 방식을 취할 경우, 재정상의 문제로 귀중한 비즈니스 솔루션을 실행하지 못하는 결과가 나타날 수도 있다. 대신에 두번째, 세번째 개발할 비즈니스 응용프로그램에 얼마나 비용이 들지 물어 보라. 추가적인 솔루션들은 상대적으로 적은 비용을 투자해서 얻어야 한다. 예를 들어 좋은 메시지 시스템은 가격이 비싸지만, 그 메시지 시스템상에 구축되는 추가 작업흐름 응용프로그램의 가격은 상대적으로 저렴해야 한다는 것이다.

사원교육 역시 인프라스트럭처 비용에 포함해야 한다. 흔히 기업들은 하드웨어와 소프트웨어에는 막대한 금액을 투자하면서, 그것을 사용하는 사원들을 교육하는 데 드는 자금은 간과하곤 한다. 대체 무엇을 하자는 건가? 기술을 성공적으로 응용하는 데에는 반드시 과감하고 지속적인 교육이라는 처방이 필요하다. 매년 예산에 교육비를 편성하라. 그것이야말로 여러분이 할 수 있는 최상의 투자이다.

이 책에서 내가 언급한 대부분의 기업들이, 제품 향상과 생산비 절감, 신속한 출하, 고객서비스 개선 등을 통한 수익증대에 이바지할 특정 프로젝트에 착수하기 위해 정보기술 개발을 추진하는 방식을 택했다는 것은 우연이 아니다. 이러한 기업들은 귀중한 교훈을 얻은 것이다. 정보기술의 목표는 돈을 버는 것이다! 정보기술에 드는 비용을 절감하는 데 초점을 두기보다는, 최종 결산에 대한 효율성이라는 측면에서 비용을 평가하라. 디지털 시대에 사업에서 성공하기 위한 비밀은 정보기술의 성공이다. 정보기술 성공의 비밀은 PC와 인터넷 표준을 기반으로 한, 현대적이고도 융통성 있는 인프라스트럭처이다.

비즈니스 교훈

□ 최고경영자는 다른 사업 기능을 이해하는 것뿐 아니라 정보기술 역시
   이해해야 한다. 정보기술을 전략적으로 이용할 책임은 정보담당 이사에
   게 위임될 수 없다.

□ 최고경영자는 정보기술을 회사의 이윤창출을 돕는 전략적 자원으로 간
   주해야 한다.

□ 정보담당 이사는 사업전략을 수립하는 과정에 참여해야 하며, 사업전략
   을 수행하는 데 정보기술이 어떤 도움을 주는지 평이한 말로 풀어서 설
   명할 수 있어야 한다.

□ 직원에 대한 교육비용을 기본적인 인프라스트럭처 비용의 일부로 처리
   하라.

디지털 신경망의 진단

□ 매년 시스템 운영에 드는 자원의 비중은 줄어들고, 새로운 비즈니스 솔
   루션 개발에 드는 자원의 비중은 늘어나고 있는가?

□ 최고 수준의 업무용 응용프로그램 몇 가지를 보유하고 있는가?

□ 현재의 인프라스트럭처에 새로운 솔루션을 추가하는 데 비용이 얼마나
   드는가?

V

특수 '기업'이 주는 일반적인 교훈
(Special Enterprises Provide General Lessons)

제 19 장

효과적으로 통합된 의료 체계
(No Health Care System Is an Island)

환자에게 필요한 것은 머리맡 시중이 아니라 정확한 진단이다.
— 알프레드 슬로언, GM 회장

몇 해 전에 우리 회사의 어느 신입사원이, 경미한 뇌졸중으로 어머니가 쓰러졌다는 소식을 듣고 급히 고향으로 내려간 적이 있었다. 어느 정도 상태가 호전되어 병원에서 퇴원하게 되었을 때, 존스 부인(가명)은 아들이 자신의 집 근처인 노스웨스트로 그녀를 옮기기 위해 준비를 하는 동안 그녀의 여동생 집에 머물렀다. 존스 부인은 많이 회복되긴 했지만 혼자서는 살아갈 수 없는 상태였다. 그리고 회복도 잠시, 그녀는 재입원과 함께 더욱 심각한 문제들로 치료를 받으며 여생을 보내는 신세가 되고 말았다.

존스 부인이 생의 마지막 2년간 경험한 의료과정들은 미국 의료체계의 장단점을 극명하게 보여주는 좋은 예이다. 그녀는 2개 주(州)의 3개 병원에서 10여 명이 넘는 의사들로부터 일련의 최첨단 치료를 받았다. 중산층이었던 그녀의 가족은 존스 부인의 기력이 점점 쇠퇴해지자

보다 집중적인 치료를 제공하는 시설로 그녀를 모셨다. 국민의료보험과 그녀가 개인적으로 든 보장성 보험으로 대부분의 청구서들을 처리할 수 있었고 나머지는 가족들이 부담하였다. 그녀를 돌봐주는 많은 의사와 간호사, 보조요원들은 하나같이 전문가들이었고, 친절하였다. 존스 부인은 끝까지 위엄을 잃지 않았으며 잠자는 동안 편안히 생을 마감하였다.

　그러나 의료체계에는 많은 문제점이 있었다. 존스 부인이 처음 입원했던 병원에서 30마일 떨어진 여동생이 있는 지역으로 옮겼을 때, 그녀는 점차로 약의 복용량을 줄여가야 하는 상태였음에도 불구하고, 의사들간의 업무연락 체계가 미비했던 탓에 다량의 약을 계속 복용해야 했다. 그 결과, 아들이 살던 노스웨스트에 도착하자마자 존스 부인은 약물 과다복용에 따른 부작용으로 바로 입원해야만 했다. 게다가 그녀의 의료기록이 노스웨스트에 있는 병원으로 미처 전달되지 않아 갖가지 값비싼 의료검사를 다시 받아야 했다. 1년 후 병원을 바꾸게 되었을 때에도 똑같은 일이 다시 반복되었다. 임종 직전 3주 동안 그녀의 입원비는 외과 수술을 전혀 받지 않았음에도 불구하고 2만 5천 달러에 달했다. 한번은 퇴임하는 그녀의 담당의사가 그녀를 다른 환자와 혼동해서 후임자에게 전화상으로, 그녀의 최근 입원들은 "순전히 시스템 낭비"라고 말한 적도 있었다. 이것은 그녀가 임종하기 바로 1주일 전의 일이었다.

　그밖에도 이런저런 문제가 끊이지 않았다. 존스 부인이 의료보험과 사회보장 서비스와 관련된 제반 사항을 처리해주는 가족 변호사를 두고 있다는 사실도 별로 도움이 되지 않았다. 그녀의 아들과 며느리가 교대로 유관기관을 찾아다니면서 몇 시간 동안이나 줄을 서야 했고, 계속 전화통과 씨름해야 했던 것이다. 어느 병원의 경우에는, 이미 지불이 끝난 치료비에 대해 계속 청구서를 보내왔는데, 그걸 그만두게 만드는 데 1년이나 걸렸다.

　또한 관련된 수많은 병원과 의사들, 진료소, 약국, 요양시설, 공공 및 사설기관들이 만들어내는 서류들의 양은 그야말로 엄청났다.

　"어머니께서 전문적인 치료를 받으시는 동안, 매달 정확하게 1인치

두께로 관련 서류들이 쌓여 갔습니다 "라고 존스 부인의 아들은 말한다.

출장 갈 때면 그는 당시 어머니의 치료와 관련된 두툼한 서류철을 가지고 다녔다. 회사 일에 쫓기는 와중에도 색색의 포스트잇(post-it)을 붙여가며 어머니와 관련된 각종 청구서 및 증서들을 분류하느라 고생해야 했다. 의료보험조합에 제출된 증서는 청색, 의료보험조합을 경유하여 민간 보험회사에 제출된 증서는 황색, 오류가 있어 돌려보낸 것은 적색, 모든 기관을 경유하여 그 차액을 지불할 준비가 되어 있는 청구서는 녹색, 이런 식이었다.

이러한 서류작업에 관여했을 사람들의 숫자를 한번 생각해 보라. 존스 부인을 담당했던 모든 의사와 간호사들을 위해서, 병원이나 의원, 약국, 사회보장기구, 의료보험조합, 보험회사 등 일단의 여러 조직들에서 청구서나 증서를 작성하고 처리하는 데 적어도 10명 이상은 관계했을 것이다. 이것은 마치 재래식 군사작전을 방불케 한다. 과거에는 작전에 참가하는 병사 개개인마다 병참 지원을 하는 데 20명의 인원이 서류처리를 해야 했다.

대부분의 전문가들은 매년 1조 달러가 소요되는 미국 의료체계 경비 중에서, 20~30%가 순전히 서류작업에 묶여 있는 것으로 추산한다. 종합병원의 경우에는 이 수치가 40~50%에 달하는 것으로 추정된다. 단 1주일만 입원하더라도 관련 서류가 100여 가지는 될 것이다. 설상가상으로 매년 미국에서 발급되는 10억~20억 건의 의료비 청구서 가운데 대략 13%가 오(誤)발급으로 반환되고 있는 실정이다.[1]

미국 의료업계는 비용을 절감하고, 부패의 소지를 없애며, 꾸준하고 적절한 치료를 보장하기 위한 노력의 일환으로 현재 "의료보험 관리체제"를 시행하고 있지만, 오히려 서류업무와 복잡함만 더욱 가중되고 있다. 의료보험 관리체제란 의료보험조합이나 민간 보험회사가 일단의 의사들과 계약을 체결하여, 의료수가(醫療酬價)를 고정시키고 의료서비스를 체계적으로 관리하는 제도를 말한다―예컨대, 맹장염 수술은

---

1. 캠비즈 포루아(Kambiz foroohar), "처방: 소프트웨어(Rx: software)"《포브스》지, 1997년 3월 7일자 : 114쪽

웹을 통한 개인 건강관리
(Web Puts You in Charge of Your Own Health)

나는 친구나 가족이 직면한 건강문제와 관련된 정보를 찾느라 웹에서 많은 시간을 보내는 편이다. 웹에서 제공하는 의료정보의 상세함에는 놀랄 정도이다. 그러나 개중에는 미심쩍은 정보도 많으므로 무조건 모든 정보를 맹신하지는 말기 바란다. 의료정보를 제공하는 개인이나 단체의 신뢰도를 미리 알아보는 것이 좋겠다.

점점 더 많은 의학정보의 이용이 가능해짐에 따라 사람들은 자신의 건강문제에 관한 결정을 스스로 내릴 수 있는 능력이 향상되어 갈 것이다. 카터(Carter) 대통령의 수석 참모였던 해밀턴 조던(Hamilton Jordan)은 수차례 암과 투병했던 사람이다. 투병생활에 지친 나머지 처음으로 자포자기하려는 때에 한 친구가 그에게 말했다.

"자네 건강에 대해 자네 자신 이상으로 책임져야 할 사람은 없네."

조던은 자신의 병을 스스로 책임지고 이겨내기로 마음먹었다. 베트남 참전시 고엽제에 노출되어 암이 발생한 것으로 믿었던 그는 도서관을 다니며 자신의 암에 대해 연구했다. 그로부터 10년 후 다시 전립선암에 걸리자 이번에는 인터넷을 이용하여 자신의 병에 대한 전문가가 되었고, 능동적인 자세로 자신의 치료에 임했다.

인텔 회장인 앤디 그로브도 수년 전 전립선암에 걸렸을 때 이와 유사한 경험을 했다. 그는 다양한 치료법에 관한 정보를 살펴본 후 쓸만한 비교연구가 없다는 사실을 알게 되었다. 그래서 전직 과학자였던 그는 일단 미숙한 자료를 시작으로 자신만의 비교논문을 썼던 것이다!

전립선암이 집안 병력인 조던은 수술치료를 선택하였다. 내력과 환경이 달랐던 그로브는 일반 방사선 치료와 "스마트 밤(smart bomb)" 방사선 치료를 겸하는 쪽으로 선택했다. 중요한 것은 훌륭한 의학적 조언과 자신만의 연구로 두 사람 모두가 전문지식에 입각해 스스로 선택을 했다는 점이다.

인터넷은 단순히 의학정보만 제공하는 것이 아니다. 같은 병을 지닌 환자들이 서로 연락하고 경험을 공유하게 하여 혼자라는 느낌을 덜 수 있게 해준다. 환자들은 전세계에 퍼져있지만 온라인 공개토론회를 통해 서로 쉽게 연결될 수 있다.

시애틀에 있는 프레드 허친슨 암 연구센터(Fred Hutchinson Cancer Research Center)는 인터넷 공동체를 만들기 위해 새로운 시도를 하고 있다. 이 센터는 가상현실을 이용하여 환자나 그의 가족들이 "실제로 암 연구센터에 온 것"같은 느낌을 만들어 낸다. 가상체험은 환자가 암 연구센터를 방문하기 전에 친근함과 편안함을 느끼도록 유도하는 데 대단히 탁월한 효과를 발휘한다. 환자와 그 가족들은 인터넷을 통해 이 센터를 방문하여 3차원 가상공간을 따라 걸으면서 병원시설을 돌아볼 수 있다. 그들은 다양한 주제 발표에 참가하고, 같은 가상공간에 들어온 다른 환자나 그 가족들과 대화를 나눌 수도 있다. 나중에 환자의 가족은 그들이 알게 된 암센터 직원과 온라인 채팅을 하기 위해 약속을 할 수도 있다. 이러한 가상체험은 직접적인 개인 접촉을 대체하는 것이 아니라 오히려 확대시켜 주는 것이다.

1,000달러로 정해져 있고, 감기치료 주사는 15달러이다. 1998년에 발간된 의료보험 백서에 의하면, 1997년 초까지 의료보험 관리체제에 가입한 미국민의 수는 1억 6천만 명 이상이었다.

의사들 대부분은 의료수가를 통제해야 할 필요성은 인정하지만 관리체제는 싫다고 말한다. 규제들에 둘러싸인 채 여러 관리 계층들에 의해 감시당하는 느낌을 떨칠 수 없기 때문이라는 것이다. 그들은 또한 치료상 선택의 폭이 줄어들게 되어 환자들이 수준 높은 의료서비스를 받지 못하게 될 것을 우려한다. 그러나 여기서 한 가지 짚고 넘어가야 할 것은 의사들 스스로도 문제를 복잡하게 만드는 데 일조해왔다는 것이다. 그들은 환자 진료기록을 기업의 사업자료와 같이 관리하며, 경쟁관계에 있는 의사들과 공유하기를 꺼려왔다. 뿐만 아니라 대부분의 의사들은 컴퓨터를 몹시 싫어하는 경향이 있다. 비록 이런 혐오감을 갖게 된 이유 중의 상당 부분이 덩지만 크고 비용만 많이 든 초기의 의료시스템 탓이긴 하지만 말이다.

한 가지 흥미로운 사실은, 많은 의사들이 지독하게 싫어하는 새로운 의료보험 관리체제가 오히려 정보시스템을 환자의 치료에까지 확장하면서 결과적으로 환자 치료의 감독권을 다시 의사에게로 되돌리는 가장 중요한 촉진제가 될 것이라는 점이다. 일단 의사들이 임상적으로 유용한 정보를 얻게 되면, 정보가 주는 혜택을 발견하게 되고 나아가 더 많은 정보를 요구하게 될 것이기 때문이다. 환자들 입장에서는 웹 상으로 많은 정보를 이용할 수 있다는 것과 그러한 정보를 통해 자신의 건강을 책임지고 관리해 나가야 한다는 것을 자각하게 될 것이다.

현재 이러한 혜택을 깨달은 병원의 최고경영자들은 더 나은 정보시스템을 구축하는 데 박차를 가하고 있다. 하지만 때로는 이러한 그들의 노력이 운영 이사회의 저항에 부딪히기도 한다. 지난 수년간 의료계에 불어닥친 합병 바람으로 비용절감에 지나치게 신경을 쓰는 이사회가 늘어났기 때문이다. 현재까지 대부분의 종합병원들은 총수입의 단 2~3%만을 정보기술에 투자해왔다. 은행업계가 15%를 투자한 것과는 대조적이다. 최첨단의 기술영역임에도 불구하고, 의료계는 그 동안 정보의 흐름 쪽이 아니라 독립적인 진단시스템을 구축하는 데 기술을 집중해온 것이다.

실험실, 약국, 방사선과, 혈액은행, 의료장비, 진료기록, 의료비 청구시스템 등등 모든 영역에서 데이터 공유가 이루어져야 함에도 불구하고, 현재 이들 영역에서 이용되고 있는 정보관리 응용프로그램들은 호환성을 무시하고 설계되어 있는 경우가 많다. 따라서 병원 내 여러 조직마다 이러한 응용프로그램들을 사용하거나 연결하기 위해 특수한 인터페이스를 구축해온 실정이다. 전형적인 종합병원의 경우, 수백 개의 서로 다른 인터페이스를 보유하고 있는 것으로 추정된다. 현재 1,800여 개의 서로 다른 인터페이스를 운영하고 있는 의료기관도 있기에 하는 말이다. 병원에서 새로운 시스템을 구입하는 데 통상 2년씩이나 걸리고, 그것을 설치하는 데 다시 2년이 더 걸리는 이유를 짐작할 수 있지 않은가—어느 기준으로 보더라도 너무 느리다.

그러나 오늘날의 상황은 매우 고무적으로 돌아가고 있다. 미국 정부는 컴퓨터 방식 진료기록을 포함하여 전자 방식의 재무 및 행정을 위한 표준을 규정할 것을 요구하는 법률안을 이미 통과시켰고, 몇몇 기관에서는 의료용 응용프로그램들간의 상호운용을 위한 범국가적 기술 표준을 확립하기 위해 작업중이다. 그리고 MS-HUG(hug: 껴안다)라는 대단히 정겨운 약자로 표현되는 MS 의료업계 사용자 그룹(Microsoft Healthcare Users Group)이 표준 윈도우 구성 기술과 새로운 인터넷 기술을 활용하여 서로 "플러그 앤 플레이"할 수 있는 의료 소프트웨어 개발을 위해 노력하고 있다.

　앞으로 의료업계는 정보를 효과적으로 다루는 능력을 필수적으로 갖추어야 할 것이다. 이미 몇몇 의료단체에서는 환자들의 요구를 시급히 충족시켜줘야 한다는 인식 아래 정보시스템 구축에 박차를 가하고 있다. 그들은 환자 치료와 관련된 모든 영역—응급처치, 병원치료, 치료 후 경과 파악, 장기적인 추이분석 등—에 디지털 신경망이 엄청난 기여를 할 수 있음을 증명해 보일 것이다.

위기상황에 대한 신속한 대응
(Providing Instant Reflexes in Emergencies)

　현재, 6개국에서 80여 개의 앰뷸런스 서비스업체 및 소방서들이 PC 시스템을 이용해 인명구조 대응 능력을 강화하고 있다. 이 PC 시스템은 글로벌 위치파악 시스템(GPS) 위성들과 연계하여 환자발생 지역에서 가장 가까운 곳에 있는 앰뷸런스를 파악, 최단시간 내에 현장으로 갈 수 있는 지도를 제시한다. 미국에서 가장 큰 규모를 자랑하는 응급 서비스 전문회사는 AMR(American Medical Response)사와 루럴/메트로 앰뷸런스 서비스(Rural/Metro Ambulance Service)사이다. 이 회사들의 PC 시스템은 일단 일부 차량이 현장에 급파되고 나면, 남아 있는 응급 차량들을 가장 효과적으로 재배치하는 방법을 담당자에게 알려준다.

　샌디에이고에 있는 루럴/메트로 지소(支所)를 예로 들면, 이들은 500여 개의 소방용 기구 중 구체적으로 몇 개를, 그리고 어떤 종류의 차량을 화재 현장에 급파할 것인가를 바로 계산해낼 수 있다. 가령 고층 건물에서 화재가 발생했다면 고가 사다리 차를 보내고, 공장에서 화재가 발생했다면 유독물질 처리 장비를 보내는 식이다. 덴버에 있는 어느 소방서에서는 PC 방식의 정보시스템을 활용해 불이 난 건물의 각 층별 설계도와 소화전 위치를 현장에 알리고, 특히 화재 발생 지역 인근에 살고 있는 장애자를 파악하여 소방대원들에게 신속히 대피시킬 것을 명한다.

아마도 미국에 있는 응급서비스 전문회사들 중 루이지애나주 라파예트에 있는 아카디언(Acadian Ambulance and Air Med Services)사만큼 PC 기술을 가장 광범위하게 사용하는 곳도 없을 것이다. 이 회사는 트라이테크 소프트웨어 시스템(TriTech software System)사의 화재/응급 의료서비스용 소프트웨어인 「VisiCAD」를 기초로 하여 완벽한 정보의 흐름을 구축하였다.(여기서 CAD는 컴퓨터를 활용한 현장급파(Computer-aided dispatch)의 의미로 컴퓨터 원용 설계(Computer-aided design)와는 다르다.) 아카디언은 1,200명의 직원과 1년 매출 9천만 달러로, 앰뷸런스 전문 독립회사로는 미국 내 최대 규모를 자랑한다. 이 회사는 라파예트에 단 하나의 파견센터를 운영하면서, 루이지애나주 남부 26개 군(郡) 1만 7천 평방 마일에 걸쳐 도시와 읍, 사탕수수밭, 논, 호수 지역을 담당하고 있다. 그리고 하루 평균 500~600건의 응급상황 신고 접수를 받아서 앰뷸런스나 의료용 헬기를 급파한다.

PC 방식 응급대응 소프트웨어 시스템의 사용자들은 이 시스템이 911 응급상황에 대한 대응시간을 매번 60초에서 90초 정도씩 단축시켜주고 있다고 말한다. 이것은 촌각에 생사가 달려 있는 응급 서비스 업계에서는 대단히 중요한 진보가 아닐 수 없다. 그러나 이 시스템이 제공하는 가장 큰 가치는, 응급처치 전문가들이 현장에 도착한 이후는 물론이고 현장으로 가는 도중에도 환자나 부상자에게 의료상의 도움을 줄 수 있게 해준다는 데에 있다. 앰뷸런스가 현장으로 가는 동안 본부의 파견 담당자는 시스템이 이끄는 대로 신고자에게 적절한 질문을 하며 상황을 파악한다. 그런 다음 담당자는 그 내용을 출동중인 요원들에게 다운로드하는 동시에, 신고자에게는 요원들의 도착을 기다리는 동안 취할 수 있는 응급처치를 알려준다. 뿐만 아니라 이 시스템은 현장에 사나운 개라든가 그밖에 잠재적인 위험요소가 있는지 여부도 빠뜨리지 말고 질문하도록 본부 담당자를 일깨우기까지 한다.

후지쓰 랩톱 환경에서 운영되고 있는 새로운 앰뷸런스용 펜-차트 시스템은 앰뷸런스로 현장에 출동하는 아카디언의 응급처치 요원들이 표준 응급처치 단계들을 확실하게 따르도록 돕는다. 먼저 PC가 7개의 영역으로 나누어진 인체 해부도를 화면에 표시하면, 응급요원은 환자에게 문제가 있다고 추정되는 부위를 선택한다. 그러면 PC는 환자의 상태에 따라, 이를테면 심장마비와 같은 신체 내부 문제인지 혹은 자상(刺傷)과 같은 외형적 문제인지에 따라 각기 다른 치료 지침을 제시한다.

아카디언의 응급요원들은 펜-차트 시스템의 도입으로, 수작업으로 하던 예전의 서류보고서 방식에서 벗어나 현장으로 출동하는 앰뷸런스 안에서 바로 새로운 환자파일을 만들 수 있게 되었다. 펜-차트 시스템은 표준 정보를 신속하게 제공하고, 응급요원이 전자펜으로 쓴 병원 이름을 바로 텍스트(text: 컴퓨터가 이해할 수 있는 아스키코드 - 譯註)로 전환하며, 자동으로 그 병원의 주소 항목을 채운다. 만약 환자가 아카디언의 응급서비스 프로그램에 가입한 사람이면, 펜-차트 시스템은 이미 PC 하드에 저장되어 있는 환자의 의료기록 정보에다 차트 파일을 부가(附加)한다.

정맥주사 치료라든가 기타 중요한 몇 가지 절차를 취하는 경우에는, 앰뷸런스가 병원에 도착하자마자 의사의 서명을 받아야 한다. 이때 아카디언의 응급요원들은 PC 화면상의 특별 필드에 전자펜으로 의사의 서명을 받는다. 이후에 새로운 치료가 입력되는 경우 역시 의사의 서명을 받아 모든 절차에 대한 의학적 검토가 확실하게 이뤄지도록 한다.

일단 환자에 관한 보고서가 완성되면 그것은 원격 통신을 통해 본사의 네트워크로 전송된다. 이때 암호화 기술이 환자의 정보에 대한 보안을 유지해준다. 펜-차트 시스템은 불완전한 파일이 있는 경우, 매일매일 응급처치 요원에게 그것을 환기시킨다. 만약 5일이 지나도 파일이 완성되어 전송되지 않으면, "보고서가 늦어진다"는 내용의 e-mail을 해당 응급요원의 상관에게 보내 적절한 조치를 취하게 한다.

펜-차트 시스템의 도입으로 인해 환자에 관한 보고서의 정확도는 약

60%~90% 가량 향상된 것으로 나타났다.

이제 아카디언은 자사의 정보시스템을 통합할 계획이다. 응급처치 요원들이 현장에서 입력하는 자료가 즉시 회계로 넘어가고, 펜-차트 시스템에 입력된 요원들의 근무시간이 직접 임금대장으로 넘어가게 하기 위해서이다. 이런 인프라스트럭처를 활용하면 응급처치 요원들의 훈련 및 자격 취득, 미국 노동안전 위생국(Occupational Safety and Health Administration, OSHA) 자격 요건 등에 관계된 업무를 자동적으로 처리할 수 있을 것이고, 상황에 따라 현장에 지원해야 할 설비를 자동으로 산출하고, 회사가 보유한 고가(高價)의 지원 차량을 효율적으로 유지 관리할 수 있게 될 것이다.

효율적인 정보시스템 구축으로 인한 혜택은 회사를 운영하는 부분에만 국한되지 않는다. 아카디언이 수집한 자료는 환자에 대한 효과적인 치료에도 도움이 된다. 예를 들어, 전에는 응급처치 요원들이 시간이 지연되더라도 환자에게 정맥주사 치료를 한 다음에 병원을 향해 출발할 것인지, 아니면 다소 어려움이 따르더라도 차를 먼저 출발시킨 다음에 흔들리는 차 안에서 정맥주사를 놓아야 하는지를 판단하는 데 어려움을 겪었다. 그러나 새로 도입한 펜-차트 PC에 수집된 자료를 분석해본 결과, 회사는 두 가지 경우 모두 성공률이 동일하다는 사실을 알게 되었다. 덕분에 회사는 앰뷸런스 안에서의 정맥주사 치료를 표준 방식으로 정하여 병원까지의 도착 시간을 단축시킬 수 있었다.

뿐만 아니라 펜-차트 시스템의 자료를 분석함으로써, 정맥주사나 튜브삽입 치료(환자의 호흡을 돕기 위해 목구멍에 튜브를 삽입하는 것)에 실패율이 높은 응급처치 요원들을 파악하여 집중적인 훈련을 시킬 수 있게 되었다. 또한, 자료분석을 통해 유통기한이 지난 약품들을 파악하여 그것들이 환자에게 투여되는 불상사를 미리 막을 수도 있게 되었다.

서류로 된 보고서로 업무를 처리하던 과거에는 이런저런 잡다한 문제들에 대한 분석이 쉽지 않았다. 설령 새로 부임한 지휘관이 보고서들을 일일이 검토해 본다하더라도, 표가 나는 출동지체라든지 드물게 일어나는 요원들의 중대한 실수처럼, 추적할 수 있는 아주 확실한 문제 외에 다른 것을 탐지해내기란 불가능했다. 매일 500~600건에 달하는 보고서가 그저 쌓여만 갔으며, 그것들은 기껏해야 개별 환자들의 병력(病歷)기록으로서 유용할 뿐 트렌드 분석에 이용될 수는 없었다. 앞으로 어느 정도 시간이 흐르면 아카디언은 거의 모든 의학 트렌드를 파악하고, 그에 대응할 수 있는 충분한 자료를 확보하게 될 것이며, 따라서 전국적으로 실시되는 장기적인 연구결과를 기다릴 필요가 없게 될 것이다.

아카디언을 위시한 여러 응급서비스회사들은 또한 환자를 병원으로 후송하는 동시에 관련 디지털 자료도 함께 전달하는 방안을 연구중이다. 알라바마주 버밍험에 있는 10개의 지역 병원들은 「TraumaNet」 소프트웨어를 활용하기 시작했다. 이것은 앰뷸런스에 있는 응급요원들이 환자에 관한 기본적인 자료를 전송할 수 있게 해주는 프로그램이다. 전송한 자료가 트로마 통신센터(Trauma Communications Center)에 도달하면 여기서 다시 환자에게 필요한 치료가 가능한 병원을 파악하여 앰뷸런스를 인도하는 한편, 환자의 자료를 해당 병원으로 보내어 그 병원에서 환자 도착에 대비해 만반의 준비를 할 수 있도록 한다. 결국 이것의 궁극적인 목표는 디지털 시스템을 이용하여 앰뷸런스가 병원 응급실에 도착할 때까지 환자의 상태에 대한 전체적인 상황을 계속 병원에 전달하는 데 있다.

환자를 위해 완전한 디지털 기록 확보하기
(Capturing the Complete Digital Record for Patients)

병원이 정보시스템을 구축하고 의료진들에게 환자의 모든 병력과 상세한 진료기록들을 완벽하게 디지털로 제공하게 되면, 의사와 간호사들은 서류업무에서 벗어나 보다 많은 시간을 환자에게 할애할 수 있게 되고, 따라서 그 혜택은 환자들에게 돌아가게 된다. 환자에 관한 모든 정보를 디지털 방식으로 통합하여 활용하는 모범적인 병원이 있다. 바로 시애틀에 있는 "지방 메디컬센터 겸 소아과 전문병원(Children's Hospital and Regional Medical Center)"이다. 208개의 병상을 갖춘

이 병원은 비영리로 운영되며 워싱턴 의과대학과 자매결연을 맺고 있는데, 180명에 달하는 상근직 의사와 100명의 상근직 레지던트, 다른 병원과 순환근무를 하는 240명의 레지던트가 일하고 있다. 이 병원은 또한 알래스카와 아이다호, 몬타나, 워싱턴, 와이오밍주에 걸쳐 50개의 외래환자 전문클리닉과 제휴하고 있기 때문에, 이들 5개 주(州)로부터 이송되는 소아 환자들의 2차 진료기관 역할도 수행한다.

일단 이 병원으로 환자가 들어오면 그에 대한 모든 신상정보가 PC를 통해 중앙 데이터베이스에 저장된다. 각 층과 진료과, 개개의 병상 등 이 병원 전체에 걸쳐 설치되어 있는 PC는 총 1,500대가 넘으며, 병원 근무자가 PC를 통해 환자와 접촉하면 그 내용 역시 모두 중앙 데이터베이스에 바로 입력된다. 비상근 전문의나 자매결연 또는 제휴를 맺은 외부 병원의 의료진들도 이 정보에 접속할 수 있다. 만일 간호사가 환자의 상태에 관해 담당의사에게 보고할 일이 생겼는데 의사가 근처에 없으면, 그녀는 무선호출기를 통해 의사에게 연락을 취하고, 그러면 그 의사는 바로 그 자리에서 구내에 있는 PC에 접속해 환자의 상태를 파악할 수 있다. 담당의가 외부에서 연락을 받는 경우에는 전화접속을 통해 병원의 PC에 로그온한다.

이 소아과 전문병원에서 시행되는 모든 치료와 검사, 투약, 절차는 헬스비전(HealthVISION Corporation)사의 환자정보 관리시스템인 「CareVISION」에 입력된다. 「CareVISION」 파일 각각에는 한 환자에 대한 모든 디지털 기록과 지금까지 병원에서 그 환자에게 행한 모든 치료 기록들이 담긴다. 소아과 전문 의료진들이 프로젝트의 일원으로 참여하여 정보기술팀과 협력 개발한 「CareVISION」 시스템은, 간호사들이 얼마나 자주 환자들을 방문하며, 병상을 갈아주고, 목욕을 시켜주는지에 관한 자료까지 분단위로 파악할 수 있다. 이 병원의 의사들은 PC 화면상에서 환자의 이름을 클릭만 하면, 원하는 모든 진료기록을 상세하게 검토할 수 있다. 환자 1인당 매주 100여 페이지에 달했던 온갖 진료 기록들과 각종 임상보고서들이 지금은 모두 데이터베이스에 디지털 형식으로 저장되어 있기 때문이다. 이렇게 환자에 대한 모든 자료를 완벽하게 디지털로 전환한 덕분에 이 병원에서는 관련된 모든 치료방법을 어느 때든지 즉각적으로 파악해 환자 치료에 이용할 수 있다.

머지않아 이 병원에서는 의사결정 지원용 모듈을 추가하여, 치료과정상의 중첩이나 문제점이 발생할 여지가 있을 때 실시간 경보로 의료진들의 주의를 환기시킬 계획이다. 예를 들어, 어떤 어린이 환자에게 특정한 약을 처방하려 할 때 시스템은 이미 복용한 약으로 인해 부작용이 생길 우려가 있다거나 아니면 그 약에 대해 알레르기를 일으키는 체질이라는 등등의 경고를 담당의사에게 전할 수도 있는 것이다. 혹은 담당의사가 X선 촬영을 지시하면 정보시스템이 이렇게 말할 수도 있다.

"바로 어제 X선 촬영을 지시했습니다. 확실히 다시 한번 촬영하길 원합니까?"

아카디언이 축적한 자료들의 경향을 분석하고 효과적인 응급치료법을 개발하였듯이, 이 소아과 전문병원에서도 자체 정보시스템을 활용하여 "최선의 치료법"을 개발하고 있다. 의학계의 전문용어로는 "임상적 개선책(clinical pathways)"이라고 하는 이 방법은 특정한 질병 치료에 대해 최적의 방법을 규정하는 것을 의미한다. 사실 대부분의 병원에서도 그 동안 특정한 질병에 대한 "임상적 개선책"을 마련해 왔지만, 그것이 대부분 서류로 되어 있어 결국 책장에나 쌓이게 된 탓에 사람들이 쉽게 접근하여 이용할 수 없었다. 또한 그 자료들이 이용되는 경우라 해도 서류 방식의 한계로 인해, 모종의 개선을 위해 자료를 모으거나 분석하기도 어려웠다.

이 소아과 전문병원에서는 환자에 대한 모든 치료정보들이 디지털로 입력되자마자 임상적 개선책을 담당하는 팀에게 자동으로 전달된다. 그러면 이 팀은 치료결과와 여러 자료들을 분석하여 더 나은 치료법을 규명하고, 그 결과를 「CareVISION」시스템에 입력하여, 병상에서 직접 환자를 담당하고 치료를 지휘하는 의사들이 활용할 수 있도록 한다. 환자를 담당하는 의사가 특정한 치료나 약에 대한 처방을 내리면 이 시스템은 그 질병에 관해 병원에서 규정한 "임상적 개선책"과 의사의 처방이 모순되지 않는지를 다시 한번 체크한다. 그리고 의사가 미처 고려하지 못한 새로운 치료법이 있으면 바로 알려준다.

　의대생들과 레지던트들을 가르치는 교육기관으로서의 역할도 고려
하건대, 치료와 관련된 모든 자료를 모아 분석하고 더 나은 치료법을
개발하는 능력은 이 병원에 있어서 대단히 중요하다.「CareVISION」
시스템은 병원에서 규명한 최선의 치료법을 기초로 하여 사전에 엄선
된 처방들을 레지던트와 의대생들에게 가르친다. 만약 새로운 처방들
에 익숙하지 않은 레지던트가 있다면 그는 이 시스템을 통해 그 처방들
에 대한 배경 정보들을 e-mail로 전송 받아 참고할 수 있다. 온라인으
로 제공되는 참고자료들에 특정한 질병의 갖가지 치료법을 비용과 효
과 면에서 살펴본 최신의 다양한 찬반 양론들이 담겨 있다. 또한 어느
레지던트가 부적절한 처방을 내리는 경우「CareVISION」은 처방을
중지시키고, 그 레지던트에게 처방이 중단된 이유를 설명하는 추가정
보를 제공하는 동시에, 상급자인 특정한 의사에게 그 레지던트에게 이
런 저런 분야에 대한 교육과 훈련을 시키도록 권고할 수도 있다.

　이 병원에서는「CareVISION」시스템을 기존의 의료비 청구시스템
에 통합시켜, 기존 기술에 대한 투자분을 최대한으로 살리고 있다. 또
한 이 새로운 시스템 덕분에 효과적으로 환자의 기밀을 보안 유지하는
한편, 광범위한 증빙자료를 의료보험회사들에게 제공할 수 있게 되어
의료비 청구과정도 매우 쉬워졌다. 모든 환자 기록을 디지털 정보로
확보하고 있기 때문에, 이 병원은 시스템을 통한 정기적인 회계감사를
실시할 수 있게 되었고, 아울러 방대한 양의 결산 보고서를 작성하는
문제도 쉽게 해결할 수 있게 되었다.

　「CareVISION」은 표준 방식의 정보시스템이므로 이 병원은 원하는
어떤 방식으로든 시스템을 개선하거나 확장할 수 있다. 이 병원은 앞
으로 디지털 영상기능을 정보시스템에 결합하여 의사들이 어디에 있든
지 환자들의 문제를 영상으로 파악할 수 있도록 할 계획이다.

　시애틀 소아과 전문병원은 환자 치료에 중점을 둔 세계 수준의 정보
시스템을 구축하는 데는 많은 시간과 비용이 들고 예기치 못한 난관
(難關)들이 있다는 것도 잘 알고 있지만, 디지털 시스템으로의 변화를
포기함으로써 감당하게 될 비용과 위험은 그보다 훨씬 더 크리라는 것

역시 확실히 깨닫고 있다. 이 문제와 관련하여 병원의 정보담당 이사인 존 드와이트(John Dwight)는 다음과 같이 말했다.

"물론 막대한 비용이 든다. 생각만큼 그리 쉬운 문제도 아니다. 많은 시일이 걸린다는 것도 잘 안다. 그러나 사실상 우리에게는 선택의 여지가 없다. 오늘날 의료계가 당면한 현실을 고려할 때 디지털 신경망에 투자하여 진료기록들을 분석하고 연구하지 않는 병원은 살아남지 못할 것이기 때문이다. 의료 서비스를 개선할 것인가 업계에서 사라질 것인가, 양자택일의 문제일 뿐이다."

지속적인 치료 제공하기
(Providing Ongoing Care)

병원에서 뿐만 아니라 전문 클리닉에서도 PC와 웹 기술은 환자 치료에 많은 혜택을 제공하고 있다. 버지니아주 노펵에 있는 센타라 헬스 시스템(Sentara Health System)사는 버지니아주 남부 지역과 노스캐롤라이나주 북부 지역에 건강정보 · 서비스를 제공하는 회사이다. 이 회사는 환자들이 병원에서든 집에서든 인터넷을 통해 의사들과 접촉하여 지속적인 치료를 받을 수 있게 해준다.

센타라는 인트라넷 방식의 응용프로그램인 「SpinWeb」을 개발, 5,000명의 사무소 직원들과 2,000명의 의사들로 구성된 조직 전체가 웹을 통해 환자의 기록과 다른 병원의 정보시스템에 즉각 접속할 수 있게 하고 있다. 의사들은 사무실이나 집에서 센타라의 PC 서버에 전화로 접속하여 환자의 현재 건강상태를 확인하고, 진료기록과 퇴원기록, 환자의 기타 근황, 의학적인 참고자료, 보험 정보 등을 파악한다. 외과의사는 수술 전날 밤 전화접속으로 환자의 건강상태를 체크해 볼 수도 있다. 의사들은 원격지에서도 PC를 통해 「SpinWeb」에 접속하여 환자에 대한 진료기록과 각종 서류들을 검토 및 작성하고 전자 서명을 할 수 있다. 의사들끼리 또는 회사와 의사들 간에 e-mail을 통한 통신도 가능하다.

「SpinWeb」의 이런 기능들은, 환자 치료시 일상적인 단계를 완료할 때마다 의사들이 종종 멀리서 차를 몰고 직접 병원으로 와야 하는 번거로움을 덜어 주었다. 더불어 모든 서류처리 과정이 디지털 방식으로 대체됨으로써 행정적인 업무 부담도 거의 덜게 되었다.

당뇨병과 같은 여러 중증 환자들을 위해 센타라에서는 웹을 통해 질병관리 교육을 실시하고, 매일 그들의 상태를 점검한다. 현재 센타라의 생활환경 조사원(caseworker)들은 웹을 통해 중환자들을 대상으로 매일 혹은 하루에도 수차례 예방 차원의 건강진단을 실시하여 혈당치와 다른 주요 건강지표들을 검사한다. 머지않아 환자들도 「SpinWeb」을 이용, 인터넷에 접속하여 생활환경 조사원들이나 의사들에게 매일 제공되는 자신의 보고서를 열람할 수 있게 될 것이다. 뿐만 아니라 「SpinWeb」 응용프로그램은 조만간 스스로 임시조치를 선택해 환자들에게 권하게도 될 것이다. 가령, 어느 환자의 혈당치가 기준치보다 낮다면, 「SpinWeb」은 그에게 오렌지 쥬스를 한 잔 권할지도 모른다. 이와는 달리 생활환경 조사원이나 의사는 주로 원거리에서 환자를 위한 사전 예방 차원의 치료를 제공할 수 있다. 「SpinWeb」은 또한 환자들에게서 주기적으로 나타나는 증상도 파악할 수 있게 해준다. 예를 들어 어느 당뇨병 환자의 혈당치가 항상 오후 4시경에 급격히 높아진다는 사실이 드러나면, 담당의사에게 환자의 식이요법을 변경하도록 권할 수 있게 되는 것이다.

「SpinWeb」과 같은 인터넷 방식의 응용프로그램들을 이용해 센타라는 서비스를 제공하는 지방의 의사들이나 환자들과의 정보 접근을 점차 확대해 나가고 있다. 어떤 환자를 인근 도시의 전문의에게 위탁한 후에도 지방의 담당의사는 「SpinWeb」상에 올라온 보고서를 통해 그 환자의 상태를 계속 지켜볼 수 있다. 머지않아 환자가 외부 지역에서 치료를 받아야 할 경우 「SpinWeb」은 정식으로 인가 받은 의료팀 누구에게나 그 환자의 의료기록을 온라인으로 제공할 것이다. 센타라는 전화용 응급 의료카드를 만들어 다른 의료시설에서 센타라의 웹 사이트에 무료로 전화접속할 수 있도록 할 계획이다. 그렇게 되면 타지의 의료팀 역시 지역 담당의사만큼 상세하게 이송된 환자의 병력을 파악할 수 있게 될 것이다.

잠재적 위험요소 추적하기
(Tracking Unseen Medical Dangers)

정보기술은 신속한 환자 관리 및 의사와 환자간의 지속적인 상담치료에 기여할 뿐만이 아니라, 질병의 증상과 치료에 관한 장기적인 자료 확보와 분석을 통해 보다 개선된 치료책을 개발하는 데에도 기여할 수 있다. 미국 공군은 현재 수집·분석한 자료를 활용해 건강을 위협하는 위험요소들로부터 해외 주둔 병력을 보호하는 선두주자이다.

베트남전과 걸프전에서 돌아온 일부 병사들은 의사들도 그 원인을 알 수 없는 병증을 호소했다. 베트남 참전 용사들의 병증은 일반적으로, 미군이 밀림에 투하한 고엽제에 노출되었기 때문이라고 믿어졌다. 하지만 "걸프전 증후군"의 원인에 대해서는, 유전 폭파로 발생한 오일 가스를 장기간 흡입했기 때문이라는 분석에서부터 이라크의 화학무기에 노출될 가능성에 대비한 백신 접종이 제때에 이뤄지지 못했기 때문이라는 추측에 이르기까지 그야말로 각양각색이었다. 뿐만 아니라, 걸프전 용사들이 보고한 희귀한 질병들의 수가 전투지역에서 복무하지 않은 병사들이 보고한 수보다 적다는 연구결과도 제기되어 혼동이 가중되었다. 전투기간과 그 후에 일어나는 증상을 꾸준히 추적하지 않고, 발병 원인으로 짐작되는 사건들에 대해 꾸준히 분석하지도 않은 상태에서는, 어느 누구도 그러한 질병들의 원인은 고사하고 전쟁과 관련이 있는지 여부조차 확신을 가지고 말하기 어렵다는 것을 알 수 있다.

1990년대 중반, 걸프전 증후군에 대한 관심이 불거지자 미 공군 방공 사령부(U.S. Air Force's Air Combat Command) 소속 의무단장이었던 클라우스 샤퍼(Klaus Schafer) 준장은 중대한 결심을 했다.

"나는 나의 부하들이 고엽제 후유증이나 걸프전 증후군 같은 일들을 두 번 다시 겪지 않도록 하겠다. 그들이 어떤 환경에 투입되고 무슨 일을 겪는지 확실하게 파악해야겠다."

　　병사들이 투입되는 지역환경에 대한 건강 관련 자료들을 수집하려
면 야전용 임상정보시스템이 필요하다고 판단한 샤퍼 장군은, 미 국방
성 산하 의료기관인 MHS(Military Health Searvice, 군 의료 서비
스센터)에 가서 그러한 시스템의 개발을 지원해줄 것을 요청하였다.
MHS 측에서는 그런 정보시스템이 훌륭한 발상이라는 데에는 이견이
없었지만, MHS가 그것을 지원할 만한 역량을 갖추려면 앞으로 2~3
년은 더 있어야 된다는 입장을 밝혔다.

　　그러나 한시가 급한 터였다. 샤퍼 장군과 휘하의 수석 정보담당관인
에드워드 클라인(Edward Kline) 중령은 일단의 기술 전문가들과 힘
을 합하여 일반 PC 소프트웨어와 휴대용 컴퓨터, 저가의 서버를 중심
으로 정보시스템 개발에 착수하였다. 그들의 목표는 군 전문 용어로
"비전투적 상해와 질병"을 추적하고 분석하는 것이었다.(이는 전투에서
발생하는 부상을 제외한 모든 건강 문제들을 총망라하는 광범위한 범주를
일컫는다.) 마침내 「Desert Care」라고 불리는 응용프로그램이 탄생했
다(Desert Care, 즉 '사막의 치료'라는 명칭은 걸프전의 작전명이 '사막
의 폭풍'이었던 데 기인한다 - 譯註). 「Desert Care」는 특정 지역에 대
한 질병을 정확히 진단하고 질병의 동향을 파악하도록 지원하는 프로
그램이다. 또한 병사들의 보건상태를 추적해, 적군에 의한 눈에 띄지
않는 건강 위협 행위들을 적발해낼 수도 있다.

　　「Desert Care」 개발에 소요된 시간은 총 넉 달이었고, 소요비용은
20만 달러에 불과했다. 현재 「Desert Care」는 서남 아시아, 즉 페르
시아 만과 중동 지역에 배치되어 매년 순환 근무하는 2만 8천 명의 공
군 병력을 관리하고 있다. 앞으로 1년 이내에 미 공군 전체에 걸쳐 적
과 대치중인 최전선에 「Desert Care」 도입이 제도화될 것이고, 수십
개의 지역과 수천의 병력에 대한 의료정보를 제공하게 될 것이다. 현
재 미 육군과 해군도 「Desert Care」 시스템 도입을 긍정적으로 검토
하고 있으므로, 그 영향력은 더욱 확대될 전망이다.

개인 및 전체 공군병력 보호하기
(Protecting Individuals and the Entire Force)

「Desert Care」 이전에는 병사 한 명이 병에 걸리면, 그것은 다른 과정과는 전혀 관계없는 개별적인 증상으로 취급되곤 했다. 그 병에 대한 의약처방이 내려지고, 서류에 기입된 다음에는 잊혀지기 일쑤였다. 하지만 이제 공군 소속 군의관은 병사들을 치료한 후 그 자료를 휴대용 컴퓨터에 입력한다. 이 정보는 다시 e-mail을 통해 미국 본토로 전송되어 전선 도처에서 도착한 정보들과 통합된다. 미국 내 대학과 군(軍) 소속의 통계학자들로 이루어진 몇몇 팀들은 그 자료들을 분석하여 기준을 마련하고, 의학적인 관점에서 전체적인 상황을 파악한 후, 발발 가능성이 있는 질병을 주시한다. 그러다 같은 공군기지 내 혹은 반경 300마일 내에서 다른 군인들이 유사한 증상을 보고하면, 공군은 즉시 그에 대한 대책을 세우고 대응할 수 있게 된다. 이러한 디지털 시스템의 궁극적인 목표는 적의 화학 및 생물학적 공격시 신속한 대응을 펼쳐 "군사력을 보호"하는 데 있다.

「Desert Care」는 질병이 보고된 시간과 유형을 파악하여 어느 특정한 공군기지 주방의 위생수준이 낮다고 지적함으로써 재빨리 자신의 진가를 입증하였다. 그다지 중대한 사안은 아니었지만 그래도 이런 디지털 정보시스템이 없었다면 공군 당국에서 문제를 파악하고 위생설비를 개선하는 데 몇 주일은 걸려야 했을 것이다.

또한 「Desert Care」 시스템은 전역군인들의 치료에 유용하게 쓰일 방대한 양의 기준자료도 확보해 놓고 있다. 가령, 쿠웨이트에서 귀향한 지 1~2년이 지난 어느 현역군인이 메릴랜드주 소재 앤드류 공군기지 의료센터(Andrews Air Force Base Medical Center)에 찾아가 간헐적인 어지럼증과 우울증을 호소했다고 치자. 군의관들은 자료를 검색해보고 그가 쿠웨이트에서 복무하던 기간 동안 그 지역에서 무슨 일이 있었는지 알아낼 수 있을 것이다. 당시 쿠웨이트에서 그와 똑같은 증상을 호소한 사람은 없었는가? 현재 유사한 증상으로 고통받는 다른 퇴역 군인들은 없는가? 쿠웨이트로 투입되기 전에 그는 탄저병 예방접종을 받았는가? 어느 특정한 때와 장소에서 일어난 어떤 사건이 이런 증상들이나 유사한 문제들과 상호 관련이 있기만 하면, 「Desert Care」는 의사들이 그것을 알아낼 수 있도록 돕는 것이다.

이제 샤퍼 준장은 작전지역 전반에 걸친 의료문제를 탐지할 수 있도록 「Desert Care」 시스템의 성능을 한층 더 강화시킬 계획이다. 이 시스템이 상업용으로 이용 가능해지면, 그는 휴대용 DNA검사 장비(handled DNA probes)를 도입하여 의료진들이 환자의 혈액과 소변 샘플을 채취하여 즉석에서 바로 박테리아나 바이러스에 대한 진단을 내릴 수 있게 할 예정이다. 이 계획이 실현되면 「Desert Care」는 진단용 도구인 동시에 야전 치료용 도구로서 기능하게 될 것이다. 뿐만 아니라, 해외 주둔 군의관과 위생병들은 디지털 카메라 장비를 갖추고 손상된 피부나 다른 증상들에 관한 사진을 찍을 것이다. 그들은 이 사진들을 다시 종합 전자 건강기록부에 입력하게 되고, 이 자료들은 본국(미국)에서의 진단을 보조하거나 병증을 소급 검토하는 데에 활용될 것이다.

세계 곳곳에 분포되어 있는 군 병력의 의료기록을 장기적으로 분석한 결과는 또한 민간 차원의 활용을 위한 좋은 토대가 된다. 민간 차원에서는 따로 전문적인 연구를 수행하지 않고서도 이런 디지털 자료를 활용하여, 다양한 인구 집단(기지 주둔 병력)을 대상으로 환경, 유전적 성향, 연령, 성별 요인들과 각종 질병간의 장기적인 상관관계를 규명하는 연구를 진행할 수 있는 것이다. 사실 미국 중서부에 있는 어느 종합병원에서는 더욱 심각한 합병증 유발을 막을 수 있는 효과적인 치료법을 규명하기 위해 민간인 환자 집단의 상태를 장기적으로 추적하는 실험을 진행중이다.

완벽한 의료 체계를 위하여
(Evolving a Complete Health Care System)

여러분이 거주하는 지역의 의료체계가 지금까지 설명한 구성요소들

위에 구축되어 있다고 한번 상상해보자. 정보처리 기능을 지녀 대응력
이 뛰어난 응급시스템이 환자를 재빨리 병원으로 후송하고, 환자의 의
료기록에 관한 모든 중요한 정보와 현재의 건강상태가 즉시 병원에 있
는 컴퓨터로 전송된다. 의사는 터치 스크린이나 키보드, 전자펜, 혹은
(곧 실용화 될) 음성인식 시스템을 이용하여 환자에 대한 치료를 지시
한다. 디지털 지시들은 병원 내 검사실과 약국에도 전달된다. 검사실
에서는 PC 방식의 기계들을 이용해 검사결과를 전자적으로 게시한다.
이 보고서들뿐만 아니라 기타 다른 보고서들 역시 의사들이 환자 곁에
있건 다른 곳에 있건 쉽게 살펴볼 수 있도록 온라인 방식으로 처리된
다. 승인된 임상적 개선책과 '충돌'을 일으킬 소지가 있거나 이에서 벗
어나는 처방이 내려지면 자동경보가 발생한다. 진료명세서와 청구서는
자동으로 처리된다. 트랜잭션 프로세스 시스템(transaction-process-
ing-system)이 부정행위나 부당 이용을 탐지하고, 시간이 지남에 따
라 적절한 대응책을 습득해 나간다. 종래에는 일과시간의 반 이상을
서류업무에 할애해야 했던 의사와 간호사들이 전적으로 환자 치료에
전념한다. 각종 검사 결과와 진료비 청구서는 이해하기 쉽고 명료하게
환자 및 가족에게 제시된다. 환자의 모든 치료 및 의료정보가 장기간
에 걸쳐 자동적으로 평가되어 부작용을 막는 데 도움을 준다.

환자의 추후 건강관리 일정도 자동으로 수립된다. 환자는 인터넷을
통해 의학정보를 조사하여 더 많은 정보를 알게 되고, e-mail이나 직
접상담을 통해 건강상담원과 상담하게 된다. 환자는 또한 e-mail을 이
용하여 건강문제에 대한 질문을 하고, 현재 진행되는 건강 프로그램에
대한 조언을 받거나, 약물투여가 종료시점에 이르렀음을 알리는 통보
를 받기도 한다. 환자가 병원을 바꾸면 환자의 의료기록이 즉시로 따
라간다. 사라진다거나 혹은 몇 달 후에야 환자가 옮긴 곳에 나타나는
일이 없는 것이다. 의료기록은 평생 동안 환자를 따라다닌다. 의사들
은 환자의 의료기록을 토대로 혈압과 콜레스테롤 수치, 기타 건강지표
들의 최근 상태를 확인하며, 심각한 문제가 발생할 징후가 있는지 찾
아본다. 환자가 거주하는 지역 공동체에 관한 체계적인 의료분석 덕택
에 보건 당국은 심상치 않은 공공의 보건 추이에 대해 그 어느 때보다

원격 의료를 통한 치료와 교육의 향상
(Distance Medicine to Improve Treatment, Training)

P C 방식의 화상 기술(PC-based video technology) 역시 의학의 국면을 변화시키고 있다. 아카디언 앰뷸런스는 육지에 있는 의사들과 멕시코 만 유전기지에 파견되어 있는 100여 명이 넘는 응급처치 전문가들을 PC 방식의 TV를 이용하여 연결할 계획이다. "원격 의료(telemedicine)"가 현실화되면 환자 진단과 현장 치료 수준이 향상될 것이고, 매번 4,000 ~12,000달러의 연료비를 써가며 응급 헬기를 보내는 횟수가 대폭 줄어들게 될 것이다.

호주 정부는 원격 의료를 활용하여 호주 내의 외딴 지역뿐만 아니라 동남아시아의 다른 지역들에까지 의료서비스를 확대하고 있다. 말레이시아에서는 PC 방식의 TV 기술을 토대로 하여 자국 내 전역에 걸쳐 "원격 보건관리(telehealth)" 프로그램을 실시할 계획이다. 그 목표는 단순히 급성질환에 대한 의료지원에만 있지 않고, 국민들이 심장병과 기타 생활방식과 관련된 서구형 질병들을 피할 수 있도록 도와주는 평생 예방 프로그램을 제공하는 데 있다.

미국에 있는 콜롬비아/HCA 병원은 인터넷 방식의 화상 기술(Internet-based video)을 이용하여 의사들에게 의료 교육을 실시하고 있으며, 인터넷을 통해 심장수술 실황을 중계한 최초의 병원이다. 의사들은 화상으로 수술기법에 대해 설명하였고, 뒤이어 슬라이드 프리젠테이션을 통해 기술적인 세부사항을 제공하였다. 그 비디오는 언제라도 반복 재생될 수 있으므로 콜롬비아의 모든 클리닉과 병원 산하의 외과의사들은 이런 기술이 아니었다면 이용할 수 없었을 최신 수술기법을 접할 수 있는 셈이다.

인터넷은 또한 직접 참석할 수 없는 사람들을 위해 중요한 의학계 회의를 중계하는 데 활용되고 있다. 최초의 중계는 1998년 봄 HIV(에이즈바이러스) 환자들에 대한 임상치료 및 현안들에 관해 존스 홉킨스 대학에서 열린 두 차례의 회의였다. 수천 명의 온라인 참가자들이 존스 홉킨스 대학에서 앞으로 개최될 몇몇 AIDS 관련 회의 — 이 중 하나는 3개 국어로 방송될 예정이다 — 및 다른 회의들도 화상으로 중계할 것을 권유하는 긍정적인 피드백을 보내왔다.

도 더 빨리, 더 정확하게 대처할 수 있다.

만약 의료기관들이 PC와 웹 기술을 토대로 정보시스템을 구축한다면, 위와 같은 능력들을 갖추는 데 터무니없이 막대한 비용을 들여야 할 필요가 전혀 없다. 의사, 병원, 의료보험 관리기관들을 포함하는 통합 의료정보 시스템 구축에 필요한 비용은 사실 천차만별이다.《의학과 건강(Medicine & Health)》지에 의하면, 대형 병원이나 건강관리 기관, 여타 의료기관의 경우, 초기 단계에 매년 5백만~5천만 달러의 비용이 든다고 한다. 여기서 최대 비용 5천만 달러는, 호환성이 없는 시스템들을 계속 사용하고, 최첨단 전문 진단장비를 사용하며, 의료시스템의 개발을 거대한 단일 프로젝트로 밀고 나가는 경우를 전제한 금액이다.

PC는 점차적으로 일반 소프트웨어 이용을 늘려가는 단계별 접근방식을 가능하게 해준다. 이 장(章)에서 예로 든 의료정보 시스템들은 각기 독립적으로 개발되었음에도 한결같이 단기 및 장기적인 관점에서 환자를 치료할 수 있는 대부분의 치료법들을 포함하고 있다. 이 시스템들은 PC 플랫폼을 토대로 구축되었기 때문에, 막대한 시스템 통합 비용을 들일 필요 없이 간단히 서로 연결해 사용할 수 있다. 또한 현재, 초음파, 인체 스캐너, 혈액 · 조직 분석기 같은 전문장비들의 프론트-엔드로 PC를 이용하는 추세가 급격히 늘고 있기 때문에, 비용도 더 내려갈 것이고 자료 통합도 더 쉬워질 것이다. 오늘날의 PC는 시간당 수십만 건의 요구와 질문들을 처리할 수 있을 정도로 강력한 성능을 지니고 있다. 의료기관들은 필요에 따라 PC를 기존의 백-엔드 시스템에 연결할 수도 있다. 만약 이 장(章)에서 설명한 모든 소프트웨어들이 단일 솔루션으로 구현된다면《의학과 건강》지가 밝힌 5백만 달러보다도 적은 비용으로 의료정보 시스템을 구축할 수 있게 될 것이다.

물론 이만한 금액이 결코 적은 돈은 아니다. 그러나 현재 대부분의 의료기관이 서류방식으로 업무를 처리하며 독립형 응용소프트웨어들을 사용하는 데 드는 비용을 고려하면 상대적으로 적은 비용이라고 할 수 있다. 1조 달러가 넘는 미국 전체 의료업계의 연간 총수입 중에서 서류업무에 들어가는 비용이 20~30%에 달한다. 금액으로 환산하면

2천억 내지 3천억 달러로, 상당수 국가들의 GNP보다도 훨씬 많은 액수이다.

오늘날 개인병원 사무실들에 정보시스템이 갖추어져 있지 않다는 것이 치료의 수준을 향상시키는 데 가장 큰 걸림돌이 되고 있다. 미국 내 개업의(開業醫)들 중 단 5%만이 임상 치료에 정보시스템을 활용하고 있는 실정이다. 개업 의사의 사무실 한 개당 정보시스템 구축비용은 1만~5만 달러가 들지만, 이는 곧 상쇄할 수 있는 금액이다. 루이지애나주 하몬드에서 5명의 의사가 운영하는 어느 클리닉은 자료 입력이 용이한 PC 의료정보 시스템에 5만 달러를 투자했다. 그 결과 이 클리닉은 첫해에만도 행정업무에서만 6만 달러의 경비를 절감하였다.[2]

의료계 전반에 걸쳐 정보시스템 구축에 대한 논의가 활발하지 못한 게 현실이기에, 디지털 정보를 토대로 의료체계를 재구성하려는 의료기관들의 책임 있는 노력이 더욱 절실히 요구된다고 본다. 현재, 효과적인 의료정보 시스템을 구축하는 데 기술적으로 문제가 되는 부분은 전혀 없다. 공통의 인프라스트럭처와 디지털 도구에 투자하게 되면 개발비용이 엄청나게 줄어들 뿐만 아니라, 사회 전체적으로 의료 수준을 발전시키는 데에도 큰 도움이 된다. 앞으로는 두 부류의 사람들이 새로운 변화를 주도해 나갈 것이다. 한 부류는 자신의 건강에 적극적인 관심을 갖고 보다 많은 정보를 원하는 총명한 환자들이고, 다른 한 부류는 효과적인 치료법 개발을 위해 새로운 정보기술 도구를 활용하는 인터넷에 능통한 의료 전문가 집단이다. 그들은 디지털 신경망을 활용하여 개별적인 모든 의료기관들을 효과적으로 통합된 단일 의료체계로 탈바꿈시킬 것이다.

---

2. 프레드 바졸리(Fred Bazzoli), "환자 기록의 자동화(Automating Patient Records)", 《윈도우즈 인 헬스케어(Windows in Healthcare)》지, 1998년 여름호, 20~28쪽.

비즈니스 교훈

□ 웹 생활양식은 환자들이 자신의 건강에 대해 더 많은 정보를 갖고 스스로의 건강에 대해 더 큰 책임의식을 갖게 만든다. 웹 생활양식은 환자와 의사가 서로 의사소통할 수 있는 새로운 방식을 제공한다.

□ 의료보험 관리체제는 경제적 추진력을 제공하여 정보체계를 임상 진료로까지 확장하였다. 그러나 디지털 시스템의 진정한 혜택은 개선된 치료 수준에 있다.

□ 디지털 시스템은 응급서비스, 병원 치료, 지속적인 건강관리, 동향 분석 등 일련의 의료과정 전반에 걸쳐 환자의 건강상태 및 필요 사항에 관한 전체적인 모습을 조망해 낼 수 있는 방식을 제공한다.

디지털 신경망의 진단

□ 환자의 의료기록이 응급서비스로부터 병원과 의사에게로 원활히 흐를 수 있게 한다는 생각을 가지고 의료시스템을 설계하고 있는가?

□ 디지털 신경망이 의료진들의 서류업무를 감소시켜 환자에게 전념할 수 있도록 하는가? 디지털 신경망이 의사들의 의료결정을 지원하는가?

□ 여러분의 환자가 병원을 옮기게 된 경우, 다른 의료기관으로 의료기록을 제공하는 것이 용이한가?

□ 가까운 장래에 환자들이 웹을 통해 대화를 요구할 것에 대비해 준비하고 있는가?

제 20 장

국민을 위한 행정
(Take Government to the People)

우리는 국민들에게 권한을 부여하여 관료체계를 거칠 필요 없이 스스로 움직일 수 있게 해주어야 한다. 관료들로서는 때로 이 점을 이해하기가 힘들 수도 있다. 그러나 정부기관들은 시민의 봉사기관이지, 시민들을 규제하고 관리하는 기관이 아니다. 한 가지 간과하고 있는 게 있다. 시민들 스스로 문제를 해결해 나갈 수 있도록 돕는 게 얼마나 재미있고 보람찬 일인지를 모르고 있다는 것이다.
— 빌 린더, 플로리다주 총무처 처장

정부는 디지털 프로세스가 주는 업무 효율과 서비스 개선으로 아마 다른 어떤 조직체보다 더 많은 혜택을 볼 수 있을 것이다. 선진국들은 종이를 쓰지 않는 업무처리 방식을 개발하여 복잡한 절차를 줄이는 데 앞장서 나갈 것이다. 개발 도상국가들 역시 앞으로는 번거로운 서류 절차가 필요 없는 새로운 차원의 대민 서비스를 제공할 수 있게 될 것이다. 그러나 현재로서는 대부분의 정부들이 디지털 시대의 여러 도구를 사용하는 데 있어 기업들보다 훨씬 뒤쳐져 있는 실정이다. 뿐만 아니라 정부업무가 아직 온라인화 되어 있지 않은 까닭에, 디지털 방식으로 가고 있는 기업들까지도 각종 서류형식에 얽매이지 않을 수 없는 현실이다.

이렇듯 정부가 뒤쳐져 있는 이유는 예산 부족 때문이라기보다는 조직 차원의 역량 집중 능력이 부족하기 때문이다. 정부의 업무처리 방식이란 게 대체로 서류 및 인력 집중형이기 때문에, 전에는 "업무 효율화(streamlining)" 지침이 내려진다는 건 곧 대민 서비스가 줄어든다는 것을 의미했다. 하지만 입법부에서는 대개 각 정부기관들이 편의에 따라 대민 서비스를 줄이는 것을 엄격하게 금하는지라 정부기관들은 그저 고전하고 있을 뿐이다. 그렇다고 해서 대민 서비스의 수준을 높일 수 있도록 공무원들에게 성과급을 지급하거나 동기를 부여하는 제도적인 장치가 제대로 갖추어진 것도 아니다. 결국 국민들이 달리 이용할 수 있는 세무서나 인 · 허가 사무국이 따로 없는 상황에서, 정부기관들은 국민과 기업들의 광범위한 요구보다는 그들 내부조직의 필요와 편협한 지침에 집중하고 있는 꼴이다. 미국에서 보육원 종사자를 고용하는 경우를 예로 들면, 고용주는 다른 무엇보다도 먼저 관련된 공공기관이 5개나 되며, 그것도 각기 서류양식이 다르다는 사실을 알아야 한다. 이러한 행정 절차상의 복잡함이 사람들로 하여금 법을 안 지키게 만드는 것이다. 법률 준수도가 낮은 이유가 단지 세금 납부를 피하고자 하는 의도에만 있는 것이 아니라는 의미이다. 그밖에도 다른 많은 경우에서 볼 수 있듯이, 정부는 일반 시민들과 기업들에게 있어 그저 서로 조화롭게 기능하지 못하는 기관들과 규칙들로 구성된 위협적인 집단으로 밖에 보이지 않는다.

그러나 디지털 프로세스와 웹 생활양식을 도입하게 되면, 정부는 관료적인 복잡한 절차에서 벗어나는 동시에 조직 전체에 일대 혁신을 일으킬 기회를 갖게 될 것이다. 정부는 나라 전체에 디지털 시대가 구현되도록 돕기 위해 5개의 주요 단계를 추진해야 한다. 처음 두 단계는 대민 서비스 개선과 관계가 있고, 나머지 세 단계는 기업들이 디지털 시대에 걸맞은 경쟁력을 확보할 수 있도록 인프라스트럭처를 구축해주는 것과 관계가 있다.

1. 공무원들의 업무에 e-mail을 도입하여 복잡한 서류처리 과정을 없애라. 정부조직 내에서 공유되는 모든 정보를 반드시 디지털로 전환하라.
2. 대민 서비스를 사용자 위주의 인터페이스가 갖추어진 온라인 방

식으로 전환하라. 정부에서 발행하는 모든 문건을 인터넷상으로
제공하라.

3. 민관 공동 프로젝트를 위주로 하되 때로는 재정적인 지원을 통해
서라도 정보기술을 보유한 기업들의 투자를 유도하고, 전자상거
래를 활성화시켜라. 기업과 일반인을 위해 전자 인ㆍ허가 체제를
확립하라.

4. 원격통신 사업 분야의 규제를 과감히 철폐하고 원격통신 인프라
스트럭처에 대한 대규모 투자를 장려하라.

5. 모든 수준의 교육 및 훈련 체계에 정보기술을 일정 부분 이용함
으로써 국민의 정보 사용능력을 향상시켜라.(이 부분은 22장에서
다루어진다.)

서류업무를 전자출판 방식으로 대체하라
(Replacing Paper Flow with Digital Publishing)

기업과 마찬가지로 정부 역시 정보기술에 투자하여 e-mail과 생산
성 제고용 도구를 활용함으로써 업무의 효율을 높일 수 있다. 선진국
에서는 지위 고하를 막론하고 공무원들이 업무에 PC를 활용하고 있
다. 개발 도상국가들도 많지 않은 비용으로 조직 내에 PC 인프라스트
럭처를 구축할 수 있다. e-mail만 사용하더라도 각 부처들간에 업무협
력이 증진되어, 공무원들의 대민 서비스가 신속해질 수 있다. 현재, 미
국의 일부 상ㆍ하원 의원들은 선거 구민들과 접촉하기 위해 e-mail을
이용하기 시작했으며, 호주 의회에서는 선거 구민들의 질의 사항에 대
한 확실한 사후검토를 위해 '디지털 업무 흐름(digital work flow)'을
활용하고 있다.

정부는 서류업무를 디지털 정보의 흐름으로 대체하기 위한 정책을
수립해야 하고, 모든 문건은 인터넷을 기본으로 하여 발표해야 한다.
인쇄된 문서는 예외적으로 쓸 수는 있어도, 원칙이 되어서는 안 된다.
이로 인한 경비절감만도 엄청날 것이다. 미국 정부만 보더라도 웹상으

로 이미 이용 가능한 문서들을 인쇄하느라 매년 10억 달러의 비용을 지출하고 있다. 이런 인쇄물 중 대다수―연방정부 공식 문서 3천만 부, 청문회 보고서 1백만 부, 백악관 예산 문서 6만 5천 부―가 이미 온라인 연결이 되어 있는 사무실에서 근무하는 공무원들에게 제공하기 위해 찍히는 것들이다. 이런 인쇄물들은 결국 워싱턴에 있는 쓰레기통에나 들어가는 신세가 되고 만다.

다른 예를 보자. 플로리다주 주정부는 산하 공무원들이 근무하는 건물의 위치와 주소, 사무실 전화번호를 온라인으로 출판하고 있어, 그간 전화번호부의 인쇄 및 배포에 소요되었던 29만 5천 달러의 비용을 절감했을 뿐 아니라, 매년 출간되는 연간 전화번호부에는 즉각 반영할 수 없었던 인사이동에 의한 오차율 30%도 없애고 있다. 이와 같은 간단한 조치를 50개 주와 연방정부로 확산시키기만 해도 엄청난 경비절감 효과를 얻게 될 것이다.

공무원의 임용 및 해임과 관련된 미 연방 법률이 담긴 문서를 모두 모으면 그 무게가 1,080파운드에 달하고, 군용 설탕과자에 관한 설명서는 15쪽 분량에 달한다. 정부는 자체 발행하는 모든 종류의 소책자를 웹을 통해 출판함으로써 경비를 절감하는 한편, 국민들의 정보 접근을 더욱 용이하게 만들 수 있다. 디지털 시스템은 특히 복잡한 규정들의 경우에 더욱 효과적이다. 화물용 항공기에 대해 정부가 제시한 입찰 자격요건이 담긴 문서를 모두 모으면 그 무게가 3.5톤에 달하지만, 이 방대한 자료는 단 두 장의 CD에 모두 집어넣을 수 있다.

온라인 대민 서비스 창구 개설
(Providing an Accessible Face to Government)

온라인 방식의 업무 전환이 단순히 서류업무 대체로 인한 경비절감 효과만을 안겨다주는 것은 아니다. 웹 기술은 모든 행정조직들로 하여금 주민들에게 중요한 모든 정보를 체계적으로 제공하는 단일화된 "온라인 대민 서비스 창구"를 개설할 수 있게 해준다.

예를 들어, 스웨덴의 몇몇 지방자치단체들은 정부의 각 부처에서 제공하는 각종 대민 서비스들을 관련 사안별로 체계화하여, 웹 페이지를 통해 주민들에게 제공하고 있다. 주민들은 세무서와 국민보험 관리공단, 여권 사무국 등의 위치를 웹상에서 신속하게 찾아낼 수 있으며, 각종 회의들의 의사록이나 기타 공문서를 접할 수도 있다. 그리고 인터넷이나 키오스크를 경유해 차량에 부착된 센서로 들어오는 실시간 교통정보도 이용할 수 있다. 키오스크는 공중용으로 고안된 컴퓨터이다. 공중전화나 현금자동입출금기처럼 이용할 수 있는 컴퓨터인 셈이다. 미국의 오하이오주에서는 공공과 민간 부문의 모든 구인정보를 제공하는 웹 페이지를 운영하고 있다.

호주의 빅토리아주에서도 「MAXI」라는 온라인시스템을 구축하여, 단일화된 대민 서비스를 제공하고 있다. 「MAXI」는 개인의 법적 신분을 바꾸거나 신고할 의무가 있는 "민생 사안", 이를테면 혼인신고나 전출입 신고, 주민등록 등을 처리하는 온라인시스템이다. 주민들은 거주지가 바뀌는 경우에 PC나 공공 키오스크를 통해 변경된 정보를 한 번만 입력하면 된다. 나머지는 웹 응용프로그램이 맡아서 처리해준다. 즉, 주 산하 4개 관계기관의 기록들을 자동으로 갱신해주는 것이다. 따라서 주민들은 여러 관계기관의 위치나 행정절차가 아니라, 자신이 원하는 바만 알고 있으면 된다. 현재, 「MAXI」는 한달 평균 2만 건의 대민 행정업무를 처리하고 있으며 점점 그 처리량이 늘어나는 추세이다.

영국의 햄프셔주 의회(Hampshire County Council)는 새로운 사업지역을 물색중인 기업들을 유치하여 지방경제를 활성화시키기 위한 노력의 일환으로, 행정구역 내 모든 관련 재원들－사무용지(事務用地), 교육시설, 위락시설 등등－에 대한 모든 정보를 하나의 웹 사이트에 담아 제공하고 있다. 만약 여러분 중에 이런 종류의 웹 사이트를 개설하여 여러분이 사는 지역에 관심을 갖게끔 사람들을 유인하고 싶다면, 그들이 e-mail을 통해 세부적인 문의를 하기 쉽도록 웹 사이트를 구성하는 데 유념하기 바란다.

누구나 이용하기 편리한 온라인 대민 서비스 창구
(Providing Access to Every Citizen)

　인터넷은 정부와 국민들이 효과적으로 교류할 수 있는 최선의 수단이므로 모든 국민들이 이용할 수 있게 해줘야 한다. 개인적으로 PC를 보유하고 있지 않더라도 말이다. 여기에 유용한 게 바로 전자 키오스크이다. 전자 키오스크는 모든 국민이 정부와 함께 새로운 작업 방식에 동등하게 참여할 수 있도록 해줄 것이다. 우체국, 도서관, 학교 및 기타 공공 건물에 설치된 키오스크는 정부의 문서 배포비용을 삭감시켜주는 한편, 대민 서비스 향상에도 일조할 수 있다. 호주 정부는 공공 게시판을 통한 색인카드 시스템을 이용하던 구인정보 제공 업무를 디지털 키오스크로 대체하였다. 키오스크는 전보다 더욱 완벽한 최신 정보를 제공할 뿐만 아니라, 가령 공장폐업 등으로 어느 지역에 갑자기 대량 실업이 발생한 경우에 정부에서 새로운 전담 부서를 마련하느라 시간을 들일 필요 없이 신속하게 실직자 지원 서비스를 제공할 수 있게 한다.

　키오스크나 PC를 통해 이용할 수 있는 온라인 대민 서비스 시스템을 다용도로 활용하게 되면, 정부는 최상의 경비절감 효과를 얻을 수 있고, 국민은 유용한 서비스를 받을 수 있다. 그러므로 정부는 국민들이 줄 서서 기다려야 하거나 양식을 작성해야 하는, 다시 말해 이름, 주소, 주민등록번호 등을 기재해야 하는 모든 대민 행정업무에 대해 재고해봐야 한다. 그리고 모든 대민 행정업무를 처리할 수 있는 일원화된 시스템을 개발하기 위해 관련 기관들의 공조체제를 이끌어내야 한다. 아일랜드 정부는「An Post」라는 우편 서비스를 개발하여 매우 큰 성공을 거두고 있다.「An Post」키오스크는 우표를 자동판매할 뿐만이 아니라, 복권 판매, 공과금이나 각종 권리세 수납, 여권 및 각종 차량 면허증 발급, 생활 정보 및 재테크 정보 제공 등 그야말로 생활과 밀접한 모든 서비스를 제공한다. 각각의 키오스크가 대여섯 개 행정업무를 혼자서 처리하는 미니 구청인 셈이다. 현재, 인구 2,000명 미만의 벽지들에 1,000여 대의 키오스크가 보급되어 매주 126만 명의 주민들―아일랜드 전체 인구의 절반―에게 서비스를 제공하고 있으며, 매년 90억 달러(미국 달러 기준)가 넘는 돈을 처리하고 있다. 더욱이 「An Post」 키오스크는 내용을 갱신하거나 새로운 응용프로그램을 추가하기가 매우 쉽다.

상거래 업무는 물론이고, 이같은 대민 행정업무에 있어서도 보안은 선결요건이다. 여기에는 두 가지 차원의 보안이 있다. 네트워크상으로 전송되는 개인정보의 보호와 거래를 실행하는 개인의 신분 확인이 그것이다. 네트워크상에서 이루어지는 그 어떤 거래의 기밀도 보호할 만큼 강력한 암호화 기술이 현재 존재하고 있지만, 암호화 기술 수출에 대한 미국 정부의 규제로 인해 소프트웨어 회사들은 그들의 제품에 암호화 기술을 통합시키는 데 있어 제한을 받고 있다. 이러한 규제로 말미암아 정직한 사용자들이 범죄의 표적이 될 수도 있으므로, 미국 소프트웨어업계는 정부의 태도를 변화시키기 위해 노력하고 있다. 그렇다고 현재 정부의 허가 아래 제품에 통합하고 있는 암호화 기술 대부분이 수준 미달이라는 얘기는 아니다. 사실, 전송중인 자료의 안전을 보장할 만큼은 충분히 강력하다. 디지털 자료는 어떤 다른 형식의 자료 못지않게 안전하다는 것을 잊지 말아야 한다.

사용자의 신분 확인도 개인 정보의 보호만큼이나 중요하다. 정부가 소지한 개인신상 정보에 사기꾼이 접근하거나, 허가 받지 않은 자가 자기의 은행 구좌를 열람하는 것을 원할 사람은 없기 때문이다. 이러한 신분 확인 문제 때문에, 오늘날 많은 정부들이 타인을 가장해도 문제가 발생할 소지가 없는 각종 면허 갱신과 자동차 등록, 세금 및 과태료 납부와 같은 업무들만 제한적으로 온라인화 하고 있다. 설사 누군가가 신분을 가장하여 교통위반 딱지를 대신 지불한다 해도 싫어할 사람은 없을 테니 말이다.

그러나 누군가가 신분을 가장하여 타인의 세금환급 내역을 알아보거나 투표권을 대리 행사하는 경우에는 큰 문제가 아닐 수 없다. 이에 대한 대비책이 바로 스마트 카드(smart card)이다. 현금자동입출금기에 현금카드를 이용하듯이, 스마트 카드를 이용하여 PC나 키오스크상의 신분확인 문제를 해결할 수 있는 것이다. 개인 신분증명 번호(PIN)

나 비밀번호, 혹은 지문이나 성문(聲紋)을 스마트 카드에 결합하면, 각 종 정부지원 수당이나 세금 및 공과금 납부 내역 등의 개인정보에 접근하는 사용자의 신원을 확실하게 확인할 수 있다. 스페인 정부는 누구나 터치 스크린상에 있는 메뉴를 선택하여 사회보장 수당과 관련된 일반 정보를 알아볼 수 있고, 연금수당 규모와 상세한 내역에 관해서는 스마트 카드를 이용하여 접근하도록 하는 새로운 키오스크 시스템을 도입할 계획이다.

스마트 카드가 이미 세계적으로 널리 이용되고 있는 은행카드와 별다를 바 없음에도 불구하고, 일부에서는 지나치게 많은 개인정보를 정부에서 관리하게 될까봐 우려하는 목소리가 높다. 이미 일부 국가에서는 개인에 관한 모든 정보를 단일의 스마트 카드나 데이터베이스에 담는 것을 금지하는 사생활침해방지법을 제정해 놓고 있다. 따라서 앞으로 일부 국가에서는 두 종류의 스마트 카드가 일반화될 것으로 예상된다. 하나는 정부기관이나 기업과 관련된 개인의 금융거래를 위한 것이고, 다른 하나는 의료용 스마트 카드가 될 것이다.

컴퓨터를 통해 광범위한 정보에 접근할 수 있게 되고 스마트 카드 하나에 대량의 정보를 저장할 수 있게 됨에 따라, 정보의 활용방식에 대한 문제가 사회적 차원의 쟁점으로 떠오를 것이다. 모든 사업장의 고용주들이 구직 신청자들의 전과기록을 파악할 수 있도록 허용해야 할 것인가? 아니면, 어린이와 관련된 업무를 담당할 직원을 뽑는, 이를 테면 학교와 같은 조직에게만 이런 것을 허용해야 할 것인가? 정당한 사용자와, 그저 남 얘기에 관심이 많아 이것저것 파악하려 드는 부류를 어떻게 구분할 것인가? 궁극적으로 이러한 문제들은 기술적인 문제라기보다는 정치적인 문제라 하겠다.

각국 정부들은 스마트 카드에 허용될 수 있는 개인정보의 종류에 관해 결정을 내려야 할 것이다. 스마트 카드를 개인의 신분 증명용으로만 국한시켜 사용하더라도, 대민 행정업무의 효율성을 높이는 동시에 부정한 수단이 개입될 여지를 없앨 수 있으므로, 투자할 만한 가치는 충분하다. 후생 복지비나 기타 공공요금 납부 자료를 신속하게 바로 중앙 회계관리용 데이터베이스에 전달하는 백-엔드 비즈니스 시스템

과 스마트 카드를 결합하여, 부정과세나 이중과세를 없애는 데 효과적
으로 활용할 수도 있다. 런던에서는「An Post」온라인시스템과 같은
용도로 개발된 키오스크 200개를 시범 운영하여, 첫 해만 해도 후생
복지비 부당 청구액을 75만 파운드 이상 감소시키는 성과를 얻을 수
있었다. 전체 1,500여 개에 달하는 우체국 모두에 키오스크를 배치할
경우, 연간 1억 5천만 파운드에 달하는 부당 지출을 없앨 수 있을 것으
로 예상된다.

디지털 방식에 의한 효율적인 정부 조직체계 구축
(Streamlining Government the Digital Way)

   정부가 디지털 시스템을 도입함에 따라, 소프트웨어는 주요 기능들
에 대한 특별한 작업 흐름 논리를 갖고 여러 가지 프로세스를 보다 효
율적으로 처리하게 될 것이다. 각국 정부의 입법, 사법, 행정부 산하
기관들을 위한 업무용 소프트웨어 솔루션들이 최근에 개발되었다.
   현재 미국의 몇몇 주 의회들은 법률 기초안을 마련하는 업무에 전자
시스템을 활용하고 있다. 이 시스템을 이용하면 대다수의 주에서 법안
의 기초 및 개정 작업을 위해 2년마다 소비하는 3백만 내지 5백만 달
러의 인쇄비를 들일 필요가 전혀 없다. 뿐만 아니라 PC 방식의 시스템
들은 그 처리 과정을 전자적으로 관리하므로, 서로 모순되는 내용들,
다시 말해 단일 법안 내에서나 다수의 법안들간에, 혹은 기존의 주 헌
법이나 국가 헌법의 조항들과 모순되는 내용들을 더욱 쉽게 추적할 수
있다. 또한 최종 법안이 토씨 하나 어긋남 없이 최초의 입법취지대로
만들어지도록 하기 위해 법률 기초안이나 개정안의 수정 과정들을 추
적·확인할 수 있다. 이러한 시스템에서는 웹 페이지를 갱신하기가 수
월하기 때문에 여러 주에서는 이 시스템을 이용하여 주민들에게 개정
법률과 의정활동에 관한 정보를 제공하고 있다.
   사법기관의 경우를 보면, 미국과 캐나다의 법원들은 현재 PC 방식
작업 흐름 시스템을 도입하여 소송 관련 문서들을 전자적으로 정리·

보관하기 시작했다. 미국의 전형적인 군(郡)법원에서는 매년 대략 50만 건의 문서들을 소송사건 일람표에 기입해야 하는데, 이 모든 것을 서기들의 수작업이나 컴퓨터 작업에 의존하고 있다. 그러다 보니 기초 사건 정보를 단독 사건 관리시스템에 입력하는 일이 다반사로 벌어지고 있는 실정이다. 플로리다주 레옹군(郡)에서는 이런 폐단을 막기 위해 현재, 변호사들이 소송사건 문서를 직접 e-mail로 법원에 제출하면 제출된 모든 자료를 소송사건 관리시스템에 자동으로 옮기고, 소송사건 접수 번호를 다시 e-mail을 통해 변호사들에게 보내는 시스템을 개발중이다. 레옹군(郡)에서는 다음 단계로, 법원의 소송관련 서류와 기타 부대 서류들과 같은 공문서를 웹을 통해 재판부와 주민들에게 제공할 계획이다.

　재판 일정을 관리하는 데도 소프트웨어를 활용할 수 있다. 현재 몇몇 주 법원과 연방 법원은 디지털 업무 흐름을 이용하여 재판 일정을 짜고, 변호사와 사법집행관들에게 통보하고 있다. 경찰들의 입장에서도 법정 대기시간이 줄어들어, 본연의 임무인 치안유지에 더 많은 시간을 할애할 수 있게 된 셈이다.

　정부 산하의 행정 실무 기관들도 행정부 특유의 문제들을 해결해주는 소프트웨어를 이용하여 많은 이익을 얻을 수 있다. 플로리다주에서는 주정부 소유의 어떤 소유지가 이용 가능한 경우 산하 기관들로 하여금 그 장소를 임대해 쓸 것을 요구한다. 그러면 그 기관들은 온라인상에서 그들이 필요로 하는 땅의 규모와 위치를―예를 들어, ‘마이애미에 5,000 평방 피트’ 식으로―입력하고, 이용 가능한 땅을 파악할 수 있다. 플로리다주 보건복지부에서도 각종 정부보조금과 세금 할당액을 재원으로 기금이 조성되는 사업계획들을 추진할 때, PC를 활용하여 담당 부서별 제반 비용과 시기 등을 할당하고 조율한다. 이 시스템은 개별 사업계획의 상세한 내역과 예산안을 전자적으로 대조하여 서로 모순되는 부분을 조명해준다. 또한 플로리다주 보건복지부는 과거에 수작업으로 3~4주씩 걸리던 월말 결산을 단 몇 시간 만에 처리하고, 다양한 사업계획들을 하나의 예산 내역서에 담아 산하의 군(郡)과 부서들에 제공한다.

　　호주 사우스오스트레일리아주에서는 최근까지 주정부 공무원 결원 목록이 담긴 50쪽 분량의 팜플렛을 매주 5,000부씩 인쇄하여 배포해 왔다. 그러나 책자의 인쇄가 완료되고 외진 곳에 있는 수백 개의 주정부 출장소에 모두 배포될 때까지 결원에 대한 공식 발표가 늦춰진다는 문제가 있었다. 뿐만 아니라, 원거리 지원자들에 의한 서류 접수가 완료될 때까지 지원마감 날짜도 연기되기 일쑤였다.

　　현재, 주정부에서는 「MS Exchange」 방식의 업무 흐름 응용프로그램을 이용하여 공무원 모집과정 전체를 관리한다. 일단 공무원 결원이 발생하면, 우선적으로 공무원 신규채용의 권한을 지닌 주정부 산하 수십 개 기관의 인사담당자들과 공무원 채용담당자들에게 e-mail로 이 사실이 통보된다. 만일 한 인사담당자가 근무지 이동을 원하는 특정 공무원을 위해 특정 결원에 대한 신규채용 계획을 중단시키면, 이 사실 또한 공무원 채용담당자에게 e-mail로 자동 통지되어 공연한 시간 낭비를 없애준다. 물론, 외진 곳에 있는 주정부 출장소에도 전자적으로 공무원 모집계획이 전달된다. 만일 보직자리가 내부 인원에 의해 다 채워지지 않아 모집요강이 대외적으로 발표되는 경우에는, 공무원 채용담당자에게 모집요강이 광고될 신문과 날짜들이 e-mail로 통지된다. 주정부는 이 새로운 시스템의 도움으로 연간 35만 호주 달러에 이르는 팜플렛 제작 경비 중 50~80%를 절감하게 될 것으로 예상한다. 그러나 무엇보다 가장 큰 혜택은 외진 곳에 있는 공무원들에게 동일한 기회를 부여하면서 신속하게 결원을 메울 수 있다는 점일 것이다.

　　정부는 새로운 디지털 시스템으로 정부의 지식 체계와 업무 운영체계를 공공에 개방할 수 있다. 독일연방 재무부는 공문서 관리 및 보관을 위한 전자시스템을 개발중이다. 이 프로젝트에는 문서를 자동으로 발송하고 저장하는 기능의 개발도 포함되어 있어, 정부 문서들이 각 주제별로 기관 내부 및 공공 웹 사이트에 자동적으로 발표될 것이다.

　　미국의 또 다른 예로는 매사추세츠주의 온라인 입찰처리 시스템을 들 수 있다. 매사추세츠 주정부는 입찰 내용과 일정, 공급업체들의 응찰 자격조건, 그리고 모든 입찰의 결과를 온라인으로 발표한다. 매사추세츠주의 온라인 조달시스템은 전체 입찰 과정을 적은 비용으로 처리할 뿐 아니라, 산하 공공단체들이 보다 저렴한 비용으로 물품을 구매할 수 있도록 돕는다. 대부분의 다른 주에서도 도시와 마을, 학교 지구(地區)들은 매사추세츠 주정부처럼 낮은 가격으로 물품을 조달할 수 있는 법적 요건을 구비하고 있다. 그러나 서류방식의 입찰처리로는 대부분의 물품에 대해 매사추세츠주가 따내는 가격 수준을 획득하기란 사실상 불가능하다. 이제 그러한 도시나 학교 지구들은 매사추세츠주 웹 사이트에 들어가 그 주가 획득하고 있는 최상의 가격조건을 알아보면 많은 도움을 얻을 수 있을 것이다.

디지털 방식의 행정체계 구축
(Building Government Systems the Digital Way)

저개발 국가들은 그들의 정부에 디지털 업무방식을 도입하는 것이 거의 불가능한 일이라고 생각할지도 모른다. 그러나 시스템이 없는 국가들은 오히려 최신 기술로 산뜻한 출발을 할 수 있다는 장점이 있다. 또한 그렇게 하는 것이 수작업으로 접근하는 방식보다 비용면에서도 훨씬 적게 들 것이다. 선진국들은 이미 구식 시스템을 보유하고 있어 그것을 새로운 시스템에 반드시 통합시켜야 하는 문제가 따른다. 디지털 업무방식을 도입한 선도적인 예를 전세계에 걸쳐 살펴보면 이 점은 더욱 분명해진다. 대부분의 혁신이 소규모의 정부들 — 작은 나라와 지방자치단체들, 군(郡)과 지방들, 큰 국가의 주 단위들 — 에서 일어나고 있는 것이다. 소규모 정부일수록 단순한 조직체계로 이루어져 있어 솔루션들을 시험하고 배치하기가 용이하다는 얘기이다.

보다 규모가 큰 정부의 경우에는, 전문적인 기술과 노하우를 터득하기 위해 시험적으로 소규모의 프로젝트를 추진하고 국민들의 반응을 평가해봐야 한다. 소규모 시험 프로젝트를 수행하는 초기에는, 직접적인 대민 서비스를 제공하는 것에 덧붙여서 조직체계의 복잡함을 제거하는 것에 특히 중점을 두어야 한다. 내가 살고 있는 워싱턴주 킹군(郡)은 온라인으로 제공하는 정보의 양에 있어서 앞서가는 행정당국

중의 하나임에도 불구하고, 아직 체계적인 정보 제공이나 손쉬운 대민 행정업무 부분에서는 미진한 상태이다. 예를 들어, 누군가가 킹군(郡) 교외에 건물 신축허가를 받으려면 우선 여러 곳에서 관련 정보를 수집해야만 한다. 전화번호부에서 관계기관의 전화번호를 파악하여 해당 부서에 전화를 걸어야 하고, 두세 개의 안내용 책자를 열람해야 하며, 군(郡) 당국에서 개설한 웹 사이트에도 접속해야 한다. 그리고 그 사이트에 토지 사용허가와 정화조 시설 설치허가에 필요한 제반 사항에 대한 언급이 전혀 없음을 발견하게 된다. 웹 사이트가 이런 식으로 구성되어 있어서는 곤란하다. 건축허가 과정에 필요한 정보와 관련 절차가 모두 담긴 조직화된 단일 웹사이트를 구축하면 대부분의 번거로운 과정들을 제거할 수 있을 뿐만 아니라 몇몇 단계는 자동화할 수도 있다. 그래도 여전히 건축허가 담당 공무원과의 면담이 필요하긴 하겠지만, 신청자들은 그들이 간과했던 절차에 대해서가 아니라 중요한 문제들에 초점을 두고 면담에 임할 수 있게 될 것이다.

　이미 몇몇 정부에서 그래왔듯이, 정부는 공무원들의 통합된 온라인 업무수행을 고무하기 위해, 업무처리 리엔지니어링에 대한 공무원 교육·훈련에 투자해야 한다. 정부보조금을 따내기 위한 부서간의 경쟁을 유도함으로써, 내부 업무의 능률화와 대민 서비스 개선을 위한 프로젝트의 추진에 박차를 가할 수도 있다. 플로리다 주정부는 제한된 수의 기술 혁신 프로젝트를 내걸고 산하의 여러 부서들을 경합시키고 있다. 정부 예산 요청에 기업가 정신을 불어넣겠다는 의도이다. 이에 따라 주정부는 중앙에서 각 행정기관에 매월 인터넷 사용료를 포함한 통신요금 정도만 지원하는 정책으로 그러한 투자의 균형을 잡고 있다. 이와 같은 "하는 만큼 주겠다"는 전략을 통해 주정부는 여타 기관들이 진정으로 원하는 동시에 확고한 비용 효율을 지닌 프로젝트들에 정보기술 지원자금이 투입되도록 하고 있는 것이다.

　새로운 디지털 시스템의 도입으로 인한 지속적인 경비절감은 모든 정부의 예산에서 상당한 비중을 차지하게 될 것이다. 미 국방성은 출장에 관련된 전표 및 영수증을 처리하고 승인하는 데 소요되는 경비가 23억 달러로, 실제 출장경비인 20억 달러보다 많다는 사실을 최근에

야 알게 되었다. 온라인 경비관리 시스템 도입에 단 한 차례만 합리적인 투자를 해도 이런 식의 경비는 현격하게 줄일 수 있을 것이다. 일리노이주의 상원의원인 에버릿 덕슨(Everett Dirkson)은 연방 정부의 지출 행태에 대해, "여기 10억 달러, 저기 10억 달러 식으로 펑펑 쓰다가, 정작 시급한 데 이르러서는 인색하게 군다."라고 말하곤 했다. 식량 배급표(저소득자 대상으로 연방 정부에서 발행 – 譯註) 사업에 270억 달러, 복지 사업에 250억 달러, 공공주택 건설사업에 130억 달러를 배정하는 미국 예산안에서 온라인 경비관리 시스템으로 얻는 수십억 달러의 비용절감은 대단히 큰 비중을 차지할 것이다. 방금 예를 든 사업들은 모두 막대한 비용이 소요되는 서류업무 방식으로 추진되고 있기 때문에, 배정된 예산의 30% 정도가 업무처리 과정에서 간단히 소모되어 버린다. 여기에 디지털 시스템을 알맞게 배치하면, 그러한 비용을 10% 이하로 줄일 수 있다는 얘기이다.

점차 웹의 위력을 깨달아가고 있는 국민들은 이제 더 이상, 정부의 대민 서비스는 으레 느리고 복잡하기 마련이라는 통념을 허용하지 않으려 할 것이다. 민간 기업으로부터 서비스를 제공받는 데 2시간이나 줄을 서서 기다릴 소비자는 아무도 없다. 인터넷을 이용하면 단 몇 분만에 면허증을 발급받거나 수수료를 지불하고 정각에 출근할 수 있는데, 어째서 출근길에 관공서에 들러 시간 급료를 손해봐가며 2시간 동안이나 줄서서 기다려야 한단 말인가? 도대체 무엇 때문에 서류 한 장 발급받기 위해 점심을 허겁지겁 해결하고 관할 구청에 달려가 줄을 서야 한단 말인가?

오직 정부만이 핵심 서비스를 인터넷 중심으로 구축함으로써, 국민들이 웹 생활양식으로 옮겨가는 데 커다란 동기를 부여할 수 있다. 어느 나라에서든 가장 큰 "기업"이라고 할 수 있는 정부가 정보기술을 활용하는 선두에 선다면 자동적으로 국가 전체의 정보기술 수준이 향상될 것이고, 결과적으로 모든 국민을 정보 시장으로 안내하게 될 것이다. 정부는 국가 시책과 장려책을 통해 정보시장에서 비즈니스를 하는 모든 기업들을 선도해 나갈 수 있는 것이다.

아마도 원격 통신사업과 관련된 규제를 철폐하는 것이 디지털 경제를 창출하는 가장 커다란 단일 조치가 될 것이다. 원격 통신사업의 독점체제를 전세계적인 공개 경쟁체제로 전환하면 인터넷 서비스 공급에 일대 혁신을 불러일으킬 것은 물론이고, 많은 나라의 경우 비싸서 사용을 꺼리고 있는 인터넷의 이용료도 내려가게 될 것이다.

만일 정부가 정책적으로 인터넷을 포용하고 첨단기술 문화에 투자한다면, 그로 인한 혜택은 실로 엄청날 것이다. 코스타리카는 그런 과정을 충실히 밟아온 덕택에 주변 국가와의 경쟁에서 이겨 인텔 칩 생산공장을 유치하게 되었다. 칩 생산공장이 가동된 첫 해에만 7억 달러에 달하는 수출실적을 올렸으며, 이는 코스타리카 최대의 수출 농산물인 커피나 바나나로 버는 돈보다 많은 액수이다.

한 나라에 '정보 경제(information economy)'가 구축되면 그 나라의 모든 기업들은 더욱 경쟁력을 갖추게 될 것이다. 정보 시대는 참여자가 많을수록 진가가 발휘되고 이익을 얻는 시대이다. 점점 더 많은 나라들이 정보 시대에 합류하게 됨에 따라 그 중요성은 더욱 커질 것이고, 궁극적으로 세계의 모든 무역은 디지털 방식으로 이루어질 것이다.

어떤 정부도 디지털 업무방식을 단 한 번에 완전히 구축할 수는 없다. 그러나 어떤 정부라도, 국민에게 실질적인 혜택을 주며, 정부가 그들을 위해 일하고 있다고 느끼게 할 만큼 강력한 첫 걸음을 뗄 수는 있다. 그 첫 단계의 구체적인 실천 지침은 바로 다음과 같다.

"국민들로 하여금 결코 다시는 여러 장의 서류 양식을 작성하게 만들거나, 정보를 얻기 위해 여기저기로 분주히 돌아다니게 만들어서는 안 된다."

이 점에 관해서, 100여 년 간의 군(郡) 행정기록들을 정리해 웹 사이트를 통해 주민들에게 제공하게 된 어느 정부 관리가 한 말이 있다.

"사람들은 행정기관이 주민의 편의를 염두에 두고 있는지 아닌지를 잘 구별해낸다. 그들은 일을 더 복잡하게 만드는 행정기관과 도우려고 노력하는 행정기관의 차이점을 누구보다도 잘 아는 것이다."

비즈니스 교훈

□ 정부는 웹을 활용하여 단일화된 온라인 서비스 창구를 마련함으로써, 내부의 복잡한 조직체계를 감추고 대민 서비스를 눈부시게 향상시킬 수 있다.

□ 점차 웹의 위력을 깨달아가고 있는 국민들은 이제 더 이상, 정부의 대민 서비스는 으레 느리고 복잡하기 마련이라는 통념을 허용하지 않으려 할 것이다. 공공 장소에 설치된 키오스크가 집에서 인터넷을 사용할 수 없는 사람들에게도 온라인 대민 서비스를 제공해 줄 것이다.

□ 정부는 모든 정보를 웹을 기본으로 하여 제공해야 한다. 인쇄된 문서는 예외는 될 수 있어도 원칙이 되어서는 안 된다.

디지털 신경망의 진단

□ 행정실무 부서간의 업무 협조를 강화하고, 정부 조직 전체에 걸쳐 의사 소통을 원활히 하기 위해 e-mail 시스템을 구축하였는가?

□ 웹을 활용하여 정책을 발표하고, 국민과 기업에게 온라인 대민 서비스를 제공하고 있는가?

□ 국민들에게 직접적으로 혜택이 돌아가는 정보기술 프로젝트를 진행하고 있는가?

제 21 장
생사의 갈림길 – 신속한 반사신경
(When Reflex Is a Matter of Life and Death)

전쟁의 최우선 고려사항은 속전속결이다.
— 손자 병법

테크놀러지의 승리.

대부분의 사람들이 1991년 걸프전쟁을 이렇게 기억한다. 크루즈 미사일이 수백 마일을 날아가 철통같이 방비(防備)된 목표물들을 파괴하였고, 레이더의 추적을 피하는 스텔스 전폭기들이 작전지역 내 통신시설과 교량에 스마트 폭탄을 투하하였다. 38일간의 '사막의 폭풍 작전 (Operation Desert Storm)' 이 진행되는 동안 미군을 포함하는 연합군은 제공권(制空權)을 완전히 장악하였다. 매일 2,500여 회에 이르는 출격을 하면서도 손실은 최소화하는 동시에, 연합공군은 적의 "허를 찌르는(left-hook)" 지상군 급습(急襲)을 단행하여 이라크를 쿠웨이트로부터 몰아내고, 지상군 작전 겨우 100시간 만에 전쟁을 종결시켰다.

그러나 결정적으로, 걸프전의 최첨단 항공기들에 대한 비행작전 지원은 충분한 기술력이 뒷받침되지 못했다. 페르시아 만에서의 비행작전 명령들은 과거에 공중전이 벌어질 때마다 늘 사용되던 구식 그리스 (grease)판 위에 쓰여졌다(그리스판 : 색연필로 썼다 지웠다 하는 상황판 - 譯註). 따라서 비행대대 지휘관들은 어떤 조종사가 무슨 임무를 띠고 출격했는지, 다음 차례에는 누구를 보낼 수 있는지 등등을 일일이 손으로 짚어가며 확인해야 했다. 그리고 출격에 앞서 조종사들은 목표물의 위치와 최선의 공격 및 철수루트, 적군의 위치, 화력, 지대공 미사일의 공격 가능성, 기타 우발적인 상황들에 관한 "위협요소 브리핑"을 지휘관과 직접 얼굴을 맞대고 들었다. 그런 다음 조종사들은 최소한 3시간에서 보통 7~8시간 동안 비행작전 계획을 수립하느라 틀어박혀 있었다. 그들은 서류 캐비닛에서 관련 지도들을 찾아내어 사진 복사를 한 후, 테이프로 지도들을 이리저리 붙여 작전지도를 만들곤 했다. 그리고는 각도기로 공격목표까지의 거리를 재고, 색연필로 루트와 위험고도를 표시한 후, 지형사진을 연구하고, 정보자료를 지도 위에 옮겨 적고, 장애물의 고도를 계산하는 과정을 밟았다.

　이 모든 종류의 서류작업을 다 마친 후에야 조종사들은 비로소 위험한 비행작전을 수행하기 위해 출격할 수 있었다.

　수작업으로 수립되는 비행작전 계획으로 인해 1~2마일에 이르는 비행오차가 발생하기도 하였는데, 이러한 오차는 달리 참고할 지형지물이 없는 공격목표를 찾아야 하는 경우에는 심각한 일이 아닐 수 없었다. 또한 작전계획 수립 도중에 새로운 정보가 들어오기라도 하면 기존의 계획을 모두 취소하고 처음부터 다시 작전을 수립해야만 했다. 조종사들의 비행작전 계획 과정 중 일부분을 자동으로 처리하기 위한 용도로 각 부대마다(대략 24대의 항공기가 한 부대 구성) 컴퓨터 시스템이 하나씩 운영되고는 있었지만, 한 번에 한 사람만 사용할 수 있는 데다가 사용법이 어려웠고, 심지어는 수시로 고장나서 작전지원에 병목현상을 일으키기까지 했다.

　걸프전이 끝난 후 다른 군(軍)당국과 마찬가지로 미 공군도 "실전교훈" 평가회의를 소집하였다. 미래의 치열한 공중전에 대비하려면 공군은 최우선적으로 위험한 적진을 비행하는 조종사들에 대한 비행작전 계획 수립과정을 개선할 필요가 있었다. 몇몇 현역 공군장교들이 군대의 전통적인 컴퓨터 시스템을 활용하여 이런 필요를 충족시키고자 했을 때, 민간 경력이 있는 공군 예비역 군인들과 주(州) 방위군 관계자들이 나섰다.

"이런 종류의 프로그램은 PC 환경에서 운영되어야 합니다."

그 재향군인들은 일단의 상용(商用) 소프트웨어 개발 전문가들과 조지아 공과대학에 협조를 요청하였다. 특히 조지아 공대의 연구진들은 이미 복잡한 지도제작 시스템에 필요한 수학적 모델과 지형 데이터에 경험이 많은 이들이었다. 이들이 18개월 동안 250만 달러를 들여 노력한 결과, PC방식의 비행작전 계획 수립용 시스템인 「FalconView」가 탄생했다. 「FalconView」는 그동안 일일이 수작업을 통해 비행작전 계획을 수립하느라 7시간 이상 걸리던 출격 준비시간을 20분 이하로 단축시켰을 뿐만 아니라, 정밀한 디지털 데이터와 항공지도 제작 도구를 통해 작전계획 수립의 정확도를 높여 주었다. 게다가 구축비용도 적당하고 사용법도 간편하여, 미 공군은 이미 세계 전역에 이 「Falcon-View」 시스템을 배치해 놓은 상태이다.

「FalconView」는 조종사들 사이에서 굉장한 호응을 불러일으켰고, 그들은 새로운 기능들을 요구하기 시작했다. 조종사들의 요청으로 공군당국은 "사이버 전사(Cyber Warrior)"라 불리는 프로그램 개발에 착수하기에 이르렀다. 이 프로그램의 목적은, 일정관리에서부터 출격 결과보고를 위한 첩보 전달에 이르기까지 조종사와 항공기 배치의 전 과정에 정보기술을 도입하는 것이었다. 공군은 이에 따라 정보처리 기능을 갖춘 일정관리 시스템을 재빨리 개발하였다. 이 시스템은 조종사의 비행 회수와 훈련 수준, 가용성뿐 아니라 특정 비행사가 훈련요건을 충족시키기 위해 야간 비행훈련을 받아야 하는지 여부와 같은 특별한 정보들도 관리한다. 또한 지휘관은 다음 임무를 수행할 조종사가 누구인지 바로 파악할 수 있고, 조종사들은 랩톱 컴퓨터에 전화로 접속하여 자신의 비행 일정을 확인할 수도 있다. PC방식의 출격 결과보고 시스템은 비행대대로 하여금 비행 작전들을 재구성하여 다음에는 더 나은 비행작전 계획을 수립할 수 있도록 지원한다.

미지의 창공 저 너머로 진로를 수정하다
(Heading off into the Wild Blue Yonder)

오늘날의 조종사들은 종이 지도와 색연필 대신에 세계 전역의 디지털 지도와 디지털 영상, 군 정보부에서 보내주는 최신 첩보 그리고 군 비행사를 위해 주문 제작한 제도 도구가 들어 있는 랩톱 컴퓨터를 이용한다. 조종사는 다리나 강과 같은 지상 표지물의 위치를 즉시 알아내고, 자신의 비행진로를 구상하며, 안전변수(safety parameter)와 무기체계 정보 및 무기 적재량을 체크한다. 그리고 웹을 통해 기상정보를 확인하며, 비행작전 계획을 수립하고, 비행진로를 정한다. 출격하기에 앞서 조종사는 상공에서 보게 될 산악지형과 도시지형을 미리 연구하여 적진의 배치상황을 예측할 수 있다. 만약 조종사가 특정한 산악의 해발고도를 알고 싶다면, 랩톱 컴퓨터 화면에 나타난 디지털 지도 위의 해당 지점을 클릭하면 된다. 정확한 고도와 위도, 경도가 바로 화면에 뜨는 것이다 — 과거에는 조종사가 서류 차트를 한참 뒤져야 알 수 있던 정보들이다.

전투기 조종사들은 비행작전중에 사용하기 위해 「FalconView」사전(事前) 작전계획 파일을 전투기 내 컴퓨터에 입력한다. 「FalconView」는 비행기 연료 소모량과 이착륙 정보 등 일상적인 데이터 제공 기능은 물론이고, 군사 비행을 지원하는 전문 기능들을 두루 갖추고 있다. 「FalconView」데이터는 탑재된 무기시스템에서, 컴퓨터에 의한 목표 조준과 무기의 신관(fusing) 방식을 체크하기 위해 사용된다. 무기의 신관 방식이란 폭탄의 폭파 지점을 지상이나 20피트 상공 등으로 조정하는 방식을 말한다. 또한 「FalconView」는 비행기의 고도와 비행속도, 풍향과 풍속뿐만 아니라 폭탄투하 전후에 변하는 비행기 하중과 무게중심까지 고려하여 폭탄투하에 관계된 제반 수치들을 산출해낸다.

「FalconView」는 주어진 작전의 성패를 좌우하는 도구이다. 어느 조종사가 보스니아 전장에 파견되었을 때, 아직 「FalconView」가 배치되어 있지 않았던 이탈리아의 공군기지에 자신의 「FalconView」소프트웨어를 복사해 가지고 갔다. 당시 나토(NATO)군은 지도와 공중정찰을 통해 보스니아에 있는 어떤 교량을 3일 내내 찾았으나 발견해 내지 못하고 있던 상황이었다. 그 조종사는「FalconView」를 작동시켜 즉시 그 교량의 위치를 파악해냈다. 나토군은 그날 오후 그 교량을 폭파하는 데 성공했다.「FalconView」는 인공위성에서 보내는 영상을 5미터 미만 단위의 해상도로 보여준다. 10미터 단위의 해상도를 지닌 구식 시스템에서는 그 교량이 보이지 않았던 것이다.

걸프전 기간 동안 미 공군은 단일 목표물을 공격하는 데 때때로 10~12대의 F-16전투기를 보내야만 했다. 그러나 이제는「FalconView」가 제공하는 고도의 정확도 덕분에 단일 목표물을 공격하는 데 전보다 적은 수의 전투기를 출격시킬 수 있게 됐다. 앞으로의 목표는 하나의 목표물을 공격하는 데 비행기 한 대만을 출격시키는 것이다. 뿐만 아니라 장차「FalconView」의 정확도가 더욱 높아지게 되면, B-2기종과 같은 신형 폭격기를 이용하여 단일 출격으로 16개 정도의 목표물을 공격할 수도 있게 될 것이다. 따라서 대폭적인 경비절감은 물론이거니와 조종사의 귀중한 생명을 잃게 될 확률도 훨씬 낮아지게 된다. 이와 관련하여「FalconView」프로젝트를 담당하는 한 중령은 다음과 같이 말한다.

"미국민들은 단 한 명의 사상자가 발생하는 것도 용납하려 하지 않습니다. 따라서 정확도와 확실성을 조금이라도 높여보려는 우리의 노력은 대단한 의미가 있는 것이지요."

「FalconView」의 유용성에도 불구하고, 실상 전투기 조종사는「FalconView」소프트웨어가 내장된 랩톱 컴퓨터를 비행중에 휴대하는 것이 불가능하다. 종종 곡예비행을 해야 하는 전투기 안에서 랩톱 컴퓨터를 어디에 놓고 본단 말인가. 그러나 공군이 전투기 내의 항공전자공학 컴퓨터의 성능을 개선해감에 따라 그리고 차세대 전투기가 비행대에 합류하게 됨에 따라,「FalconView」가 조종석의 조종시스템에 완전히 결합되어 영상화면을 제공하게 될 날이 멀지 않았다. 차세대 전투기들은 GPS 시스템(글로벌 위치파악 시스템)과 결합하여 비행지역의 모습을 실시간으로 화면을 통해 보게 될 것이다. 이렇게 되면 전투기 자체의 정확한 현재 위치뿐만 아니라 다른 아군기나 지상군과의 상대적인 위치도 확인할 수 있게 될 것이다. 또한 「FalconView」가 지닌 실시간 데이터 링크 기능은 지휘통제 본부로부터 위성을 경유하여 들어오는 최신 정보들로 「FalconView」 자체를 계속 갱신시켜 줄 것이고, 조종사들은 실시간으로 전해지는 최신의 위성사진과 지도, 기타 관련자료를 이용하여 마지막 순간에 적절한 수정을 할 수 있게 될 것이다. 예를 들어, 조종사가 계획된 항로를 따라 비행중일 때 적의 지상군이 한쪽 능선에서 다른 쪽 능선으로 이동중이라면, 가장 최후의 정보를 토대로 그 조종사는 항로를 수정하여 적군을 공격하거나 아니면 적 지상군의 화력을 피한 다음 다른 목표를 공격하기 위해 비행을 계속할 수도 있는 것이다.

공중 보급을 담당하는 수송기 승무원들은 이미 「FalconView」를 수송기 기내에서 활용하고 있다. 승무원은 「FalconView」가 내장된 랩톱 컴퓨터의 플러그를 수송기의 기내시스템에 꽂음으로써, 실시간 데이터 링크 기능을 지닌 랩톱 PC를 지상 기지 및 다른 비행기의 시스템들과 연결하게 되는 것이다. 이를 통해 승무원들은 그들의 임무와 보급물자 투하지역, 집결장소를 수정하고, 다른 비행기로부터 레이더 자료와 같은 전술적인 정보들을 제공받는다. 구조용 항공기 승무원들은 격추된 조종사에 관한 정보와 그 조종사의 위치에 관한 정보를 받을 수 있다. 하이티, 소말리아, 보스니아, 이라크 북부 같은 지역들에 있는 민간인들에게 식량과 지원물자를 전달하는 임무를 수행하는 화물전용기의 경우에는, 「FalconView」가 바람의 영향력까지 계산하여, 화물기 후미로 화물을 밀어낼 준비를 하고 있는 탑재물 관리책임자에게 정확한 투하지점을 알려준다.

1996년 크로아티아공화국의 비행기가 항법상의 장애요인으로 추락하여, 탑승했던 미 상무성장관 론 브라운(Ron Brown)과 다른 34명이 사망한 직후에, 대통령 전용기를 포함한 모든 미 공군 귀빈전용 특별기에 「FalconView」를 탑재하라는 명령이 하달되었다. 그리고 기분 나쁜 우연의 일치로, 론 브라운의 미망인인 알마 브라운(Alma Brown)이 1998년 클린턴 대통령의 아프리카 순방 때 정부 고위관리 수행원에 포함되어 각국을 방문하던 중, 타고 있던 미 공군 특별기가 엔진 고장을 일으켰다. 게다가 아프리카에는 육중한 비행기가 이착륙할 수 있을 정도로 충분히 긴 활주로가 극히 드물었다. 이때, 「FalconView」가 즉시 착륙이 가능한 가장 가까운 공항을 파악내고는 비행기의 항로를 안내하여 안착(安着)을 도왔다.

점점 향상되는 비행작전 수행능력
(Getting Smarter with Every Mission)

디지털 군대의 또다른 흥미진진한 측면은 '학습' 능력이 엄청나게 향상된다는 점이다. 과거에는 수차례의 전투를 통해 수백 대의 비행기와 수천 명의 병력을 잃고 나서야 어떤 절차와 전술이 효과적인지 알 수 있었다. 그러나 현재 미 공군은 몇 번의 비행작전에서 얻은 자료만 검토하고서도 앞서와 동일한 종류의 정보를 훨씬 더 빨리 알아낼 수 있다. 걸프전을 포함한 과거의 공중전에서는 작전 수행 후 조종사들로부터의 결과보고가 확실치 못한 경우가 종종 있었다. 작전결과보고 회의에서 비행전투원들은 그들 자신의 좁은 시각 내에서만 전투상황을 기억하는 경향이 있는 데다가, 그런 기억마저도 정신없이 전투를 치르고 난 후의 것이어서 희미하기 마련이었다. 그러다 보니 지휘관들이 다음 번 작전수행 능력을 향상할 수 있는 방안을 모색하기 위해 전반적인 전투상황을 재구성하기가 쉽지 않았다.

현재는 작전결과보고 회의를 할 때 조종사와 지휘관들은 「Falcon-View」의 디지털 비행계획 자료들을 자세히 들여다보고, 이것을 비행작전 수행중에 각각의 전투기로부터 찍힌 비디오 장면들과 서로 비교한다. 작전결과보고 회의에서는 일반적으로 작전계획과 4개의 비디오 테이프, PC 방식의 결과보고 시스템을 활용한다. 조종사들은 비행작전 전체를 재연해 보면서 누가 언제 발사했는지, 어느 폭탄이 너무 일찍 투하되었는지 아니면 너무 늦었는지, 누구의 비행기가 적시(適時) 적소(適所)에 있지 못했는지, 어느 누가 규정에는 어긋나지만 기지(奇智)를 발휘하여 공을 세웠는지 등을 파악할 수 있다.

　작전 수행을 추적하고, 기록하며, 이 자료들을 재생할 수 있게 해주는「FalconView」는 공군으로 하여금 더 나은 작전계획을 수립할 수 있도록 해주면서 조종사의 전술 개발에도 도움을 주어, 안전을 높이는 동시에 전투력을 증강시킬 수 있게 해준다. 주먹구구식이긴 하지만 공군은 그간의 경험을 토대로, 조종사가 처음 10회의 전투비행 임무를 성공적으로 완수하게 되면 다음 100회의 전투비행에서도 성공적으로 임무를 완수할 수 있다고 본다. 베트남 전쟁중에는 무척이나 많은 조종사들이 처음 10회의 비행임무 수행중에 격추당했다. 그러나 지금의 조종사들은 모의 비행임무를 받아서 여러 차례 수행연습을 할 수 있게 되었다. 그 10회의 모의 비행작전을 지상의 PC 앞에 앉아 시험 연습하면서 갖가지 실수를 저지르기도 하는 것이다. 이로써 조종사들은 결과가 치명적일 수밖에 없는 실전을 치르면서 실패를 경험하는 대신, 최초의 10회 작전비행을 말 그대로 무사히 마칠 수 있게 된 것이다. 이것이 바로 현재 새로운 수준에 오른 전투비행 시뮬레이션(simulation) 방식이다.

　다음의 중요한 단계는, 보다 높은 수준의 의사결정 단계에서 조종사들과 공군의 지휘통제본부를 디지털 방식으로 연결하는 것이리라. 명령체계에서는 속도가 생명이다. 명령을 신속하게 전달함으로써 수많은 인명을 구할 수 있기 때문이다. 전투기나 폭격기가 8시간 떨어진 곳으로 출격해야 하는 비행작전의 경우를 생각해 보라. 조종사는 이제 새로운 능력을 지니게 되었기 때문에, 일단 출격을 하고 목적지로 날아가는 과정에서 상황을 파악하며 목표물을 처리할 계획들을 수립할 수 있을 것이다. 또한 조종사가 목표물에 근접해감에 따라 최신 정보들이 기내 화면상에 뜨게 될 것이다. 이와 같이 일단 출격하고 나서 작전 계획을 수립하게 되면 임무 실행에 있어 최소한 8시간을 버는 셈이 된다. 걸프전에서도 증명된 바와 같이 시의적절(時宜適切)한 비행작전의 성공은 지상군의 작전수행에 크나큰 힘이 되어줄 수 있다. 지상군 사령관들로 하여금 가장 효과적으로 공격할 수 있는 때와 장소를 선택할 수 있게 해주는 이런 종류의 공중지원을 미 공군에서는 "때맞춘 선물(the gift of time)"이라고 부른다.

야전용 인트라넷을 통한 지상군과 공군의 연결
(Using Battlefield Intranet to Link Ground and Air Forces)

비행중인 군용기에게 아군기와 적기의 위치를 파악하는 것이 그토록 중요하다면, 지상군에게도 정글을 헤쳐나가거나 고지를 향해 기어 올라갈 때 그런 것을 알려주는 시스템의 가치가 얼마나 클지 한번 상상해보라. 현재, 미 해병대는 전투지역에서 랩톱 컴퓨터와 휴대용 소형 PC를 가지고「FalconView」를 실험하는 중이다.

만일 랩톱 컴퓨터나 휴대용 소형 PC가 병사의 임무 수행에 방해가 될 것이라고 생각한다면, 전통적으로 대부분의 미 해병대원들이 전투지역에서 4파운드에 달하는 작전 서류들을 휴대하고 다녔다는 사실을 기억하기 바란다. 해병대원들은 지치고 땀에 절은 몸으로 빗발치는 총탄을 피해야 하는 상황에서조차도 서류를 내팽개칠 수 없었다. 일반적으로 해병대대 하나당 각종 서류를 담은 20~30개의 사물트렁크를 가지고 출전하였으며, 작전명령들과 지도, 기타 정보자료들은 여러 부분의 사본 형태로 나뉘어 지휘명령 체계를 따라 위아래로 배포되었다.

시간을 다투는 전투정보를 병사들에게 보내는 적절한 수단을 얻으려는 목적으로, 미 해병대 소속 제임스 커미스키(James Cummiskey) 소령은 조지아 공대를 찾아갔다. 그는 위치정보를 야전용 컴퓨터에 자동으로 삽입시킬 수 있는 방법을 고안해 달라고 의뢰할 작정이었다. 그런데 우연하게도 커미스키 소령은 공군을 위해「FalconView」지도 제작 소프트웨어를 개발했던 바로 그 연구원들과 상담을 하게 되었다. 「FalconView」는 이미 공군에게 없어서는 안 될 기술로 판명이 나 있는 상태였다— 국민들의 세금을 엄청나게 아껴준 것은 말할 필요도 없다.

커미스키 소령과 조지아 공대 연구원들은「FalconView」와 휴대형 컴퓨터용 운영체제인「Windows CE」를 토대로 상황인식 응용프로그램을 고안해냈다. 이 전술시스템은 해병대 전용 무선 네트워크를 통해 각 해병부대들의 위치를 보고 받아,「FalconView」의 전술 지도상에 각 부대들의 상징(symbol)을 나타내준다. 야전에서 어느 해병부대가 자신들의 위치를 변경하면, 모든 해병대원들이 가지고 있는 지도에 표시된 그 부대의 상징도 따라서 움직인다. 야전 해병대원들은 그 응용 프로그램을 휴대형 PC상에서 운영하는데, 이 PC는 방수기능과 충격 방지 기능, 그리고 수명이 긴 전지를 장착한 특수 케이스에 담겨 있다. 이러한 "디지털 정보국(digital info-stations)"은 해병대원들에게 자신들의 정확한 현재 위치와 아군 및 적군의 위치를 알 수 있게 해준다. 해병대에서 개발한 이 소프트웨어를 내가 처음 본 것은 1997년 가을에 개최된 컴덱스(COMDEX, 정보기술 박람회 - 譯註)에서였다. 그 때 코미스키 소령은 그 소프트웨어를 설명하기 위해 나와 함께 연단에 올랐다. 그는 갑자기 들고 있던 휴대용 소형 PC를 바닥에 던지더니 서너 차례 힘껏 발로 밟았다. 그리고는 그 소형 PC를 주워들고 상황인식 응용프로그램을 작동시키면서 그 PC의 강한 내구성에 대해 설명하였다.

미 해병당국에서 현재 시험중인 상황인식 시스템은 본질적으로 야전용 인트라넷이다. 이 시스템은 모든 핵심 역할자들 - 전장의 해병대원, 지휘통제 본부, 머리 위쪽에 떠 있는 아군기 - 을 최신 정보와 실시간 신호 전달로 연결시켜 준다. 야전사령관들은 병력배치 상황에 대한 정확한 영상을 볼 수 있고, 개별적인 해병부대를 이끄는 부대장들은 그들의 부대와 아군들이 현재 어디에 있는지 그리고 어디로 가야 하는지를 분명히 파악할 수 있다. 공중지원을 담당하는 공군기 역시 지상에 있는 아군과 적군을 구별할 수 있다. 그리고 몇몇 보안 기능들은 휴대용 컴퓨터에 담긴 정보가 적의 손에 넘어가는 것을 방지해 주기도 한다. 예를 들어 "제로화(zeroize)" 버튼을 누르면 하드 디스크에 있는 모든 자료가 즉시 지워지게 되어 있다 - 사물트렁크에 든 작전서류들을 폐기하려고 애쓰는 것보다 훨씬 쉽다.

야전에서의 정보 활용
(Putting Information to Work in the Field)

15년 이상이나 비용부담이 큰 컴퓨터 시스템에 의존해 온 끝에, 이제 미군은 표준 PC 하드웨어와 소프트웨어로 전환하는 움직임을 보이고 있다. 단기간에 저비용으로 개발하여 신속하게 이용할 수 있는 응용프로그램이 강력한 흡인요소로 작용하고 있기 때문이다. 과거 PC가 아닌 워크스테이션 환경에서 운영하던 미 공군의 비행작전 계획용 프로그램 개발비용은 2억 5천만 달러였던 반면, 「FalconView」 소프트웨어 개발비용은 그 1% 수준인 250만 달러에 불과했다. 그리고 계속적으로 「FalconView」의 성능을 향상하는 데 드는 비용도 1년에 1백만 달러 이하인 반면, 과거의 시스템 하에서는 수백만 달러 이상이 소요되었다. 또한, 이전의 시스템은 1개 비행대대마다 5만 달러에 달하는 워크스테이션 추가설치 비용이 들었으나, 「FalconView」는 기존의 업무용 인프라스트럭처의 일부분인 PC 환경에서 운영되므로 별도의 추가비용이 들지 않는다. 미 공군당국은 모든 현역 및 예비군 비행대대 소속의 1만 3천 명 이상에 달하는 조종사와 항법사, 항공기 엔지니어들에게 「FalconView」를 배치한 상태이다. 「FalconView」는 미 육군과 해군의 조종사들에 의해 호평받고 있으며 해병대 조종사들에 의해서도 시험되고 있는 중이다.

미 해병대는 전투 시나리오에 입각한 대규모 훈련에서 이미 야전 휴대용 시스템을 시험하고 있는 중이다. 타당성을 인정받게 되면 이 장치는 야전 해병대 부대장들에게 표준 지급 장비로 보급될 것이다. 수년에 걸쳐 실패를 거듭한 끝에 해병대 당국은 최근에 이르러서야 야전용 솔루션 개발에 성공했다. 이 솔루션은 「FalconView」와 통신용 소프트웨어를 통합한 것으로, 3개월 만에 총 개발비 11만 달러를 들여 완성했다. 해병대 당국은 앞으로 「Windows CE」장치를 더욱 소형화하여 모든 해병대원들이 어떤 형태로든 간편하게 착용할 수 있도록 할 계획이다. 이 계획이 완성되는 날 야전 휴대용 시스템도 완성되는 것이다.

하드웨어의 비용이 하락하면 해병대는 야전 휴대용 소형 PC를 표준 지급 품목에 추가하여 모든 병사들에게 보급하게 될 것이다. 그렇게 되면 휴대용 PC도 군화와 마찬가지로 제역할을 수행한 후 쓸모가 없어지면 버려지는 신세가 될 것이다. '정기적으로 PC의 처리능력이 배

로 증가하고 하드웨어들이 금방 쓸모 없게 되어버리는 현실에서, 해병
대라고 무어의 법칙(Moore's law)으로부터 벗어날 수 있겠느냐'며
코미스키 소령은 다음과 같이 덧붙였다.

"주기적으로 몇 년씩마다 우리의 모든 하드웨어가 쓸모 없어진다는
사실을 알고 있는 마당에, 주문형 컴퓨터 시스템 개발에 수백만 달러
를 쏟아 붓는다는 것은 말도 안 되는 얘기지요."

첩보 그리고 시간
(Relating Intelligence and Time)

2,200년도 더 전에 중국의 병법가였던 손자는 "전쟁에서 가장 중요
한 요소는 첩보이며, 모든 군사작전은 첩보에 기반을 둔다."라고 말했
다. 손자에 의하면, 전쟁의 승리는 때맞춰 알맞은 정보를 확보하는 장
수가 차지하는 것이다.

"전투 상황과 같은 복잡한 상황 아래에는 도처에 정보가 널려 있기
마련이다. 그것도 즉시 입수해야만 하는 정보가 말이다. 장수는 그의
눈과 귀가 되어 전장의 상황을 구체적으로 파악할 수 있도록 해주고,
전쟁의 결과를 예측할 수 있게 해주는 자들을 바로 곁에 두고 지혜를
얻어야 한다. 확신을 가지려면, 정보는 직접 얻어야 한다……. 그러므
로 첩보와 적절한 시간 사이에는 서로 밀접한 관련이 있다." [1]

세계적으로 국지전 발발 가능성은 상존하는 가운데 미 국방예산은
매년 감축되고 있다. 또한 미국민들은 많은 사상자 수를 용납하려 하
지 않는다. 결국 미국 정부는 전쟁을 이기기 위해 기술에 의존하지 않
을 수 없다. 테크놀러지는 첨단 무기만을 의미하는 게 아니라 첨단 정
보로 무장하여 역량이 강화된 병사까지 의미하는 것이다. 예나 지금이
나 전쟁에서 승리하기 위한 법칙에는 변화가 없다. 승리는 언제나 최
고의 정보를 활용하여 신속하게 적의 예봉을 꺾는 자의 것이다. 첩보

---

1. 로저 에임스(Roger Ames)가 서문과 주석을 덧붙여 번역한 《손자병법(The Art of
   Warfare)》, 뉴욕, 발렌타인 북스(Ballantine Books)에서 출판, 1993년 : 90쪽

위성을 통해서든, 무인 정찰기나 지상 정찰대를 통해서든, 수집된 정보는 교전중인 전투원들에게 즉각 전달되어야 한다. 그리고 일진일퇴를 거듭하는 전투 현장의 직접적이고 구체적인 상황정보 또한 반드시 전략담당자들에게 전달되어야 한다.

조직체계와 보급품, 병참술과 전술에 있어서 군(軍)이 갖추어야 할 요소들은 본질적으로 기업이 갖추어야 할 요소와 동일하다. 남북 전쟁 당시 남군의 리(Lee) 장군이 북군의 그랜트(Grant) 장군에게 항복할 수밖에 없었던 이유는, 남군의 사기가 북군보다 낮았기 때문이 아니라 군수품이 바닥났기 때문이었다. '군대는 먹여주는 만큼 진군한다' 고 나폴레옹은 말했다. 1899년 영국의 수단 정복을 다룬 처칠의 저서는 병참지원을 위한 철도 건설 얘기가 주를 이룬다.[2] 지도자는 모름지기 휘하의 모든 장수와 병사들이 일사불란하게 움직이도록 해야 하고, 개개인의 영웅적인 전공에 의존하기보다는 전략상의 우위를 점해야 하며, 적의 전략요충지를 최우선으로 공략해야 한다고 손자는 말한다. 오늘날의 모든 기업가들은 손자의 이런 교훈을 자신들의 조직체와 경쟁상황에도 바로 적용할 수 있다는 사실을 깨닫고 있다. 그리고 기업들 또한 군(軍)에 시사하는 바가 크다. 특히 정보기술은 더 더욱 그러하다. 조직의 목표를 지원하기 위해 정보 프로세스를 고안하고 병사 개개인의 역량을 강화하기 위해 정보의 흐름을 이용하는 것이, 군사작전 분야와 전투수행 분야 모두에서 군이 지향해야 할 바람직한 목표이다.

예를 들어, 미 해군에서 추진하는 스마트함(Smart Ship) 프로그램은 노동집약적인 산업이 갖는 것과 동일한 목표를 갖는다. 즉, 필요한 노동력은 줄이면서 조직의 운영·관리 능력은 향상시키는 것이다. 일반적으로 선박의 '일생' 동안 들어가는 총 비용 중 절반 이상이 선박 운행에 필요한 인력에 들어가는 인건비이다. 그러나 선상 네트워크와 PC를 탑재한 최초의 "스마트함"은 항해중 기관 관리에 필요한 대원의

---

2. 윈스턴 처칠(Winston S. churchill), 《강물 전쟁: 수단 재정복의 전말(The River War: An Account of the Re-Conquest of the Soudan)》. 1899년 출판, 1998년 런던 메디 북스(Medea Books)에서 재발행.

수를 11명에서 4명으로 줄일 수 있었다.

이 새로운 군함은 일반 기업에서 수행되는 것과 유사한 리엔지니어링 프로세스를 통해 탄생했다. 해군 당국자의 말에 의하면, 전체 인력 감축분 중 40%는 기술 도입에 따른 것이고, 60%는 업무 처리과정 재편에 의한 것이라고 한다.

그리고 군이 관계하는 모든 문제에는 신속한 조직적 "반사신경"이 최우선적으로 고려되어야 함은 두말할 나위도 없다. 해군이 개발한 새로운 스마트함은 항해 장치와 기타 기계설비를 자동화하였을 뿐만 아니라, 피해상황을 즉각적으로 파악하는 센서까지 갖추었다. 이제 함선이 피해를 입은 부분에 위험을 감수하며 승무원을 직접 보내지 않아도 되는 것이다. 또한 전투를 치르는 동안 함교(艦橋)를 사용할 수 없게 되면, 기관실에서 전함을 지휘할 수 있도록 설계되어 있다.

이 외에도 국방과 관련된 업무체계의 효율을 높이기 위해 수많은 프로젝트들이 진행되고 있다. 미 국방성은 전체 국방 관련 계약의 80%를 처리하는 240개 산하 부서를 파악하여, 그 중 절반이 넘는 부서에 서류가 전혀 필요 없는 디지털 계약시스템을 도입하였다. 미국은 수천 마일 떨어진 곳의 목표물도 크루즈 미사일로 공격할 기술력을 갖추었다고 어느 해군 고위 장성이 말했듯이, 이제 미국 정부는 길 하나 건너에 있는 공급업자들에게 대금을 지불할 기술력도 갖춰야 할 시기가 온 것이다.

미 공군과 해군, 해병대에서 사용되는 새로운 디지털 시스템들은 각기 분리된 프로젝트들이 아니다. 국민의 세금인 국방비를 효과적으로 사용하면서 전체 미군으로 하여금 세계 최고의 기술을 합당한 가격에 신속하게 확보하게 하는, 국방성 종합계획의 일부분인 것이다. 30년 이상 동안이나 테크놀러지 연구 및 개발 분야는 민간 부문이 군을 능가해 왔다. 1990년대 중반에 이르러서야 군 당국은 산업계의 선진 기술을 이용하기 위해, 독자적으로 특별히 개발해 이용해오던 시스템들을 버리기 시작했다. 미 국방성은 동일한 기술 기반을 군과 민간 분야 모두에 응용하려는 의도로 "이중 이용" 전략을 도입하였다. "이중 이용" 전략은 다음 세 가지의 중심 줄기를 갖는다. 첫째 군사적 응용에 결정

적으로 중요한 민간 기술에 투자하는 것, 둘째 저비용의 생산라인을
공동으로 활용하여 민간 및 군용 품목을 생산하는 것, 그리고 마지막
으로 상업적 요소를 군사시스템에 포함시키는 것이다.

전통적으로 군수 물자의 조달주기는 10년인데, 이는 무어의 법칙이
나 2년마다 PC의 컴퓨팅 능력이 2배로 증가한다는 것과는 상충한다.
최첨단 무기의 효과를 잘 알면서, 시대에 뒤떨어진 무기를 들고 전투
에 나가고 싶어 할 바보가 어디 있겠는가? 최고의 무기는 가장 짧은 배
치 주기로부터 나오는 것이다. 마찬가지 교훈이 기업의 테크놀러지 이
용에도 똑같이 적용될 수 있다.

현재에는 GPS위성을 활용하는 위치파악 기술이 상당히 전문적인
영역에 속하지만 앞으로는 광범위하게 응용될 것이다. 군(軍)과 마찬
가지로 항구와 운송회사들의 운반원들도 그들의 장비와 대원들의 위치
를 알 필요가 있는 것이다. 현재, 대부분의 병참 솔루션들은 극히 전문
화되어 있어 비용이 수천만 달러에 달한다. 대규모 조직체를 제외하고
는 이 디지털 시스템을 사용할 수 없는 실정인 것이다. 그러나 앞으로
PC경제체제로 들어감에 따라 그 비용은 급속히 하락하게 될 것이다.
따라서 적당한 비용으로 GPS 추적장치를 컨테이너나 장비에 부착하
여 항상 그 정확한 위치를 파악할 수 있는 날이 멀지 않은 셈이다.

탐지장치는 산업 이외의 분야에서도 가히 혁신적인 변화를 일으키
고 있다. 이제 농장의 관개시설에는 감지기가 달려 있어 관개시스템이
고장나면 농부의 호출기에 신호를 보내거나 e-mail을 보내 알린다. 세
계의 농부들은 PC 방식의 GPS 시스템과 위성감지기를 통해 토양의
수분함유량과 비옥도, 배수시설, 그 밖의 여러 요소들을 파악하고 있
다. 이러한 자료들이 즉시 농장의 장치들로 전송되므로, 농부는 필요
에 따라 종자나 비료의 양을 변경하며 수확량 증대를 꾀할 수 있다. 또
한 이런 자료들을 수년간에 걸쳐 분석하고는 농장을 보다 효과적으로
운영하는 방법도 파악할 수 있다. 머지않아 아주 작은 칩을 가축의 피
부 바로 밑에 집어넣고 가축들의 위치를 파악하는 것은 물론이거니와
건강상태도 관리할 수 있게 될 것이다. 더 나아가 그러한 센서로 인해,
개별 사료통을 만들어 가축 개개의 연령과 발육상태에 맞는 최적의 사

료를 제공하는 계기가 마련될지도 모른다.

　나에게는, PC가 이토록 단단하고 견고한 외형 속에 이토록 유연하고 우수한 응용력을 갖게 되었다는 점과, 또 그래서 세계 도처에 퍼져 있다는 사실이 놀랍게만 느껴진다. PC가 비즈니스 차원에서 이윤확보를 위한 경쟁에 활용되든, 혹은 전장에서 군사적인 목적으로 활용되든지 간에, PC 환경에서 운영되는 정보 응용프로그램들은 사용자의 역량을 강화시켜줄 것이다. 특히 군(軍)에 관한 한, 역량 강화는 생사가 달린 문제이다.

비즈니스 교훈

□ 기업에서든 군(軍)에서든, 보급과 배치주기 단축에 성공하는 자가 승리한다.

□ 위치파악 시스템이 여러분의 사업적 필요에 응용될 수 있는지 평가해 보라.

디지털 신경망의 진단

□ 연구개발된 범용 소프트웨어 프로그램을 토대로 디지털 신경망을 구축하고 있는가, 아니면 호환성이 없는 일회용 시스템을 계획하고 있는가?

□ 대량판매 방식의 상용(商用) 컴퓨터 시장이 제공하는 저비용을 이용하여 디지털 신경망을 구축하고 있는가?

제 22 장

디지털로 연결된 학습공동체의 창조
(Create Connected Learning Communities)

미국 내 모든 학교와 교실을 인터넷으로 연결하는 범국가적인 노력
이야말로 교육의 평등성과 질을 향상하는 데 있어서 우리가 금세기
에 이룰 수 있는 가장 큰 진보가 될 것이다.
　　　　　　　　　　　　— 리드 헌트, 연방 정보통신 정책회의 의장

　　PC는 그 어떤 지식노동자들보다 교사와 학생들에게 더 많은 능력을
부여해 줄 수 있다. 웹 생활양식을 다룰 때 이미 밝혔듯이, 배움이란 곧
지식을 얻는 것이므로 학생들도 결국 "지식노동자"들이다. 교사들은
인터넷을 이용하여 동료 교사들과 서로 교류하고, 학생들이 새로운 방
식으로 학과목을 탐구하도록 이끌 수 있을 것이다. PC는 학부모와 교
육자 및 정부가 제시하는 공동학습, 비판적 사고, 평생교육 등의 교육
목표를 달성하는 데 촉매제가 될 수 있다. 견고한 인프라스트럭처를 적
소(適所)에 배치한 몇몇 학교들은 PC를 수업과 접목시켜 이미 그 혜택
을 보고 있다. 대부분의 학교들이 이 새로운 도구를 활용하기 위한 교
육자료 발굴에 부심하던 차에, 혁신적인 프로그램들이 개발되어 그 노
력이 헛되지 않았음을 보여주었다.
　　PC가 교육도구로서 성공하려면 교사의 참여가 필요하다. 따라서 교

사에 대한 훈련과 교과과정 안으로의 통합이 이루어지지 않는다면, PC
는 큰 영향력을 발휘하지 못할 것이다. 실제로 학교에 보급된 많은 PC
들이 컴퓨터 "실습실"에 고이 모셔진 채 거의 활용되지 않는 경우가 많
다. 이제 학교에서는 PC를 정보기술에 관한 하나의 과목으로 다룰 것
이 아니라, 교과과정 전반에 PC를 접목시켜 전 과목이 정보기술을 활
용하는 수업이 되도록 교수법을 전환할 필요가 있다. 현재, 점점 더 많
은 학교에서 교사의 참여 아래 학습도구로 활용된 PC가 커다란 교육
효과를 지니고 있음이 입증되고 있다.

　오클라호마주 오클라호마시 서쪽에 위치한 웨스턴 하이츠 사립학교
지구(地區)에서, 이 지구 주관으로 PC를 보급하기에 앞서 교사들을 대
상으로 여름 동안 PC 교육을 실시코자 했을 때 행정관들은 교사들의
열성에 깜짝 놀랐다. 전체교사 230명 중 200명 이상이 교육 참가신청
을 하는 바람에 행정당국에서는 갑작스레 교육과정을 늘리느라 허둥거
려야 했다. 대부분의 교사들은 배움에 대한 강한 열정을 지니고 있고,
학생들의 학습지도에 도움이 되는 것이라면 무엇에든 적극성을 보이기
마련이다. 교사들이 진정 원치 않는 것은 습득 기회가 없어 숙달되지
못한 어떤 것을 가르치도록 무작정 내몰리는 상황일 것이다.

　웨스턴 하이츠는 7개의 학교가 있는 작은 지구로서, 서민층이 주류
를 이룬다. 학생 구성을 보면 백인과 흑인, 인디언계, 남미계, 아시아계
등 다(多)문화적인 성향을 보인다. 또한 아이들의 65%가 학교급식 프
로그램에서 무료나 할인 혜택으로 급식을 제공받고 있다. 어느 모로 보
나 정보 시대를 거머쥐고 나갈 학군으로는 보이지 않는 지역이다. 그러
나 지난 3년간 세 차례에 걸쳐 실시한 주민 투표의 결과를 보면 얘기가
조금 달라진다. 주민들은 미국 내에서도 선두에 설만한 정보기술 주도
형 교과과정 창출에 지역기금 중 총 680만 달러 이상을 지출하는 것에
압도적인 지지를 보냈다. 이 지역사회는 다가오는 디지털 시대에 아이
들에게 빈곤을 대물림하지 않는 유일한 길이 이와 같은 투자라고 보았
던 것이다.

　칠판과 분필을 사용하던 교사들에게 PC는 새롭고 강력한 교육도구
가 될 수 있다. 한 예로, 교사들은 「Power Point」같은 응용프로그램을

이용하여 교과와 관련된 사진과 영상 자료를 제시하고 인터넷 페이지
에 연결함으로써 아이들의 흥미를 유발시킬 수 있다. 웨스턴 하이츠의
한 사회과목 교사는 인터넷에서 받은 생생한 뉴스들로 하루의 수업을
시작한다. 먼저 나사(NASA) 웹 페이지에서 그날 받은 과학 사진을 다
루고, ABC 방송의 웹 사이트 abcnews.com에서 받은 뉴스 모음들을 살
펴본다. 교과목과 관련된 선거비용 개혁이나 정부의 균형과 견제 등을
주제로 수업에 들어가는 것은 그 다음이다.

　PC는 이제 웨스턴 하이츠의 모든 교사들의 교직 생활에서 분리할
수 없는 한 부분을 차지한다. 교사들은 e-mail을 이용하여 동료 교사들
과 공통의 관심사에 대해 의견을 교환한다. 1년에 두세 번 열리는 교육
구 회의를 기다릴 필요도 없다. 문제가 있으면 동료들에게 연락하여 즉
시 대답을 받아 볼 수 있다. 이와 같은 협력은 주로 같은 학년 교사들
사이에서, 혹은 학년에 관계없이 과학·수학·언어처럼 각 교과목을
담당하는 교사들 사이에서 이루어진다. 컴퓨터 덕분에 교사들이 교실
이라는 한계를 뛰어넘어 서로 더욱 쉽게 교류할 수 있게 된 것이다.

　웨스턴 하이츠의 교육감인 조 키친스(Joe Kitchens)는 다음과 같이
말한다.

　"교사들이 교실에서 얼마나 고립되어 지내는지 사람들은 아마 모를
겁니다. 대부분의 교사들은 문 닫힌 교실 안에서 하루 종일 생활하기
때문에 동료 교사들과 교류하거나 서로의 경험을 나눌 시간이 거의 없
습니다. 그들은 고작해야 1년에 한두 번밖에 모일 시간이 없습니다. 그
런데 e-mail이 그런 고립을 없애 주었습니다."

　키친스 교육감은 교사들이 전보다 더 자신을 "귀찮게" 할 수 있게 되
었다고 웃으며 '불평'을 털어놓았다. 전통적으로 교육감과 교사는 서
로 제한된 대화를 나누는 관계였다. 그러나 이제 교사들은 알고 싶은
게 있으면 교육감에게 e-mail을 통해 질문을 하고, 그들의 질문에 역시
e-mail로 즉시 대답해 주기를 바란다.

　웨스턴 하이츠에 구축된 PC 방식 네트워크는 지역 내 학교들과 교
육행정 당국을 연결하는 17마일 길이의 광섬유 케이블망상에서 운영
된다. 230개의 각 교실에는 각각 교사용과 학생용으로 최소한 2대의

PC가 네트워크에 연결되어 있다. 각 교실에는 추가로 3대의 PC를 네트워크에 연결할 수 있도록 접속선이 마련되어 있고, 각 학교마다 컴퓨터 실습실이 따로 있다. 교사들은 교실마다 구비된 대형 모니터를 통해, 인터넷으로 받은 자료나 중앙 비디오 서버에서 받은 영화 혹은 다른 교실의 발표 수업을 학생들에게 보여 줄 수 있다.

  오클라호마 대학의 강사들은 네트워크를 통해 원격 수업을 진행하고 있다. 그리고 지역 TV 방송국의 기상 통보관들 역시 네트워크를 통해 토네이도와 기타 기상 토픽에 대해 학생들에게 가르치고, 학생들은 그 내용을 다시 주민 전체가 볼 수 있도록 네트워크를 통해 방송한다. 지역 내 대표적 기업인 데이턴 타이어(Dayton Tire)사는 면접요령이나 화학공학 등을 주제로 학생들과 화상 회의를 갖기도 했다. 지역사회 전체가 이런 식으로 학습에 연관될 수 있도록 TV 방송국과 지역의 타이어 생산공장에도 광섬유 시스템이 연결되어 있었던 것이다. 이 대학은 오클라호마시의 초고속 교육용 네트워크에 연결되어 있다.

  웨스턴 하이츠의 학생들은 화상 회의 시스템을 이용, 미국 동부 해안이나 영국, 기타 유럽 지역으로 현장학습 차원의 가상 여행을 떠나 박물관을 견학하고, 자매결연 학교에서 수업도 받는다. 또한 지역 내 모든 학생들은 PC를 통해 1998년 말, 존 글렌(John Glenn)이 탑승한 우주 왕복선의 발사 장면을 생중계로 지켜보기도 했다. 몇몇 교실에는 특히 원격 교육을 위한 PC 방식의 TV도 설치되어 있다. 이런 시설 덕분에 웨스턴 하이츠는 고등학교에서 내보내는 TV강의를 이용하여 관내 중학교에서도 고급 수학(數學)반을 운영할 수 있게 되었다. 완벽한 해결책이라고 볼 수는 없지만, 그래도 선진 학습을 하는 학생들을 위한 고급 수학반이 없는 것보다는 낫지 않은가. 이 지역의 중·고교 교사들은 또한 캔사스 대학의 화상 강좌를 통해 새로운 기술로 수업내용과 교과과정을 보강하는 데 유익한 도움을 얻고 있다.

  원격 수업은 질병이나 부상으로 집에 있는 학생들이 수업 진도를 따라가는 데에도 도움을 준다. 어머니를 강도로부터 보호하다 입은 부상으로 몇 개월간 집에서 요양하는 한 학생의 경우가 여기에 해당한다. 예전 같으면 학교에서, 하루에 1시간씩 1주일에 세 번 정도 "가정교사"를 보내 숙제 검사를 하고 다른 숙제를 내주며 몇 가지 질문에 간단히 답해주는 정도로 그 학생의 학업을 도왔을 것이다. 그러나 이번에는 웨스턴 하이츠 자치구에서 그 학생의 방에 PC와 카메라, 모니터를 설치하고 고속 네트워크에 연결시켜 주었다.

네트워크를 통한 대화형 수업방법이 얼마나 효과적일지 알 수 없었던 학교측은 다친 학생에게 일단 한 과목의 수업만 연결시켜 주었다. 그런데 같은 반 친구들이 전 시간에는 있던 "네트워크 친구"가 다음 시간에는 나타나지 않자 크게 투덜거렸고, 학교는 그 즉시 그 학생이 수강하는 전과목으로 원격 수업을 확대하였다. 아마 그 학생에게는 생물 수업이 가장 흥미로웠을 것이다. 왜냐하면 반 친구들이 해부한 생물들을 카메라 가까이 대고 이런저런 장난스런 행동을 하며 여전히 친구들과 함께 있는 듯한 느낌을 갖도록 만들어 주었기 때문이다. 이런 홈-PC 연결(home-PC link)에 드는 비용은 가정교사를 보내는 것 보다 저렴했고, 학생 입장에서도 배우는 것이 훨씬 더 많았다. 그 학생은 수업 진도를 따라가는 것은 물론 성적도 유지할 수 있었다. 그러나 보다 중요한 것은 그가 그 반의 일원으로서 결코 잊혀지지 않았다는 점이다. 이와 비슷한 또 다른 예가 있는데, 한 교사는 치료차 집에 머무는 동안 그녀를 대신한 임시 교사들의 수업 진행을 이끌어 주는 한편, 학생들과도 계속 접촉하며 지낼 수 있었다.

부모와 지역사회와의 연결
(Connecting with Parents and the Community)

미래를 위해 이와 비슷한 투자를 하고 있는 또 다른 학교가 있다. 런던 서쪽, 인구 14만 명 규모의 리딩시에 있는 리딩스 하이다운 공립학교(Reading's Highdown school)이다. 하이다운은 영국의 실리콘 밸리 중심부에 위치해 있다. 수많은 최첨단 기업들이 20마일 반경 내에 들어서 있는 셈이다. 하이다운에서 제안한 네트워크 교육공동체 구축사업은 영국 정부의 정보 고속도로 건설 추진을 위한 23개 시범사업

중 하나로 채택되었다.

하이다운 공립학교는 학교를 박물관, 도서관, 행정기관을 포함하는 지역사회 전체와 네트워크로 연결하여, 정보기술을 교육 경험의 중심으로 만들 계획을 세웠다. 교육자들은 초기의 열정이 식고 난 후에도 당초의 접근 방식이 계속 고수되도록 확고하고 지속성 있는 모델을 구축하고자 했다. 그들은 네트워크 교육 성과의 전형이 될 만한 표준 모델을 만들고 평생교육에 대한 의욕을 고취시키고자 했던 것이다.

하이다운의 네트워크는 100대가 넘는 교내 PC들을 대화형 CD와 인터넷에서 거른 내용물에 연결시켜 준다. 하이다운의 네트워크 사업이 시범사업에서 장기사업으로 전환되자 ,지방 의회는 구역 내 46개 학교 전체로 네트워크를 확장할 수 있도록 지원했다. 그 결과 학생들은 개별 컴퓨터 계정을 보유하고 가정에서도 생산성 제고용 응용프로그램이나 e-mail, 인터넷 등을 이용할 수 있게 되었다.

학부모들의 참여가 이 계획의 성공에 많은 도움이 되었다. 초기 단계부터 참여한 30명의 학부모들은 가정에서 규칙적으로 학교의 인트라넷에 접속하여 자녀들의 학내 활동을 알아볼 수 있었다. 30여 명의 교사들 각자의 가정에도 네트워크가 연결되어 있다. 현재, 학교측은 네트워크 연결을 모든 학부모에게로 확대 실시할 예정이며, 집에서도 학생들의 학습을 도와줄 수 있는 교육자료들을 개발중이다. 하이다운 공립학교 인트라넷 홈페이지에는 학교에 관한 정보와 교과목에 대한 정보가 들어 있다. 이 웹 사이트는 학생들이 매주 배울 내용과 교사들의 진도계획 및 수업계획을 제시해준다. 따라서 학부모들은 학생들이 사용하는 교육자료들을 직접 열람해 볼 수도 있다. 자녀들에게 숙제가 있는지 물어 보았을 때, "없어요"라는 대답을 들으면 그저 그대로 믿어줄 수밖에 없었던 학부모들의 해묵은 문제 역시 인터넷 덕분에 간단히 해결되었다. 뿐만 아니라 학부모들은 1년에 몇 차례 있는 교사와의 면담 외에도 e-mail을 통해 언제든지 교사들과 즉각적인 연락을 취할 수 있다.

웨스턴 하이츠 학교지구와 마찬가지로 하이다운 공립학교에서도 정보기술을 교실에 접목시키고 있다. 이 학교의 웹 페이지는 세계의 유명

박물관에 접속하는 가상 미술여행 등, 웹이 아니면 불가능했을 특별 편성 교과목들을 제공한다. 교사들은 정보기술 덕분에 나이와 능력에 따라 학급을 편성하고, 학생 개개인에 맞춘 학습을 보다 수월하게 진행한다. 예를 들어 11살 먹은 미술반 학생은, 수업중 제시한 색채이론 개념을 보충하기 위해 교사가 준비해 둔 제나이에 맞는 여러 자료들에 온라인으로 접속할 수 있다. 이때 학생은 온라인 시험을 통해 보색에 대한 자신의 이해도를 측정하고, 쇠라(Seurat)의 작품들에 연결하여 유쾌한 시각 효과를 내기 위해 그가 어떻게 색에 대한 눈의 인지력을 활용했는지 볼 수도 있다.

영국 정부의 연구진들이 작성한 하이다운의 시범사업 결과 보고서에 의하면, 정보기술 방식의 수업에는 6가지의 주요한 이점들이 있다고 한다. 과목별 학습능력 향상, PC와 인터넷을 학습도구로 사용하는 "네트워크" 활용 기술 향상, 직업 훈련의 효율성 향상, 학습태도 향상 및 학습동기 고취, 독자적인 학습 및 연구 기술 배양, 사회성 함양 등이 그 여섯 가지 이점이다.

모든 시민의 기술 함양
(Lifting the Skill of All Citizens)

학교의 인프라스트럭처를 이용해 지역사회 전체의 교육을 지원하는 것이 바로 정보기술 투자를 활용하는 동시에 그 타당성을 입증하는 중요한 방법이다. 주민 교육의 한 유형은 모든 직업에 활용될 수 있는 기본적인 컴퓨터 사용 기술을 가르치는 것이다. 또 다른 유형은 정보기술 자체를 훈련시키는 것으로, 구직자에겐 구직 가능성을 넓히는 중요한 계기가 될 수도 있다. 대부분의 나라의 경우, 현재 정보기술 관련 일자리 10개 중 하나는 비어 있으며, 앞으로 몇 년 후면 미국과 유럽에서 각각 50만 명 이상의 새로 훈련받은 정보기술 전문가들을 필요로 할 전망이다. 인도, 남미와 같이 급속히 발전하고 있는 지역의 경우에도 발전의 정도에 상응하는 인력부족 현상이 일어날 것이다.

기존의 학교기금 재원만으로 교육 네트워크 사업을 감당하기는 힘들다고 여긴 하이다운 공립학교는, 리딩 지역의 번영이 기술에 기반을 두고 있다는 데에 착안하여 인프라스트럭처 구축 비용을 마련키 위한 민관 협력의 "투자 고리"를 구상하고 있다. 지역 기업들이 지금 학교에 투자하면 미래에 고도로 훈련된 근로자들을 돌려 받게 된다는 취지의 계획이다.

그리고 지역사회 역시 네트워크를 통한 평생교육의 수혜자가 될 것이므로, 하이다운의 교육자들은 지역사회의 일원들도 학교의 시스템 구축에 기여해주길 기대한다. 앞으로 성인들은 저녁 시간이나 매 주말에 평생교육을 위해 개방되는 리딩 지역 학교들이나 자신의 집에서 온라인 기술 훈련을 받을 수 있게 될 것이다. 이 서비스에 대한 이용료는 물론 정보기술 시스템을 유지하고 확장하는 데 사용될 것이다.

전세계의 많은 학교들이 디지털 시대를 준비하기 위해 분주히 움직이고 있다. 이스라엘의 경우, 이미 전국적인 교육 네트워크를 확보해놓은 상태이다. 따라서 이스라엘의 학생들은 학교에서 뿐만이 아니라 가정에서도 e-mail을 사용하고, 지식을 습득한다. 또한 이 네트워크는 교사와 학부모간의 교류도 원활하게 해주고 있다. 코스타리카의 모든 공립 고등학교 학생들도 인터넷과 e-mail을 이용할 수 있다. 미국 워싱턴 주 이사쿠아의 고등학생들은 2,000대의 PC를 연결하는 지역 네트워크를 직접 계획, 구축하여 관리하고 있다. 이 네트워크는 주로 고급 과정의 학문을 습득하는 데에 이용된다. 캔터키주의 학생들 또한 그들의 네트워크를 지원하기 위해 훈련받고 있는데, 이 네트워크는 캔터키주 전체 176개 지구에 뻗어 있고, 주정부와 지역 기업 및 고등 교육기관들과도 연결되어 있다.

학생들의 성공을 위한 준비
(Arming Every Student for Success)

미국의 대다수 지식노동자들은 각자 자신의 PC를 보유하고 있다.

그러나 가장 우수한 학교라 해도 PC 보급 비율은 학생 7명당 1대 수준을 넘지 못하는 경우가 흔하다. 학교로서는 모든 학생에게 PC를 사주는 것이 부담스럽다. 특히 PC가 3년 정도마다 구식이 되어버리는 상황을 감안해보면 더욱 그렇다. 이 때문에, "가진 자"와 "못 가진 자", 즉 집에서 PC를 사줄 형편이 되는 학생과 그렇지 못한 학생 사이의 차이가 정보기술 습득 기회를 갖고 못 갖는 차이로 번질 것이라는 우려가 제기되고 있다. 하지만 모든 학생들에게 PC를 제공하기 위한 창의적인 접근 방법들이 대두되면서 이 난관을 풀어나가는 일에 청신호를 보내고 있다.

일대일 접근—학생 1명당 PC 1대로의 접근—은 1990년대 초, 호주 멜버른에서 브루스 딕슨(Bruce Dixon)이라는 교사에 의해 최초로 개시되었다. 정보기술에 관심이 많았던 그는, 한 대뿐이었던 PC를 여섯 대로 늘려 수업시간에 활용한 후 수업 결과에 상당한 차이가 난다는 것을 알게 되었다. 그는 PC의 잠재력을 최대한 활용하려면 학생들이 모든 학습생활—모든 수업시간에 그리고 학교뿐 아니라 집에서도—에 PC를 도구로 사용해야 한다는 사실을 깨달았다. 동료 교사들과의 많은 토론과 회의 및 브레인스토밍(brainstorming : 각자 아이디어를 제출하여 그 중에서 최선책을 선택하는 방법 - 譯註)을 통해, 모든 학생들이 자신의 랩톱PC 마련 자금을 대도록 하자는 혁신적인 아이디어가 나왔고, 당시 여러 학교의 정보기술 컨설턴트였던 딕슨은 이 아이디어를 구체화하는 계획안을 세웠다. 그래서 나온 것이 "임대 사용 후 취득" 방안이다. 즉, 월간 사용료를 내고 학생들이 랩톱 PC와 소프트웨어를 리스 방식으로 임차하면, 임대업체는 유지 · 보수 및 업그레이드를 제공하며, 학생의 졸업과 동시에 가족이 컴퓨터를 완전히 소유하게 되는 방식이다.

이러한 접근 방안은 월간 임대료 40달러라는 경제적 부담이 여전히 숙제로 남는다. 그러나 잘 사는 가정들은 3년 동안 매달 40달러 정도는 낼 수가 있고, 대부분의 가정들도 전부는 아니라도 어느 정도는 부담할 수 있다. 기업체와 지역사회 단체들의 기부금이나 정부 보조금으로 나머지 차액을 충당한다면……. 이 계획에서는, 부담 액수가 많든적든,

각 가정이 일정액을 지불한다는 것이 근본적인 중요성을 지닌다. 정해진 액수를 지불하는 것을 통해서 학생들과 그들의 부모들은 랩톱에 대한 소유 의식을 갖게 되고 랩톱에 대한 책임감을 갖게 되며, 자녀의 학습에서 랩톱이 갖는 의미를 깨닫게 되기 때문이다. 실제로 이러한 랩톱 프로그램이 시행된 이후로 지금까지 랩톱의 파손, 분실, 도난율이 매우 낮게 나타나고 있다. 교육관계자들은 그 이유가 학생들이 자신의 컴퓨터에 대단한 애착을 가지고 돌보기 때문이라고 말한다. 흥미로운 것은, 저소득 지역 출신 학생들이 부유한 학교에 다니는 학생들보다 랩톱을 분실하거나 파손하는 비율이 적다는 점이다. 다만 한 가지 계속되는 문제는, 학생들이 볼펜이나 연필을 안에 놓아둔 채 랩톱 컴퓨터를 닫아서 생기는 손상이다. 책을 사용하던 데서 비롯된 학생들의 이런 습관은 컴퓨터 스크린을 깨놓기 일쑤다. 그래서 학생들은 필기도구로 인한 컴퓨터 고장에 대해 근래에 많은 주의를 받고 있다.

  랩톱 프로그램은 이제 전세계의 학교들로 확산되고 있다. 미국내 5백여 개의 공립 및 사립학교에서 6만 명 이상의 학생과 교사들이 "언제 어디서나 배움이 가능한(Anytime Anywhere Learning)" 랩톱 프로그램에 참여하고 있다. 최초의 후원자는 도시바 아메리카 정보시스템(Toshiba America Information Systems)사였고, 현재는 많은 하드웨어 제조업체들이 후원하고 있다. 이 프로그램은 학생들에게 랩톱을 제공하고, 교사들에게는 랩톱 교육을 실시하며, 정보기술을 교과과정에 통합하고 있다. 대규모 프로그램들이 성공리에 진행되고 있으며, 그 중 몇 가지 경우만 열거하면, 뉴욕 할렘가에 사는 500명의 학생들이 참여한 프로그램을 위시하여 사우스캐롤라이나주 뷰포트 카운티 학구(學區)에 있는 1,500명의 학생들을 대상으로 한 프로그램, 캘리포니아주 프레즈노 카운티 클로비스 통합 학구에 있는 1,200명의 학생들, 워싱턴주 페더럴웨이 학구의 500명이 참여한 프로그램 등등이다. 이들 지역의 학교들은 지역사회 및 기업체의 지원으로 모든 학생들에게 랩톱을 제공할 수 있었다. 캐나다와 영국에서도 랩톱 프로그램들을 추진하기 시작했고, 전세계의 교육 대표단들이 "언제 어디서나 배움이 가능한" 랩톱 프로그램 운영 학교들을 방문하여 이 프로그램의 활용 가치

모든 학생을 변화시키는 PC
(PCs for Every Student Make a Big Difference)

마이클은 초등학교에서 뉴욕시의 모트홀 중학교(Mott Hall School)로 진학한 후 중학생활에 적응하기가 힘겨웠다. 따라가기 어려운 학교 수업과 더욱 경쟁적인 분위기가 그를 움츠러들게 만들었다. "언제 어디서나 배움이 가능한" 랩톱 프로그램의 효과를 확신하고 모든 학생에게 랩톱을 제공했던 마이클의 담임 재니스 고든(Janice Gordon)은, 마이클의 필기 문제와 부적응 문제 극복을 돕고자 했고, 그에게 자신감을 불어넣어 주고자 했다.

그녀가 옳았다. 자신의 랩톱PC를 지닌 지 두 달도 못 되어 마이클은 토론에도 참여하고, 자신의 탐구내용을 급우들과 나누기도 했다. 그는 학급의 연구과제를 위해 특별 과제와 심층탐구도 하게 되었다. 그의 아버지는 그를 "컴퓨터계의 마이클 조던"이라 부른다.

나는 1988년 봄, 고든 선생의 학급을 방문하여 랩톱PC의 꾸준한 사용이 마이클과 반 학생들의 학습에 일으킨 변화를 직접 목격했다. 마이클이 새로 이룬 성공은 그에게만 국한된 성과가 아니다. 500여 개가 넘는 공·사립 학교에서 아이들은 랩톱을 사용하여 그 또래다운 방식으로 호기심과 창조력을 발휘하고 있다.

역사를 배우는 어느 학생은 온라인 백과사전과 웹 사이트를 이용하여, 유명한 장군들과 중요 전투는 물론이고 통계수치와 지도까지 담은, 남북전쟁에 대한 발표자료를 만들었다. 또 과학반의 어느 학생은 인터넷을 이용하여, 밀랍(wax)이 어떻게 스노우보드의 속도를 향상시키고 마찰을 줄여주며, 부츠와 바인딩이 어떻게 안정성을 제공하는지에 관한 보고서를 작성했다. 스페인어를 배우는 학생들도 일상 회화에 대한 이해를 높이기 위해 스페인어 웹 사이트에 들어간다.

PC는 또한 전통적인 학습 형태에 새롭게 접근할 수 있는 방법을 제공해 준다. 5,6학년 학생들은 행성에 관한 그들 나름의 데이터베이스를 만들고 여기저기서 자료를 모은 다음, 온라인 백과사전을 이용해 사진까지 집어넣고 그들이 배운 것에 관해 연구보고서를 썼다. 고등학생들은 서로 다른 힘과 질량이 가해지는 손수레의 운동에 관한 자료를 가지고 그 변화를 도표로 보기 위해 스프레드시트를 이용했고, 그 결과 힘, 질량, 가속도 사이의 수학적인 관계를 시각화해서 볼 수 있었다.

랩톱은 교사들에게도 더욱 포괄적인 자습과제를 제시할 수 있게 해준다. 오하이오주 어느 학교의 역사 수업에서 제시되었던 "목적지 오하이오 (Destination Ohio)"라는 자습과제는 학생들에게, 오하이오에서 방문할 곳을 찾기 위해 인터넷을, 여행 일정을 잡기 위해 워드프로세서를, 비용을 산출하기 위해 스프레드시트를, 여행지 한 곳의 팜플렛 작성을 위해 출판용 소프트웨어를, 이 여행상품을 급우들에게 팔기 위해 프레젠테이션 소프트웨어를 활용하게끔 했다.

정보기술로부터 얻는 정보는 넓고 깊으며 자료 분석 또한 쉽기 때문에, 문장력과 분석력같은 필수 능력들을 향상시켜준다. 수많은 정보를 다각도로 관찰하고 조사해봄으로써 학생들은 비판력과 독립적인 판단력을 기르게 되는 것이다.

를 검토해보고 있다.

학생들에게 온종일 사용할 수 있도록 랩톱을 제공한 성과는 대단했다. "학교 교육을 위한 강력한 도구, 랩톱 프로그램의 2년차 연구"라는 제명의 최근 연구보고서에서, 교육연구가인 사울 록맨(Saul Rockman)은 규칙적으로 랩톱을 사용한 학생들은 많은 기술능력을 얻는다고 결론지었다. 그들은 더 자주 글을 쓰고 더 잘 쓰며, 연구와 분석 기술이 높아졌고, 더욱 독창적으로 스스로를 표현하며, 독립적인 동시에 협동하여 작업할 줄 알고, 더욱 적극적인 태도와 학습전략을 지니며, 문제해결과 비판적인 사고에 거리낌없이 동참하고, 보다 깊이 있게 사고한다고 한다. 이 연구보고서의 객관적인 수치들은 교사들의 주관적인 반응에 의해 더욱 설득력을 얻고 있다. 즉, 66%의 교사들이 랩톱 사용 이후 학생들의 사고능력이 깊어졌다고 응답했고, 71%는 랩톱이 학생들의 학습의욕을 자극하고 적극적으로 학업에 집중하게 만들었다고 말했다.

전세계적으로 보면 대부분의 학교 시스템들은 이제 막 PC를 교실에 도입하는 단계에 있다. 이 프로그램을 제대로 시작하려면 학교 이사회와 교장 차원의 강한 리더십이 필요하다. 또한 정보기술 인프라스트럭처를 개발하고 관리하며, 정보기술을 교과과정에 접목시키고, 교사를 훈련시키기 위한 청사진을 제공하는 정보기술 계획안을 마련해야 한다. 물론 지역사회의 지원을 규합하는 것이 결정적으로 중요하다. 유권자들은 잘 짜여진 구체적 계획들을 지원하는 조치들에 기꺼이 표를 던질 것이다. 지역사회는 학교들을 네트워크로 연결하는 것이, 모든 지역단체들을 서로 네트워크로 연결하여 학습공동체를 만들기 위한 광범위한 노력의 시작이며, 정보기술이 강화된 교육은 연령과 학력을 제한하지 않는 평생교육을 구현한다는 사실을 상기해야 한다.

정보기술은 또한 학교의 행정경비 부담을 줄여주며 교육 결과들을 간단히 비교할 수 있게 해준다. 호주의 빅토리아주는 학생 대 PC의 비율을 5:1로 만들어 총 10만 대의 PC를 연결하는 것을 목표로 인프라스트럭처를 구축하였다. 빅토리아주는 현재 정보기술을 학습에 접목시키는 방법에 대해 1,750여 개 학교의 모든 교장과 교사에게 교육을 실시하고 있다. 빅토리아주에서는 또한 제반 교육행정을 처리하는 데에도 PC를 이용하고 있다. 예컨대, e-mail을 사용하여 학교 서류나 공지사항, 재무제표 및 영상정보 등을 벽지 분교로 배포하는 경우이다. 교육 행정관들은 앞으로 소프트웨어를 이용하여 학생들의 결석 경향을 파악해 교육 차원의 문제점을 밝혀 내거나, 교사들의 결근 상황을 파악하여 사기 측면의 문제점은 없는지 살펴보게 될 것이다. 교육행정관들은 또한 지역별, 학년별, 학교 규모별 시험 성적과 관련된 모든 것을 손쉽게 비교·대조해보기 위해 디지털 도구를 이용할 계획이다. 그들은 업무(출결 관리나 가정통신문 발송)를 지원하기 위해서든, 소임(학생의 학업성취도 평가)을 지원하기 위해서든, 교사들에게 더 많은 소프트웨어를 공급하고자 한다. 미국의 웨스턴 하이츠에서는 시험지를 스캔하고, 채점하여, 자동으로 학생들의 평균 점수를 계산하는 응용소프트웨어를 사용하고 있다. 이렇게 절약된 시간들이 학생들을 가르치는 교사본연의 임무에 투여되는 것은 물론이다.

다양한 학습 방법의 제공
(Offering a Variety of Ways to Learn)

가장 진취적인 아이디어 중의 하나는 PC를 활용하여 다양한 학습
방법을 제공하는 것이다. 현재, 개인의 학습 유형을 설명하는 약 50여
개의 서로 다른 주요 이론들이 제기되어 있다. 하지만 대부분의 이론들
이 분류해 놓은 유형들은 거의 유사하다. 간단히 말해서, 어떤 사람은
읽기를 통해서 더 잘 배우고, 어떤 사람은 듣고서, 어떤 이들은 다른 사
람들이 하는 것을 보고서, 또 다른 이들은 직접 해보면서 더 잘 배운다
는 것이다. 우리들 대부분은 이 모두가 일부분씩 조합된 방식으로 뭔가
를 배워왔고 또 배우고 있다. 그리고 모든 사람들은 각기 다른 수준의
소질과 개성·경험을 지니고 있어, 개인의 학습의욕 또한 갖가지 요인
에 따라 달라지기도 한다. 학습의욕이 높은 학생은 어려운 읽기 교재를
통해서도 잘 배울 수 있지만, 학습의욕이 부족한 학생에게는 비디오와
같은 보충교재가 필요하다.

새로운 소프트웨어는 학습 유형이나 속도에 관계없이 학생의 학습
을 도와주고 있다. 소프트웨어는 다양한 형태로 자료를 제시하기 때문
에 인쇄된 자료보다 훨씬 더 쉽게 개개인의 특성에 맞출 수가 있다. 예
를 들어 보자. 하이다운 공립학교는 열두세 살 대상의 지리 수업에서
화산 관련 내용을 가르칠 때, 전에는 세인트 헬레나 화산에 관한 비디
오 자료와 많은 분량의 인쇄물로 수업을 진행하였다. 일부 학생들은 이
런 식의 수업에 잘 따라왔지만, 의욕이 낮은 학생들은 두꺼운 인쇄물만
보고도 그저 질리기 일쑤였다.

그러나 이제 이 학교는 웹 기술을 활용하여 난이도에 따른 단계별
교육과정을 마련해 놓았다. 먼저 학생들은 화산에 대한 개념을 확실히
이해하기 위해 일정한 양의 학습을 마쳐야 한다. 지질 학습의 첫번째
단계에는 화산 형성의 기본 내용을 모든 학생이 이해하도록 돕기 위해
마그마가 움직이는 멀티미디어 동화상이 포함되어 있다. 가장 상급 단
계에는 미국 지질학 연구소의 웹 사이트에 연결하는 등, 화산 활동을
보다 깊이 있게 조사하는 내용이 담겨 있다. 더 깊이 탐구하고자 하는

학생들은—실제로 많은 학생들이 그렇다—여러 활화산들에 관한 세부
내용과 그런 화산 활동이 주변 지역과 지구 환경에 미치는 영향에 대해
서도 매우 상세하게 파고들 수 있다.

　PC는 전통적인 교육 방식—교사가 교단에서 책을 읽으면서 가르치
던 방식—을, 모든 학생들의 본능적인 호기심을 유발시켜 자발적으로
수업에 참여시키는 새로운 방식으로 전환시켜준다. PC는 학생들에게
자신의 능력에 맞는 정보를 찾고, 교과서 외에도 비디오와 오디오를 통
해 배우며, 실험을 계획하고, 친구들과 협력할 수 있도록 해준다.

　흔히들 혁신적이라고 표현하는 이런 자발적인 문제해결 방식은 사
실 전혀 새로운 것이 아니다. 1899년에 이미 존 듀이(John Dewey)와
여러 교육 개혁가들은, 설교식 교육에서 경험 교육으로 바꿀 것을 제안
한 바 있다. 물론 아이들에게 다양한 경험을 제공할 물리적인 설비를
구축하는 일은 지금도 쉽지 않은 일이다. 그러나 네트워크로 연결된 컴
퓨터상의 가상체험 세계로 학생들을 들여보낼 수 있는 길은 활짝 열려
있다.

　PC의 능력 위에 구축된 웹 연결성을 통해, 학생들은 자신과 같은 주
제를 탐색하는 다른 사람들을 발견하게 되고, 때로는 특정 주제에 대해
수업중 사용된 접근법보다 더 흥미롭고 유익한 접근법도 발견하게 된
다. 그들이 발견하는 정보는 친구들에게 자랑하고 싶은 것일 수도 있
고, 아주 난해하여 교사가 모두를 위해 설명해줘야 하는 자료일 수도
있다. 따라서 교사가 학생들에게 내주는 일반적인 과제는 인터넷상에
서 한 주제를 탐색한 후 습득한 정보를 그룹별로 토론하게 하는 것이
될 것이다.

　모든 중요한 주제를 다룬 훌륭한 강의들이 인터넷상에 넘쳐날 것이
다. 학교에서는 그것들을 핵심 강의 자료로 활용하며 주제별로 스터디
그룹과 토론 그룹을 만들 수도 있다. 이러한 강의 방식에 대한 활용 정
도는 학교마다 달라지겠지만, 교육 현장에 있는 교사들은 핵심 강의를
되풀이하는 작금의 교수법에서 벗어나 보다 심층적인 내용의 자료와
학생들 개개인의 특성에 맞는 교수법을 자유롭게 개발하게 될 것이다.

　일단 전자적으로 아이디어를 공유하는 교사들이 대폭 늘어나고, 학

생들의 PC 활용 비율이 갈수록 높아지게 되면, 교과서업계는 교재의
내용을 전자적으로 전달하는 것에 초점을 맞춘 근본적인 전환을 겪게
될 것이다. 비용이 저렴한 전자교과서는 재정난에 허덕이는 학교들로
하여금 인쇄된 교과서에 쏟아붓던 예산을 다른 용도로 쓸 수 있게 해줄
것이다. 1997년 한 해 동안 미국의 초등학교들은 인쇄된 교과서 구입
비로 30억 달러를 지출했고, 대학들도 27억 달러를 사용했다. 그러나
평범한 CD 한 장이면 1년간 학생에게 필요한 모든 읽기 자료를 담을
수 있고, 온라인 접속을 통해 추가로 심도 있는 보충자료들을 제공받을
수도 있다. 물론 PC를 제 1순위의 읽기 도구로 활용하기 위해서는, 앞
서 3장과 7장에서 언급했듯이 컴퓨터 스크린의 혁신적인 화질 개선이
필요할 것이다.

　　PC는 디지털 시대의 가장 중요한 통신 및 생산성 제고용 도구이다.

PC를 학교수업에 통합하는 절차

3단계
교수법 및 학습법 변형
을 위해 PC 활용하기

2단계
기존의 교수법 및 학습법
개선을 위해 PC 활용하기

1단계
인프라스트럭처 구축 및
교사와 학생 교육하기

현재위치
(You are here)

학교 지구는 교육개선을 위해 PC 활용계획을 수립해야 한다. 첫번째 단계는 지역사회의 지원
을 얻어 확고한 정보기술 인프라스트럭처를 구축한 다음 교사들을 교육하는 것이다. 다음은,
PC와 인터넷을 교과과정에 통합하여 PC를 학생들의 학습도구로 활용하는 것이다. 마지막은
디지털 방식이 핵심 강의 자료의 고안과 유지를 보다 손쉽게 만듦으로써 교수법 및 학습법을
변형시키는 단계이다. 시간적으로 좀더 자유로워진 교사들은 보다 심층적인 자료와 개별적인
교수법을 개발해내게 된다.

학교의 컴퓨터 활용에 관한 10가지 교훈
(Ten Hard Lessons on Computers in Schools)

컴퓨터가 사용된 지 10년이 넘었다. 이제 컴퓨터가 학생들의 교육에 도움이 된다는 것은 분명한 사실이다. 우리 사회는 그간의 경험을 통해 10가지 부동(不動)의 교훈을 얻었다. 1997년 11월,《월스트리트 저널》특별 기사에 실린 다음의 결론들로 본인의 의견을 대신한다.

1. 컴퓨터 실습실은 컴퓨터가 있을 곳이 아니다. 컴퓨터는 교실에 있어 야 한다.
2. 우등생보다 노력하는 학생이 컴퓨터로부터 더욱 많은 것을 얻는 경 우가 흔하다.
3. 대부분의 교사들은 수업에 컴퓨터를 활용하는 방법에 대해 아직 교 육받지 못한 상태이다.
4. 학교들은 컴퓨터 활용 계획을 주도면밀하게 수립해야 한다.
5. 컴퓨터는 교육도구일 뿐, 교과목이 아니다. 따라서 다른 모든 과목 들의 수업시간에 통합되어야 한다.
6. 아이들은 자신의 컴퓨터를 가질 때 능력을 유감없이 발휘한다.
7. 중고 컴퓨터는 학교용으로 쓰기에 적절하지 않다.
8. 컴퓨터는 전통적인 교육기능을 감소시키지 않는다.
9. 인터넷과 e-mail은 그들의 말을 들어줄 청취자를 제공하므로, 아이 들의 흥미를 북돋운다.
10. 아이들은 컴퓨터를 매우 좋아한다.

PC와 인터넷은 한 가지 근본적 변화를 일으킨다. 모든 지역과 모든 학 교의 학생들에게 지금까지 최고의 교육여건을 갖춘 학교의 학생들도 이용할 수 없었던 정보를 제공하며, 최고의 학습 환경에서도 이룰 수 없었던 협력의 기회를 제공해준다는 것이다. 교육자들은 이러한 정보 와 협력을 이용해 지역사회 발전에 이바지하게 될 것이다. PC를 새로 운 교수 및 학습의 도구로 받아들이는 교육자들이야말로 변화를 이끌 어갈 선구자가 될 것이다.

비즈니스 교훈

- □ PC와 네트워크는 새로운 교육방식으로 접근할 수 있도록 해준다.

- □ 학교의 인프라스트럭처를 이용, 지역사회 전체의 평생교육을 지원하라.

- □ 정보기술 활용이 교실에서 성공하려면, 지역사회와 학교 이사회의 강력한 리더십이 필요하다.

- □ 학교는 인터넷에 접근할 수 있는 기회를 동등하게 제공해 "가진 자"와 "못 가진 자" 사이의 격차를 줄이는 데 힘써야 한다.

디지털 신경망의 진단

- □ 기술 인프라스트럭처를 개발하고, 교과과정에 정보기술을 통합시키며, 교사들을 교육하기 위한 청사진을 제공하는 정보기술 계획이 있는가?

- □ 교실에 있는 PC를 개인이 적극 사용하도록 허용하여, 학생들로 하여금 탐색하고 실험하며 서로 협력하도록 하는가? 교실에 있는 PC가 학습을 재미있게 해주는가?

- □ 학생 개개인에 대한 최선의 교육방법을 알아내어 그것을 토대로 개개인에 알맞은 교육자료를 마련하기 위해 PC를 활용하는가?

- □ 교사들이 아이디어 교환과 교과과정 조정을 위해 e-mail을 활용하는가?

- □ 학교의 행정관리자들과 교사들이 정보기술을 활용하여 일상 업무를 효과적으로 수행하고 있는가?

- □ 학교에서 웹 사이트와 e-mail을 이용하여 학부모들이 자녀의 교육에 더욱 관심을 갖고 관여하도록 만드는가?

VI

예기치 못했던 발전을 기대하며

(Expect the Unexpected)

제 23 장

디지털 시대를 위한 준비
(Prepare for the Digital Future)

변화가 있으면 기회도 있게 마련이다. 그러므로 어느 조직이든 두려움에 떨지 말고 전열을 가다듬어 활력을 찾는 것이 무엇보다도 중요하다.

— 잭 웰치, 제너럴 일렉트릭사 최고경영자

고객들은 정보기술로 인한 효율성 증가의 주요한 수혜자이며, 경제가 디지털 방식으로 이루어질수록 그러한 혜택은 더욱 커질 것이다. 또 다른 수혜자는 경영진의 주도로 경쟁 기업들보다 더욱 빨리 디지털 도구를 이용하고 진보된 솔루션을 구축해 내는 기업들이다. 이 책에서 조명한 솔루션들은 모두, 구체적인 고객 시나리오를 염두에 두고 정보기술을 도입한 경영자들의 비전과 지도력의 결과이다. 정보기술은 고객과 함께 일하는 방식을 바꿀 것이며, 단지 뒷방에 앉아 데이터를 처리하는 일로만 취급되지는 않게 될 것이다. 때문에 최고경영자는 앞서가는 일에 보다 몰두해야 할 것이다.

성공하는 기업가들은 새로운 사업방식, 다시 말해 점점 더 빨라지는 정보의 속도를 기초로 한 새로운 사업방식을 택할 것이다. 새로운 방식이란 기술 자체를 위해 기술을 적용하는 것이 아니라, 기술을 써서 기업의 행동양식을 변모시키는 것이다. 기술을 최대한으로 이용하려면 사업가들은 비즈니스 프로세스들을 합리적이고도 현대적으로 다듬어야 한다. 그 목적은 비즈니스가 사업 환경에 거의 즉각적으로 반응하게 하고, 전략적 사고를 지속적이고 반복적인 과정으로 만드는 데 있다. 물론 이런 과정이 일상적인 업무 흐름에서 분리된 채 12개월이나 18개월마다 이루어진다면 아무 의미가 없을 것이다.

　정보기술에 대한 투자는 정보를 이용할 수 있는 모든 근로자들에게 보다 나은 정보를 제공할 수 있도록 이루어져야 한다. 지식노동자들은 회사의 두뇌이다. 만일 지식노동자들이 회사의 중요한 자료와 단절된다면, 어떻게 그들의 역량이 강화될 수 있겠는가? 지식노동자들에게 책임과 권한만 주고 정보를 주지 않는다면, 그들은 무기력한 존재가 될 것이다. 지식이야말로 최상의 힘을 주는 도구이다.

　만일 생산시스템이나 제품 문제, 고객을 잃을 위기나 얻을 기회, 매출 부진, 기타 비즈니스에 대한 중요한 뉴스 등 중요한 정보가 1일 단위가 아니라 분 단위로 입수된다면, 그리고 만일 그런 문제에 대해 1일 단위가 아니라 시 단위로 시의적절하게 인력을 투입시켜 일할 수 있다면, 기업은 막대한 이익을 얻게 될 것이다. 이런 식의 프로세스 재구성은 대량생산의 등장 이후 발생한 그 어떤 변화보다도 더욱 근본적인 변화이다.

　모든 기업들은 새로이 부상하는 디지털 방식의 사업 경향을 주도할 것인지 뒤따라갈 것인지 선택할 수 있다. 이 책에 나온 대부분의 기업들은 그것을 주도하기로 결정한 기업들이다. 그들 모두 만만치 않은 경쟁사들을 상대하며 힘든 산업 분야에 종사하고 있다. 인터넷은 그들이 종사하고 있는 산업을 실시간으로 재정의해주고 있다. 그 어떤 기업에게도 승리는 덩크슛처럼 한 순간 한 사람이 이루고 마는 일이 아니다. 디지털 방식의 사업 경향을 주도하기로 결정한 기업들은, 경쟁우위를 얻고 그것을 유지하는 데 있어 디지털 정보의 흐름과 직원들의 역량 강화가 필수요소라는 결론을 내린 것이다.

디지털 방식으로 개방하라
(Keeping the Door Open Digitally)

다소 차갑게 들릴 수도 있는 용어지만, 사실 '디지털 프로세스'는 직원 개개인에게 힘을 부여하는 것과 관련된 혁신이다. 직원들 스스로 책임감을 갖도록 동기를 부여하는 것은 조직 체계의 문제라기보다는 조직의 분위기에 관한 문제이다. MS는 조직의 직급 수를 줄이고 의사전달 과정을 짧게 하려고 노력하고 있지만, 우리 회사 역시 여전히 꽤 전통적인 기업조직으로 편성되어 있다. 나는 비(非)계급적인 조직구조를 갖추는 것보다는 조직 내에 개방적인 정책을 유지하는 것이 더 중요하다고 생각한다. 디지털 도구는 조직을 개방하고, 조직에 융통성을 부여하는 최상의 방식이다. 정보가 그 필요성이나 시급성 여하에 따라 지휘 계통이나 권리 계통을 통해 상부, 개개인이나 팀, 특정 지역이나 전세계 모든 사람에게 전달될 수 있어야 한다는 뜻이다.

직원들에게 힘을 부여해줘야 한다는 확신을 갖는 것이야말로 디지털 신경망을 최대로 이용할 수 있는 비결이다. 더욱 풍부한 양질의 정보로 혜택을 입는 것은 경영진이나 간부들 뿐 아니라 지식노동자들 역시 마찬가지이다. 직원들이 좀더 나은 결과를 이끌어낼 수 있는 두어 가지 좋은 도구를 갖추게 되면, 그들은 더욱 많은 도구들을 요구할 것이다. 이는 또 다른 긍정적인 순환과정이다.

조직을 어떻게 구성하고, 조직원들에게 어떻게 동기를 부여하든, 한 가지는 분명하다. 한 기업을 중앙에서 전적으로 관리하는 것은 불가능하다는 것이다. 한 개인이나 한 위원회가 모든 단위 사업체나 자회사에서 발생하는 모든 문제를 제일선에서 관리할 수는 없다. 기업의 지도자는 전략과 방향을 제시하고, 직원들에게 디지털 도구를 제공하여 전세계로부터 정보를 수집하고 통찰력을 얻게 해주어야 한다. 리더가 모든 결정을 내리려고 해서는 안 된다. 중앙에서 모든 행동을 관리하고 지시하려는 기업은 결코 빠르게 변하고 있는 새로운 경제 체제의 속도를 따를 수 없을 것이다.

기업 운영에 있어서 중앙통제 방식과 자율성에 대한 논쟁은, 근로자들은 태만하며 통제가 필요한 존재라는 과거의 "X 심성론"과, 근로자들은 창의적이며 따라서 그들에게 책임을 맡겨야 한다는 "Y 이론"간의 의견차이와 같은 것이다. 디지털 프로세스는 근로자들이 생각하고 행동하도록 허용되고, 그렇게 할 힘을 부여받으며, 그렇게 하도록 고무된 경우에, 더욱 많은 일을 할 수 있고 또 더욱 많은 일을 할 것이라는 가정을 견지(堅持)한다.

중앙통제 방식과 자율성 인정 사이의 이러한 논쟁은 추상적인 문제가 아니다. 어느 쪽을 선택하는가에 따라 기업의 구성과 체계가 달라지는 것이다. 수십 년 전, 최초의 미 유인(有人) 우주선 캡슐의 실물 모형이 제작되었을 때, 실제 우주비행사였던 사람들은 깜짝 놀랐다. 우주선에 수동운전 시스템이 없었던 것이다. NASA의 과학자들은 걱정할 필요가 없다고 설명했다. 완전 자동 시스템으로 우주선을 띄울 수 있다는 것이었다. 우주비행사들은, 시험비행을 했던 원숭이들처럼 그저 탑승만 하면 된다는 것이었다. 비행사들은 거부했다. 그들 모두 실전과 테스트 비행에 참가했던 베테랑 비행사들이었으므로, "진보된" 항법시스템이라 할지라도 악조건 속에서는 곧잘 고장을 일으킨다는 사실을 너무나 잘 알고 있었다. 그들은 결판을 지어서 마침내 우주선을 수동으로 제어하는 데 필요한 조종장치와 잠망경을 얻어냈다. 몇 번의 비행 중ㅡ그 중에는 지구 궤도 비행과 최초의 달 착륙도 포함되어 있다ㅡ사전에 프로그램되어 중앙에서 운영되는 우주선 항법시스템이 고장났을 때 그들이 무사히 귀환할 수 있었던 것은, 현장에서 직접 조작할 수 있는 수동운전 시스템과 조종사들의 탁월한 조종술 덕분이었다.

중요한 것은 당시의 원시적인 컴퓨터 시스템이 인간보다 뛰어났는가 아닌가를 판단하는 게 아니다. 오늘날의 고성능 항공기와 우주선은 컴퓨터 기술을 광범위하게 활용하여 극한의 환경에서 비행하는 인간의 능력을 크게 확장시켜 준다. 따라서 문제는 우주에서든 기업 환경에서든, "중앙"에 앉아 실제 상황은 알 수 없는 누군가가 모든 변수나 혼란요소들을 예측하고 판단하는 것이 과연 가능한가하는 점이다.

일선에서 일하는 직원들에게 힘을 부여하려면 직원들이 간단히 조작할 수 있는 "영리한" 기계가 필요하다. "중앙" 컴퓨팅 대 "개별" 컴퓨팅의 개념 위에 구축된 시스템은 각지에 흩어져서 움직이고 있는 직원들을 충족시키지 못할 뿐더러, 근로자들로부터 적대적인 반응만 얻을 뿐이다. 그런 시스템은 종업원들을 아직도 산업 시대의 톱니바퀴로 여긴다는 말이자, 그들이 한 가지 일을 반복적으로 수행해야 한다는 것을 의미한다. 또 그런 시스템은 근로자들이 일을 하려면 자기 자리에서 한 발자국도 벗어나서는 안 된다는 것을 뜻한다. 사실상, 근로자들에게 주어진 도구 자체가 일하는 자리에서 벗어나지 못하도록 만드는 것이다.

분산된 시스템을 관리할 도구를 갖추는 것은 좋은 일이지만, 지식노동자들의 행동을 미리 규정하는 사고방식은 역효과를 낳는다. 디지털 도구는 종업원들의 창의성과 생산성을 고무해야 한다. 경영진이 처음에 어떤 지침을 내리든지, 지식노동자들에게는 탐구하고 협력할 도구, 그리고 사업 환경이 변화함에 따라 실시간으로 도중에 진로를 수정할 도구가 필요하다. 어느 산업 분야이든, 디지털 방식으로 힘을 얻은 종업원들을 보유하는 소수 기업들만이 업계에서 두각을 나타낼 수 있을 것이다.

혼란에 대처하라
(Dealing with Punctuated Chaos)

디지털 시스템을 통해 개선될 수 있는 사업 영역은 매우 많으므로, 각 영역을 모두 극대화하는 데는 몇 년이라는 시간이 걸릴 것이다. 모든 데이터는 한 비트도 빼놓지 않고 디지털 형식으로 저장되어 쉽게 검색할 수 있어야 한다. 이런 데이터에는 파일, 레코드(데이터 저장 형식의 하나 - 譯註), e-mail, 웹 페이지가 모두 포함된다. 모든 내부 프로세스는 디지털 형식으로 서로 통합되어야 한다. 가령 각 고객을 통합된 시각으로 바라보려면, 그 고객과 관련된 모든 비즈니스 프로세스를 기록해야 한다. 협력업체 및 고객들과의 거래 역시 모두 디지털 방식으로 이루어져야 한다. 기업은 고객과 협력업체가 필요로 하는 데이터에 한 비트도 남김없이 액세스할 수 있게 해주어야 하며, 그 반대의 경우도 마찬가지이다.

이전의 경제 시대는 장기간의 안정기 뒤에 짧은 기간 산업 격변기가 따르는 일이 반복되는 특징이 있었다. 진화론자들이라면 이런 현상을 '간헐적으로 중단되는 평형상태(punctuated equilibrium, 호모에렉투스에서 호모사피엔스로 진화하는 사이 일어났던 급격한 변화를 말하는 진화론 용어 – 譯註)'라고 부를지도 모르겠다. 오늘날 디지털 정보의 힘은 사업환경을 끊임없이 바꾸고 있다. 진화론자들이라면 이런 상태를 짧은 휴지기가 간간이 있으면서 대격변이 지속된다는 의미에서 '간헐적으로 중단되는 혼란상태(punctuated chaos)'라고 부를 것이다. 변화의 속도는 때로 불안할 정도이다.

1998년의 아시아 금융위기는 디지털 정보 흐름이 어떻게 전세계를 변화시키고 있는지를 보여주는 단적인 예이다. 한 세대 전만 하더라도 어느 한 금융시장—주식시장이나 통화시장 등—에서 발생한 벼락경기나 폭락사태가 전세계에 영향을 미치는 데에는 몇 주 혹은 몇 달이 걸렸다. 하지만 오늘날의 금융시장에 참여하는 사람들은 서로 디지털 방식으로 연결되어 있다. 주요 시장에서 일어난 경기하락이나 경기상승이 하룻밤 사이에 다른 시장에 파장을 일으킨다. 따라서 기업들은 통화변동, 새로운 신용위기 및 가치평가에 신속하게 대처해야만 한다. 기업의 의사결정은 전자적인 속도로 변화하는 시장의 움직임에 따라 이루어져야 한다. 어떤 기업들은 이러한 시장변화에 발빠르게 대처해왔고, 또 어떤 기업들은 그저 방관만 해왔다. 모든 소식이 전해지고 모든 상황이 벌어지고 나면, 신속하게 대처한 기업—예를 들어 가격이 하락했을 때 신중히 선택해서 자산을 매입한 기업—들은 그야말로 최상의 결과를 얻을 것이다. 그런 기업들은 사업을 조정하는 것은 물론이거니와 새로운 기회를 포착하기 위해 신속하게 대응했던 것이다.

머지않아 모든 시장이 금융시장과 유사한 디지털 방식으로 서로 연결될 것이다. 디지털 세계는 기업으로 하여금 변화에 대응하도록 요구하는 동시에, 기업이 변화를 주도해 나갈 수 있도록 디지털 도구를 제공하기도 한다. 정보기술은 사업전략과 조직적인 대응을 통합하여 변화에 충분히 신속하게 대응할 수 있게 해주는 유일한 수단이다.

오늘날 미국 기업들은 정보기술 도입에 있어서 다른 나라의 기업들보다 앞서 나가고 있다. 그렇게 된 여러 가지 이유 중에는 모험정신에 익숙한 기업풍토, 직원들의 역량 강화, 노동력의 유동성 등이 포함된다. 통신비용이 저렴하고 대규모 시장이 균일하게 형성되어 있다는 점도 도움이 되었다. 그러나 선두를 빼앗기는 일은 언제나 일어날 수 있으므로, 미국 기업들이 언제까지나 앞서 나가리라는 보장은 없다. 각 나라의 기업들은 전세계로 눈을 돌려 최선의 성과들을 두루 배워야 한다. 내가 해외에서 만난 많은 기업가들은 디지털 방식을 도입해야 한다는 것을 알고 있었다. 어떤 경우에는 그 나라에 고속 정보통신망 시설이 부족하여 기업의 발전에 장애가 되고 있었다. 또 어떤 경우에는 그 나라의 대학생들이 정보기술을 충분히 접하지 못하는 것이 문제였다. 그런 나라에서는 매년 웹을 잘 아는 사원들을 확보하는 데 어려움을 겪고 있었다. 협력업체와 고객들이 디지털 방식을 받아들일 준비가 되어 있지 않은 경우도 있었다. 어느 나라를 막론하고 미래의 경쟁우위를 확보하는 비결은 디지털 기반시설과 정보기술 교육에 대해 투자하는 것이다.

현재 미국이 뒤쳐져 있는 부분은 정부 차원의 인터넷 활용 분야와 암호화 기술에 대한 정부 정책 분야, 그리고 스마트 카드 도입 분야 등이다.

"인식의 틈"에 투자하라
(Capitalizing on the "Cognitive Niche")

인간은 몸집이 가장 큰 동물이 아니다. 가장 강하거나 빠르지도 않다. 시각이나 후각이 뛰어난 것도 아니다. 그럼에도 불구하고 자연계에 존재하는 사나운 동물들 틈에서 살아남았다는 사실이 놀라울 따름이다. 우리가 살아남아 번영할 수 있었던 것은 뛰어난 두뇌 덕분이다. 우리는 "인식의 틈(cognitive niche, 생물학에서 'niche'는 어느 생물이 살아남기 위해 다른 생물들의 생존방식을 따르지 않고 독자적인 생존방식을 취하는 것을 의미한다 - 譯註)"을 채우며 진화한 것이다. 우리는 도구를 사용하는 법, 집을 짓는 법, 농사짓는 법, 가축을 키우는 법, 문명과 문화를 개발하는 법, 병을 치료하고 예방하는 법을 배웠다. 인간은 도구와 기술을 통해 환경을 변화시킬 수 있었다.

　나는 낙관론자이다. 나는 진보가 존재한다고 믿는다. 선택의 기회가 주어지더라도 나는 과거 그 어느 때보다 현재에 살고 싶다. 과거로 돌아가면 나의 재능이 가치를 잃기 때문도 아니고, 맹수의 먹이가 되기 싫어서도 아니다. 산업 시대의 도구들은 우리 인간의 육체적인 능력을 확장시켜 주었다. 디지털 시대의 도구들은 우리의 정신능력을 향상시켜 준다. 이 점이 내 맘에 드는 것이다. 나는 내 아들, 딸들이 다가오는 새로운 시대에 성년이 된다는 것에 더욱 행복감을 느낀다.

　디지털 시대를 적극적으로 받아들임으로써, 우리는 디지털 방식의 긍정적인 효과에 박차를 가하면서 개인의 사생활 보장과 소유의 불평등과 같은 난제(難題)들을 점차적으로 해결해 나갈 수 있다. 뒤로 물러앉아 다른 사람들이 이끄는 대로 디지털 시대가 도래하기만을 기다린다면, 우리는 아무 것도 할 수가 없다. 웹 생활양식은 더욱 더 많은 국민들이 정부 일에 참여하도록 해줄 수 있다. 우리가 내려야 할 많은 결정들은 기술적인 결정이 아니라 정치적, 사회적인 결정이다. 그 중에는 어떻게 하면 모든 사람이 정보에 접근할 수 있게 하는가하는 문제와, 어떻게 하면 불건전한 정보로부터 어린이를 보호할 수 있는가에 대한 문제도 있다. 모든 문화권의 시민들은 디지털 기술이 미치는 사회적, 정치적 영향에 관여해서, 새로운 디지털 시대에 시민들이 원하는 사회상을 반영해야 한다.

　우리가 만일 변화에 반발하여 변화가 우리를 압도하게 놔둔다든지 혹은 변화가 우리를 그냥 지나쳐 버리게 놔둔다면, 우리는 변화를 부정적으로 인식하게 될 것이다. 그러나 만약 우리가 변화에 순응하고, 지금 당장 다가올 미래를 이해하기 위해 애쓰며, 변화를 포용한다면, 예기치 못했던 아이디어도 긍정적이며 고무적인 생각이 될 수 있다. 천문학자였던 칼 세이건(Carl Sagan)은 "세기말에 당면한 삶과 죽음에 대한 고찰"이라는 부제가 붙은 그의 마지막 저서 《막대한 수(Billions and Billions)》에서 이렇게 썼다.

　"내가 지금 가장 확신을 갖고 예견할 수 있는 것은, 가장 놀라운 발견들은 오늘날 우리가 아직까지 너무 어리석은 나머지 예지(豫知)할 수 없는 발견들이 될 것이라는 점이다."

　디지털 세계는 사업에 있어 힘들고 불분명한 시대이지만, 그만큼 우리 모두에게 혜택을 안겨줄 시대이기도 하다. 고객들은 좀더 나은 제품과 서비스를 제공받을 것이며, 기업들은 고객들의 불만에 대해 더욱 신속히 대응하게 될 것이다. 제품과 서비스의 비용은 더욱 저렴해지며, 고객들은 보다 다양한 선택을 할 수 있게 될 것이다. 우리의 정부는 좀더 좋은 정부가 될 것이며, 실질적으로 더욱 저렴한 비용으로 사회복지 혜택을 누릴 수 있게 될 것이다.

　이미 그런 세상이 오고 있다. 그 중 상당 부분이 디지털 신경망을 활용하여 비즈니스 프로세스를 혁신적으로 개선해 나가는 기업들에 의해 이루어질 것이다.

　디지털 신경망은 기업이 자신의 존재와 자신의 역할을 새로이 정의할 수 있도록 도와줄 것이다. 그러나 활력이냐 무기력이냐, 성공이냐 실패냐 하는 것은 기업의 지도자에게 달려 있다. 오로지 여러분만이 조직을 정비할 수 있으며, 급속하게 여명이 밝아오는 디지털 시대에 대비하기 위해 필요한 투자를 할 수 있다.

　디지털 도구는 지구상에서 우리 인간만이 가진 능력―사고 능력, 사고를 체계화할 수 있는 능력, 체계화된 사고를 행동에 옮기기 위해 협력할 수 있는 능력―을 확대해준다. 기업들이 문제를 해결하기 위해 종업원들에게 힘을 부여하고, 그들을 위해 강력한 도구를 제공한다면, 놀라운 창의력과 독창성의 꽃이 활짝 피어날 것이라고 나는 확신하고 있다.

부록

표준 디지털 프로세스 구축
(Build Digital Processes on Standards)

표준 디지털 프로세스 구축
(Build Digital Processes on Standards)

이 책 《빌게이츠@생각의 속도》는 디지털 신경망이 제공하는 여러 가지 혜택에 대해 설명하고 있다. 본 부록에서는 디지털 신경망을 구축하는 법, 즉 컴퓨터 아키텍처(architecture, 구조)와 구현 방식을 선택하는 방법에 대해 설명한다. 디지털 신경망은 PC 하드웨어, 저렴한 가격의 소프트웨어 패키지, 인터넷 프로토콜 등과 같은 신기술로 구축된다. 이 새로운 시스템은 표준 방식을 토대로 구축되기 때문에, 개개의 부분—하드웨어, 소프트웨어, 통신 도구 등—을 조합하기가 쉽다. 본 부록에서는 PC와 윈도우를 기반으로 디지털 신경망을 구축하는 방법론을 개괄적으로 설명하고, 아울러 효과적인 정보의 흐름을 창출하기 위해 MS의 기술을 이용하는 방법을 구체적으로 밝힌다. 이 책의 전체적인 내용에 비해 다소 기술적인 내용이겠지만, 크게 어렵지는 않으리라고 본다.

그 동안 컴퓨터 산업에는 주요한 변화가 있었으며, 그 변화는 포괄적인 비즈니스 솔루션을 보다 편리하게 이용할 수 있게 해주었다. 수직으로 통합되어 있던 공급업체들이 수평으로 통합되고, 고객이 솔루션 제시를 주도하는 방향으로 컴퓨터 산업이 재편성되면서, 제반 제품의 가격이 크게 하락하고 선택의 폭도 그만큼 넓어진 것이다. 과거 컴퓨터 산업이 수직으로 통합되어 있던 시절, 솔루션을 구축하려는 고객은 그것의 거의 모든 구성요소들―칩, 그 칩을 기반으로 하는 컴퓨터, 운영시스템, 네트워크 하드웨어, 서비스 등―을 한 회사에서 구입하곤 했다. 모든 공급업체―IBM, 후지쯔, HP, 디지털(Digital), NCR 등―들이 저마다 다른 수직 솔루션을 가지고 있었기 때문이다. 따라서 판매량이 적었지만 가격은 높았다. 공급업체들 사이의 솔루션 통합은 비용이 많이 들 뿐 아니라 기술적으로도 매우 어려운 일이었다. 또한 고객이 시스템을 전환하려면 종종 솔루션의 모든 부분을 바꿔야 했고, 따라서 비용 역시 많이 들었다.

이렇게 수직 통합방식을 이용하던 공급업체들은 현재 자사의 솔루션을 모두 PC 방식으로 대체하고 있는 중이다. PC 방식에서는 각각의 인프라스트럭처 레이어(layer, 계층)―칩, 컴퓨터 시스템, 시스템 소프트웨어, 업무용 응용프로그램, 네트워킹, 시스템 통합, 서비스―들에 대한 선택권을 고객들이 갖는다. 많은 전문회사들이 하나 이상의 레이어를 다루고 있기는 하지만, 고객은 원하는 레이어를 원하는 기업에서 구입할 수 있다. 이 새로운 수평 구조는 고객들에게 최대한의 유연성을 제공하는 셈이다.

새로운 컴퓨터 산업의 창조
(Creating the New Computer Industry)

수평통합은 대량 판매와 저렴한 가격에 이바지한다. 각 레이어의 독립성으로 인해 경쟁이 더욱 촉진되고, 그것은 다시 레이어들의 발전으로 이어진다. 인텔과 어드밴스트 마이크로 디바이스(Advanced Micro Devices)사는 컴퓨터 칩 설계 분야에서 선의의 경쟁을 통해 발전하고 있는 대표적인 회사들이다. 또한 현재 많은 회사들이 메모리 및 하드 드라이브, CD-ROM 등과 같은 부품 분야에서 서로 경쟁하고 있다. 주요 컴퓨터 제조업체들도 이러한 부품들을 사용해 가장 빠르고 강력한 컴퓨터를 만들기 위해 서로 경쟁하고 있다. 애플(Apple), HP, IBM,

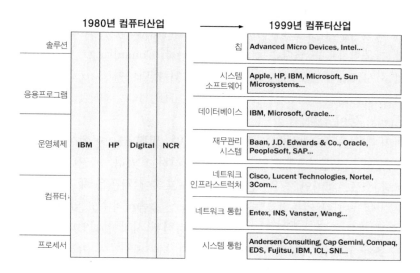

컴퓨터 산업에서 처음 30여 년간 주류를 이뤄온 비즈니스 모델은 수직 통합방식이었다. 단일 공급업체가 하드웨어와 소프트웨어 대부분을 제공해왔던 것이다. 각 공급업체의 솔루션은 독립형(stand-alone)이었으며, 다른 공급업체들의 솔루션과 통합하기도 어려웠다. 다른 공급업체로의 전환에도 매우 많은 비용이 들었는데, 이것은 모든 요소를 전부 교체해야 했기 때문이다. PC 기술을 응용한 새로운 비즈니스 모델은 그림 오른쪽에서 볼 수 있는 수평 통합방식 중 하나이다. 수평 통합방식에서, 각 영역에 속하는 공급업체들은 다른 영역들이 독립적으로 혁신을 이루도록 촉구하며 치열하게 경쟁한다. 기업은 기존 시스템의 업그레이드를 준비할 때마다 현재 각 공급업체들의 시스템의 성능 및 경쟁 가격을 기초로 공급업체들—하드웨어와 소프트웨어 및 통합관리 시스템 등—을 재평가할 수 있다.

MS, 선 마이크로시스템(Sun Microsystems)을 비롯해 새로 창업한 비(Be)사와 레드 햇 소프트웨어(Red Hat Software)사 등은 미들웨어(middleware)를 포함한 시스템 소프트웨어의 성능을 개선하기 위해 경쟁하고 있다. 또한 데이터베이스 시장에서는 IBM, MS, 오라클(Oracle)을 포함한 여러 기업들이 경쟁하고 있고, 회계용 소프트웨어 패키지 시장에서는 반(Baan), J.D.에드워즈(J.D.Edwards), 피플소프트(PeopleSoft), 오라클, SAP 등이 자웅을 겨루고 있다. 한편 시스코(Cisco), 루슨트 테크놀러지(Lucent Technology), 노텔(Nortel), 3컴(3Com) 등은 네트워크 인프라스트럭처 분야에서 경쟁하는 회사들이다. 네트워크 통합 전문회사로는 엔텍스(Entex), INS, 벨(Bell)의 지역 계열사들과, 밴스타(Vanstar) 및 왕(Wang)사가 있고, 시스템 통합 전문회사로는 앤더슨 컨설팅(Anderson Consulting), 빅파이브 회계 회사(Big Five accounting firm), 캡 제미나이(Cap Gemini), 컴팩(Compaq), CTP, 후지쯔(Fujitsu), HP, ICL, SNI, 유니시스 (Unisys) 등이 있다.

여기에서는 주로 대기업들을 열거했지만, 몇몇 레이어에서는 다수의 소규모 기업들도 매우 중요한 위치를 점하고 있다. 예컨대 응용프로그램 소프트웨어인 경우, 전문적인 소프트웨어 제품을 제공하는 소규모 기업들이 각 업종별로 다양한 요구들을 충족시켜주고 있다. 이러한 수천 개의 소규모 기업들은 수평으로 정렬된 시장이 없었다면 존재할 수조차 없었을 것이다. 대량 수요와 다양한 요구만이 이들의 생존을 가능케 한다는 의미이다.

수직 정렬에서 수평 정렬로의 이동은 통신 산업 분야에서도 일어나고 있다. 기존 공급업체들이 이제 독점적인 일렬 시스템보다는 표준 PC 하드웨어 및 소프트웨어 시스템과 인터넷 IP 프로토콜 위에 새로운 시스템을 구축할 수 있게 되었기 때문이다. 이런 식의 "레이어 해체"는, 컴퓨터 산업에서 그랬던 것처럼 경쟁을 북돋우고 소비자에게 선택의 폭을 넓혀줄 것이다.

디지털 신경망 개발 : 청사진
(Developing a Digital Nervous System : Blueprint Required)

수평적인 컴퓨터 산업 시대에서, 여러 공급업체들이 앞다투어 내놓는 제품들을 선별하여 시스템을 통합하려면 '청사진'이 필요하다. 자연계에서는 DNA가 그런 청사진을 제공하여, 각 세포가 다른 세포들과 조화를 유지하도록 이끌어준다. 사업 분야에서 성공적인 조직들을 보면, 하나같이 기술에 대한 청사진을 보유하고 있다. 그리고 지금까지는 그 청사진들이 모두 달랐다. 하지만 상호연결성 시대의 기업들에

게는 협력업체들과 고객들에게 뻗어나갈 수 있는 새로운 아키텍처가
필요하다.

　MS의 제품들은 모두, 미래에 대비해서 단일 프로그래밍 모델을 설
정해주는 청사진에 따라 개발되었다. 이 청사진이 바로 윈도우 분산처
리 인터넷 아키텍처(Windows Distributed InterNet Architecture),
즉 「Windows DNA」이다. 「Windows DNA」는 네 부분으로 구성되어
있다.

　첫번째는 사용자 인터페이스를 지향하는 방식으로, 이 사용자 인터
페이스는 HTML(단순한 그래픽을 보여주는 표준 방식)을 이용하는 웹
페이지와, 기존 데스크탑 응용프로그램에서 얻어내는 보다 강력한 기
능들을 유연하게 통합해준다. 「Windows」계열 제품들은 PC, 단순한
키오스크형 기기, TV형 기기, 그리고 소형 휴대용 기기 등에서 이
HTML을 사용한다. 그렇게 해서 각 기계에 맞게 렌더링(rendering,
원래는 컴퓨터 그래픽에서 3차원 형태의 정보를 2차원으로 표현하기 위해
사용하는 방법을 말하지만 여기서는 각 기기의 인터페이스에 맞춘다는 뜻으
로 사용되었다 - 譯註)된 내용을 보여주는 것이다. 또한 「Windows」는
풍부한 주변장치와 빠른 응답 속도, 오프라인 응용프로그램을 지원하
기 위해 필요한, 보다 강력한 렌더링 기능과 기타 운영체계 서비스를
제공한다. 한 가지 예를 들면, 「Windows」는 사용자가 화면을 바꾸고
싶을 때마다 서버로 돌아가지 않고도 다차원 데이터 세트를 화면에 보
여줄 수 있다. 다시 말해서, 사용자의 행동을 추적하고 사용자가 다음
에는 어떤 명령을 실행하길 원하는지 추정할 수 있는 것이다. 뿐만 아
니라 「Windows」는 음성 인식 및 자연어 처리 기능을 지원할 수 있는
능력도 갖추고 있다.

　두번째는 주로 네트워크를 통해 비즈니스 로직을 관리하기 위해 설
계된 컴포넌트 객체 모형(component object model), 즉 COM이다.
COM은 하나의 컴퓨터 프로그램을 "객체"라 불리는 여러 개의 다른
부분으로 나누고, 다양한 사이트를 통해 객체들이 서로 확실하고 안전
하게 상호작용할 수 있도록 그 객체들을 함께 엮기 위한 일종의 '규격
(specification)'이다. 프로그래머가 내부에서 어떤 작용이 일어나는

지 알지 못해도 컴포넌트를 사용할 수 있어야 한다는 것이 컴포넌트의 기본적인 개념이다. 프로그래머는 그저 컴포넌트들이 어떻게 사용되는지 알기만 하면 된다. 응용프로그램에 갱신이 필요할 때, 프로그래머는 작업이 필요한 부분만 바꾸고 나서 네트워크상으로 컴포넌트를 다운로드해서 사용자들에게 개정된 부분을 제공할 수 있다. 또 새로운 기술이나 새로운 컴퓨터 언어가 나타났을 때 모든 응용프로그램을 다시 쓰려고 할 기업은 없을 것이기에, 컴포넌트는 유용하다. 컴포넌트를 이용하면 기존의 유용한 코드에 액세스할 수 있는 것이다. 「Windows DNA」는 또한 이 모든 객체―특히 여러 공급업체들이 쓰는 객체―가 서로 어떻게 통신을 하고, 어떻게 상호 작용을 하는지 명시한다. 주요 요소들이 어떤 객체라도 각기 다른 네트워크 기계상에서 운영될 수 있게 해주고, 윈도우 방식 시스템을 윈도우 방식이 아닌 시스템에 연결할 방법도 제공해주는 것이다.

　세번째 부분은 데이터 저장 장치에 보편적으로 접근하는 방법을 제공해서, 어떤 프로그램이든지 그 형식이나 위치에 상관없이―하드디스크, 컴퓨터 데이터베이스, e-mail 폴더 등 데이터가 저장되는 곳이면 실질적으로 어느 곳이든 상관없이―데이터에 액세스할 수 있게 해준다.

　네번째는 클라이언트 환경이든 서버 환경이든, 혹은 양자가 결합된 환경이든, 아니면 이동 근무자들을 위해 서버나 클라이언트를 복제한 환경이든, 그 환경에 관계없이 가장 합리적인 연산처리를 가능하게 해주는 메커니즘이다.

　「Windows DNA」만의 독특한 장점은 기존 응용프로그램이 분산시스템으로 이동하는 것을 돕도록 설계되어 있어, 최상의 웹과 기존의 기업 응용프로그램을 합병해준다는 점이다. 대부분의 다른 방식을 쓸 경우에는 기본적인 응용프로그램들을 모두 다시 작성해야 하며, 개발자들이 사용할 수 있는 컴퓨터 언어도 한 가지로 제한된다. 「Windows DNA」는 수평 통합방식 PC 플랫폼의 장점을 제공할 뿐만 아니라 고객들이 갖고 있던 기존의 수직통합 솔루션에 새로운 가치까지 부가해주는 것이다.

일단 기업이 청사진을 갖추고 나면, 프로그램의 로직을 3단계로 나누기 위해 "3단 아키텍처"로 프로그램을 설계해야 한다. 그 3단계는 각각, 사용자에게 데이터를 보여주는 프리젠테이션 레이어, 응용프로그램의 사업 규정—가령 대량 수주시 가격할인의 적용 여부—을 요약해 넣는 중간 레이어, 그리고 데이터를 저장하고 검색하는 마지막 레이어이다. 3단계 아키텍처는 응용프로그램 기능을 필요한 모든 기계에 논리적으로 분배할 수 있게 해주며, 다른 단계에 영향을 미치는 일 없이 각 단계를 변경할 수 있게 해준다.

메릴 린치는 이런 방식을 이용해 각기 분리되어 있던 응용프로그램 50여 개를 산뜻하게 연결해서, 앞서 5장에서 설명했던 금융투자 컨설턴트들을 위한「Trusted Global Advisor」시스템을 만들었다. 메릴 린치는「MS Office」,「Outlook」,「Windows Media Player」및 기타 COM을 이용하는 응용프로그램들을 사용하여, 사용자들에게는 데스크탑 프리젠테이션 레이어상에서 단일 통합 응용프로그램으로 보이는 사용자 인터페이스를 구축한 것이다.

50여 개의 응용프로그램에서 사용되는 데이터는 기존의 백-엔드 데이터 층에서 나온다. 백-엔드 데이터 층(tier)에는「Windows」에서 사용되는「MS SQL Server」와 IBM의「DB2」에서부터 메인프레임 환경에서 사용되는「CICS」와「DB2」에 이르는 다양한 데이터베이스들이 있다. 중간 레이어에서「MS Transaction Server」와「Message Queue」를 실행하는 응용프로그램들은, COM 컴포넌트를 이용하여 비즈니스 로직을 규정하고 여러 백-엔드가 제공하는 자료의 흐름을 조정한다. 이런 소프트웨어 시스템들은 개발자들이 복잡한 조정과 보안 문제를 처리하는 동안, 분산 응용프로그램들을 만들기 위해 써야 하는 코드의 양을 40~50% 정도 줄여준다. 다양한 컴포넌트들은 비주얼 베이직, 비주얼 C++, 자바(Java) 등을 포함한 여러 가지 언어로 쓰여진다.

COM을 이용하면 주문 입력 응용프로그램과 같은 메인프레임 방식의 3270 응용프로그램은 데스크탑상의 한 폴더일 뿐이며, 지금이나 앞으로도 모든 웹 방식 응용프로그램들은 쉘(shell, 이용자와 시스템간의 대화를 가능하게 해주는 명령 해석기. 여기서는 Windows 같은 OS의 기본 사용자 환경으로 간단히 이해하면 될 것이다. - 譯註)과 함께 간단히 작동될 것이다. 사용자들은 응용프로그램의 출처-웹 또는 로컬 컴퓨터, 클라이언트 서버, 메인프레임 등-를 알 필요가 없고, 또한 언제 업그레이드되는지 신경 쓸 필요가 없다. 새로운 기능과 새로운 응용프로그램들이 그저 데스크탑 위에 뜰 뿐이다.

디지털 신경망 개발 : 솔루션의 골격
(Developing a Digital Nervous System : A Solutions Framework)

디지털 신경망을 구축하는 데는 컴퓨터 하드웨어와 네트워크를 어떻게 조직해서 배치하는가, 응용프로그램들은 제작할 것인가 구입할 것인가, 그리고 일상적으로 어떻게 시스템을 운영할 것인가 등에 대한 제대로 짜여진 '골격' 이 필요하다. 이러한 각 단계에 대한 최상의 방법이 「MS Solution Framework」안에 기술되어 있다. 「MS Solution Framework」는 MS 컨설팅 서비스 부서가 여러 기업을 고객으로 상대하며 얻은 경험을 바탕으로 개발 지침들을 모은 것이다.

우선 하드웨어에 관해 최초로 내려야 할 결정은 사용자들에게 어떤 기계("클라이언트")를 제공하느냐 하는 것이다. 클라이언트 하드웨어로는 지금까지 두 가지의 서로 다른 컴퓨터가 사용되어 왔다. 한 가지는 덤-터미널(dumb-terminal)로서, 대개 단순 반복 업무를 주로 하는 종업원들이 사용한다. 이 클라이언트 컴퓨터는 주로 호스트 컴퓨터나 서버에서 한 일을 그대로 보여주는 수동적인 기계이다. 이런 방식으로도 중앙 제어가 가능하기는 하지만 네트워크 소통량이나 서버에 병목 현상이 생길 수 있고, 이동중인 작업자가 이용할 수 없다는 단점이 있다. 두번째 클라이언트 컴퓨터는 PC로서, 지식노동자들이 사용하는 융통성 있는 도구이다. 연산작업은 필요에 따라 PC나 서버상으로 처리된다. 이 방식은 유연성이 높지만 관리가 복잡해질 수도 있다는 단점이 있다.

　기업들은 이제 더 이상 이 두 방식을 놓고 저울질할 필요가 없다. 오늘날의 PC 기술은 고도의 중앙 제어 방식에, 새로운 디지털 인프라스트럭처에 필요한 유연성을 결합해준다. 하나의 프로그램을 전적으로 서버에서 운영하며 최종 사용자들의 기계에는 그래픽 요소만 나타나게 할 수도 있고, 또는 같은 프로그램을 전부 PC에서 실행할 수도 있는 것이다. 앞으로 "매우" 오랜 시간이 지나야 모든 기기들이 항상 네트워크에 연결되어 있게 될 것이므로, 이러한 독립적인(stand-alone) 기능은 지식노동자들에게 매우 중요하다. 오늘날 웹을 기반으로 하는 응용프로그램들은 접속이 끊어지면 대개 작동이 멈춘다.

　직원들은 한 회사 내에서 PC를 "터미널 모드"로 전환하여 데이터를 검색하면서도 지식 업무가 계속되도록 PC의 기능을 유지할 수 있다. 예를 들면, 공장이나 공급업체 계획은 대형 서버에서 실행되는 프로세스로 어느 정도 자동화해놓고, 지식노동자는 때때로 제조 일정에 문제가 있는지 검색할 수 있다는 얘기이다. 그러나 만약 고객과 대량수주 협상을 하고 있는 중이라면, 해당 지식노동자는 제조일정을 가지고 가상 시나리오를 실행할 수 있는 디지털 도구가 있어야 한다. 그래야 주문이 제때 처리될 수 있는지 알아볼 수 있는 것이다.

　또한 기억해야할 것은, 웹이 셀프서비스 방식의 고객 지원을 가능하게 함에 따라 많은 단순 반복 업무는 사라지게 되리라는 점이다. 만일 소비자가 은행의 고객서비스 부서에 전화를 한다면, 그것은 투자계획이나 자산 분산 또는 기타 복잡하고 중요한 사안에 관한 문제 때문일 것이다. 고객과의 통신에는 대화형 음성 및 화상 매체가 수반될 것이다. 고객과 직원은 서로 협력하며 일하게 된다. 따라서 고객과 직원 모두 강력한 PC가 필요한 것이다.

　다목적 PC가 전반적으로 가장 무난하다.

　PC는 실로, 좀더 다루기가 쉬워져야 한다. 「MS Office」와 「Windows 2000」의 최신 버전들은 시스템 중앙에서 최종 사용자의 컴퓨터들을 융통성 있게 구성할 수 있게 해준다. 사용자들은 자신들이 사용하고 있는 로컬 컴퓨터상에서 응용프로그램을 운영하거나, 응용프로그램을 시작하는 데 필요한 최소한의 코드만을 다운로드 받아 서버에서 응용프로그램에 액세스할 수 있다. 자주 사용하지 않는 기능들은 필요할 때마다 자동으로 다운로드 받을 수 있다. 만일 응용프로그램의 일부가 깨어지면 자동으로 복구되기도 한다. 또한 PC는 앞으로 기계를 이용하는 사용자의 신원에 따라 PC의 환경을 재설정해줄 것이다. 사람들은 마치 자기만의 컴퓨터를 이용하는 것처럼 조직 내의 어느 기계든지 사용할 수 있게 될 것이다. 사용자가 오프라인 상태로 무언가 변경하거나 혹은 서버의 데이터가 변경되면, 시스템은 사용자가 네트워크에 다시 접속할 때 그 모든 것을 다시 조정해줄 것이다. 이러한 관리는 기업 전체에 걸쳐, 사용자와 응용프로그램, 그리고 기타 정보를 저장하는 중앙 디렉토리를 통해 이루어진다.

디지털 신경망 개발 : 서버
(Developing a Digital Nervous System : Servers)

다음으로 중요한 결정은 네트워크의 핵심이 될 서버들을 어떤 기계로 배치하느냐 하는 것이다. 이러한 서버들은 조직의 비즈니스 프로세스를 수행하는 것에서부터 디지털 신경망의 심장부에 광대한 양의 정보를 저장하는 것에 이르기까지 모든 일을 처리한다. 이전의 수직통합 컴퓨터 시대에 사용되던 컴퓨터들과 아키텍처들은 너무나 다양해서 서버들끼리 서로 호환되지 않는 경우가 많았다. 이들을 함께 작동할 수 있게 만들려는 노력의 일환으로 '미들웨어'라고 불리는 새로운 소프트웨어 레이어가 나타났다.

그러나 미들웨어는 미들웨어 나름대로 비용과 복잡성이라는 문제를 가져왔다. 보잉은 13가지의 각 생산 단계(stages)마다 항공기 부품을 추적하는 각기 다른 컴퓨터 시스템을 가동했다. 시간이 지나면서 보잉은 13가지 시스템들의 상호운용을 지원하는 기능만 있는 미들웨어를 들여놓게 되었고, 또 다시 이 모든 시스템에서 데이터가 서로 일관되도록 보장해 주는 미들웨어를 필요로 하게 되었다. 유지 · 관리 비용이 많이 드는 것도 문제였지만, 13개의 서로 다른 시스템이 제각기 13가

우수한 소프트웨어는 유지·보수에 드는 경비를 줄여준다
(Smarter Software Reduces Cost of Ownership)

1997년 가트너(Gartner) 그룹은 일반 PC 제품과 MS의 제품들을 소유하는 데 많은 비용이 든다는 이유로 일반 PC 제품과 MS의 제품들을 비판한 적이 있다. 그 중 대부분의 비용은 시스템의 유지·보수와 업그레이드에 관련된 것이었다. 가트너 그룹에서 MS에 대한 분석을 담당하고 있는 스코트 윙클러(Scott Winker)는 이렇게 말했다.

"지난 10년간 MS의 시스템(PC와 MS 제품)을 보유함으로써 상황은 더욱 나빠지고 비용은 더욱 많이 들게 되었다. MS는 비용을 고려하지 않고, 성능에만 초점을 두고 있었던 것이다."

그러나 1998년 중반 들어 가트너 그룹은 결국 「Windows 2000」 네트워크에서 운영되는 PC의 가격이 기존 PC 시스템에 비해 25% 줄어들 것이라고 발표했다. 이렇게 비용이 하락되면, 소유에 따른 총비용(TCO)를 낮추는 데 있어서 PC 솔루션이 PC를 사용하지 않는 솔루션에 "견줄 만하거나 어쩌면 어느 정도 앞서는" 위치에 서게 될 것이라는 내용이었다.(데이비드 F. 카(David F. Carr), "'PC 네트워크가 NC보다 저렴할 수도', 가트너 그룹 기존 주장에서 후퇴",《Internet World》, 1998년 4월 6일)

개선된 내용 중에는 네트워크상에서 PC와 소프트웨어를 쉽게 원격 설치하고 원격 제어할 수 있는 기능, 표준 PC 구성을 중앙에서 실행할 수 있고 기계가 다운되었을 때 사용자 세팅을 재설정하는 기능, 그리고 사용자의 기계에 대한 기본적인 정보를 회사의 전화 안내 데스크나 웹 지원 사이트에 자동으로 업로드하는 도구가 포함된다. 마지막 기능인 전화 안내 데스크 연결 도구는 일반적인 업무 지원 통화에 걸리는 시간을 30%로 줄여주며, 이때 업무 경향 분석을 위해 사용자 데이터를 데이터베이스에 입력할 수도 있다.

현재 우리는 또 다른 성능 개선 작업을 하고 있다. 고객이 자신의 시스템에 새로운 응용프로그램을 추가했을 때, 언젠가는 시스템이 새로운 소프트웨어와 이미 컴퓨터에 있던 소프트웨어 사이의 문제를 조정할 수 있을 만큼 '영리'해질 것이다. 만일 시스템이 파일 안의 설정 내용을 바꿔야할 일이 발생했을 때 그 원인을 감지한다면, 꼭 필요한 경우 외에는 사용자에게 알리지 않고 시스템이 자동으로 파일 설정을 변경할 것이다. 만일 파일이 감염되거

> 나 잘못해서 파일 설정이 변경되면, 이 제품은 국지적으로나 혹은 원격으로
> 수정 버전 파일의 위치를 정하고 파일을 새로 설치할 것이다. 이 기능은 실
> 질적으로 자가치유 기능이라고 볼 수 있다. 만일 사용자가 직접 처리를 하
> 면, 사용자가 변경한 내용이 기록되고 이후 문제가 발생해서 지원팀을 불러
> 야 하는 경우 지원담당 엔지니어로 하여금 사용자가 변경했던 내용을 검토
> 할 수 있게 해준다. 우리는 이와 유사한 '지능'을 네트워크 관리자용 도구에
> 도 추가해서, 모든 네트워크 관리자들이 지역적으로 여러 사무실에 흩어져
> 있는 모든 네트워크 자원과 사용자들을 중앙에서 관리할 수 있도록 할 계획
> 이다.

지 자재 청구서를 찍어내는 것이 더 큰 문제였다. 서류 작업으로 이 모
든 것들을 조정하느라 생산이 지연되었다. 결국 보잉은 새로운 제작시
스템을 채택, 이 13가지의 시스템을 제조공정 전체에 걸친 생산 자료
를 한 곳에서 제공하는 단일 시스템으로 대체했다.

　PC 성능의 비약적인 발전으로 이제 호환이 되지 않는 중간 계층의
시스템들을 계속해서 유지할 필요는 없어졌다. 오늘날의 PC방식 서버
들은 수천 명의 사용자들을 지원하면서 어떤 데스크탑 컴퓨터와도
90%의 하드웨어 공통성과 100%의 소프트웨어 호환성을 보유한다.
이렇게 플랫폼 성질이 균일하다는 사실이야말로 PC 시스템의 서버 이
용이 급격하게 증가하는 이유 중 하나이다. 데스크탑과 서버상에서 동
일한 운영체제를 갖게 되면 개발과 교육이 간단해지며, 분산 연산 ─ 분
산 연산에서는 응용프로그램이나 응용프로그램의 일부가 한 기계에서
다른 기계로 이동할 수 있다 ─ 을 할 수 있는 통일된 아키텍처가 수립된
다. 또한 이렇게 아키텍처가 통일됨으로써 지식노동자들은 기존의 백-
엔드 데이터 시스템에 보다 쉽게 접근할 수 있다. 1만 개의 데스크탑
클라이언트 각각에 미들웨어 소프트웨어 컴포넌트를 갖춰주는 것보다
는, 클라이언트를 데이터 계층에 연결해주는 수십 대의 서버상에서 상
호운용 레이어를 실행하는 편이 훨씬 더 쉬운 것이다.

　아직까지는 모든 연산 능력 면에서 수평통합 PC 연산 모델이 이전

의 수직통합 모델에 필적하지 못하지만, 그 격차는 급속하게 좁혀지고
있다. 오늘날 PC 서버가 제공하는 것 이상의 규모를 요구하는 비즈니
스 응용프로그램은 전세계에 얼마 되지 않는다. 앞으로 몇 년 안에는
그런 프로그램들조차도 PC 아키텍처상에서 실행될 수 있을 것이다.
구식 응용프로그램에서 벗어나는 것은 기업들이 해야 할 가장 힘든 일
중 하나이지만, 그 이행은 어차피 불가피한 것이다. 구식 메인프레임
응용프로그램들은 그 구조상 수만 명의 사용자들이 웹에 여유 있게 액
세스할 수 있거나 사람들이 실시간 정보에 액세스할 수 있게 되어있질
않은 것이다.

　ERP(기업 자원관리 계획용 소프트웨어) 공급업체들이 성공하고 있는

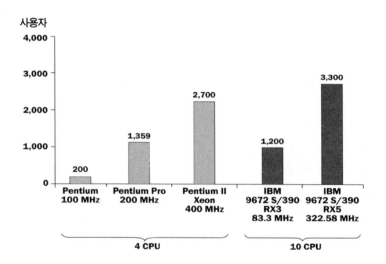

출처 : SAP, Intel

PC시장은 엄청난 연구개발 투자를 가능케 하는 '규모 있는 경제'를 만들어냈다. 그 결과, PC
시스템들은 성능 면에서 구식 시스템들을 훨씬 능가하게 되었다. 다양한 인텔 마이크로 프로세
서들로 만들어진 4 CPU 시스템(four-processor system)은 실질적으로 가격이 더 비싼 10
CPU 시스템(ten-processor mainframe system)의 메인프레임과 비교했을 때 손색이 없다. 위
의 그림에서 제시한 벤치마크, 즉 막대 그래프는 여러 기업들이 사용하고 있는 SAP 회계관리
소프트웨어가 지원할 수 있는 사용자의 수를 보여준다. PC 기술과 메인프레임 기술 모두 지속
적으로 개선되겠지만, 성능 개선 속도 면에서는 대용량 PC 시스템이 저용량의 메인프레임 시
스템을 능가하고 있다.

이유는 바로 기업들이 주요 응용프로그램들을 이용하기 위해 신속하게 PC 기술로 전환하고 있기 때문이다. 부분적으로 보면 PC로의 전환은 일단 비용을 절감시켜 준다. 그러나 더욱 중요한 것은, 다양한 방법으로 정보를 분석할 수 있는 PC의 능력과 PC 네트워크를 이용해서 비즈니스 데이터를 통합할 수 있다는 점이다.

디지털 신경망 개발 : 개발 단계
(Developing a Digital Nervous System : Phases of Development)

디지털 신경망의 구현은 세 단계로 이루어진다. 그 세 단계는 보통 일정한 순서로 진행되지만, 동시에 진행될 수도 있다. 우선 첫번째 단계에서는 생산성을 높이기 위해 지식노동자들에게 PC를 지급하고, 파일 서버나 웹 서버상에서 문서를 공유할 수 있도록 LAN을 설치하며, 업무 협력을 개선하기 위해 단일 백-엔드 e-mail 시스템을 설치한다. 그리고 두번째 단계에서는 기존의 사업 운영 과정을 지식관리 시스템으로 연결시키는 것에 투자한다. 일반적으로 이 과정은 사업 정보를 수집하기 위해 운영 데이터를 검색과 조회가 쉬운 형식으로 전환하는 데이터 웨어하우징(data warehousing) 형식으로 이루어진다.

가장 중요한 마지막 단계는, 기존의 시스템에 연결되면서도 새로운 공통 아키텍처를 사용하는 새로운 백-엔드 응용프로그램을 추가하는 것이다. 이 단계의 목표는 최단 기간에 최대의 성과를 거둘 수 있는 프로젝트를 선별하는 것이다. 전자상거래가 바로 여기에 속한다. 이러한 방식은 기존에 투자한 것을 버릴 필요 없이 새로운 아키텍처로 이전할 수 있음을 의미한다.

매출이 350억 달러에 이르는 패스트푸드업계의 선두주자 맥도널드(McDonald's)가 디지털 신경망을 개발한 방식은 앞으로 많은 기업들에게도 익숙해질 것이다. 맥도널드가 최초로 사용한 시스템은 영업 보고와 회계 보고를 처리하기 위해 일리노이주 오크브룩에 설치했던 본사의 메인프레임들이었다. 1980년대 중반, 맥도널드 체인점들 대부분이 유닉스 시스템을 설치했다. 부기 및 재고관리, 급여 산정에 이용하기 위해 주문 제작한 소프트웨어를 실행하는 시스템이었다. 영업 데이터는 매주 2회 본사에 팩스로 보내져서 메인프레임에 수작업으로 입력되었다. 디지털 신경망을 구축하는 첫 단계로, 맥도널드는 생산성 관리업무와 파일 공유를 위해 본사 시스템에 PC와 부문별 네트워크를 추가했다. 그러나 맥도널드의 모든 주요 비즈니스 운영체제는 개별 주문 방식으로 구축되었다. 결국 맥도널드의 시스템에는 획기적인 통합 작업이 필요하게 되었다.

1997년 맥도널드는 기술 투자에 대한 성과를 보다 확실하게 얻어내기로 결심했다. 가트너 그룹(Gartner Group)과 컴퓨터 사이언스사(Computer Sciences Corporation)의 지원 아래 18개월에 걸쳐 연구 및 시험 프로젝트를 진행한 끝에, 맥도널드는 회사가 보유하고 있는 낡은 시스템들이 너무 복잡한데다가 앞으로도 계속 밑 빠진 독에 물 붓듯이 돈을 들여야 한다는 결론에 이르렀다. 맥도널드는 독자적인 체제로 운영되는 메인프레임들과 미니컴퓨터들로부터 단일 데스크탑 표준, 표준 네트워킹 서비스, 그리고 웹 방식의 정보공유를 골자로 한 단일 아키텍처로 도약하기로 결정했다. 이 새로운 시스템은 본사에서 지식관리에 사용하는 것과 동일한 아키텍처를 각 매장의 비즈니스 운영체제에 이용한다. 1998년 말 현재 맥도널드가 구현하고 있는 새로운 인프라스트럭처는 맥도널드에게 막스&스펜서(Marks & Spencer)가 실시간으로 얻고 있는 피드백과, 지피 루브(Jiffy Lube)가 실시간으로 얻고 있는 세분된 최신 트렌드 정보와 같은 종류의 정보를 얻게 해줄 것이다.

맥도널드는 언제, 어느 때나 활용 가능한 최상의 기술을 이용해 사업 문제들을 해결해 왔다. 문제는 원래 사용했던 기술이 표준이 아닌 독자적인 것이라는 데 있었다. 컴퓨터의 패러다임은 대략 10년 주기로 메인프레임에서 미니컴퓨터로, 미니컴퓨터에서 클라이언트 서버로, 그리고 다시 웹 기반 방식으로 바뀌어 왔다. 복잡성 역시 증가했다. 통합 시스템의 기능 대부분을 획득했던 몇 안 되는 기업들은 시스템을 구축하고 유지하느라 큰돈을 들여야 했다. 이런 시스템들을 마침내 함께 운영되도록 만들었다는 것은, 그 동안 정보기술 분야에 종사한 모든 기업들의 각고의 노력과 뛰어난 기술을 여실히 보여주는 증거이다.

디지털 신경망 개발 : 무엇을 구입할 것인가
(Developing a Digital Nervous System : Deciding What to Buy)

동일한 아키텍처상에서 구축된 일반 상용 소프트웨어 패키지들을 이용하는 것은, 기업이 디지털 신경망을 구축하는 비용을 절감하는 동시에 복잡성을 줄일 수 있는 또 하나의 방법이다. 성공하는 기업들은 몇 가지 표준을 정하고 그 표준을 엄격히 지켜나간다. 기업의 인프라스트럭처 가운데 표준화를 통해 가장 큰 효과를 얻을 수 있는 부분은 데스크탑 시스템, 데스크탑 생산성 제고용 응용프로그램, e-mail 시스템, 데이터베이스 시스템, 그리고 네트워크 서비스이다.

대부분의 기업들은 윈도우 방식의 데스크탑으로 하드웨어를 표준화했고, 많은 기업들이 데스크탑 방식의 생산성 제고용 도구로 소프트웨어를 표준화하였다. 코카콜라, 지피 루브, 글락소 웰컴(Glaxo Welcome) 등의 많은 기업들은 「MS Office」로 표준화했다. 데스크탑 표준을 정하고 이를 토대로 표준화된 생산성 제고용 응용프로그램들—스프레드시트, 프리젠테이션, 텍스트 문서들과 데이터베이스들—을 운영함으로써, 지식노동자들에게 필요한 기본적인 도구가 갖춰지는 것이다. 표준화된 생산성 제고용 응용프로그램들은 한 기업 안에서만 가치를 갖는 게 아니다. 자료를 쉽게 교환하고, 편집하거나 첨부할 수 없다면, 개발 협력업체 및 사업 협력업체, 회계사들이나 섭외 컨설턴트, 법률회사들과 어떻게 함께 일할 수 있겠는가. 데스크탑 응용프로그램들은 생산성 제고 도구 이상의 것이다. 데스크탑 응용프로그램은 여러분의 사업 일선 응용프로그램을 위한 컴포넌트일 뿐 아니라, 여러분 회사의 가장 중요한 데이터에 액세스하는 포인트이기도 하다.

전자문서 교환을 위해서는 강력한 e-mail 인프라스트럭처가 필요하다. 각 부서의 독립적인 결정 및 취득, 그리고 기타 요소들에 의존하다

보면, 기업은 일부는 e-mail에 사용되고 일부는 그룹웨어에 사용되는 다중 메시지 시스템을 구축하는 것으로 끝나게 될 수도 있다. 이러한 시스템들을 서로 연결하려면 관리비용이 많이 들 뿐만 아니라, e-mail의 장점─빠르고 간편하게 문서를 전달할 수 있는 능력과 회사 전체에 퍼져있는 작업 흐름 응용프로그램을 통합할 수 있는 특성─도 효과적으로 이용하기 어렵게 된다. 몇몇 호스트방식과 인터넷 e-mail 시스템들은 데스크탑 응용프로그램들과 인터넷상에서 쉽게 통합되지 않으므로, 여러분의 e-mail 시스템이 PC 플랫폼과 인터넷 메세징 프로토콜 및 기타 표준에 잘 부합되는지 꼭 확인해야 한다. e-mail을 제대로 이용하라. 단일 e-mail 시스템을 설치해야 여러분 회사의 지식노동자들의 활동을 지원하는 데 큰 힘을 얻을 것이다.

데이터베이스를 결정하는 일은 기초가 되는 운영체계를 어떻게 선택하느냐에 따라 크게 영향을 받는다. 따라서 데이터베이스를 지원할 운영체계는 적게 선정하며 시작하는 것이 좋다. 컴포넌트들 역시 비즈니스 로직과 응용프로그램 로직이 백-엔드 데이터베이스 시스템에 대해 훨씬 더 독립적이게 만들며, 여러 가지 다른 데이터베이스 시스템들의 통합과 응용프로그램 투자의 유지에 융통성을 부여한다.

복잡한 백-엔드 시스템에 있어서도 단일 네트워크 운영체계가 단순하고 쉬운 운영환경을 잘 제공하게 되는 데는 오랜 기간이 걸린다. 사람들은 최근에 들어서야 비로소 네트워크와 그 네트워크상의 모든 응용프로그램들을 위한 포괄적인 보안 모델과 같은 기능들의 가치를 이해하기 시작했다. 단일 네트워크 운영체계를 이용해야, 사용자가 네트워크 시스템에 한 번에 로그온 해서 권한을 갖고 있는 모든 응용프로그램─데이터베이스, e-mail, 웹 페이지 등─에 액세스할 수 있다. 또 관리자도 단일 디지털 도구를 사용하여 사용자 및 응용프로그램, 그리고 프린터와 같은 네트워크 자원들을 일괄적으로 관리할 수 있다. 네트워크 전체를 통해서나 다양한 포맷의 데이터─데이터베이스, e-mail, 여러 전자문서 등─를 통틀어 정보를 검색하는 과정도 매우 간단해진다.

인프라스트럭처의 중요한 구성요소들을 표준화한다는 것이 각 부서나 모든 사용자들이 반드시 "중앙에서 계획한" 응용프로그램만을 사용해야 한다는 것을 의미하지는 않는다. 일반적으로 기업은 사내 통신 및 사내 시스템 통합에 영향을 미치는 소프트웨어 패키지들만 표준화하면 된다. 그리고 각 부서나 각 사업 단위는 각자 특별한 사업적인 요구—프로젝트 관리, 상품 팜플렛 디자인, 마케팅 분석, 제품 개발 등—에 따라 최고의 응용프로그램을 자유롭게 선택해야 한다. 업무용 응용프로그램들이 기업 차원에서 가동하는 플랫폼상에서 운영되는 한, 정보기술을 담당하는 중앙부서는 개별적인 사업 단위들을 위한 응용프로그램의 결정 과정에 크게 관여하지 않아도 된다.

디지털 신경망 개발 : 무엇을 구축할 것인가
(Developing a Digital Nervous System : Deciding What to Build)

만약에 소프트웨어 패키지가 사업상의 필요를 충족시키지 못할 때에는, 쉽게 개조할 수 있는 소프트웨어 제품들을 찾는 것이 바람직하다. 처음부터 복잡한 응용프로그램을 주문하는 것보다는 상업용 소프트웨어 패키지를 구입한 후에 개조하여 사용하는 편이 더 낫다. 앞서 설명한 바 있는 3단 아키텍처 계획과 컴포넌트 방식을 사용하는 상업용 소프트웨어와 결합하면, 소프트웨어 개조가 더욱 쉬워질 것이다.

크고 작은 협력업체들과 상호 협력하기 위해서는 기업의 규모에 상관없이 사용할 수 있는 컴포넌트 기술이 필요하다. 중소기업에서는 메인프레임 기술을 이용하려 하지 않을 것이다. 메인프레임이 너무 비싸기 때문이다. 그러나 크고 작은 모든 기업들이 보유할 수 있는 게 하나 있다. 바로 PC 기술이다. 「Windows DNA」가 모든 윈도우 시스템들에 널리 퍼져 있다는 사실은 소프트웨어 개발자들에게 매우 매력적인 일이 아닐 수 없을 것이다.

「Windows DNA」는 컴퓨터 응용프로그램을 써서 음성과 영상을 포함하는 모든 데이터 유형을 통합할 수 있게 해준다. 그렇다면 기업은 이제 단지 물리적인 음성 및 데이터 네트워크를 언제 통합할 것인가를 결정하기만 하면 된다. 오늘날 전화 네트워크는 데이터 네트워크와 다른 표준을 사용하고 있다. 루슨트 테크놀러지(Lucent Technology)사나 노텔(Nortel)사와 같은 주요 통신업체들은 컴퓨터 네트워크 사업을 받아들이고 있으며, 시스코사와 같은 주요 데이터 네트워킹 공급업체들은 음성 통신을 받아들이고 있다. 데이터와 음성을 통합하기 위한 표준은 인터넷 방식이 될 것이며, 아울러 통신업계의 경쟁 또한 치열해질 것이다. 기업에 있어, 하나로 통합된 음성/데이터 통신망을 구축하려면 인프라스트럭처에 막대한 투자를 해야 한다. 모든 최고경영자들은 중요한 기업 개조나 새로운 구축을 할 때 음성/데이터 통신망으로 이전하는 것을 고려해봐야 하지만, 그와 동시에 물리적인 구조 전체를 교체하는 데 드는 비용과 거기서 얻는 효과를 서로 비교해가며 오래 동안 숙고해 보아야 할 것이다.

인프라스트럭처 비용의 절감
(Saving on Infrastructure)

인프라스트럭처를 하나로 표준화함으로써 얻는 재정적인 이익은 매우 크다. 맥도널드의 경우 새로운 인프라스트럭처의 도입으로 매년 18%의 비용을 절감할 것으로 예상한다. 소매점 체인망인 데이턴 허드슨은 새로운 인프라스트럭처를 구축하는 데 1억 달러를 썼지만, 바로 다음 해에 그만큼의 비용을 절감했다. 그러나 인프라스트럭처 재정비와 비용 절감 부분에 관한 한 가장 큰 기록을 세운 기업은 아마도 미국 방위산업체의 하나인 록히드 마틴(Lockheed Martin)사일 것이다.

1995년 3월, 록히드와 마틴 마리에타(Martin Marietta)가 항공산업계 사상 가장 큰 합병을 단행했을 때, 새로 탄생한 회사는 총 10억 달러에 달하는 정보기술 예산을 갖고 있었다. 당시 마틴 마리에타는 GE 에어로스페이스(GE Aerospace)와 합병한 후 16개월 이상 정보기술 통합을 진행하고 있던 상태였고, 록히드는 12개의 통합되지 않은 정보기술 조직들을 보유한 상태였다. 그리고 두 회사 모두 사업 단위별 정보기술 통합을 추진하다 실패한 경험이 여러 차례 있는 상태였다.

　　당시 마틴 마리에타의 사내 정보시스템 담당 부사장이었던 조 클리블런드(Joe Cleveland)는 새로 합병한 기업의 정보기술 예산을 5년 동안 총 7억 달러만큼 절감하고, 정보기술담당 인력의 25%를 감축하며, 사업 단위에 대한 정보기술 서비스를 개선하겠다고 약속했다. 그는 합병된 새 기업의 수석 정보기술 책임자가 되었으며, 단 2년 만에 목표했던 총 7억 달러의 예산을 절감하는 데 성공했다. 당초의 계획을 3년이나 앞당긴 것이었다. 그가 이렇게 성공할 수 있었던 것은 인프라스트럭처를 표준화하고 가상 조직을 활용해 정보기술 자원과 서비스를 확장했기 때문이다.

　　지금은 록히드 마틴의 기업 정보시스템(EIS) 담당 사장이 된 클리블런드는, 당시 900대의 서버상에서 운영되던 24개의 e-mail 시스템들을 117개의 서버상에서 운영되는 하나의 기업 메시지 시스템으로 교체했고, 더불어 서버 비용 및 기타 비용을 87%나 절감했다. 메시지 전달에 걸리는 시간은 사내 메시지인 경우 종전에 하루가 걸리던 것에서 3분 이하로 단축되었고, 인터넷상에서는 10분도 채 안 걸리게 되었다. 그는 또한 용량을 통합했고, 규모 있는 경제를 지렛대로 삼아 음성과 영상 및 데이터 네트워크에 드는 비용을 삭감했으며, 수많은 데이터 센터를 2개로 줄이고 수많은 서버 센터를 서버 팜(server farm)으로 통합하는 한편, 유지·보수 계약을 통합했으며, 전략적 협력업체들을 개발해 조달 비용도 줄였다.

　　정보기술 자원들을 최적화하기 위해, 클리블런드는 지역적인 여건에 따라 자산과 기술 면에서 조직의 능력을 제한해왔던 기존의 지리적 조직 대신에 버추얼 조직 개념을 구현했다. 정보기술 기능을 4가지로 통합하고, 록히드 마틴의 각 사업 영역마다 정보담당 이사를 배치하여 사업적 요구를 정보기술 솔루션으로 전환하도록 만든 것이다. 한 사업 단위가 정보기술이 필요하다는 것을 밝히면, 한 명의 프로그램 관리자와 각 정보기술 기능 영역의 대표들로 구성된 가상(virtual)팀이 만들어진다. 그러면 이들은 근무지보다는 필요요건을 기준으로 해서, 4,000명 이상의 숙련된 정보기술 전문가들 중에서 적정 인원을 뽑아 팀의 명부를 완성한다. 그후 이 팀은 e-mail이나 웹 사이트 회의, 원격 회의, 「NetMeeting」과 같은 업무협력 도구 등을 활용하여 가상의 공간에서 서로 협력하게 되는 것이다. 직접 만나서 진행해야 할 일이 있을 때는 출장을 갈 수도 있지만, 업무 협력 도구 덕분에 그러한 출장은 최소한으로 이뤄진다.

이러한 가상 조직은 록히드 마틴의 10만여 직원을 불과 1년이 조금 넘는 기간 동안에 모두 「MS Exchange」 e-mail 사용자로 전환시켰다. 이는 네트워크 및 메시지 전달과 관련이 있는 모든 정보기술 담당자들이 한 팀으로 일할 수 있었기 때문이다. 서로 다른 사업 분야에 걸쳐 여러 프로젝트에서 일하는 정보기술 담당자들은 또한 공통의 비즈니스 프로세스를 조기에 발견해서, 사업 단위들이 기존 솔루션을 이용하여 비용과 시간을 절감하도록 돕고 있다. 항상 사업 담당자들과 직접 호흡을 맞추며 일하기 때문에 그들은 적극적으로 새로운 아이디어를 내도록 독려되고 있다.

이렇게 정보기술 통합 비용을 최초의 계획대로 절감함으로써, 록히드 마틴은 현재 정보기술 잔여 예산을 기꺼이 사업부문을 지원하는 데 투여하고 있다. 이제는 기술자들도 경영인들처럼 사고하고 있음은 물론이다. 마땅히 그래야 하는 것이다.

정보 흐름의 설계
(Designing for Information Flow)

맥도널드, 데이턴 허드슨, 록히드 마틴 및 다른 기업들이 경험한 바와 마찬가지로, 올바른 아키텍처를 구현하기 위한 첫번째 단계를 이행하는 것만으로도 시스템 이전(transition, 移轉)에 따르는 복잡성을 충분히 줄일 수 있다. 디지털 혁명은 대기업들이 유용한 소프트웨어 인프라스트럭처를 일일이 직접 개발하는 대신에 간단히 구입할 수 있게 해주었다. 또한 중소기업들도 처음으로 풍부한 소프트웨어 인프라스트럭처를 갖출 수 있게 되었다. 이제 비용부담으로 인해 경쟁에서 밀려나는 시대는 지나간 것이다.

새롭게 수평적으로 통합된 컴퓨터 산업은 미래를 향한 가장 바람직한 기술 및 경영 모델을 제시하고 있다. 칩, 시스템, 소프트웨어, 솔루션 및 서비스 등등 컴퓨터 산업의 각 레이어에서 일고 있는 냉혹한 경쟁은 각 분야가 독립적으로 앞서 나갈 것을 촉구하고 있다. 이런 대량 모델들은 더욱 더 많은 소프트웨어 개발자들을 끌어들여 사업비용을 절감하는 소프트웨어 패키지 개발에 헌신하게 해줄 것이다. 개발자들이 많아진다는 것은 더욱 더 많은 혁신이 최초로, 또는 독점적으로 새로운 플랫폼에서 발생하리라는 것을 의미한다. 이런 식의 긍정적인 피드백 루프야말로 실질적으로 기존의 모든 기업용 소프트웨어 공급업체들을 플랫폼의 적극적인 후원자로 유도해, 컴퓨터 산업에서 가장 큰 서비스 기능을 만들어낸 일등 공신이다. 수평 통합방식에서 거둔 주요한 성공 가운데 하나는 바로 윈도우 컴퓨팅 방식이다. 윈도우 컴퓨팅 방식은 운영체계를 표준화함으로써, 운영체계가 실행되는 하드웨어 시스템과 그 위에 구축할 수 있는 소프트웨어 솔루션들을 믿을 수 없을 정도로 다양하게 만들어 주었다.

PC 산업의 연구개발을 위해 투자되고 있는 경제 규모는 어느 한 기업이 기존의 수직 방식에 투자할 수 있는 규모를 말 그대로 초라하게 보이도록 만든다. PC 산업에서 매년 연구개발 비용으로 지출하는 비용이 150억 달러 이상인데 비해, 현재 업계에 남아 있는 유일한 수직 방식 "전문" 회사인 선(Sun)사가 연구개발에 지출하는 비용은 20억 달러 미만이다.(애플 역시 일괄적으로 하드웨어-소프트웨어 시스템을 판매하고 있지만, 이 회사는 기업용 비즈니스 솔루션 공급업체라기보다는 주로 데스크탑 판매회사로 분류되어 왔다.)

기업들은 대세의 흐름을 따름으로써 수평 방식 모델에 집중되는 막대한 연구개발 투자와 혁신에 편승할 수 있다. 간단히 말해, 기술 개발 속도에 있어서 대량 판매업계가 소량 판매업계를 앞지른다는 애기이다. 시간이 지나면서 후지쯔, HP, ICL, NEC, 유니시스를 포함한 점점 더 많은 기존의 공급업체들이 PC 기술에 초점을 두어왔다. IBM은 어느 한 쪽에 치우치지 않고 수평 방식 PC 모델 사업 분야를 개발하는 동시에 메인프레임과 미니컴퓨터 모델을 이용하는 수직 방식 전략도

근시안적 발상이 Y2K 문제를 초래했다
(Y2K Issue Shows Short-Term Software Thinking)

많은 소프트웨어 프로그램들은 새로 수정되지 않는 이상 1900년과 2000년을 구분하지 못한다. 이로 인해 연금 수령액과 같은 것을 잘못 계산하는 문제가 생길 수 있다. 이 "Y2K(밀레니엄 버그)" 문제는 30년 전 소프트웨어를 장기적인 자산이라고 생각하지 못한 사람들의 실수로 초래되었다. 당시의 사람들은 제일 중요한 자산은 하드웨어이며, 소프트웨어는 단지 일시적인 자산이라고 믿었던 것이다. 역사는 우리에게 그와 정반대라고 가르쳐주었다. 오히려 먼저 폐기된 것은 하드웨어였고, 소프트웨어 응용프로그램들은 거의 영원히 사용될 것으로 보인다.

모든 주요 컴퓨터 공급업체들은 고객의 시스템을 테스트하고 업그레이드해서 "Y2K에 대비"시켜주는 일련의 프로세스들을 제공함으로써 일종의 "친절"을 베풀고 있다. 1999년 초까지 이 Y2K 솔루션 구현에 별 진전이 없는 조직에게는 이제 선별 작업만이 남는다. 그런 기업은 가장 시급히 해결해야 할 업무용 응용프로그램들—또는 이러한 업무용 응용프로그램들 중에서 가장 중요한 모듈들—이 무엇인지 알아낸 후, 이를 현대적인 솔루션으로 옮겨야 하는 것이다. 그런 후, 우선순위에 따라 다른 응용프로그램들을 처리해나가야 할 것이다.

콤포넌트 방식은 어떤 형태이든 또 다른 Y2K 문제가 출현하는 일을 막아줄 것이다. 개발자들은 몇백만 줄이나 되는 코드를 변경하는 대신, 날짜를 계산하는 개별적인 모듈들만 변경할 수 있게 될 것이다. 그러나 기술의 역할을 비용 소모라는 데서 자본 투자로 바꾸는 것은, 기업들이 소프트웨어 투자의 장기적인 성격을 인식하고 그에 따라 소프트웨어 플랫폼과 전략을 선택할 때만 가능할 것이다.

유지해 나가고 있다.

비즈니스 시스템을 구축하기 위해 PC를 선택하면, 소프트웨어에 투자한 것을 잃지 않으면서도 하드웨어를 선택할 여지가 남게 되는 것이다. 여러분은 서비스, 속도, 가격 가운데 어느 것을 기준으로 삼든지 마음에 드는 공급업체를 선택할 수 있다. 또한 몇 년 후 하드웨어 시스템을 교체해야 할 시기가 오면, 기존의 소프트웨어를 바꾸거나 다시 교육시킬 걱정 없이 기준을 다시 정하여 입찰에 붙일 수 있다. 메모판형 소형기기(tablet devices)나 음성 인식 기기와 같은 새로운 형태로 PC가 진화하더라도, 현재 소프트웨어에 투자한 가치는 계속 유효할 것이다.

기업의 컴퓨터 아키텍처는, 특히 각 부서 수준에서 단계적인 변화를 허용하면서도 전체적인 통합을 유지하는 통합된 설계로 이루어져야 한다. 여기서 특히 융통성이 중요한 것은, 기업 전반적으로 단일한 컴퓨팅 방식을 미리 정의하는 것이 불가능하기 때문이다. 단일한 컴퓨팅 방식을 미리 정의하겠다는 계획을 세우면, 대기업에서는 그러한 계획들이 불가피하게 너무 경직된 방향으로 흘러, 빠르게 변화하는 비즈니스 환경에 보조를 맞추지 못할 수도 있다. 기존 정보시스템의 경직성에 질린 나머지, 기업의 관리자들은 자신들만의 솔루션을 구축하기 위해 정보기술 주위를 어슬렁거리는 것이 옳다고 느꼈다. 이것이 초기에 많은 회사들이 PC와 PC 네트워크를 받아들인 경위이다.

디지털 혁명의 표준—PC, 다른 디지털 기기들을 가능하게 할 마이크로프로세서, 그리고 인터넷—은 기업들이 은행을 털지 않고도 통합된 아키텍처를 구축할 수 있는 길을 열어주고 있다. 기업들은 단계적으로 새로운 아키텍처로 이전할 수 있다. 이미 많은 기업들이 지식노동자들을 표준 플랫폼과 네트워크 운영체제, e-mail 시스템으로 이행시켜주는 첫번째 단계를 구현하고 있다. 프로젝트별로 진행될 수 있는 다음 단계들은, 이러한 지식시스템들을 기존의 사업 운영체계와 연결하고, 새로운 아키텍처 위에 새로운 사업시스템을 구축하며, 점진적으로 낡은 사업시스템들을 완전히 교체해 나가는 것이다.

디지털 신경망의 진단

☐ 여러분은 가능한 한 일반 상용 소프트웨어 패키지를 사용하여 디지털 신경망을 구축하는데 드는 비용과 복잡성을 줄이고 있는가?

☐ 기업 전체적으로 단일화된 e-mail 시스템을 이용하고 있는가?

☐ 기업에서 보유하고 있는 아키텍처가 기업 전체적인 응용프로그램을 위한 훌륭한 상위 레벨 골격을 제공하는 동시에, 부서별 응용프로그램의 하부 발달도 이루어지게 해주는가?

☐ "3단 아키텍처"로 응용프로그램을 설계하는가? 필요할 때 각 기계의 수만큼 논리적으로 분할하고, 다른 응용프로그램 코드에 영향을 주지 않으면서, 각기 다른 부분의 코드들을 변경할 수 있기 위해서 말이다.

☐ 소프트웨어들을 통합하기 위해 컴포넌트 기술을 사용하는가?

☐ 표준 인터넷 기술을 사용하고 있는가?

☐ 디지털 신경망이 부서별 응용프로그램의 하부 발달을 용이하게 하면서 기업 전체적인 응용프로그램을 단일화하는가?

용어해설

자동화된 낭비 / Automated waste   기업들이 보다 새롭고 효율적인 프로세스를 창출하는 과정에서, 디지털 정보 시스템을 이용하지 않고 비효율적인 프로세스를 지원하는 고비용 시스템에 예산을 낭비하는 경우를 가리키는 표현.

자동차용 PC / Auto PC   자동차에 설치하는 PC 장비로, e-mail, 음성 정보, 전화, 항법 장치 등 여러 가지 편리한 기능들에 액세스할 수 있게 해준다. 주로 음성 명령을 인터페이스로 사용하기 때문에 운전중에도 위험부담 없이 간편하게 사용할 수 있다.

대역폭 / Bandwidth   하나의 통신 시스템이 전달할 수 있는 데이터의 양 또는 데이터 통신의 어떤 주어진 영역 안에서 주파수가 갖는 최대치와 최소치 사이의 범위. 때때로 한 사람이 한 번에 생각하거나 수행할 수 있는 프로젝트의 양을 가리키기도 한다. 예컨대, "그 여자는 대역폭이 크다"와 같은 식으로 쓰인다.

배치, 배치 파일, 배치 시스템 / Batch, Batch Files, Batch System
처리를 목적으로 게시하기 전에 거래 자료를 일정 기간, 보통 하룻밤 정도, 저장하는 행위 또는 그 시스템. 많은 배치 프로세싱 시스템들이 온라인 처리 시스템들로 대체되고 있다. 결과를 신속하게 알아 급변하는 사업 환경에 대처하길 원하는 비즈니스 사용자들의 요구에 부응하기 위해서이다.

베타 테스트 / Beta Test   소프트웨어를 공식적으로 출시하기 전에 미리 자원 소비자들로 하여금 일정 기간 제품을 사용해보도록 하는 시험. 내부 시험을 통해서는 드러나지 않았던 문제점들이 사용자가 실제로 이용하는 동안에 발생할 수도 있기 때문에 이런 시험을 거친다. 만약 베타 테스트에서 어떤 문제점이 드러나면, 개발자들은 그 문제점을 고치고, 보다 많은 베타 테스트를 다시 거친 후에, 상업적으로 출시한다.

조직간 경계 허물기 / Boundarylessness   당면한 사업문제의 해결에 기업의 형식적인 경계 안팎을 막론하고 관련된 모든 당사자가 포함되어야 한다는 생각.

케이블 모뎀 / Cable Modem   속도가 느린 기존의 전화선을 사용하는 대신 동축 텔레비전 케이블을 이용해 빠른 속도로 정보를 주고받는 모뎀.

컴퓨터 원용 설계 / CAD, Computer-Aided Design   간단한 도구의 디자인에서부터 건물, 비행기, 집적회로, 분자구조 모형화 등과 같은 복잡한 디자인에까지 이용되는 디지털 모형 설계. 응급처치 분야에서는 컴퓨터를 활용한 현장급파(Computer-aided dispatch)의 약자로 쓰인다.

클라이언트 / Client   네트워크 환경에서 서버라 불리는 컴퓨터로부터 제공되는 정보자원에 접속하는 컴퓨터. 덤 클라이언트 즉, 덤 터미널은 성능이 제한된 컴퓨터를 말한다. 스마트 클라이언트, 즉 PC는 서버보다는 클라이언트상에서 논리적으로 행해져야 하는 작업에 대한 컴퓨팅 능력까지 제공한다.

컴포넌트 객체 모형 / COM, Component Object Model   새로운 프로그램에 부가되거나 기존의 프로그램에 기능을 더해주는 데 사용되는 소프트웨어 컴포넌트 개발에 대한 정의. COM 콤포넌트들은 다양한 컴퓨터 언어들로 쓰여질 수 있고, 프로그램의 다른 부분을 다시 설치하거나 바꾸지 않고도 갱신될 수 있다.

데이터베이스 마케팅 / Database Marketing　데이터베이스의 정보를 토대로 일단의 고객들에 대해 특별한 판매 제안을 하는 것. 간단한 데이터베이스 마케팅은 특정 지역 거주자 전반에 대해 실시되고, 좀더 세련된 데이터베이스 마케팅은 구매자들의 수입이나 구매 패턴까지 분석한 정보를 토대로 실시된다.

데이터마트 / Data Marts　특정 집단에 의해 사용될 가능성이 높은 정보만을 담도록 맞춤 제작된, 데이터웨어하우스의 축소 버전. 데이터웨어하우스를 참고하라.

데이터마이닝 / Data Mining　고급 통계 도구들을 사용하여, 데이터베이스 등과 같은 여러 컴퓨터 정보 자원들에서 상업적으로 유용한 패턴이나 관계를 파악해내는 작업.

데이터웨어하우스 / Data Warehouse　기업 내부의 모든 정보에 액세스할 수 있는 데이터베이스. 데이터웨어하우스는 여러 대의 컴퓨터에 나누어질 수도 있고, 여러 개의 데이터베이스를 담을 수도 있으며, 다양한 자원으로부터 다양한 포맷으로 들어오는 정보도 담을 수 있다. 어쨌든 중요한 것은, 사용자들이 간단한 명령어로 쉽게 접근할 수 있어야 한다는 점이다.

디지털 신경망 / Digital Nervous System　기업으로 하여금 사업환경을 인지하고 그에 대응하게 해주며, 경쟁적인 도전과 소비자들의 요구를 감지하게 해주고, 시의적절한 반응을 조직하게 해주는 일단의 디지털 프로세스를 말한다. 디지털 신경망은 단순한 컴퓨터 네트워크와 다르다. 보다 더 정확하고, 즉각적이며, 풍부한 정보를 지식노동자들에게 제공하며, 이를 통해 업무협력과 사업에 대한 통찰력을 갖게 해주기 때문이다. 현재 완전한 디지털 신경망을 구축한 기업은 없다. 이는 사업지원에 기술을 이상적으로 이용하자는 의도로 개발한 개념이다.

중개인 제거 / Disintermediation 인터넷상의 디지털 정보교환을 통해 생산자와 소비자간에 직접적인 상거래가 이루어짐에 따라 기존의 중개인은 설자리를 잃게 된다. 이같은 현상을 "중개인 제거"라 한다.

원격 학습 / Distance Learning TV 방송이나 인터넷을 대화형 도구로 활용하여, 교사와 학생들이 시간과 공간에 구애받지 않고 가르치고 배울 수 있는 교육 시스템.

개밥 먹어보기 / Dogfood, Eating Your Own 제품을 소비자에게 판매하기 전에 제작사 내부적으로 일정 기간 실제로 사용해보는 행위로서, 일종의 최종 성능 실험인 셈이다. MS에서는 새로운 소프트웨어를 출시하기 전에 반드시 이 과정을 거치는 것을 정책으로 삼고 있다.

디지털 가입자 전용회선 / DSL, Digital Subscriber Line 기존의 아날로그 신호 대신 디지털 신호를 전달하는 일반적인 전화선으로, 아날로그 신호를 이용하는 경우보다 대역폭이 증가한다.

덤 터미널 / Dumb Terminal 자체적으로 프로그램을 운용할 수 없고, 단순히 제어 코드에 의해 문자나 숫자 제시 기능만 가진 터미널.

전자상거래 / E-commerce, Electronic Commerce 네트워크상에서 디지털 프로세스를 통해 이루어지는 상거래. 생산업체들 사이나 생산자와 소비자 사이의 새로운 전자상거래는 대부분 인터넷을 통해 이루어지고 있다.

전자 문서 교환 / EDI, Electronic Data Interchange 구매 주문서나 송장(送狀)과 같은 기업 문서의 전자적 교환을 통제하는 일련의 표준. EDI는 많은 대기업에서 불필요한 서류 작업을 덜어 주었으나, 중소기업이 사용하기에는 너무 복잡하다. 새로운 인터넷 방식의 거래는 EDI 대신 XML을 토대로 구축될 가능성이 크다. XML을 참고하라.

경영자 정보 시스템 / EIS, Executive Information System 경영진을 위해 정보를 분류하고 보고하도록 고안된 일련의 도구들. 대부분의 경영자 정보 시스템들은 기업 내 다른 정보 시스템들과 통합이 어려웠다. 오늘날, EIS는 "기업 정보 시스템(enterprise information system)"이라는 한 차원 승격된 도구를 가리키는 의미로 보통 사용되며, 이 새로운 EIS는 기업 내부의 보다 다양한 영역의 사람들에게 정보를 제공한다.

기업 자원계획 소프트웨어 / ERP, Enterprise Resource Planning
판매 정보와 주문 정보를 제조시스템에 통합시켜, 정확한 생산 일정을 짜고 설비를 효율적으로 가동하는 동시에 재고를 줄일 목적으로, 여러 산업계에서 사용하는 소프트웨어.

익스트라넷 / Extranet 기업이 공급업체 및 소비자들과 빠르고 효율적으로 일하기 위해 월드 와이드 웹 기술을 이용하여 기업 내부용 인트라넷를 외부적으로 확장한 네트워크.

자주 물어보는 질문들 / FAQs, Frequently Asked Questions "facts" 와 똑같이 발음된다. 웹 사이트들의 공통된 주안점 가운데 하나로, 해당 웹 사이트와 관련해 흔하게 제기되는 질문들에 대한 답변들을 마련해 놓은 코너이다.

피드백 루프 / Feedback Loop 제품이나 서비스에 관한 소비자들의 반응을 종합하여 품질개선에 활용하기 위해 만든 체계. 기업은 끊임없는 소비자 피드백을 통해 지속적인 품질개선을 추구해야 한다.

광섬유 케이블 / Fiber-Optic Cable "광섬유"라고 불리는 유리실 수천 개로 만들어진 케이블. 각각의 실 가닥들을 통해 정보를 담은 빛이 전달된다. 머리카락 정도의 굵기를 가진 광섬유 한 줄기가 동축 케이블의 수십, 수백 배의 전송 용량을 감당할 수 있다. 다른 어떤 수단보다도 훨씬 더 많은 양의 자료를 전달할 수 있는 정보 전달 수단인 셈이다.

마찰 없는 자본주의 / Friction-Free Capitalism 디지털 프로세스가 중개인을 제거하고 나아가 사업거래에 있어서 대부분의 중간 마찰을 제거해줌으로써 구현되는 자본주의.
아담 스미스(Adam Smith)가 말한 이상적인 시장(ideal market)을 만들어내는 데 인터넷이 어떻게 기여하고 있는지 설명하기 위해서, 《미래로 가는 길》에서 처음으로 사용한 개념이다. 인터넷은 구매자와 판매자가 서로를 쉽게 찾도록 만들어주며, 구매자에게는 제품과 서비스에 대한 보다 많은 정보를, 판매자에게는 고객의 취향과 구매 유형에 대한 보다 많은 정보를 제공해준다.

간트 도표 / Gantt chart　　프로젝트 계획 및 성과를 목적과 시간이라는 두 개의 요소로 결합해 나타내는 막대 그래프. 각 항목이 진행되는 기간만큼 막대 표시로 나타내는 방식으로, 프로젝트 계획 및 일정 관리용으로 사용된다.

글로벌 위치 파악 시스템 / GPS, Global Positioning System　　사용자들의 위치를 정확하게 알려주는 위성 방식의 항법 시스템.

그룹웨어 / Groupware　　여러 명의 사용자가 네트워크상으로 서로 협력하며 하나의 프로젝트를 수행할 수 있도록 도와주는 소프트웨어. 그룹웨어는 e-mail, 공동 서류 개발, 일정관리, 검색과정 등을 통합한다.

휴대용 소형 PC / Handheld　　달력, 메모 정리 및 e-mail 등의 기능이 있는, 손바닥에 올려 놓고 쓸 수 있는 경량 컴퓨터. 휴대용 소형 PC는 개인용 정보 기기의 1세대이다. 앞으로 훨씬 뛰어난 기능을 갖춘 다양한 모양과 크기의 휴대형 소형 PC가 출현할 것이다.

고선명 TV / HDTV, High-Definition Television　　기존 텔레비전보다 더욱 선명하고 뛰어난 해상도의 영상을 만드는 새로운 텔레비전 신호 전달 방식.

수평 통합방식 / Horizontal Integration　　컴퓨터 산업에서, 칩, 시스템, 소프트웨어, 솔루션, 그리고 서비스 등의 기술 분야를 각기 다른 일단의 기업들이 나누어 맡아 개발하는 형태. 각 분야에서의 치열한 경쟁은 급속한 기술 개발을 유도하고 저가 모델의 대량 생산 체제를 창출한다. 수직 통합방식과 비교하라.

호스트 / Host   여러 대의 컴퓨터들이나 터미널들이 운용되는 시스템에서의 메인 컴퓨터. 일반적으로 메인프레임을 가리킨다.

하이퍼텍스트 언어 / HTML, Hypertext Markup Language   월드 와이드 웹 등의 네트워크상이나 사용자의 컴퓨터상에서 브라우저를 통해 문서의 형식을 지정할 때 사용되는 언어. HTML은 브라우저에 문자와 도형을 디스플레이하는 법을 결정해주고, 마우스 클릭과 같은 사용자의 명령들에 응답하는 법을 설명해준다.

하이퍼링크, 하이퍼텍스트, 하이퍼미디어 / Hyperlink, Hypertext, Hypermedia   같은 문서상이나 아니면 다른 문서상에 있는 단어, 문구, 심볼, 영상 등의 서로 다른 요소들을 이어주는 연결고리. 사용자는 요소를 클릭함으로써 링크를 작동시키는데, 보통 요소에 밑줄이 그어지거나 색깔이 바뀐다. 핫 링크(hotlink) 또는 하이퍼텍스트링크(hypertextlink)라고도 불린다. 하이퍼텍스트라는 용어는 문서를 의미하고, 하이퍼미디어는 에니메이션과 사운드, 비디오를 강조한 표현이다. HTML을 참고하라.

변곡점 / Inflection Point   수학에서는 곡선의 모양이 오목면에서 볼록면으로 변화하는 지점을 의미하나, 비즈니스에서는 비즈니스 시장과 기술 이용에 있어서의 갑작스럽고도 엄청난 변화를 설명하는 용어로 사용된다. 인텔의 회장인 앤드류 그로브에 의해 대중화되었다.

정보 업무 / Information Work   인간의 두뇌나 소프트웨어로 수동적 자료를 능동적 정보로 전환하는 것을 의미한다. MIT 대학의 마이클 데어토우조스가 만들어낸 용어이다.

기업 I.Q. / Institutional Intelligence, Institutional IQ, Corporate IQ
한 회사가 얼마나 폭 넓게 정보를 공유하고, 조직 내에서 일하는 사람
들이 다른 사람들의 아이디어와 경험을 얼마나 유용하게 활용하는가를
나타내는 척도.

인트라넷 / Intranet   회사 내부적으로 정보를 취합·공유하고 디지털
업무를 처리하도록 고안된 네트워크. 웹 페이지, 브라우저, e-mail, 뉴
스 그룹, 우편 리스트 등과 같은 인터넷 관련 응용프로그램들을 사용하
지만, 조직 내부 사용자들에 한해서만 이용이 가능하도록 되어 있다.

인터넷 프로토콜 / IP, Internet Protocol   인터넷에서 정보전달을 관리
하는 통신 규약. 지난 몇 년 동안, 거의 모든 네트워크들이 IP를 토대
로 표준화되어 전세계적으로 퍼져 있는 네트워크들간에 효율적인 정보
교환이 처음으로 가능해졌다. 전화시스템이 디지털화되면 IP 접속은
음성과 자료 두 분야 모두에 사용될 수 있게 될 것이다.

**정보시스템, 정보서비스, 정보기술 / IT, Information System,
Information Services, Information Technology**   기업 내 정보처리
부서의 공식적인 이름들. 이 책에서는 정보기술팀이라는 표현으로 기
업 내의 모든 주요 정보처리 부서를 의미한다.

적시 조달 / Just-in-Time   제조에 필요한 물품들을 제때에 공급한다
는 일본식 "칸반" 시스템을 기초로 하는 재고관리 시스템. 제조업체와
공급업체 간에 정보시스템을 효율적으로 구축할수록 재고 부담이 줄
고, 아울러 비용도 줄어든다.

키오스크 / Kiosk　주로 멀티미디어 디스플레이를 통해 공적인 정보를 제공하는 일종의 공중용 PC 이다. 앞으로 키오스크는 행정 기관들이 PC를 보유하고 있지 않거나 인터넷 접속을 하지 않는 시민들에게 보다 유용한 서비스를 제공하는 일반적인 방법이 될 것이다.

지식노동자 / Knowledge Worker　정보를 분석하고 체계화하는 업무를 주로 하는 직원들을 가리킨다. PC 시스템은 보다 유용한 정보를 제공함으로써, 많은 직원들을 지식노동자로 전환시켜 줄 것이다.

근거리 통신망 / LAN, Local Area Network　상대적으로 제한된 구역 내에 PC, 서버, 프린터 등의 디지털 기기들을 서로 연결한 네트워크.

기존 응용프로그램, 기존 시스템 / Legacy Application or System　기업에서 좀더 진보된 기술을 도입한 후에도 유지·사용되는 컴퓨터 시스템. 새로운 소프트웨어를 도입할 때는 무엇보다도 기존의 정보시스템과의 호환성이 중요하다. 현재 많은 기업들에서 메인프레임 형태의 기존 시스템들을 PC 방식의 아키텍처로 교체하고 있다.

미믹스 / Memex　1945년 베느바르 부시 과학자가 묘사한 장치로, 모든 책과 기록을 저장하고, 통신이 가능하며, 스크린상에 자료를 불러오며, "관련 색인"이라 불리는 일종의 하이퍼링크를 통해 자료를 연결시키는 기계이다. 당시의 기계공학적인 용어로 설명되었지만, 미믹스는 인터넷에 연결된 PC 개념을 예견한 셈이다.

메타데이터 / Meta Data, Metadata　자료를 설명하는 자료로서 이를테면, 타이틀, 주제, 저자, 자료의 크기 등이 포함된다.

미들웨어 / Middleware　　2개 이상의 다른 소프트웨어 사이에서 정보를 전달해 주는 역할을 하는 소프트웨어.

무어의 법칙 / Moore's Law　　마이크로 프로세서의 성능이 매 18개월에서 24개월 간격으로 두 배로 향상된다는 법칙. 인텔의 공동창업자인 무어가 경험으로 체득한 이 법칙은 이후 사실로 입증되어왔다.

자연 언어 인식 처리 / Natural Language Processing　　인간이 사용하는 언어(말과 글)를 인식하고 응답할 수 있는 컴퓨터 시스템을 만들기 위해서, 컴퓨터 사이언스와 언어학을 결합한 분야.

온라인 분석 처리 / OLAP, OnLine Analytical Processing　　각기 다른 기준으로 자료를 검토하는 능력과 강력한 계산 기능, 색인을 효율적으로 처리하는 기술을 통해서, 표준 데이터베이스가 해결하지 못하는 더욱 복잡한 질문들을 다루고 처리할 수 있는 데이터베이스.

종이 없는 사무실 / Paperless Office　　모든 서류가 디지털 방식으로 저장되어 체계화되고, 자료 전송도 디지털 방식으로 이루어지는, 말 그대로 종이가 필요 없는 이상적인 사무실.

완전한 가격 / Perfect Price　　자유롭고 개방된 시장에서는 구매자와 판매자가 서로를 찾아 어떤 재화나 용역의 이론적인 적정가격에 동의하게 된다는 아담 스미스의 개념이다. 인터넷은 풍부한 정보와 손쉬운 연결로, 구매자와 판매자가 이러한 완전한 가격에 도달하게 해줄 것이다.

플러그 앤 플레이 / Plug and Play　　여분의 디스크 드라이브와 같은 하드웨어 장치를 사용자가 일일이 시스템을 재구성할 필요 없이 PC에 연결하여 사용하게 해주는 기능. 자료를 교환하거나 프로세스를 일치시키기 위해 다른 소프트웨어 레이어를 필요로 하지 않고 스스로 호환하는 소프트웨어 컴포넌트의 기능.

포인트 오브 세일 / POS , Point-of-Sale   판매 시점에서 컴퓨터로 판매활동을 관리하는 시스템. 상품의 인식표나 바코드 인식기능을 갖춘 전자 스캐너와 전자 금전등록기, 매출실적 등을 기록하고 관리하는 전자 장비를 갖추고 있다. 디지털 분석도구에 연결된 POS 시스템은 판매상황을 실시간으로 분석하고, 고객의 수요변화에 신속하게 대응할 수 있게 해준다.

포털 / Portal   사용자가 인터넷에 접속하기 위해 처음에 기본적으로 거치게 되는 웹 사이트. 일종의 '대문' 역할을 하는 사이트이다. AOL, MSN, Yahoo! 등이 여기에 속한다.

리엔지니어링 / Reengineering   변화하는 사업환경에 대한 조직차원의 대응력을 향상시키기 위해, 일반적으로 디지털 시스템을 토대로 새로운 비즈니스 프로세스를 설계하는 것을 가리킨다.

서버 / Server   네트워크 접속과, 인쇄나 파일 공유와 같은 네트워크 자원에 대한 접속을 조절하는 컴퓨터 시스템이다. 어떤 서버들은 데이터베이스나 웹 사이트에서 정보에 접속할 수 있는 기능을 제공하며, 또 다른 서버들은 백-엔드 시스템과 다른 서버 사이에서 자료의 흐름과 컴퓨터 프로세스를 조정하고 관리하는 역할을 한다.

'비밀' 작업 팀 / Skunkworks　회사의 정상적인 개발 프로세스에서 벗어나 은밀하게 신제품 개발에 들어가는 소규모 팀. '스컹크'란 이름은 다수의 첨단 항공기를 개발했던 록히드(Lockheed)의 비밀 팀에서 유래.

스마트 카드 / Smart Card　집적회로를 장착한 신용카드로, 제한된 "인공지능"과 기억용량을 지닌다. 의료기록 등에 대해 신원 확인 및 보안을 유지하는 목적으로 사용되기도 한다.

계란 반숙의 원칙 / Soft-Boiled Rule　소프트웨어는 사용자가 대부분의 트랜잭션을 계란이 반숙되는 시간, 즉 3분 이내에 처리할 수 있을 정도로 간단해야 한다는 원칙.

공급망/ Supply Chain　완성품이 소비자의 손에 들어갈 때까지 제품 공급에 관여하는 모든 업체를 가리키는 말이다. 종이 서류에 의한 업무 방식이나 구식 디지털 시스템에서는 의사소통이 원활하지 않기 때문에, 업체들간의 업무처리가 느리고 복잡하다. 부가가치 네트워크와 비교해보라.

단일과업 근로자 / Task Worker　자율성 없이 단순 반복적인 업무를 수행하는 근로자. 현대의 비즈니스 원칙들은 정보기술의 이용을 장려해 많은 과업들을 자동화하고, 나머지 과업들은 근로자의 기술을 활용하는 쪽으로 재구성한다.

TCO / Total cost of Ownership　컴퓨터 시스템의 개발, 운영 그리고 관리에 드는 총 비용. TCO는 가장 큰 비중을 차지하는 하드웨어와 소프트웨어에서부터 설치비, 교육비, 유지비, 업그레이드 및 수리비까지 포함한다. 컴퓨터 업계는 PC 네트워크 관리의 중앙화, 자동 업그레이드, "자가치유 기능을 가진" 컴퓨터 등을 통해 TCO를 낮추기 위해 노력하고 있다.

TGA / Trusted Global Advisor　금융 컨설턴트로 하여금 자료수집보다는 자료의 분석에 더 많은 시간을 쓰게 해주는 소프트웨어 시스템. 메릴 린치가 개발한 지능형 인터페이스이다.

3계층 컴퓨팅 / Three-Tier Computing　3계층 컴퓨팅이란 소프트웨어 시스템들이 네트워크화된 3단 계층, 즉 3단 레이어로 구성되는 연산구조를 일컫는다. 클라이언트 또는 프리젠테이션 레이어, 비즈니스 로직 레이어, 데이터 레이어가 그것이다. PC는 보통 프리젠테이션 레이어를 제공한다. 중간 단계, 즉 비즈니스 로직 레이어에 있는 PC 서버들은 클라이언트와 백-엔드 데이터 단계의 상호작용을 조정한다. 데이터 레이어는 종종 다양한 종류의 PC와 PC방식이 아닌 시스템들을 포함한다.

처리량 / Throughput　통신시스템에서 정보가 전달되는 속도에 대한 척도 또는 컴퓨터 시스템에서 정보가 처리되는 속도에 대한 척도. 다른 시스템에서는 생산성의 척도로 쓰인다.

시장 출하시간 / Time to Market　제품에 대한 구상에서부터 완성품을 시장에 내놓을 때까지의 시간.

범용 직렬 버스 / USB, USB 1394, Universal Serial Bus　다수의 디

지털 기기들이 서로 쉽게 연결되고 적절히 작동하도록 하기 위하여 규
정한 기술 표준. PC에 연결된 새로운 하드 드라이브나 모뎀이 바로 이
런 표준을 따른 예이다.

부가가치 네트워크 / Value Network, Value Chain Initiative   기업이
디지털 정보의 흐름을 이용해 모든 공급업체와 쉽게 의사소통하고 함
께 움직임으로써 구축되는 협력망을 뜻한다. 부가가치 네트워크에서
는, 제품을 취급하는 누구든지—생산에서부터 운송, 유통, 도매 및 소
매에 이르기까지—가치를 부가(附加)해야 하며, 관련된 모든 기업들간
에 통신이 원활하게 이루어져야 한다. 공급망과 비교하라.

수직 통합방식 / Vertical Integration   정보시스템을 구축할 때, 거의
모든 기술 분야—칩, 시스템, 소프트웨어, 솔루션 그리고 서비스 등—
를 단일 공급업체로부터 제공받는 구식 비즈니스 모형. 고가(高價)에
소규모 판매를 특징으로 한다. 게다가 솔루션 변경 비용도 너무 많이
들어간다. 모든 품목을 다 교체해야 하기 때문이다.

화상 회의 / Videoconferencing   비디오 영상과 음성이 동시에 지원
되는 통신 회의.

주문형 비디오 / Video-on-Demand   방송 스케줄에 의해 정해진 프
로그램만 방영하는 것이 아니라, 사용자가 원하는 시간에 언제든지 영
화나 기타 프로그램을 제공하는 기능.

웹 생활양식, 웹 업무양식 / Web Lifestyle, WebWorkstyle   소비자들
과 근로자들이 정보기기와 인터넷 등의 디지털 기술을 일상적으로 활

용하며 그들의 생활 방식과 업무 방식을 변모시킴에 따라 일반화될 새로운 생활양식과 업무양식. 전기 인프라스트럭처가 구축된 후에 전화나 라디오, TV, 컴퓨터가 일반화되었듯이, 일단 정보 인프라스트럭처가 구축되면 생각하지도 못했던 새로운 응용프로그램들이 속속 등장할 것이다.

윈도우 32 / Windows 32   마이크로소프트 윈도우 계열의 운영 시스템에서 운영되는 소프트웨어를 만들기 위해, 개발자들이 사용하는 응용프로그래밍 인터페이스.

윈도우 CE / Windows CE   마이크로소프트 윈도우의 축소된 버전으로 휴대용 PC나, 기타 들고 다니기 편한 디지털 기기, 또는 승용차 등에 부착되는 장치에 사용하기 위해 고안되었다.

윈도우 NT, 윈도우 2000 / Windows NT, Windows 2000   기업용으로 디자인된 MS의 운영 체계. 처음에는 윈도우 NT(Windows NT)라는 이름으로 출시했으나, 점차 그 용도가 일반화되어감에 따라 그 점을 적시하기 위해 윈도우 2000(Windows 2000)으로 개명했다.

마법사 / Wizard   탁월하고 창의적인 프로그래머를 의미하기도 하고, 능력 있는 사용자를 의미하기도 하며, 사용자가 업무를 단계적으로 진행시키도록 안내하는 소프트웨어 지원 시스템을 의미하기도 한다. 이를테면, 「MS Windows」에서 특정 작업을 간편하게 수행할 수 있도록 도와주는 프로그램들이 위에 열거한 마지막 경우에 속하는 것이다.

확장 지정 언어 / XML, eXtended Markup Language   HTML의 개

정 버전으로, HTML처럼 웹 페이지상에 내용을 디스플레이나 프린트를 위해 배치하는 방법을 설명할 뿐만이 아니라 그 내용의 본질까지 묘사한다. XML은 검색이나 여타 조작을 위한 자료색인 방식을 제공하고, 또한 인터넷상으로 자료를 교환하는 손쉬운 방법도 제공해준다.

밀레니엄 버그 / Year 2000, Y2K Problem　　일부 컴퓨터 프로그램이 1900년도와 2000년도를 구분하지 못하는 문제. 2000년 1월 1일 이후로 컴퓨터가 연금 지급액 등과 같은 각종 내역을 잘못 계산할 수도 있다. 주요 컴퓨터 공급업체들은 이 문제와 관련된 현안들에 대응하는 방법에 대해 많은 정보를 제공하고 있다. MS의 프로그램에 대해서는 이 책의 웹 사이트인 www.Speed-of-Thought.com의 한 링크에 설명되어 있다.

옮긴이의 말

이 시대의 패러다임은 "정보"다. 벌써 PC, 인터넷, 하드웨어, 소프트웨어, 웹, e-mail 등등이 생활의 중요 부분으로 자리잡고 있다. 빌 게이츠는 여기에 한 가지 핵심적인 요소를 접목시킨다. 바로 "속도"다. 그것도 보통 "속도"가 아닌 "생각의 속도"다.

"정보시대"의 수혜자가 되는 길은 너무나도 분명하다. 남보다 먼저 정보를 입수하고, 남보다 빠르게 분석해서, 남보다 신속하게 이용하면 된다. 이를 위해 필요한 게 바로 "디지털 신경망"이다. 선도자가 되느냐, 구경꾼이 되느냐는 여러분의 선택에 달려 있다. 결과는 의외로 빨리 알 수 있다. 앞으로 10년 이내에, 필요한 모든 변화가 일단락지어질 것이기 때문이다.

옮긴이는 처음으로 정보도구를 '체험하며' 번역 작업을 마쳤다. 이번에는 급한 원고를 들고 이리 뛰고 저리 뛰는 심부름꾼도, 한 차례 10,000원씩 지불해야 하는 오토바이 퀵 서비스도 필요 없었다. 모든 게 e-mail로 쉽게 해결되었다. '클릭' 한 번으로 필요한 자료를 받고, '클릭' 한 번으로 원고를 넘겼다. 처음 접하는 "농담"을 놓고 언외의 뜻을 파악하느라 고심할 필요도 없었다. 바로 인터넷에 접속해 한두 가지 확인하는 것으로 문장을 마무리지을 수 있었다. 이 편리함을 자랑하고 싶다. 빌 게이츠도 강조한다. 혹시 아직 실감이 안 나면 "직접 한번 해보시라"고. 물론, 아는 사람은 다 안다. 아직까지는 그렇게 편안할 정도로 신속하지는 않다는 것을. 그래도 옮긴이는 그저 그 광활한 정보의 바다가 신기할 따름이다. 다소 기다린들 어떠하랴. 내가 가고 싶은 곳 어디든 갈 수 있는데…… 어쨌든 우리의 정보통신부에서는 향후 2년 이내에 현재의 인터넷 속도를 100배로 향상시키겠다고 발표했다. 다행스러운 일이다. 이제 더 이상 인터넷의 '인' 자가 참을 '인(忍)' 자라는 소리는 안 들어도 되겠다.

한 가지 더, 옮긴이는 이 책을 번역하며, 기발한(?) 사업 아이디어를 하나 얻을 수 있었다. 경위는 간단하다. 이 책을 읽다 보면 누구나 자문하게 된다. "내가 가지거나 모을 수 있는 정보 가운데 남이 필요로 하는 것은?", "그것을 디지털 기술을 이용해 '판매' 하는 방법은?" 답은 책 속에 나와 있다. 여러분도 무언가 하나 건지는 계기가 되었으면 한다. 그렇게만 되면 그 성공 확률은 100%에 가까울 것이다. 빌 게이츠의 도움을 받는 것이니까 말이다. 이미 사업을 하고 있는 독자들도 현재의 사업 문제에 여러 가지 의문을 품으며 이 책을 읽어나가는 게 좋을 것이다. 그래야 개선책을 쉽게 찾을 수 있다.

정보기술에 대한 활용법이 많이 나오는지라, 원뜻을 살리기 위해 영어 용어를 그대로 옮긴 부분이 많고, 또 경우에 따라서는 하나의 단어를 상황에 따라 여러 가지 표현으로 나타낸 부분도 있음을 밝힌다. 컴퓨터 전문가가 보기에는 기술적인 표현이 너무 약하고 비전문가가 보기에는 너무 난해한 부분도 있을 것이다. 어느 한 쪽에 치우칠 수 없었음을 널리 양해해 주시길 바란다.

이번에는 정말 많은 사람들의 도움을 받으며 번역 작업을 했다. 컴퓨터 용어를 바로 잡아주고 기술적인 조언을 아끼지 않으신 (주)마이크로소프트의 유재성 차장과 이성훈 대리 및 여러분께 특별한 감사의 말씀을 드리며, 여러 가지로 도움을 주신 ib 커뮤니케이션의 김정태 대표 이하 여러분과 우경철, 이석태, 이연수, 임경현, 임춘희 씨께도 고마움을 표하고 싶다. 또한 (주)청림출판의 안선희 팀장과 김은혜 씨 및 여러분의 성원과 노고도 참으로 고맙게 생각한다.

모쪼록, 빌 게이츠의 비전으로 새로운 세기를 힘차게 개척해 나가길 바라는 바이다.

안진환
stdahn@shinbiro.com